ro
ro
ro

Über den Autor

John Updike, geboren am 18. März 1932 in Shillington / Pennsylvania, studierte in Harvard und später an der Ruskin School of Drawing and Fine Arts in Oxford. Von 1955 bis 1957 war er Redaktionsmitglied des *New Yorker*. Seit 1957 lebt er in Massachusetts.

Updike veröffentlichte Romane, Erzählungen, Essays und Gedichte. Für sein Werk, das im Rowohlt Verlag verlegt wird, wurde er mit zahlreichen Preisen ausgezeichnet. Zuletzt erschien sein Roman «Gertrude und Claudius».

«Er ist ein Souverän, in jedem Sinne ein meisterlicher Autor.» *Die Welt* (über «Wenn ich schon gefragt werde»)

John Updike

Updike und ich

ESSAYS

Deutsch von Susanne Höbel

Rowohlt Taschenbuch Verlag

Die hier veröffentlichten Essays wurden dem Band
«More Matter» entnommen, der 1999 bei Alfred A. Knopf,
a division of Random House, Inc., New York, erschien.
Eine erste Auswahl aus diesem Band erschien 2001
unter dem Titel «Wenn ich schon gefragt werde» im
Rowohlt Taschenbuch Verlag.

Redaktion Helmut Frielinghaus

Die Zitate aus amerikanischen, englischen und anderen
fremdsprachigen Büchern wurden, so weit wie möglich,
den existierenden deutschen Übersetzungen entnommen.

Deutsche Erstausgabe
Veröffentlicht im Rowohlt Taschenbuch Verlag GmbH,
Reinbek bei Hamburg, April 2002
Copyright © 2002 by Rowohlt Taschenbuch Verlag GmbH,
Reinbek bei Hamburg
«More Matter» Copyright © 1999 by John Updike
Umschlaggestaltung any.way, Walter Hellmann
Abbildung: «ART» (Öl auf Leinwand, 1971) von Robert Cottingham
Alle deutschen Rechte vorbehalten
Satz Minion PostScript (PageOne)
Gesamtherstellung Clausen & Bosse, Leck
Printed in Germany
ISBN 3 499 22935 8

Die Schreibweise entspricht den Regeln der neuen Rechtschreibung.

Für Roger Angell
und Anna Goldstein
Lektoren, Zuhörer, Gefährten
bei der Jagd nach dem
flüchtigen *mot juste*
und der gefürchteten
phrase mauvaise

Inhalt

Aus Übersee   251

Von anderen Kontinenten   327

PERSÖNLICHES

VORWORT
ZUR DEUTSCHEN AUSGABE

Warum gibt sich ein Schriftsteller, der doch vermutlich genug damit zu tun hat, die alternativen Welten der Literatur und die hochfliegenden sprachlichen Konstrukte der Lyrik zu erfinden, mit Buchbesprechungen, Einführungen und solchen persönlichen Texten wie den in diesem Band versammelten ab? In meinem Fall sind es mehrere und unterschiedliche Motive: 1. die Vorfreude auf die vorhersehbare Bezahlung und Veröffentlichung, 2. der Wunsch, einem Freund oder einer freundlichen Zeitschrift einen Gefallen zu erweisen, 3. die Gelegenheit, auf nicht ganz gewöhnliche Art und Weise etwas zu lernen, 4. die Möglichkeit, eine langjährige Begeisterung mit anderen zu teilen. Mickey Mouse, Søren Kierkegaard, Wallace Stevens, Henry Green, John Cheever und Vladimir Nabokov haben mich auf meiner eigenen künstlerischen Reise ermutigt und inspiriert. Herman Melville, Edith Wharton, Sinclair Lewis und Dawn Powell sind herausragende amerikanische Schriftsteller, und es war mir eine Freude, in Gestalt eines Essays oder eines Vorworts eine Verbindung zu ihnen herzustellen. Vor allem Melvilles Erzählungen brachten in mir ein professorales Ich zum Vorschein, das ich bei meinem lebenslangen Versuch, mich von kreativem Schreiben zu ernähren, unterdrückt habe.

Mit den Besprechungen von Büchern meiner lebenden amerikanischen Kollegen verstoße ich allerdings gegen ein Prinzip, das ich zu Beginn meiner Kritikerlaufbahn aufgestellt hatte. Diese Laufbahn begann 1960, als William Shawn, der damalige Herausgeber des *New Yorker*, sich bereit erklärte, mich ein paar Buchbesprechungen schreiben zu lassen, da ich mich über die Kritiken, die er veröffentlichte, beklagt hatte. Aber vertrauen Sie mir nicht, wenn es um Bücher lebender und konkurrierender Schriftsteller geht, sagte ich zu ihm, denn der grünäugige Engel der Eifersucht oder der rosaäugige Engel der Freundschaft könnten die Meinung, die ich äußere, beeinflussen. Es war ein gutes Prinzip, aber gelegentlich kann ich der Versuchung bei einem Buch, das ich ohnehin lesen will, nicht widerstehen. Was die ausländischen lebenden Autoren angeht, die in den Abteilungen «Aus Übersee» und «Von anderen Kontinenten» besprochen sind, so besteht für mich der Reiz darin, dass sie wahrscheinlich nicht lesen werden, was ich geschrieben habe, und dass sie mich in Welten führen, wo ich Tourist bin, ein Fremder, und wo alles irgendwie magisch und fremd ist. Das Holland Harry Mulischs, das Rumänien Norman Maneas, die Türkei Orhan Pamuks, das Indien Arundhati Roys, das Brasilien Manuel Puigs, das Afrika Norman Rushs und William Boyds: All diese Länder besucht zu haben, hat mich zu einem besseren – weltoffeneren, verständnisvolleren – Menschen gemacht. Und wenn ich harsch mit Martin Amis und John le Carré umgegangen bin, dann mag das daran liegen, dass beide Autoren in den erörterten Büchern ein abweichendes Bild von dem England zeigen, das ich liebe und das für all diejenigen von uns, die in der englischen Sprache schreiben, wie ein Mutterland aufragt.

Die unter der Rubrik «Persönliches» zusammengetragenen Schnipsel mögen für Leser von Interesse sein, die mich und meine Bücher schätzen, darüber hinaus nur für wenige andere. Doch für mich sind es kostbare Fragmente, sorgsam aus unsortierten Materialien einer Autobiographie geborgen.

In einer Anzahl von Texten versuche ich zu formulieren, was ein bestimmter Roman von mir oder eine meiner Kurzgeschichten mir bedeutet hat – woran ich mich erinnere, wenn ich an die Inspiration, die Absichten, die Mühsal, die privaten Geheimnisse dahinter zurückdenke. Das Zeugnis, das Schriftsteller im Hinblick auf ihre Bücher ablegen, wird, wie ich manchmal bemerkt habe, von Kritikern in ihrer Hast, ihre eigenen Eindrücke und ihre Analyse vorzulegen, oft missachtet. Doch als Leser und als Kenner des kreativen Vorgangs schätze ich solche Bekenntnisse, wenn sie von anderen Schriftstellern dargeboten werden. So wird man mir, hoffe ich, die Vermessenheit nachsehen, wenn ich annehme, diese beiläufigen Bekenntnisse von mir seien es wert, in Buchform erhalten zu werden. Man möchte, bevor es zu spät ist, eine Art Bericht hinterlassen, der von der Nachwelt nach Gutdünken ausrangiert oder aufbewahrt werden kann. Bis dahin jedoch obliegt die angenehme Pflicht, den Bericht zu vervollständigen und zu ordnen, eindeutig dem Autor.

John Updike

BEDACHTES
UND BETRACHTETES

EINFÜHRUNGEN

Søren Kierkegaards «Tagebuch des Verführers» – ein Kapitel aus *Entweder – Oder*[1]

Søren Kierkegaards Methode, von einem sprunghaften und provokativen Temperament diktiert, ähnelt der eines erzählenden Schriftstellers: Mit unparteiischer Lebendigkeit schlüpft er in die verschiedensten Personen, nimmt unterschiedliche Haltungen ein und spricht mit einer Vielzahl von Stimmen. Die Methode ist, um eines seiner Lieblingswörter zu benutzen, mäeutisch – von dem griechischen Begriff für Geburtshilfe abgeleitet –, wie die seines geliebten Vorbilds Sokrates, der mit seiner Art, Fragen zu stellen, eher die Ideen seines Gegenübers hervorlocken als ihm seine eigenen überstülpen wollte. *Entweder – Oder*, Kierkegaards erstes größeres Werk, war eine umfangreiche, zwei Bände umfassende Sammlung von Schriften, die angeblich von dem Herausgeber «Viktor Eremita» in einem Geheimfach eines Schreibtischs gefunden wurden, zu dem er sich in einem Trödelladen auf geheimnisvolle Weise hingezogen gefühlt hatte. Einige Zeit nach dem Erwerb, so erzählt er uns, ging er mit dem Hackebeil an eine klemmende Schublade und entdeckte einen Schatz von Papieren, die offensichtlich von zwei verschiedenen Autoren verfasst worden waren. So wie sie von

---

[1] Einführung zu «The Secuder's Diary», a chapter of *Either / Or.*

Viktor Eremita zusammengestellt und veröffentlicht wurden, besteht der erste Band aus Aphorismen, Reflexionen und Essays von «A», einem namenlosen jungen Mann, der sich selbst als Ästhet bezeichnet, und der zweite aus zwei langen Briefen an ebendiesen Autor, mit ein paar abschließenden Worten von einem älteren Mann «B», der William genannt wird und Richter gewesen war. Der letzte Text im ersten Band ist eine Erzählung mit dem Titel «Tagebuch des Verführers», von dem «A» in dem gleichen mokant-gelehrt dokumentarischen Ton, den Viktor Eremita gegenüber dem Ganzen anschlägt, behauptet, er habe sie gefunden und betätige sich lediglich als Herausgeber. Der Herausgeber des Ganzen beschwert sich ironisch, dass dies ihm seine eigene Lage erschwere, «da ein Autor in dem anderen enthalten ist, wie Schachteln bei einem chinesischen Puzzle».

Entweder – Oder, eine verschlungene, überspannte und weitschweifige Mischung von Schriften, in Kopenhagen im Februar 1843 veröffentlicht, verursachte beträchtliche Aufregung, sodass schließlich eine zweite Auflage nötig war, der Kierkegaard dieses Postskriptum anfügen wollte (was er dann aber verwarf):

> Hiermit ziehe ich dieses Buch zurück. Es war eine notwendige Täuschung mit dem Ziel, Menschen so weit möglich ins Religiöse zu ziehen, was schon immer meine Aufgabe gewesen ist. Mäeutisch gesehen hatte es gewiss seinen Einfluss. Doch ich muss es gar nicht zurückziehen, da ich nie behauptet habe, der Autor zu sein.

Wenn wir es mit einem Autor zu tun haben, der uns so in die Irre führt, und sich dem äußeren Anschein nach auf so mannigfaltige Weise von seinen Worten entfernt, müssen wir darauf beharren, dass es hinter diesem erstaunlich raffinierten

Täuschungsmanöver Ereignisse von schmerzlicher persönlicher Art gegeben hat. Kurz gesagt, unmittelbar vor dem Ausbruch literarischer Aktivitäten, die in *Entweder – Oder* eingeflossen sind, hatte Kierkegaard sein einjähriges Verlöbnis mit Regine Olsen, einer zehn Jahre jüngeren Frau, gelöst. Von außen betrachtet schien ihre Verlobung eine glückliche Verbindung: sie vereinte die beiden jüngsten Kinder zweier wohlhabender Kopenhagener Familien. Michael Pederson Kierkegaard war Kaufmann im Ruhestand und Terkel Olsen Staatsrat – *Etatsraad* - und Dezernent in der Finanzhauptkasse. Der junge Kierkegaard, damals noch Universitätsstudent, sah Regine zum ersten Mal, als sie vierzehn war und zwar im Mai 1837, bei einer Gesellschaft von Schulmädchen im Haus der verwitweten Mutter eines anderen Mädchens, Bolette Rørdam, für das Kierkegaard sich interessierte. Der wenig fiktionalisierten Schilderung in dem Abschnitt «Quidams Tagebuch» in *Stadien auf dem Weg des Lebens* (1845) entnehmen wir, dass Kierkegaard anfing, dem Mädchen nachzustellen, wozu er häufig eine Konditorei aufsuchte, die auf dem Weg zu Regines Musikunterricht lag:

> Ich wagte es nie, mich ans Fenster zu setzen, aber wenn ich einen Tisch mitten im Raum wählte, hatte ich die Straße im Blick und den gegenüberliegenden Gehweg, wo sie ging, und doch konnten mich die Passanten nicht sehen. Oh, schöne Zeit; oh, liebliche Erinnerung, oh, süße Unruhe, oh, glückliche Vision, wenn ich meine versteckte Existenz mit dem Zauber der Liebe ausstattete!

Doch in seinem Tagebuch erwähnt er sie zum ersten Mal zwei Jahre nach ihrer ersten Begegnung: «Königin meines Herzens, ‹Regina›, sicher und geheim bewahrt in der tiefsten Nische meiner Brust.» Im Sommer 1840 absolvierte Kierkegaard, der jetzt siebenundzwanzig war, seine theologischen Examen und machte eine Pilgerfahrt nach Westjütland, in den trostlosen Ort, aus dem sein 1838 verstorbener Vater stammte. Bald nach seiner Rückkehr, am 8. September, begab er sich zum Haus der Olsens, fand Regine allein zu Haus und machte ihr mit solch ungestümer Leidenschaft einen Heiratsantrag, dass sie stumm blieb und ihm die Tür wies. Zwei Tage später jedoch nahm sie den Antrag mit der Einwilligung ihres Vaters an. In seinem Tagebuch schrieb Kierkegaard neun Jahre später: «Aber im Innern – am nächsten Tag sah ich, dass ich fehlgegriffen hatte. Ein Büßender, der ich war, meine vita ante acta, meine Schwermut, das war genug. Ich habe in dieser Zeit unbeschreiblich gelitten.» Ein Jahr lang hielt die offizielle Bindung: Liebevolle Briefe wurden gewechselt, Besuche bei beiden vielköpfigen Familien wurden abgestattet, das Paar machte Spaziergänge auf der Bredgade oder der Esplanade, und Kierkegaard, der sich auf einen angesehenen Posten in der Kirche oder an der Universität vorbereitete, hielt seine erste Predigt und schrieb seine philosophische Dissertation *Über den Begriff der Ironie, mit besonderem Hinblick auf Sokrates.*

Regine jedoch beobachtete, dass ihr Verlobter «schrecklich unter der Schwermut litt», und ihre Freunde spürten, dass «etwas Trauriges in der Luft hing». Am 11. August 1841 schickte er ihr den Ring zurück und schrieb dazu: «Vergiss denjenigen, der dies schreibt: Vergib einem Menschen, der, wenn er auch einiges vermochte, doch eines nicht vermochte, ein Mädchen glücklich zu machen.» Regine widerstand der Zurückweisung und erkühnte sich, ihn in seiner Wohnung aufzusuchen; er war nicht zu Hause. Zwei Monate lang zog sich die Verlobung hin; währenddessen verteidigte und veröffentlichte er seine Dissertation; dann, im Oktober, traf er sich mit ihr auf Bitten ihres Vaters, und das Gespräch, das stattfand, zeichnete er später so auf:

> Ich kam und redete vernünftig mit ihr. Sie fragte mich: Willst du nie heiraten? Ich entgegnete: Doch, in zehn Jahren, wenn ich mich ausgetobt habe, dann muss ich ein junges Blut haben, um mich zu verjüngen. Eine notwendige Grausamkeit. Dann sagte sie: Vergib mir, was ich dir angetan habe. Ich erwiderte: Ich wäre es doch, der so bitten müsste. Sie sagte: Küss mich. Das tat ich – aber ohne Leidenschaft. Barmherziger Gott!
> Aus dem Verhältnis als ein Schurke, wenn möglich als ein Erzschurke hinauszugehen, war das Einzige, was zu tun war, um sie wieder frei zu machen und ihr den Ansporn für eine neue Ehe zu geben.

Zwei Wochen später verließ Kierkegaard Kopenhagen und fuhr nach Berlin, wo er mit *Entweder – Oder* begann, der Flut von Schriften, in denen er über Fragen wie die Ehe, das Ethische gegenüber dem Ästhetischen, die Angst und zunehmend auch die Strenge des Christentums nachdachte und in dramatischer Form darüber schrieb. In seinem Kopf war Regine die Muse und das Objekt, auf das sich ein Gutteil seines Schreibens richtete, und er war schockiert, als sie sich zwei Jahre nach ihrem Bruch mit einem früheren Bewerber, Johan Frederick Schlegel, verlobte, den sie 1847 heiratete. Bis an sein Lebensende schrieb Kierkegaard von Regine in seinen Tagebüchern; vier Wochen vor seinem Tod Anfang November 1855 formulierte er es kurz und bündig: «Ich hatte meinen Dorn im Fleisch, und deswegen habe ich nicht geheiratet.»

War dieser «Dorn im Fleisch» die religiöse Schwermut, die er von seinem Vater geerbt hatte, oder war es etwas Körperliches? Er war das Kind nicht mehr junger Eltern, zart und zierlich, mit einem ruckhaften Gang und einer gekrümmten Haltung, die seinen Bekannten und den Karikaturisten auffiel, aber er hatte keine offensichtliche Behinderung, die erklären würde, warum er sich als jemand beschreibt, dem «in fast jeder Hinsicht die körperlichen Qualitäten versagt sind, die mich zu einem vollständigen Menschen machen würden». Seine sexuelle Erfahrung blieb möglicherweise auf eine einzige betrunkene Begegnung mit einer Prostituierten im November 1836 beschränkt. [2] Obwohl er die Ehe über mehrere Seiten lobpreist, gibt es in seinen erhaltenen Briefen oder seinen Erinnerungen kaum Spuren von körperlicher Wärme. Seine spätere Theologie spricht sich für das Zölibat aus und erklärt eine deutliche Feindseligkeit gegenüber dem sexuellen Trieb. «Die Frau», schrieb er 1854, «ist der personifizierte Egoismus … Die ganze Geschichte von Mann und Frau ist eine enorme und subtil konstruierte Intrige, oder aber sie ist ein Trick, der den Mann als Geist zerstören soll.» Einmal klagte er über Regine, dass ihr «die Disposition zur Religion fehlt». Sein Held Sokrates war mit Xanthippe, einer legendären Schrulle, verheiratet gewesen, und die europäische Philosophie wurde in der Folgezeit von Junggesellen dominiert, von denen einer, Kant, die Ehe kurz und bündig als «die Verbindung zweier Menschen unterschiedlichen Geschlechts zum Zwecke der lebenslangen gegenseitigen Besitznahme ihrer Sexualorgane» definiert. Vielleicht bedarf es weniger einer Erklärung dafür,

---

[2] Siehe auch *Søren Kierkegaard* von Peter Rohde, Deutsch von Thyra Dohrenburg, Hamburg 1959. Rohde gründet seine Annahme auf einen Tagebucheintrag vom 10. November 1836, wo es heißt: «Mein Gott, mein Gott …» und «dies tierische Kichern …» Als Episode in Kierkegaards ausschweifendem, trink-intensivem Studentenleben ist das nicht unwahrscheinlich, obwohl mehrere Kierkegaard-Forscher die Unterstellung entrüstet zurückwiesen. Jedenfalls war Kierkegaard kein Verführer im üblichen Sinn.

warum Kierkegaard die Verlobung gelöst hat, als für den konventionellen Impuls, der ihn hineingetrieben hatte.

Sein Versuch, schreibend die verpfuschte Beziehung mit Regine in Ordnung zu bringen, lehrte ihn, so schrieb er, das Geheimnis der «indirekten Kommunikation». In seinem Bemühen, die Sache zurechtzurücken, war das «Tagebuch des Verführers» Teil seiner Kampagne, sich selbst als Schurken darzustellen und so den Bruch für sie leichter zu machen. In seinem Tagebuch von 1849 behauptet er, er habe es geschrieben «ihr zuliebe, um sie aus der Beziehung herauszuklären». 1853 notiert er, es habe den Zweck gehabt, sie zurückzuweisen, und zitiert aus *Furcht und Zittern*: «Wenn das Baby entwöhnt werden soll, schwärzt sich die Mutter die Brust.»

«Tagebuch des Verführers» ist also ein Werk, das einen durchtriebenen Zweck verfolgt und mit einem beschwerten Gewissen verfasst wurde. Eine Reihe von Einzelheiten stellen eine Verbindung zwischen der echten Regine und der fiktiven Cordelia Wahl her. Wenn der Verführer schreibt: «Armer Edward! Schade, dass er nicht Fritz heißt», spielt er nicht nur auf eine Komödie von Scribe an, sondern auf den Verehrer Regines, Schlegel, der Fritz hieß. Des Helden lange und liebevolle Verfolgung eines Mädchens, das zu jung für eine Annäherung ist, bietet in der Fiktion wie in der Wirklichkeit einen Höhepunkt der erotischen Erregung. Die kleine Gesellschaft junger Mädchen, bei der Kierkegaard einen ersten Blick auf Regine erhaschte, wird mit einer pikanten Lebendigkeit evoziert, aber viel später in der Geschichte angesiedelt, als die kaltherzige Auflösung naht. Zweifellos erschlossen sich eine Anzahl von Details nur Regine.

Und dennoch liegt ein kühler Schimmer der Falschheit über dem fein gesponnenen Stoff. Das Begehren des Verführers wirkt merkwürdig abstrakt. Heutige Leser, besonders jüngere, mögen sich abgestoßen fühlen von dem Ton sexistischer Herablassung; unter dem Begriff der Verführung vollführt er ein perverses erzieherisches Experiment: «Ich … lehre sie siegen, indem sie mich verfolgt.» Er weicht vor ihr zurück und lehrt sie so, «alle Mächte der Liebe an mir zu kennen, die unruhigen Gedanken, die Leidenschaft, was Sehnsucht ist und Hoffnung». In einem kunstvollen Necken, das fast schon Folter ist, bemüht er sich, ihr «das essenziell Erotische vorzuenthalten» und ihr so eine neue Macht und eine gewisse Freiheit nahe zu bringen, «eine höhere Sphäre». Er erwähnt Pygmalion, doch erinnert er uns mehr an den herzlosen Dr. Frankenstein in einem der ersten Meisterwerke der Romantik. Das neunzehnte Jahrhundert war von Anfang bis Ende romantisch; der Mensch der Vernunft des achtzehnten Jahrhunderts trat als kulturelles Ideal hinter den Mann und die Frau der Empfindsamkeit, des Gefühls zurück. Als die alten übernatürlichen Strukturen schwächer wurden, erhielten Empfindung und Emotion einen eigenen Stellenwert; der Verführer schwelgt in der Turbulenz seiner erwachenden Liebe. «Wie schön ist es, verliebt zu sein, wie interessant, dies zu wissen.» Er vergleicht sich mit einem Vogel, der «im aufgewühlten Meer» seiner Seele ein Nest baut, und verkündet: «Wie viel Genuss liegt darin, so auf bewegtem Wasser zu plätschern – wie viel Genuss, bewegt zu werden in sich selbst.»

Innerer Aufruhr ist Teil des großartigen Aufruhrs der Natur, und die Frau eine Gesandte ebendieser verehrten Natur: «Das Weib ist Substanz, der Mann Reflexion … Im gewissen Sinn ist der Mann mehr als das Weib, in einem anderen Sinn unendlich viel weniger.» Frauen waren sowohl Gegenstand romantischer Sehnsucht als auch, aufgrund ihrer Empfänglichkeit für Liebe, die ersten, die ihr Leben nach romantischen Ideen gestalteten. Die weibliche Psychologie wurde Gegenstand der Faszination für Verführer und ihre Chronisten gleichermaßen. Die Schriftsteller des neunzehnten Jahrhunderts, von Jane Austen bis hin zu Henry James, griffen als eines der offenkundig wichtigsten Themen die Gefühlsbildung ihrer Heldinnen heraus; das Ergebnis konnte komisch und triumphierend sein, wie für Austens Emma Woodhouse und George Eliots Dorothea Brooke, oder tragisch, wie für Emma Bovary und Anna Karenina. Kierkegaard wird diese Romane nicht gekannt haben, aber Mozarts Oper *Don Giovanni* war ihm gegenwärtig, und er atmete die gleiche dandyhafte, intellektuelle Atmosphäre, die Byrons *Don Juan* und Stendhals wunderbare Studie erotischer Psychologie *Über die Liebe* hervorbrachte. Sogar die Klassiker boten Orientierung und Handreichungen: «Tagebuch des Verführers» zitiert sowohl Ovid als auch *Amor und Psyche* von Apuleius.

In der enormen Literatur über die Liebe ist «Tagebuch des Verführers» eine Kuriosität – ein fieberhaft intellektueller Versuch, erotisches Versagen als pädagogischen Erfolg zu rekonstruieren, eine Wunde, als Prahlerei maskiert, eine geschwärzte Brust, um die Entwöhnung zu erleichtern. Es skizziert eine Kampagne von halluzinatorischer Raffinesse: «Wenn ich ständig nur vor ihrer Übermacht fliehe, wäre es wohl möglich, dass das Erotische in ihr zu dissolut und lose würde, als dass sich die tiefere Weiblichkeit hypostasieren könnte.» Doch ein wirklich vorhandenes Kopenhagen mit seiner ordentlichen Gesellschaft und den plötzlichen Ausblicken aufs Meer scheint durch, und es wird einer wirklichen Liebe gedacht, wenn auch mit einem ermüdenden Maß an Rationalisierung, nicht unähnlich den Winkelzügen, mit denen Kafka, der spirituelle Erbe Kierkegaards, Felice und Milena in seinen Briefen an sie von sich fern hielt. Immerhin gelang es Kierkegaard im «Tagebuch des Verführers» und in seinen anderen apologetischen Versionen der Verlobung, Regine unsterblich zu machen. «Ich werde sie mit mir in die Geschichte nehmen», vertraute er seinem Tagebuch an. Sie überlebte ihn, dann ihren Mann und wurde von dem dänischen Kritiker Edvard Brandes, der sie im mittleren Alter sah, beschrieben als «von strahlender Schönheit – mit klaren, schalkhaften Augen und einer geschmeidigen Figur». Sie lebte ins nächste Jahrhundert hinein, bis 1904, und gab als weißhaarige Berühmtheit anmutige und bescheidene Interviews, in denen sie sich an die verschwommenen Ereignisse vor über sechzig Jahren, als sie achtzehn Jahre alt war, erinnerte. Ihr Ruhm war das Vermächtnis der verschlungenen Galanterie ihres alten Verehrers. Wenn wir den Eindruck gewinnen, dass sie sich in dem Verhältnis mit der größeren Würde und Beständigkeit und mit größerer menschlicher Wärme verhielt, dann war es Kierkegaard, der diesen Eindruck schuf.

Herman Melvilles Erzählungen [1]

1. Melvilles Situation 1853–56

Herman Melville begann aus einer gewissen Verzweiflung heraus, für Zeitschriften Erzählungen zu schreiben, und es ist angesichts seiner Vorliebe für umfangreiche, eigenwillige Romane überraschend, wie gut er darin war. Keine Anthologie klassischer amerikanischer Short Stories kommt ohne ein

---

[1] Einführung zu *The Complete Shorter Fiction of Herman Melville.*

Stück von Melville aus – gewöhnlich ist es «Bartleby, the Scrivener» – und nur äußerst selten erscheint eine Sammlung
von Novellen, die «Benito Cereno» auslässt. Als Sprössling
geachteter Landbesitzer, sowohl auf väterlicher als auch auf
mütterlicher Seite, und als Ehemann der Tochter eines wohl-
habenden Chief Justice von Massachusetts, betrachtete Melville die kommerzielle Seite seines Berufs eher mit Verachtung. 1849 schrieb er an seinen Schwiegervater über zwei
Bücher, *Redburn* und *White-Jacket*, die er gleich nach dem
überambitionierten *Mardi* geschrieben hatte:

> Das sind zwei Sachen, die ich für Geld gemacht habe – ge-
> zwungener Maßen, so wie andere Männer zum Bäume-Fällen
> gezwungen sind … Da diese Bücher also aus diesem Grund
> geschrieben wurden, entspringt mein einziger Wunsch nach
> ihrem «Erfolg» (dem so genannten) meiner Tasche & nicht
> meinem Herzen. Was mich angeht, und unabhängig von mei-
> nem Geldbeutel, so ist es mein aufrichtiger Wunsch, solche
> Bücher zu schreiben, von denen man sagt, sie «scheitern» –
> Verzeih diesen Egoismus.

Im Spätfrühling 1851, als seine Arbeit an *Moby-Dick* mit den
Anforderungen seiner einhundertsechzig Morgen großen
Farm Arrowhead in den Bergen des westlichen Massachusetts und mit einem Haushalt wetteiferte, zu dem seine Frau,
seine Mutter, zwei oder drei unverheiratete Schwestern, ein
kleiner Sohn und verschiedene Bedienstete gehörten, schrieb
er an seinen Schriftsteller-Kollegen Nathaniel Hawthorne,
dem er vor allen anderen Männern sein Herz öffnete:

> Die Dollars verdammen mich; und der böswillige Druckteufel
> [ein Wortspiel mit «printer's devil», der Junge, der das Manu-
> skript vom Autor zum Drucker brachte] grinst mich fortwäh-

rend durch die halb offen stehende Tür an. Mein guter Sir, eine Vorahnung bemächtigt sich meiner – ich werde am Ende entkräftet sein und vergehen, wie eine alte Muskatreibe, die von zu viel Abnutzung durch das Holz, in dem Fall durch die Muskatnuss, zuschanden gerieben ist. Das zu schreiben, wozu ich mich am meisten bewegt fühle, ist nicht erlaubt – es bezahlt sich nicht. Doch ganz und gar auf die *andere* Weise schreiben, dass kann ich nicht. Das Produkt ist also ein Gehacke, und all meine Bücher sind Pfuscharbeit.

Melville war noch nicht zweiunddreißig, als er diese Vorahnung beschrieb, und sie bewahrheitete sich nicht unmittelbar. Seine Anstrengungen, sich und seine Familie mit Schreiben zu ernähren, dauerten noch ein paar Jahre an. Sein letzter Roman, *The Confidence-Man,* wurde 1857 veröffentlicht. Vor der Veröffentlichung reiste er auf Kosten seines Schwiegervaters nach Glasgow und Liverpool und anschließend ins Heilige Land sowie nach Griechenland und Italien. Nach seiner Rückkehr brachte er drei Saisons mit Lese-Tourneen hinter sich, und 1860 reiste er auf dem Klipper, der unter dem Kommando seines Bruders Thomas stand, nach San Francisco. 1863 tauschte er Arrowhead gegen das Haus seines Bruders Allan, in der 104 East 26th Street in New York, wo er bis zu seinem Tode lebte. 1866 erschien sein letztes kommerziell verlegtes Buch, der Gedichtband *Battle-Pieces,* der mit Geringschätzung aufgenommen wurde, und Melville nahm einen Posten als Bezirksinspektor bei der Zollbehörde der Vereinigten Staaten in New York City an. Sein heldenhafter Versuch, ein amerikanischer Schriftsteller zu sein, war beendet – obwohl er weiterhin Gedichte schrieb und bis zu seinem Lebensende noch drei Bände privat herausbrachte. Das zu seinen Lebzeiten erzielte Einkommen aus allen seinen Büchern wird auf 5900 Dollar in den Vereinigten Staaten und 4500 Dollar in Großbritannien geschätzt.

Und doch, seine ersten beiden Bücher, *Typee* und *Omoo*, in denen er seine Abenteuer als ungebundener Seemann im pazifischen Raum beschrieb, machten sein Debüt sensationell. Er entwickelte sich schnell; in demselben bekenntnishaften Ausbruch an Hawthorne vom Mai 1851 schrieb er:

> Ich bin wie eines von diesen Samenkörnern, das aus den ägyptischen Pyramiden herausgeholt wurde und das, nachdem es dreitausend Jahre lang nichts weiter als ein Samenkorn war, in englischen Boden gepflanzt wurde, sich entwickelte, grün wurde und dann verrottete. So auch ich. Bis ich fünfundzwanzig war, hatte ich keinerlei Entwicklung. Ich datiere mein Leben von meinem fünfundzwanzigsten Lebensjahr. Seit damals sind kaum je drei Wochen vergangen, in denen ich mich nicht weiter entfaltet hätte. Aber ich habe das Gefühl, dass ich jetzt bei dem innersten Blatt der Knolle angekommen bin und dass die Blüte über kurz oder lang verrotten wird.

Wenn schon die Rezeption von *Moby-Dick*, das im Herbst 1851 veröffentlicht wurde, weit weniger enthusiastisch gewesen war, als er sich erhofft hatte und als dieses Meisterwerk verdiente, dann war das Schicksal von *Pierre* im Jahr darauf verheerend. Acht Monate nach dem Erscheinen meldete der Verlag Harper's, dass 283 Exemplare von einer Auflage von 2310 verkauft worden seien; zu Melvilles Lebzeiten betrugen die Tantiemen aus dem Roman 157 Dollar. Nicht genug, dass die negativen Besprechungen das Buch «unerträglich ungesund» (*Graham's*) und «abstoßend, unnatürlich und unanständig» (*American Whig Report*) nannten, sie zweifelten an Melvilles Geisteszustand. Die *Boston Post* nannte *Pierre* «den verrücktesten aller existierenden Romane ... Man könnte annehmen, er sei in einer Irrenanstalt entstanden, statt in der ruhigen Abgeschiedenheit Berkshires.» *The Southern Quarterly Review* berichtete: «Dass Herman Melville schlichtweg ‹verblödet› ist, muss stark befürchtet werden; mit Sicherheit hat er uns ein sehr verrücktes Buch gegeben, meine Herren Meister ... Je eher dieser Schriftsteller in Gewahrsam genommen wird, desto besser.» HERMAN MELVILLE WAHNSINNIG, lautete die Überschrift im *New York Day Book* vom September 1852 über einem Absatz, in dem es hieß, dass er «angeblich wirklich geistesgestört ist und dass seine Freunde Maßnahmen ergreifen, um ihn in Behandlung zu geben». Solche Unterstellungen mussten höchst verletzend wirken auf jemanden, der mit zwölf Jahren erlebt hatte, wie sein Vater im rasenden Delirium starb, und dessen eigener Nervenzustand Gegenstand der Besorgnis und des Klatsches innerhalb seiner ausgedehnten Familie war. Der Druck von Schulden und geschäftlichen Niederlagen hatte der Gesundheit von Melvilles Vater Allan Melvill (sic) dermaßen zugesetzt, dass im Januar 1832 das leichte Fieber und die Schlaflosigkeit in einen Zustand der «Erregung» übergingen, die laut seinem Schwager Peter Gansevoort zu «geistiger Verwirrung» führte. Der «Geistesgestörte» wurde von seinem Bruder Thomas besucht, der ihn «bisweilen in einem heftigen, manchmal sogar *manischen* Zustand» vorfand und es daher ablehnte, auf seine Genesung zu hoffen, da der Kranke dann «aller menschlichen Voraussicht nach – als *Manischer* weiterleben würde!» Seine Witwe Maria schrieb in die Familienbibel: «Mein guter Allan wurde in Folge schweren Leidens seines Verstandes beraubt. Gottes Wege sind unerforschlich.»

Der Geisteszustand seines Sohnes Herman wurde genauestens beobachtet. Sarah Morewood, eine Nachbarin in Berkshire, schrieb 1851 über Melvilles Schreibausbrüche an eine Freundin, dass er «das Zimmer erst abends, nach Einbruch der Dunkelheit, verlässt – und das ist das erste Mal am Tag, dass er feste Nahrung zu sich nimmt – er muss also in einem Zustand krankhafter Erregung schreiben, was seiner Gesundheit gewiss Schaden zufügt». Als sie bei ihrer Weihnachtsfeier zu ihm sagte, sein zurückgezogenes Leben habe Freunde zu der Annahme verleitet, dass er verrückt sei, erwiderte er, dass er seit langem zu der gleichen Ansicht gekommen sei. *Pierre* enthält eine albtraumähnliche Beschreibung eines Schriftstellers, der sich an den Rand des Wahnsinns schreibt. Viele, die Melville kannten, bemerkten seine Stimmungsumschwünge, von Depression zu manischer Ausgelassenheit; diese Schwankungen lassen sich in den stürmischen Ergüssen seiner Prosa nachempfinden. In ihrer Biographie behauptet Laurie Robertson-Lorant: «Heutzutage würde man ihn mit Sicherheit als Manisch-Depressiven diagnostizieren und medikamentös behandeln.» Seine Frau Elizabeth schrieb in ihrer kurzen Biographie über ihren Ehemann: «Im Frühling 1853 waren wir alle besorgt wegen seiner angespannten Gesundheit.» Im selben Jahr schrieb seine Mutter, die ihren Bruder Peter bedrängte, ihrem Sohn ein Konsulat im Ausland zu verschaffen: «Diese ständige Gehirnarbeit sowie die Erregung der Phantasie erschöpfen Herman.» Überanstrengung machte seine Augen «spatzenhaft», und um 1850 begann er unter schmerzhaftem Rheumatismus und Ischias zu leiden.

Die Männer in der Familie Melvilles waren anfällig. Gansevoort, Hermans älterer Bruder, war im Alter von dreißig Jahren in London gestorben, nachdem sich sein Gesundheitszustand, ähnlich wie beim Vater, rapide verschlechtert hatte; vor seinem Tod hatte er an Herman geschrieben, er habe das Gefühl, «zu zerbrechen». Die immer gegenwärtige

Gefahr der gesundheitlichen Zerrüttung wich auch im späteren Leben nicht von Melville, als die feste Anstellung und verschiedene Vermächtnisse seine Umstände erleichterten. Das lange Poem *Clarel*, 1876 auf Kosten seines Onkels Peter Gansevoort veröffentlicht, forderte seinen Tribut. Elizabeth, allzeit besorgt um ihren zarten, launischen Mann, schrieb 1877 an Kate Gansevoort, «der arme Mann, er hat so viel geistigen Kummer zu durchleiden (und alles oh *so* wichtig), dass ich froh bin, wenn etwas in sein Leben tritt, das ihm auch nur einen Augenblick der Erleichterung verschafft.» Im gleichen Jahr schrieb Melville am Ende eines Briefes an einen der wenigen freundlich gestimmten Leser von *Clarel*, John Hoadley: «N. B. *Ich bin nicht verrückt.*» Im dritten Buch des Poems verkündet der wandernde Jude:

> Wahnsinnig werden kann ich nicht: Ich halte
> Den gefahrvollen Posten der Gesunden im Geiste.

Nach den erhaltenen Dokumenten zu urteilen, nahm Melville das emphatische und sogar skandalöse Scheitern von *Pierre* mit Gelassenheit hin. Von seinem Helden, der ähnlich von erblichem Wahnsinn bedroht ist, hatte er geschrieben:

> In dem einsamen kleinen Zimmerchen hatte Pierre einen Vorgeschmack auf all das, was die Welt an Lob oder Ablehnung bereithält; und indem er so aus beiden Kelchen vorschmeckte, schleuderte er beide in Voraussicht der Welt zwischen die Zähne. Alle Lobeshymnen, alle Verdammung, alle Kritik jedweder Art würden für Pierre zu spät kommen.

Elizabeth berichtete Jahre später, dass ihr Mann die Rezeption von *Pierre* für «einen Witz» gehalten habe: «Es mag eine Wirkung auf seinen literarischen Ruhm gehabt haben, persönlich traf es ihn jedoch kaum.»

Nachdem Melville *Pierre* im Frühjahr 1852 fertig gestellt hatte, gestattete er sich zum ersten Mal seit 1849 eine Schreibpause; doch hielt er Ausschau nach neuen Ideen. Während eines Sommers der ländlichen Vergnügungen und der Familienausflüge reiste er mit seinem Schwiegervater nach Nantucket, wo er die Geschichte von Agatha Hatch Robertson hörte, der Tochter eines Leuchtturmwärters, die einen Seemann gerettet hatte, ihn heiratete und von ihm schwanger wurde, dann siebzehn Jahre auf seine Rückkehr wartete und entdecken musste, dass er ein zweites Mal geheiratet hatte. Er war von der Geschichte so berührt, dass er sich eine Niederschrift verschaffte und diese dann mit detaillierten Vorschlägen, wie sie zu einer Erzählung verarbeitet werden könnte, an Hawthorne schickte, der 1851 Berkshire verlassen und ins östliche Massachusetts gegangen war. «Der Stoff geht sehr in die Richtung», schrieb Melville, «mit der Sie besonders vertraut sind ... Außerdem scheint er sich auf natürliche Weise zu ihnen hin zu bewegen.» Dieser Eröffnung ließ er im folgenden Herbst einen Besuch bei Hawthorne folgen, der jetzt wieder in Concord war, wo er Hillside, das geräumige Haus der Alcotts, gekauft hatte. Die Beziehung war zwar immer noch freundschaftlich, hatte sich aber, geht man von Melvilles recht förmlicher Zusammenfassung aus, abgekühlt: «Ich habe meinen Besuch bei Ihnen sehr genossen und hoffe, dass er Ihnen ein ähnliches Vergnügen bereitet hat.» Hawthorne hatte den Stoff zurückgeschickt und bedrängte Melville, die Geschichte der Agatha selbst zu schreiben. Melville begann auch damit im Winter 1853, und zwar unter dem Titel «The Isle of the Cross». Vermutlich war dies das «neue Werk, das jetzt für die Drucklegung fast fertig ist», von dem er im April 1853 seiner Mutter schrieb und auf das er in einem Brief an Harper and Brothers vom November hinwies als das «Werk, das ich letztes Frühjahr nach New York mitnahm, welches es in Druck zu geben ich damals jedoch gehindert wurde». Die Art der Verhinderung wird nicht spezifiziert, und ein Manuskript existiert nicht mehr. Auch eine Arbeit, die er im gleichen November vorschlug, ein «Buch – sagen wir 300 Seiten – teils über Meeresabenteuer, und teils – oder vielmehr hauptsächlich über Abenteuer bei der Schildkrötenjagd» wurde nicht abgeliefert; er behauptete, er habe es «in Arbeit und es sei schon weit fortgeschritten [und] für die Drucklegung im kommenden Januar fertig».

Abgesehen von diesen abgebrochenen Projekten wurde jedoch eine Anzahl bescheidener Werke gedruckt, allerdings anonym. Anonymität oder auch ein Pseudonym war für Autoren, die für Zeitschriften schrieben, gebräuchlich und hatte für Melville möglicherweise sogar einen gewissen Reiz; seinem britischen Verleger hatte er vorgeschlagen, *Pierre* als das Werk «von einem Vermonter» oder «von Guy Winthrop» herauszubringen. Anfang Oktober 1852 hatte er ein Rundschreiben erhalten, mit dem Autoren eingeladen wurden, Beiträge für eine neue Zeitschrift, *Putnam's Monthly Magazine*, mit George Palmer Putnam, einem Cousin von Allan Melvilles Frau Sophia, als Herausgeber, zu schicken. Einem Brief von Hope Savage Shaw, Elizabeth Shaw Melvilles Stiefmutter, ist zu entnehmen, dass Herman im Frühsommer 1853 von den «Harpers überredet» worden war, für ihre Zeitschrift zu schreiben. Veröffentlichungen in Zeitschriften waren ihm nicht unvertraut. Im Alter von neunzehn Jahren hatte er zwei «Fragments from a Writing Desk» in den Ausgaben des *Democratic Press, and Lansingburgh Advertiser* vom 4. und 18. Mai 1839 veröffentlicht – damals die Lokalzeitung seiner Heimatstadt. Für *Yankee Doodle*, das von Cornelius Mathews, einem Bekannten von ihm, herausgegeben wurde, lieferte er die – in den Ausgaben vom 24. und 31. Juli, vom 7., 14., 21. und 28. August und vom 11. September abgedruckten – Folgen von «Authentic Anecdotes of ‹Old Zac›». Für Evert Duyckincks Wochenzeitschrift *Literary World* schrieb er fünf anonyme Besprechungen, die wichtigste darunter «Hawthorne and His Mosses», die, weil sie so ausführlich war, auf zwei Ausgaben, die vom 17. und die vom 24. August 1850, verteilt wurde. In *Harper's New Monthly Magazine* vom Oktober 1851 wurde ein Kapitel aus *Moby-Dick* abgedruckt, «The Town-Ho's Story», das ebenfalls in der *Baltimore Evening Sun* vom 8. November erschien. Zwischen 1853 und 1856 wurden die folgenden vierzehn Geschichten veröffentlicht:

«Bartleby, the Scrivener: A Story of Wall Street» [«Bartleby»], *Putnam's*, November und Dezember 1853.

«Cock-A-Doodle-Doo! Or the Crowing of the Noble Cock Benevantano» [«Kikeriki oder das Krähen des edlen Hahns Beneventano»], *Harper's*, Dezember 1853.

«The Encantadas or Enchanted Isles» [«Die Encantadas»], *Putnam's*, März, April, Mai 1854.

«Poor Man's Pudding and Rich Man's Crumbs» [«Der Pudding der Reichen und die Brosamen der Armen»], *Harper's*, Juni 1854.

«The Happy Failure: A Story of the River Hudson» [«Der glückliche Misserfolg»], *Harper's*, Juli 1854.

«The Lightening-Rod Man» [«Der Blitzableitermann»], *Putnam's*, August 1854.

«The Fiddler» [«Der Geiger»], *Harper's*, September 1854.

«The Paradise of Bachelors and the Tartarus of Maids» [«Das Paradies der Junggesellen und die Hölle der Mädchen»], *Harper's*, April 1855.

«The Bell-Tower» [«Der Glockenturm»], *Putnam's*, August 1855.

«Benito Cereno» [«Benito Cereno»], *Putnam's*, Oktober, November, Dezember 1855.

«Jimmy Rose» [«Jimmy Rose»], *Harper's*, November 1855.

«I and My Chimney» [«Ich und mein Kamin»], *Putnam's*, März 1856.

«The 'Gees» [«Die 'Gees»], *Harper's*, März 1855.

«The Apple-Tree Table or, Original Spritual Manifestations» [«Der Apfelholztisch»], *Harper's*, Mai 1856.

Außerdem wurde *Israel Potter: His Fifty Years of Exile* als Fortsetzungsroman in neun Nummern von *Putnam's*, zwischen Juli 1854 und März 1855, abgedruckt.

Die Reihenfolge der Veröffentlichung war nicht unbedingt die Reihenfolge, in der die Geschichten geschrieben wurden. In «The Chronology of Melville's Short Fiction, 1853–1856» argumentiert Merton M. Sealts Jun., dass «Bartleby» zwar als erste Geschichte veröffentlicht wurde, aber wahrscheinlich erst im Sommer 1853 geschrieben worden war, nach drei kürzeren und weniger gelungenen Erzählungen, nämlich «The Happy Failure», «The Fiddler» und «Cock-A-Doodle-Doo!». Diese drei, so glaubt Sealts, sind die «drei Stücke, die Sie für ihre Zeitschrift geeignet finden könnten» wie Melville mit einem Brief vom 13. August an *Harper's* schrieb, den Sealts überzeugend dem Jahr 1853 zuschreibt. Elf Monate Abstand zwischen Einsendung und Veröffentlichung waren bei *Harper's* nicht ungewöhnlich; «The 'Gees» wurde laut Sealts wahrscheinlich im September 1854 eingesandt und vierzehn Monate lang zurückgehalten.

Die einzige Absage, die Melville in dieser Zeit erhielt, betraf «The Two Temples». Charles F. Briggs, der Herausgeber von *Putnam's*, schrieb im Mai 1854 an den Autor: «Es behagt mir gar nicht, die Two Temples ablehnen zu müssen, da das Stück ausgezeichnete Passagen der Beschreibung und der pikanten Satire enthält, aber meine Erfahrung als Herausgeber zwingt mich zu großer Vorsicht, wo es um die religiösen Empfindlichkeiten der Öffentlichkeit geht, und die Moral von Two Temples würde die ganze Macht der Kanzel gegen uns aufbringen, von Brown und der Gemeinde der Grace Church ganz zu schweigen.» Putnam selbst bat seinen Cousin, die Geschichte zu überarbeiten und erneut einzusenden, was Melville aber nicht tat.

Legt man den Wert des Dollar zu der Zeit zugrunde, wurde Melville gut bezahlt – fünf Dollar pro Seite von *Putnam's* und bis zu einhundert Dollar von *Harper's* für eine Gruppe von Geschichten. Für *Israel Potter* erhielt er 421,50 Dollar. Seine gesamten Einkünfte in diesen Jahren der kleineren Arbeiten werden auf 750 Dollar geschätzt; nicht eingeschlossen ist darin der Vorschuss von 300 Dollar von Harper and Brothers für die «Abenteuer bei der Schildkrötenjagd», ein Projekt, dessen Umrisse wir möglicherweise in geschrumpfter Form in «The Encantadas» wieder erkennen. (Im Vergleich möge man bedenken, dass sein Einkommen als Zollinspektor vier Dollar am Tag oder 1200 Dollar im Jahr betrug, dass ein Apfel einen Penny kostete und ein Buch gewöhnlich einen Dollar, dass seine 160 Morgen große Farm 1863 auf 4000 Dollar geschätzt wurde und dass sein Schwager, Lemuel Shaw Jun., ein Erbe von 300 000 Dollar hinterließ.)

Zeitschriften waren im Kommen – «das verkäuflichste aller Bücher heutzutage», gestand Melville seinem britischen Verleger. *Harper's* hatte eine Auflage von einhunderttausend, und die Zeitschrift wurde dafür kritisiert, dass sie so beharrlich Romane englischer Schriftsteller wie Dickens und Thackeray in Fortsetzungen abdruckte; *Putnam's* wurde speziell als Zeitschrift für die Werke amerikanischer Schriftsteller gegründet und veröffentlichte das längste und ambitionierteste von Melvilles kurzen Stücken, dazu Werke von Thoreau, Cooper, Longfellow, Lowell, Charles A. Dana und Horace Greeley. *Putnam's* richtete sich an eine gebildete, politisch liberale (das hieß: gegen die Sklaverei eingestellte) Leserschaft, die zwanzigtausend nie überstieg. Die Zeitschrift wurde 1855 von George Putnam verkauft und meldete 1857 Konkurs an. Als sie 1868 wieder belebt wurde, stellte der Prospekt die Frage: «Und wo ist Herman Melville? Hat dieser eifrige und phantasiereiche Schriftsteller … seine Feder just dann fallen gelassen, als er sie zu eigenem Gewinn und zur Zufriedenheit des Publikums hätte benutzen können?» Melville schrieb an die Herausgeber: «Sie können mich auf Ihre Liste möglicher Beiträger setzen», schrieb aber nie wieder für die Zeitschrift.

Als er ein Buch mit seinen kürzeren Stücken zusammenstellte, wählte er nur die aus, die in *Putnam's* erschienen waren. Ursprünglich lautete der Titel: *Benito Cereno & Other Sketches*; die Sammlung bestand, in dieser Reihenfolge, aus «Benito Cereno», «Bartleby», «The Bell-Tower», «The Encantadas» und «The Lightening-Rod Man». Sealts vertritt die Auffassung, dass auch «I and My Chimney» in dieser Sammlung enthalten gewesen wäre, hätte *Putnam's* es vor Ende 1855 veröffentlicht. Das Buch erschien bei Dix and Edwards – dem Verlag, der zufälligerweise auch *Putnam's* gekauft hatte. In Gesprächen bot Melville an – um einen Brief von ihm zu zitieren –, «so etwas wie ein Vorwort zu liefern, zusammen mit einem neuen Titel für die Sammlung», kam aber dann zu dem Schluss, dass «beide Schritte nicht nur unnötig sind, sondern sich auch als unzuträglich erweisen könnten», stieß auch diese Entscheidung wieder um und sandte «The Piazza» ein, als Einführungs-Essay / Geschichte / Skizze / Artikel sowie als Anlass zu einem neuen Titel. Es kann als sicher gelten, dass diese Erzählung zwischen dem 19. Januar 1856, als die Erweiterung «unzuträglich» erschien, und dem 16. Februar, als sie eingesandt wurde, entstand. *The Piazza Tales* wurden im Mai 1856 veröffentlicht. Melville war bereits in die Arbeit an seinem letzten Roman, *The Confidence-Man*, eingetaucht, der auch von Dix and Edwards veröffentlicht werden sollte, nachdem man sich geweigert hatte, ihm den gewünschten Vorschuss dafür zu geben. Joshua Dix' Partner George Williams Curtis, ein populärer Schriftsteller, der für *Putnam's* als Berater tätig war, riet Dix, «jeden Roman von Melville abzulehnen, der nicht extrem gut ist», schrieb aber zu der vorgeschlagenen Kurzgeschichten-Sammlung: «Ich glaube nicht, dass sich Melvilles Buch besonders gut verkaufen wird, aber er ist ein guter Name auf Ihrer Liste. Er hat all sein Prestige verloren – & ich glaube nicht, dass die Putnam-Geschichten es wieder herstellen werden. Aber vermutlich können Sie keinen Fehler damit machen. Mir gefallen die Encantadas und Bartleby sehr gut.» Als es so weit war, wurden von *The Piazza Tales* enttäuschende 1047 Exemplare verkauft – nur drei Fünftel der Anzahl, die verkauft werden musste, um die Kosten zu decken. Binnen eines Jahres wurde die Firma und damit auch *Putnam's Monthly Magazine* Opfer der Panik von 1857. Der Konkursverwalter bot Melville die Platten von seinen beiden Büchern an, worauf Melville erwiderte: «Verkaufen Sie sie ohne Bedauern. In den Topf damit & einschmelzen.» Seine Laufbahn als professioneller Geschichtenerzähler war beendet.

2. *The Piazza Tales* and Other Tales

Die Sammlung *The Piazza Tales* wurde erst 1922 wieder aufgelegt, als im Zuge der großen Melville-Renaissance der britische Verlag Constable Neuauflagen aller seiner Werke herausbrachte. In den fünfundsiebzig Jahren seither hat sich das ganze Gewicht der Forschung und der Kommentare des zwanzigsten Jahrhunderts auf diese und auf Melvilles andere kürzere Stücke geworfen; kaum eine Geschichte, die nicht ihre gelehrten Verfechter und Verunglimpfer gefunden hätte, und die Interpretationen, die ihre Rätsel veranlasst haben, sind ungezählt. Viele Studenten finden zunächst über die Kurzgeschichten Zugang zu Melville. Wie seine vier Romane aus der Zeit nach 1850 zeichnen sie sich durch eine dicht gewirkte Prosa, eine Neigung zu Pedanterie und Ambiguität, eine düstere Lustigkeit und einen unterschwelligen Nihilismus aus; doch in kleineren Dosen verabreicht sind diese Züge für den jungen Leser eine sanftere Bedrohung. Die *Piazza Tales* stellen eine unterhaltsame Mischung dar, in denen, der Reihenfolge nach, 1. ein Mann eine Piazza an sein Haus auf dem Lande baut und dann einen Berg besteigt und auf ein in der Ferne schimmerndes Cottage zugeht, von dem er glaubt, es befände sich im Feenland, 2. ein gutmütiger älterer Anwalt einen blassen Schreiber einstellt, der die Erledigung aller Aufgaben verweigert, die über striktes Schreiben hinausgehen, und den er doch nicht entlassen kann, 3. ein vor einer desolaten chilenischen Insel vor Anker gegangener amerikanischer Marinekapitän sich an Bord eines gespenstischen verlassenen und verfallenen Handelsschiffes begibt, zu dessen Cargo schwarze Sklaven gehören, 4. ein Hausbesitzer, dem Piazza-Erbauer nicht unähnlich, gereizt einen Blitzableiterverkäufer wegschickt, der ihn mitten bei einem Gewitter aufsucht, 5. eine Gruppe von vulkanischen Inseln im Pazifik vorkommt, die Riesenschildkröten, viele Meeresvögel, Piraten, hin und wieder Abenteurer und Verrückte beherbergt, sowie eine einsame, gemischtrassige Witwe, die Hunilla heißt, 6. ein Renaissance-Ingenieur mit dem Namen

Bannadonna einen riesigen Glockenturm errichtet, dessen Glocken von einem komplizierten Roboter geläutet werden.

Es ist nicht Aufgabe dessen, der die Einführung schreibt, die Lösungen dieser spannungsreichen Situationen zu enthüllen oder kritische Beurteilungen abzugeben, die den Genuss des Lesers beeinträchtigen könnten. *The Piazza Tales* und Melvilles andere Geschichten entziehen sich nach wie vor endgültigen Urteilen und rufen eine lebhafte Vielfalt von Reaktionen hervor. Noch die geringste dieser Geschichten, «The 'Gees», ist als rassistisches Stück, als Attacke auf die rassistische Ethnologie des neunzehnten Jahrhunderts, als «Metapher für die Mehrheit der menschlichen Rasse», als Parabel für kapitalistische Ausbeutung und als «Beispiel dafür, wie Melville als Meister der Satire gelesen werden kann», interpretiert worden. Man könnte jedoch verallgemeinernd sagen, dass diese Zeitschriften-Stücke aus der Mitte der fünfziger Jahre des neunzehnten Jahrhunderts als Gruppe eher von dunkler und gedämpfter Farbe sind, eher Zeichnungen als Gemälde. Verglichen mit der erhebenden Prosa von *Typee*, *Omoo* und *Moby-Dick*, fühlt sich ihre Sprache verhaltener, bisweilen steif und stockend an. Die Geschichten legen gleichermaßen Zeugnis von einer schleichenden Erschöpfung und einer hartnäckigen inneren Kraft ab. Als Verfasser von *Moby-Dick* fühlte Melville sich emporgetragen von shakespeareschen Möglichkeiten, die sich ihm eröffnet hatten; als Verfasser der Kurzgeschichten – post-*Pierre*, von Hawthorne im Stich gelassen und Gegenstand mitleidiger Pläne seitens der eigenen Familie – sieht er überall ein Scheitern.

«So ist mein Gedicht verdammt, und der unsterbliche Ruhm ist mir nicht beschieden. Unerträgliches Los!» So beginnt die Geschichte «The Fiddler», einer der ersten Versuche mit der Skizzen-Länge; ein anderes Stück in der Gruppe,

«The Happy Failure», endet mit den Worten: «Aber jetzt ist alles vorbei. Junge, ich bin froh, dass es mir misslungen ist. Junge, ich sage dir, der Misserfolg hat einen guten alten Mann aus mir gemacht. Zuerst war es furchtbar, aber jetzt, ich bin froh darüber. Gott sei gelobt für den Misserfolg.» So spricht der Held, der nicht mehr junge Onkel des Erzählers, der soeben seine Erfindung zur Rettung der Welt, ein mechanisches Gerät zur Trockenlegung von Sümpfen, zerstört hat und der sowohl dem besessenen Ahab als auch Melvilles bankrottem Onkel Thomas einige Züge verdankt. Glauben wir ihm? Oder ist seine Behauptung, dass er durch sein Scheitern Weisheit erlangt habe, ein Krähen, das so nutzlos und am Ende nur so aufreizend ist wie das des edlen Hahns Benevantano in «Cock-A-Doodle-Doo!»? Inmitten einer Kultur des Optimismus, in der Emerson den reinsten Ton anschlug, fühlte Melville sich verpflichtet zu zweifeln: «Ich war nicht gänzlich überzeugt von der Richtigkeit von Merrymusks Sicht der Dinge, jedoch voller Bewunderung für ihn.»

In den fiktionalisierten Berichten aus Arrowhead wie «I and My Chimney», «The Apple-Tree-Table» und «The Piazza» ist sein autobiographisches Alter Ego das eines älteren Mannes, was verstörend wirkt, wenn man bedenkt, dass Melville damals Mitte dreißig war und eine Frau hatte, die ihm alle zwei Jahre ein Kind gebar. Söhne bei der Ausübung männlicher Tätigkeiten gibt es in diesen Skizzen nicht, und wo Töchter auftreten, sind sie bereits erwachsen. «I and My Chimney», während einer schweren Ischias-Attacke geschrieben, zeichnet eine so aufdringliche und feindselige Ehefrau, dass Elizabeth den Drang verspürte, sich mit einer Randnotiz in einem Exemplar des Manuskripts, das in einem Ordner erhalten ist, zu verteidigen: «All das hier über seine

Frau Gesagte passt auf seine Mutter, die sehr lebhaft war und sich energisch auf der Farm et cetera betätigte. Die geplante Beseitigung des Kamins ist eine reine Sage.» Ehefrau, Mutter und Schwestern verbinden sich zu einer einzigen großen, bedrohlichen Frau. Dr. Oliver Wendell Holmes, der Melville im Juni 1855 behandelte, wurde zum Dank für seine Mühe als Architekt Scribe verunglimpft, der von den Frauen in die Verschwörung, den wärmenden, anheimelnden Kamin zu entfernen, hineingezogen wird. Der Kamin, wenn schon kein eindeutiges Phallus-Symbol, symbolisiert mit seinen Unregelmäßigkeiten und «geheimen Nischen» seine männliche Privatsphäre. Curtis – der gegenüber der dunkleren Seite der Geschichte, einschließlich dem Wortspiel mit «ash-hole», offenbar blind ist – schrieb an Dix, dies sei «eine kapitale, geniale, humorvolle Skizze von Melville, ganz und gar zeitschriftentauglich». Am Schluss bleibt der Held, damit er seinen Kamin nicht unverteidigt zurücklässt, sieben Jahre lang zu Hause. Wie Bartleby lässt er sich von seinem identitätsstiftenden Platz, und sei er noch so unbequem, nicht vertreiben. Die Titelhelden von «Bartleby» und «Benito Cereno» begeben sich in eine defensive Katatonie, die die Glaubwürdigkeit ebenso strapaziert wie die Geduld des Lesers.

Warner Berthoff schreibt in seiner Einleitung zu den *Great Short Works of Herman Melville* über die Geschichten:

Eine nach der anderen handelt von Rückzug, Resignation, Niederlage; von stoischem Erdulden und passivem Erleiden, von isolierten und eingeengten Geschöpfen, die nach niederschmetternden Desastern weiterleben, zuweilen allerdings mit seltsamer Fröhlichkeit; von Maßnahmen, die – gewöhnlich allzu exzentrisch, als dass sie allgemein dienlich sein könnten – gegen kaum zu vermeidende Katastrophen ergriffen werden.

Newton Arvin, dessen kurze Biographie von 1950 immer noch eine der genauesten und lebendigsten ist, konnte mit den Geschichten nicht viel anfangen:

> In den zwei, drei Jahren nach *Pierre* vermittelt Melville bewusst den Eindruck, dass er sich schont; schont, indem er nur kurze und unanstrengende Ausflüge unternimmt oder sich eng an eine Buchquelle anlehnt … Nur wenige der Geschichten sind etwas anderes als dünn, blass, substanzlos und erschreckend leicht zu vergessen … Hier sehen wir, wie Melville, ohne einen Moment lang von seinem tieferen Wesen Unterstützung zu erfahren, sich voranpeitscht, um sich zu einem verfügbaren und gefügigen Schreiber für *Harper's* und *Putnam's* zu machen und die Zeitschriften mit literarischer Hausmannskost zu versorgen, für die sie bezahlen … Er wirkt unglücklich und scheint dabei fortwährend von der Annahme auszugehen, dass es für diese Arbeit eine Formel gibt, wenn er sie nur zu fassen bekäme; dass es einen Ton der eleganten Lässigkeit, der essayistischen Leichtigkeit gibt, wie bei Lamb oder Leigh Hunt, der fast jeden Stoff auf seiner glatten Oberfläche trägt.

Edwin Haviland Miller sieht die Geschichten in seiner ziemlich erbarmungslos psychologischen Biographie von 1975 als Studien der Regression:

> Trotz der Oberflächenkomik in vielen dieser Kurzgeschichten, vielleicht als Leckerbissen für die Zeitschriftenleser gedacht, beschreibt Melville mit fast beängstigender Konsequenz ein wüstes Land, in dem nichts wächst und niemand zur Reife gelangt. Die Charaktere – oder vielmehr die menschlichen Karikaturen – sind, trotz ihres chronologischen Alters, in infantilen Reaktionen erstarrt oder fliehen das Leben.

Eine nihilistische Tendenz, das Ziel, ein «Niemand» zu werden, lässt sich nach Millers Lesart in diesen Gestalten erkennen.

Nach einem ganzen Jahrhundert der literarischen wüsten Lande sind wir vielleicht in der Lage, in Melvilles verödeten Inseln, von Teufeln besessenen Sklavenschiffen, schiefen Häusern, einstürzenden Türmen, tickenden Tischen, gruseligen Fabriken, armseligen Hütten und kahlen Backsteinmauern der Städte nicht nur eine persönliche Befindlichkeit zu erkennen, sondern auch eine allgemeine Wahrheit. Der Hunger nach Wahrheit ist das, was uns Melvilles Geschichten mit anhaltendem Interesse lesen lässt und ihnen, noch unter dem Bann der Entmutigung, ihre unbändige sprachliche Energie verleiht. Die Form und der Stil von Wahrheit beschäftigten ihn sehr. «Die Wahrheit, wenn sie kompromisslos gesagt wird, hat immer ihre scharfen Kanten», schrieb er in *Billy Budd*. «Die Wahrheit ist immer inkohärent», schrieb er im November 1851 an Hawthorne, als er mit fieberhafter Dankbarkeit auf den freundlichen Brief des älteren Schriftstellers zu *Moby-Dick* (der nicht erhalten ist) antwortete. Melvilles Erwiderung ist erstaunlich in ihrer unbefangenen Inbrunst, die zu religiöser Ekstase wird:

> Woher kamst du, Hawthorne? Mit welchem Recht trinkst du aus meinem Lebenskelch? Und wenn ich ihn an die Lippen führe – siehe, es sind deine und nicht meine. Ich spüre, dass die Gottheit gebrochen ist, wie das Brot beim Abendmahl, und dass wir die Stücke sind. Daher diese unendliche Bruderschaft der Gefühle.

Im nächsten Absatz fängt er sich wieder:

Mein lieber Hawthorne, die atmosphärische Skepsis beschleicht mich und lässt mich an meinem Geisteszustand zweifeln, wenn ich Ihnen so schreibe. Aber glauben Sie mir, ich bin nicht verrückt, edelster Festus! Doch die Wahrheit ist immer inkohärent, und wenn die großen Herzen zusammen schlagen, macht die Erschütterung immer ein wenig benommen. Leben Sie wohl. Schreiben Sie kein Wort über das Buch. Damit würden Sie mich meiner elendigen Freude berauben. Es tut mir herzlich Leid, dass ich je etwas über Sie geschrieben habe – es war jämmerlich. Herrgott, wann wird es ein Ende haben, dass wir wachsen müssen?

Auch wenn das Ausmaß von Melvilles Homosexualität für immer ungewiss sein wird, ist dies zweifellos ein Liebesbrief – so leidenschaftlich, dass das «Leben Sie wohl» vielleicht zum Selbstschutz gesprochen wird. Er sah Hawthorne als ein verwandtes «Großherz», als Partner bei der Waljagd nach der Wahrheit. «Denn wenn man den Wal nicht besitzt», schreibt er in *Moby-Dick*, «ist man nichts als ein Provinzler und ein Sentimentalist in der Wahrheit. Doch der klaren Wahrheit können nur Salamanderriesen begegnen; wie gering sind da die Chancen für den Provinzler?»

Mit seiner über alles erhabenen Wahrheitsliebe bietet Melville seinen Heerscharen von Deutern ein fruchtbares und frustrierendes Feld. Die ein Paar bildenden Skizzen «The Paradise of Bachelors» und «The Tartarus of Maids» haben ein gutes Maß an Überinterpretation hervorgerufen. Zusammen bilden sie die ehrgeizigste von drei Doppel-Skizzen, die Melville im Herbst und Winter 1853/54 verfasste. Alle drei schöpfen – in einer ihrer Hälften – aus einem Tagebuch, das Melville während seines Aufenthalts in London von Oktober 1849 bis Januar 1850 führte; alle handeln auf die eine oder andere Art von Armut und Reichtum. Die Pointe von «Poor Man's Pudding and Rich Man's Crumbs» scheint klar zu sein. Auf der einen Seite steht der selbstzufriedene Meliorismus des Dichters Blandmour, dessen vollmundiges Lob für «Poor Man's Pudding» – ein fades Gemisch aus Reis, Milch und Salz – durch die Erfahrung des Erzählers, der im Haus eines armen Holzfällers davon isst, als Heuchelei entlarvt wird, auf der anderen Seite steht das Erlebnis des Erzählers in «Rich Man's Crumbs»: Es deckt die selbstgefällige Zufriedenheit seines in eine elegante Uniform gekleideten Stadtführers auf, der die den Armen Londons hingeworfenen milden Gaben betrachtet – Brocken von einem opulenten königlichen Bankett am Abend zuvor. Das Elend der Armen, das uns auf beiden Tafeln des transatlantischen Diptychons vor Augen gehalten wird, soll unser Mitleid und unsere Empörung hervorrufen, und die Moral lautet: «Sollte je ein Reicher zu mir wohlwollend von einem Armen sprechen, so werde ich es als das entlarven, was es ist – ich will das Wort nicht aussprechen.»

In «The Two Temples», der Geschichte, der wegen ihrer Satire auf die Grace Church am Broadway in New York die Veröffentlichung verweigert wurde, steht der grobe Ausschluss des Erzählers aus dem ekklesiastischen Tempel seinem warmen Empfang in einem Londoner Theater gegenüber, obwohl er dort mittellos Einlass begehrt. Das Ziel der Satire dürfte das Pharisäertum der amerikanischen Christen der Oberschicht sein, dem englische Wärme und schuldfreie Spontaneität entgegengestellt werden. Ein vornehmer britischer Hedonismus herrscht in «The Paradise of Bachelors» vor, einer von Bewunderung und Dankbarkeit erfüllten Erinnerung an ein von Gesprächen begleitetes Ess- und Trinkgelage, das am 21. Dezember im Londoner Erechtheum Club stattfand – Melville verlegt es in seiner Erzählung in eine Kanzlei im Temple; die literarischen Gäste des tatsächlichen

Mahls wurden in Rechtsanwälte und gelehrte Laien verwandelt. Melvilles Vorliebe für Essen, Trinken und männliche Gesellschaft wird nirgendwo üppiger vorgeführt. «Wir sind ein Kreis von Brüdern», sagt er, Brüder, bei denen es an einem langen Abend des stetigen Redeflusses «nicht unmanierlich und nicht turbulent» zuging. Sie niesen nicht einmal, wenn sie Schnupftabak aus einem großen, mit zwei Ziegenköpfen verzierten Silberhorn nehmen. Weit entfernt von dem «Ding, das man als Schmerz bezeichnet, dem Popanz namens Ärger», unterhalten sich die Männer und beobachten beschwipst, wie die Karaffen auf dem Tisch herumgaloppieren, bis der dankbare Gast um Mitternacht in einem «Ausbruch aufrichtiger Bewunderung» erklärt, der Temple sei «das wahre Paradies der Junggesellen!». Doch in ihrer Biographie stellt Robertson-Lorant nüchtern fest: «Melville porträtiert diese privilegierten Junggesellen als moralisch verkümmerte, ichbezogene Parasiten.» Aus ihrer Sicht oder aus jeder progressiven, modernen Sicht mögen sie das sein, doch berechtigt der zelebrierende, eher demütige Text Melvilles eigentlich nicht zu solcher Verdammung.

«The Tartarus of Maids» beschreibt einen eisigen Januarbesuch in einer Papiermühle, in der blasse junge Frauen die Arbeit tun, und lädt mit Ortsnamen wie Devil's Dungeon, Black Notch und Blood River zu einer allegorischen Interpretation ein. Und dennoch, Edwin Millers freudsche Gleichsetzungen – «Die Mühle produziert innerhalb von neun Minuten, mit einer Maschine, die den Fortpflanzungsorganen ähnelt, Papier. Die Geschichte ist eine groteske Verspottung von Geburt und sexuellen Vorgängen» – tun Melville Unrecht, dessen Hauptabsicht darin besteht, Mitleid für die miserabel bezahlten Lohnarbeiterinnen und zugleich schaudernde Ehrfurcht vor den mächtigen, erbarmungslosen Maschinen hervorzurufen. «Die Maschinerie – der gepriesene Sklave der Menschheit – wurde hier sklavisch von menschlichen Wesen bedient.» Die vor allem anderen humanitäre und marxistische Dimension der Skizze wird bei der Suche nach freudschen Wortspielen übersehen; nach Robertson-Lorants Lesart ist ein Kolben unweigerlich «phallisch», sind die Lumpen, die für die Papierherstellung zerkleinert und zu Brei gestampft werden, die «Binden, mit denen Frauen ihre Monatsblutung stauen», und der Erzähler, ein Samenhändler, der für seine Produkte Umschläge braucht und durch die Dark Notch in den Devil's Dungeon hinabsteigt, wird zu einem wandelnden Spermatozoon. Aber die erstarrte, blutentleerte Atmosphäre des Ganzen, wo die Mädchen so blass und leer sind wie das Papier, das sie herstellen, und wie das Eis um sie herum, bekräftigt diese Erotisierung nicht. Hier sind zwei Welten, so zeigt uns Melvilles Gegenüberstellung, und beide – die Glückseligkeit der Junggesellen und das Elend der Mädchen – sind Wirklichkeit. Seine abschließenden Sätze bringen den Besucher in die «unergründliche Natur» zurück. In einer sich auf nichts festlegenden Dichotomie ruft er aus: «Ach, du Paradies der Junggesellen! Und ach, du Hölle der Mädchen!»

Insgesamt gesehen sagt Melville niemals Ja oder Nein. 1851, als er auf dem Höhepunkt seines Könnens war, schrieb Sophia Hawthorne an ihre Schwester: «In seinen Ansichten ist er ein kleiner Junge – er hat noch nicht seinen Platz gefunden.» Melville ging plötzlich zu Großbuchstaben über, als er 1860 / 61 die Schlusszeilen zu seinem Gedicht «The Conflict of Convictions» schrieb:

JA UND NEIN –

BEIDES MUSS SEIN;

GOTT ABER SCHLÄGT DEN MITTLEREN WEG EIN.

Zu der großen Frage der Zeit, der Sklaverei, äußert er keine tröstende Weisheit, keine Weissagung. Nachdem er auf Walfängern mit rassisch gemischten Mannschaften gedient und in Aufsehen erregender Art unter braunhäutigen Kannibalen gehaust hatte, stellte er sich auf die Seite der Polynesier und gegen die Einfälle der Missionare, und zeichnete heroische Porträts von den Harpunierern in *Moby-Dick*. Doch sein Verhältnis zu den haarsträubenden Tatsachen des Rassismus in der Neuen Welt blieb eher dramatisch als didaktisch.

«Benito Cereno» ist zweierlei, ein Besuch im Herzen der Dunkelheit und ein Ruf nach Black Power. Captain Delano, der Erzähler, ist von einem wohlwollenden weißen Rassismus: «Tatsächlich fühlte er sich wie die meisten Menschen mit gutmütiger, heiterer Veranlagung nicht aus philanthropischen Erwägungen, sondern aus einer von Herzen kommenden Empfindung zu den Negern hingezogen wie andere zu einem Neufundländer.» Als Delano über das Schiff schlendert, bemerkt er eine «schlafende Negerin, … die jugendlichen Glieder achtlos gelockert, wie eine Hindin im Schutze eines Waldfelsens im Schatten der Reling.» Weiter heißt es:

> Über ihre üppigen Brüste krabbelte vollwach und nackt, den kleinen schwarzen Körper halb von den Deckplanken und quer über den seiner Mutter aufgerichtet, ihr Kindchen; seine Händchen klammerten sich wie zwei Pfoten an sie, und mit Nase und Mund wühlte es vergeblich, um sein Ziel zu erreichen. Dabei gab es ein ärgerliches Grunzen von sich, das sich in das friedliche Schnarchen der Negerin mischte … Das ist nun einmal die unverfälschte Natur, reine Zärtlichkeit und Liebe, sagte er sich wohlgefällig.

Als er den treuen Babo dabei beobachtet, wie er Captain Cereno rasiert, reflektiert Delano selbstzufrieden: «Der Neger hat etwas in seinem Wesen, das ihn in besonderem Maße zu persönlichen Dienstleistungen befähigt … Sie greifen mit ebenso viel Begabung zu Kamm und Bürste wie zu den Kastagnetten und handhaben sie offenbar mit fast derselben Begeisterung.» Darüber hinaus stelle er «eine gewisse leichte Heiterkeit» fest, «als habe Gott den ganzen Burschen in einem erfreulichen Gleichklang komponiert», und «eine Fügsamkeit, die aus der anspruchslosen Zufriedenheit eines beschränkten Geistes und jener Fähigkeit einer blinden Ergebenheit herrührt, die bisweilen unbestreitbar Unterlegenen eigen ist.» Solche Eindrücke haben zu dem tröstlichen amerikanischen Mythos der schwarz-weißen Freundschaft geführt, bei der die weiße Hand diejenige ist, die großzügig ausgestreckt wird; die Handlung von «Benito Cereno» vertreibt solche Eindrücke, indem sie die schlichte, doch oftmals verborgen liegende und (für Weiße) schockierende Wahrheit ausspricht, dass die Versklavten ihre Herren nicht lieben.

Melville, «in seinen Ansichten ein kleiner Junge», gehört zu den Autoren mit den wenigsten Vorurteilen und dem geringsten Paternalismus; nur selten scheint er – verglichen beispielsweise mit Dickens und Hardy – uns etwas verkaufen zu wollen. Eine Ausnahme bildet möglicherweise die Hunilla-Episode in den «Encantadas», «Sketch Eighth: Norfolk Isle and the Chola Widow», wo die ganzen aufgestauten Emotionen der abgebrochenen Agatha-Geschichte sich in der sprachlich unbeholfenen Heldin Bahn zu brechen suchen. Doch forscht man nach Beispielen für Melvilles sprachliche Magie, dann bietet diese Episode eines, in dem kleinen ovalen Bild der Katastrophe ihres Lebens, das Hunilla für sich schafft, als sie, um ihren Ehemann und ihren Bruder draußen auf See auf ihrem grob gezimmerten Katamaran beobachten zu können, in dem Buschwerk am Strand einige Zweige zur Seite schiebt:

> Sie bildeten einen ovalen Rahmen, durch den das blaue, grenzenlose, wogende Meer einem Gemälde glich. Und dort malte der unsichtbare Künstler vor ihren Augen das von den Wogen umhergeworfene und zerschmetterte Floß, seine vorher ebenen Stämme wie gebrochene Masten schräg emporragend und dazwischen undeutlich die vier ums Leben ringenden Arme. Und dann sah sie in dem milchig weißen, glatt strömenden Wasser sich alles beruhigen und darin das zersplitterte Wrack treiben, während vom Anfang bis zum Ende kein Laut irgendwelcher Art zu hören war. Der Tod auf einem stummen Gemälde, ein vom Auge gesehener Traum, verschwindende Gestalten, wie eine Fata Morgana sie zeigt.
>
> So blitzschnell spielte die Szene sich ab, so traumhaft war ihre sanfte malerische Wirkung, so weit entfernt von ihrem verdorrten Ruheplatz und ihren den täglichen Dingen zugewandten Gedanken, dass Hunilla immer wieder dorthin blickte und weder einen Finger rührte noch ein Wehklagen erhob.

Die Unwirklichkeit des schrecklichen Ereignisses wird mit einer visuellen und psychologischen Präzision geschildert, die etwas Gleißendes hat. Und dieses Gleißende, das die Gedanken des Lesers für einen Augenblick mit seiner feinen Überraschung in Spannung hält, berührt auch den kleinen Käfer, der in Melvilles Nacherzählung einer bekannten Legende aus Neuengland am Schluss aus dem «Apfelholztisch» krabbelt:

Da, halb drinnen und halb außerhalb des Spalts, wand sich der Käfer in der allgemeinen Dämmerung des Raumes leuchtend wie ein feuriger Opal.

Hätte dieser Käfer ein winziges kleines Schwert an der Seite getragen – ein Damazenerschwert – und ein winziges Halsband um seinen Hals – ein diamantenes Halsband – und ein winziges Gewehr in den Klauen – ein Messinggewehr – und eine winzige Handschrift im Mund – eine chaldäische Handschrift –, Julia und Anna hätten nicht verzückter dastehen können.

Es ist traurig, sowohl für den Leser als auch für den Erzähler und seine Töchter, dass dieser «seraphische Käfer» «sich nicht lange seines glänzenden Daseins erfreute. Er verschied am nächsten Tag.» Wir fühlen uns daran erinnert, wie Melville selbst sich wunderbar entfaltete – er verglich es mit dem Aufgehen eines Samenkorns, das aus einer ägyptischen Pyramide stammte und das, wie er Hawthorne prophezeite, bald bei seinem innersten Blatt ankommen würde.

3. Andere kürzere Arbeiten

Die literarischen Ambitionen Melvilles entsprangen nicht allein dem Meer. Der Titel «Fragments from a Writing Desk» hätte häufige Beiträge zu dem *Democratic Press, and Lansingburgh Advertiser* erlaubt. Doch nur zwei erschienen, am 4. und 18. Mai 1839, einen Monat bevor Melville sich zu seiner ersten Ozeanreise nach Liverpool einschiffte, von wo er mit dem Handelsschiff *St. Lawrence* zurückkehrte. Das erste «Fragment» zeigt, dass der neunzehnjährige Verfasser ein gesundes Interesse an Mädchen, denen er begegnet, hat und über einen dandyhaften Prosastil verfügt, der durch Selbstparodie noch erhöht wird. Indem er seine Unsicherheit hinter einer Maske versteckt, prahlt er mit seiner körperlichen und geistigen Schönheit – «Nun, Sir, ich bin, wie ich entdeckt habe, mit den seltensten und außergewöhnlichsten Kräften begabt, mit universalem Wissen ausgestattet und mit den feinsten Fertigkeiten geziert.» Melvilles formale Ausbildung war durch die finanziellen Misserfolge seiner Familie jäh abgeschnitten worden, doch waren die Häuser seiner Jugend gut mit Büchern bestückt gewesen, und er garniert seine wortreichen Höhenflüge mit Zitaten aus Thomas Campbell, Shakespeare, Lord Byron, Sir Walter Scott, Milton und Coleridge. Auch wenn man weiß, dass die gebildeten Jugendlichen jener Zeit im Allgemeinen zu beträchtlichen Schnörkeln imstande waren, zeigt doch ein Absatz wie der vierte, der aus einem einzigen Satz besteht, eine frühreife Virtuosität.

Das zweite «Fragment» erzählt eine Geschichte, die unser Interesse bis zum jäh abfallenden Ende wach hält; wie die letzte Geschichte, die Melville schrieb, «The Piazza», folgt dieses Stück einer romantischen Anziehung bis zu ihrer endgültigen Entzauberung hin. Was seiner Vision von weiblicher Perfektion mangelt, ist eine Stimme, und eine Stimme ist das, was Melville vor allem andern hatte. Sie neigt sich ihm mit «andalusischen Augen» zu – etwas Unerwartetes, obwohl Washington Irving Spanien in Amerika in Mode gebracht hatte. Zehn Jahre später, als Melville mit *Typee* und *Omoo* Ruhm erlangt hatte, schrieb ein New Yorker Journalist über «Herman Melville mit seiner Zigarre und seinen spanischen Augen». Melville war der dunkeläugige Sohn einer blauäugigen Familie. Die prächtige Wohnung, die er sich in Lansingburgh vorstellte – «in der Luft schwangen die kostbarsten Düfte. Die Wände waren mit den elegantesten Teppichen behängt, die in anmutigen Falten zu Boden fielen und Szenen von arkadischer Schönheit darstellten … Kandelaber der au-ßergewöhnlichsten Beschreibung hingen an silbernem Ge-stänge von den hohen Decken und verbreiteten ein sanftes und gemäßigtes Licht über diese üppige Szene» –, nimmt die vorweg, die er in einer eher düsteren Färbung im sechsund-vierzigsten Kapitel von *Redburn: His First Voyage [Redburn: Seine erste Reise]* beschreibt. Wellingborough Redburn hätte unmittelbar aus diesen Tagträumen von Upstate New York heraustreten können, obwohl er jünger als neunzehn scheint.

Literarischer Erfolg brachte Melville literarische Freunde. Evert Duyckinck, der urbane, episkopalische, gesellige Her-ausgeber (mit seinem Bruder George) von *The Literary World*, führte Melville bei dessen Besuchen in Manhattan in den Kreis der duyckinckschen Samstagabend-Dinnergäste ein, der sich Tetractys Club oder «Ritter der Tafelrunde» nannte. Ein Mitglied des Kreises, Cornelius Mathews, war der Herausgeber des *Yankee Doodle*, einer humoristischen Wochenzeitschrift, die als «amerikanischer *Punch*» galt, und lud Melville ein, einige satirische Stücke über Zachary Taylor zu schreiben, der wegen seiner Siege im mexikanisch-ameri-kanischen Krieg als Held des Tages betrachtet wurde. Mit sie-ben Folgen und neun «Anekdoten» läuft die Serie zu lang und verliert den bescheidenen Schwung, mit dem sie begann. Wie viele andere Liberale aus dem Norden sah Melville in dem Krieg einen imperialistischen Angriff, gefördert von einer nationalen Pro-Südstaaten-Regierung, mit dem Ziel, das potenzielle Territorium für Sklaverei zu vergrößern. Tay-lor war selbst Sklavenhalter und hatte den Großteil seiner mi-litärischen Laufbahn damit zugebracht, gegen Indianer zu kämpfen; weder Melville noch irgendjemand sonst konnte vorhersehen, dass der bärbeißige alte Soldat, nachdem er 1850 sein Amt als zwölfter Präsident der Vereinigten Staaten angetreten hatte, den Befürwortern der Sklaverei heftigen Widerstand entgegensetzen würde, der, womöglich, wäre Taylor nicht wenige Monate nach der Amtsübernahme gestorben, den Lauf der Ereignisse, die zum Bürgerkrieg führten, verändert hätte. Wie dem auch sei, Melvilles Satire macht von politischen Argumenten keinen Gebrauch; was neben einer aristokratischen Verachtung für den populären «Old Rough and Ready» zum Ausdruck kommt, ist ein Protest gegen die «Barnumisierung» der amerikanischen Kultur. P. T. Barnum hatte 1841 sein American Museum in New York City eröffnet; viermal beschreibt Melville ihn, wie er Relikte von Old Zack zu ergattern versucht (seine Hosen, seine Tabakdose), um sie zur «Befriedigung der Neugierigen» auszustellen. Der amerikanische Celebrity-Kult ruft hier einen frühen Spötter auf den Plan und bedient sich des typographischen Feuerwerks der Werbung. In der Parodie der Sprache eines Physiognomikers erlangt Melville eine gewisse Melvillesche Großartigkeit:

> Sein Auge ist Websternisch, wenn auch grau. Das linke Organ beeinträchtigt ein wenig die rechte Seite der Augenhöhle, und bei einer Untersuchung mit einem starken Teleskop werden verschiedene winzige Flecken auf der Pupille des finsteren Augapfels sichtbar. Doch lenkt dies nicht von dem Majestätischen des Ausdrucks ab: Selbst die Sonne hat ihre Flecken.

Obwohl in den großartigsten Werken Melvilles immer ein Sinn für das Komische deutlich wird («Es gibt gewisse verquere Zeiten und Gelegenheiten in dieser seltsamen, gemischten Angelegenheit, die wir Leben nennen», sagt er in *Moby-Dick*, «zu denen der Mensch dieses ganze Universum für einen riesigen handfesten Witz hält, auch wenn die Pointe nur schwach durchscheint»), ist die scherzhafte Behandlung eines Themas nicht seine Stärke. Pur genossen, hat sein Humor eine bittere Note; wir befinden uns in dem öden, mit Bombast und Betrügerei beladenen Territorium des *Confidence-Man*. Dennoch sind die «Authentic Anecdotes of ‹Old Zack›» erkennbar von Melvilles Hand (zum Beispiel verraten sie sein charakteristisches Interesse für Kleidung) und stellen seine einzigen bedeutsamen Zeitschriftenveröffentlichungen in den Jahren zwischen 1840 und 1850 dar.

«Hawthorne and His Mosses» wurde im Sommer 1850 veröffentlicht und hat seines phantasievollen Fiebers und seines fiktionalen Rahmens wegen einen berechtigten Platz unter den ungesammelten Skizzen; vorgeblich wurde es von einem «Mann aus Virginia» geschrieben, «der den Monat Juli in Vermont verbringt» und sich auf Drängen eines «Mädchens aus den Bergen, einer Cousine von mir», veranlasst sieht, Hawthornes *Mosses from an Old Manse* zu lesen. In seiner schriftlichen Erwiderung beschreibt er die Begegnung zweier Empfindsamkeiten oder vielmehr, wie die eine von der anderen verschlungen wird; das Stück gehört zu den persönlichsten wie auch zu den exaltiertesten aller literarischen Würdigungen. Etliche der darin enthaltenen Sätze darin sind in das Buch der Gemeinplätze des amerikanischen Erhabenen eingeschrieben:

Die Welt ist heute so jung wie am Tag ihrer Schöpfung; und dieser Vermonter Morgentau ist so feucht an meinen Füßen wie Edens Tau an Adams Füßen.

Glauben Sie mir, mein Freund, Shakespeares werden auch heute noch an den Ufern des Ohio geboren.

Doch ist es besser, an der Originalität zu scheitern als mit der Nachahmung Erfolg zu haben.

Denn das Genie steht, überall in der Welt, Hand in Hand, und der Schock des Erkennens pulsiert durch den ganzen Kreislauf.

Im Empyreum der Kunst gibt es ein Opfer, und sein Name ist Wahrheit: «Denn in dieser Welt der Lügen ist die Wahrheit gezwungen zu fliehen wie ein erschrecktes weißes Reh im Wald; und nur in listigen Blicken wird sie sich zeigen, so bei Shakespeare und anderen Meistern der großen Kunst der Wahrheitssagung – wenn auch nur verhüllt und für flüchtige Augenblicke.»

Der spielerische Ton in einigen der anderen Buchrezensionen, die Melville für *Literary World* schrieb, offenbart, wie lau die Achtung war, die er amerikanischen Vorgängern wie Fenimore Cooper und Francis Parkman entgegen brachte. In Hawthornes Short Stories sah er einen Geist und ein Herz, die an Shakespeare erinnerten in ihrer Durchdringung, ihrer ehrlichen Düsternis, ihrer leuchtenden Wahrheit. Die Entdeckung entlockte ihm eine patriotische Ermahnung: «Es ist nämlich die Wahrheit, dass aus unserer Sicht die Sache der nationalen Literatur an einem Punkt angelangt ist, wo wir gewissermaßen zu Grobianen werden müssen, so wir den Kampf nicht verlieren wollen.» Diese Worte, geschrieben, als das Jahrhundert in seinem Zenith stand, richtete Melville vor allem an sich selbst; die Inspiration, die von Hawthornes Beispiel ausging, fand ihren unmittelbaren Niederschlag in *Moby-Dick*, einer weiteren Meeresfabel *in progress*, die noch metaphorischer, metaphysischer und «böser» wurde dank der bei Hawthorne wahrgenommenen Tugenden, insbesondere seiner «großen Macht der Schwärze». Wie eine fortschreitende Geschichte bekommt der Essay neuen Auftrieb – der Mann aus Virginia gesteht, dass er in seinem eiligen Wunsch

zu loben nicht alle *Mosses* gelesen habe, und findet vierundzwanzig Stunden später neuen Grund, das «zu lieben und zu
bewundern», was er inzwischen gelesen hat.

> Doch schon spüre ich, dass Hawthorne keimfähigen Samen in
> meine Seele gelegt hat. Er weitet sich und sinkt nieder, je mehr
> ich mich in ihn versenke; und tiefer und tiefer dringen seine
> starken neuenglischen Wurzeln in den heißen Boden meiner
> südlichen Seele ein.

Diese berühmte, ja sogar berüchtigte Erklärung dringt zum
Kernpunkt der Geschichte vor. Ihre Fortsetzungen jedoch –
die Meisterwerke, geschaffen, zurückgewiesen, siebzig Jahre
lang vernachlässigt; die intensive Freundschaft, entfacht und
dann abgekühlt – hören sich anders an. Unterdessen markiert Melvilles Begeisterung, «von jedem, der der Bewunderung fähig ist, bewundert zu werden», einen dramatischen
Moment, da ein Genie das andere grüßt und die Situation aus
dem Provinziellen heraustritt.

Nach dem Misserfolg des *Confidence-Man* wandte Melville
sich ausschließlich der Lyrik zu. Doch gegen Ende seines Lebens, insbesondere nachdem er 1885 seinen Dienst bei der
Zollbehörde quittiert hatte, schlich sich wieder Prosa ein – in
der merkwürdigen Gestalt langer «Kopfnoten» zu seinen Gedichten. Unter seinen Papieren, die aber erst in der Consta-
ble-Ausgabe seiner Werke veröffentlicht wurden, fanden sich
eine Anzahl von Skizzen, oder «Charakteren», die Gedichten
hinzugefügt und alle mehr oder weniger noch in Arbeit waren; fünf davon, mit den Titeln «The Marquis de Grandvin»
und «Daniel Orme» und drei «Jack Gentian» betreffende
finden sich in Berthoffs Sammlung wieder. Die einzige ausführliche dieser Skizzen jedoch, die Melville zu seinen Leb-

zeiten drucken ließ, ist «John Marr»; sie wurde, zusammen mit dem dazugehörenden Gedicht, 1888 als Privatdruck in einer Auflage von fünfundzwanzig Stück als Einführung zu *John Marr and Other Sailors, with Some Sea Pieces* veröffentlicht. Marr wird – im Präsens des Lesers – als jemand imaginiert, der sich fünfzig Jahre zuvor, 1838, in die Prärie des mittleren Westens zurückgezogen hat. Einsam und allein mit seinen reichen Seefahrtserinnerungen unter Menschen, deren mangelnde Bereitschaft zuzuhören «mit der Apathie der Natur selbst einherzugehen schien», findet Marr – wie Melville im Herzen von New York City – eine «schattenhafte Kameradschaft» bei alten Seefahrergefährten:

> Umströmt mich, Formen und Gestalten: –
> Tätowierungen, Ohrringe, gedrehte Liebeslocken;
> Barbaren des Menschen schlichterer Natur,
> Unweltliche Diener der Welt.
> Ja, gegenwärtig alle, und teuer mir,
> Obgleich Schatten nur, oder auf dem Boden der
> Chinesischen See.

Melville starb 1891, in seinem Bett. Elizabeth Shaw überlebte ihn um fünfzehn Jahre und kümmerte sich – ohne im Geringsten der zerstörerischen, zänkischen Ehefrau in «I and My Chimney» zu gleichen – sorgfältig und liebevoll um seinen literarischen Nachlass, wachte über neue Auflagen von vier Romanen (*Typee, Omoo, White-Jacket, Moby-Dick*) im Jahr 1892, und bewahrte und ordnete seine unveröffentlichten Papiere. Beachtenswert waren darunter vor allem die vielen Seiten von *Billy Budd*, einer «Kopfnote», die die Länge einer Novelle erreicht hatte, bevor Melville schrieb: «Ende des Buches, April 1891». Der Text wurde in einer von Melvilles erstem Biographen, Raymond Weaver, besorgten Ausgabe 1924 zum ersten Mal veröffentlicht und 1928 überarbeitet.

Melvilles Enkelin, Mrs. Eleanor Melville Metcalf, schenkte das Manuskript der Harvard University, wo es in der Houghton Library aufbewahrt wird; auf seiner Grundlage erstellte F. Barron Freeman 1948 einen «wortgetreuen Text», der auch alle mit dem Text nicht immer in Einklang zu bringenden Randbemerkungen Melvilles einschließt, eine weitere Version folgte 1962, diese von Harrison Hayford und Merton Sealts. Das Manuskript zeigt, dass Melville seine Abschnitte nicht nummerierte, sondern durch grafische Zäsuren trennte; bestimmte Absätze können nicht klar zugeordnet werden, und da es keine Reinschrift gibt, ist eine definitive Version nicht möglich.

Billy Budd hat – von *Moby-Dick* abgesehen – die meiste Bewunderung und die meisten Kommentare hervorgerufen. Die Erzählung hat die durchscheinende Klarheit und die lose Wirkart eines letzten Werks – wie Shakespeares *Der Sturm* und Tolstojs «Hadschi Murat», Henry Greens *Doting* und Hemingways *Paris. Ein Fest fürs Leben*. Eine ganze Lebenszeit findet darin Eingang. Immer wenn Melville sich an Bord eines Schiffes begibt, spürt der Leser die Decksplanken unter sich. Die nautische Situation auf der H. M. S. *Bellipotent* mit ihrer kriegsbedingten Gesellschaft von Matrosen ist eng verwandt mit der Lage auf der amerikanischen Fregatte *Neversink* in *White-Jacket*: Beide Schiffe haben schurkenhafte Waffenmeister; *Billy Budd* ist der am meisten bewunderten Gestalt in *White-Jacket*, Jack Chase, gewidmet; und während Melville auf der *United States*, dem Vorbild für die *Neversink*, diente, erfuhr er 1844 von der Beteiligung seines Cousins, des Lieutenant Guert Gansevoort, an einem Standgericht-Urteil an Bord der *Somers*. Aber *White-Jacket* wurde im Rausch der Erinnerungen und Ansichten von einem selbstbewussten jungen Mann geschrieben, der den Höhepunkten seines

Schaffens entgegeneilte, während der Verfasser von *Billy Budd* sich wieder in die Kunst des Erzählens hineinfühlt – nach der langen Pause, die einer gescheiterten literarischen Laufbahn gefolgt war.

Das Manuskript zeugt von starker Überarbeitung, wobei die Geschichte sich weit von dem Gedicht, das zu erhellen sie geschrieben wurde, entfernt. Der Billy in dem Gedicht, mit seinem rhythmischen Slang und seinen zärtlichen Erinnerungen an Bristol Molly, ist ein erdverhafteter Bruder des engelhaften, um nicht zu sagen, christushaften Vortoppmanns in der Geschichte. Eine weniger stilisierte Geschichte hätte die offenen biblischen Anspielungen, die Billy sowohl mit Adam vor dem Sündenfall als auch mit dem gekreuzigten Christus verbinden, wahrscheinlich weniger bereitwillig absorbiert. Melville schreibt eine Spur arthritisch, in einer Prosa, die uns hier und da an Henry James und sein bemühtes Herumtasten erinnert, und stellt uns, wie in seinen anderen «Kopfnoten» auch, seine «Charaktere» vor. Es sind ihrer drei: Billy, der «schmucke Matrose», der mit noch nicht da gewesenen homoerotischem Vergnügen gezeichnet wird, John Claggart, der Waffenmeister, ein Mann von ansehnlichem Äußeren, jedoch mit einem blässlichen Teint, der zwar «nicht ohne weiteres abstoßend, aber doch auf etwas Krankhaftes oder Anomales in seiner Veranlagung oder seinem Blut hinzudeuten schien», und der Kapitän, Edward Fairfax Vere, von einem Verwandten in Anerkennung seiner astronomischen Fähigkeiten «Sternen-Vere» genannt. Vere ist ein «außergewöhnlicher Charakter», mit einem fast unmerklichen – parallel zu Billys gelegentlichem Stottern und Claggarts teigigem Gesicht und vorstechendem Kinn angelegten – Mangel, den ein nicht mit Namen genannter Matrose als «eine sonderbare pedantische

Ader … wie der Königsfaden durch die ganze Rolle Schiffs-tau» beschreibt.

Diese drei mit feinen Fehlern behafteten Männer werden in einer Handlung von opernhafter Krassheit zusammenge-worfen. Und zu einer Oper wurde die Geschichte auch verar-beitet, von Benjamin Britten. Ein vollkommener Kapitän hätte die Tragödie vielleicht abwenden oder sie zumindest aufschieben können – wie einige um ihn herum vorschla-gen –, bis eine Anhörung vor dem Admiral möglich gewesen wäre. Doch Veres «pedantische Ader» erzwingt, im Kontext von 1797, dem Jahr der großen Meuterei, eine absolute Lö-sung. Bevor er aber seinen Willen ausgeführt sieht, bemüht er sich um eine Versöhnung mit dem unschuldigen Beschuldig-ten, in einer Szene, die Melville nicht schreiben wollte, so, als fürchtete er sich, damit ein Sakrileg zu begehen. «Vielleicht», sagt er, war es so, dass Vere

am Ende Billy an seine Brust zog, so wie Abraham den jungen Isaak umarmt haben mag, ehe er sich entschloss, ihn im Ge-horsam gegen den furchtbaren Befehl als Opfer darzubringen. Aber das Opfer bleibt unerwähnt. Selten nur, wenn über-haupt, wird es der lauten Welt offenbar, wo immer sich unter Umständen, die den hier geschilderten in irgendeiner Weise entsprechen, zwei Menschen umarmen, die einer edleren Da-seinsordnung der großen Natur angehören. Es geschieht unter vier Augen, der Überlebende bewahrt das Geheimnis unver-sehrt, und zuletzt deckt das heilige Vergessen, das auf jede Tat gottähnlichen Edelmuts folgt, alles zu.

Die gewundene Grammatik dieser großartig zweideutigen Passage enthält das eindrückliche Drehmoment einer idealen Vater-Sohn-Beziehung, von einem Mann entworfen, dessen eigener Vater als Rasender starb, als er, der Sohn, zwölf Jahre alt war, und dessen zwei Söhne zu seinen Lebzeiten starben, einer durch Selbstmord, einer als Invalide und Vagabund.

Die Analogie zu Abraham und Isaak und die Sprache des Sakraments deuten auf eine noch größere Versöhnung hin, nämlich auf die zwischen dem lebenslang Suchenden und Gott, trotz der Grausamkeiten, deren der eine Zeuge wird, und trotz des unversöhnlichen, an die Sterne erinnernden Schweigens, das der andere aufrecht erhält. «Gott segne Kapitän Vere!» – Kapitän Wahrheit. Für Melville wirft die Position eines Kapitäns, der die absolute Befehlsgewalt über sein Schiff hat – so wie Gott vermutlich über das Universum herrscht – Fragen von essenziell theologischer Natur auf. Zudem führt der sich rundum erstreckende Horizont des Meeres – «die intensive Konzentration des Ichs inmitten einer derart herzlosen Ausdehnung», wie Ishmael es in *Moby-Dick* sagt – unweigerlich zu Spekulationen von gefährlicher Profundität. Wie Billy Budd war Melville Vortoppmann in seiner Zeit als Seemann auf einem Kriegsschiff und somit zu Hause auf dem höchsten Mast mit dem weitesten Blick. «Da stehst du», sagt Ishmael, «einhundert Fuß über dem stillen Deck, und schreitest durch die Tiefe, als wären die Masten Riesenstelzen, während unter dir und zwischen deinen Beinen gewissermaßen die größten Seeungeheuer schwimmen, so wie einst die Schiffe zwischen den Stiefeln des Kolosses von Rhodos hindurchsegelten.» Ishmael gibt zu, dass er manchmal unaufmerksam war auf seinem Ausguck, abgelenkt durch, wie er sagt, «das Problem des Universums, das sich in mir drehte». Melville strebte unwillkürlich nach dem Erhabenen, und auch seine kürzeren Werke bieten weitreichende Ahnungen und den Widerhall kosmischer Betrachtungen.

Edith Whartons
Zeit der Unschuld[1]

The Age of Innocence [Zeit der Unschuld], von vielen als Edith Whartons bester Roman angesehen, wurde von der Schriftstellerin begonnen, als sie siebenundfünfzig Jahre alt war, und im Oktober 1920 veröffentlicht, als sie achtundfünfzig war. Sie war spät zum Schriftstellerberuf gekommen, nach einer Kindheit und Jugend in der New Yorker Gesellschaft und mehreren zunehmend unglücklichen Ehejahren mit Edward Wharton, einem Mann aus reicher Bostoner Familie. Sie war neunundzwanzig, als ihre erste Kurzgeschichte veröffentlicht wurde, und weitere sechs Jahre vergingen, bevor ihr erstes Buch, ein Sachbuch mit dem Titel *The Decoration of Houses*, erschien. Doch mit dem Einzug des neuen Jahrhunderts zog bei ihr eine neue Tageseinteilung ein: trotz der vielen Ablenkungen eines aktiven Gesellschaftslebens und der notwendigen Reisen und trotz der Krankheiten, von denen sie und ihr Mann heimgesucht wurden, verbrachte sie nun den Morgen mit Schreiben und produzierte stetig ein erstaunliches Maß an erzählerischen Werken. *The House of Mirth [Haus der Freude]*, 1905, war ihr erstes Meisterwerk; *Ethan Frome [Ethan Frome]*, 1911, und *The Custom of the Country [Die kühle Woge des Glücks]*, 1913, folgten neben vielen anderen freundlich aufgenommenen, jedoch weniger in Erinnerung gebliebenen Titeln. Entgegen den Wesenszügen ihrer sozialen Schicht war sie eine überaus professionelle, viel gelesene und von der Kritik geschätzte Schriftstellerin geworden. Doch die Brillanz und die Fülle von *The Age of*

---

[1] Einführung zu *The Age of Innocence* von Edith Wharton

Innocence, das relativ spät in ihrer Laufbahn entstand, deuten auf eine besondere Erneuerung hin.

Für einen Romancier liegen die Hallen der Erinnerung und die der Phantasie unmittelbar nebeneinander. Ein außerordentliches erzählerisches Werk ist gewöhnlich die Frucht eines neuen Zugriffs, mit dem der Autor sich der in ihm liegenden Schätze bemächtigt. Gegen Ende des Krieges, in Paris, sagte Edith Wharton zu Bernard Berenson: «Je me cherche, et je ne me retrouve pas.» Ihre Suche nach sich selbst war ein Prozess, der aus vielen Schritten bestand und mit der begierigen Erforschung der Bibliothek ihres Vaters im Haus der Jones in der West 23rd Street begonnen hatte. Edith Jones' Ehe mit dem liebenswürdigen, aber etwas farblosen und schließlich geistig instabilen Teddy Wharton war ein weiterer Schritt gewesen, der ihr tiefe Einsichten in ein beliebtes Thema vermittelt hatte: die Unzulänglichkeit der Ehe, besonders einer gesellschaftlich präsentablen Ehe zweier nicht zueinander passender Wesen. Teddy Wharton wäre womöglich ein bewundernswerter Ehemann für eine intellektuell weniger ehrgeizige und nicht so enorm erfolgreiche Frau gewesen; so aber machten sie sich gegenseitig das Leben schwer. Ihre sexuelle Beziehung (Ediths prüde, herrische Mutter hatte sie darauf vorbereitet, indem sie die Tochter aufforderte, sich griechische Statuen anzusehen, und dann ausrief: «Du kannst nicht so dumm sein, wie du tust.») war armselig, ehe sie aufhörte zu existieren. Ediths nächster Schritt in ihrer Selbsterziehung bestand darin, dass sie sich 1909 einen Liebhaber nahm, Morton Fullerton. Ihre Bindung an Teddy, der seinerseits Ehebruch begangen und Gelder seiner Frau veruntreut hatte, wurde im gleichen Maße wie ihre Bindung an die Vereinigten Staaten immer schwächer; 1911 verkaufte sie Mount, ein prächtiges Haus, dass sie kaum zehn Jahre zuvor in Lenox,

Massachusetts, hatte errichten lassen, und wurde Pariserin. Ihre Scheidung erfolgte zwei Jahre später. Der Erste Weltkrieg nahm sie ganz in Anspruch, ebenso das Land ihrer Wahl; sie bewies ein erstaunliches Organisationstalent – sie gründete und leitete Heime für Flüchtlinge, Werkstätten für Frauen, die der Krieg arbeitslos gemacht hatte, Krankenhäuser für Tuberkulosekranke und ein Rettungskomitee für tausend Kinder aus Flandern. Abgesehen von ein paar Stücken der Kriegsberichterstattung, später in *Fighting France* gesammelt, lag ihre eigene Arbeit brach, allerdings nicht nur aus Mangel an Zeit und Energie. «Diese vier Jahre», schrieb sie 1918, «haben den gesamten Blick aufs Leben so sehr verändert, dass man jetzt nicht so ohne weiteres sagen könnte, welche Richtung die eigenen literarischen Neigungen nehmen werden, wenn der Krieg zu Ende ist.» Des Lebens in Paris überdrüssig, kaufte sie ein kleines Anwesen zwölf Meilen nördlich, den Pavillon Colombe, der seinen Namen zwei verderbten Täubchen verdankte, venezianischen Schauspielerinnen und Kurtisanen, die im achtzehnten Jahrhundert dort von ihren Liebhabern untergebracht worden waren. Im gleichen Jahr, 1919, fand sie für den Winter ein geeignetes Haus und pachtete es – ein verfallenes Kloster auf einem Hügel in Hyères an der Riviera, das ein amerikanischer Architekt ihr bewohnbar zu machen versprach. «Ich bin bis ins Mark entzückt», schrieb Wharton. «Mir ist, als würde ich heiraten – und endlich den richtigen Mann!»

In diesen neuen und ihr gemäßen Lebens- und Wohnumständen also, und inmitten eines Ausbruchs von Kreativität, mit der sie die neuen Herausforderungen annahm und sich in die Inneneinrichtung und Gartengestaltung stürzte, machte sich die Schriftstellerin daran, einen Vertrag mit der amerikanischen Zeitschrift *Pictorial Review* zu erfüllen, mit dem ihr die gewaltige Summe von achtzehntausend Dollar für einen Roman in Fortsetzungen zugesichert wurde. Wharton hatte immer mehrere Romane gleichzeitig in Arbeit, aber sie und die Herausgeber der Zeitschrift einigten sich auf eine neue Idee. R. W. B. Lewis schreibt darüber in seiner Biographie Edith Whartons:

> Er trug den Arbeitstitel «Old New York», und die Handlung sollte um 1875 spielen. Die Hauptgestalten, Langdon Archer und Clementine Olenska, sind beide unglücklich verheiratet. Sie verlieben sich, «machen sich heimlich aus dem Staub», erklärte Edith, «und treffen sich in Florida, wo sie ein paar rauschhafte Wochen verbringen», bevor Langdon zu seiner hübschen, konventionellen Frau in New York zurückkehrt und Clementine nach Paris, wo sie, von ihrem stumpfen Mann getrennt, ihr eigenes Leben führt.

Wie der Leser schnell erkennt, entfernte sich der Roman *The Age of Innocence* in etlichen Details von diesem Szenarium; das gilt auch für die Vornamen der Hauptpersonen und die Situation, für die Florida den Hintergrund abgibt. Während Wharton das Jahr zwischen vier Wohnorten aufteilte, mit einem abschließenden langen Aufenthalt in ihrer Wohnung in der rue de Varenne, trieb sie den Roman voran und lieferte ihn pünktlich im April 1920 ab; Rutger Jewett, ihr Lektor bei Appleton and Company, schrieb: «Wundert es Sie, dass ich mich vor solcher Energie tief verneige?»

Die New Yorker Gesellschaft war ihr Milieu gewesen und hatte natürlich schon in ihren früheren Romanen eine Rolle gespielt; sowohl *The House of Mirth* als auch *The Custom of the Country* behandeln die Reize und die Grausamkeiten der Oberschicht von Manhattan. Doch nie zuvor war sie so entschieden an das Thema herangegangen, mit den Erkenntnissen ihrer «Lektüre anthropologischer Schriften» (wie ihr Held) und dem persönlichen Gefühl für Geschichte, das der Weltkrieg ihr auferlegt hatte. Laut Berenson sagte sie im Gespräch mit ihm: «Vor dem Krieg konnte man erzählerische Werke schreiben, ohne die Zeit zu benennen, weil man voraussetzte, dass die Gegenwart gemeint war. Dem hat der Krieg auf lange Zeit ein Ende gemacht ... Mit anderen Worten, der historische Roman mitsamt all seinen Untugenden wird die einzig mögliche Form des Erzählens sein.» Die siebziger Jahre des neunzehnten Jahrhunderts waren die Zeit, in der Edith Jones von einem achtjährigen Mädchen zu einer siebzehnjährigen jungen Frau heranwuchs; in *The Age of Innocence* griff sie weit zurück, über den Atlantik, in eine lange vergangene Zeit, wie sie von einer längst erwachsenen Frau gesehen wird. Nicht, dass sie jemals gänzlich mit ihrer Vergangenheit gebrochen hätte; wie Louis Auchincloss in seinem Buch *Edith Wharton: A Woman in Her Time* darlegt, hatte sie für ihre wohltätigen Zwecke alle reichen alten Familien um Spenden gebeten, sodass sich ihre Liste der Beiträger «wie ein Blaubuch der New Yorker Gesellschaft liest». Von vielem in der Welt ihrer Zeit bedrückt, fand sie im neunzehnten Jahrhundert, so schrieb sie einem Freund, «ein gesegnetes Refugium vor dem Wirbel und dem Mittelmaß von heute – als suchte man Zuflucht in einem mächtigen Tempel».

Sie veranlasste ihren Agenten und ihre Ex-Schwägerin dazu, Daten und Details von Opernaufführungen, Bällen und geselligen Veranstaltungen herauszufinden. Aus eigenen Erinnerungen gestaltete sie eine präzise gearbeitete Rekonstruktion des New Yorks der Brownstones, von Newport, bevor die großen Landhäuser entstanden, und von Florida in einem primitiven, idyllischen Entwicklungsstadium. Die auktoriale Stimme erinnert uns mehr als einmal daran, dass dies eine vergangene Zeit ist, als das Telefon kaum mehr als ein Spielzeug und die Pferdekutsche das einzige Transportmittel waren. Doch die beharrlichen historischen Details, einschließlich der für Wharton charakteristischen Einzelheiten von Décor und Kleidung, lassen die Leidenschaften und die intime Präsenz der drei Hauptgestalten – Ellen Olenska, Newland Archer und seine Frau May – nicht etwa entrückt oder gedämpft erscheinen. Im Gegenteil, die historische Distanz entrümpelt die sorgfältig ausgeleuchtete Bühne: Diese New Yorker flanieren auf der Fifth Avenue, als wäre es eine Dorfstraße, und sie begegnen einander fortlaufend in einer Welt, die kaum größer oder dichter besiedelt ist als das Starkfield in *Ethan Frome*. Das Décor ist üppig, aber die Handlung ist schlicht und findet größtenteils im Reich der Gefühle statt. Obwohl die Armen und Benachteiligten in Whartons Bewusstsein durchaus vorhanden waren und auf anrührende Weise in *The House of Mirth* sowie in verschiedenen Kurzgeschichten auftauchen, wird von dem Eisenbahnzug, der Newland und May in die Flitterwochen nach Rhinebeck bringt, gesagt, wie er «die endlosen Vorstädte mit ihren Holzhäusern hinter sich lässt» – keine «soziale Frage» darf sich aufdrängen und im Leser Zweifel an der Wichtigkeit der Liebesnöte dieses Mannes und der zwei Frauen inmitten ihres materiellen Komforts aufkommen lassen. Während des Krieges hatte Edith Wharton wieder grundlegende Literatur gelesen – die ältere deutsche Literatur, die alten nordischen Sagen, das Neue Testament –, und die Unmittelbarkeit der Mythen ging in ihren Roman ein.

Der Roman *The Age of Innocence* hat klassische Züge und erinnert uns an andere Klassiker. Wie *Anna Karenina* pulsiert er von der Sexualität seiner wohl erzogenen, immer ordentlich bekleideten Protagonisten und von dem furchtbaren Sakrileg des viktorianischen Ehebruchs. Wie in Madame La Fayettes *Die Prinzessin von Clèves* verkörpert er das romantische Paradox, das seine Heldin so ausdrückt: «Ich kann dich nicht lieben, wenn ich dich nicht lasse.» Wie *The Scarlet Letter [Der scharlachrote Buchstabe]* zeigt er eine europäisierte Frau, die, mit einem finsteren älteren Mann verheiratet ist und den Sohn einer puritanischen Gesellschaft mit den Verlockungen eines reicheren Lebens «da drüben» verführt. Wie viele Romane von Henry James und besonders *The Ambassadors [Die Gesandten]* handelt er von den Auswirkungen europäischer Korruption auf die reinere amerikanische Seele und von dem Entsetzen eines Mannes wie James Strether, der sich mit der Tatsache konfrontiert sieht, dass er «die Blüte des Lebens» versäumt hat und «ein Mann ist, in dessen Leben nie etwas geschehen würde». Bestimmt war James viel in Whartons Gedanken, so wie er auch Gast in ihrem Haus und ein Passagier in ihrem Automobil war, und die intensive – selten jedoch manierierte und niemals unklare – stilistische Eleganz von *The Age of Innocence* ist eine über den Ärmelkanal hinüber gerufene Antwort an seinen Geist. Und wie *A Farewell to Arms [In einem andern Land]*, das Buch eines dritten Amerikaners, der in Europa verliebt war, endet ihr Roman mit einem Mann, der allein zu seinem Hotel zurückgeht.

Doch die neue Schärfe und die seltsame poetische *Höhe*, wie sie die kristallklare Perspektive dieses Romans enthüllt, hat auch, so mein Eindruck bei neuerlicher Lektüre, Proust viel zu verdanken. Proust und Wharton wohnten nur wenige Straßen voneinander entfernt und hatten mehrere gemeinsame Freunde (darunter André Gide und Walter Berry), sind sich aber nie begegnete; Edith Wharton gehörte jedoch zu den ersten begeisterten Lesern von *In Swanns Welt*, das 1913 herauskam. Sie und Berry waren von dem Buch so verzaubert, dass sie die Namen der aristokratischen Guermantes in ihr gemeinsames Vokabular aufnahmen; Wharton schickte ein Exemplar an Henry James, der sich nur langsam dafür erwärmen konnte, es schließlich aber zu «einer neuen Vision» von «einem neuen Meister» erklärte. Wharton selbst schrieb nach Prousts Tod im Jahr 1922, dass «sein Vermächtnis als Romancier ... wahrscheinlich nie übertroffen wurde». Zu der Zeit, als sie an *The Age of Innocence* arbeitete, war erst der zweite Band von Prousts gewaltigem Werk (*Im Schatten junger Mädchenblüte*, 1918) auf *In Swanns Welt* gefolgt, und obwohl die ausschweifende Betrachtung gesellschaftlicher Gegebenheiten in *Die Welt der Guermantes* noch ausstand, hatte Wharton genug gelesen, um Prousts Lektion der mit aufblitzender Komik gewürzten und von einem vorherrschendem philosophischen Temperament getragenen gesellschaftlichen Analyse zu lernen. Prousts teleskopische und gleichzeitig mikroskopische Sicht, seine Erkenntnis, dass Großartigkeit und Absurdität nebeneinander existieren, sein Gespür für die scheinbare Rigidität der Gesellschaft und ihre tatsächliche Fragilität – all dies fließt in Whartons zauberhafte Karikatur ihrer eigenen Clique ein und wird besonders lebendig in der delikat farcenhaften Beschreibung von Mrs. Manson Mingotts absurdem Leibesumfang und ihrem Herrenhaus mit seinem surrealen Standort zwischen «Steinbrüchen, einstöckigen Wirtshäusern, hölzernen Treibhäusern in unordentlichen Gärten, und Felsen, von denen herab Ziegen die Szene überschauten» [2]. Der mumifizierte priesterliche Status der van der Luydens, Lawrence Lefferts angestrengte Heuchelei, Mr. Wellands tyrannische Hypochondrie und Mrs. Lemuel

---

[2] Edith Wharton, *Zeit der Unschuld*. Deutsch von Richard Kraushaar und Benjamin Schwarz, München 1992

Struthers unerbittlicher Aufstieg haben allesamt den ko-
misch-ernsten Hauch Proustscher Szenarien. Natürlich hatte
Wharton längst ihr eigenes Material, aber Prousts Beispiel
verhalf ihr zu einem neuen Blickwinkel, der gleichermaßen
schamloser und erhabener war als ihr bisheriger; ihre früheren Schilderungen der Gesellschaft sind relativ sarkastisch
und furchtsam und zeugen noch von den Ressentiments der
Jungmädchenzeit. Zu einem Zeitpunkt in ihrem schöpferischen Leben, als sie einer frischen Orientierung bedurfte,
lernte sie von Proust, die Würde der Nostalgie zu erkennen
und den Wert einer jeden Gestalt als Typus, als Hinweis auf
die Spezies und allgemeine Verhaltensregeln. Sie lernte von
ihm, könnte man sagen, den Sprung zu wagen: Die bevorste-
hende Eheschließung zwischen der Tochter der Fanny Ring,
einer ausgehaltenen Frau, und dem Sohn der alteingesesse-
nen Archers umspannt Welten, so wie Prousts (damals erst
im Manuskript existierende) Beschreibung der Eheschließung Gilberte Swanns, der Tochter eines Juden und einer
Kurtisane, mit dem Marquis de Saint-Loup.

Das romantische Herz von *The Age of Innocence* schlägt jedoch mit einer Inbrunst, die Proust zwar endlos anatomisie-
ren, nicht aber überzeugend nach-erschaffen konnte. Edith
Wharton war vielleicht ein brüsker und abweisender Mensch
– mit einem Mund «von der Form einer Sparbüchse», wie
ein unfreundlicher Beobachter bemerkte –, aber als Schriftstellerin geizte sie nicht mit Empathie. Ihr Porträt eines verliebten Mannes, mit seinen unbewussten Nachlässigkeiten,
den wechselhaften inneren Zuständen, mit seinen Ent-
schlüssen und seiner Entschlusslosigkeit, mit seiner unstill-
baren Obsession – das ist, obwohl die spezifischen Merkmale
männlicher Lust fehlen, außergewöhnlich und wunderschön
auf den Höhepunkt zu modelliert. Was könnte eindringli-

cher das Geheimnis erotischer Verzauberung ausdrücken als die Tatsache, dass Archer vergisst, wie Ellen aussieht, und dass er ihr, in kursiven Buchstaben, mitteilt: «Jedes Mal passieren Sie mir wieder von neuem»? Ellen Olenska ist eine der großartigsten Frauen des amerikanischen Romans – reizvoll, widersprüchlich, verletzbar, entwaffnend und rührend in ihrer Ehrlichkeit –, und wir sehen sie ausschließlich mit seinen Augen, in nur wenigen, hastigen Begegnungen; im Verlauf des Romans spricht sie nicht mehr als eine Hand voll sibyllinischer Wörter. May Archer, die dritte Hauptperson, entgeht mit knapper Not dem Impuls der Autorin, sie zu einer dummen Person zu machen, die lediglich aus Vorurteilen der Oberschicht besteht; doch in ein paar kritischen Szenen wird ihr gestattet, sich über ihre Beschränkungen hinaus zu einer großzügigeren und intuitiveren Weiblichkeit hinzubewegen. Sie wird als glorreiche junge Bogenschützin gezeigt, die, im Gegensatz zu Archer [dessen Name Bogenschütze bedeutet] ihr Ziel trifft; sie *handelt*. Die erregte und keinesfalls verständnislose Wärme, wie sie zwischen Frauen besteht – in diesem Fall Cousinen –, die um denselben Mann buhlen, wird vermittelt, immer jedoch in indirekten Aussagen; unser männlicher Erzähler hört von einem Gespräch, aber nie hört er direkt ein Gespräch zwischen May und Ellen mit. Andererseits präsentiert uns Wharton sehr selbstbewusst eine Anzahl von Männergesprächen, bei Brandy und Zigarren.

Der Roman funkelt von epigrammatischen Momenten, von komödienhaften Pailletten von Komik – «Mrs. Lovell Mingott hatte das hochrote Gesicht und den starren Blick, typisch für Frauen in ihrem Alter und in ihren Umständen, wenn sie sich in ein neues Kleid zu zwängen versuchen» – und Juwelen von echter Weisheit: «Der Standard für die

Wahrheitsliebe einer Frau wurde stillschweigend niedriger angesetzt: Sie war das unterworfene Wesen und vertraut mit der Raffinesse der Versklavten.» Der Roman hegt und pflegt seine kleinen Ereignisse, so wie Archer in Gedanken zu den wenigen verliebten Blicken auf Ellen zurückkehrt und sie in Fetische, in kostbare Symbole verwandelt. Keine Szene ist eindringlicher und denkwürdiger beladen mit sich auffächernden Bedeutungen als das Treffen der einsamen Liebenden im alten Metropolitan Museum, «einem sonderbaren Durcheinander aus Eisenträgern und Ziegeln»; die zwei suchen Abgeschiedenheit in einem verlassenen Raum, in dem die «Cesnola-Ausgrabungen», Fragmente des verschwundenen Ilium, aufbewahrt sind. In der Befangenheit dieses keuschen Stelldicheins nähert sich Ellen einem der Schaukästen:

«Ist es nicht grauenhaft», sagte sie, «dass nach einer Weile alles gleichgültig wird … so gleichgültig wie diese kleinen Sachen, die einmal für längst dahingegangene Menschen notwendig und wichtig waren, und die man jetzt mit einer Lupe zu enträtseln sucht und mit einem Schildchen versieht: ‹Gebrauch unbekannt›?»
«Ja – aber unterdessen –»
«Ach, unterdessen –»

Die historische Perspektive, die Wharton zu vermitteln gelang – die Leidenschaften der Vergangenheit, gefangen in den Konventionen der Vergangenheit – weitet sich hier zu einer archäologischen Schau: Eines Tages werden unsere armen vertrockneten Überbleibsel mit dem Schildchen «Gebrauch unbekannt» versehen. Unser Leben, so voller Gefühle und Sehnsüchte und egoistischer Wünsche, voller Schönheit, auch voller Anziehungskraft, wie sie uns von der Natur mitgegeben wird, damit wir ihren Zweck erfüllen, ist nichts weiter als ein großartiges «Unterdessen», dessen verlockendste Möglichkeiten oft mit Verzicht besiegelt werden müssen. *The Age of Innocence* verbirgt unter seiner eleganten Oberfläche einen Abgrund – den Abgrund der Zeit und die Tragödie menschlicher Vergänglichkeit.

Henry Greens ungesammelte Schriften [1]

Henry Green war ein Romancier von solcher Seltenheit, von solch wunderbarer Originalität, Intuition, Sinnlichkeit und Eleganz, dass jedes Fragment seines Werks kostbar ist, da es ein reflektiertes Licht auf seine eigentliche Leistung – die zu seinen Lebzeiten veröffentlichten neun Romane und die Memoiren – wirft. So sehr viel ungesammelten Green gibt es gar nicht; er war kein Lohnschreiber, der sein wöchentliches Pensum ausstieß. In den dreißiger Jahren war er fest in seiner Londoner Firma H. Pontifex & Sons eingespannt und konnte nur einen Roman, *Party Going [Die Gesellschaftsreise]*, veröffentlichen. In den vierziger Jahren war er während der Bombardierungen Londons und in der Zeit danach freiwilliger Feuerwehrmann und widmete nur jeden dritten Tag seiner Arbeit – trotz allem war dies seine produktivste Phase. Als er in den fünfziger Jahren Berühmtheit erlangte, wagte er sich auch an Zeitschriften und die BBC heran und brachte sogar ein paar aus dem Rahmen seiner üblichen Tätigkeit fallende

---

[1] Einführung zu: *Surviving: The Uncollected Writings of Henry Green*

Dinge zustande wie eine Übersetzung aus dem Französischen, eine Lobeshymne auf Venedig und einen freundlichen Text über eine Ausstellung von Matthew Smith. Doch obwohl diese periphären Aufsätze interessant sind und in einigen Fällen auch enthüllend, ist seine Kunst und sein Anspruch auf Ruhm einzig und allein in seinen Romanen begründet. Wir lesen diese zuvor nicht gesammelten, von seinem Enkel liebevoll zusammengetrommelten Stücke auf der Suche nach einer Antwort auf die Frage, die der Verleger Edward Garnett dem zwanzigjährigen Henry Yorke stellte, nachdem er dessen ersten Romans *Blindness [Blindsein]* gelesen hatte: «Wie kommt es eigentlich, dass Sie etwas so Gutes geschrieben haben?»

In England ist der literarische Beruf gewöhnlich das Vorrecht der Mittelschicht, auch wenn ein erfolgreicher Schriftsteller wie zum Beispiel Evelyn Waugh sich als Mitglied der Oberschicht geriert. Die Yorkes konnten nicht nur auf eine ehrwürdige aristokratische Herkunft verweisen – sie waren überdies Besitzer einer Fabrik in Birmingham. Nach Greens eigener Schilderung in *Pack My Bag* und den autobiographischen Bröckchen, die er später in seinem Leben von sich gab, war er ein nicht sonderlich einnehmender, eher übergewichtiger, ziemlich trauriger und einsamer Jüngling, mit einer Vorliebe fürs Angeln und Lesen. In Eton war er kein so guter Schüler wie seine zwei älteren Brüder Philip und Gerald, und die Tatsache, dass er während seines Aufenthalts dort einen Roman zu schreiben begann, war laut seinem Schulgefährten Anthony Powell «ein Unterfangen, das von der Familie und den Freunden nicht sonderlich ernst genommen wurde». In Oxford war er in der Billard-Mannschaft, trank viel und ging häufig ins Kino und schaffte am Ende seinen Abschluss nicht, angeblich, weil er mit dem Angelsächsischen nicht zurechtkam und «im Übrigen entdeckte, dass Literatur kein Thema ist, über das man Aufsätze schreiben kann». Hingegen gelang es ihm, während dieser Zeit seinen Roman fertig zu schreiben, ihn Edward Garnett zu zeigen und 1926 von Dent veröffentlicht zu bekommen. Damals war er einundzwanzig. Wir forschen in seinen Jugendschriften nach erklärenden Schlüsseln für den, gemessen am jugendlichen Alter des Verfassers, so entschiedenen und wagemutigen Stil, für eine Vorstellungskraft, die in *Blindness* auf beeindruckende Weise weit über den Verstand des Helden, eines Schuljungen, hinausgeht und eindringt in die Gedanken und Gefühle einer Frau mittleren Alters, eines seines Amts enthobenen, entfremdeten Priesters und eines jungen Mädchens, das in unnatürlicher Isolation immer weniger wird.

Das älteste Stück in dieser Sammlung, «The Type»[2], das als Theaterstück beginnt und in den Ton einer Erzählung übergeht, wurde fünf Jahre nach seiner Entstehung von Green wieder gefunden. Er schickte es an seinen ersten Berater, den jungen Oxford-Don Nevill Coghill, mit einem Brief, in dem es hieß: «Es muss das erste Stück sein, das ich je geschrieben habe, und als ich es heute Abend fand, habe ich so sehr gelacht, dass ich es dir einfach zukommen lassen musste. So schlecht ist es gar nicht, für einen Sechzehnjährigen.» In *Pack My Bag* erklärt Green: «Jede Schilderung einer Jugend ist notwendigerweise eine Studie des Einfältigen.» Dennoch ist man verblüfft, dass es in dieser Erzählung der Grausamkeit und Hochnäsigkeit von Schuljungen kein geltungsbedürftiges Ich als Zentrum gibt; auch wenn man in Brown die dem Verfasser am nächsten stehende Gestalt vermutet, geht er doch in der Jungenbande unter, die unbeteiligt geschildert

---

[2] Am Ende nicht in *Surviving* aufgenommen.

wird; das Drama endet, nachdem Brown abgetan worden ist, mit den Gedanken des Lehrers.

Eine Neigung zu auktorialer Unsichtbarkeit und einer universalen Empathie manifestierte sich also schon früh; in seinen Jugendschriften ist Green bestrebt – genau wie er es als reifer Mann in *Living [Leben]*, *Loving [Der Butler]* und *Concluding* in vollendeter Form tun sollte –, ein Feld von Gestalten zu schaffen, die sich mit ihrer Umwelt vermischen, so wie kleine Tiere sich auf einer Wiese tummeln. In «Bees», dem frühesten der hier veröffentlichen Stücke, das in einer Schülerzeitschrift in Eton erschien, als der Autor siebzehn war, zieht sich ein abgefallener Geistlicher – ein Verwandter vielleicht des elendiglich exzentrischen Pfarrers Entwistle in *Blindness* – von der Welt der Menschen in die der Bienen zurück: eine Vision erwachsener Verzweiflung, die naiv, aber tapfer zu Ende geführt wird, bis hin zu ihrer ironischen amourösen, von der Schuldirektion gestrichenen Drehung. Die Stimme des erwachsenen Schriftstellers, komprimiert und schräg, klingt hier bereits in bewundernswert vorwitzigen Sätzen wie dem folgenden durch: «Er entdeckte eine Beleidigung in dem Pfeifen des Metzgerjungen, der das Fleisch auslieferte.» Und in dem chronologisch gesehen nächsten Stück, «Arcady» aus dem Jahr 1925, ist der Stil schon voll entwickelt: raffiniert biegsame, verschlungene Sätze, die nach gleichzeitiger Präzision von Emotion und Empfindung streben: «Drinnen hing schwer mit gefalteten Flügeln an den geschlossenen Fenstern die Luft & das Parfüm, das sie benutzte, und wir wogten durch die Straßen, die in Strudeln sich verändernden Lichts wirbelten, und sprachen nervös, sie & ich, von dem, was kommen würde.» Es ist eine Übung, bestimmt für seinen Lehrer Coghill, die einen recht manierierten und übergescheiten Eindruck hinterlässt, doch in der deflationären Schilderung einer in Dumpfheit erstarrten Verabredung, der beide Beteiligten mit unrealistischen Erwartungen entgegengesehen hatten – ein schaler Theaterabend («Hysterisches Gelächter, als der Vorhang sich auf die zurückgebliebene Leere senkte ... Dann eine Szene mit einem Bett auf der Bühne, was einen Tumult von Ängsten in mir zum Toben brachte») –, gibt es, bemerkenswert für einen Neunzehnjährigen, die schreckliche, zärtliche Aufrichtigkeit, mit der Green zeitlebens das menschliche Liebestreiben beschreiben sollte. «Adventure in a Room» enthält in embryonaler Form den Roman *Blindness,* und zu gerne würde man wissen, was für ein Vorfall es war, der bei Green, einem malerhaften Schriftsteller von großer visueller Schärfe, die Phantasievorstellung vom Blindsein auslöste, und welche Frustration ihn, einen privilegierten jungen Mann von allem Anschein nach unreifem Wesen, «zu einem verzweifelten Streben nach Schönheit aufrüttelte».

Die beiden Geschichten über Riesen sind hübsche Überraschungen, kindlich und familienbezogen; doch geben sie uns Anlass, darüber nachzudenken, dass Greens einzigartige Wirkung, wie wir sie beim Lesen seines erzählerischen Werkes spüren, zu einem Teil in der Größe liegt, die seine Sprache seinen Gestalten verleiht, eine statueske Vergrößerung, die durch das wohl erwogene Anhäufen bestimmter Wörter und das Zurückhalten anderer erzielt wird. In «Monsta Monstrous» beobachten wir zum ersten Mal das Zurückhalten von Artikeln mit einer inkantatorischen, epischen Wirkung:

Berge gibt es in Wales, aber er schritt über sie hinweg und stolperte oft über die Spitzen, bis er dahin kam, wo sie vor Ebenen abfielen, und setzte sich auf den letzten Berg und ließ seine Füße in der Ebene ausruhen und streckte die Zehen in einen

Fluss, um sie zu kühlen (und sie waren vom Stolpern heiß geworden), und saß da und betrachtete die Kleinheit vor sich. Zehen machten unverzüglich Überschwemmungen.

In «Saturday» dehnt sich die Artikellosigkeit in die Empfindungen einer jungen Frau der Arbeiterschicht aus und in das Territorium seines zweiten großen Romans, *Living*:

> Keine Jalousie war vor Fenster. Sonne kam herein. Und sie drehte Kopf von Sonne zu den Schlafenden und sah sie nicht. Sie lächelte. Kopf auf Polster war in Sonnenschein.
> Leben war in ihrem Bauch. Leben pochte da.

Das nächste Wagnis des wachsenden Schriftstellers führt ihn wieder in den Kopf einer jungen Frau, einer Frau seines Alters und seiner sozialen Schicht, aber es gelang nicht, es wurde kein Roman daraus. Dreißig Jahre später erörterte er *Mood* mit freizügigen Zitaten in dem Essay «An Unfinished Novel». Er erzählt uns, dass er in das Vorbild für Constance Ightham, seine Heldin, verliebt war, und die Bilder, mit denen er ihren Bewusstseinsstrom ausstattet, sind von einer Vielfalt und Gewissheit, wie sie in der fast komisch primitiven Riesenwelt von Maggie Cripps, aus der in *Living* Lily Gates wird, fehlen. Er mag Constance geliebt haben, aber er hat sie nicht bewundert, wie er die gröber gebaute Maggie bewunderte, und vielleicht ist Bewunderung für eine Gestalt von größerer Tragweite als Liebe. Wie dem auch sei, *Mood* wurde aufgegeben, und *Living* wurde sein zweiter Roman, obwohl Green zu einem späteren Zeitpunkt und unter sichtbaren künstlerischen Schwierigkeiten seine eigene soziale Clique, zu der (laut den Erinnerungen seines Sohnes) Aly Khan gehörte, in seinen dritten Roman, *Party Going*, einarbeitete. Mit dem Endbahnhof und dem Menschengewirr scheint «Excursion» ein Trockenversuch für *Party Going* auf einer plebejischen Ebene zu sein; doch ohne die knalligen Farben und die hitzige Komödie der High-Society-Interaktionen in dem Hotel am Endbahnhof verbleibt das Panorama in einem trägen, trüben Grau, obwohl Green zu der Zeit (1932) seinen Stil und seine Sympathien zu handhaben weiß.

Insgesamt zeigen diese frühen Stücke einen sich selbst zurücknehmenden, auf breiter Ebene empathischen Autor beim Zusammensetzen eines Stils, der mit einer scheinbar zufälligen Sensibilität eine weite Skala von visuellen, klanglichen und emotionalen Nuancen registrieren kann. In seiner Schicht und seiner Nation ist Green aufgrund seiner ausgeprägten demokratischen Vorlieben – Fußball und Kneipengespräche, dann die Erfahrungen in der Fabrik und bei der Feuerwehr, die Klassenschranken niederrissen – und seiner avantgardistischen Neigungen eine ungewöhnliche Erscheinung. Er wurde 1923, bevor er mit achtzehn Jahren in Oxford zu studieren anfing, nach Frankreich geschickt, wo er sich neben der Sprache anscheinend einen gewissen kontinentalen Geschmack für Kunst einverleibte: Proust und Céline rangieren ganz oben auf der Liste seiner künstlerischen Helden, und seine Romane erwecken nie den Eindruck, als enthielten sie Nachrichten aus der Gesellschaft. Ein bestimmter abstrakter Schimmer, gewissermaßen ein Schleier einer transzendierenden Intention, fügt all seinen Bildern Glanz und seiner Prosa Schärfe hinzu. Jeder Absatz enthält etwas von dem Reiz und der Fremdheit eines Gedichts.

In den ungesammelten Stücken aus den vierziger Jahren zeigt er sich auf dem Höhepunkt seiner Entfaltung, wenn er das Inferno von London im Bombenkrieg mit deskriptiver Kraft und einer unheimlich leuchtenden Virtuosität entstehen lässt. Feuer trifft auf das Eis visueller Präzision:

Es wäre schon längst nicht mehr möglich gewesen, bei dem rötlichen Licht zu lesen, das von einem hohen Gebäude in fünfzig Meter Entfernung verbreitet wurde, dessen oberste Geschosse in Ausgelassenheit, im Übermut, in wilder Hinnahme, ihre Rechtecke gegen Ringe mit Tigerstreifen und große, im Winde schwingende orangefarbene Wimpel und riesige gelbe Kobrazungen von Flammen getauscht hatten ... Unter dem zerstörten Gebäude musste Gas aus einer offenen Leitung strömen, denn weißlich-gelbe Flammen züngelten, wie ich jetzt fünf Meter entfernt um die Ecke herum sehen konnte, in einem dunkleren Blau, wie von behauenem Kappenstein, und krümmten sich in einem Bogen, an dem entlang die meterhohe, wie ein Ahornblatt gezackte, violett geäderte Flamme emporloderte, erstarb und aufs Neue loderte.

Keine leichte Prosa – man muss den Text immer wieder lesen, bis das Bild klar vor einem steht. Aus dem gleichen Jahrzehnt stammt auch Greens besonders sorgfältig erwogene und leidenschaftlich kritische Schrift, seine «Apologia» für die idiosynkratische Prosa von C. M. Doughtys *Arabia Deserta*. Green preist Qualitäten, von denen wir normalerweise nicht annehmen würden, das er sie anstrebt: Monumentalität, Reinheit, Großartigkeit. Doughty repräsentiert «das Großartigste, das in englischer Sprache geschrieben» wurde; Doughty ist «harsch, so schlicht, dass es schon majestätisch ist, und nicht klar – das heißt, seine Sätze verlaufen in Mäandern». Über die Möglichkeit, dass sich der Rhythmus dieser Prosa aus dem Arabischen herleiten könnte, sagt er, dass andere, die diese Sprache auch kannten – T. E. Lawrence, Gertrude Bell, Wilfrid Blunt –, «eine Eleganz haben, die zu leichtgewichtig ist». Doughty ist nicht leicht: «Wenn er eine Geschichte erzählt, behandelt er sie, wie ein Mann Granit behandelt, den er behauen will.» – «Oft ist er obskur. Großartig ist er immer.» Als wollte er die hier beteuerte Bewunderung für die mäandernde, majestätische, sperrige Sprache fest zu packen bekommen, beendet Green seinen Essay mit einer Herausforderung, einem der verschlungensten und undurchdringlichsten Sätze, den je ein sorgfältiger Schriftsteller zu Papier gebracht hat.[3]

Diese Sehnsucht nach dem Majestätischen überrascht uns, erklärt aber eine Beständigkeit, eine resistente Härte, etwas Gravurartiges, das Greens Sprache von der luziden, flüssigen, allgemein verständlichen Prosa vieler seiner Zeitgenossen unterscheidet; einer von ihnen, Anthony Powell, erinnerte sich, dass sein alter Freund Yorke «eine Leidenschaft für Carlyle hatte (einen Autor, den ich selbst nur in kleinen Dosen ertragen kann) und für Doughtys *Arabia Deserta* (eine Vorliebe, die ich mir nie zu Eigen machen konnte); beides deutete auf eine geistesverwandte Neigung zu obskuren Ausdrucksformen hin.» Diese Neigung, so mag es scheinen, stellt das genaue Gegenteil von Greens ausgeprägter Vorliebe für volksnahe Sprache dar; aber wie wir in einer regelrechten Or-

---

3 «Und wenn sie doch noch lernen, in der Sprache der Zeit zu schreiben, so wie Doughty eindeutig in der Sprache des wahren Arabien schrieb und nicht in der von Arabia, wird uns dann endlich das Schweigen jener Rezensenten von Sonntagszeitungen beschieden sein, die wir, soweit sie seiner Generation angehören, mit Sicherheit dafür verantwortlich machen können, dass er dreißig Jahre lang nicht neu aufgelegt wurde, und deren Herablassung, soweit sie unserer Generation angehören, uns empört, als wir sie in Wendungen verabreicht bekommen, die, ähnlich den auf der letzten Seite von *Seven Pillars Of Wisdom* vom Minarett gesungenen, aufgrund ständiger Wiederholung eine nur begrenzte Bedeutung haben, selbst für solche, die ansonsten zu taub sind zu hören, und keine Bedeutung für diejenigen, die, wenn sie die Wörter lesen, beim Erkennen des alten Tricks seufzen, den Lawrence am Ende seines Buches anwandte, und sich daran erinnern, dass es einen solchen in der ganzen Arabia Deserta nicht gibt?»

gie davon in «The Lull» sehen, kann auch die Umgangssprache obskur sein, und man muss sie mehrmals lesen, damit ihre Bedeutung einsinkt. Green könnte über sich selbst schreiben, wenn er von Doughty sagt, dass er auf wunderbare Weise «Wörter zusammenfügt, die, wenn sie beim lauten Lesen in unser Ohr eindringen oder beim Überfliegen gedruckter Seiten an unseren Augen vorbeigleiten, ihre Bedeutung in unseren Knochen ausdrücken.» In seinem Streben nach einer Prosa, die in einem unerwarteten Winkel auf uns zukommt und so zu knochentiefer Bedeutung vordringt, befand Green sich in der Gesellschaft von Ronald Firbank, Rose Macaulay, Virginia Woolf und anderen. Doch ist es Henry James, den er zitiert wegen seiner «Anstrengung, wirklich zu sehen und wirklich darzustellen, was kein geringes Unterfangen ist, angesichts der ständig wirkenden Kraft, die Verworrenheit fördert». Obwohl er an anderer Stelle den Stil von James' späten Werken beklagt, scheint es doch auf James mehr zuzutreffen als auf Doughty, wenn er sagt, «sein Stil ist maniriert, aber Doughty ist zu groß, als dass er darunter verschwindet».

So wie Green frühreif war, so versank er auch vorzeitig in Schweigen. Sein letzter, makelloser, wenn auch sehr schmaler Roman *Doting [Schwärmerei]* wurde 1952 veröffentlicht. Greene war damals erst siebenundvierzig. Angesichts der indirekten Einladung des Titels ist es schwierig, «The Great I Eye» nicht autobiographisch zu verstehen und seinen schwer verkaterten Helden nicht als einen Pilger auf dem Pfad von Greens eigenem Niedergang zu sehen. Aus dem Wirrwarr von Jims punktuellen Erinnerungen an die Flirtereien, die Nacktheit und die Trunkenheit des vergangenen Abends wird keine rechte Geschichte; die Sprache schlägt Volten nach außen, um scheinbar streunende Bilder einzufangen:

Wenn betrunken, breitete sich das Unheil, das man verursachte, in Kreisen aus, mehrere trockene Walnüsse, die gleichzeitig in den mit grünem Farn behangenen Wassertank geworfen wurden; & wo sich die Kreise begegneten, wurden die lüsternen Gesichter seiner grünen Freunde auf dem Grund vielfach gespiegelt in den sich wiederholenden olympischen Armreifen; untergehakte Arme für falsche Einvernehmlichkeit, ein Symbol für alte Spiele.

Alte Spiele ermüden vielleicht die Spieler, «den Körper, der nicht verzieh. Immer das Gleiche. Das Gefühl, dass es so nicht weitergehen konnte; Elend, Beklemmung, Tod Tod Tod.» Eine beiläufige Verzweiflung sprenkelt die sich vervielfältigenden persönlichen Aussagen Greens während der fünfziger Jahre. Der *New York Herald Tribune* gegenüber erklärte er 1950: «Ich schreibe abends und am Wochenende. Ich erhole mich bei Drinks und Konversation. Im Krieg war ich Feuerwehrmann in London, die Erholung in den Feuerwachen bestand aus mehr Drinks und mehr Konversation. Und ich hoffe, so weitermachen zu können, bis ich sterbe, lieber früher als später. Mehr gibt es nicht zu sagen.» *Lieber früher als später!* John Pomfret, der Held von *Nothing [Nichts]*, 1950, kommt am Ende des Romans an und will «Nichts ... nichts». Doch Greens Beschreibungen der Prozesse und Strategien beim Schreiben, die er für *The Listener* verfasste, zeugen von liebevollem Stolz auf sein Handwerk, und das halbe Dutzend Buchbesprechungen, zu denen er sich bereit erklärte, offenbaren eine Liebe zum geschriebenen Wort, die weit gefächert und verschlingend ist; er brüstete sich damit, dass er einen Roman pro Tag lese. Er nahm literarische Auftragsarbeiten an, verfasste für *Vogue* ein paar Seiten aufregend schillernder Prosa über Venedig und enthüllte in *Esquire* ein paar Gedan ken über die Liebe, die von erstaunlich harter Männlichkeit zeugten. Da er immer mehr der Auffassung war, dass Dialog eine Geschichte am besten voranbringe, zog ihn das Stückeschreiben an. Nach *Doting* steckte er viel Zeit und Energie in eine politische Farce, *All on His Ownsome*, die zwar mehrere Stadien der Bearbeitung durchlief, aber nie aufgeführt wurde; auch in die vorliegende Sammlung ist sie nicht aufgenommen worden. Sie befasst sich mit der nicht unvertrauten Überheblichkeit eines machtvollen Mannes in einer Welt von Frauen und wirkt zugleich hektisch und statisch. Selbst Greens Dialoge, ohne die eingebetteten Beschreibungen von Szenerien und Posen, wecken weder innere Vorstellungen noch psychologische Erinnerungen. Die zwei unveröffentlichten Kurzgeschichten, «The Jealous Man» und «Impenetrability», haben einen neuen, lässigen Ton; der Erzähler, in seinen besten Prosawerken eine so zart und nur flüchtig gefühlte Präsenz, tritt hier in den Vordergrund. Die erste Geschichte kommt einem vor wie eine Fabel aus einem orientalischen Basar und die zweite wie eine Plauderei in einer BBC-Sendung. Die BBC sendete zwar eine Anzahl von Gesprächen mit Green, hätte aber etwas mehr tun können; so hätte das Stück *Journey out of Spain*, nach einigem Straffen, als Hörspiel gesendet werden können. Es ist ein reines Sprechstück, bedarf keiner Szenerie und schildert auf charmante Weise ein beinahe desaströses, am Ende jedoch harmloses und geradezu verjüngendes Ungemach, wie es bei Reisen im Ausland des Öfteren vorkommt. Der Trick mit den Monologen ist hervorragend, und das unerwartete Auftreten des Drahtziehers im Rampenlicht zeigt einen Hauch von Greens verschmitztem sozialen Denken: «Die Engländer sind in Ordnung, aber sie verstehen nicht. Vielleicht wollen sie nicht.»

Greens eigener Auftritt als Gesprächspartner in einem Interview mit der *Paris Review* hat seinen Platz unter den hier versammelten erfindungsreichen Werken wohl verdient. Die drollige Art, wie er sich als schwerhöriger Kauz gibt, ist mit einer explosiven Präzision wie in einer fein geschliffenen Farce ausgeführt:

Wenn man über fünfzig ist, hört man auf zu verdauen; irgendjemand sagte mal: «Ich fermentiere meine Nahrung jetzt.» Die meisten von uns bewegen sich im Krebsgang zu Mahlzeiten und auch sonst. Die indirekte Herangehensweise ist im fortschreitenden Alter die sicherste. Das Ungewöhnliche in dieser Phase besteht darin, überhaupt irgendwohin zu gelangen – Himmelherrgott!

Der Interviewer Terry Southern scheint noch schwerhöriger zu sein als sein Gegenüber; dennoch gelingt es Green, eine Reihe von interessanten Vertraulichkeiten auszubreiten, zum Beispiel, warum er seine schriftstellerische Seite aus seinen Geschäftsverbindungen lieber heraushielt und wie er die «Proportionen» eines entstehenden Romans im Kopf trug und die ersten zwanzig Seiten überarbeitete, «weil man meiner Meinung nach alles in sie hineinpacken muss». Was er als den Zweck der Kunst verkündet, hat etwas Priesterliches: «etwas Lebendiges hervorzubringen, in meinem Fall etwas Gedrucktes, aber mit einem getrennten und, so hofft man natürlich, immer während eigenen Leben.» Dieses Credo wird später, in demselben Gespräch, mit einigen spezifischen Glaubensartikeln wiederholt: Wenn das Buch ein eigenes Leben hat, «muss sich der Autor ganz aus dem Bild heraushalten» («Ich hasse das Porträt des Stifters auf mittelalterlichen Triptychen»), und es wird Diskrepanzen geben, denn «das Leben ist schließlich eine Diskrepanz nach der andern». Green, der in späteren Interviews deprimiert und konfus

wirkte, war in seinem Gespräch mit Terry Southern gut in
Form und erklärte mit schöner Knappheit, warum die erzählende Literatur sich in ihren Formen weiterentwickeln muss:

> Ich glaube, Joyce und Kafka haben das letzte Wort bezüglich
> der Form gesagt, die sie jeweils entwickelt haben. Es kann kei-
> nen nach ihnen geben. Sie sind wie die Katzen, die den Teller
> leer geleckt haben. Jetzt muss man sich ein neues Gericht aus-
> denken, wenn man Schriftsteller werden will … Nicht, dass
> schon alles in der Erzählkunst gemacht worden ist – bisher ist
> wahrhaft nichts gemacht worden, außer Fielding, und der hat
> nur damit angefangen.

Das Interview endet mit der Erwähnung eines noch in Arbeit
befindlichen Buches, eines Tatsachenberichts über die Bom-
bardierung Londons mit dem Titel *London and Fire, 1940*.
Der erste Abschnitt dieses unvollendet gebliebenen Werks,
dessen Eröffnungssatz fast genau so lautet wie der, den Green
dem Interviewer anvertraute, ist das letzte substanzielle
Stück in dieser Sammlung und führt uns wieder hinein in das
blühende Greensche Universum mit seinen genial komprimierten Sätzen – «Das unschuldige Kind hätte niemals erra-
ten können, wie viel von einem Kind in dem Feuerwehrmann
an ihm vorbeiflitzte, als es ihn vor sich sah» – und seiner
leuchtend vollen Palette:

> … wir sahen eine papageienhaft bunte Gruppe reicher Frauen
> und ein, zwei Männer mit Stangen und hohen Wasserstiefeln.
> Der kleine Strom, rot vom Mutterboden, sprudelte durch ein
> smaragdgrünes Feld zum schiefergrauen Meer, das mit Bän-
> dern weißer Schaumkappen durchzogen war, bis ein Auf-
> brechen der bauchigen dunklen Wolken mit schwefelgelben
> Rändern einen Streifen weglaufendes Wasser darunter zu
> strahlendstem Aluminium machte.

In seiner höchsten Form bringt Greens Schreiben Leben in das Rechteck der bedruckten Seite wie sonst kaum etwas anderes in der englischen Literatur dieses Jahrhunderts – eine großartig gestaltete Oberfläche über bebender Tiefe, lebendig nicht nur in den Reflexionen der Realität, sondern auch dank der Tröstungen der Kunst. Über Kunst dachte er mit einer französischen oder modernistischen Konzentration nach, und auf diesen letzten Seiten macht er eine un-aristotelische Aussage von der therapeutischen Kraft der Kunst: «Sein eigenes Leben zu leben, kann große Verworrenheit bedeuten, aber die großen Schriftsteller machen es nicht schlichter, sie lindern nur und stellen das Ganze in eine Art von Proportion. Das hilft, und aufs Ganze gesehen, jahrein, jahraus, ist Hilfe das, was man braucht.» Hilfe ist das, was die Kunst uns mit ihrer «Art von Proportion» gibt und was Green gegeben hat und immer noch gibt in den zehn Bänden, denen hiermit ein glitzernder, ungleichmäßiger, aber teilweise unschätzbarer elfter hinzugefügt wird.

Helden und Antihelden
Die Bilder der Magnum-Fotojournalisten[1]

Die Nachkriegszeit mit ihrer komplizierten Vermeidung eines weltweiten Holocaust und ihren vielen Schattierungen politischen Graus war der Kreation von Helden und Antihel-

---

[1] Einführung zu: *Heroes and Anti-Heroes. A collection of photographs by members of the Magnum Photojournalists' Cooperative*

den nicht gerade förderlich. Che Guevara, zum Beispiel, war für den Fotografen Elliott Erwitt offenbar ein Held: er hielt Guevaras jugendliches, leicht bärtiges Gesicht in dem ungenierten Glanz von Hollywood-Publicity-Fotos fest. Für andere dagegen war Guevara so, wie er auf dem Bild von René Burri wirkt: ein Junge mit zerzaustem Haar, der mutwillig Soldat spielt und dabei, in Nachahmung seines großen Bruders, eine Zigarre in der Hand hält. Mao Tse-tung projizierte durchaus ein heldenhaftes Bild, das wir hier in seiner Verkleidung vom Langen Marsch und in seiner Reife als Staatsoberhaupt in unmittelbarer Nähe eines noch jugendlichen Deng Xiao-ping sehen. Doch seit Ableben des großen Vorsitzenden hat sich innerhalb Chinas wie auch außerhalb Abscheu gegen einige seiner revolutionären Maßnahmen breit gemacht, und der Moment, da Mao für Studenten von Berkeley bis Burma ein Idol war, scheint für immer vorbei. Eher fühlen wir uns angezogen von der ungestellten «lebensnäheren» Profilaufnahme, die von New China Pictures stammt: Sie zeigt uns den Vorsitzenden seltsam weich und wenig geformt, kinnlos und puppenhaft.

Eine noch lebende Gestalt des politischen Lebens, die häufig vor Magnums Linse kommt, ist der unweigerlich glupschäugige und chronisch unrasierte Jassir Arafat, dem das aufgetürmte gestreifte Tuch vom Kopf herunterfließt – es fällt schwer, sich eine Wende der Weltereignisse vorzustellen, bei der er einen heldenhaften Anblick bieten würde.

Gesichter sagen uns weniger über Gut und Böse, als wir uns einbilden. Unsere Reaktion auf das Bild einer bekannten Persönlichkeit ist weitgehend im Voraus festgelegt. Wüssten wir nichts über die Geschichte dieser Menschen, würden wir womöglich Klaus Barbie als den Mann mit der distinguiertesten und gütigsten Physiognomie in diesem Aufgebot auswählen, und mit Sicherheit wären wir berührt von den zärtlichen Bildern Stalins, wie er seine kleine Tochter Swetlana trägt, oder von Hitler, der sich zu einem kleinen Mädchen hinunterbeugt, das ihm offenbar gerade einen Blumenstrauß überreicht hat. Hier sind nicht viele wirklich böse aussehende Menschen versammelt, und die meisten von ihnen sind amerikanische Präsidenten – Nixon als Gangster mit schwarzem Hut, Johnson und Humphrey hinter dem Podium stehend, in einer verschlagenen Umarmung der Heuchelei, Herbert Hoover, die Arroganz der weißen Krawatte ausstrahlend, während Millionen nach Brot anstehen. Die am besten aussehenden Männer sind, in meinen Augen, nicht die Filmstars, sondern der Industrielle Gianni Agnelli, der Außenminister Südafrikas R. Pik Botha, und der Industriemagnat und Nazifreund Alfred Krupp mit seinen emsigen Günstlingen und seinem listigen mephistophelischen Blick. Das hässlichste, auf groteskeste Weise verschrumpelte, reptilartige Gesicht ist das der einzigen Heiligen in diesem Buch, das von Mutter Teresa. Manche der Gegenüberstellungen von Helden und Schurken, die bei der Gestaltung dieses Buches vorgenommen wurden, sind Studien der Ambiguität. Allende und Pinochet stellen ähnlich grimmige Mienen zur Schau. Saddam Hussein und Bush sehen beide wirklichkeitsfremd und etwas entrückt aus. Und Winnie Mandela – sieht sie aus wie eine Heldin, wie eine Antiheldin, oder wie beides?

Wenn unsere Zeit es schwierig findet, Helden und Antihelden hervorzubringen, dann ist der Fotoapparat einer der Gründe dafür: zusammen mit dem Fernsehen und der unablässig schnüffelnden freien Presse bringt er uns zu nahe an unsere lebenden Führer und unsere künstlerischen Stars heran, zeigt uns ihre Muttermale, ihre erschlaffende Haut, ihr dümmliches Grinsen im Blitzlicht der Fotoapparate, zeigt sie mit verschlagenen Blicken und vollen Mündern in Augenblicken der verletzten Privatsphäre. Wir sehen, dass sie keine Ikonen sind. In den alten Tagen der Monarchien zirkulierte das königliche Bild allein als Profil auf Münzen, und nichts wurde geprägt, was den Porträtierten als zu menschlich hätte erscheinen lassen. Als ich aufs College ging, wurde T. S. Eliot in Anthologien fast ausschließlich mit demselben ausdruckslosen Profil abgebildet; mein Kollege Philip Roth lässt mit ähnlich heiligender Wirkung dasselbe strenge Bild auf einem Buchumschlag nach dem andern abdrucken. Im ganzen Sowjetreich – in der Zeit der Stabilität vor Gorbatschow – war Lenins Bildnis weit verbreitet, aber mit nur geringer Variation des Ausdrucks und mit betonter Gleichförmigkeit der hervorstechenden Züge – der vorwitzige Ziegenbart, der kahle Schädel, der stählerne Blick, fest auf das kommende Arbeiterparadies gerichtet. Es ist ein Bild nur aus scharfen Kanten, zum Ausschneiden der Zukunft geeignet.

Einige dieser Magnum-Bilder, oftmals solche, die wir schon früher abgebildet gesehen haben, besitzen dennoch eine ikonische Kraft, eine Kristallisierung, die wirklicher als die Wirklichkeit ist und sich in unserer Erinnerung einprägt. Camus, Faulkner und Matisse, fotografiert von Cartier-Bresson, Mishima von Elliott Erwitt, Jomo Kenyatta von Ian Berry, Billy Graham von Arnold, Sartre und Simone de Beauvoir von Barbey, ein wunderbar verstört blickender Einstein von Ernst Haas, ein stramm stehender Ike von Wayne Miller, eine klagende Joplin von Elliott Landy. Cornell Capa fing auf doppelte Weise ein doppelt ikonisches Bild von Präsident Kennedy und – als vorausweisendes Profil im Vordergrund – seinem Nachfolger Lyndon Johnson ein, mit dem Präsidentensiegel in der Bildmitte. Unser Wissen von der jähen Ermordung, mit der die Macht des Siegels von dem einen Mann auf den anderen überging, geht in das Foto ein und wird Teil seiner ästhetischen Wirkung. Würde uns Gilles Peress' dramatisch verschattetes Porträt von Salman Rushdie so stark berühren, wenn wir nicht von den verschlingenden Schatten wüssten, die diesen Schriftsteller in der Folgezeit vor unseren Blicken verborgen hielten? Einige wenige sehr fotogene Menschen wie Rushdie, Churchill und Ayatollah Khomeini haben mit jedem Bild ikonische Wirkung. In der Fotografie von Abbas thront der Ayatollah in einer höheren Form von Lebendigkeit über den anderen, schäbig gekleideten Iranern, die auf dem Bild zu sehen sind – dieser Eindruck ist so stark, dass wir die Ränder der Gestalt prüfen, um zu sehen, ob es eine Pappfigur ist, ein hineinmontiertes Poster.

Wir leben in einer Zeit der Bilder, der Zeichen. Castros Bart und Zigarre, von unten gesehen, Chruschtschows kahler Kopf von hinten, de Gaulles *képi* von oben gesehen – das reicht aus, um die Personen zu identifizieren. Charlie Mingus und Pablo Casals sind in der Arbeit des Fotografen Teil der Saiteninstrumente geworden, deren Meister sie waren. Die Wirklichkeit und das Bildnis werden austauschbar: Anwar Sadat ist von Mikrophonen verdeckt, aber sein ikonisches Porträt erhebt sich über seinem Kopf; Jesse Jacksons begeistert erhobene Arme werden simultan mit der Fernseh-Version der Geste gezeigt. Fotografien von Bildern von Tito, Reagan und Gandhi nehmen in diesem Buch die Stelle von Fotografien der Männer selbst ein. Guy Le Querrec fängt auf sehr witzige Art das Geschäft des Bildermachens ein, indem er Mitterrand beim Zeitunglesen zeigt, während der Bildhauer seinen Kopf aus der zerebralen Aktivität und aus den verwobenen Heldentaten auf dem Wandteppich hinter ihm extrahiert. In einer Reihe von Porträts entsteht die besondere Eindringlichkeit dadurch, dass eine lebende Person zusammen mit einem Gegenstand der bildenden Kunst abgebildet wird: Borges und eine Büste mit blinden Augen, Spiro Agnew und ein weniger strahlender Abraham Lincoln, Picasso, der verärgert und verkümmert aussieht neben einer Sklavenskulptur von Michelangelo, Berenson, mit seligem Gesicht über die Hüfte einer ruhenden Venus gebeugt.

Obwohl der Fotoapparat unauslöschliche Bilder einfangen kann, steht das eigentliche Verfahren jedem Heroismus entgegen. Er hat ein demokratisches, ein nichts auslassendes Auge; er hat keinen Respekt vor Berühmtheiten. Immer wieder wandert unser Blick beim Betrachten dieser Bilder von ruhmreichen Personen zu den Gesichtern, die zufällig im Rahmen mit festgehalten wurden. Nasser und Castro auf der Höhe ihres Stolzes als die Störenfriede und Glamour-Boys der Dritten Welt, wandern eine Straße in New York entlang, und es sind die sie bewachenden Polizisten mit unbewegter Miene und die verschlossenen anonymen Gesichter, die von der teleskopischen Linse mit eingefangen wurden, die unsere Neugier reizen. Woanders sitzen Sadat und Arafat auf einer Bühne; sind die aufmerksamen Männer hinter ihnen die Leibwächter, die nicht lange darauf in ihrem Bemühen, Sadat zu beschützen, schrecklich scheitern werden? Präsident Nkrumah von Ghana beim Handschlag mit einem afrikanischen Häuptling, aber unser Auge wandert zu dem besorgten jungen Gesicht zwischen ihnen mit der schräg sitzenden runden Kappe, dem bestickten Kaftan und dem eleganten Weiß der Augäpfel. Chruschtschow, Herrscher über den Weltkommunismus, kommt nach Hollywood, und es ist die muntere, mädchenhafte Schauspielerin Shirley McLaine, die es wagt, seine Stirnglatze zu streicheln – sie wird von dem Fotoapparat «geliebt», wie man sagt, sie und der liebenswert gelangweilte Louis Jourdan, der über den Rand des Fotos in die

Ferne starrt. Wer ist der Mann, der mit so forschem Schritt hinter Adolf Hitler hervortritt? Was sind die kräftigen, kichernden Frauen, die Jurij Gagarin flankieren? Und wer ist der junge Hund, der sich hinter William Faulkner streckt, und das Kätzchen auf Albert Schweitzers Handgelenk? Unser Auge wird wie ein Kätzchen hingezogen zu dem lebhaftesten Punkt auf dem Foto, dahin, wo Bewegung ist, und das ist oft nicht das Gesicht des Abgebildeten. Der Porträtmaler der Vergangenheit lenkte unsere Aufmerksamkeit an den richtigen Fließlinien entlang und strich überflüssige Energie von der Leinwand weg. Wie auf der Bühne des Theaters war alles auf dem Gemälde Requisite und hatte seinen festen Nutzen.

Ein Foto hingegen bildet unweigerlich die Umgebung, die Szenerie mit ab, und dieses Drumherum kann dem Helden einen absurden Rahmen verleihen. Der Papst, zum Zwergen gemacht durch seine Limousine, der Schah durch seinen Thron und seine Roben neben seinem Thron, Hirohito durch das Stadion, in dem er wie ein Maulwurf im Cutaway aussieht – die Komödie der großen Eminenzen macht uns respektlos. Eichmann und sein leerer Stuhl, wie ein schreckliches kontaminiertes Objekt von Vorhängen umgeben, ruft wiederum andere Gefühle hervor, eine beckettsche Furcht, eine Ahnung von tödlicher Leere. James Dean, schlafend vor einem in Flutlicht getauchten Herrenhaus aus einem filmischen Traumland, Nelson Rockefeller, der sich gutmütig der Empörung einiger Wähler angesichts der Müllberge annimmt – auch diese Bilder haben eine surreale Stimmigkeit. Politiker arbeiten gemeinhin in der Menge, und Musiker ebenso; es gibt so etwas wie ein natürliches piktographisches Drama, das im Falle von Herbert von Karajan und Mick Jagger berufsbedingt ist. Und es scheint auch ohne Weiteres angemessen zu sein, Walt Disney in Disneyland aufzunehmen,

Dr. Spock mit einem Kind, Churchill mit einem Landungs-boot und Maurice Chevalier am Arc de Triomphe. Erstaun-licherweise kommt Landschaft in diesen Bildern nur selten vor; die Großen und die Berühmten agieren hauptsächlich in Städten. Pasternak, der in Peredelkino schmollt, und die Ni-xons, die zwischen den Pyramiden seltsame Schatten werfen, bringen die Natur besonders wirkungsvoll zur Geltung und erzeugen so einen visuellen Subtext über Raum und Freiheit: Nixon und Pasternak sind beide, auf unterschiedliche Weise, nicht frei. Auf einem der wenigen hier versammelten Bilder, bei denen die Farbe tatsächlich etwas bringt, bildet eine violette Gebirgskette des Himalaja den mystischen Hinter-grund für die Gestalt des Dalai Lama.

Das Konzept des Heldentums gehört in eine Welt des Schwarzweiß, eine Welt, die nach 1945 verging. Nachdem sich in Hollywood die Farbe durchgesetzt hatte, hörten die Spielfilme auf, Stars von dem glanzvollen Schliff und von der marmornen Schönheit eines Gable, eines Cooper, einer Crawford, einer Garbo und der Dutzenden von anderen Gottheiten, die in Platin und Kohle in den Leinwandhimmel geätzt waren, hervorzubringen. Und nachdem sich ein wenn auch unruhiger Friede auf den Erdball gesenkt hatte, wurde es schwerer, Helden und Anti-Helden zu finden. Für jeden, der sich an den Zweiten Weltkrieg erinnert, sind Heldentum und Schurkentum – die Personifizierungen von Gut und Böse – lebendige Kategorien. Helden gab es zu Hauf, von RAF-Piloten in der Schlacht um England bis zu den Marines und Infanteristen, die im Trommelfeuer der Achsenmächte in Guadalcanal und Stalingrad fielen. Auch die Führer in diesem epischen Kampf waren heldenhaft – Churchill und Roosevelt, beide klangvoll eloquent, unerschütterlich in ih-rem Selbstbewusstsein, stolz in ihrem Gerechtigkeitssinn, widersetzten sich dem diabolischen, unerbittlichen Hitler, dessen schwarze Taten noch die Ausschwärzungen der Kriegspropaganda in den Schatten stellten; denn das ganze Ausmaß der mörderischen Gründlichkeit seiner Endlösung und seiner wahnwitzigen Missachtung der Deutschen am Schluss, die er in den Abgrund gestürzt hatte, wurde erst nach dem Krieg enthüllt. Um Hitler herum tummelte sich eine Meute geringerer Teufel, farbenfroh wie Bösewichte aus einem Comic-Buch – der dicke, eitle Göring, der kleine, schrille Goebbels, der blasse, untersetzte Himmler, geifernde Antisemiten wie Streicher, Verrückte wie Hess, gnadenlose preußische Generäle mit Monokel, um von dem lächerlichen Wadenbeißer Mussolini und den kaum mehr menschlichen japanischen Automaten unter der Führung von Tojo ganz zu schweigen.

Selbst in den heißesten Phasen des Kalten Krieges – Griechenland, Korea, die Berlin-Blockade, die Kuba-Krise, die verschiedenen Spionage-Prozesse und Entlarvungen, Vietnam, Afghanistan – wurden weder die diplomatischen Beziehungen noch, wie ich glaube, die Ansichten der einzelnen Menschen von Teufel-Theorien beherrscht. Vielleicht weil die Amerikaner die Russen erst kurz zuvor, im Krieg gegen Hitler, als Mit-Helden betrachtet hatten, konnten sie nun nicht einfach Anti-Helden aus ihnen machen. Und die geographische Ausdehnung beider Supermächte, mit so viel Welt zwischen sich, außer an der Bering-Straße, hatte für beide Seiten etwas Entwaffnendes. Und natürlich war das Faktum der Atomwaffen ein großer Verhinderer. Welche Gründe auch immer hier zusammenwirkten, wirkliche Feindschaft – der sanktionierte Hass und die Schwarzweiß-Stilisierung, die den Kriegsgeist hervorbringen – existierte zwischen Russen und Amerikanern nicht. Vielleicht hatten sie, die Russen, zu viele unserer Filme gesehen und wir zu viele ihrer Romane gelesen. Trotz all der angeblichen und tatsächlichen Verbrechen, die Stalin dem Sowjetvolk angetan hat, war er eine etwas zweideutige Gestalt, mit einem Zwinkern im Auge und einem gedrehten Schnurrbartende. Ein anonymes Foto von 1923, das den frisch gewählten Generalsekretär zeigt, fängt eine seltsame Zartheit ein, eine entrückte Zerstreutheit. Der Hauch idealistischer Intentionen ist nie ganz von ihm gewichen. Und selbst als Chruschtschow mit dem Schuh auf den Tisch schlug und drohte, uns alle zu vernichten, war er eigentlich liebenswert, und Breschnew schien ein guter Kerl zu sein, ein schlauer Zwischenhändler der Macht, für den Nixon ein größeres Gefühl der Kameradschaft empfand als für die meisten seiner amerikanischen Mitbürger. Seit kurzem ist Nixon der Held einer Oper, und seine Art von Heldentum – ein Knäuel innerer Konflikte, Spannungen und Widersprüche, der Weltöffentlichkeit in Vergrößerung auf dem Fernsehschirm präsentiert – ist das, was die Nachkriegsjahre anzubieten haben. Auf Gorbatschow würde die Rolle eines solchen Helden passen, nicht aber auf Reagan.

Man betrachte, während der Kalte Krieg dahinschmilzt, einen Menschen wie General Wojciech Jaruzelski, der von Bruno Barbey in Hab-Acht-Haltung fotografiert wurde. Ein Held? Nicht für uns, und auch nicht für die meisten Polen. Ein Anti-Held? Nun, man könnte sagen, dass er die nötigen Schritte unternahm, um zu verhindern, dass Polen das, was es zu seiner Zeit an Unabhängigkeit besaß, verlor; wäre das nicht gewesen, dann wäre der Übergang zu dem besseren, freieren Polen, das es heute gibt, nicht möglich gewesen. Sein Gesicht ist starr und fast ausdruckslos, ein bisschen wie das von Eichmann, ein bisschen wie das von Jean Genet. Seine moralische Tönung liegt dazwischen, wie die Tönung seiner

Sonnenbrille. Politische Führer haben fast nie einen bösen Gesichtsausdruck, weil sie immer denken, dass sie das Richtige tun. Ein Privatmensch, der mit den Zehn Geboten aufgewachsen und mit einem bürgerlichen Über-Ich ausgestattet ist, mag wegen mancher Taten, die er begangen hat, Schuldgefühle verspüren und vielleicht sogar einen andauernden Selbsthass, der sich im Gesicht ausdrückt; ein Künstler, dem schmerzlich bewusst ist, dass er plagiiert und damit Verrat begangen hat, mag sichtbar umwölkte Züge tragen. Staatsführer dagegen, die sich in gegensätzliche Richtungen gezerrt und sich täglich mit Wahlmöglichkeiten konfrontiert sehen, die alle eine negative Seite und damit Auswirkungen für Tausende, wenn nicht für Millionen von Menschen haben, können Fehler machen, im Bereich ihrer Entscheidungsgewalt jedoch keine Sünden begehen. Selbst Hitlers Wahnidee des Völkermords war in seinem Kopf eine Maßnahmen zum Nutzen seiner erwählten Gemeinschaft, der deutschen Arier. Eine Fotografie von Pol Pot ist in dem Buch nicht enthalten, doch gäbe es eine, zeigte sie mit Gewissheit ein heiteres Gesicht, benommen gemacht vom Chloroform der aufrichtigen Doktrin und der festgelegten Strategie. Der mörderischste Anführer in diesem Band, abgesehen von Hitler und Stalin und Mao, dürfte Idi Amin sein, und es ist wahr, dass er auf dem Foto von Abbas bedrohlich aussieht, so wie seine Uniform größenwahnsinnig wirkt. Doch Dr. Milton Obote, sein Vorgänger wie auch sein Nachfolger, wirkt auf seine Art ebenfalls bedrohlich, und tatsächlich haben beide Männer in der elenden Geschichte der Kriegführung unter den Stämmen Ugandas Gräueltaten zugelassen und angestiftet.

Geschichte, so wie wir sie heute sehen, ist nichts für Helden. Sie ist eher eine Angelegenheit für Historiker nach Art der Jahrbuchverfasser, der kleinen anonymen Leben, der

Marktberichte und Statistiken, der Lebensstile und der Technologie. Das Studium der «großen Männer» hat neuerdings den Beigeschmack des Barbarischen, Leichtgläubigen, Regressiven. Keine Napoleons mehr, keine Davids mehr, die man hoch zu Ross malen könnte. Stattdessen sterbenslangweilige Memoiren als die Frucht des Amtes, und bis dahin eine Meute von Paparazzi, die bei anberaumten Fototerminen unablässig klicken.

Vielleicht ist es besser so. Helden und Anti-Helden entstehen aus dem Bedürfnis, das wir nach ihnen haben; dieses Bedürfnis entsteht in Zeiten der Not, der Verzweiflung und des Kriegsgerassels. Wenn wir und die Fotoapparate in den fähigen Händen von Magnums die Welt durchstreifenden Fotografen auf relativ wenige Helden treffen, sollte dieser Mangel nicht allzu laut beklagt werden. Zeiten, die Helden hervorbringen, sind beschwerliche Zeiten für die unheldische Masse der Menschen. Der Mangel an Bereitschaft, zu jener Art der Verehrung beizutragen, aus der Helden gemacht werden, und den blinden Hass unter Gegnern und Widersachern zu schüren, verheißt eine wachsende Einsicht und Empathie unter den Menschen und einen Fortschritt der zivilen Koexistenz, zu der wir auf diesem schrumpfenden Planeten alle Menschen ermutigen müssen.

Mickey Mouse [1]

Auf die Ohren kommt es an. Als Mickey Mouse 1927 ins Leben trat, war die Welt des frühen Zeichentrickfilms mit zweibeinigen zoomorphischen Humanoiden bevölkert, deren seltsame halb schwarze Gesichter hauptsächlich durch die Ohren voneinander unterschieden waren: die Katze Felix hatte spitze, dreieckige Ohren, und Oswald, das Kaninchen – Walt Disneys erstes erfolgreiches Cartoon-Geschöpf, das er aufgab, als sein Vertriebspartner in New York, Charles Mintz, ihn zu betrügen versuchte –, hatte lange Schlappohren mit eine paar Knötchen am Ende, um Fell anzudeuten. In Disneys Oswald-Filmen und in den ihnen vorausgegangenen Alice-Cartoonfilmen gab es Mäuse mit linearen Gliedern, drahtartigen Schwänzen und länglichen Ohren, nicht runden. Auf dem Weg zurück von New York, wo er Oswald für immer den Machenschaften des Mr. Mintz ausgeliefert hatte, erfanden Walt und seine Frau Lillian eine neue Figur, deren Vorbild – so will es die Legende – die Feldmaus war, die in Disneys altem Studio in Kansas City herumzuspazieren pflegte. Walts erster Gedanke war, die Maus Mortimer zu nennen; Lillian schlug stattdessen den weniger pompösen Namen Mickey vor. Irgendwo zwischen Chicago und Los Angeles tüftelte das junge Paar die Handlung für Mickeys ersten Kurzfilm, *Plane Crazy*, aus, in dem Minnie die zweite Hauptdarstellerin war und zu dem die Lindbergh-Besessenheit das Thema lieferte. Der nächste Kurzfilm, von Disneys sich mauserndem Studio produziert – zu dem außer ihm und Lillian

---

[1] Einführung zu: *The Art of Mickey Mouse*, herausgegeben von Craig Yoe and Janet Morra-Yoe

noch sein Bruder Roy und sein alter Kansas-City-Kollege und Geschäftspartner Up Iwerks gehörten – war *Gallopin' Gaucho*; dieser Film führte eine dicke, böse Katze ein, die damals noch nicht die Prothese trug, der sie später den Namen «Pegleg Pete» verdankte. Der dritte Kurzfilm, *Steamboat Willie*, wurde – eine brandneue Errungenschaft – vertont und 1928 uraufgeführt. Mickey Mouse hielt so Einzug als das beständigste und beherrschendste Phantasieprodukt amerikanischer Populärkultur in diesem Jahrhundert.

Die Ohren der Maus sind, ungeachtet des Winkels, in dem sie den Kopf hält, zwei mit Schwarz ausgefüllte Kreise. Dreidimensionale Mickey-Figuren – Puppen oder die Pappmaché-Köpfe, die von den grotesken Mickeys in Disneyland getragen werden – erfüllen uns mit Unbehagen, da die Ohren unumgänglich von der Seite wie auch von vorn sichtbar sein müssen. Eigentlich gehören diese Ohren nicht in den dreidimensionalen Raum, sondern in einen idealen Bereich der Kenntlichmachung, der Symbolisierung, der Dauerhaftigkeit und Unzerstörbarkeit des Zeichentricks. Sieht man Mickey auf Zeichnungen im Profil, dann sitzt das eine Ohr auf dem Hinterkopf, wie ein sphärischer Pferdeschwanz oder wie eine sekundäre Blase in einem computererzeugten Mandelbrot-Set. Wir akzeptieren das, so wie wir akzeptieren, dass Li'l Abners Haar immer auf der dem Betrachter zugewandten Seite gescheitelt war. Eine surreale optische Konsistenz ist Bestandteil der Welt des Zeichentricks, auf halbem Wege zwischen unserer Welt und der Welt der reinen Zeichen, der Alphabete und Handelsmarken.

In den fünfundsechzig Jahren, seit das Bild von Mickey Mouse in Umlauf kam, sind die Ohren, obzwar in ihrer Unregelmäßigkeit etwas organischer und beweglicher als die klassischen Anhängsel von 1930, nicht wesentlich abgewandelt worden. Allerdings ist die erste grobe, einer Ära krasser Stilisierungen entstammende Zeichnung vielen anderen Modifikationen unterworfen worden. Weiße Handschuhe, wie sie in Minstrel-Shows getragen werden, traten nach jenen ersten Filmen der zwanziger Jahre in Erscheinung und verdeckten die schwarzen Hände. Die kindliche nackte Brust und die Shorts mit den zwei Knöpfen wurden in den vierziger Jahren ausgemustert. Die Augen sind mehreren Veränderungen unterzogen worden, besonders drastisch in den späten dreißiger Jahren, als sie, wie einige historische Beobachter irrtümlich behaupteten, mit Pupillen versehen wurden. Dem ist nicht so: Die alten Augen, die schwarzen ovalen Gebilde mit dem seitlichen Glitzer der Reflexion, *waren* die Pupillen; das Weiß der Augäpfel füllte den ganzen Raum unter Mickeys schwarzer Schädeldecke, und der tief heruntergezogene V-förmige Stirnansatz markierte den Abstand zwischen diesen enormen, beinahe zu einem verschmolzenen Okuli. In dem Gesicht der klassischen Minnie kann man das besonders gut sehen: Wenn sie mit den Augen zwinkert, senken sich die bewimperten Lider über die ganze Breite dessen, was man für ihre Stirn halten könnte. Doch all die alten Zeichentrick-Tiere waren so konstruiert, angefangen bei der Katze Felix; Felix hatte, ebenso wie Mickey in *Plane Crazy*, auch Unterlider, die die enormen, auf der Schnute ruhenden Augäpfel umringten. Es war also ein evolutionärer Missgriff, der – angefangen bei einer 1938 von Ward Kimball ausgeführten Illustration auf dem Programmzettel für einen Firmenausflug – die glänzenden schwarzen Pupillen durch komplette ovale Augen ersetzte, die ihrerseits Pupillen hatten. Weder Pluto noch Goofy, noch Donald Duck ereilte eine solche Mutation. Die Veränderung rückte Mickey näher an uns Menschen heran, hat ihm aber auch etwas von seiner Lebendigkeit, seiner Pfiffigkeit, seiner insektenäugigen Zeichen-trick-Bereitschaft zu Abenteuern genommen. Sie hat ihn weniger abstrakt, weniger ikonisch, dafür einfach nur niedlich und zwergenhaft gemacht. Die Original-Mickey Mouse, wie sie durch die frühen Kurzfilme jagt und huscht, war kantig und drahtig und hatte viel von der Dreistigkeit und Unerschrockenheit eines echten Nagetiers. Nach und nach nahm sie die rundlicheren Proportionen eines Kindes an, eine Regression, die in den fünfziger Jahren durch Mickeys Auftritt als Genie in der Kinder-Fernsehshow *The Mickey Mouse Club* mit den lebendigen Mouseketeers besiegelt wurde. Doch die meisten Künstler in diesem Album von Mickey-Versionen aus jüngster Zeit greifen unwillkürlich – obwohl sie zu jung sind, um, wie ich, damit aufgewachsen zu sein – auf die alte Form zurück; es ist der ursprüngliche Mickey mit der nackten Brust, den gelben Schuhen und den ovalen Knöpfen an den roten Shorts, der als Ikone gilt und neben der die späteren Disney-Versionen nichts weiter als mausige Persönchen in Hosen sind.

Als Mickey Mouse zum ersten Mal in Erscheinung trat, hatte er etwas von Chaplin: er war klein, eben oberhalb der Grenze dessen, was noch als respektabel galt. Die kreisrunden Ohren, wie zwei Mini-Cent-Stücke, beschwören die kleinste ökonomische Einheit, den leicht zu übersehenden demokratischen Menschen. Der Name ist in die Sprache eingegangen als Begriff für die Kleinen und Schwachen – eine «Mickey-Mouse-Operation» ist eine

Minnie Mouse
mit Schlafzimmerblick

Ein swingender Mickey stolziert auf der Bühne herum

Bezeichnung für eine kapitalschwache Firma oder für einen minimalen chirurgischen Eingriff. Für mich und die Kinder meiner Generation – wir trugen Mickey-Mouse-Uhren, spielten mit Mickey-Mouse-Puppen, verfolgten Mickeys Abenteuer mit Pegleg Pete in den täglichen Comic-Strips, und jeden Samstag im Kino jubilierten wir laut, wenn Mickeys lächelndes Gesicht auf der Leinwand erschien, um einen Zeichentrickfilm vorzustellen – war Mickey einer von uns, eine Brücke zu der Welt der Erwachsenen, zu der Donald Duck trotz seines kindlichen Matrosenanzugs als leicht erzürnbares und tyrannisches Mitglied nicht gehörte. Mickey suchte keine Händel, und er beklagte sich nie. Mickey federte Schläge geschickt ab und war selbst so überrascht wie wir, wenn er, wie in *The Little Tailor*, kriegerische List bekundete und wieder einmal von der lieben, nahezu mit ihm identischen Minnie mit einem Kuss, der ihn erröten ließ, belohnt wurde. Seines bescheidenen, anständigen Wesens wegen musste Mickey, als Disneys Mythen bildendes Goldenes Zeitalter dem schlankeren Silbernen wich, die Rolle des Stars an den kampfeslustigen, sprühenden Donald Duck abgeben und an Goofy mit seiner Tollpatschigkeit. Abgesehen von einem gelegentlichen Comeback, wie zum Beispiel in der Episode des Zauberlehrlings in *Fantasia* und in den neunzi-

A. Mickey Mouse in *Plane Crazy* (1928) mit Glotzaugen.

B. Mickey Mouse in einem Zeichentrickfilm der frühen dreißiger Jahre, mit dicht beieinander stehenden Pupillen.

C. Mickey mit Augenrändern und Pupillen mit einer Einkerbung, in Zeichnungen der frühen dreißiger Jahre.

D. Ohne Augenringe, in einem Comic von 1934, gezeichnet von Floyd Gottfredson.

E. Mickey mit länglichen menschlichen Augen, nach einem Einfall von Ward Kimball, auf einer Einladung zu einem Studio-Ausflug im Jahre 1938.

F. Mickey in einem Comic der siebziger Jahre, mit Augen, die sich der frühen Form annähern.

ger Jahren in dem ziemlich aufgemotzten Halb-Kurzfilm *The Prince and the Pauper*, war Mickey 1940 als Star abgeschrieben. Aber wie es auch bei Marilyn Monroe nach dem Ende ihrer Karriere war, gewann Mickeys Leben als Ikone an Stärke. Das Amerika, das nicht von dem gebieterischen Yankee-Uncle Sam symbolisiert wird, wird von Mickey Mouse symbolisiert. Mickey ist so, wie Amerika sich selbst versteht: Unerschrocken, bedrängt, listig, nicht unterzukriegen, gutmütig, willig.

Mickey mit übergroßem Turban in *Mickey in Arabia*, 1932.

Wie Amerika hat auch Mickey eine Menge schwarzen Bluts. Das ging mir in einem Gespräch mit Saul Steinberg auf, der bei dem Versuch, die rassisch gemischte Realität der Straßen New Yorks für den überempfindlichen und rassenblinden *New Yorker* der sechziger und siebziger Jahre darzustellen, auf die Idee kam, zahlreiche Mickeys zu kritzeln für das, was munter und schludrig und unübersehbar da war. So wie Mickey in der klassischen Pose mit dem erhobenen dreifingrigen Handschuh – sein Markenzeichen – daherswingt, tanzt er den Jitterbug. Mit den runden schwarzen Ohren und gelben Schuhen hat Mickey Soul. Blickt man zurück auf die frühen Zeichentrickfilme wie die Looneys Toons' Bosko- und die Honey-Serie (1930–36) und die arabischen Figuren in Disneys eigenem *Mickey in Arabia* von 1932, sieht man, dass Schwarze ähnlich wie Zeichentrick-Tiere gezeichnet wurden, mit runden Knopfnasen und großen weißen Augen, die einen Doppelbogen mit dem tiefgezogenen Dreieck der Stirn dazwischen bildeten. Das Gummihafte von Zeichentrickfiguren, das Jazzhafte, ihr fröhlicher Schwung und ihre Trägheit – all das stimmte überein mit dem populären Bild des schwarzen Amerikaners, wie es schon in den Minstrel-Shows verkörpert wurde und in Joel Chandler Harris' Geschichten von Uncle Remus vorkam, die Disney 1946 zu einem Zeichentrickfilm mit dem Titel *Song of the South* verarbeitete. Bis 1950 enthielten Zeichentrickfilme – wie Filme im Allgemeinen – Karikaturen von Schwarzen, die heute inakzeptabel wären. Tatsächlich rief *Song of the South* Einwände seitens der NAACP (National Association of American Coloured People) hervor. In Neufassungen von *Fantasia* wurden zwei nubische Zentaur-Damen und eine Mischlingszentaurette, die den anderen die Hufe polierte, herausgeschnitten. Selbst die herausragende Krähensequenz in *Dumbo* erfüllt uns mit Unbehagen. Doch in einem gewissen Sinn sind alle Zeichentrickfilm-Figuren mehr oder weniger schwarz. In Steven Spielbergs hektischem Beitrag zum Zeichentrickfilm, *Who Framed Roger Rabbit?*, sind sie alle versammelt, von den singenden Bäumen in Silly Symphonies bis zu Daffy Duck und Woody Woodpecker, die in Toonville, einem Ghetto von Los Angeles, leben. So wie die Schwarzen Bürger zweiter Klasse und gute Entertainer waren, so waren auch Zeichentrick-Kurzfilme Filme zweiter Klasse – mit nicht lebenden Schauspielern, die sich aus einer Position unterhalb der wirklichen Welt über das Kino der lebendigen Schauspieler lustig machten und es erhellten.

Natürlich gibt es auch in einem Ghetto Klassenunterschiede. Porky Pig und Bugs Bunny haben Häuser, die sie pflegen und verteidigen, während Mickey wie eine dieser schneidigen Strichfiguren und tanzenden Flecken aus den zwanziger Jahren als Freigeist und Wanderer ins Leben trat. Wie Richard Schickel erläutert: «Die Schauplätze seiner Abenteuer durch die dreißiger Jahre hindurch wechselten von der Südsee über die Alpen zu den Wüsten Afrikas. Er war im Laufe der Zeit Gaucho, Lastwagenfahrer, Forscher, Schwimmer, Cowboy, Feuerwehrmann, Sträfling, Pionier, Taxifahrer, Schiffsbrüchiger, Angler, Fahrradfahrer, Araber, Football-Spieler, Erfinder, Jockey, Ladenbesitzer, Camper, Matrose, Gulliver, Boxer» und so weiter. Kurz, er war ein wurzelloser Vaudeville-Schausteller, der jede Rolle übernahm, die ihm die Bosse der Disney-Studios zugedachten. Und obwohl der Comic-Strip, den es noch gibt, ihn mit all dem Komfort und all den Sorgen eines weißen Mannes ausgestattet hat, lebt er in unseren Köpfen als unbekümmerter Streuner, der pfeifend durch die Gegend zieht, harte Knuffe einsteckt und bereitwillig jede Gelegenheit wahrnimmt, die sich ihm hinter der nächsten Ecke bietet.

Comic-Figuren haben Seelen, wie Carl Jung sie in seinem Buch «Archetypen des kollektiven Unbewussten» definiert: «Die Seele ist ein Leben spendender Dämon, der sein elfisches Wesen oberhalb und unterhalb der menschlichen Existenz treibt.» Ohne das «Springen und Zwinkern der Seele», sagt Jung, «würde der Mensch in seiner größten Leidenschaft, der Trägheit, vermodern.» Der Mickey der Kurzfilme der dreißiger Jahre war ein Wirbelwind von Aktivitäten mit einer Latte unvermuteter Fähigkeiten und einer zögernden Heldenhaftigkeit, die sich jeder Gelegenheit gewachsen zeigte. Wie Chaplin und Douglas Fairbanks und Fred Astaire lebte Mickey unsere Phantasien von unendlicher Behändigkeit und vollendeter Beweglichkeit aus. Und doch war insgesamt nichts Aggressives oder Angeberisches an ihm, wie beispielsweise an Popeye oder Woody Woodpecker. «Manchmal habe ich versucht zu verstehen, warum Mickey aller Welt gefiel. Jeder wollte dahinter kommen. Aber bisher hat es noch keiner geschafft, soweit ich weiß. Er ist ein ziemlich netter Kerl, der keinem etwas zuleide tut, der unverschuldet in die Bredouille gerät und immer mit einem Grinsen daraus hervorgeht.» Vielleicht war dies Disneys Bild von sich selbst; zwanzig Jahre lang lieh er Mickey in den Filmen seine Stimme, und oft sagte er: «Ich hab selber eine Menge von der Maus.» Walt Disneys einfache Ursprünge in Missouri gingen auf Mäuse zurück, die von den Nazis bei ihren Schmähungen der Mickey-inspirierten alliierten Truppen (das Codewort am Tag der Invasion war «Mickey Mouse») als das «elendeste Ideal, das je offenbart wurde ... Mäuse sind schmutzig», attackiert wurde.

Aber war Disney wie Mickey einfach «ein ziemlich netter Kerl»? Er war es, solange ihm keiner in seinem Drang zum Perfektionismus, in seiner napoleonischen Fähigkeit, Menschen zu befehligen und im Dienste einer künstlerischen und unternehmerischen Vision Risiken einzugehen, in die Quere kam. Er war einer jener großen Amerikaner, wie Edison und Henry Ford, die sich im Rahmen einer neuen Technologie selbst erfanden. Die Technologie – in Disneys Fall die Zeichentricktechnik – wäre so oder so entstanden, aber nur ein paar der Getriebenen schöpften ihre Möglichkeiten voll aus. In den zwölf Jahren zwischen *Steamboat Willie* und *Fantasia* führten die Disney-Studios die Kunst des Zeichentricks zu ehrgeizigen Höhen und einer Vollendung, die diese Kunst sonst nie erreicht hätte, und Disneys persönlicher Ehrgeiz war die treibende Kraft. Er schuf ein Reich der Ideen, und der Herrscher des Reichs war Mickey Mouse.

Die dreißiger Jahre waren Mickeys Zeit der Eroberungen. Das Bild der Maus ging um den Globus. In Afrika ließen sich

Stammesmänner unter Schmerzen winzige Mosaik-Mickeys in ihre Vorderzähne einsetzen; ein südafrikanischer Stamm weigerte sich, Seife zu kaufen, wenn den Stücken nicht das Relief von Mickey aufgeprägt war, und eine Revolte einiger eingeborener Träger wurde beigelegt, als die Safari-Veranstalter ihnen ein paar Zeichentrickfilme mit Mickey Mouse zeigten.[2] Auch die Großen und Mächtigen dieser Welt konnten sich dem elementaren Charme von Mickey nicht verschließen – König George V. bat darum, dass alle Filmvorführungen, die er besuchte, eine Dosis Mickey Mouse enthalten sollten, und Franklin Roosevelt hatte eine ähnliche Vorliebe. Während andere populäre Phantome wie die Katze Felix verblasst sind, hat sich Mickey Mouse einen Platz im kollektiven Bewusstsein erobert. Das Fernsehen hat Mickey für die Generation meiner Kinder wieder belebt, und die Themenparks machen ihn für meine Enkelkinder lebendig. Doch kann ein solches Überleben nicht mit Publicity erzwungen werden; etwas Zeitloses an der Gestalt, nicht die Werbung, sichern Mickeys Dauerhaftigkeit und haben bewirkt, dass er von einer Mode zu einer Ikone wurde.

Wenn sich eine Ikone in unserem Bewusstsein festsetzen soll, muss sie schlicht sein. Die Ohren, der bewegliche Schwanz, die roten Shorts machen für uns Mickey aus. Andere Cartoon-Figuren sind unlösbar verbunden mit der Zeichenkunst der Künstler, die ihnen Bewegung verleihen und Leben einhauchen, aber Mickey hat sich von ihnen befreit und ist eine Claes-Oldenburg-Skulptur geworden. Olden-

---

[2] Diese und andere Fakten verdanke ich *Mickey Mouse: Fifty Happy Years*, mit einer Einleitung von David Bain und herausgegeben von Bain und Bruce Harris (Harmony Books, 1977). Eine weitere nützliche Quelle war *Enchanted Drawings: The History of Animation* von Charles Solomon (Alfred A. Knopf, 1989).

burgs Arbeit hat mir zum ersten Mal bewusst gemacht, dass Mickey Mouse aus dem Bereich der kommerziell produzierten Bilder herausgetreten und zu einem universalen Artefakt geworden war. Die Grundkonfiguration – wie die von Hamburgern und öffentlichen Telefonapparaten – konnte als auf Anhieb fassbarer Bezugspunkt in einem Kunstwerk dienen. Der junge Andy Warhol bannte Dick Tracy, Nancy, Batman und Popeye auf die Leinwand, aber erst 1981 kam Mickey an die Reihe. Vielleicht eignete sich die Pop-Art am ehesten dazu, Comic-Strips, die einen romantischen Reiz für junge Erwachsene hatten, erfolgreich neu aufzulegen; Mickeys Reiz jedoch ist vorromantisch, eine Frage der relativ schematischen Manipulationen der Latenz. Hajime Sorayamas skulpturartige Arbeit mit der Spritzpistole und Gary Basemans gekritzelte Schnipsel [beide in *The Art of Mickey Mouse*] fangen genau die Texturen des Entwicklungsstadiums ein, in dem Mickeys Bildnis sich festsetzt. Wenn Sorayama ein paar nicht in dem Cartoonbild vorhandene Elemente hinzufügt – Wülste an Ellbogen und Knien, anatomische Feinheiten an den Ohren –, führt er Disneys Kreativität fort, ohne je gegen sie zu verstoßen. Basemans Bezugnahme auf die Mouseketeer-Ohren ist von Bedeutung; ihre Erfindung machte Mickey noch abstrakter und ließ ihn zu einer Macht werden, die wir aufsetzen konnten, während wir dem Gesicht nach wir selbst blieben. Die alte Vorstellung von einem Hut, der verwandelt – Krone, Schellenkappe, «Denkmütze», Sporthelme, Raumfahrtanzug – bekommt im Zeitalter des Fernsehens angesichts des Geräts, das seine eigenen «Ohren» hat und den Zauber aus der Luft einfängt, eine neue machtvolle Bedeutung. Wie John Bergs Gemälde zeigt, gibt es überall Ohren, und wie Heinz Edelmanns Zeichnung demonstriert, brauchen wir sehr wenig, um Mickey zu erkennen. Runde

Ohren reichen schon. Ein neues Spielzeug aus der Disney-Fabrik ist ein kameraähnlicher Kasten, der Seifenblasen ausstößt, wenn man einen Schlüssel dreht; der Schlüssel besteht aus drei Kreisen, zwei kleinen, die auf einem größeren montiert sind, und das Bild ist unverwechselbar Mickey. Wie Yin und Yang, wie das christliche Kreuz und den islamischen Halbmond kann man Mickey überall entdecken – ein Zeichen, eine Rune, die hieroglyphenhafte Spur einer geheimen Macht, eine Energiequelle, die wir anzapfen wollen.

Milton Glasers charmante Reprise von Mickey, der eine Brille trägt, während er noch im Swingschritt daherkommt, rührt auf unbeschwerte Art an die Frage der Ikonensterblichkeit. Gewöhnlich altern Cartoon-Figuren nicht, ihre Betrachter hingegen sehr wohl, während eine Generation auf die andere folgt, sodass Anspielung und sentimentale Bezugnahme an Gewicht gewinnen. Für die Kinogänger der frühen dreißiger Jahre war Mickey Mouse mit der piepsigen Stimme springlebendig, das Neueste auf dem Gebiet der Unterhaltung; als *Fantasia* erschien, war die Maus schon eine sentimentale Figur, mit der man Wiedersehen feierte. Die *Mickey Mouse Show* mit ihrem leicht melancholischen Anführer Jimmie Dodd schuf einen entrückteren Mickey, der mehr eine Randfigur war als in seiner ersten Inkarnation. Die Zuschauer gehörten jetzt der Generation an, die zu den Rebellen der sechziger Jahre heranwuchs und für die Mickey ein Symbol des kulturellen Fastfood-Amerikas war, wenngleich mit einem Hauch der alten Nagetier-Ungeniertheit. Politisch driftete Walt Disney unter dem Einfluss des Studio-Streiks von 1940 nach rechts, aber Mickey gehört immer noch zum Proletariat der dreißiger Jahre und fühlt sich in den wackligen, von unbekümmertem Ungeziefer wimmelnden Cartoon-Behausungen der Gegenkultur nicht unwohl. In den

Themenparks von Kalifornien und Florida tritt Mickey als wirkliche Person mit einem unbequemen Riesenkopf und in der Verkleidung eines Ringmeisters auf; so läuft er Gefahr, dass er in den neunziger Jahren nicht nur als verehrungswürdiger Kitsch erscheint, sondern als Teil des großen Abfallproblems, ein Stück visueller Müll, der von den Bulldozern der Konsumgesellschaft hin- und hergeschoben wird.

Doch seien wir unbesorgt, Mickeys grundlegend gutes Wesen wird immer wieder durchbrechen. Der Erinnerung entschwunden ist vielleicht die schlichte Liebe, die wir, die Generation, die mit Mickey Mouse aufwuchs, empfanden. Mickey Mouse war zwar fünf Jahre älter als ich, aber er war wie ein Spielkamerad. Ich erinnere mich an meine Tränen, als unsere Lokalzeitung die Cartoon-Seite abschaffte, um Amerika im Zweiten Weltkrieg zu unterstützen, und den Mickey-Mouse-Strip strich. Ich war alt genug – neun oder zehn –, um einen zornigen Brief an den Herausgeber zu schreiben. In Wahrheit waren die Comic-Strips aufgrund einer Leserumfrage eingestellt worden, und meine Entrüstung und Trauer entstammten der ungläubigen Erkenntnis, dass nicht jeder Mickey Mouse so sehr liebte wie ich. In einer Schilderung meiner Jugend, «The Dogwood Tree», geschrieben vor über dreißig Jahren, finden sich diese Sätze über einen anderen Jungen, einen Rivalen:

Als wir beide die Big Little Books sammelten, überbot er mich und nahm mir meinen Fund (auf dem Dachboden eines dritten Jungen), das erste Mickey-Mouse-Heft, ab. Ich kann das Buch noch sehen, ich wollte es so sehr – das Papier altersbraun und die Zeichnungen im ursprünglichen Disney-Stil, wo Mickeys schwarze Brust nackt ist wie die eines Kindes und seine Augen zwei mit Reflexionskerben versehene Ovale. Der

Verlust war vielleicht ein glücklicher Schlag; er half mir, von der Hoffnung loszukommen, dass ich je Besitz ansammeln würde.

Einmal habe ich versucht, eine Kurzgeschichte zu schreiben, die «A Sensation of Mickey Mouse» heißen sollte und in der ich die unbeschreiblichen Kindheitsempfindungen als Schauder erweckende Wiederkehr über die Erfahrung des Erwachsenen legen wollte – den gummiartigen Geruch, den Lakritzgeschmack, das Gefühl übernatürlicher Klarheit und unmittelbarer Erregung, die Mickey Mouse in mir hervorrief und immer noch, wenn auch mit den Jahren etwas abgeschwächt, hervorruft. Mickey Mouse ist ein «Genius» in der ursprünglichen Bedeutung des Wortes, ein Schutzgeist. Die verletzbare, mutige, nackte schwarze Brust, die rührenden großen gelben Schuhe, die geheimnisvoll nahtlose Öffnung hinten an seinen Shorts für den Mäuseschwanz, die kleine Zunge, ein Polster mit Mittelfalte, rot wie eine Valentinskarte und glänzend wie ein Bonbon, die immer durch die geschwungenen Linien seines durch nichts zu entmutigenden Lächelns blitzt. Ganz zu schweigen von den Ohren.

AMERIKANISCHE MEISTER
DER VERGANGENHEIT

Die Schlüsselmenschen

SINCLAIR LEWIS, *Main Street & Babbitt.* The Library of America 1992. [*Main Street: Die Geschichte von Carol Kennicott.* Deutsch von Christa Seibicke, Zürich 1996. *Babbitt.* Deutsch von Daisy Bródy, Hamburg 1953.]

Jetzt ist es soweit, dass Sinclair Lewis allmählich aus den Buchhandlungen verschwindet. Ungefähr zehn von seinen dreiundzwanzig Titeln sind noch lieferbar, doch kürzlich fand ich nicht einmal eine Taschenbuchausgabe von *Babbitt* in den Buchhandlungen, die für Fin-de-Siècle-Interessenten in Hülle und Fülle Werke von Jack London, Edith Wharton, Theodore Dreiser und Scott Fitzgerald bereithielten. Ist seinen Romanen das gleiche Schicksal beschieden wie denen von Booth Tarkington und Zona Gale – Souvenirs aus dem Mittleren Westen Amerikas, deren Macht zu verzaubern oder niederzudrücken in der Kulturgeschichte versunken ist? Sogar die neue, elegant glänzende Ausgabe von *Main Street* (1920) und *Babbitt* (1922) in der Library of America – die zwei Romane, die der englischen Sprache neue Beinamen und Begriffe eingetragen haben – hat etwas Halbherziges und Mageres. In einem Format, das Ausgaben von über eintausendfünfhundert Seiten gestattet und in dem man mühelos vier Romane unterbringen kann, beanspruchen Lewis' Texte, zusammen mit den ausführlichen Anmerkungen des Herausgebers, des verstorbenen Schriftstellers John Hersey, keine neunhundert Seiten. Warum wurde nicht ein dritter Roman aufgenommen – sagen wir *Arrowsmith* (1925), der in Lewis' Fließbandproduktion auf *Babbitt* folgte und ihm das wärmste Lob seiner Zeitgenossen sowie den (von ihm abgelehnten) Pulitzer Prize einbrachte, oder *Elmer Gantry* (1927), wo Lewis auf muntere Art und Weise sein beträchtliches Wissen über Religion in Amerika ausbreitete, oder *Dodsworth* (1929), der letzte Roman aus seinem großen Jahrzehnt, von vielen Kritikern als der am besten geschriebene und am tiefsten empfunden angesehen, in dem Lewis einen seiner derben Charaktere aus dem Mittleren Westen in eine fremde Umgebung und in eine an Henry James erinnernde Stimmung der stillen Niederlage versetzt? Da die Library of America den ausgewählten klassischen Texten keine Einführungen voranstellt, kennen wir nicht die Gründe des Verlags, die zu diesem relativ kärglichen Band geführt haben; wir können nur zu der Schlussfolgerung kommen, dass Lewis unter den Klassikern ein Zwerg ist. Melville dagegen wird, trotz seiner teilweise hastig und unordentlich hingeworfenen Prosa, mit einer vollständigen dreibändigen Ausgabe bedacht, in der auch der fast unlesbare Roman *Mardi* und die seltsame Kuriosität *Israel Potter* enthalten sind. Edith Wharton und Willa Cather, Zeitgenossinnen und Bewunderinnen von Lewis, haben beide mehrere prall gefüllte Bände zugestanden bekommen, ebenso Jack London und Richard Wright. Die Library of America, so stellt man sich vor, ist in ihrem Fass der Crème de la crème beim Bodensatz angelangt und holt mit dem ironischen Achselzucken eines Ladenbesitzers, dem die Ware ausgeht, diese beiden literarischen Erzeugnisse hervor, mit denen ein linkischer, schlichter, überaktiver und von krudem

Ehrgeiz besessener Schreiber aus einer Kleinstadt in Minnesota es geschafft hat, einen nationalen Nerv zu treffen und obendrein einen Großteil dessen zu liefern, was das Leben ihn gelehrt hat.

Mir haben beide Romane Mühe gemacht. In keinem sind die Konflikte zu einer sich zuspitzenden Dramatik geeignet – eher zur Veranschaulichung, sodass wir eine gleichförmige Reihe kleinerer Vorfälle präsentiert bekommen. Nicht nur die Heldin von *Main Street*, Carol Kennicott, wünscht sich sehnlichst, von Gopher Prairie mit seinen trostlosen Gebäuden, den harten Wintern, dem bissigen Klatsch und Tratsch und dem selbstgerechten Egoismus der Republikaner wegzukommen, sondern auch der Leser. Und doch hat dieser Roman, bei allen seine künstlerische Absicht betreffenden Unschlüssigkeiten und Zwiespältigkeiten, den Atem von Größe, das Gespür für menschliche Schwäche und hilflose Zeugenschaft – etwas, das der flotteren, glatteren Satire und Sentimentalität von *Babbitt* abgeht. Die bekannte Geschichte ist schlicht genug: Carol Milford, eine junge Frau, die gut aussieht, aus guter Familie stammt und von richtungslosem Idealismus beseelt ist, gibt ihre Stelle als Bibliothekarin in St. Paul auf und heiratet Dr. Will Kennicott, einen «hoch gewachsenen, kräftigen Mann von sechs- oder siebenunddreißig», der eine Praxis in Gopher Prairie hat, einer Stadt in Minnesota mit rund dreitausend Einwohnern, umgeben von Seen und Weizenfarmen. Kennicott, ein Lokalpatriot, der Carols Eindrücke von der Abgeschiedenheit und Provinzialität der Stadt voraussieht, bedrängt sie: «Dann komm mit. Komm mit nach Gopher Prairie. Zeig uns, wie's geht. Mach unsere Stadt – na ja – mach sie kunstsinnig! … Kremple uns nur kräftig um!» Das versucht sie, aber ihre dürftigen Bemühungen – sie richtet eine relativ wilde Party aus, gründet eine

Theatergruppe und hat einen Sitz im Bibliotheksbeirat der Stadt – bewirken gar nichts, und schließlich geht sie mit ihrem kleinen Sohn weg, nach Washington, wo sie eine Stelle als Schreibkraft im Bureau of War Risk Insurance annimmt. Obwohl sie Freundschaften schließt und das Gefühl bekommt, «dass sie nicht mehr eine Hälfte in einer Ehe, sondern ein in sich vollständiger Mensch» ist, kehrt sie ein Jahr später, als Dr. Kennicott kommt und sie erneut mit überraschendem Geschick und Takt umwirbt, nach Gopher Prairie zurück und schenkt ihm eine Tochter.

Alfred Harcourts Verlag rechnete damit, dass sich von dem Roman ungefähr zwanzigtausend Exemplare verkaufen lassen müssten; nach wenig mehr als sechs Monaten waren einhundertachtzigtausend verkauft. Es war, so Mark Schorer in seiner Lewis-Biographie, «das sensationellste Ereignis in der amerikanischen Verlagsgeschichte des zwanzigsten Jahrhunderts». Der Erfolg bei den Lesern fand seine Entsprechung im Lob seitens der literarischen Elite. Der junge F. Scott Fitzgerald schrieb an Lewis:

Ich möchte Ihnen mitteilen, dass *Main Street* in meiner Wahl als bester amerikanischer Roman *Theron Ware* verdrängt hat. Die Fülle barer Tatsachen ist erstaunlich! Lassen Sie mich als Schriftsteller und als Abkömmling Minnesotas in den Chor einstimmen – nach dreimaligem Lesen.

H. L. Mencken, damals auf dem Höhepunkt seiner Macht und seines Einflusses, war Lewis mindestens einmal begegnet, bei einer Party, wo, wie der zu Übertreibungen neigende George Jean Nathan berichtet, ein «hoch gewachsener, hagerer, paprika-köpfiger Fremder» die beiden Männer mit Beschlag belegte und verkündete, er sei der beste Schriftsteller im Land und habe gerade «das gottverdammt beste Buch, das dieses gottverdammte Land je gehabt hat» geschrieben, und «dass ihr zwei mir das ja nicht vergesst!» Drei Tage darauf schrieb Mencken an Nathan:

Halt dich am Tresen fest, atme tief durch und bereite dich auf einen schrecklichen Schock vor! Ich habe gerade das Leseexemplar von dem Buch von diesem *Quirlkopf* gelesen, den wir bei Schmidt getroffen haben, und, bei Gott, er hat es geschafft! Es ist ein wahrhaft hervorragendes Werk. Besorg es dir, so schnell du kannst, und sieh es dir an. Langsam glaube ich, dass es vielleicht doch keinen Gott gibt.

Der Erfolg des Buchs bei den Lesern rührte, so meine Vermutung, weder von Menckens Billigung her noch von der enthüllenden Beschreibung der Enge des Kleinstadtlebens (solche amerikanischen Darlegungen gehen ja auf Hawthorne zurück, der eine Kurzgeschichte mit dem Titel «Main Street» schrieb), sondern davon, dass sich viele Leserinnen mit der Heldin identifizierten. Ihre Leben steckten wie das von Carol in häuslichen Alltäglichkeiten und puritanischen, provinziellen, merkantilen und von Männern beherrschten Gesellschaftsgefügen fest, und alle ihre rebellischen Impulse führten zu nicht mehr als zu ein paar fragwürdigen Freundschaften, ein, zwei Flirts, ein paar halbwegs guten Taten und poetischen Tagträumen.

Ich erinnere mich an das Exemplar von *Main Street*, das meine Mutter besaß; es stand in unserer kleinen Familienbibliothek in der verstaubten Gesellschaft von Fitzgeralds *This Side of Paradise*, H. G. Wells' *Tono-Bungay* und W. H. Hudsons *Green Mansions*. Wir hatten nicht viele Bücher, hauptsächlich waren es die College-Bücher und die späteren Neuerwerbungen meiner Mutter. Der kühne Buchrücken, Blau mit einem orangefarbenen, einen Aufkleber vortäuschenden Feld – Harcourt gab allen Büchern von Lewis diese auffällige Aufmachung –, hatte etwas Aggressives, und mehr als einmal in meiner Kindheit nahm ich das Buch heraus und las die ersten Seiten, in denen die Main Street ironisch als «der Höhepunkt der Zivilisation» beschworen und Carol als junges Mädchen im College-Alter beschrieben wird, wie sie auf einem Hügel steht, «wo noch vor zwei Generationen die Chippewas ihr Lager aufgeschlagen hatten», während ihr Taftrock sich in der Brise der Prairie bauscht – «so graziös, so lebhaft und anrührend schön, dass sich einem zufälligen Beobachter unten an der Straße sehnsüchtig das Herz zusammenzog vor diesem Bild spontaner Freiheit ... Ein Mädchen auf einer Hügelkuppe; leichtgläubig, formbar, jung.» Der Mädchenname meiner Mutter stand fein säuberlich auf dem Deckblatt. Sie gehörte nicht zur ersten Welle von Käufern; ihre Ausgabe, die jetzt in meinen Besitz übergegangen ist, stammt aus der dreizehnten Auflage vom Januar 1921. Damals war sie siebzehn Jahre alt; wahrscheinlich also hat sie das Buch ein paar Jahre später gebraucht gekauft. Der Buchrücken ist abgerieben und abgenutzt, als wäre das Buch mehrmals gelesen worden. Ich hatte das Gefühl, dass an dem Buch etwas Beängstigendes war und etwas, das auf intime Art mit ihr zu tun hatte. Nicht, dass sie mir *Main Street* je aufgedrängt hätte; stattdessen empfahl sie, als ich schließlich ins Teenager-Alter kam, wiederholt *Madame Bovary*. Ich mied beide Bücher. Ich wollte von dem Unglück meiner Mutter nichts wissen; ich wollte, dass sie glücklich war und immer so blieb, wie sie war, und mich in einer ruhigen Atmosphäre, wo sich alles um das Kind drehte, aufwachsen ließ. Als mir nach ihrem Tod ihr Exemplar von *Main Street* in die Hände fiel, blätterte ich darin auf der Suche nach einer Randnotiz in ihrer Handschrift, nach einer Unterstreichung vielleicht, etwas, das mein intuitives, angsterfülltes Gefühl bestätigen würde, dass es zwischen ihr und Carol Kennicott, dem «Bild spontaner Freiheit», und ihrer von Sehnsucht und Unzufriedenheit geprägten Stimmung eine Nähe gab. Ich fand nichts, kein Zeichen, nicht einmal ein «Wie wahr!» oder ein «Ja», oder ein Sternchen neben Carols beredter feministischer Klage im Gespräch mit Guy Pollock in Kapitel XVI:

> Ich wünschte, Sie würden mir helfen, das Dunkel zu ergründen, das die Frauen umgibt. Graue Dunkelheit und schattige Bäume. Wir sind alle betroffen, zehn Millionen Frauen, jung verheiratete Frauen mit braven, wohlhabenden Männern und Geschäftsfrauen mit Leinenkragen und Großmütter, die von einer Teegesellschaft zur anderen laufen, die Frauen unterbezahlter Bergarbeiter und Farmersfrauen, die tatsächlich gern buttern und zur Kirche gehen. Was ist es, was wir suchen – und brauchen? … Ich denke, wir wünschen uns vielleicht ein bewussteres Leben. Wir sind ihn leid, den Kreislauf: Schuften, Schlafen, Sterben. Wir sind's leid mit anzusehen, dass immer nur eine Hand voll Menschen Individualisten sein können.

Gewöhnlich wird gesagt, dass Carol Kennicott nach dem Vorbild von Lewis' erster Frau, einer geborenen Grace Livingstone Hegger, gezeichnet sei – einer eleganten New Yorkerin, die bei *Vogue* arbeitete, als er um sie warb. In ihr Exemplar des Romans schrieb er die Widmung: «Für Gracie, die all das ist, was gut an Carol ist.» Ursprünglich hatte der Roman einen zentralen männlichen Protagonisten, den träge missvergnügten Anwalt Guy Pollock, der offenbar auf Charles T. Dorion zurückging, einen exzentrischen jungen Anwalt, den Lewis 1905 in seiner Heimatstadt Sauk Centre flüchtig kennen lernte. Als Lewis und seine Braut 1916 Sauk Centre besuchten, bahnte sich die Verlagerung zu einer weiblichen Hauptgestalt an. Schorer äußert die Vermutung: «Fast kommt es einem so vor, als hätte er sich 1916, als er seine Frau und seinen Vater und seinen Bruder Claude alle zusammen sah, gefragt: ‹Angenommen, Grace hätte einen Mann wie Claude oder wie meinen Vater geheiratet, und angenommen, sie wären … hier geblieben?›»

So aber musste Grace das Leben in Sauk Centre nicht lange auf sich nehmen; doch eine andere Frau, die Lewis gut kannte und sehr liebte, war in dieser Lage: Seine Stiefmutter Isabel Warner Lewis, die der Schriftsteller später als «mehr Mutter als Stiefmutter» und «in psychischer Hinsicht meine Mutter» beschrieb. (Seine leibliche Mutter, der er verblüffend ähnlich sah, starb, als er sechs Jahre alt war.) So wie der fiktive Dr. Kennicott Carol aus St. Paul wegholt, so holte Dr. Edwin Lewis Isabel aus Chicago weg, wo er als Medizinstudent im Haus ihrer Eltern ein Zimmer gemietet hatte. Carols reges, aber nicht befriedigendes Clubleben basiert auf Isabel Lewis' tatkräftiger Mitarbeit im Musical Club, in der Congregational Church, im Order of the Eastern Star, in der Stadtbücherei, dem Handarbeitsclub und einer Gruppe zur Vervollkommnung der Persönlichkeit, die sich Gradatim Club nannte. «Auf angenehme Weise ehrgeizig», so beschrieb Lewis seine Stiefmutter, und ihr vielfältiges Engagement in der Stadt war anscheinend von Triumphen gekrönt. Doch vielleicht hatte all dies auch eine andere Seite, die der schmerzlichen Anpassung des nach Sauk Centre verpflanzten Mädchens aus Chicago, die ihr jüngster und besonders aufmerksamer Stiefsohn hilflos beobachtete. Die kommunalen Institutionen von Gopher Prairie – die Kirchen, die Logen und Stadtverbesserungskampagnen – geben eine lachhaft kleine Bühne ab für die furchtbaren gesellschaftlichen Qualen einer Carol Kennicott; für einen ortsansässigen Jungen hingegen und für die ernsthaften Siedler in der riesigen Prairie waren solche Organisationen zweifellos von einer beträchtlichen Dimension. Carols Abenteuer, seltsam hektisch und schwankend bei dem Bemühen, in dem kleinstädtischen Gefüge Fuß zu fassen, gewinnen an Würde und Bedrohlichkeit, wenn man sie, statt als den Besuch einer aus der Stadt stammenden Ehefrau in der ländlichen Einöde, als die Anstrengungen einer Muttergestalt erlebt, sich einen Platz in einer ihr fremden Umgebung zu schaffen.

Stellt man sich *Main Street* aus dem Blickwinkel eines kleinen Jungen vor, wird auch Will Kennicotts wechselhaftes Verhalten verständlicher – wie ein Vater ist er mal ein Grobian, mal ein Held – und ebenso die bei Carol fast gänzlich fehlende Geschlechtlichkeit. Mary Austin, eine Schriftstellerin der Zeit, die mit Lewis befreundet war, bemerkte schon früh: «Man fragt sich, ob er sich wirklich bewusst war, wie sehr Carol Kennicotts Unfähigkeit, sich in Gopher Prairie heimisch zu fühlen, auf den Mangel an sexueller Potenz zurückzuführen ist, einen Mangel, den er erwähnt, ohne ihn jedoch in einen Zusammenhang mit ihren anderen Unzulänglichkeiten zu stellen.» Ihre Frigidität treibt ihren Mann in die Arme der fülligen, «schlüpfrig-denkenden» Maud Dyer; Maud ist Carol in fast jeder Hinsicht unterlegen, außer dass sie, wie er sich eingesteht, «mehr Lebendigkeit hat als Carol». Zu Carol sagt er: «Ich erwarte nicht, dass du leidenschaftlich bist – inzwischen nicht mehr», und beharrt: «Es macht auch nichts, wenn du kalt bist, ich mag dich mehr als jede andere auf der Welt.» Sie ist eine Madame Bovary ohne andere Liebhaber. Der Autor lenkt ihre Schritte auf eine Reihe möglicher Flammen zu – Guy Pollock, Miles Bjornstam, Erik Valborg –, aber kein Feuer entsteht; die trotzige, zupackende, ruinöse Liebesaffäre, auf die der Leser wartet, kommt nie zustande. Sogar ein Jahr ungebundenen Lebens unter Männern in feschen Uniformen in Washington führt zu keiner Liebesgeschichte für Carol. Nicht nur Maud Dyer, auch Nea Bjornstam und, auf einer anderen Ebene der Intelligenz und des gesellschaftlichen Status, Vida Sherwin Wutherspoon scheinen Gegensätze zu Carol zu bilden: Sie alle finden den Sinn ihres Lebens in der Beziehung zu einem Mann, während sich Lewis' feministische Haltung gegen eine solche Lösung für die Unzufriedenheit seiner Heldin sträubt. Dennoch weiß er genau so wenig mit ihr anzufangen wie sie mit sich selbst. Unfähig, sich ein besseres Schicksal für sie auszudenken, bringt der Autor sie, inzwischen von der doppelten Bürde der Mutterschaft gebeugt, zurück nach Gopher Prairie, zurück zu der vernünftigen, pragmatischen, konservativen amerikanischen Wirklichkeit, die, nach all seinen Abstechern in die Satire, den Sozialismus und die Erbauung präraffaelitischer Luftschlösser, das war, was Lewis am besten kannte und wozu er das meiste Vertrauen hatte. Nachdem er sich in Gedanken mit der rastlosen Unzufriedenheit seiner Heldin beschäftigt hat, gibt er dem Ganzen einen sicheren Schluss und lässt sie noch einmal den Dad heiraten.

Main Street hat den Untertitel *The Story of Carol Kennicott*, doch betrachtet man den Verlauf der zielgerichteten Handlung, dann ist es die Geschichte von Will Kennicott: er gewinnt Carol und verpflanzt sie, er kümmert sich um die Umstände, in denen sie leben, er holt Geld aus der Prairie heraus. Nachdem Carol den Aufstand geprobt hat, weiß er, wann er ihr nachgeben muss und wann er sie zurückerobern kann. Ähnlich könnte *Babbitt* auch ‹die Geschichte von Myra Babbitt› heißen, nach der gleichnamigen, fast unsichtbaren Ehefrau von George F., denn sie ist es, die in der die beiden umgebenden Gesellschaft die tatsächlich Handelnde ist. Sie war es, so wird uns erzählt, die gegen Babbitts Überzeugung die Verlobung herbeiführte; sie war es, die als Tochter des unerbittlichen Häusermaklers Henry Thompson Babbitts berufliche Laufbahn ebnete; und sie ist es auch, die seinen Aufstand in mittleren Jahren in Grenzen hält, indem sie ihm keine Beachtung schenkt und Babbitt dann, mittels einer durch göttliche Fügung herbeigeführten Blinddarmentzündung in den warmen Kreis der Babbitts zurückholt. Ihr erstes Auftreten in dem Roman ruft einen der denkwürdigsten Sätze hervor: «Sie war eine brave Frau, eine gutherzige Frau, eine fleißige Frau, aber niemand, mit Ausnahme vielleicht ihrer zehnjährigen Tinka, nahm das geringste Interesse an ihr oder war sich eigentlich ihrer Existenz bewusst.» Gegen Ende der Geschichte, als sie ernstlich krank ist und ins Krankenhaus gebracht werden soll, in einer Szene, die die bewegendste und schlicht die gefühlvollste im ganzen Roman ist, erbietet sie sich zu sterben:

Er lag vor ihrem Bett auf den Knien. Während sie schwach und matt seine Haare aufwühlte, schluchzte er und küsste den Batist ihres Ärmels und beteuerte: «Alter Schatz, ich liebe dich mehr als alles auf der Welt! Ich habe mich um das Geschäft und ähnliche Sachen gesorgt, aber das ist jetzt aus und vorbei, und ich bin und bleibe bei dir!»
«Willst du das wirklich, wirklich tun? George, während ich hier so lag, habe ich mir überlegt, dass es vielleicht das Beste wäre, wenn ich jetzt einfach nicht mehr zurückkehrte. Ich habe mich gefragt, ob ich jemandem hier nötig bin. Ob ich euch fehlen würde. Und dann habe ich mich gefragt, wozu ich überhaupt auf der Welt bin. Ich bin so dumm und langweilig und hässlich geworden –»

«Geh, du alter Schwindler! Fischst nach Komplimenten, statt mich fortzuschicken, um schleunigst deine Siebensachen einzupacken! Ich, na ja, ich bin selbstverständlich jung und hübsch und ein richtiges Dorfgigerl, und –» Er konnte nicht weitersprechen. Das Schluchzen übermannte ihn wieder; und in einem Strom unzusammenhängender, gemurmelter Liebkosungen fanden die zwei wieder zueinander.

Gegen alle doktrinären Trends dieser so gefeierten Satire auf die Werte des Amerikas der Mitte kann der Leser nicht umhin, sich zu freuen, dass Babbitt am Ende doch in die konservative Good Citizens' League eintreten darf und seine täglichen Runden beruflicher Schikanerie und familiärer Routine wieder aufnehmen kann. Obwohl *Babbitt* knapp zwei Jahre nach *Main Street* veröffentlicht wurde, ist der Autor hier ein anderer – ein Mann, der sehr viel besser in der Lage ist, die Freuden der Konformität und der demütigen Plackerei zu preisen. Der phänomenale Erfolg von *Main Street*, sowohl bei Lesern als auch bei der Kritik, hatte Lewis aus dem Elend des sich abstrampelnden Freiberuflers in ein berauschendes Rampenlicht emporgehoben und in eine Bahn des wurzellosen Vagabundierens und des unbekümmerten Drauflosebens katapultiert – die Einzelheiten sind auf den sechsunddreißig Seiten der beängstigend gedrängten biographischen Chronologie von John Hersey in der Ausgabe der Library of America zusammengefasst worden. *Babbitt* wurde in Cornwall, Kent, Paris, Rom, London und Forest Hill geschrieben, während Lewis' Ehe mit Grace unter Spannungen litt und sein Alkoholkonsum zeitweilig zu einem Problem wurde.

Nach der Veröffentlichung von *Main Street* war er auf eine Lesereise im Mittleren Westen gegangen und hatte sich über einige mittelgroße Städte Notizen gemacht – «nicht New

York oder Chicago, sondern Städte mit 200 000 bis 500 000 Einwohnern», erklärt er in einem Brief an Mencken –, die den Hintergrund für seinen nächsten Roman liefern sollten. Die Hauptgestalt sollte «ein solider Bürger mit Namen George F. Babbitt» sein. Lewis fährt fort: «Das Buch ist keine reine Satire. Ich habe mich mächtig angestrengt, den Blödian Babbitt nicht ins rein Burleske abrutschen zu lassen – obwohl das manchmal schwer fällt, etwa wenn er beim Lunch im Boosters' Club seine Reden schwingt. Ich habe versucht, aus ihm einen Menschen und ein Individuum zu machen, keinen Typus.» Zwar wird in dem Roman nie genau erklärt, wo die Stadt Zenith liegt – viel weiter östlich als Gopher Prairie, gewiss, und östlich von Chicago –, aber Cincinnati scheint bei seinen Recherchen besonders ergiebig gewesen zu sein. Von dort schrieb er 1921 an Alfred Harcourt: «Toller Aufenthalt, habe viele Leute kennen gelernt, kriege ein echtes Gefühl für das Leben hier. Gut für *Babbitt*.» Als der Roman schon weiter fortgeschritten war, schrieb er an einen Freund: «Es war sehr nützlich, dass ich mir Cincinnatti [sic] angeguckt habe – es hat mir ein frisches Gefühl für die Atmosphäre großer amerikanischer Städte von heute gegeben.» Zwischen der Schulzeit in der Sauk Centre High School und dem Studium in Yale hatte Lewis sechs Monate an der Akademie des Oberlin College zugebracht, und später sagte er, dass dieser Aufenthalt ihm «einen Begriff vom östlichen Mittleren Westen» gegeben habe, «wo auch Zenith liegt».

Ohio wird jedoch nicht genannt: Zenith liegt in einem Staat, der in der amerikanischen Vorstellung existiert. Es nimmt auf der ersten Seite des Romans Gestalt an als eine Vision von Türmen, «von Zement, Stahl und Sandstein, felsenstark und zierlich wie Silberfiligran», und von Straßen voller Limousinen «in einer anscheinend für Riesen erbauten

Stadt». George F. Babbitt wird jedoch schlafend auf seiner Schlafveranda entdeckt, das Gesicht hat «während des Schlummers den Ausdruck eines Babys, trotz der Runzeln und des roten Brilleneinschnitts auf der Nase.» In den nächsten sieben Kapiteln beziehungsweise auf den nächsten neunzig Seiten folgt der Autor Babbitt auf seinen Runden, führt ihn zurück auf seine Schlafveranda und umgibt seine schlafende Gestalt mit einem weiteren aus der Perspektive des allwissenden Erzählers gebotenen Überblick über die Stadt. Der spöttisch-epische Tonfall und die absurden tagtäglichen Aufzeichnungen der Ereignisse erinnern so auffällig an einen anderen Roman, der 1922 veröffentlicht wurde, Joyces *Ulysses*, dass man sich fragt, ob Lewis in seinem Lesehunger auf einige der Auszüge in *Little Review* gestoßen war. Er war sich nicht zu schade, Anleihen bei der Avantgarde zu machen; in *Main Street* sind ein paar überraschende Bewusstseinsstrom-Passagen enthalten.

Nachdem Babbitts Vorführtag abgeschlossen ist, präsentiert Lewis eine Reihe von Kabinettstückchen, mit denen er uns auffordert, abwechselnd oder sogar gleichzeitig über Babbitt, der seine kernigen Reden schwingt und seine eigensinnigen Meinungen zum Besten gibt, zu lachen und Mitgefühl mit ihm zu haben, weil er sich nach etwas sehnt, das über all dies hinausgeht. Er träumt immer wieder von dem «Elfenkind, einen Traum, der romantischer war als purpurne Pagoden an silbernen Meeren … Sie war so zierlich, so weiß, so voller Eifer! Sie sagte laut, er sei fröhlich und tapfer, sie würde auf ihn warten, dann wollten sie zusammen segeln –» In seinem irdischen Dasein in Zenith pflegt er eine sentimentale Freundschaft mit dem verschlossenen Paul Riesling, der Guy Pollock in *Main Street* ähnlich ist: «Er dachte an Paul Riesling … wie an einen jüngeren Bruder, der verhätschelt und beschützt werden musste.» Wenn Mark Schorer in seiner erschöpfenden, wenn auch herben Biographie über Sinclair Lewis einen Aspekt besonders herausstellt, dann Lewis' Einsamkeit, seine Unfähigkeit, Freundschaften zu schließen und zu pflegen. Der Versuch in *Babbitt*, eine intensive Männerfreundschaft zu schildern, hinterlässt den Eindruck krasser Unwirklichkeit, unwirklicher noch als die Vorstellung von dem Elfenkind. Paul hat seine eigene Unzufriedenheit – «Ich hätte Musikant werden sollen und habe einen Dachpappenladen!», – und eine Frau, Zilla, die schwieriger, teurer und nörglerischer ist als Myra Babbitt. Babbitts Entfernung von der Babbitt-Familie wird beschleunigt von dem Entsetzen, das er empfindet, als Paul auf Zilla schießt (ohne tödliche Folgen) und zu drei Jahren Gefängnis verurteilt wird. An Pauls Stelle als Verführer zur Abtrünnigkeit tritt vorübergehend ein alter Studienkollege, Seneca Doane, der als ehemaliger Konzernanwalt «verrückt geworden war, sich Farmarbeiterverbänden angeschlossen hatte und mit eingestandenen Sozialisten fraternisierte.» Eine gewisse verstohlene Achtung für Doane und ein neuer Wagemut, mit dem Babbitt sich eine Geliebte, Tanis Judique, zulegt und, zusammen mit ihren Künstler-Freunden, die Nächte durchfeiert, führen dazu, dass er sich verweigert, als Vergil Gunch, ein konservativ-kapitalistischer Kohlenhändler, ihn zum Beitritt in die rechts gerichtete Good Citizens' League drängt. Die Weigerung kostet die Babbitt-Thompson Realty Company beinahe einen profitablen, halbseidenen Deal mit der Transportgesellschaft, als Myras Blinddarm im rechten Moment die soziale Ordnung wieder herstellt.

So etwas wie ein glückliches Ende kommt zustande. Ted Babbitt, Georges Sohn, brennt mit Eunice Littlefield, dem Mädchen von nebenan, durch. Der alte Babbitt hatte sie immer in schimmerndem Licht gesehen: «Eunice war eine tanzende Mücke im Sonnenstrahl ... Das liebenswürdige Kind erschreckte ihn. Ihr schmales und reizendes Gesichtchen sah, von kurz geschnittenem Haar umrahmt, fast spitzig aus; sie trug kurze Röcke, eingerollte Strümpfe, und wenn sie Ted über Stock und Stein nachflog, sah man über der schmeichelnden Seide des Strumpfs einen flüchtigen Schimmer von weichen, runden Knien, die Babbitt beunruhigten, und er war verzweifelt, dass sie ihn als alten Herrn behandelte. Manchmal, in dem verschleierten Leben seiner Träume, wenn das Feenkind auf ihn zulief, nahm es die Gestalt von Eunice Littlefield an.»

Der Sohn bekommt also das Feenkind. Tapfer und gefasst erteilt Babbitt seinen Segen und entlässt den Jungen, der sich nur für Maschinenbau interessiert, aus der väterlichen Forderung, Babbitts enttäuschte Hoffnungen auf eine Anwaltskarriere zu erfüllen: «Geh in deine Fabrik, wenn du dazu Lust hast. Aber vor der Familie brauchst du dich nicht zu fürchten. Nein, und auch vor ganz Zenith nicht. Und insbesondere nicht vor dir selbst, wie ich's getan habe. Vorwärts, alter Junge! Dir gehört die Welt!»

So wird, halb zerrupft, das Erbe der Träume durch die Generationen weitergereicht.

Sowohl mein Vater als auch meine Mutter hatten mit meinem frühen Eindruck, dass die Welt von Sinclair Lewis etwas Unheimliches war, zu tun. Als Lehrer und Diakon schaffte mein Vater den Sprung in den Babbitt-Kreis unserer kleinen Stadt nicht – so wurde er beispielsweise nie aufgefordert, einer Loge beizutreten –, aber er schwebte, bewundernd und skeptisch zugleich, an der Peripherie. Die Sprache des Anfeuerns, des Vorankommens war in seinem Kopf wie ein Code, den er nicht ganz entschlüsseln konnte. (Kurioserweise spielt ein Updike eine Randrolle in *Babbitt* – Horace Updike, «der professionelle Junggeselle von Zenith», ein eleganter, schlanker Mann, der mit sechsundvierzig Jahren genauso alt ist wie Babbitt –, und zwei engere Freunde, die Lewis im jungen Mannesalter hatte, hießen Upson und Updegraff.) Einer meiner ersten Gedanken über Literatur, den ich in dem nahezu vollständigen literarischen Vakuum meiner frühen Jugend fasste, ging dahin, dass es falsch war, moralisch wie auch ästhetisch falsch, über das normale amerikanische Leben, so wie Lewis es tat, satirisch zu schreiben. Das Leben war, so räsonierte ich, überall kompliziert und problematisch. Ich muss die schwierigen sozio-ökonomischen Anstrengungen meiner Eltern im Sinn gehabt haben, und es kam mir so vor, als würde Lewis durch unsere Fenster hereinspähen und höhnisch lächeln. Als ich schließlich *Babbitt* las, geschah das deshalb, weil der Name der Hauptgestalt sich auf den einer meiner eigenen fiktiven Gestalten reimte. Die Parallelen erstaunten mich – die Bindung an das Geschäft des Schwiegervaters, die verwirrende Liebe zum Sohn, die Ausflüge in die Niederungen des Lebens, die verängstigte Kehrtwendung und der Weg nach Hause.

Als Lewis 1930 als erster amerikanischer Schriftsteller den Nobelpreis für Literatur bekam, fand Sherwood Anderson die Wahl «deprimierend» und schrieb an einen Freund: «Dreiser hatte wahre Zärtlichkeit in sich, Lewis nie. Mir scheint, dass Lewis den Preis bekommen hat, weil die Europäer Amerika eher ablehnen, als dass sie es mögen.» Doch zumindest in *Main Street* und *Babbitt* ist ein Mangel an offener Zärtlichkeit nicht zu erkennen. Nicht nur haben die beiden zentralen unzufriedenen Träumer die Sympathie des Autors, auch ihr ganzes einengendes Milieu wird schließlich bekräftigt als eines, zu dem es keine praktische Alternative gibt, und diejenigen, die für das Milieu verantwortlich sind, werden als im Grunde anständige Menschen wahrgenommen. Babbitts Lunch-Kumpane im Athletic Club von Zenith, an dessen Spitze Vergil Gunch steht, sind genau so, wie man sich einen lärmenden Haufen von kleinkalibrigen Kapitalisten vorstellt, aber angesichts von Babbitts Kummer über Paul Riesling sind sie auf liebenswerte Weise still und überreden Babbitt mit dem gleichen Takt, in ihre Mitte der Good Citizens zurückzukehren, mit dem Will Kennicott werbend Carol zurückgewinnt. Als Sinclair Lewis vorgeworfen wurde, er hasse die Main Street und ihre Bewohner, beharrte er auf seiner «Liebe zur Main Street, aus dem Glauben an die der Main Street innewohnenden Kraft heraus.» Einem Leserbriefschreiber, der sagte, er würde lieber in Gopher Prairie leben als in New York, schlug Lewis sanft vor, er solle es drei Jahre lang versuchen, und fügte hinzu: «Allerdings muss ich sagen, dass ich G. P. *mag.* Ich mag alle G. P.s; sonst könnte ich nicht mit diesem Eifer über sie schreiben.» Sein Idealismus hatte sich denn auch von einer jugendlichen Versenkung ins Christentum, die bis zu seinem zweiten Studienjahr in Yale andauerte, zum Sozialismus hingewandt, und es gibt bei ihm hellsichtige Bemerkungen über die Ausbeutung der Farmer seitens der Main-Street-Handelsgesellschaften, über den heftigen Widerstand gegen die Bildung einer Farmer-Kooperative, die der Mittlerrolle des Orts abträglich wäre, über den brutalen Kampf gegen streikende Arbeiter, der die netteren Bewohner von Zenith aufschreckt, und über die verschwörerische Bestechlichkeit im Spiel auf dem Immobilienmarkt. Doch ist keiner dieser Aspekte, wie klar sie auch auf Lewis' Relief der Gesellschaft herausgearbeitet sind, derart mit den Fasern des Lebens seiner Gestalten verwoben, dass er deren Niedergang bestimmte. Wo es darum geht, das Gewicht der Gesellschaft spürbar zu machen, ist Dreiser Lewis weit überlegen, denn er zeigt, wie diejenigen, die sich aus ihrer Nische herauswagen – wie Hurstwood in *Sister Carrie* – oder die zu hoch hinaus wollen – wie Clyde Griffiths in *An American Tragedy* – von diesem Gewicht zermalmt werden. Das Ausmaß unserer Mängel und das Ausmaß der Verweigerung der Welt wurden Dreiser mit einer Macht bewusst gemacht, die der intellektuell beweglichere Lewis eher im Kopf spürte. Als Sohn eines Arztes (auch John O'Hara war Arztsohn) gewinnt er einen allzu frühen Einblick in die Leiden einer Gemeinschaft, wahrt dabei aber einen klinischen, überlegenen Abstand. Das Studium in Yale – und Lewis hatte eindeutige intellektuelle Neigungen – vergrößerte den Abstand noch: er wurde Anthropologe, und seine Mitmenschen waren sein Feld.

Lewis' Stern stieg eben in dem Jahr – 1920 – auf, in dem William Dean Howells starb. Obwohl der Jüngere in seiner Rede bei der Verleihung des Nobelpreises abschätzend über Howells sprechen sollte, hatten die beiden Barden des Mittleren Westens und der Mittelschicht Amerikas mehr Gemeinsamkeiten als Fleiß, sozialistische Neigungen und den populären Erfolg. Ihr Gespür veranlasste sie, Komödien zu schreiben; ihrem Gefühl nach bildete das amerikanische Leben eine langweilige, aber lächelnde Oberfläche, über die Schuld und Kummer so gleichmäßig verteilt waren, dass sie sich fast in Luft auflösten. Während Lewis potenzielle Schurken schildert, wie Gunch in *Babbitt* oder Will Kennicotts Uncle Whittier und Aunt Bessie in *Main Street*, die in alles ihre Nase hineinstecken, zähmt die Handlung sie und geht weiter, zu neuen Konflikten und Krisen, die ihrerseits, wie Krisen im richtigen Leben, verpuffen. Das Leben geht gewöhnlich weiter. Weder Howells noch Lewis glauben, dass

Katastrophen etwas Charakteristisches sind; ihr Realismus ist ein Muster von gekräuseltem Wasser in einem flachen Teich. Der Leser, dem verhängnisvolle Ereignisse erspart bleiben (außer solchen, die Nebenfiguren zustoßen, wie Fern Mullins und Bea Bjornstam in *Main Street*), bewegt sich durch eine Welt, die in ihren leuchtenden Teilen dem Leben ähnelt, aber insgesamt den Widerhall des Lebens vermissen lässt und sich folglich irgendwie lau und belanglos darstellt.

Trotz all der stachligen Äußerungen, die Lewis auf seinen sonst reibungslosen Wanderschaften als Schriftsteller von Weltrang machte, war er politisch gesehen kein Radikaler, auch nicht in dem Sinne, wie Shaw und Mencken es waren. Carols Abneigung gegen Gopher Prairie hat fast ausschließlich ästhetische Gründe: die Gebäude sind unscheinbar und hässlich, die Filme, die im Downtown-Kino gezeigt werden, sind idiotisch, die Theateraufführungen sind eine traurige Angelegenheit, und es gibt weit und breit weder eine Kathedrale noch ein großes Museum. Es ist eine neue Version von Henry James' Katalog der Dinge, die es nicht gibt (den er in seinem Buch über Hawthorne erstellt), wobei nicht genügend berücksichtigt wird, *was* Amerika seinen begierigen Einwanderern in jenen Jahren vor dem Ersten Weltkrieg bot und wie diese Freiheit und diese Möglichkeiten durch kapitalistische Ausbeutung verbogen wurden. Auch scheint in der Stadt Zenith nicht viel im Argen zu liegen, das von einem ehrlichen Transportunternehmen oder einer Dante-Gesellschaft nicht wieder ins Lot gebracht werden könnte.

«Ich nehme an, Dante wird mit seiner alten Zeit ganz gut Schritt gehalten haben – nicht etwa, dass ich etwas von ihm gelesen hätte, wie ihr euch vorstellen könnt – aber um allen Missverständnissen auszuweichen, er hätte nicht die kleinste

Chance, wenn er sich hinsetzen und praktische Literatur schreiben müsste, jeden Tag ein Gedicht fürs Zeitungssyndikat, wie Chum [T. Colmondeley Frink, der lokale Verseschmied] es tut!»

Die Namen! Der Slang! Man wüsste gern, ob Hemingway an Lewis dachte, als er an seine Schwester schrieb: «Aller Slang wird nach kurzer Zeit sauer.» (In einem Brief an Maxwell Perkins sagte er über Lewis: «Wenn ich so nachlässig und so beschissen schreiben würde wie dieser sommersprossige Kerl, dann könnte ich jahrein, jahraus fünftausend Wörter am Tag schreiben.») Bei Mark Twain und Ring Lardner haben Slang und Dialekt den reizvollen Klang einer exotischen Sprache, die in der Transkription bewahrt wird; Lewis benutzt Slang von oben, als Protest gegen das königliche Standard-Englisch. Haben sich Männer je so lärmend begrüßt wie Babbitt und Paul Riesling?

«Wie geht's, alter Pferdedieb?»

«Ganz passabel. Und du, du armes Flossentierchen?»

«Ausgezeichnet, alte Käsemade!»

Selbst eine Person, die wir achten sollen, wie Will Kennicott, spricht mit sich selbst wie ein Bauer:

«Gottogott, die riskiert aber mächtig was. Da denkst du, sie kapiert allmählich, dass ich nicht der Salonlöwe sein will … Verdammt will ich sein, wenn ich nicht manchmal Laune habe, bei einem Mädchen aufzukreuzen, das Verstand genug hat, das Leben so zu nehmen, wie es ist; bei einer Frau, die nicht die ganze Zeit wie Longfellow reden will, sondern die nur meine Hand hält und sagt: ‹Du siehst ganz fertig aus, Schatz. Ruh dich ein bisschen aus und lass einfach das Reden.›»

Die etwas unbeholfene Scherzhaftigkeit, mit der Amerikaner das Eis brechen – «Sie dürfen gern Sam zu mir sagen – ich werd Sie so oder so ‹Carrie› nennen, wenn Sie nun schon mal so leichtsinnig waren, diesen armen Schlucker von einem Quacksalber zu heiraten, den wir uns hier als Doktor halten.» – wirkt in gedruckter Form eher krass. Eine phonetische Schreibweise – wie bei Queneau – verleiht der amerikanischen Aussprache ein surreales Aussehen: «Jever realize that?», «Have smore chicken», «frinstance», «Speaknubaut prices», «But zize [as I was] saying.» Das bunte Gemisch bei der Widergabe der Diktion bewirkt, dass wir solche Gestalten nicht richtig ernst nehmen, und wir fragen uns, ob Lewis, so amerikanisch, wie er war, sie ernst genug nahm.

Vielleicht deuteten seine langen Aufenthalte und schließlich sein Tod in Europa auf einen tiefer liegenden Eskapismus hin. Man ist überrascht, wenn man in Herseys biographischer Skizze und Schorers Biographie liest, wie viel Energie Lewis als reifer Schriftsteller in Theaterstücke steckte – nicht nur, indem er sie schrieb, sondern auch indem er Rollen übernahm, manchmal zusammen mit dem Feenkind seines Alters, der naiven Marcella Powers. Er war ein unermüdlicher und schließlich auch ein ermüdender Mime. Ob betrunken oder nüchtern, er trat gern auf – als Clown und als Monologist –, wenn eine kleine ruhige Interaktion angestanden hätte. Die Anfänge seiner Erzählkunst gehen zurück auf Spiele in der elterlichen Scheune, wo er stundenlang allein «mit den alten Schlüsselmenschen» spielte, wie er seinem Tagebuch im Alter von siebzehn Jahren anvertraute, «das sind Schlüssel, die ich in manch stundenlangem Spiel als halbe Puppen oder vielmehr als Puppen benutzte. Sie lebten und starben immer aufs Neue, schlugen Schlachten, hatten Häuser usw. usw.» Diese Erinnerung an einsame, jungenhafte

Rollenspiele, während die Menschen in Sauk Creek ihren Geschäften nachgingen und die Prärie sich bis zum Horizont erstreckte, klingt so traurig, wie Sinclair Lewis gewöhnlich auf Fotos aussieht. Man kann eine Verbindung ziehen zwischen den kleinen Schlüsselmenschen aus Metall und der Überfülle von Personen, die, einer vom anderen nur durch Zacken zu unterscheiden, durch seine Romane rasseln. Von *Babbitt* an bestand seine Methode darin, Seiten mit Miniaturporträts, Zeugnissen von Experten, detaillierten Plänen von fiktiven Häusern und Schauplätzen zusammenzustellen – «die Fülle schierer Tatsachen!» –, bevor er zu schreiben anfing, da er seiner Improvisationsgabe oder einem unsichtbaren und stummen Verdampfungsvorgang nicht traute. Wenn ein künstlerischer Prozess so methodisch angelegt ist, macht sich die Methode oft selbständig; seine Gestalten kommen einem manchmal wie Notizen vor, die das Gehen gelernt haben, während ihre besten Eigenschaften im Notizbuch bleiben. Siebzig Jahre nachdem seine beiden Meisterwerke entstanden und ihren sensationellen Erfolg hatten, kommen sie einem nun scheppernd, unvollständig vor. Auf der einen Seite waren da die Träumer, und auf der anderen die Welt; die Träumer hatten seine Sympathie, aber die Welt hatte die Fakten. Und die Fakten blieben irgendwie abstoßend.

Was könnte meine geradezu sklavische Stevens-Verehrung besser bezeugen als diese Strophen von «Cloud Shadows», einem Gedicht, das ich schrieb, als ich einundzwanzig war?

> Die weiße Kokosnuss, die Sonne,
> versteckt von ihren blauen Blättern,
> großen Piratengaleonen.
>
> Unser Himmel ihre peitschende See,
> stoßen sie uns auf einen Meeresgrund,
> mit unbestreitbarer Galanterie zumal.

Stevens übte diese besondere Faszination auf mich aus, weil ich aus einem Vorort von Reading, Pennsylvania, stammte und als junger Heranwachsender erfuhr, dass ein großer moderner Dichter im Herzen der Stadt, in der North Fifth Street, geboren und aufgewachsen war. Sein Bruder, Judge Stevens, hatte noch seinen Sitz am Bezirksgericht von Berks County, und die Leiterin der Public Library von Reading, Miss Ruth, bewahrte freundliche Erinnerungen an den gut aussehenden Klassenkameraden von der High School. Sie fand es bedauerlich, so gestand sie unumwunden, dass er Elsie geheiratet hatte – Elsie Moll, ein hübsches Mädchen aus der Stadt, von niedrigerer Klasse und geringerem geistigen Horizont.

Aber ich musste erst zum Studieren nach Harvard gehen, um sein Werk zu lesen – in Edwin Honigs Seminar über moderne Lyrik, das ich in meinem letzten Studienjahr belegte. Mein Aufsatz über Stevens wurde mit einem C+ bewertet,

---

[1] Für eine Sonderausgabe von *The Wallace Stevens Journal* geschrieben.

obwohl ich mich mit Leib und Seele hineingestürzt und *Harmonium* in Gänze sowie die bei Faber and Faber herausgegebenen *Selected Poems* gelesen hatte. Ich hätte mir zu viel vorgenommen, lautete Honigs Urteil. Es sei besser, vom Kleinen zum Großen zu gehen als umgekehrt – das war die Lektion fürs Leben, die mir dieser Komiker wie auch der Buchstabe C erteilten.

Ich liebte die kräftigen Farben bei Stevens, den übermütigen Wortschatz, die tapsige Zartheit, die unermüdlich weiterrollenden Blankverse und die seltenen Ausblicke auf die Landschaft von Berks County:

Aus einem Schuylkill, mitten in der Erde, tauchten
Flotillen empor, gewollt und gewünscht, brachten mit sich
Schatten von Freunden, von Leuten, die er kannte …

Und:

Unter den Grenzen der Wirklichkeit ist eine,
die sich in Oley zeigt, wenn das Heu,
das Tage hindurch gebacken, hoch aufgeschichtet wird …

Wenn Stevens aus diesem prosaischen, arbeitsamen Land der Farmer und Fabrikarbeiter und der quadratschädligen Holländer Pennsylvanias zu den stahlblauen Höhen des modernen Ästhetizismus aufsteigen konnte, dann war der Pfad geebnet, war es möglich, ihm darauf zu folgen. Eine deutlich «holländische» Erdverbundenheit, so meinte ich zu erkennen, lag Stevens phantasievollen Sublimationen zugrunde, und eine gewisse vertraute Dickköpfigkeit und Arbeitsamkeit waren der Motor für seine Produktivität, die mit dem Alter noch zunahm. Reading, eine Stadt der Fabriken und Gleisanlagen inmitten schlichter, aber ordentlicher und schmucker solider Backstein-Reihenhäuser, eine Stadt zwischen dem

Kiesbett des Schuylkill und den hoch aufragenden Konturen des Mount Penn (verziert mit einer unerwarteten zwölfstöckigen Pagode), hatte nicht einfach nur einen Dichter, sondern einen überragenden Dichter hervorgebracht, dessen Sinn für geistige Abenteuer in dem schwingenden Pathos und dem mit Überschwang bunt gemischten Vokabular in Zeilen wie diesen zum Ausdruck kam:

> Nota: Sein Grund und Boden ist des Menschen Einsicht.
> Schon besser. Lohnt es sich doch, dafür Meere zu queren.
> Crispin legte in einem einzigen lakonischen Satz
> Sein wolkiges Treiben bloß, er plante eine Kolonie.
> Exit das mentale Mondlicht, exit lex,
> Rex und principium, exit der ganze
> Klimbim. Exeunt omnes. Hier war die Prosa,
> exquisiter als jeder taumelnde Vers:
> Ein Kontinent, noch neu, Wohnstatt für alle.

Ich war noch so sehr der Provinz verhaftet und so ungebildet, das ich seine üppigeren Verse besonders schätzte, vor allem «Sunday Morning», wo er mit lutherischem Ernst dem Glauben Adieu sagt und das Gedicht mit Bildern beschließt, die unmittelbar der hügligen, fruchtbaren Landschaft zu Hause hätten entstammen können:

> Rotwild spaziert in unseren Bergen, und die Wachteln
> Rufen um uns, hell und spontan;
> Süße Beeren reifen in der Wildnis;
> Und durch die Einsamkeit des Abendhimmels,
> Segeln Tauben hier und da in Schwärmen, jähe
> Wellen ziehend, wenn sie niedersinken
> In die Dunkelheit, die Flügel ausgebreitet.

Mein jugendliches Gefühl der Entdeckerfreude in Zusammenhang mit Stevens ist mir in den letzten Jahrzehnten aufgrund seiner großen akademischen Beliebtheit ein wenig abhanden gekommen. Damals, auf Honigs Lehrplan, hat er praktisch alle anderen Stars – Cummings, William Carlos Williams, Moore, Frost, sogar Eliot – überstrahlt. Seine späteren, weniger üppigen Gedichte, von mentalem Mondlicht erleuchtet und in den fünfziger Jahren als eher trocken und sich im Kreis bewegend empfunden, haben von Kennern des amerikanischen Erhabenen wie Harold Bloom höchste Wertschätzung erfahren. Doch vielleicht bin ich noch zu sehr Holländer, um an den erbarmungslosen Essentialismus solcher Bemühungen wie «Notes towards a Supreme Fiction» [«Anmerkungen zu einer höchsten Dichtung»] zu glauben, in denen wir gesagt bekommen:

> Wie rein die Sonne, wenn in der Idee von sich selbst
> gesehen,
> In der fernsten Reinlichkeit eines Himmels gewaschen,
> Der uns und unser Ebenbild vertrieben hat …

Lese ich zu viele solcher Zeilen, fühle ich mich an Peter Davisons Epigramm auf Stevens erinnert: «Er kaute und wälzte das Wirkliche unablässig im Mund, oft ohne es, scheint's, wirklich zu schmecken.»

Doch auch ein so flüchtiger Überblick über sein Werk, wie ihn diese kurze Würdigung verlangt, erinnert mich daran, dass seine Gedichte dem Leser immer einen Schritt voraus sind, dass sie sich immer aus einem schiefen Winkel einer bedeutungsvollen, zentralen Sache nähern, und dass sie immer ein direktes Zitat verlangen und jede Paraphrase zur Verteidigung werden lassen. Wo immer man den hübschen Band der *Collected Poems* aufschlägt, man schlägt Großes auf – ein Epi-

kureismus der edelsten Art, eine stoische Liebe zu einer ent-
schwindenden Welt, ein fortwährendes Ringen um den
höchsten Nutzen, den Dichtung haben kann, eine beharrliche Rekonstruktion der Wirklichkeit durch das Wirken von
Sprache und Geist, eine köstliche und erhebende Bemühung,
die den Gedanken an den Tod in Schlummer versetzt.

Weggelaufen aus Ohio

Dawn Powell at Her Best. Herausgegeben von Tim Page.
South Royalton, Vermont, 1994. [*Dance Night,* keine deut-
sche Fassung. *Turn, Magic Wheel,* Deutsch: *Das Glücksrad.*
Deutsch von Karen Lauer, München 1999]

Dawn Powell ist möglicherweise dazu verurteilt, alle paar
Jahre wieder entdeckt werden zu müssen. Sie ist eine zu gute
Schriftstellerin – zu gewandt, witzig, wissend, zu mitfühlend
und poetisch –, um völlig in Vergessenheit zu geraten, doch
gleichzeitig ist sie in gewissem Sinne nicht emblematisch genug, um in dem von der akademischen Welt zusammenge-
stellten Zoo amerikanischer Romanciers ein Dauerschau-
stück zu sein. Hemingway, Faulkner und Fitzgerald sind die
glanzvollen Ungetüme ihrer Ära; Sinclair Lewis und John
Steinbeck stampfen unübersehbar in der Nähe herum; sogar
Erskine Caldwell, Nathanael West und Thornton Wilder haben ihre Erkennungsmerkmale und Ticks, die sie bei einem
Überblick herausheben. Dawn Powell hätte vielleicht in Anthologien einen Platz gefunden, wenn sie wie Katherine

Anne Porter, Dorothy Parker und Mary McCarthy in ihren Kurzgeschichten besonders brillant gewesen wäre. Obwohl sie Kurzgeschichten schrieb, darunter sieben, die zwischen 1933 und 1940 im *New Yorker* erschienen, sind auch die besten eher skizzenhaft; sie brauchte die große Leinwand des Romans, Raum für eine Vielfalt von Blickpunkten und eine erhabene Perspektive, um ihr Weltgefühl ausdrücken zu können.

Powell, 1897 in Ohio geboren, gehört mit ihrem eigenständigen leichteren Stil zu Theodore Dreiser und Willa Cather und jenen anderen Schriftstellern des Mittleren Westens, die in der nationalen Umwandlung vom Ländlichen zum Städtischen, von provinzieller Abgeschiedenheit zu der Befreiung, die die Metropolen versprachen, etwas Episches sahen. Als sie sechs Jahre alt war, starb ihre Mutter, und ihr Vater war Reisender; sie und ihre zwei Schwestern wurden bei verschiedenen «sehr steifen, strengen Verwandten», wie sie es selbst formulierte, untergebracht. Dawn lief mehrmals weg. «Die beste Zeit zum Weglaufen ist der September», schrieb sie einmal, und: «Das Leben auf der Farm hat etwas, das einem die Kraft gibt wegzulaufen, einfach nur weg.» Als Dawn Powell jung war, gab es in Amerika nur einen nicht-provinziellen Ort, wohin jemand, der weggelaufen war, hin konnte, und das war New York. Sie kam 1918 nach New York, nachdem sie das Lake Erie College in Painesville, Ohio, wenige Monate vor dem Ende des Ersten Weltkriegs abgeschlossen hatte. Sie war erst zwanzig und blieb ihr Leben lang eine patriotische New Yorkerin. 1931 schrieb sie an ihren Lieblingscousin Jack F. Sherman: «New York ist die einzige Stadt, in der Menschen, die außer ihrem Verstand nichts haben, alles tun und sein können … Ich meine damit, mein Freund, dass du hier du selbst sein kannst, und es ist der einzige Ort, wo du, wenn du unverfälscht bist, genau dahin gelangst, wohin du möchtest.»

Dieses von Herzen kommende Bekenntnis zitiert Tim Page in seiner Einführung zu *Dawn Powell at Her Best*, dem von ihm herausgegebenen und von der Steerforth Press in South Royalton, Vermont, in schöner Aufmachung veröffentlichen Band. Zwar sind seit 1989 fünf von Powells Romanen als Paperbacks neu aufgelegt worden, doch dies ist die erste Hardcover-Neuausgabe. Der Band enthält zwei Romane, *Dance Night* und *Turn, Magic Wheel*, acht Kurzgeschichten und einen kurzen, spritzigen autobiographischen Aufsatz: «What Are You Doing in My Dreams?» Beide Romane haben die Zustimmung der Autorin: 1957 sagte Dawn Powell der *New York Herald Tribune*, dass *Dance Night* ihr Lieblingsbuch sei; an anderer Stelle beschreibt sie *Turn, Magic Wheel* als «wahrscheinlich mein bestes, einfachstes und originellstes Buch». Zusammen decken diese Romane ihre beiden literarischen Terrains ab, Ohio und Manhattan. *Dance Night* (1930) ist einer von sechs Romanen, die in Ohio spielen, und *Turn, Magic Wheel* ist – wenn man ihren allerersten Roman, *Whither*, der 1925 veröffentlicht wurde, nicht mitrechnet – der erste in einer schwungvollen Folge von Romanen, die in New York City angesiedelt sind, meist im Milieu der Bohemiens von Greenwich Village. Die Autorin wechselt, je nach Schauplatz, die Persönlichkeit; *Dance Night* greift Sherwood Andersons elegische Stimmung von kleinstädtischer Unruhe auf und projiziert die verschwommene Größe und hilflose emotionale Macht von Kindheitseindrücken; *Turn, Magic Wheel* dagegen hat die Ausgelassenheit und Schärfe, die Evelyn Waugh und Aldous Huxley in ihren spritzig-bissigen Romanen *Vile Bodys* und *Antic Hay* an den Tag legen – Parodien auf das moderne, smarte Leben, von einem modernen, smarten Standpunkt aus betrachtet. Wie Edmund Wilson 1962 bei seinem Versuch, Powells in der Versenkung verschwindenden Ruhm wieder zu beleben, erklärte: «Ihr Fach ist eher die hohe Gesellschaftskomödie als eine akzeptierte Sorte amerikanischen Humors.» Zu dem Zeitpunkt konnte man Powell, deren letzter Roman im selben Jahr veröffentlicht wurde, auch mit Muriel Spark oder Anthony Powell (kein Verwandter) vergleichen. Mit ihrer nüchternen Lebenserfahrung, der Behändigkeit, mit der sie eine große Schar von Personen in Bewegung setzt, ihrer Abneigung gegen jedes Moralisieren und ihrer Art, psychologische und natürliche Details zugunsten eines farbenfrohen gesellschaftlichen Gewebes unterzuordnen, haben ihre Romane ein englisches Flair. Die menschliche Natur ist Natur genug; Unheil kündende Bären, Speerfische oder Wale brauchen bei Dawn Powells Rollenbesetzungsbüro gar nicht erst vorzusprechen.

Mr. Page, dessen Einführung beispielhaft für eine maßvolle Hommage eines frisch zum Powell-Kult Bekehrten ist, verrät seine Jugend, wenn er feststellt, *Dance Night* sei ein «trübes Porträt einer winzigen Stadt in ihrer Blütezeit am Ende der zwanziger Jahre». Einer der Treffpunkte in der fiktiven Stadt Lamptown ist ein in aller Offenheit funktionierender Saloon, folglich liegt der Zeitpunkt der Handlung vor der Prohibition, die Anfang der zwanziger Jahre in Kraft trat. Da der Erste Weltkrieg nie erwähnt wird und nie die Gedanken der jungen männlichen Personen überschattet, kann der Zeitraum noch früher angesetzt werden; man darf mit Fug und Recht annehmen, dass Lamptown sich auf Eindrücke vom Leben in Shelby, Ohio, gründet – Sitz der Shelby Electric Company, Hersteller der ersten Glühbirnen –, die Dawn Powell in dem Zeitraum zwischen 1910, nachdem sie von ihrem Vater und ihrer Stiefmutter weggelaufen war und von

Orpha May Steinbrueck, einer Tante mütterlicherseits, aufgenommen wurde, und 1914, als sie aufs College ging, erwarb.
Shelby, in der nördlichen Mitte von Ohio gelegen, war nicht
nur eine Industriestadt, sondern auch ein lebhafter Knoten-
punkt für die New York Central, Baltimore & Ohio Railroad
und die Pennsylvania Railroad. Mrs. Steinbrueck wohnte genau gegenüber von dem Umsteigebahnhof. Das ständige
Rangieren und Rumpeln der Züge verleiht Lamptown das romantische Flair der Ferne und verhilft einer Reihe weiblicher
Einwohner zu speziellen Liebesgeschichten mit den ständig
reisenden, feschen Eisenbahnern.

In Lamptown gibt es zu viele Fabrikarbeiterinnen. «Neunhundert Mädchen, alle jung und lebendig, da im Werk, und
keine Fabrik mit Männern weit und breit, die ihnen Verehrer
liefern würde», so äußert sich Mrs. Pepper, eine Reisende für
Korsetts. Und die junge Nettie Farrell klagt: «Jedes Mal, wenn
ein neuer Mann in die Stadt kommt, ist es so, als würde man
eine Maus unter hundert Katzen aufteilen.» Die Scharen un-
bemannter Mädchen erfüllen Lampton mit einer sehn-
suchtsvollen Atmosphäre und liefern reichlich Kundschaft
für die zentralen Treffpunkte des Romans, nämlich den Bon
Ton Hat Shop, wo Nettie als Gehilfin der Besitzerin Elsinore
Abbott arbeitet, und das Casino, in dem jeden Donnerstag
die Tanzabende unter der Leitung des reisenden Tanzlehrers
Harry Fischer stattfinden. Die Casino Dance Hall befindet
sich über Bauer's Chop House und auf der gegenüberliegenden Straßenseite von dem Hutgeschäft und Bill Delaneys Saloon and Billiard Parlor, womit die angenehm kompakte
Bühne für die Romanhandlung aufgebaut wäre. Morry Abbott, der Sohn von Elsinore und ihrem Ehemann Charles,
einem reisenden Süßwarenvertreter, findet Trost in Gesprächen mit einem Neuankömmling in der Stadt, der vierzehn-

jährigen Jen St. Clair aus dem Findelhaus, die von Bill Delaney und seiner zänkischen alten Mutter adoptiert wurde. Das Gespinst frustrierter Sehnsüchte wird in den Hauseingängen und auf den Treppenaufgängen dieses winzigen Stadtzentrums gewoben: Jen liebt Morry; Morry wird von Nettie und von Grace Terris, einem «leichten Mädchen», Kellnerin in Bauer's Chop House, verführt, doch beide Male bleibt der Verführte unbeeindruckt; sowohl Mrs. Pepper als auch Mrs. Abbott sind in den flotten Tanzlehrer Harry Fischer verschossen; Jen wird von dem einzigen männlichen Mitglied der Oberklasse der Stadt, dem jungen, untüchtigen Hunt Russel, der die Lampenfabrik geerbt hat, aufgegabelt; Morry verliebt sich in Jens jüngere Schwester, die schöne blonde Lil, als sie endlich aus dem Findelhaus rauskommt.

Doch Morrie, ein breitschultriger Siebzehnjähriger, der im Bett liegt und Jules Verne liest, während seine Mutter und Nettie den Laden im Erdgeschoss betreiben, überzeugt als Liebhaber weniger denn als Liebesobjekt; weibliche Lust – ein starkes Thema, das die viktorianische Prüderie ebenso schwierig fand wie der feministische Purismus heute – ist mit all ihren Variationen von Risiko und Schmerz Dawn Powells Thema. Selbst die alte Mrs. Delaney, die mit scharfer Zunge versucht, Morry in seinen halbherzigen Bemühungen um Jen zu entmutigen, knistert vor kraftvoller Lust: «Alte Ideen und wildes Blut in sich, und darüber hinaus traue ich keinem jungen Mädchen. Sie sind alle gleich, versessen darauf, sich ins Unglück zu stürzen, immer hinter den Jungen her.» Die Fabrikarbeiterinnen, so erfahren wir, «schreiben ihre Adressen auf die Kisten, die das Werk verlassen, und manchmal bekommen sie eine Antwort aus irgendeiner Ecke der Welt. Die kleine Tucker, so erzählt man sich, ist bis nach Australien gereist, um einen Mann zu heiraten, den sie nie gesehen hatte.»

In einer bemerkenswerten Szene verzweifelter sexueller Eroberung setzt sich Nettie nicht nur über Sitte und Anstand hinweg, sondern auch über Morrys offensichtliche Abneigung gegen sie:

> Am liebsten hätte er sie am Nacken gepackt und geschüttelt, wie ein Hund eine Henne schütteln würde, aber so konnte er nur seine Zähne in ihre runde Schulter versenken und so heftig es ging zubeißen. Nettie hörte auf, ihn zu treten, und wimmerte wie ein Kind … «Sei doch mal ruhig», flüsterte Nettie warnend und hob nicht einmal protestierend die Hände, als er wieder an ihrer Bluse zerrte.

Charles Abbott ist in seinem paranoiden, sadistisch zum Ausdruck gebrachten Verdacht, dass seine Frau fremdgeht, nicht weit von der Wahrheit entfernt; nachdem er in einem wunderbar heruntergespielten Moment der Gewaltanwendung aus dem Weg geschafft wird, werden Elsinore und Mrs. Pepper, ihre Rivalin um Harry Fischers Gunst, schwesterliche Verbündete auf dem Männermarkt und halten in Hotel-Lobbys und vornehmen Limousinen Ausschau nach «gut aussehenden Männern». Der sexuelle Trieb überdauert und überstrahlt die Muttergefühle: Morry war, so sinniert Elsinore, «schon als Baby ein Fremdling – ja, sicher, ein Teil von ihr hatte seine Anwesenheit irgendwie immer willkommen geheißen, dennoch war er ein Fremder. Sie fragte sich, ob auch andere Mütter ihre Mutterschaft fortwährend mit Staunen betrachteten und insgeheim etwas skeptisch waren, was dieses Wunder anging.» Und Morry kommt zu der Erkenntnis, dass das Gesicht seiner Mutter «das Gesicht einer Fremden ist» und dass «im Leben seiner Mutter kein Platz für ihn war, nie gewesen war, und die Schamesröte schoss ihm ins Gesicht, als er sich an die heftige Zärtlichkeit erinnerte, die er für seine Mutter empfunden hatte, so wie ein ungestümer Liebhaber erröten würde, wenn er sich in kühler Rückschau klarmachen müsste, dass seine Geliebte ihm gegenüber immer gleichgültig gewesen war.»

Es gibt keine menschliche Gefühlsregung, die Dawn Powells wehmütiger und einfühlsamer Analyse entginge, und darin lässt sie an Proust denken. Morry erwacht aus seiner Verliebtheit in Jens jüngere Schwester Lil, als er gewahr wird, dass «eine Liebesgeschichte sich zwischen einem Mann und der Liebe abspielte, nicht zwischen einem Mann und einer Frau»; Jen erkennt, dass «sie immer wieder verlassen werden wird, weil die Menschen dir nie so sehr zugetan sein würden wie du ihnen». Die Kindheit selbst ist «ein schrecklicher Käfig»: «Erst wenn man alt und reich war, eröffneten sich einem die Möglichkeiten des Lebens, bis dahin war man nur klein und nutzlos vor seinen Peinigern.» Es ist eine harte Welt, dieses Lamptown, und wenn man die Bestandsaufnahme der Frustrationen und Enttäuschungen betrachtet, kann man sich kaum vorstellen, warum Dawn Powell als Verfasserin komischer Romane gilt. Doch bei einer solchen Bestandsaufnahme lässt man ihren lebhaften Zugriff auf diesseitige Details außer Acht, von den Tricks der Modistin bis hin zu dem schweißtreibenden Geglitzer im kleinstädtischen Ballsaal, und die energiegeladene Vitalität der verzückten, verschlagenen und eigennützigen Sprache ihrer Gestalten. Hier haben wir Grace, die schlampige Kellnerin, die sich eine Zukunft und ihre Aktivposten an «Persönlichkeit» zusammenträumt:

«Ich gehe auch weg, das kannst du mir glauben. Ich will nicht in irgend so einem Schuppen in Lamptown arbeiten, ich gehe nach Detroit, und da arbeite ich in einer großen Cafeteria. Ich sage dir, das ist eine Stadt! Neulich war ein Kerl hier, ein bedeutender Fahrradvertreter, und der sagt, in Chicago gibt es nichts, was es nicht auch in Detroit gibt. Er sagt, die haben da Geld wie Heu und die Männer sind verrückt nach Mädchen, die ein bisschen Pep haben, glaub mir, ich bleib nicht in diesem Loch, nach dem, was der Bursche mir erzählt hat. Er hat gesagt, na, ein Mädchen mit so viel Persönlichkeit wie ich, das braucht sich von keinem was bieten lassen, da oben, in Detroit, also, er sagt: Gracie, ich kenne da Mädchen, die haben nur halb so viel Persönlichkeit wie du und die fahren ihr eigenes Automobil in Detroit, und dann ist da dieses Belle Isle, so was gibt es nicht ein zweites Mal außerhalb von New York, das hat er gesagt.»

Wäre Henry Greens *Living* früher als 1929 veröffentlicht worden und hätte es eine größere Verbreitung gefunden, so könnte man einen Einfluss vermuten. Nicht nur hat Powell so wie Green ein gutes Ohr für gesprochene Sprache und ein Auge für unseren essenziellen Egoismus, sondern manche ihrer Sätze, wie der folgende, fließen über, ohne Punkt und Komma, so randvoll sind sie vom jeweiligen Augenblick:

> Mit ziemlich roter Nase wirbelte Nettie ins Hinterzimmer und mehrere Minuten lang konnten Elsinore und Mrs. Pepper hören wie sie Schubladen zuknallte und schrill pfiff um zu zeigen dass sie sich bestens in der Gewalt hatte.

Solche poetische Hast ist in *Turn, Magic Wheel* seltener, wie wir auch seltener das Gefühl haben, dass sich die Autorin mitten im Reichtum ihres kargen Materials verloren hat. Dawn Powell ist hier in ihre New-York-Rolle geschlüpft und gibt eine Probe ihres handwerklichen Könnens. Vielleicht ist es zu gekonnt, denn eine leuchtende Vignette wie die folgende zeigt eine Spur von Gezwungenheit und einen Hauch von Herablassung:

> Im Lüchow's fand gerade ein großes Logen-Bankett statt, und in jedem Saal trugen Männer mittleren Alters verbissen ihre Papierhüte und stießen mit ihren umfangreichen Frauen an. Die Kapelle spielte ein buntes Walzerprogramm, und ein dicker Mann ließ sich verlocken aufzustehen und tanzte mit eingezogenem Bauch wunderbar mit einem knusprigen dünnen Mädchen, das seinen kümmerlichen Hintern herausstreckte, wie es in seiner Clique in Montclair üblich war.

Hier ist jeden Abend Tanzabend, und das Zauberrad der Liebe dreht sich so schnell wie Windmühlenflügel. Auf der größeren Bühne von Manhattan wirken Powells Gestalten irgendwie etwas kleiner und so, als hätten sie ihre missliche Lage auf kapriziöse Weise selbst herbeigeführt. Doch zugleich findet hier eine ernsthafte Erforschung des Schriftstellerberufs statt sowie eine Satire auf das Leben der Literaten Mitte der dreißiger Jahre, und zwischen den rasch eingeläuteten Wechselfällen einer mit Alkohol geölten Liebesfarce stehen erschütternde Szenen, schockierend in ihrer Nacktheit, von der Verzweiflung, zu der Liebe Frauen reduziert. Wie *Dance Night* dreht sich der Roman um einen männlichen Helden – nicht um einen jugendlichen, trägen Morry Abbott mit seinem heimlichen Lesehunger und seinen vagen Aspirationen auf dem Feld der Architektur, sondern um einen rothaarigen, geistig hyperaktiven, jungen, etwas kurz geratenen und leicht dandyhaften Schriftsteller (mit «einem unbekümmerten Hang, sich wie der Prince of Wales zu kleiden»), der Dennis Orphen heißt. Der Name lädt uns ein, Orphen (der in späteren Romanen wieder auftaucht) als eine Art Alter Ego zu sehen, da Powell sich selbst als Waise [engl. orphan] betrachtete und die Tante, die am ehesten eine Ersatzmutter für sie war, Orpha hieß. Orphens gegenwärtiges Problem besteht darin, dass er seit drei Jahren mit Effie Callingham, der früheren Frau eines Schriftstellers vom Kaliber eines Hemingway, Andrew Callingham, liiert ist und, indem er ihr Leben in einem Roman verarbeitet, ihrer beider Freundschaft verrät. Laut Edmund Wilson war das Problem eines *roman à clef* etwas, das Powell mied: Sie habe «fast nie das Leben eines Menschen benutzt, … den er erkennen konnte». Doch welcher Schriftsteller kennt nicht Orphens Gefühl, wenn das wirkliche Leben sich erhebt und sich fassungslos seinem Ebenbild in der Kunst gegenübersieht?

> Als er in die Wohnung kam, saß Effie bereits da, das Buch in der Hand, und zum ersten Mal durchzuckte Dennis die Erkenntnis, was diese Worte für sie bedeuten mussten. Ja, dachte er, als er in ihre verzweifelten Augen blickte, dies war mehr als nur Schreiben. Dies war eine lebendige Frau, die er auf den Markt warf, die lebende Effie. Er empfand Schuldgefühle und Zorn.

Zu einer anderen Art der Konfrontation kommt es, als Effie ihn zu ihren reichen Freunden, den Glaenzers, mitnimmt, die er zuvor aus seiner Phantasie heraus und nach Effies vertraulichen Erzählungen geschildert hat; seine Beschreibung ist so präzise, dass er «das beklemmende Gefühl hat, in einen Spiegel zu treten, die Wahrheit zu träumen.» Orphen ist erleichtert, als er sieht, dass in einer bestimmten Nische nicht die «Madonna aus Terracotta» steht, die er in seinem Roman beschrieben hatte, sondern «eine große, hässliche chinesische Vase voller freudloser Lilien».

Solche nabokovschen Spiele mit Realität und Mimikry sind hübsch, und Powells satirische Erschaffung des Verlegers

MacTweed und seiner Schmeichler ist der herzlosen Partnerschaft von Old Rampole und Mr. Benfleet in Waughs *Vile Bodys* ebenbürtig. Von Mr. MacTweed wird gesagt, dass er «seine furchtbaren grauen Piratenaugenbrauen hochzog, indem er speziell zu dem Zweck entwickelte Muskeln auf seinem Schädel betätigte – mit Sicherheit konnten gewöhnliche Schläfenmuskeln diese Kraftanstrengung nicht allzu häufig unternehmen». Seine Günstlinge sind alle miteinander «ziemlich hoch gewachsene junge Männer mit glattem mausgrauen Haar, großen Mündern voller starker großer weißer Zähne, die bestens zum Nagen von Baumrinde oder rohen Kokosnüssen geeignet waren, aber zweifellos mit nichts anderem als Muscheln oder bestenfalls Jungvögeln auf die Probe gestellt wurden, kurzsichtigen freundlichen Augen hinter randlosen, vorzugsweise bifokalen Brillen … und angenehm tiefen Stimmen, die ihnen vom mehrstimmigen Chorsingen in der Jugend geblieben waren.» Die Spitzen, gegen den damals modischen proletarischen Roman gerichtet, die Karikaturen der Partys und der Prahlerei, die mit der Veröffentlichung eines Buches einhergingen, die komische Allgegenwärtigkeit von literarischen Ambitionen in Manhattan, die fiebrige Aufgeblasenheit des mythischen, in Europa residierenden Callingham – alle diese Hiebe werden fröhlich von einer Schriftstellerin ausgeteilt, die sich der Öffentlichkeit entzog und nie in den Genuss hoher Verkaufszahlen kam, doch wie jede Satire haben sie mit der Zeit etwas Gestriges, Banales angenommen.

Als Hymne an den monströsen Zauber der Liebe ist *Turn, Magic Wheel* jedoch frisch geblieben – ein Roman, der uns erstaunt, bewegt und belehrt. Marian, eine jüngere Frau, die fünfzehn Jahre zuvor Effie deren Mann Callingham abspenstig gemacht und erobert hatte, kommt, krebskrank und dem Tode geweiht, nach New York zurück, und Effie wird ihre einzige Trösterin. Die sterbende Marian stellt opernhaft ein Echo von Effies eigener Sehnsucht nach einem Liebesobjekt dar, das – wie wir lange vor seinem Erscheinen begriffen haben – die Verkörperung sturer und grausamer männlicher Ichbezogenheit ist. Und auch Effie erkennt dies, selbst in dem Moment, als sie sich mit ihrer Rivalin Kinderbilder von Callingham ansieht und beide sich an dem «lustigen kleinen Gesicht» und seinem Fauntleroy-Aufzug als Fünfjähriger ergötzen:

> Ein zartes, sehnsüchtiges Lächeln umspielte Marians feine bläuliche Lippen, sang in ihren Augen und den Händen, die so liebevoll über die Erinnerungsstücke glitten, ein Lächeln wie ein kleines Wiegenlied, das von dem Kleinen selbst zu kommen schien, denn es umspielte auch Effies Mund, sanft, flüchtig, ein seltsamer Schimmer verlorenen Glücks.

Die verschiedenen Szenen im Krankenhaus, in denen die beiden Frauen sich in ihrer zurückgewiesenen Liebe immer näher kommen, stellen ein herzergreifendes Extrem von Eindringlichkeit und tapferer Torheit dar. Effie kann sich von ihren erotischen Fesseln lösen, doch Marian stirbt in ihnen, verzückt, als Callingham sie am Ende doch noch besucht: «Als er sie dort liegen sah, war er auf einmal auf die Knie gefallen, hatte das Gesicht im Kissen neben ihr vergraben, und so war sie gestorben.» Und für seine eigenen romantischen Neigungen findet der Leser selbst nach dieser Travestie noch eine Genugtuung in dem glücklichen Ende, das die Autorin Dennis Orphen in seinen Liebesdingen beschieden hat. Effie wird in der Einführung von Tim Page als Dennis' Geliebte beschrieben, doch sehen wir sie nie zusammen im Bett; die Liebesstunden des rothaarigen Schriftstellers finden alle mit der lüsternen, entzückenden, törichten verheirateten Corinne statt, die unvermittelt – in einer weiteren Konfrontation der Wirklichkeit mit der ungläubigen Wahrheit – ihrem Mann ihre ehebrecherische Leidenschaft gesteht, ohne dass er ihr Glauben schenkt. «Armes Schnuckelchen», sagt er. «Da war das arme Kind einen Moment lang ganz verwirrt.»

In dieser Scharade der Liebestäuschungen findet sich kein Hinweis darauf, dass Dawn Powell es lieber anders gehabt hätte. Sie hielt an ihrer eigenen Ehe mit Joseph Gousha fest (mit dem sie die Pflege und die Kosten für ihren behinderten Sohn teilte) und hatte gleichzeitig eine länger andauernde offene Liaison mit Coburn «Coby» Gilman. Die Freiheiten der Bohème machten einen Teil des Reizes von New York aus, ein Reiz, den Dawn Powell wie niemand sonst besingt. Die Stadt besteht nicht nur aus ihrer Geographie und ihren Gebäuden; sie besteht auch aus der geheimen erotischen Ausstrahlung, die in dieser Menschenfülle so konzentriert ist wie ein aus Tausenden von Blüten gepresstes Parfüm. Die elektrisierenden sexuellen Pulse in *Turn, Magic Wheel* gehen von der geballten Energie der Metropole aus. Die Lebenskraft, die sich in Städten wie Lamptown gegen Prüderie, Armut und Klassenbarrieren sowie gegen den Mangel an Anonymität durchsetzen muss, wird durch eine unpersönliche Metropole, die jedem ein selbst gewähltes Ich vorspiegelt, gestärkt:

Effie stand auf und sah aus dem Fenster in die hereinbrechende Nacht hinaus – gegenüber eine Kirche mit ihren Doppeltürmen und der doppelten Narrenkappe illuminierter Spitzen, ein Wolkenkratzer, in dem niemand mehr arbeitete, durchzogen von einer einzelnen Kette von Flurlichtern, und weiter entfernt der flammend rote Himmel über dem Broadway. Plötzlich verschwamm das, was draußen war, auf der

Fensterscheibe mit einem schattenhaften Spiegelbild von ihr: Sie selbst mit den Kirchtürmen, dem Wolkenkratzer und dem roten Himmel, der sich über der geisterhaften Silhouette ihres Kopfes dehnte.

Gib uns deine einsamen, deine unverstandenen, deine sexuell unzufriedenen und dickköpfigen Träumer aus der Provinz: Dawn Powell hörte auf den Ruf der Sirenen und blieb New York treu, mit einer Inbrunst, neben der die Treue anderer Anbeter wie Scott Fitzgerald und E. B. White wankelmütig erscheint. Diese Treue galt tatsächlich dem menschlichen Brodeln, das sie mit der Skepsis und den makabren Ahnungen eines unglücklichen Kindes sah. In der traumartigen Erinnerung, die am Ende dieser Anthologie steht, erzählt sie, wie immer dann, wenn sie sich zurück in Ohio wähnte, ihr «Herz zu pochen begann vor lauter Entsetzen, dem Entsetzen nämlich zu entdecken, dass man menschlich ist, was schlimmer ist als jede Angst vor dem Übernatürlichen».

Dawn Powells Heldinnen wie Jen oder Effie wecken Mitgefühl, regen jedoch nicht dazu an, es ihnen gleich zu tun; ihre weiblichen Nebenfiguren sind oft bedürftig, gierig und verblendet und werden mit so schonungsloser Offenheit porträtiert, dass sie, stammten sie von einem männlichen Autor, den Vorwurf des Frauenhasses hervorrufen könnten. Ihr Einfühlungsvermögen da, wo es um das ungeduldige und gereizte Verhalten von Männern gegenüber Frauen geht, ist bestürzend genau. Dabei sind ihre männlichen Gestalten, so wie sie prahlend und polternd durch diese Romane und Kurzgeschichten wie «Audition» und «Every Day Is Ladies' Day» ziehen, keineswegs Heilige; im Gegenteil, sie sind so schwach und kraftlos, dass man sich über Powells Vorliebe für die männliche Perspektive wundert. Powells Blick ist durchgängig scharf, aber sie gestaltet ihre Handlungen nicht im Hinblick auf eine klare Moral. Sie sagte einmal: «Meine Gestalten sind keine Sklaven im Dienst der Propaganda ihres Autors. Ich statte sie mit Köpfen aus. Ihre Schlingen machen sie sich selbst.» Das Bild beschwört die Vision eines Henkers, die von der alles andere als entmutigenden Betriebsamkeit in ihren Büchern Lügen gestraft wird. Wenn das Leben sie nicht erfreute, so amüsierte es sie doch. Das Entsetzen zu entdecken, dass sie menschlich war, wurde just an dem Ort gemildert, wo das Menschliche am dichtesten war.

Cheever on the Rocks

The Journals of John Cheever. Herausgegeben von Robert Gottlieb, New York 1991 [*John Cheever. Tagebücher*. Deutsch von Matthias Müller, Reinbek 1994]

Als dickes Buch im Glanzumschlag veröffentlicht, erwecken die Tagebücher John Cheevers einen ganz anderen Eindruck als in den Auszügen, die in den letzten sechzehn Monaten in drei zweiteiligen Folgen im *New Yorker* abgedruckt wurden. Auf den Seiten der Zeitschrift muteten sie wie eine bis zu einem gewissen Grade sentimentale Geste an, eine Erinnerung für die treuen Leser, wie leuchtend und elegant Cheevers Geschichten ebendiese Spalten in früheren Jahrzehnten gefüllt hatten. Die Tagebücher waren eine Art Wiederauferstehung, und trotz ihrer Fragmentiertheit und ihrer verstörenden emotionalen Nacktheit glühten sie von einer Inbrunst, einer sorglosen Großzügigkeit und einer flinken Präzision, wie sie kein anderer lebender Autor und Beiträger für die Zeitschrift aufbieten kann. Hier war kein trübsinniger Minimalismus, keine intellektuelle Koketterie zu finden. «Wie der Mann schreiben konnte!», sagten wir uns, als die unzusammenhängenden, nach nicht erklärten herausgeberischen Entscheidungen ausgewählten Absätze etwa von einer wunderbar evozierten Landschaft zu einem rätselhaften Ehegezänk sprangen, oder von einem Samstagabendgelage in der Vorstadt zu einem cheevereken Sonntagmorgen:

> In der Kirche. Zweiter Sonntag der Fastenzeit. Die Frau des Bankdirektors hinter mir verströmte Kampferduft und Mundgeruch, während sie sang: «Ehre sei dem Vater, dem Sohn und dem Heiligen Geist, wie es war im Anfang, so auch jetzt und alle Zeit und in Ewigkeit.» ... Der Pfarrer hat ein schlichtes Gemüt. Wenn irgendetwas daran reizvoll ist, dann der Reiz der Schlichtheit. Durch Vererbung und Kultivierung hat er zu einer undurchdringlichen Unscheinbarkeit gefunden. Gemüt und Gesicht sind eins bei ihm. Er sprach von den eindrucksvollen geschichtlichen Belegen für Jesu Geburt, Wunder und Tod. Die Kirche soll das ländliche England heraufbeschwören. Die lockenden Glocken, das spätwinterliche Sonnenlicht, die Spitzbogenfenster, der handgehauene Stein. Aber dies sind Fragmente einer wirklichen Vergangenheit. In Ewigkeit, murmele ich und schließe die Augen. Aber ich scheine außerhalb des Reiches seiner Gnade zu stehen.

Da war Cheevers Prosa wieder, und so aufregend; und genau so aufregend war auch die skandalöse Offenheit seiner Enthüllungen, die er seinem Tagebuch oft in untröstlicher Stimmung anvertraute – über seine tief gehende Unzufriedenheit in der Ehe, seinen drastischen Alkoholismus, die unterdrückte Homosexualität. Bei einem Buch jedoch von fast vierhundert Seiten, angesichts der zusammenhanglos und ohne eine einzige erklärende Fußnote präsentierten Masse, ermüdet das Gehirn, und die Art, wie sich Cheevers Gefühle im Kreise drehen, hat etwas Bedrückendes. Bei einer Zeitschrift muss man mit Zusammenhanglosigkeit rechnen, und Schlüssigkeit kann man vom *New Yorker* nicht erwarten, aber zwischen harten Buchdeckeln und während die Stunden verstreichen, fangen wir uns an zu fragen, wo wir sind und wohin wir gehen.

Es war die verlegerische Entscheidung, die Crème der Tagebücher – ein Zwanzigstel ihres Gesamtumfangs, wie wir in einem Nachwort von dem Herausgeber, Robert Gottlieb, erfahren – als ausgedehntes Prosagedicht, als die aus dem tiefsten Innern der Verzweiflung eines modernen amerikanischen Mannes kommenden Emanationen, frei von Anmerkungen, darzubieten. Vielleicht war dies die einzig mögliche verlegerische Entscheidung, angesichts der Entschlossenheit, die Tagebücher weniger als zehn Jahre nach Cheevers Tod überhaupt an die Öffentlichkeit zu bringen. Viele lebende Personen werden, oft auf unziemliche Art, erwähnt und mussten geschützt werden. Selbst wenn die Daten und Orte dieser Notate bekannt wären – sie würden nicht viel erhellen, obwohl es tatsächlich verwirrend ist, wenn unser Held plötzlich in Russland, dann wieder in Iowa oder Boston ist und wir keinerlei Erklärung haben, wie er dorthin gelangt ist. Geliebte kommen und gehen in diesen Aufzeichnungen auf so geheimnisvolle Weise, dass wir oft nicht einmal sicher sind, welchen Geschlechts sie sind. Ist «M.» auf Seite 86, der oder die 1957 mit Cheever im Century Club zu Abend isst, identisch mit «M.» auf Seite 346, die oder der 1978 mit Cheever ein «ungewöhnlich verkommenes» Motelzimmer teilt? Man kann Blicke auf bestimmte Bücher und Geschichten erhaschen, wie sie in ihrem Entstehungsprozess vorbeiziehen, aber die literarischen Angelegenheiten waren unter Cheevers Problemen die geringsten, so wie die Tagebücher es darstellen. Wir schwimmen zwischen Wogen von Alkohol, Düsternis, häuslichen Spannungen und dem Glanz der Natur.

Ein Tagebuch, auch wenn es auf fünf Prozent seines Umfangs gekürzt wird, reflektiert immer den wirklichen Zeitverlauf und führt uns vor Augen, wie träge sich unser menschliches Abenteuer entrollt und wie wenig Menschen dazu veranlagt sind, sich zu ändern. In einem Roman wäre Cheevers Alkoholismus in einer oder zwei Szenen eingeführt, dramatisiert und zu einer Krise geführt worden, die entweder das Problem beseitigt oder den Mann vernichtet hätte. In den Tagebüchern ziehen sich die Jahrzehnte des schweren Trinkens, der Katerstimmungen und Selbstvorwürfe, der zunehmend unheilvollen körperlichen und geistigen Symptome endlos hin. Sein Leben wird in Whiskeyeinheiten gemessen. In den Aufzeichnungen aus dem Jahr 1968 beschreibt er seine Vorbereitungen für eine Liebesnacht: «Zwei Schluck im Zug, ein Schluck im Biltmore, ein Schluck oben, einer unten – fünf insgesamt, sowie eine Flasche Wein zum Mittagessen und ein Verdauungs-Brandy. Wir reißen uns die Kleider vom Leib und verbringen drei oder vier wunderschöne Stunden zusammen, wechseln vom Sofa auf den Boden und wieder zurück aufs Sofa. Ich kriege keinen richtigen hoch, was niemanden beunruhigt» – und auch keinen Arzt überrascht hätte, wie er hätte hinzufügen können. Ein Wunder, dass er aufrecht gehen konnte, vom Kopulieren ganz zu schweigen. Auf der nächsten Seite unternimmt er einen Versuch, sein Trinken und sein Schreiben sinnvoll in Beziehung zueinander zu setzen:

Ich muss mich davon überzeugen, dass das Schreiben für einen Mann mit meiner Veranlagung keine selbstzerstörerische Berufung ist. Ich hoffe und glaube, dass es das nicht ist, aber ich bin mir nicht vollkommen sicher. Es hat mir Geld und Ansehen beschert, aber ich habe den Verdacht, dass es eher etwas mit meinen Trinkgewohnheiten zu tun hat. Die Erregung durch den Alkohol und die Erregung durch die Phantasie sind sich sehr ähnlich.

Im selben Jahr liest er zwei alte Tagebücher wieder und bemerkt: «Hochstimmungen und Wetterberichte treten in den Hintergrund, und was auffällt, sind zwei erstaunliche Kämpfe, einer mit dem Alkohol, der andere mit meiner Frau. Beim Alkohol dokumentiere ich meine Niederlagen, aber wie oft (im Lauf der letzten zehn Jahre) ich mir morgens in der Speisekammer einen Drink stibitzt habe, ist erschütternd.» Eine mögliche Verbindung zwischen seiner Trunksucht und der körperlichen und emotionalen Zurückweisung, die er von seiner Frau erfährt, wird halbherzig geleugnet: «Mary ist deprimiert, obwohl meine Sucht nach Gin etwas mit ihrer Niedergeschlagenheit zu tun haben mag.» Ein andermal «spricht Mary, als wäre sie erkältet, und als ich sie danach frage, sagt sie, sie würde durch den Mund atmen, weil ich so ekelhaft rieche». Er fährt ein wenig geziert fort: «Anscheinend leide ich unter ein so stark ausgeprägten Empfindsamkeit, dass sie einem den Sinn für Humor zerdrückt.» In diesen larmoyanten Tagebucheintragungen sieht er sich immer wieder als der unschuldig Verletzte:

In der Nachmittagspost ist ein Brief mit der Mitteilung, dass zwei Geschichten gekauft worden sind. Ich jubiliere, aber als ich Mary die frohe Botschaft verkünde, fragt sie mit ach so tonloser Stimme: «Sie haben wohl nicht zufällig gleich einen Scheck mitgeschickt?» Ich finde das Scheiße, schlicht und einfach Scheiße, und ich brülle: «Was zum Teufel erwartest du eigentlich? Innerhalb von drei Wochen verdiene ich fünftausend Dollar, überarbeite einen Roman, mache die Arbeit in Haus und Garten, und wenn alles bestens verläuft, sagst du nur: ‹Sie haben wohl nicht zufällig gleich einen Scheck mitgeschickt?›» Ihre Stimme ist noch schriller als sonst, als sie sagt: «Irgendwie schaffe ich es nie, die richtigen Worte zu finden, nicht?»

Zugegeben, Mary Cheever, eine kluge Frau mit einem Furcht erregenden Vater, war sicherlich nicht leicht zu beeindrucken, aber was sie in der Post-Cocktail-Stunde zu ertragen hatte, lag offensichtlich schön entrückt außerhalb des Blickfelds des Tagebuchschreibers. «Die meiste Zeit hasst sie mich, aber ich kann natürlich nicht verstehen, warum mich überhaupt jemand hasst.» Ihre feindseligen Stimmungen verblüffen ihn: «Ich verstehe diese Wetterwendischkeit nicht, obwohl ich sie nun seit fünfundzwanzig Jahren studiere.» Seine Auseinandersetzung mit dem Alkohol bleibt ähnlich ungelöst. Schon 1959 bemerkt er: «Jahrein, jahraus lese ich hier, dass ich zu viel trinke, und es gibt keinen Zweifel daran, dass es schlimmer wird. Ich vergeude immer mehr Tage damit. Ich habe größere Schuldgefühle. Ich wache um drei Uhr morgens mit den Gefühlen eines Abstinenzhelfers auf.» 1971 trinkt er immer noch und schreibt: «Die Situation leidet unter anderem unter der ständigen Wiederholung.»

Auch in seiner Arbeit stellt er kaum eine Veränderung fest. Schon 1952 schreibt er: «Wegen des Umzugs musste ich ein paar alte Manuskripte durchsehen, und es ist entmutigend, dass mein Stil vor fünfzehn Jahren sicher und klar war und dass er sich seitdem nur oberflächlich verbessert hat. Ich be-

merke keinerlei Anzeichen von Reife, von verstärkter Durchdringung; ich sehe keinerlei Vertiefung meines Verständnis-
ses. Ich war immer verliebt. Ich war immer glücklich, wenn
ich ein Feld mit der Sense mähen, im kalten Wasser eines Sees
schwimmen, frische Kleider anziehen konnte.» Fast zwanzig
Jahre später, nachdem er einige wunderbare erzählerische
Werke geschaffen hatte, vertraut er seinem Tagebuch an: «Ich
habe das, was ich geschrieben habe, nie besonders gemocht.»
Eine feindselige Bemerkung seiner Tochter ist ihm wichtig
genug, dass er sie aufschreibt: «Beim Abendessen sagte Susie:
‹Du hast zwei Saiten, die du zum Klingen bringen kannst.
Die eine ist die Geschichte der Familie, die andere ist deine
kindliche Fähigkeit zu staunen. Beide sind gerissen.› Wir
streiten. Sie weint. Mir wird schlecht.»

1970, nach der enttäuschenden Aufnahme von *Bullet Park*
einem doch ziemlich kraftvollen Werk, beginnt ein Tagebucheintrag mit dem unvergesslichen Ausruf: «Was ist nur
mit Johnny Cheever los? Hat er seine Schreibmaschine im
Regen stehen gelassen?» Sein von perverser Befriedigung begleitetes Feststecken im morastigen Kreislauf von Trunksucht
und Eheproblemen, das nur von forcierten Ausbrüchen der
Rührung über seine Kinder und der Naturverehrung unter-
brochen war, sich aber nach und nach zu Phobien, Schreib-
hemmungen und abstoßendem Verhalten auswuchs, sollte
uns überwältigen, stellt aber unsere Geduld auf eine harte
Probe. Andererseits lässt es sich nicht leugnen, dass Cheever
auch auf dem Tiefpunkt seiner Verfassung wie ein Engel
schreibt und uns mit hingeworfenen Blitzlichtern ungetrüb-
ter Scharfsicht verblüffen kann. Und unter dem scheinbar
nutzlosen Gekritzel dieser Notizen an sich selbst liegt eine
Geschichte, die wir nicht etwa aus hilfreichen editorischen
Anmerkungen beim Lesen der Tagebuchauszüge erfahren,

sondern aus den Biographien von Susan Cheever und Scott Donaldson sowie aus Cheevers von seinem Sohn Ben Cheever herausgegebenen Briefen.

Im Frühjahr 1975 gab Cheever tatsächlich das Trinken auf. *Falconer*, der Roman, den er dann schrieb, und der stattliche Band der *Collected Stories*, die Robert Gottlieb zusammenstellen und veröffentlichen durfte, brachten ihm den größten finanziellen Erfolg und die größte Anerkennung seines Lebens ein. Zur gleichen Zeit offenbarte er sich, und die (meist) unterdrückten homosexuellen Sehnsüchte, in den früheren Tagebüchern nur dunkel angedeutet, erblühten zu lustvollen Tollereien, meistens mit «M.», und wurden so unverblümt und freudig, wie es sich ein Psychotherapeut nur wünschen könnte, aufgezeichnet: «Als wir uns vor gar nicht langer Zeit hier trafen, eilten wir ins nächste Schlafzimmer, schnallten einander die Hosengürtel auf, fischten uns die Schwänze aus den Unterhosen und tranken jeder des anderen Speichel. Ich kam zweimal, einmal in seinen Rachen, und ich glaube, das war der beste Orgasmus, den ich seit einem Jahr gehabt habe.» Für diejenigen von uns, die Cheevers Arbeit treu mitverfolgt haben, wird dieser Durchbruch indirekt in der Short Story «The Leaves, the Lion-Fish, and the Bear» verkündet, die im November 1974 in *Esquire* veröffentlicht wurde, jedoch in keiner Sammlung enthalten ist. In der Reihe nur schwach verbundener Episoden wird auch das Abenteuer von Larry Estabrook und Roland Stark aufgenommen, zwei verheirateten Männern, die in einem Motel bei Denver nachts von einem Schneesturm überrascht werden; sie trinken, ziehen sich aus, entledigen sich auch der Unterwäsche und lieben sich; am nächsten Morgen fühlen sie sich großartig. Der Autor gibt sich ernstlich Mühe, schwulen Sex innerhalb der Grenzen seines gewohnten moralischen Universums unterzubringen:

Der Mangel an Liebreiz, der zwei Männern, betrunken, nackt, sich in den Armen liegend, anhaftet, war offenkundig, aber Estabrook kam es wie eine Enthüllung vor, wie einsam und unnatürlich der Mann ist, wie bitter und tief verborgen in seiner Enttäuschung.

Estabrook wusste, dass er etwas getan hatte, was er nicht hätte tun sollen, aber er hatte keine Gewissensbisse – stattdessen empfand er eine Freude, weil er etwas von sich und von einem anderen gesehen hatte … Als er am Ende der Woche nach Hause kam, sah seine Frau so hübsch aus wie eh und je – hübscher noch – und hübsch waren die Landschaften, die er sah.

In dem lange Zeit stürmischen Ehekrieg stellte sich ein relativer Frieden ein: Die Heilung vom Alkoholismus zog Cheevers Rückkehr in sein Haus in Ossining nach sich, wo Mary ihn pflegte, als die Gebrechlichkeiten des Alters seinem geschundenen Körper zu schaffen machten, und wo sie sich nicht nur mit der Erkenntnis abfand, dass ihr Mann bisexuell war, sondern auch mit den häufigen Besuchen seines wichtigsten homosexuellen Geliebten, des treuen «M.» – den Scott Donaldson in seiner Biographie als Max Zimmer identifiziert. Cheever starb zu Hause, im Kreise seiner Familie, nur wenige Wochen nachdem er von seinem Liebhaber im Badezimmer «zum Höhepunkt gebracht worden war», während Schreinerleute für Mary ein Studio ausbauten:

Todkrank wie er war, stieg Cheever aus dem Bett und ging ins Badezimmer, wo er, vor den möglichen Blicken der Schreiner geschützt, zum Höhepunkt gebracht wurde. «Adiós», sagte John, als Max ging. «Adiós.»

Diese Lebensabendgeschichte, in der sich Selbstsucht und Selbstlosigkeit, Pathos und Stolz unergründlich mischen, tritt aus den Tagebüchern, so wie sie ediert sind, nur äußerst schwach hervor. Der Bruch mit dem Trinken, dem eine spontane Flucht von seiner Lehrtätigkeit an der Boston University folgte – eine Flucht, an die er sich später nicht erinnern konnte –, wird durch den abrupten Eintrag signalisiert: «Seit zwei Tagen auf Valium, und ich fühle mich wirklich sehr merkwürdig, aber es ist weiß Gott besser als Saufen.» Der Eintrag unmittelbar davor, vermutlich verfasst, als Cheever den absoluten Tiefpunkt erreichte, ist dennoch einer der ausdruckvollsten und in seinen Vor- und Zurückbewegungen von großer Komplexität:

> Und ich denke an L. am Morgen, an die herrliche Unfrische ihrer Haut. Es war der leichte Geruch einer jungen Frau, die mit ihrem Liebsten gevögelt und eine weitere Nacht ihres Lebens durchschlafen hatte ... doch bei all unserer Nähe bin ich mir der Absolutheit unserer Fremdheit äußerst bewusst. Ich weiß wirklich nichts über sie. Wir haben einander unsere Lebensgeschichte erzählt – Mahlzeiten, Sommerferien, Geliebte, Reisen, Kleidung –, doch wenn sie an einem Kreuzweg stünde, hätte ich keine Ahnung, welche Richtung sie einschlagen würde. Gerade wenn ich sie liebe, spüre ich unsere Fremdheit am stärksten.

Nachdem er sich vom Alkohol abgewandt hat, gewinnt seine Prosa eine gewisse Schärfe: «Lese Henry Adams über den Bürgerkrieg. Ich finde ihn unangenehm rätselhaft. Ich finde ihn höchst unsympathisch, obwohl wir die gleiche Luft geatmet haben.» Er nimmt den Zug und fährt den Hudson hinauf, nach Saratoga und Yaddo, und erinnert sich wehmütig daran, wie er sich früher mit seinem Flachmann in die Toilette begeben hatte, und sagt: «Zumindest gab mir der Alkohol die Illusion, geerdet zu sein.» Der Alkohol, die unterdrückte Homosexualität und die mit ihm nicht harmonierende Ehefrau bildeten vielleicht den «Knoten» in ihm, «das unauflösbare Element mit harter Schale», das «eine kreative Wirkung hatte und aus meinem Leben ein Gewebe kreativer Spannungen machte.»

Als wahrer Künstler fürchtete er den Verlust seiner Kreativität mehr als ein ruiniertes Leben. Und aus welchen Gründen auch immer sind die besten, unverzichtbaren Cheever-Geschichten entstanden, als all seine Konflikte ungelöst waren, nämlich in den ausgedörrten Morgenstunden, die er der Berauschtheit des Tages und den quälerischen nächtlichen Sehnsüchten abrang. Seine letzten herausragenden Geschichten waren «The Ocean» und «The Swimmer» aus den frühen sechziger Jahren, sein bester Roman der erste, *The Wapshot Chronicle*, aus dem Jahr 1957. Obwohl er in *Falconer* den mutigen Sprung in bis dahin sublimierte Themen wagt – die Sucht nach chemischen Stoffen, die homosexuelle Liebe, den Brudermord, die Gefangenschaft –, gelingt es ihm nicht, die Bürde der Bizarrerie abzuwerfen; ich selbst ziehe diesem Buch seinen letzten, schmalen Roman *Oh What a Paradise It Seems* vor, und als ich die Tagebücher las, hat es mich angerührt, wie sehr Cheever, genau wie sein älterer Held im Roman, Lemuel Sears, das Schlittschuhlaufen liebte. Das Schlittschuhlaufen war sein Sport, war sein wordsworthsches Wandern, sein Rendezvous mit Himmel und Wasser, seine Verbindung mit elementarer Reinheit und den Ehrfurcht erregenden Tiefen über und unter ihm, während er mit glatten, raschen Bewegungen (so stelle ich mir vor) klickend über das Eis glitt. Saul Bellow ist der zeitgenössische Schriftsteller, den er am häufigsten mit Zuneigung («er ist mein Bruder») und Bewunderung erwähnt: «Lies Saul. Die wunderbar kontrolliert gehackten Sätze. Ich habe ihn nur flüchtig gelesen, weil ich nicht möchte, dass sich sein Rhythmus mit meinem vermischt.» Eher könnte man Verkehrslärm mit einem plätschernden Bach verquicken; Cheevers Sätze sprudeln und springen mit ungestümer Opaleszenz:

> Unter den Apfelbäumen liegt Schnee. Wir habe nur sehr wenige Äpfel gepflückt, gerade genug für das Gelee, und jetzt liegen die restlichen Früchte, verschrumpelt und goldgelb, auf dem weißen Schnee. Es ist offenbar das, was ich erwartet habe, worauf ich gehofft hatte, woran ich mich erinnert habe. Während ich mit meinem Sohn die Einfahrt streue, sehe ich von der Hügelkuppe die Farbe des Himmels, und was für ein Paradies er heute doch ist – saphirblau, ein Wolkentreiben, ein Gefühl, dass die Welt an diesen ihren kürzesten Tagen in die Enge getrieben ist.

Seine Metaphern entspringen auf verblüffende Weise einer festen, instinktiven Art, natürliche Zeichen zu lesen. Von einem Gesicht sagt er: «Ein breites, irisches Gesicht, vom Trinken gerötet. Die großen Zähne unregelmäßig gefärbt wie Mais. Lange, dunkle Wimpern und blaue Augen, die früher einmal schön gewesen sein müssen, ihre ganze Ausdruckskraft jetzt verwässert.» Von einem Zimmer: «Sein Büro ist mit bescheidenen Antiquitäten möbliert, wie man sie in Hotels findet. Sein Schreibtisch, oder ein Teil davon, könnte als Spinett in die Welt gekommen sein.» Vom Himmel: «Es ist einer von diesen Tagen, an denen das Massiv der Wolken, die anscheinend in nördliche Richtung ziehen, einem das Gefühl von einer militärischen Evakuierung geben, einer Beschleunigung, einer Richtungsänderung der Kampagne.» Von einer Nacht: «In der kalten Luft hört es sich an, als würde der Hund in ein Fass bellen. Helle Sterne, Hauslichter, Gartenfeuer.»

Man möchte immer weiter zitieren und einen glühenden Wortschild gegen die bestürzenden persönlichen Enthüllungen dieser Tagebücher errichten. Selten, so erscheint es, ist das Leben eines begabten Schriftstellers trauriger gewesen. Seine Einsamkeit ließ sich nicht mindern und dauerte ein Leben lang an:

> Und als ich vom Fluss zurückging, erinnerte ich mich an die quälende Einsamkeit in meiner Jugend, aus der ich mich anscheinend nicht vollständig habe lösen können. Es ist das Gefühl des Voyeurs, des zutiefst einsamen Jungen, der keine andere Rolle im Leben hat, als in die erleuchteten Fenster anderer Leute, in ihre Zufriedenheit und Vitalität zu spähen. Es kommt mir komisch vor – fast absurd –, dass ich, der ich so großzügig behandelt worden bin, nicht das Bild von dem Jungen loswerde, der im Regen am Straßenrand durch East Milton geht.

Cheever war Neuengländer und behielt den puritanisch-schonungslosen Blick auf sich selbst bei. Obwohl er seine Tagebücher teils als Arbeitsbücher für seine erzählerischen Arbeiten, teils als Therapie benutzte («Streit und Missverständnisse, und ich schreibe darüber in der Hoffnung, so meine Gedanken ordnen zu können»), zeichnen sie doch hauptsächlich seine spirituellen Transaktionen mit dem Gott auf, dessen episkopalische Erscheinung, obwohl er treu jeden Sonntag die Kirche aufsuchte, diskret hinter dem Gebaren des Geistlichen und den Kampfergeruch verströmenden Pelzen der Frau des Bankdirektors verborgen blieb. Der Gott Cheevers war ein eifersüchtiger Gott, was sich an solchen häufig benutzten Wörtern und Wendungen wie «obszön» und «unaussprechliches Verbrechen» und «venerische Dämmerung» zeigt, die den alten Dichter Asa Bascomb, eines der letzten von Cheevers Alter Egos, in «The World of Apples» umhüllen. Trotz seiner Religiosität hatte Cheever keine Theologie, in der er seinen Schwächen Schutz und Raum hätte geben können; er kannte nur hitzige, weltfremde Empfindungen von Verderbtheit und Erhebung. In seiner Anthologie *The American Puritans* erklärt uns Perry Miller: «Fast jeder Puritaner führte ein Tagebuch, weniger aus Gründen der Selbstverliebtheit, als vielmehr, weil er genauer Aufzeichnungen von Gottes Verhandlungen mit ihm bedurfte … Wenn er schon nicht selbst in den Genuss der letzten Abrechnung kommen konnte, dann wenigstens seine Kinder.»

Man kann nur hoffen, dass Cheevers drei Kinder tatsächlich in diesen Genuss gekommen sind; wie Noah haben sie ihren Vater in seiner Nacktheit gesehen. Ben, der ältere Sohn – der bereits ein Buch mit den Briefen seines Vaters herausgegeben und mit nützlichen Erklärungen versehen hat –, beschreibt in einer kurzen und gewinnend ehrlichen Einführung zu den *Journals*, wie Cheever ihm zu Lebzeiten einmal anbot, eines der Tagebücher zu lesen.

> Ich sagte ihm, es gefalle mir.
> Er sagte, er glaube, dass die Tagebücher erst nach seinem Tode veröffentlicht werden könnten.
> Ich stimmte ihm zu.
> Dann sagte er, eine Veröffentlichung könne für den Rest der Familie schwierig werden.
> Ich sagte, ich glaubte, wir könnten das verkraften.

Zwar äußert Ben seine Überraschung darüber, wie wenig er in dem Tagebuch vorkommt, doch werden er und sein jüngerer Bruder freundlich behandelt, als Unschuldige, die Cheever von seinem schrecklichen *cafard* ablenken. Die ältere Schwester Susan erscheint eine Spur bedrohlicher, und auf die Mutter gehen brutale Beschimpfungen nieder, weil sie, als verklärtes Liebesobjekt, die bodenlosen Bedürfnisse ihres Mannes nicht zu befriedigen vermag: «Mary sagt, meine Anwesenheit sei repressiv; sie kann sich nicht ausdrücken, sie kann nicht die Wahrheit sagen. Ich frage sie, was sie sagen möchte, und sie sagt: ‹Nichts›, aber irgendwo in meinem Hinterkopf geht die Angst um, dass sie mich für schwul hält … Ich spüre, dass sie mich nicht liebt und sich auch nicht vorstellt, sie könnte mich irgendwann lieben.» In seiner Einführung äußert Ben sich bewundernd darüber, dass sie der Veröffentlichung dieser Tagebücher zugestimmt hat; allerdings könnte manch einer darin auch die Rache der Ehefrau nach langer Leidenszeit sehen.

Noch eine persönliche Bemerkung sei mir erlaubt. Als alter Bekannter und großer Bewunderer Cheevers musste ich beim Lesen der *Journals* gegen den Impuls ankämpfen, die Augen zu schließen. Sie verraten mir mehr über Cheevers Lüste und Schwächen, seine Selbsterniedrigungen, sein vernichtendes Schamgefühl und seine Hoffnungslosigkeit, als ich mit meinen Erinnerungen an den lebhaften, eleganten, anmutigen Mann, der oft Arm in Arm mit seiner hübschen, klugen Frau zu sehen war, vereinbaren kann. Posthum erteilen seine Bekenntnisse eine christliche Lehre über die tiefe Kluft zwischen äußerer Erscheinung und innerem Zustand; in fast unerträglicher Fülle zeigen sie einen Mann nach dem Sündenfall, ein unversöhntes Bündel von Bedürfnissen und Beschwerden, dessen Tröstungen – die Pracht des Himmels, die Gesellschaft seiner jungen Söhne – angesichts der Unermesslichkeit seiner Unzufriedenheit den Klang von hohlem Applaus haben. Im Vergleich dazu sind die Tagebücher von Kierkegaard und Emerson selbstzufrieden und akademisch. Und Cheevers Tagebücher lassen manches von seinem erzählerischen Werk zaghaft, listig und von falscher Fröhlichkeit durchzogen erscheinen. (Nicht dass in den Tagebüchern keine Fiktion enthalten wäre: Wie Cheevers Briefe uns zeigten, war er ein unverbesserlicher Ausschmücker, immer bereit, die Wahrheit nicht nur zu biegen, sondern auch zu brechen, um eine Geschichte abzurunden.) In *Bright Book of Life* schrieb Alfred Kazin: «Wenn ich an Cheever denke, so empfinde ich sehr stark, dass seine wunderbare Strahlkraft aus der Anstrengung erwächst, sich selbst aufzuheitern.» Im Licht der Tagebücher gesehen können wir dankbar sein, dass er diese Anstrengung unternommen hat. In ihrer unstrukturierten Emotionalität erreichen manche der Passagen hier größere Höhen und mit Gewissheit tiefere Tiefen als alles, was zu seinem erzählerischen Werk gehört, doch wird das Ansehen, das sein erzählerisches Werk genießt, bestimmen, ob irgendwann im nächsten Jahrhundert eine wissenschaftliche Ausgabe seiner vollständigen Tagebücher, wie sie von Hawthornes Notizbüchern gemacht wurde, angemessen erscheint. Es wäre schön, wenn Namen und Orte angegeben wären und wenn es einen beruhigenden Fluss von Fußnoten gäbe. Die Beigabe eher gemäßigter, eher pflichtschuldiger Eintragungen könnte den überhitzten, geradezu peinvollen Eindruck dieser Auswahl abmildern. Vorerst jedoch haben wir ein literarisches Ereignis, ein spektakuläres Versprühen von Galle und Melancholie, von klarem Stil und magischer Beeindruckbarkeit.

Sirins fünfundsechzig
schimmernde Short Stories

The Stories of Vladimir Nabokov. Aus dem Russischen übersetzt (soweit nicht auf Englisch oder Französisch geschrieben) von Dmitri Nabokov, in Zusammenarbeit mit dem
Autor. New York, 1995. [Alle Zitate in der deutschen Übersetzung sind der von Dieter E. Zimmer herausgegebenen,
bei Rowohlt in Reinbek erscheinenden deutschen Ausgabe
der Werke Vladimir Nabokovs entnommen.]

Die Rückkehr ins Paradies ist immer eine riskante Sache. Die
Prosa Vladimir Nabokovs kam mir erhaben vor wie ein Paradies, als ich vor über vierzig Jahren im *New Yorker* die Erinnerungen zu lesen begann, die später, 1951, in *Speak, Memory*
(*Erinnerung, sprich*) aufgenommen wurden, sowie die Geschichten von dem rührenden russischen Emigranten Professor Timofey Pnin, die schließlich zu dem Quasi-Roman *Pnin*
zusammengestellt wurden. Wie überraschend die Schönheit
der Wendungen, die verschlungenen Gedanken, die Tiefen
des Schmerzes und der sprühende Witz! Das war Prosa, die
wie ein Regenbogen schillerte und jede andere flach und grau
erscheinen ließ. Es folgte 1958 die Sensation von *Lolita*, und
ich richtete mich verzückt als Leser ein, als der vortreffliche
und emsige Autor, den Durchbruch zum Bestseller-Autor
klug nutzend, neue Werke, in seinem adoptierten Englisch
geschrieben, neben liebevoll überwachten Übersetzungen
seines großen russisch geschriebenen Werkes herausbrachte.
Die jetzt, achtzehn Jahre nach Nabokovs Tod, vorgelegte Ausgabe von Erzählungen, herausgegeben von seinem Sohn und
Lieblingsübersetzer Dmitri Nabokov, ist eine Gefahr und ein

Genuss zugleich: eine Gefahr insofern, als sich das alte Entzücken des treuen Lesers dämpfen und abkühlen könnte angesichts einer behäbigen Zusammenstellung kürzerer Prosastücke, die ihn bereits in Gestalt von vier handlichen Bänden mit jeweils dreizehn Geschichten, vom älteren Nabokov zu Lebzeiten herausgegeben, ergötzt haben.

Und tatsächlich sind *The Short Stories of Vladimir Nabokov* nicht leicht zu lesen – sie liegen schwer in der Hand und eignen sich, weil sie so dicht und gehaltvoll sind, nicht unbedingt dazu, dass man sie systematisch hintereinander weg liest. Doch für diejenigen, die sich nicht beirren lassen, rekapituliert der Band eine kühne Laufbahn. Dmitri, die abergläubischen Zahlenspiele seines Vaters treu beachtend, hat dreizehn zusätzliche, ungesammelte Kurzgeschichten gefunden, sodass die Gesamtzahl auf fünfundsechzig steigt. Davon sind nur neun auf Englisch geschrieben; eine entstand in französischer Sprache in Paris, als die Nabokovs dort auf ihrem Weg nach Amerika Zwischenstation machten, und die anderen wurden zwischen 1920 und 1940 auf Russisch geschrieben, in der Diaspora, die überall in Europa durch die vor der kommunistischen Revolution geflohenen Russen entstanden war.

Mit über einhunderttausend russischen Emigranten war Berlin die Hauptstadt dieser sich in Bewegung befindlichen Welt, und hier lebte Nabokov von 1923 bis 1937. Die in dieser Zeit geschriebenen Geschichten handeln denn auch hauptsächlich von den Erinnerungen an ein verzaubertes Russland oder von seinen Beobachtungen der Exilrussen, unter denen es einen beträchtlichen Anteil verlorener Exzentriker gab, deren Verhalten von dem Provisorium ihrer Staatsangehörigkeit geprägt war. Die Hauptgestalt in «Zufall» ist Alexey Lvowitsch Lushin (ein Name, den Nabokov wieder benutzen sollte), ein Kellner bei der deutschen Eisenbahn, der Kokain schnupft und fünf Jahre lang keinen Kontakt zu seiner geliebten Frau gehabt hat; in «Das Rasiermesser» findet Captain Iwanow eine Anstellung als Barbier und muss erleben, wie eines Tages sein sowjetischer Folterer das Geschäft betritt; in «Lik» reist der Schauspieler Lawrentij Iwanowitsch Krushewnizyn mit einer Schauspieltruppe durch Frankreich und spielt einen Russen in einem französischen Stück, womit er, auf der wackligen Bühne eines geborgten Landes, den typischen Exilrussen mit allen seinen Gefühlsregungen repräsentiert. Es hat einen gewissen Charme, wenn Nabokov, Sohn einer aristokratischen Familie und autokratischer Künstler, sich in seiner Phantasie so einfühlsam und sogar fröhlich auf das Milieu der billigen Hotels mitteloser Exilrussen einlässt. Seine Geschichten erschienen in den Tageszeitungen der Exilrussen wie *Rul'* in Berlin und *Poslednie Novosti* in Paris, und das Honorar, das er dafür erhielt, war ein bescheidenes Zubrot zu seinem Einkommen als Lehrer und Tennistrainer.

Dennoch ist überraschenderweise das Glück ein wiederkehrendes Thema. Die älteste Geschichte in dieser Sammlung, «The Wood Sprite» [«Der Waldschrat»], erinnert an «das Glück, das wiederhallende, endlose, unverrückbare Glück». In «Zufall» weiß eine alternde Prinzessin, «dass man von glücklichen Dingen nur in glücklichem Ton sprechen kann, und ohne Gram, dass sie vorbei sind». Der Erzähler in «Güte» wird sich der «Zärtlichkeit der Welt» bewusst – und begreift, «dass die Welt durchaus kein Kampf ist ... sondern aufflackernde Freude, erregende Gnade, ein Geschenk, das wir nicht zu schätzen wissen». Der Held in «Einzelheiten eines Sonnenuntergangs» sinniert: «Oh, wie glücklich ich doch bin, wie alles um mich her mein Glücklichsein feiert», und der in «Das Gewitter» schläft ein, «erschöpft vom Glück, dass mir der Tag gebracht hatte.» All dies schreibt ein

Schriftsteller, der erst kurz zuvor sein Land und sein Vermögen verloren hatte – und seinen Vater, der auf einer Bühne in Berlin erschossen wurde, als Vladimir zweiundzwanzig war. Doch die Unterströmung des Glücks macht sich auch in späteren erzählerischen Arbeiten stark bemerkbar: Der Erzähler in «Ultima Thule», einem Fragment des letzten Romans, den Nabokov auf Russisch begonnen hatte, erklärt, dass «ich in Augenblicken des Glücklichseins, des Entzückens, wenn meine Seele bloßliegt, plötzlich fühle, dass es kein Verlöschen jenseits des Grabes gibt.»

Ein streng konfessionsloses Interesse an einem möglichen Leben nach dem Tod und an der genauen Beschaffenheit des Moments, in dem das Leben in den Tod übergeht, spielt in der Novelle *Der Späher* eine Rolle und erfüllt die Romane *Pale Fire (Fahles Feuer)* und *Ada*, die auf Englisch geschrieben wurden, mit einer Schwindel erregenden Transzendenz. Nabokov war gewissermaßen ein später Romantiker nach Art von Wordsworth; er schrieb der Glückseligkeit, mit der die Wirklichkeit ihn beseelte, eine metaphysische Bedeutung zu. Vielleicht war es nicht so sehr die Wirklichkeit, als vielmehr das bewusste Erleben von ihr: Er war ein Dichter des Bewusstseins, des «menschlichen Bewusstseins», «das eine Last ist», wie er in «Ein beschäftigter Mann» schrieb, «ein ominöser und lächerlicher Luxus». Der Geist in seinem schimmernden Wirken war sein Thema und durchdrang seine Erzählweise. Seine Geschichten sprudeln von Nebenbemerkungen über ihr eigenes Voranschreiten oder ihre Ablösung. «Das Wiedersehen» enthält eine großartige Beschreibung des geistigen Prozesses, mit dem man sich ein vergessenes Wort ins Gedächtnis zurückruft. «Das Bewusstsein aufzugeben», sagt er uns in «Mademoiselle O», war «für mich unaussprechlich abstoßend.»

Seine jugendlichen Leidenschaften für Lepidopterologie,

Schach und Lyrik verbanden sich und brachten eine Prosa von einzigartiger Intensität und Raffiniertheit hervor. Die visuelle Jagd nach Schmetterlingen, draußen in der Natur und unter dem Laborlicht, trainierte seine Augen zu übernatürlicher Schärfe. Auch die Augen selbst werden in diesen Kurzgeschichten «mikroskopisch» untersucht. Der Held in «Klänge» (seiner ersten vollständigen Erzählung, die 1923 entstand) sagt: «Deine Augen waren klar, als wäre von ihnen ein Bogen Seidenpapier herabgeglitten, mit denen in teuren Büchern häufig Zeichnungen abgedeckt werden.» In «Der Schlag des Flügels» sind es die Augen einer anderen Dame, die «strahlten, als wären sie mit Raureif bestäubt», und die Augen eines männlichen Engels sind «länglich – gleichsam kurzsichtig –, blassgrün, wie die Luft vor Tagesanbruch.» In «Rache» finden wir «tatsächlich wundervolle Augen, die Pupillen wie glänzende Tintentropfen auf blaugrauem Atlas.» Und so weiter, bis zu der auf Englisch geschriebenen Geschichte «Die Schwestern Vane», von denen es heißt: «Cynthia hatte weit auseinander liegende Augen, denen ihrer Schwester sehr ähnlich, von einem offenen, ängstlichen Blau mit strahlig angeordneten dunklen Punkten». In «Musterung» erfahren wir, dass Selbstporträts eine heikle Sache sind, «wegen jener Spannung, die sich nicht aus dem Ausdruck der Augen entfernen lässt». Im Fall Nabokovs brachte diese Spannung eine nicht versiegende Kaskade juwelenhafter Details zum Strömen, ausgedrückt in einer erfinderischen Sprache, die an die Grenzen des Sagbaren stößt.[1] Die feinsten

---

[1] Und sie strapazieren selbstverständlich die Möglichkeiten des Übersetzers, sogar, wenn es sich dabei um ein zweisprachiges Vater-Sohn-Gespann handelt. Ohne des Russischen mächtig zu sein, kann man nur raten, unter welchen Anstrengungen die trefflichen Lösungen gefunden wurden; gelegentlich jedoch entsteht etwas, das ein kleines Stück jenseits

Sinneseindrücke – Fahrradspuren auf dem Sandweg eines Landguts, Spiegelbilder in einer Pfütze in Berlin – kodifizieren die vermischten Wunder des Seins und der Wahrnehmung.

Seine Liebe zum Schachspiel und zur Erfindung von Schachproblemen gab einer Neigung zu «kombinatorischer» Komplexität Auftrieb, die manchmal mechanisch und schwerfällig sein kann. In diesem Band muten «Ultima Thule» und «Solus Rex», ohnedies eher Teile eines aufgegebenen Romans als für sich stehende Geschichten, wie Symbolisierungen von Trauer und verlorenen Königreichen an, die sich von ihren autobiographischen Bezugspunkten zu weit entfernt haben. Wenn Nabokov das Persönliche allzu erfolgreich unterdrückte, konnten seine Täuschungsmanöver als schlicht grausam erscheinen. Über Iwanow, einen Lehrer mit einer Herzschwäche in «Vollkommenheit», erfahren wir: «Sein Denken flatterte und lief die Glasscheibe hinauf und hinunter, die ihn sein Leben lang daran hindern würde, direkten Kontakt mit der Welt zu haben.» Die Glasscheibe mit ihrer hell reflektierenden Oberfläche kaschiert zuweilen den Schaukasten, in dem Nabokov seine menschlichen Musterexemplare aufgereiht hat. Doch kann er auch bewegend sein in seinem Einfühlungsvermögen und seiner Unmittelbarkeit, wie in «Ein Ehrenhandel» und «Aus dem vollen Menschenleben», die so leichtfüßig frei von kombinatorischen Tricks

---

der englischen Sprache liegt. Was zum Beispiel bedeutet es in «The Admiralty Spire», wenn der Barbier «mit seinem Kamm das Ziel anvisiert und mein Haar mit einem Setzmaschinenschwung zur anderen Seite schwingt»? Kann das Verb «kuppeln» transitiv benutzt werden, wie in «A Slice of Life», wo es heißt: «Sie und nur sie hat sie gekuppelt»? Und sehen wir das intendierte Bild, wenn es in «Mademoiselle O» heißt: «Beäugte Schatten bewegten sich auf dem Gartenweg»? Ich frage nur.

sind, dass sie ein Tschechowsches Flair haben. Niemand kann ein Wortbild besser malen. Hier haben wir den alten Hund Box, in Erinnerungen eintauchend:

> Seine grauhaarige Schnauze mit der Warze im angezogenen Mundwinkel hat er in die Beugung seiner Flanke gebettet, und von Zeit zu Zeit dehnt ein tiefer Seufzer seinen Brustkorb. Er ist so alt, und sein Schlaf ist so voll gestopft mit Träumen (von kaubaren Pantoffeln und ein paar letzten Gerüchen), dass er sich nicht rührt, als draußen leises Geläut ertönt.

Als Nabokov anfing, seine Geschichten auf Englisch zu schreiben, opferte er nichts von seiner sprachlichen Erfindungsgabe, sondern wandte sich mit dem deutlichen Akzent des Emigranten an seine amerikanischen Leser – seine schwebende Welt, im Schlund von Hitlers Europa verschwunden, musste erklärt werden. «Der Regieassistent» und «Ein vergessener Dichter» sind, ähnlich wie sein kleines Buch über Gogol, in einem essayistischen Stil geschrieben und haben den unverschämten Ton eines Schellenkappenträgers. «Die Schwestern Vane» mit ihren rein amerikanischen Gestalten ist auf unheimliche Art zu raffiniert, aber «Szenen aus dem Leben eines Doppelungeheuers» und «Lance» zeigen, dass es ihm, hätte er es gewollt, gelungen wäre, die kürzere Form ebenso beeindruckend zurechtzubiegen und zu vertiefen, wie er es in seinem erstaunlichen importierten Englisch mit dem Roman machte. [2] Sein russisches Pseudonym «Sirin» bedeu-

---

[2] Übrigens, der Herausgeber der amerikanischen Ausgabe gibt zwar die bibliographischen Angaben seines Vaters aufs genaueste wieder, verzichtet aber auf eine erhellende Angabe, enthalten in *Nabokov's Dozen* (als Taschenbuch *Spring in Fialta*), die jede Geschichte mit dem Datum und dem Entstehungsort kennzeichnet, sodass wir die amerikanischen Bewegungen des Autors von Boston, wo er 1943 «The Assistant Producer»

tet «Paradiesvogel»; es war Nabokovs Gabe, wo immer er sich niederließ und das Gefieder spreizte, Ahnungen vom Paradies zu wecken.

schrieb, nach Ithaca, New York, wo 1952 «Lance», die letzte seiner veröffentlichten Kurzgeschichten, entstand, verfolgen können. (Anm. des Autors).

Die von Dieter E. Zimmer innerhalb der Werkausgabe herausgegebenen zwei Bände Erzählungen I und II enthalten alle (von Updike in der amerikanischen Ausgabe vermissten) bio-bibliographischen Nachweise. (Anm. d. Übers.)

NORDAMERIKANER DER GEGENWART

Rohe Nerven rekrutieren

PHILIP ROTH, *Operation Shylock: A Confession.* New York 1993 [*Operation Shylock: Ein Bekenntnis.* Deutsch von Jörg Trobitius, München 1994]

Manche Leser mögen der Meinung sein, dass in den neueren Büchern Philip Roths der Schriftsteller selbst zu viel vorgekommen ist: In *The Facts* (1988) *[Tatsachen]* mit dem Untertitel *A Novelist's Autobiography* und mit einem achttausend Wörter langen Nachwort von Nathan Zuckerman, der häufig wiederkehrenden Gestalt des Autors; in *Deception* (1990) *[Täuschung]*, einer weit ausufernden luftigen Liebesgeschichte, in der ein in London lebender amerikanischer Schriftsteller, der Philip heißt, mit einer Anzahl Frauen in Ergüssen puren Dialogs kommuniziert; und in *Patrimony: A True Story* (1991) *[Mein Leben als Sohn]*, der mutigen und ergreifenden Geschichte von Roths Vater, der langsam an einem Gehirntumor stirbt, und von Roths eigener, zur gleichen Zeit vorgenommen Herzoperation. Diese Leser seien gewarnt: In dem neuen Roman, *Operation Shylock: A Confession*, kommen gleich zwei Philip Roths vor. Der erste, ein alternder Autor, der in New York und Connecticut ein zurückgezogenes Leben führt, hört von Freunden in Israel, dass ein anderer Philip Roth Schlagzeilen gemacht hat und im Jerusalemer Hotel King David einen Vortrag zu dem Thema: «Diasporismus: Die einzige Lösung für die Judenfrage» halten wird. Nach einer schlaflosen Nacht ruft Philip der Erste (wie wir ihn nennen wollen) in dem Hotel an und bekommt auf seine Frage, ob er mit Philip Roth spricht, zu hören: «Ja, und wer sind Sie bitte?»

Eine profunde Frage, und das Konzept des Doppelgängers hat in dem ganzen Roman nie wieder eine derart elektrisierend unheimliche Wirkung wie in diesem Ferngespräch, in dem der Angerufene zugleich der Anrufer zu sein scheint. Später, in Jerusalem, begegnet Philip I. Philip II. und entdeckt nur eine ungefähre Ähnlichkeit:

> Ich sah vor mir ein Gesicht, das ich sehr wahrscheinlich nicht für mein eigenes gehalten hätte, wäre es das Gesicht gewesen, das mich am Morgen im Spiegel angeblickt hätte ... Es war eigentlich ein nach konventionellen Begriffen besser aussehendes Gesicht, etwas weniger verhunzt als mein eigenes, mit einem stärker ausgeprägten Kinn und einer weniger großen Nase, die zudem auch zur Spitze hin nicht so jüdisch abgeflacht war wie meine. Ich kam auf den Gedanken, dass er wie das Nachher zu meinem Vorher aussah – in der Reklame eines Schönheitschirurgen.

Auf den ersten Blick scheinen wir die Gestalt eines netteren Bruders vor uns zu haben, ähnlich dem gut aussehenden, ernsten Henry Zuckerman in *The Counterlife* (1987) *[Gegenleben]*. Spätestens seit *Portnoy's Complaint* (1969) *[Portnoys Beschwerden]* wird Roths widerborstige zentrale Gestalt von einem moralischen Schatten gejagt, einem anständigen, zivilisierten, asexuellen Nicht-Schriftsteller, dem kein Vorwurf zu machen ist – weder von benutzten und sitzen gelassenen

Schicksen noch, wie in dem erschöpfend untersuchten Fall Nathan Zuckermans von empörten jüdischen Kritikern wegen der angeblich anti-semitischen Bücher des Autors. Aber Philip II., «die auf Hollywood getrimmte Version meines Gesichts, das mir so nebbichhaft nahe legte, mich doch möglichst zu beruhigen», ist kein bloßer Schatten. Je genauer Philip I. hinguckt, umso klarer tritt die Ähnlichkeit hervor, bis hin zu dem «Büschel kleiner Fadenreste, wo ihm vorn der mittlere Knopf seines Jacketts abgegangen war – das bemerkte ich, weil ich seit einiger Zeit ein ähnliches Büschel dort zur Schau trug, wo der mittlere Knopf von *meinem* Jackett wieder einmal verschwunden war.» Die Perfektion der Verdoppelung empört das Original, dessen Beschuldigung, es handle sich um Persönlichkeitsraub, auf eine Wand schmeichlerischer Eloquenz trifft. Als Philip I. fragt: «Wer sind *Sie* und was sind *Sie*? Antworten Sie mir!», erfährt er: «Ihr größter Bewunderer.» Philip II. lässt im Namen des Autors eine Sturzflut von Beschwerden los (*«Portnoy's Complaint* wurde nicht mal für den National Book Award nominiert!») und plappert munter von C. G. Jungs mystischer Theorie der «Synchronizität» und seiner eigenen Theorie des Diasporismus, der das gefährliche Problem Israels lösen würde, indem man seine Millionen europäischer Juden nach Europa zurückgeschickt. Überdies bricht er zweimal in Tränen aus und enthüllt, ohne Tränen, dass er (Philip II.) unheilbar an Krebs erkrankt ist.

Wenn sich die Auswirkungen und Komplikationen dieses Gerangels des Selbst mit dem Selbst auch nicht unbedingt einer Zusammenfassung entziehen, so laden sie doch nicht dazu ein. Das Buch gehört zur Gattung der internationalen Thriller: Philip I. geht zu einigen Sitzungen des Prozesses gegen den angeblichen Konzentrationslager-Teufel John Demjanjuk, beschäftigt sich mit dem vorgeblichen Tagebuch des jüdischen Märtyrers Leon Klinghoffer und lässt sich am Ende wider besseres Wissen als Spion des israelischen Geheimdienstes Mossad in Athen und anderswo einsetzen. *Operation Shylock* hat auch etwas von einem medizinischen Thriller und zeugt von Roths umfassenden Kenntnissen auf dem Gebiet der Pathologie, die denen Thomas Manns ebenbürtig sind. Philip I. erholt sich langsam von einer lähmenden geistigen Erschöpfung, Folge des Medikaments Halcion, das er nach einer missglückten Knieoperation eingenommen hat. Die nicht jüdische *Femme fatale* des Romans, Jinx Possesski, ist eine Krankenschwester aus Chicago, deren Beschreibungen des Krankenhauslebens ebenso kompetent wie abschreckend sind. Philip II., der Geliebte, der sie aus ihrem bei der Arbeit unter jüdischen Ärzten entstandenen Antisemitismus rettet, trägt ein Penis-Implantat, das die üblen Nebenwirkungen einer Krebsbehandlung kompensieren soll, und die Vaterfigur des Romans, eine Mossad-Eminenz mit dem genialen Namen Louis B. Smilesburger, bewegt sich auf Unterarmkrücken und «hat das bedrohlich gekochte Aussehen von jemanden mit einer Hautkrankheit» sowie «einen kahlen Kopf, der voller Ritzen und Furchen ist, wie ein hart gekochtes Ei, dessen Wölbung durch einen leichten Schlag mit dem Löffel verletzt wurde.» Die bei Roth üblichen Polaritäten von Goi / Jude und Hedonismus / Altruismus sind vermehrt worden durch krank / gesund und Zerfall / Integration. Von Jinx wird mit Trompetenstößen verkündet: «Das war eine biologische Siegerin, das war jemand, der *gut* beinander war.»

Der Roman ist überdies ein psychologischer Thriller, der um die hektischen und durchaus paranoiden Reaktionen Philips I. auf die exzessiven Stimuli kreist, die in Israel binnen weniger Tage auf ihn einfluten – Reaktionen, die, wie wir am

Ende gesagt bekommen, als Schritte in seinem Genesungs-prozess nach der Überdosis Halcion und dem Gefühl des Zerfalls zu verstehen sind. Roth-Leser werden sich erinnern, dass dieses spezielle Gebrechen im letzten Absatz von *The Facts* erwähnt wurde, als Nathan Zuckerman dem Autor erklärt: «Natürlich bin ich besorgt zu hören, dass sich im Frühjahr 1987 eine Operation, die nur ein harmloser kleiner Eingriff hätte sein sollen, zu längeren körperlichen Qualen auswuchs, die zu einer Depression führten, die Sie an den Rand emotionaler und geistiger Auflösung brachte.» Roths Œuvre stellt eine sich immer feiner verzweigende, durch-scheinende Pseudo-Autobiographie dar: Die Stimme des Ich-Erzählers hatte ihren Ursprung in *Goodbye, Columbus* (1959) *[Goodbye, Columbus]*, der schichtweise Selbstbezug geht auf *My Life as a Man* (1974) *[Mein Leben als Mann]* zu-rück, die serienmäßige Präsentation eines Alter Ego auf *The Ghost Writer* (1980) *[Der Ghostwriter]*. Er sollte dafür ge-rühmt werden, dass er sich der Tatsache stellt, dass das Leben eines Schriftstellers sein grundlegendes Instrument der Wahrnehmung ist – dass nur die Bilder, die wir persönlich zusammengetragen und unbewusst verinnerlicht haben, jene Farbe, Wärme, Intimität und jenes Gewicht der Authentizität haben, die der anspruchsvolle Leser verlangt. Rousseaus *Be-kenntnisse* öffneten dem Roman des neunzehnten Jahrhun-derts die Tür, und Prousts autobiographisches Werk *Auf der Suche nach der verlorenen Zeit*, so könnte man sagen, schloss sie wieder. In der post-proustschen, post-modernen, post-objektiven Welt des amerikanischen Romans ragt Roth als aktiver Theoretiker einer fiktiven Wirklichkeit heraus; er, der als wunderbar frühreifer und vollendeter Realist anfing, hat die Randgebiete des Realismus erprobt: Wie im Fieber schritt er seine Grenzen ab und spielte mit seinen Anmaßungen. Der

Schreibakt an sich ist zur zentralen dramatischen Handlung seiner Romane geworden. In dem vorliegenden Roman, der ein Bekenntnis zu sein vorgibt, ist Philip II. eine Studie der fortlaufenden Erschaffung einer Gestalt; als er unterhaltsam und umständlich seine schmierige Karriere als Privatdetektiv in Chicago beschreibt, äußert sein Zuhörer Philip I. Zweifel, die auch die des Lesers sind:

> Ich dachte, er hat es wie am Schnürchen aus dem Fernsehen gelernt. Hätte ich doch bloß mehr «L. A. Law» angeschaut und weniger Dostojewski gelesen, dann wüsste ich, was hier läuft, in zwei Minuten wüsste ich, welche Serie es genau ist. Vielleicht Motive aus fünfzehn Serien, und noch ein Dutzend Detektivfilme dazu … Vielleicht war es der Film an Bord der El Al.

Der Schriftsteller, der sich die Mühe macht, einen Beruf zu erfinden und, indem er bis an die Ränder seiner Schriftstellerphantasie vordringt, Einzelheiten von anderen, oftmals gleichfalls fiktiven Quellen abzukupfern, hat die Möglichkeit, zu einer breiteren persönlichen Wahrheit zu gelangen – zu einer traumhaften Ebene des Bekenntnisses. Philip II., unglaubwürdig und verworren wie er ist, ist als Romangestalt dennoch überzeugender als Philip I., der, man muss es sagen dürfen, etwas steif wirkt. Wie ein hemingwayscher Held muss Philip I. seine Würde wahren, eine gewisse Tugendhaftigkeit aufrechterhalten. Vielleicht hat er schon einen steifen Hals, weil er sich den Kopf nicht verdrehen lassen will von all den Komplimenten, die er im Verlauf von *Operation Shylock* zu hören bekommt. Neben den sklavischen Schmeicheleien seines Doppelgängers wird er von George Zaid, einem alten Palästinenserfreund, als beispielhafter nicht-israelischer Jude beschrieben: «‹Hier ist ein Jude›, so sage ich zu ihnen, ‹der niemals Angst hatte, sich über Juden offen zu äußern. Ein un-

abhängiger Jude, und dafür hat er auch leiden müssen.›»
Zaid und Philip I. waren in den fünfziger Jahren an der University of Chicago Studienfreunde, und Zaid, der jetzt Professor in Israel ist, behandelt mit seinen Studenten *Portnoy's Complaint*: «Ich versuche sie zu überzeugen, dass es Juden auf der Welt gibt, die in keiner Weise so sind wie die Juden, die wir hier haben.» Die verführerische Jinx Possesski liest Philip I. aus der Hand, und nachdem sie seine Linien studiert und ihm versichert hat: «Ihr sexuelles Verlangen ist ganz rein», fährt sie fort: «Wenn ich gar nichts über Sie wüsste, wenn ich die Hände eines Fremden lesen würde und nicht wüsste, wer Sie sind, dann würde ich sagen, es ist irgendwie die Hand eines ... eines großen Führer.» Und Smilesburger, der bei seinem letzten Auftritt zur Verkörperung ausdauernder jüdischer Männlichkeit geworden ist («Die Diesseitigkeit. Die Wahrhaftigkeit. Die Intelligenz. Die Bosheit. Die Komödie. Die Ausdauer. Die Schauspielerei. Die Verletztheit. Die Schädigung») führt beides zusammen, indem er Philip I. Komplimente sowohl zu seiner Tätigkeit als Spion als auch zu seinem Schreiben macht: «Ich habe, zunächst durch unsere gemeinsame Arbeit und dann durch Ihre Bücher, einen beträchtlichen Respekt vor Ihnen entwickelt ... Sie sind als Mann in Ordnung ...»

Es kostet einige Anstrengung, sich diesen Tugendbold vorzustellen, während die Probleme des grotesken, skizzenhaften Philip II. leichter zu begreifen sind: Er stirbt an Krebs, er ist damit geschlagen, den Namen und das Aussehen eines gefeierten Mannes zu haben, ohne einer zu sein, er muss sich einer phallischen Prothese bedienen, um seine sexy Freundin zu befriedigen, und die Lebensbedingungen der post-holocaustalen Juden treiben ihn dermaßen um, dass er sich allerlei Verrücktes ausgedacht hat, womit er ihr Los verbessern

will. Aufgrund der Wirren des Plots und der von Philip I. ge-
äußerten Empörung erregt diese erfundene Figur unser Staunen und unser Mitleid; seine letzten Tage und sein unglaub-
liches kleines Nachleben als toter Sexualpartner, dessen in
einem Brief von der treuen Jinx gedacht wird, bleiben uns im
Gedächtnis als Bilder der *Conditio humana*, unabhängig vom
Schriftstellerdasein. «ICH BIN DAS DU, DAS NICHT WÖR-
TER IST», sagt Philip II. zu Philip I. in Großbuchstaben.
Ohne Wörter zu sein, heißt für einen Schriftsteller, dass er
ohne Verteidigung und ohne Unsterblichkeit ist. Philip II. ist
nicht die schöne Seite von Philip I., sondern seine kranke,
seine sterbliche Seite, der durch die projizierende Magie der
Fiktion eine trügerische Realität verliehen wird.

Diese Magie wird in *Operation Shylock*, das unter der geheimnisvollen Intensität seiner Inspiration ebenso skrupulös
geschrieben wie kunstvoll entwickelt ist, üppig vorgeführt.
Die Passagen, in denen die Gestalten vorgestellt werden, besonders die weiblichen Gestalten, sind in ihrer Anschaulich-
keit brillant und rund. Hier ist Jinx:

> Ihr weißlich blondes Haar war am Hinterkopf lässig zu einem
> zerzausten Knoten zusammengesteckt, und sie hatte einen
> breiten Mund, dessen warmes Inneres sie dir wie ein glückli-
> cher, hechelnder Hund herzeigte, auch wenn sie nicht sprach,
> als nähme sie deine Worte durch ihren Mund auf, als würden
> die Worte nicht vom Hirn empfangen, sondern – waren sie
> erst einmal an den kleinen, regelmäßigen, glänzend weißen
> Zähnen und dem rosafarbenen, vollkommenen Zahnfleisch
> vorbei – von dem ganzen, strahlenden, unbekümmerten Ding
> verarbeitet.

George Zaids Frau Anna wird in ihrer höhlenartigen Wohnung so beschrieben:

Anna war eine winzige, fast gewichtslose Frau, deren Anatomie einzig dazu bestimmt zu sein schien, ihren erstaunlichen Augen ein Gehäuse zu bieten … Da waren die Augen, intensiv, kugelrund, Augen, um damit im Dunkeln zu sehen, wie die eines Lemuren von einem dreieckigen Gesicht gerahmt, das nicht viel größer war als die Faust eines Mannes, und dann war da das Zelt des Pullovers, das den magersüchtigen Rest von ihr umhüllte, und unten schauten zwei Füße in den Laufschühchen eines Babys hervor.

Doch nachdem sie auf diese lebhafte Weise eingeführt worden sind, bleiben die Gestalten sprechende Köpfe, an Tiraden festgemachte Gesichter. Der Roman ist eine Orgie von Diskussionen; wie Bernard Shaw ist Roth genauso glücklich, wenn er eine Arie um ein perverses oder frivoles Thema herum komponiert, wie wenn es ihm um ein tief empfundenes Anliegen geht. «Diese geschmeidige Empfindung, die der Redefluss ist», ergreift sogar den vernünftigen Philip I., als er, wie so oft, irrtümlicherweise für Philip II. gehalten, die Diasporismus-Theorie seines Doppelgängers engagiert verficht und aufruft zu der «Ent-Israelisierung der Juden, schon wieder weiter und immer weiter, einem berauschendem Drang gehorchend». Eine der schweigsamen Gestalten in dem Buch, ein Muskelmann des Mossad, klagt: «Sie reden zu viel. Sie reden, reden, reden.» Obwohl beide Philips sich über eine Reihe von Fragen in heiße Wut reden, ist die Ent-Israelisierung der Juden – der die Behauptung zugrunde liegt, dass der umkämpfte und daher kämpferische Staat Israel das Jüdischsein in der Diaspora vergiftet habe – das zentrale Thema, das von Philip II. von einem pro-jüdischen Standpunkt aus und von George Zaid von einem pro-palästinensischen Standpunkt aus verfochten wird:

«Was *geschieht* denn, wenn die amerikanischen Juden entdecken, dass sie hereingelegt wurden, dass sie Israel gegenüber
eine Treuepflicht aufgebaut haben, die auf irrationalen
Schuldgefühlen beruht, auf Rachephantasien, vor allem, *vor
allem* aber auf den naivsten Illusionen über die moralische
Identität dieses Staates? *Denn dieser Staat hat keine moralische
Identität.* Er hat seine moralische Identität *verwirkt*, wenn er je
eine hatte. Indem er den Holocaust rücksichtslos institutiona-
lisierte, hat er sogar seine Ansprüche auf den Holocaust *verwirkt*! Der Staat Israel hat seinen letzten moralischen Kredit
aus der Bank der toten sechs Millionen ausgeschöpft – und das
haben sie getan, indem sie auf Befehl ihres ruhmreichen Ver-
teidigungsministers arabischen Kindern die Hände gebrochen
haben.»

Zwar werden solche Ansichten fiktiven Gestalten in den
Mund gelegt, doch werden Roths jüdische Kritiker ihm die
heftigen Formulierungen nicht verzeihen. «Was immer an
bloßliegenden Nerven da ist, Sie rekrutieren sie», sagt Smilesburger zu Philip I., nachdem er dieses Buch gelesen hat. Und
der verhängnisvolle Fall von Salman Rushdie geht dem Autor
durch den Kopf. «Wird der Mossad mich mit Acht und Bann
belegen, wie es der Ayatollah mit Rushdie gemacht hat?»
Gäbe es einen jüdischen Ayatollah, hätte er vielleicht schon
längst eine Fatwa erlassen, nämlich im Gefolge der jugendlichen Kurzgeschichten über Drückeberger unter den jüdischen Soldaten, über schikanierende Rabbis, über die Nou-
veau riches von Short Hills und über kleine jüdische Jungen,
die nicht verstehen können, warum Gott, wenn er doch die
Welt in sechs Tagen erschaffen konnte, nicht auch eine Jungfrau schwängern kann.

Erbarmungslos ehrlich rekrutiert Roth rohe Nerven, vielleicht, weil sie im Kampf um die Wahrheit die engagiertesten

Streiter sind. Moralische Zweideutigkeit in der Unterabteilung Semitismus war immer sein bevorzugtes Dornengestrüpp. Seine Erforschung des Jüdischseins gehört untrennbar zusammen mit der Selbsterforschung, für die so viele Seiten beschrieben und so viele plädierende, spottende und verspottete Alter Egos geschaffen wurden. Die vorliegende – seine ausführlichste – Betrachtung des Jüdischseins nimmt als Ausgangspunkt nicht Gottes Bund mit Abraham, und auch nicht das Epos Moses, sondern zärtliche Erinnerungen an die Juden der Diaspora in dem Newark seiner Kindheit. Die Mythen der persönlichen Geschichte sind an die Stelle der Mythen der Geschichte eines Volkes getreten. Der einzige bedeutungsvolle Verweis auf das Alte Testament ist der auf Jakobs eine Nacht währendes Ringen mit einer unbekannten Präsenz, was als Epigraph hübsch zu Kierkegaards Ausruf passt: «Alles, was mein Sein ausmacht, schreit auf im Widerspruch zu sich selbst.» Jakobs Kampf mit dem *anderen*, der Israel seinen Namen «der mit Gott kämpft» gab, ist, wie ein Echo christlicher Selbst-Verleugnung, der Kampf des Selbst mit sich selbst geworden.

Roth, dessen Stil nie impressionistisch gewesen ist, begann mit den Fakten der sinnlichen Wahrnehmung und arrangierte und präsentierte sie in einer Sprache, die nicht unbedingt umgangssprachlich, jedoch schlicht und klar war. Aus *Goodbye, Columbus*:

> Ich sah ihr nach. Plötzlich tauchten ihre Hände hinter ihr auf. Daumen und Zeigefinger packten die untere Kante ihres Badeanzugs und brachten das hervorschauende Fleisch mit einem Ruck an seinen Platz. Mein Blut wallte auf.
> Abends vor dem Essen rief ich sie an.

Unter dem Druck der komplizierten Fragen seiner späteren Romane dehnen sich seine Sätze aus und nehmen einen leicht deklamatorischen Ton an: «Denn so heroisch die Sache Michael inmitten der patriotischen Graffiti erschienen sein mochte, mit denen er seine Schlafzimmerwände im vorstädtischen Newton dekoriert hatte, jetzt fühlte er sich, wie sich nur ein heranwachsender Sohn angesichts dessen fühlen kann, was er als ein Hindernis zu seiner Selbstverwirklichung ansieht, nämlich angesichts eines stumpfsinnigen Vaters, der eine altmodische Lebensweise vertritt.» Und während die Komplikationen sich verdichten, schleichen sich die Grautöne schematischer Darstellung ein: «Und was dachte *ich*? Ich dachte: Was denken sie? Ich dachte an Moishe Pipik und daran, was *er* dachte ... Das also dachte ich, wenn ich nicht gerade das Gegenteil und alles andere auch dachte.» Nicht, dass Roth die Tricks der realistischen Darstellung des Sinnlichen vergessen hätte. Philip I. schläft mit der köstlichen Jinx und verrät uns nichts über das Erlebnis, bis er sich am nächsten Tag, bei einer Taxifahrt, an «die leidenschaftliche Sitzung» erinnert, «die in jenem wortlosen stimmlichen Obligato gipfelte, mit dem sie sich auf die Flutwelle ihrer Lust geworfen hatte, dem strömenden kehligen Steigen und Fallen, zugleich rau und murmelnd, irgendwo zwischen dem Trällern eines Baumlaubfrosches und dem Schnurren einer Katze.» Etwas später schwappt die Erinnerung weniger angenehm zurück: «Ich roch, wie sie in meiner Hose schlief – sie war jener schwere, haftende, hammelfleischartige Gestank, und sie war auch der angenehm unangenehme brackige Salzgeruch an den mittleren Fingern der Hand, die den Hörer des klingelnden Telefons abnahmen.» Doch solche sinnlichen Rekonstruktionen sind selten und werden im Verlauf der Geschichte noch seltener.

Irgendwann, nachdem Philip I. mit Jinx geschlafen hat, hört der Roman auf, uns weismachen zu wollen, dass er eine kohärente Erzählung ist, und wird ein Sammelbecken, so scheint es, für alles, was Roth in seinem reichen Ordner über das Jüdischsein gesammelt hat: Einen anti-semitischen Monolog in amerikanischem Slang, von Philip II. als «Übungscassette» für sein Programm der Anonymen Anti-Semiten aufgenommen, ein rührend harmloses und banales (fiktives) Tagebuch von Leon Klinghoffer, gleißende (tatsächliche) Zeugenaussagen aus dem Demjanjuk-Prozess und seitenlange, ununterbrochene Diskurse über den heiligmäßigen Rabbi Chofetz Chaim aus dem neunzehnten Jahrhundert und seinen Wunsch, dass Juden sich *loshon hohra* – böser Sprache – enthalten mögen, insbesondere anderen Juden gegenüber. Vielleicht war der Roman, der um Ereignisse einiger weniger Tage im Januar 1988 kreist, zu lange in Arbeit, sodass sich eine Reihe nebensächlicher Inspirationen angesammelt haben. Die Schlagzeilen, die ihn durchziehen – Demjanjuk, Klinghoffer, und der Fall von Jonathan Pollard, einem Marineoffizier der U.S. Navy, der als Spion für Israel tätig war –, legen ihn zeitlich fest, so wie alles vor dem Ende des Kalten Krieges zunächst einmal eine Festlegung in der Zeit bedeutet.

Operation Shylock ist so hitzig und angestrengt wie *Deception* kühl und zurückhaltend war; dennoch haben beide Romane eine gewisse albumhafte Qualität gemeinsam, als wären sie aus Monologen und Interviews zusammengestellt worden. Roth ist dazu übergegangen, seine Botschaft eher der Beredsamkeit seiner Gestalten anzuvertrauen als der fortschreitenden Handlung. Der Plot, sagt er mehr oder weniger, kann sich zum Teufel scheren. Als er in der Mitte des Romans innehält, um für Philip I. eine Bestandsaufnahme zu machen, schreibt er: «Die Story bis dahin ist nicht stichhaltig ausgedacht, zu ausgedacht, für seinen Geschmack überhaupt zu kapriziös ausgedacht, mit exotischen Begebenheiten, die so wild um jede Ecke getorkelt gekommen, dass der Verstand nirgends Fuß fassen und eine Perspektive entwickeln kann.»

Nun ja, könnte der Theoretiker sagen, das Leben ist eben nicht mehr sauber in Plots verpackt. Und warum sollte in unserer nach Interviews verrückten Zeit ein Roman nicht aus einer Reihe von Interviews bestehen? Jinx Possesskis Pilgerschaft vom katholischen Arbeitermilieu zur vierzehnjährigen Hippie-Braut, zur wiedergeborenen Protestantin, zur antisemitischen Krankenschwester, zur atheistischen Gefährtin eines anti-zionistischen jüdischen Propheten ist lebendiger als die meisten Geschichten, die man in *People* lesen oder bei *Donahue* hören kann. Aber es ist anstrengend geworden, diesem Autor mit seiner unbändigen Erfindungswut und seiner Leidenschaft für Vertauschungen zu folgen. Es scheint, dass seine Gestalten Speed nehmen, sie sind zu jeder Tages- und Nachtzeit wach und reden sich die Münder fransig. Es sind einfach zu viele, manche verschwinden aus dem Gesichtskreis, und wenn sie wieder auftauchen, sprechen sie nicht mehr so wie vorher. Der Plot ist voller Löcher, und Roth, den man immer weniger von Philip I. unterscheiden kann, lässt aus erschöpfend erörterten Sicherheitsgründen das entscheidende Kapitel aus, in dem er nach Athen geht und für Israel spioniert und so, allen gemeinen Gerüchten zum Trotz, beweist, dass er ein «loyaler Jude» ist, voll des «jüdischen Patriotismus».

Als Rezensent in harter Bedrängnis fühlte ich mich nicht nur an Shaw, sondern auch an *Hamlet* erinnert – auch dort kommen allzu viele Personen und zahlreiche lange Monologe vor sowie ein zaudernder, wütend machender Held, der am Schluss mit den richtigen Dingen aufwartet. T. S. Eliot prägte oder führte beim Schreiben über *Hamlet* die Formulierung «objektive Korrelation» wieder ein und sagte: «Die vermeintliche Identität von Hamlet mit seinem Urheber besteht tatsächlich bis zu einem gewissen Punkt: Hamlets Verwunderung nämlich über das Fehlen eines objektiven Äquivalents für seine Gefühle ist eine Fortsetzung der Verwunderung, die sein Autor angesichts seiner künstlerischen Probleme verspürt.» Und weiter: «Bei Hamlet gerät ein Gefühl, das er nicht in Handlung umsetzen kann, zur Posse; bei dem Dramatiker ist es das Gefühl, dem er keinen künstlerischen Ausdruck zu geben vermag, das zur Posse gerät.» Roths gesamtes Werk und die Geschichte der beidseitigen Erbitterung, einerseits in seinem Werk und andererseits bei seinen jüdischen Lesern, bilden den Hintergrund zu der schmerzhaften Possenreißerei von *Operation Shylock*. Seine sich verengende und vergrößernde Faszination von sich selbst, ist zu einer Ebene der Unschärfe vorgedrungen, wo das, «was Jung ‹die Unkontrollierbarkeit wirklicher Dinge› nennt», eintritt. Die in der Phantasie vorgenommene «Selbst-Unterminierung» des auktorialen Ichs, die in der Zuckerman-Sequenz Gegenleben von bezwingender Solidität hervorbrachte, produziert hier hauchdünne Scheiben. Dennoch ist diese dostojewskische Phantasmagorie eine beeindruckende Bekräftigung künstlerischer Energie und eine mutige Ausdehnung von Roths «furchtbar überladenem Vorrat von Anliegen» hin zum globalen Markt. Jeder, der sich 1. für Israel und alles, was damit zusammenhängt, 2. für die Entwicklung des postmodernen, auf Dekonstruktion sinnenden Romans und 3. für Philip Roth interessiert, sollte dieses Buch lesen.

Doctor Poe

E. L. DOCTOROW, *The Waterworks*. New York 1994. [*Das Wasserwerk*. Deutsch von Angela Praesent, Köln 1995]

In dieses Buch kunstvoll-schauriger Unterhaltung ist Doctorows Faszination vom historischen New York eingeflossen sowie sein ausgeprägtes Gespür für gesellschaftliche Missstände – für die dunklen, hinter den Kulissen konspirierenden Kräfte. Die Geschichte spielt 1871 und wird von einem Mann erzählt, dessen Name lediglich mit McIlvaine angegeben wird, die Angabe seines Berufs als Herausgeber einer Zeitung erweist sich als unglaubhaft, da er in einem windigen, philosophierenden Stil schreibt und eine romantische Vorliebe für die drei Auslassungspunkte hat. Einer der freien Redakteure der Zeitung, Martin Pemberton, behauptet, seinen toten Vater, einen bärbeißigen Räuberbaron, mit einigen anderen verstört dreinblickenden alten Männern in einem städtischen Omnibus auf dem Broadway gesehen zu haben; bei dem Versuch, dem Rätsel nachzugehen, verschwindet der junge Pemberton. Der verschlungene Pfad, raffiniert ausgetüftelt mit Rückblenden und vorausweisenden Andeutungen, führt am Ende zu einem teuflisch schlauen (wer hätte das geahnt?) Naturwissenschaftler, der Sartorius heißt und fortgeschrittene Experimente auf dem Gebiet der Humanbiologie an Findelkindern und Millionären vornimmt, und zwar in versteckten Luftschächten eines Waisenhauses an der East Side und in einem Wasserwerk in Croton. Es ist ein einziges Strömen, Tropfen und Triefen in dieser durchfeuchteten Erzählung, deren größter Reiz in den locker eingeflochtenen zeitgeschichtlichen Details liegt und die am wenigsten überzeugt, wo Doctorow sich bemüht, Boss Tweed und seine schurkische Metropolis aufzublähen zu kosmischen Symbolen «dieser anderen ungeordneten Existenz ... vor der uns unsere Minister warnen ... und die unsere Träume wahrnehmen» (seine Auslassungen).

Exzellenter Humbug

THOMAS MALLON, *Henry and Clara*. 1994 [*Henry und Clara*. Deutsch von Veronika Cordes, München 1996].

Historische Romane dominieren nicht mehr wie früher unsere Bestsellerlisten, doch scheint ihr Reiz für hoch gesinnte Schriftsteller größer denn je. Von den Bestsellern dieser Saison spielen die beiden bemerkenswertesten Romane – Caleb Carrs *The Alienist* und E. L. Doctorows *Waterworks* – im New York des neunzehnten Jahrhunderts; Bobbie Ann Mason und Annie Dillard, beide hoch begabt und absolut modern, haben in den letzten Jahren Romane geschrieben, die in Zeiten vor der Geburt der Autorinnen spielen. Ähnlich wie der postmoderne Architekt mit allen in früheren Epochen entwickelten Stilformen spielen kann, mag sich der Autor unserer Zeit dazu berechtigt fühlen, die Vergangenheit wie einen reich mit Ereignissen, Schauplätzen und Personen bestückten Spielzeugladen zu behandeln. Darin liegt eine Gefahr. Zu Beginn des Jahrhunderts, 1901, legte Henry James eloquent und voller Eifer Sarah Orne Jewett, deren historischer Roman *The Tory Lover* gerade erschienen war, die

Gründe dar, warum sie bei ihrem Versuch schlecht beraten gewesen sei:

Der «historische Roman» ist … selbst wenn er, wie Ihrer, behutsam ausgeführt wird, zu fataler Billigkeit verdammt, aus dem einfachen Grund, weil die Aufgabe über die Maßen schwierig ist … Sie können die kleinen Tatsachen, die man aus Bildern und Dokumenten, Relikten und Drucken zusammen tragen kann, nach Herzenslust vervielfältigen – das Eigentliche zustande zu bekommen, ist so gut wie unmöglich, und im Wesentlichen ist die Wirkung des Ganzen null und nichtig: Ich meine die Erfindung, die Darstellung des alten Bewusstseins, der Seele, des Empfindens, des Horizonts, der Vision von Menschen, in deren Gedanken die Hälfte der Dinge, die unser Denken, die die moderne Welt ausmachen, nicht existierten. Man muss mit dem eigenen modernen Denkapparat eine Frau, einen Mann *denken* – oder vielmehr fünfzig davon –, deren eigenes Denken zutiefst anders konditioniert war; man muss rückwärts gerichtet vereinfachen, was eine unglaubliche *Tour de Force* bedeutet –, und selbst dann ist es alles Humbug.

Dennoch versuchen es heutige Autoren immer wieder, und einer der Gründe dafür mag darin liegen, dass das, was James so liebevoll die «spürbare Gegenwarts*nähe* mit ihrem empfindsamen Pulsieren» nennt, für wichtige Schriftsteller nicht mehr empfindsam pulsiert. Erfahrungen des zwanzigsten Jahrhunderts, dessen luftabschnürende Beengtheit Joyce einfing und deren trostlose Belanglosigkeit die *nouveaux romanciers* und die amerikanischen Minimalisten ans Tageslicht brachten, stoßen jede Vorstellungskraft ab, für die menschliche Erfahrung ein bedeutendes Thema ist; in der Vergangenheit jedoch, und insbesondere in der relativ greifbaren des neunzehnten Jahrhunderts, kann das Gefühl von Bedeutung wieder gewonnen werden – mitsamt Heldenmut, Anfängen und Enden, romantischer Liebesleidenschaft und Kostümen in übernatürlichen Farben.

Thomas Mallon hat in seinem dritten Roman, *Henry and Clara*, etwas Erstaunliches, beinahe etwas Finsteres gemacht. Versteckt in den Ritzen der grell ausgeleuchteten Szene der Ermordung Abraham Lincolns hat er zwei direkte Zeugen des Ereignisses entdeckt, Opfer letztendlich, und sie zu bewegend tragischen Gestalten vergrößert. In der Staatsloge des Ford's Theatre waren am Abend des 14. April 1865 neben dem Präsidenten und Mrs. Lincoln auch Major Henry Rathbone und Clara Harris anwesend, die gebeten worden waren, als General Grant und seine Frau absagen mussten. Von dem Ersatzpaar kann man in den ausführlichen Berichten über den schicksalhaften Abend nachlesen. In seiner dreibändigen Lincoln-Biographie führt Carl Sandburg die Tatsachen auf:

> In der Kutsche, in die der Präsident und seine Frau stiegen, saß schon ein verlobtes Paar. Henry Reed Rathbone, von Stanton dazu bestellt, den Präsidenten zu begleiten, hatte seine zukünftige Frau, Miss Clara Harris, mitgebracht. Die beiden blickten an diesem Abend in eine leuchtende Zukunft. Er, achtundzwanzig Jahre alt, stammte aus der wohlhabenden Familie der Rathbones aus Albany im Staat New York; seit November 1862 war er Major der Freiwilligen und ein vertrauenswürdiger Attaché des Kriegsministeriums. Seine Verlobte war die Tochter des Richters Ira Harris aus Albany, der seit 1861 für den Staat New York einen Sitz im Senat hatte.

In seinem Roman *Lincoln* erwähnt Gore Vidal «die Tochter des Senators Harris von New York und ihren Verlobten, Major Rathbone, die beste Begleitung, die Hay in der kurzen Zeit hatte finden können.» Nachdem Booth die Loge betreten und von hinten eine Kugel in Lincolns Kopf gefeuert hatte, rang er mit Major Rathbone, stach mit einem Messer auf ihn ein und bewegte sich zum Rand der Loge hin, von wo er den berühmten Sprung auf die Bühne machte, bei dem er sich das Bein brach. Rathbone überlebte seine Verletzung, und er und Miss Harris traten aus dem grellen Licht der Geschichte heraus und verschwanden wieder in der Dunkelheit der Anonymität.

Doch Mr. Mallon, früher Professor am Vassar College, heute literarischer Herausgeber des *Gentleman's Quarterly*, ist ihnen in das Dunkel nachgegangen und hat eine bezwingende, sprühend viktorianische Geschichte entdeckt oder erfunden. Henry und Clara waren keine gewöhnlichen Verlobten: Seit ihrer Kindheit, als Henry elf war und Clara dreizehn, waren sie im selben Haushalt aufgewachsen, nachdem der Witwer Ira Harris die Witwe des früheren Bürgermeisters von Albany, Pauline Rathbone, geheiratet hatte. Ihre ersten Ehepartner waren im Abstand von wenigen Wochen gestorben, und die Eheschließung fand drei Jahre später statt. Auf der Grundlage dieser verbürgten Fakten, der Zeitfolge der Geburten und Todesfälle in den Familien Rathbone und Harris, aus den Daten der militärischen Laufbahn Henry Rathbones sowie aus einer intensiven Vertiefung in die allgemeine soziale und politische Geschichte der Zeit zwischen 1845 und 1883 hat Mr. Mallon die unter einem Fluch stehende Geschichte einer Liebe konstruiert, die von beiden Eltern missbilligt und dann durch die zufällige Anwesenheit von Henry und Clara beim Märtyrertod des großen Präsidenten getrübt wird. Auf der für den Schutzumschlag verwendeten alten Lithographie sind sie alle miteinander in der fahnengeschmückten Loge versammelt – Henry in Uniform, gestikulierend, Clara mit Haube, die Hand an die Brust gepresst, Mary Lincoln mit nackten runden Schultern, der bärtige Präsident, den Kopf nach hinten neigend und schwach die Hand hebend, als die Kugel in seinen Kopf fährt, und ein wild dreinblickender John Wilkes Booth, die rauchende Pistole in der ausgestreckten Hand. Sie sind alle gleich groß abgebildet, diese fünf Gestalten, deren Bedeutung für die Nachwelt doch von so unterschiedlichem Rang ist, und der besondere Reiz dieses klugen, tief empfundenen Romans liegt in der demokratischen Restauration des historisch fast unsichtbaren Paars zu voller menschlicher Größe und Komplexität.

Wie ihr Jahrhundert ist auch die Liebesgeschichte der beiden in der Romantik verwurzelt. Von Clara – einer hübschen dunkelhaarigen Schwester von Jane Eyre und Emma Bovary – heißt es, sie sei schon früh von den unberechenbaren, byronschen Stimmungen ihres impulsiven Stiefbruders gebannt gewesen; als sie endlich ihrer gegenseitigen Anziehung nachgeben, streckt Clara die Hand nach ihm aus und ruft Augenblicke ihrer Kindheit wach: «Sommernächte … wenn sie bei einem Gewitter die Arme zum Fenster hinausstreckte, in dem Versuch, die Blitze zu beschwichtigen.» Er, Henry, ist der Blitz für sie, und obwohl es dem Autor nie gelingt, Henry mit seiner Verdrießlichkeit, seinem Hohn und Spott und seiner Fixierung auf seine auffallende Mutter für den Leser attraktiv zu machen, vermittelt er doch überzeugend Claras Verzauberung, die ihr hilft, die beträchtliche Verzögerung und den Widerstand der Familie bis zu ihrer Verlobung und, nach dem Krieg, ihrer Eheschließung durchzustehen.

Vielleicht müsste man selbst versuchen, einen historischen Roman zu schreiben, um das Geschick würdigen zu können, mit dem Mr. Mallon sich durch die langen Zeitabschnitte manövriert, in denen die realen Ereignisse stattfinden – Clara ist zehn Jahre alt, als sie zum ersten Mal in dem Roman auftritt, und einunddreißig, als sie heiratet –, und mit dem er Spannung und ein Gefühl für Entwicklung aus dem übermäßig großen Personenkreis herauskristallisiert, der von den Annalen bezeugt wird. Die amerikanische Politik erschwert dem Verfasser historischer Romane seine Aufgabe besonders, weil infolge der Wahlen immer wieder neue Personen auf die Bühne treten; die Präsidenten von Millard Fillmore bis Chester Arthur dienen als Hintergrundgestalten für die Liebes- und Ehegeschichte von Clara und Henry, und die meisten werden mit ein paar klugen Strichen zum Leben erweckt. Lincoln, die wichtigste Person – Clara ist gern gesehener Gast im Haus der Lincolns –, wirkt am unlebendigsten, als müsste die größte Gestalt in der amerikanischen Geschichte zurückgehalten werden, damit sie die Erzählung nicht zu dominieren beginnt. Eine feine Gleichmäßigkeit wie bei einem Mezzotintoblatt, eine gravurenartige Gestelztheit bestimmt das Gesamtbild. Die historischen Details werden großzügig eingefügt, lenken jedoch selten, auch nicht während des reichlich dokumentierten Bürgerkriegs, von dem im Mittelpunkt stehenden erotischen und psychischen Drama des Liebespaars ab. Über einen kränkelnden Cousin von Rathbone erfahren wir: «Heißer Brandy und Schweißgänge hatten ihm keine Erleichterung gebracht»: Wie intensiv muss sich der Autor mit aus der Mode gekommenen Therapien befasst haben, wenn er die «Schweißgänge» so locker einwerfen kann! Als die frisch Vermählten 1867 zu ihrer lange verschobenen Hochzeitsreise aufbrechen, plappert Claras Schwester:

[Lina sagt:] «Was wird sie erst anziehen, wenn sie und Henry in London sind! Die Mieder sollen ja derart tief ausgeschnitten sein, dass diese Europäerinnen oberhalb der Taille praktisch kaum noch etwas anhaben. Findest du, dass Clara zu alt ist, um sich *décolletée* zu zeigen?» Louise, die an der Papierrose an ihrem Hals nestelte, sagte, das wisse sie nicht, worauf Lina unverdrossen weiterplapperte: «Hast du schon gehört? Tom Thumb soll es geschafft haben, sich einen Schnurrbart wachsen zu lassen?»

Es ist keineswegs überraschend, dass Mr. Mallon über Papierrosen und den ganzen Schnickschnack jener Zeit bestens Bescheid weiß; in *A Book of One's Own* (1984), einem umfassenden Überblick über Tagebücher, in *Stolen Words* (1989), einer ausführlichen Studie des Plagiarismus, sowie auch in seinem zweiten Roman, *Aurora 7* (1991), hat er eine ungeheure Pedanterie an den Tag gelegt. Stilistisch setzt er, wie Nicholson Baker, wenn auch ohne dessen bizarre Wirkung, ganz auf Präzision und poliert eine Vielfalt von Details – besonders in *Aurora 7* – so lange, bis sie glänzen und glatt ineinander greifen. Die Partys der Reichen von Albany vor dem Bürgerkrieg, die fiebrig erregte Gesellschaft in Washington während des Kriegs, die Anblicke und Geräusche und Fortbewegungsmittel der von vielen unternommenen Grand Tours im «Vergoldeten Zeitalter», die Mittel der Psychiatrie vor Freud – wir vertrauen bereitwillig darauf, dass alles so stimmt, wie heikel die Zusammensetzung aus vielfältigen «kleinen Tatsachen ... aus Bildern und Dokumenten, Relikten und Drucken» oder, wie der Autor in einer Anmerkung bekennt, «aus historischen Zeitungsberichten, Militärakten, Rentenunterlagen, Volkszählungsberichten, Universitätszeugnissen, Dokumenten des Innenministeriums in den National Archives» auch sein mag.

Diese trockene akademische Fleißarbeit hat Mr. Mallon zu etwas befähigt, das in seinen beiden vorausgegangenen Romanen, die trotz ihrer Geistesschärfe und ihrer Reichweite ein bisschen blutarm waren, fehlte. Hier ist das anders. Ein Schlüsseldokument bei seinen Recherchen muss ein einzelner noch erhaltener Brief von Clara Harris sein, der in der New York Historical Society aufbewahrt wird. Er ist vom 25. April 1865 datiert und im übertragenen Sinn blutgetränkt:

> Der Arm hat Henry viel Schmerzen bereitet; inzwischen heilt die Wunde – das Messer hatte einen Schnitt vom Ellbogen bis zur Achsel gemacht und eine Arterie, Nerven & Venen durchschnitten – sehr gut ab. Der große Blutverlust hat ihn natürlich arg geschwächt. Mein Kleid war buchstäblich von oben bis unten getränkt damit & und meine Hände & das Gesicht entsprechend verschmiert – du kannst dir wohl denken, was das für ein Bild war.

Als es zu dem geahnten, aber unvorhersehbaren, atemberaubend geschilderten Höhepunkt des Romans kommt, spürt sie wieder Blut auf ihrem Gesicht. Als wären sie Gestalten einer griechischen Tragödie, ist das Blut Henrys und Claras Element. Nachdem Henry sie entjungfert hat, tröstet er sie, «wegen des Bluts brauche sie sich keine Sorgen zu machen»; im Krieg fällt sein Blick auf einen sterbenden jungen Soldaten, aus dessen Brust rotes Blut sprudelt, «wie eine seltsame Blüte von einem uns fremden Breitengrad»; als Henry selbst bei dem Gemetzel in dem Krater bei Petersburg verwundet wird, «hatte er erstaunlich wenig Blut verloren; der Lehm hatte wie ein Breiumschlag gewirkt.» Selbst die Liebesleidenschaft der beiden, so wie Clara sich daran erinnert, als die Ehe und die Nacht in Ford's Theater alles erstickt haben, ist wie ein wütendes, wildes Gerangel – mit «Schreien, Kratzen, erotischen Spielen und einer zuweilen vulgären Ausdrucksweise». Doch diese Gewaltsamkeit war ihr Glück: «Bestimmt war das alles ‹anomal›, aber für sie und Henry war es immer normal gewesen, und das war für sie entscheidend gewesen, damals, als es sie die Welt vergessen ließ – und sie beide glücklich machte.»

Eine solche Glücksvision und eine solche phantasievolle Rekonstruktion einer zutiefst von Mord und Inzest geprägten Beziehung – Inzest, in gegengeschlechtliche umgewandelte Selbstliebe, war der höchste Traum der Romantiker – rühren an ein blutiges Dunkel, das Mr. Mallon zu einem früheren Zeitpunkt zu komischen Untergangsahnungen sublimiert hat. Artie Dunne, der Held und College-Absolvent seines ersten Romans, *Arts and Sciences* (1988), wird von zerstörerischen Impulsen und «schweißtreibenden Ängsten» gequält, während er demütig als irisch-amerikanischer Streber mit Aufsteigerambitionen den Weg der harten Arbeit beschreitet. Gregory Noonan, der elfjährige Held von *Aurora 7* wird auf eindringliche Weise in die Beinah-Katastrophe von Scott Carpenters Raumfahrtmission im Jahre 1962 verwickelt und spiegelt das in einem impulsiven, ziemlich mystischen eigenen Flug wider. Artie Dunne wird umgetrieben von der «wieder gekehrten Überzeugung, dass ihm etwas Schreckliches widerfahren werde». In *Aurora 7* äußert eine Gestalt, die Mary McCarthy stark ähnelt (sie hatte Mr. Mallons erstem Roman freundliche Starthilfe gegeben), den Gedanken: «Gleich muss etwas Schreckliches geschehen.» Während der Roman *Aurora 7* luftig zwischen Vergangenheit und Zukunft hin und her pendelt und Dutzende von Gestalten in seinem schimmernden Gewebe einfängt, ist das Schreckliche der Gott der Bibel und des römisch-katholischen Katechismus, der Menschen willkürlich tötet und rettet und mit seiner unerforschlichen Schöpfung am Rande der Astronomie lauert. In *Arts and Sciences* kreist das Schreckliche um die Unentschlossenheit des entsetzlich mickrigen Protagonisten (sein Gewicht wird mit einundfünfzig Kilo und einhundertvierzehn Gramm angegeben), der zwischen Homosexualität und Heterosexualität schwankt, um von seinem Schwanken zwischen Glauben und Nicht-Glauben sowie zwischen Karrieresucht und Idealismus ganz zu schweigen.

Um wie viel substanzieller und packender ist es doch, dass in *Henry und Clara* diese gefälligen autobiographischen Züge entfallen und das Schreckliche konkretisiert wird in dem klaren, schändlichen historischen Ereignis, in dessen Erwartung und bei dessen retrospektiver Erhellung wir klopfenden Herzens die Seiten umblättern – denn es gibt da «ein Geheimnis, das» (wie Mr. Mallon brillant formuliert) «in die Gewalt jener Nacht eingenäht ist». Die bauschige Gedämpftheit und die wortreiche affektive Umständlichkeit des viktorianischen Lebens treten an die Stelle des irisch-amerikanischen Puritanismus mit seinen Geheimnissen, unterdrückten Gefühlen und gewissenlosen Impulsen, die Mr. Mallon anderswo evoziert. Es gelingt ihm, einen weiblichen Blickpunkt mitsamt einem hartnäckigen Hang zu männlicher Hitzköpfigkeit zu gestalten und auf diese Weise findet er Verankerungen und Kanäle für seine mit Vorliebe zentrifugal und in Schichten arrangierten, intellektuell eingekreisten Plots. Das Buch ist dennoch ein wenig überfrachtet mit Zitaten; so hätten wir am Ende nicht zwei Zitate von Byron als Epitaph für die Gestalten gebraucht, die ja doch durch ihre Vollbluthandlungen lebendig genug geworden sind.

Trotz seiner Begabung hat Mr. Mallon lange gewartet, ehe er sich auf Belletristik einließ. In seiner Laufbahn hat es eine seltsame Verzögerung gegeben: Die Handlung von *Arts and Science* spielt in den Jahren 1973–74 und basiert eindeutig auf Eindrücken aus der Zeit, als der Autor Doktorand in Harvard war; das Buch wurde jedoch erst 1988 veröffentlicht, so spät also, dass es mit dem apologetischen Untertitel *A Seventies Seduction* versehen werden musste. Drei Jahre später erzählt *Aurora 7* die Geschichte eines Jungen, der im Jahr 1962 so alt war wie der Autor. Indem er seinem in die Vergangenheit gerichteten Trend weiter folgte – indem er es wagte, «rückwärts gerichtet [zu] vereinfachen, was eine unglaubliche *Tour de Force* bedeutet» –, hat er Ausdrucksformen für seine heutige Besorgnis gefunden und seinen geheimnisvollen, von Unheil kündenden Themen Würde verliehen. Er ist heute, im Alter von dreiundvierzig Jahren, einer der interessantesten amerikanischen Autoren der Gegenwart. Manchmal ist der lange Weg der einzige, der nach Hause führt.

Das gute Buch als Kochbuch

PAUL THEROUX, *Millroy the Magician.* New York 1994

Mit einer brillanten Darbietung imagistischer Zaubertricks und biblischer Rezepte kehrt Paul Therouxs neuer Roman die düstere Stimmung seines letzten, *Chicago Loop*, um. *Millroy the Magician* handelt von einem auffallend kahlköpfigen modernen Jesus mit einem üppigen Schnurbart, dessen Geschichte von einer mageren kleinen Lolita aus Cape Cod erzählt wird, einer Daumenlutscherin, obwohl sie schon vierzehn ist und auf die fünfzehn zugeht. Sie heißt Jilly Farina, und bei der County Fair in Barnstable zieht sie die Augen – Augen, die ihre Farbe verändern wie die Lichter in einer Diskothek – von Millroy, dem Zauberer auf sich. Eigentlich sollte ihr Vater, Dada, mit ihr zu der Messe gehen, aber als sie ihn stockbetrunken in seinem Wohnwagen findet, geht sie allein, und am gleichen Abend zieht sie zu Millroy in dessen Airstream, statt bei ihrer missmutigen und sie schlecht behandelnden Großmutter Gaga zu bleiben. Die sich anschließenden Abenteuer Jillys mit Millroy haben die bunte Klarheit eines Romans von Anne Tyler und werden unter Einhaltung einer ambitionierten metaphysischen Tagesordnung übermäßig weitschweifig geschildert. Der Roman ist anstrengend reich an Wundern, eine Bühne für Therouxs geschmeidige Phantasie und Vorstellungskraft. Millroys Zauberkunst springt dem Leser gleich auf den ersten Seiten entgegen:

> Ich hatte ihn einmal mit Dada gesehen und nicht mehr vergessen. Er hatte ein kleines Mädchen aus dem Publikum auf die Bühne geholt und sie in ein Glas Milch verwandelt und ausgetrunken … Mit einer Zange steckte er sich feurige Schwämme in den Mund und zermahlte sie, dann machte er eine Fackel und kaute auf den Flammen. Rauch und Feuer flogen aus seinem Mund, sodass sie seinen Schnurrbart versengen mussten … Ich sah deutlich, dass es echte Flammen waren, die er aß, und ich war so nah, dass ich die Hitze spürte.

Bei Millroy geht es im Wesentlichen ums Essen. «Ich will dich aufessen», sagt er zu Jilly und zaubert sie von einem Weidenkorb auf der Bühne in seinen Wohnwagen, wo Jilly sich in der Dunkelheit jener ersten Nacht «verschlungen fühlt von dem Fremden, von Millroy».

Es bedarf großen Taktgefühls seitens des Autors und einer beträchtlichen Unterdrückung jeglicher Zweifel seitens des Lesers, um den abstoßenden pädophilen Beigeschmack dieser Entführung zu ignorieren. In Nabokovs *Lolita* wird das

Abstoßende – von Humbert Humberts übermütiger Bekenntnisprosa verkleidet und durch die kleinen Risse in der Unschuld der gefangen gehaltenen Nymphe gemildert – in den Vordergrund gerückt. Theroux, der als Schriftsteller schematischer vorgeht, besteht auf Jillys vollständiger Unschuld und geht so weit, dass sie oft, wie sie selbst sagt, wie ein wahrhaftig «unbeschriebenes Blatt» erscheint:

> «Ich bin nichts», hatte ich gesagt.
> Er hatte nicht widersprochen, und mir wurde ganz mulmig.
> «Ich bin ein unbeschriebenes Blatt.»
> «Ja.» Er wandte mir wieder sein dankbares Gesicht zu. «Anders würde ich dich nicht wollen.»

Anderthalb Jahre lang, so sollen wir glauben, teilen die beiden Nacht für Nacht enge Räumlichkeiten, ohne dass es zu mehr Intimität käme als zu den plötzlichen Redeausbrüchen des Zauberers und den Aufschreien aus seinen gelegentlichen Albträumen. In Jillys Körper dringt er durch die Nahrung ein, mit der er sie füttert, und die sexuelle Metapher wird erst spät im Buch obszön, als er einen «Finger» Melone in ihren Mund zu zwängen versucht und sie sich wehrt, sodass «das Fruchtfleisch wie armes schwaches Fleisch weich wurde, während er damit einzudringen versuchte. Ich wehrte mich, dann leckte ich es ein wenig.»

«Früher war ich so dick, dass ich in der Dunkelheit meines Körpers eingeschlossen war», bekennt Millroy, aber inzwischen hat er sich für eine gesunde Ernährung entschieden – auf der Grundlage der Bibel, in der er und Theroux eine erstaunliche Anzahl von Stellen zum Thema gefunden haben. In Hesekiel 4,9 wird ein Brotrezept angegeben: «So nimm nun zu dir Weizen, Gerste, Bohnen, Linsen, Hirse und

Spelt und tue alles in ein Fass und mache dir Brot daraus.»
Der Vers «… labt mich mit Äpfeln» (Hohe Lied Salomos 2,5)
empfiehlt, korrekt interpretiert, den Verzehr von Aprikosen.
Im dritten Buch Mose, Kapitel 7,23 wird darauf gedrungen:
«Ihr sollt kein Fett essen von Ochsen, Lämmern und Zie-
gen», und drei Verse weiter heißt es: «Ihr sollt auch kein Blut
essen, weder vom Vieh noch von Vögeln, überall, wo ihr
seid» – so viel zum Frittieren und zum Tatarbeefsteak. Das
elfte Kapitel des dritten Buchs Mose mit der hinreichend be-
kannten Liste der geschmähten Nahrungsmittel stellt, laut
Millroy, «eine Charta der Umweltschützer und zugleich eine
Anti-Einkaufsliste» dar. Als Vegetarier, der nichts isst, was ein
Gesicht oder eine Mutter hat, ist Millroy immer noch auf der
«Suche nach Lenkung» in den vielen Passagen im vierten
Buch Mose, die sich mit der Zubereitung von gebratenem
Lamm befassen, und behauptet, bei dem Fleisch, das Jesus in
Lukas 11,37 esse, handle es sich um eine Fehlübersetzung für
eine allgemeinen Begriff für «Nahrung». Nüsse, Körner,
Obst und Fisch mit Schuppen, so predigt er, sind von der Bi-
bel sanktionierte Lebensmittel.

Im vierten Buch Mose, Kapitel 11,5, wird «der Fische, die
wir in Ägypten umsonst aßen, und der Kürbisse, der Melo-
nen, des Lauchs, der Zwiebeln und des Knoblauchs» gedacht.
Jesaja vergleicht die Tochter Zion mit einer «Nachthütte in
den Kürbisgärten» (1,8) und verordnet, «Butter und Honig
wird essen, wer übrig im Lande bleiben wird» (7,22). Moses
versprach ein Land, wo Milch und Honig fließt, und Jesus
verzehrte nach seiner Auferstehung «gebratenen Fisch und
Honigseim». Auf der Basis einer ziemlich gewagten Interpretation einer Bibelstelle empfiehlt Millroy den Verzehr von
Blumenzwiebeln («Sehet die Lilien auf dem Felde – sehet, sie
haben essbare Wurzeln») und Blumen – Ringelblumen, Ka-

lendula, Borretsch, Sonnenblumen, Lauchblüten. Er interpretiert Markus 1,6, wonach Johannes «Heuschrecken und wilden Honig» aß, so, dass «die Schoten der Gleditschie [englisch: Honey locust], also Karob» gemeint sind und mutmaßt, dass «Manna wahrscheinlich eine Flechte war, eine von den verschiedenen Lecanoras». Selbst die Gewürze sind durch die Bibel geheiligt: Jesus erwähnt den Kreuzkümmel, und im vierten Buch Mose werden verschiedene «bittere Kräuter» genannt. Um die spirituelle Bedeutung regelmäßiger Entleerung zu unterstreichen, zitiert Millroy ständig Jesaja 16, Vers 11: «Darum rauscht mein Herz über Moab wie eine Harfe und mein Inwendiges über Kir-Heres.»

Millroy verkleidet Jilly als Jungen und nennt sie Alex oder Sandy oder Rusty; er verlässt Cape Cod und geht zu einer Kinder-Fernsehshow nach Boston, in der er wegen seiner übernatürlichen Kochkünste bald eine dominierende Stellung einnimmt. Als er gefeuert wird, weil er andauernd Harfenklänge mit seinem Inwendigen produziert, gestaltet er ein Restaurant am Park Square zu einem Day One Diner um, wo er so bekömmliche und ehrwürdige Gerichte serviert wie «Jakobseintopf, Hesekiel-Brot, Daniel-Linsen, Nahums Feigenschnitten, Bethel-Gerstenkekse».[1] Dann geht er wieder zum Fernsehen, diesmal als Evangelist, und preist seine biblische Ernährung in einer zunehmend erfolgreichen Sonntagmorgen-Sendung. Er rekrutiert eine Anzahl von Kindern – manche aus der alten Fernsehshow, andere von der Straße –, die er die Töchter und Söhne des Ersten Tages

---

[1] Das ist nicht ganz und gar neu: Die Post Toasties hießen ursprünglich «Elijah's Manna», und Dr. John Harvey Kellog hatte starke evangelische und reformistische Neigungen, die er in seinem Battle Creek Sanitarium verwirklichte und die auf heitere Weise in T. Coraghessan Boyles Roman *The Road to Wellville* geschildert werden.

nennt, und gründet mit ihrer Hilfe in den Städten des ganzen Landes Restaurants. Er wird eine Berühmtheit, verfolgt von Bewunderern, Feinden und der Presse, für die Jilly, seine ständige Begleiterin – immer noch mager und geschlechtslos genug, um als Junge durchzugehen –, zum Objekt intensiver Neugier wird. Die Söhne und Töchter begehren gegen sie auf, und die Bewegung des Ersten Tages sieht sich Verfolgung von außen und Verrat von innen ausgesetzt – nach dem gleichen Muster, das schon Christi Priesterschaft auf Erden zum Scheitern brachte.

Der Teil «Der erste Tag» ist bei weitem der längste im ganzen Buch – und mit über zweihundert Seiten zu lang. Die Speisekarte mit «Melone, Honig, Hesekiel-Brot, Mandeln, Pistazien, Feigen, Aprikosen, Gerstenbrei, Trauben und … gehackten Schoten» wird uns so oft vorgesetzt, dass wir nach einem Big Mac zu hungern beginnen. Die Dinge entwickeln sich mit sirupartiger Langsamkeit, während der Autor einer Situation Spannung abgewinnen will, die so unrealistisch ist, dass sie einer Überprüfung nicht standhalten würde. In einer für Reklamezwecke verfassten Vorauskritik nennt V. S. Naipaul *Millroy the Magician* «eine von Therouxs bezaubernderen Erfindungen», und das Wort «Erfindung» verweist auf eine chronische Schwäche, auf unser Gefühl nämlich, dass wir in Therouxs Romanen clevere Konstrukte haben, raffiniert entwickelte Ideen, aber keine verarbeiteten Erfahrungen. *My Secret History [Mein geheimes Leben]*, ein schöner und trauriger Bildungsroman, vermittelte dieses Gefühl *nicht*, wohl aber *Picture Palace* und *Chicago Loop [Chicago Loop]*. Der Roman *The Mosquito Coast [Die Moskito-Küste]*, in dem es um einen Yankee-Erfinder geht, der im Dschungel von Honduras eine gigantische Eismaschine baut, hat mit *Millroy* den jugendlichen Erzähler gemeinsam, ferner einen

Wunder wirkenden, pausenlos redenden Protagonisten voller Beschwerden gegen das moderne Amerika – und dazu das traurige unterschwellige Thema von Eltern, die ihren Aufgaben nicht gewachsen sind. Das apokalyptische Ende im Stil einer Grand-Guignol-Show zeigt Allie Fox, den Erfinder, als redenden Kopf einer zerbrochenen Puppe, als wohnten wir einer Marionetten-Show bei.

Die Bewegung des Ersten Tages ist eine Konstruktion, bei der Theroux viel zu lange verweilt. Energiegeladen demonstriert er seine meisterlichen Kenntnisse biblischer Rezepte oder der Gestaltung von Fernsehshows im Tagesprogramm sowie der Sprechmuster schwarzer Jugendlicher in den Städten, während sein kahler Romeo und seine unreife Julia (mit ihren vierzehn Jahren ist Jilly / Alex ungefähr so alt wie Julia) in benommener Stumpfheit schmachten; Jilly fühlt sich fortwährend leer, und Millroy versprüht fortwährend seine Magie und seine Rezepte. Er ist nicht so sehr als Person interessant, sondern eher als Christ der letzten Tage. Der Aufstieg und Niedergang der Bewegung des Ersten Tages ist eine erfinderische, schamlose und nicht unbedingt respektlose Neugestaltung des Neuen Testaments und reflektiert als solche einige Wärme.

Der Parallelen sind Legion. Wir erleben, wie Millroy im Zelt bei der County Fair in Barnstable Wasser in Wein verwandelt und wieder zurück. Das Wunder der Brote und Fische vollbringt er im Verlauf des Romans mehrere Male. Die Söhne und Töchter sind die Jünger, die aus dem Ghetto kommen und aufgerufen werden, Menschenfischer zu werden. Die einstürmenden Opportunisten mit ihren Plänen, die Botschaft der Bewegung zu verbreiten und zu kommerzialisieren, sind die Geldwechsler im Tempel. An einer Stelle lässt Millroy sich zu einem heftigen Gerangel mit einem Werbemann namens Veazie hinreißen. Jilly sagt darüber: «Nachdem sein Zorn verraucht war – es dauerte fast bis Mitternacht –, schien Millroy kleiner, aber komplizierter, und keiner von uns wusste, was er sagen sollte.» Therouxs parodistischer Bericht betont jene Passagen im Neuen Testament, in denen die Verunsicherungen und Ängste Jesu zu spüren sind. In einem Albtraum wird Millroy von einer Riesenkrabbe aufgefressen, und Jilly hört ihn im Dunkeln rufen: «Bitte nicht!», – eine Abwandlung der Bitte Jesu: «Lasse den Kelch an mir vorübergehen.» Im wachen Zustand gesteht er Jilly: «Ich habe Momente, in denen ich zweifle», und sie beobachtet: «Sein Gesicht war umdüstert, und sein Kopf war von so vielen Falten durchzogen, dass ich ihn beinahe nicht erkannt hätte.» Die seltsame Unschlüssigkeit, die das Priesteramt Christi begleitet – die Art, wie er sich die Wunder in gedankenversunkener Passivität widerstrebend abringen lässt – wird in den Spiegelgeschichten von Millroy vergrößert und erklärt: Sein Name enthält Anklänge sowohl an den König des Tausendjährigen Reiches wie auch an den Mühlstein mit seinem schrecklichen Gewicht. Jesus sagte: «Rühr mich nicht an»; Millroy reagiert «gereizt, wenn Leute, besonders Frauen ihn anfassen». Er preist wiederholt die Wundertätigkeit Jesu, die «ohne Hände», allein kraft des Wortes wirksam wird. (Erst sehr spät im Roman erfahren wir zu unserer Überraschung, dass Millroy eigentlich Schriftsteller werden wollte.) Das Vollbringen von Wundern zehrt ihn körperlich aus. «Wunder und Zauberei sind das letzte Mittel», sagt er. «Ich mache das nur, wenn ich verzweifelt bin.» In ihrer unglaubhaften Unschuld bietet Jilly ihm eine Art Schutz gegen den Ausbruch der unterschwelligen Verzweiflung, dass er ein Reisender in Sachen Wundern ist. Das Letzte Abendmahl wird surreal gefeiert als gemeinsame Mahlzeit in dem Airstream, der dabei durch den Verkehr von Boston ruckelt und schaukelt. Millroy reißt sich einen Finger ab, schneidet ihn ordentlich in kleine Scheiben und sagt: «Das ist kein Fleisch, das ist Millroy.» Die Kreuzigung geschieht in der Form, dass ein Polizist in Vermont ihn mit Handschellen an das Steuerrad des Wagens fesselt und auch seine Fußgelenke zusammenschließt. Doch wie der Leser vermutet, gelingt es Millroy zu entkommen.

Gegen Ende des sorgfältig konstruierten Teils «Der erste Tag», der vor allem von seinen allegorischen Aspekten lebt, flieht Jilly zurück nach Cape Cod, wo sie bei der Wiederbegegnung mit der ärmlichen Einsamkeit ihrer Kindheit ein Fünkchen weltverhafteter Realität wiedergewinnt:

> Ich radelte an dem alten, von Gras überwucherten Flugplatz vorbei zu meiner Gaga. Nichts hatte sich seit meinem letzten Besuch verändert ... Das Haus stand windschief und still, das Dach war leicht eingedellt und senkte sich, die Jalousien waren heruntergelassen, die hohen orangefarbenen Feuerlilien und ein paar dunkelblaue Stiefmütterchen an der Ecke der Veranda machten es etwas freundlicher, und ein Schwarm träger, summender Bienen, die an den rosa Blüten der Stockrosen hingen, brachten die Stängel ins Schwanken.

Solche Landschaftsblicke beleben die lange schlummernde innere Geschichte von *Millroy the Magician* wieder, nämlich das Gefühlsleben der beiden so seltsam zusammengefügten Hauptpersonen. Als das Paar urplötzlich von Massachusetts nach Hawaii fliegt, beschwört Theroux, der von allen lebenden Schriftsteller am meisten gereist ist, diesen neuen Schauplatz in Jillys Huck-Finn-Stimme so lebhaft, als wäre der Landstrich gerade frisch entdeckt worden:

Nachts regnete es meistens, und am Tage dampften die Straßen und die Blätter an den Bäumen in der Sonne. Delphine
turnten und tummelten sich im Meer unterhalb unserer vor-
deren Veranda. Wir hörten, wie sie keuchten und Atem hol-
ten, wir sahen, wie sie sich in die Luft empor warfen. Unsere
Palmen rasselten, die unteren Wedel schlugen wie Besen an
unsere Wände, und manchmal fiel ein großer splittriger brauner Wedel auf das Blechdach. Die Küchenschaben flohen mit
einem papiernem Rascheln und die Rohrspinnen huschten
geräuschlos umher. Schwere Mangos schlugen auf der feuchten Erde auf, es war wie ein Faustschlag in den Magen.

«Magie ist die Macht zu sehen», sagt Millroy, und Jilly sieht
mit der unheilvollen Ambivalenz ihrer neuen Stimmung: «In
der Ferne, wo das Wasser mit dem Himmel zusammentraf,
erhob sich ein Schatten aus dem Ozean und versiegelte den
Horizont mit einem Streifen Dunkelheit, dem ersten Flecken
der Nacht.» Inzwischen ist sie fünfzehn geworden, und Millroy übt größeren erotischen Druck auf sie aus. Er sagt: «Ich
liebe dich», und seine Hand auf ihr ist kalt und wie eine
Pfote; seine übermenschlichen Kunststücke erschrecken sie
und stoßen sie ab. Ein komplizierter Austausch von Verletz-
lichkeiten und Kräften findet in dieser magischen Landschaft
am äußersten Rand der Vereinigten Staaten statt. War der Teil
«Der erste Tag» zu lang, so ist der letzte, «Die große Insel»,
zu kurz und nimmt sich zu viel vor, zumal auf der allerletzten
Seite, wo große Kluften übersprungen werden und der
Schluss, so meine ich, an den scheidenden Ruf aus der Offen-
barung anklingt: «Ja, komm, Herr Jesus!» Hawaii, so unser
Eindruck, ist für Theroux von größerer Bedeutung, als er sich
Raum genommen hat, uns zu berichten.

Dennoch gibt es in diesem Roman eine Zärtlichkeit und
ein Jubilieren, wie ich sie bei diesem ernsthaften und pro-

duktiven Autor bisher nicht bemerkt habe. Seine Romane neigten immer eher zu einer gewissen Kühle. Theroux legt eine Ansprüchlichkeit an den Tag, die ihm, wenn sie in seinen auf Tatsachen beruhenden Reiseschilderungen von *The Great Railway Bazaar [Abenteuer Eisenbahn]* bis zu *The Happy Isles of Oceania [Die glücklichen Inseln Ozeaniens]* zum Ausdruck kam, den Vorwurf des Snobismus und des verächtlichen Spotts eingetragen hat. Es ist ein glücklicher Umstand, dass in *Millroy the Magician* dieser Spott – oder der scharfe, ehrliche Blick für das Groteske und das Schäbige – von einem visionären Protagonisten ausgeht, dem man keinen Vorwurf daraus machen kann, dass ihm fast alle Amerikaner, vergiftet wie sie sind von Zigaretten, Fleisch und mit Chemikalien behandelten Nahrungsmitteln, krank und missgebildet erscheinen. Millroy sieht allenthalben Toxine und ihre traurigen Auswirkungen: «Hersh macht mir die größten Sorgen. Dieses Gesicht. Die Lungen voller Toxine. Am liebsten würde ich ihn an ein Messgerät anschließen, damit ich seine Emissionen messen und ihm die Werte zeigen könnte. Hickle ist zu dick für seinen Anzug; es sieht aus, als wäre sein Körper darin eingeschweißt. Und weißt du, er hat geschwollene Füße.» Wie Jesus unter den Sündern wandelt, so geht Millroy im nächtlichen Boston durch die Restaurantbezirke und späht durch die Fenster der «Pizzerien, Burger-Läden, Eissalons und der eleganteren Restaurants – der französischen Bistros, der chinesischen, indischen, thailändischen Lokale, der Sushi-Bars, Cajun-Cafés und der italienischen Delikatessen-Geschäfte» und staunt über das Zeug, das sich die Leute in den Mund stopfen; er ist «fasziniert von Senfspuren in den Mundwinkeln, Mayonnaiseresten an den Lippen, Bratensoße am Kinn und einem Spritzer Ketchup an der Stirn … von den Leuten, die an großen, bis zum Rand gefüllten Cola-Pappbechern nuckeln.» Diese verlorenen Seelen haben «fette Stimmen, Rauchergesichter, breite Hüften vom ewigen Sitzen, Wasser in den Beinen, Stiernacken, Speckfalten, Fettrollen und -polster». Parker, der mordlustige, unheimliche Held in *Chicago Loop*, war ebenfalls ein Ernährungspurist und von der amerikanischen Küche angewidert, doch dann wechselte er die Seiten, begab sich in den Unrat und wurde verschlungen; im Gegensatz dazu geben Millroy und seine überschäumenden Jeremiaden dem Autor ein Ziel für die Satire, ein peppig geschmackloses Panorama eines Burger-wilden Amerikas voller selbst geschaffener Fratzen, Teiggesichter und Dyspeptiker. Der langjährige Globetrotter und Englandbewohner Theroux ist nach Amerika zurückgekehrt. Die lustigste und erstaunlichste Passage in dem Buch ist Millroys Ausbruch von Empörung, als er aufgefordert wird, über seine Unternehmungen in Übersee zu berichten:

> «Ich habe Übersee gesehen. Übersee ist klein und schmutzig … Die Leute in Übersee essen schlechtes Essen, stopfen sich mit fettigen Sachen voll und sterben jung. Die Leute in Übersee hocken in hässlichen kalten Klos oder unter freiem Himmel und entleeren sich eilig, wobei ihnen die Augen hervorquellen. Die Küchen in Übersee sind rußgeschwärzt. Die Leute in Übersee waschen sich kaum. Sie haben Plattfüße, Mundgeruch, marode Körper, keine Spannkraft in den Muskeln … Ich habe ihre engen Straßen und gesprungenen Waschbecken gesehen. Nach Übersee fahre ich nie wieder. Ich werde auch nicht mehr dorthin müssen. Übersee ist überteuert, überschätzt, überholt. Es ist von opportunistischen Bazillen durchsetzt. Übersee ist ein Gesundheitsrisiko. Ich bin für dich dort gewesen. Gott hält seine Hand über Amerika. Dies ist das gelobte Land.»

So wie er sich hier ereifert, möchten wir annehmen, dass er dies nicht nur ironisch meint.

Er und wer?

NICHOLSON BAKER, *U & I: A True Story*. New York 1991 [*U & I.* Deutsch von Eike Schönfeld, Reinbek 1998]

Mr. Baker erweitert den köstlichen Mini-Realismus seiner zwei kurzen Romane *The Mezzanine [Rolltreppe]* und *Room Temperature [Zimmertemperatur]* zu diesem buchlangen Essay, einer präzisen und selbstmitleidlosen Analyse seiner Beziehung zu einem Phantasiegebilde, das aus einer bruchstückhaften Lektüre und ein paar flüchtigen persönlichen Blicken auf den Autor John Updike entstand. Der jüngere Schriftsteller blickt zu « Updike » auf, weniger, um von ihm das Schreiben zu lernen, als vielmehr, um zu lernen, wie man Schriftsteller wird; deshalb konzentriert er sich auf solche Aspekte im Werk seines Objekts, an denen er Verhalten beobachten kann – Widmungen, Dankesreden bei Preisverleihungen, Vorworte zu besonderen Ausgaben seiner Romane, sogar die Formulierungen auf der Impressumseite. Bevor Mr. Baker diese eigenartige Hommage zu verfassen begann, beschloss er, die Bücher seines Mithelden in dem Titel *U & I* nicht zu konsultieren, und sein Gedächtnis, so erfahren wir aus in Klammern gesetzten Einfügungen, ließ ihn gewöhnlich im Stich. So staunt er beispielsweise über Updikes kreative Verwendung des Wortes «pool» [deutsch: Teich, Schwimmbecken] bei der Beschreibung einer

Löwenzahnblüte, während das tatsächlich verwendete Wort das nicht weiter bemerkenswerte «poll» [deutsch: Kopf] war, wie in «poll tax» [deutsch: Kopfsteuer] und «to pollard» [deutsch: köpfen]. Mr. Bakers eigenes Vokabular funkelt am Rande eines Feuerwerks: Er kann so *tarabiscoté* wie George Saintsbury oder Henry James» sein, während er «Ereignisse in linear konstruierte Sätze impaniert» – in Brotteig wickelt. Sein gewissenhaftes Ringen mit dem Unfassbaren kann ziemlich komisch sein, aber im Grunde genommen geht es ihm um etwas Ernstes: Aus den Büchern anderer destillieren wir unser eigenes Buch und finden darin die Lektionen, die wir hören wollen.

Okahahahahahay!

TOM WOLFE, *A Man in Full*. New York 1998. [*Ein ganzer Kerl.* Deutsch von Benjamin Schwarz, München 1999]

Tom Wolfes Roman ist, wie sein Held Charlie Croker, umfänglich. Das Buch kommt als 742 Seiten starker Wälzer daher, mit einem Schutzumschlag, der den Namen des Autors in riesigen Lettern förmlich herausschreit. Und durch das ausgeschnittene «o» in Tom schaut das Auge des Halbglanzporträts von Croker hindurch. Ein Buch, das alle anderen auf dem Tisch der Neuerscheinungen an den Rand drängen soll. Ein Buch, das einen herausfordert, es nicht zu kaufen. Der sechzigjährige Croker, ein ehemaliger Footballstar von Georgia Tech, der es als Immobilienmakler und Spekulant in Atlanta und als Besitzer einer neunundzwanzigtausend Morgen großen Plantage zum Millionär gebracht hat, regt Wolfes leicht erregbare Prosa zu Ergüssen von anatomischer Spezifizierung an: «Er straffte und spreizte noch die gewaltigsten Muskeln in seinem Rücken, die Latissimi dorsi, sodass es aussah, als wollte er einem Rad schlagenden Pfau oder Truthahn Konkurrenz machen … Charlie war stolz auf … seinen massiven Hals, seine breiten Schultern, seine gewaltigen Unterarme, aber vor allem war er stolz auf seinen Rücken. ‹Ich habe einen Rücken wie ein Jersey-Stier!›»

Dies ist ein Muskelroman; ein junger Georgia Tech-Footballstar, Fareek Fanon, «die Kanone genannt, «trug ein schwarzes Polohemd mit roten Streifen am Kragen, der weit offen stand und die beiden langen dicken Muskelstränge sehen ließ, die beiderseits des Halses nach unten verliefen und am Schlüsselbein verschwanden.» Auch Fanons Coach, Buck McNutter, ist keine Bohnenstange: «Sein Hals, der einen Viertelmeter weit schien, stieg aus einem gelben Polohemd und einem blauen Blazer hoch, als wäre er mit seinen Trapeziusmuskeln und den Schultern zu einem Stück zusammengeschweißt.» Und auf der anderen Seite des Kontinents, in dem kalifornischen Arbeiterstädtchen Pittsburgh dreißig Meilen östlich von Oakland, hat ein idealistischer, aber vom Glück nicht eben begünstigter junger Mann namens Conrad Hensley einen bemerkenswert kräftigen Oberkörper entwickelt, weil er in einem Lagerhaus der Croker Global Foods achtzig Pfund schwere Blöcke Tiefkühlkost hin und her schleppt:

Es gefiel ihm, wie sich sein T-Shirt über seinen Brustkorb und die Schultern spannte, die sich scharf abzeichneten … Er zog das T-Shirt aus der Hose und schob es über die Rippen nach oben, um den Bauch zu entblößen, dann spannte er die Bauchmuskeln an, bis sie herausstanden wie ein Sechserpack.

Er war ... gekerbt, gerippt, wie die Bodybuilder es gern nannten, vom Ringen mit all den Tonnen tiefgekühlter Ware bei Croker Global ... Dann hob er seine Unterarme und Hände und machte zwei Fäuste ... Seine Unterarme waren ausgesprochen mit Muskeln bepackt.[1]

All diese Körper – ganz abgesehen von denen der jungen Frauen, «perfekte Jungen mit Brüsten», mit ihren «geschwungenen Hüften» und «gespaltenen Hinterteilen» und Oberschenkeln, die sich bis zu dem Punkt «verjüngen, wo sie in das Knie einmünden» – veranschaulichen die soziologische Tatsache, dass das Amerika der neunziger Jahre einen verrückten Körperkult betreibt, und verleihen den Personen des Romans ein straffes, poliertes Aussehen. Eine weitere Tatsache des Fin de Siècle scheint die beharrliche Rap-Musik zu sein, und Wolfe, noch nie ein leiser Schriftsteller, entnimmt den flachen, feindseligen und meist obszönen Rap-Texten mehr Poesie und thematische Harmonie, als ich für möglich gehalten hätte. Das Buch enthält eine Vision der Hölle in Gestalt des Santa Rita Rehabilitation Center, einer Reihe umgebauter Militärbaracken außerhalb von Oakland; an jedem Abend, wenn die Lichter ausgeschaltet worden sind, schmettert der Rapmeister des Gefängnisses seine Verse in die nach eingekerkerten und schlaflosen Männern stinkende Luft. Hier ein relativ harmloses Beispiel:

Yo, sugar! – think 'at's a ruby
You got stuck inside yo' crack?
The fuck, yo' booty turned to gold
While you was lyin' on your back?

---

[1] Die unerforschlich platzierten Auslassungen sind alle Teil von Wolfes Prosa.

Vor über fünfundzwanzig Jahren warf Wolfe seinen Zeitgenossen vor, dass sie den größten Teil der amerikanischen Realität, seine krakeelende sozio-ökonomische und machtgierige Enormität, ignorierten und sich stattdessen mit trivialen introspektiven Exerzitien befassten. *A Man in Full* ist ein mutiger und energischer Versuch, das, was er predigt, in die Tat umzusetzen. Er zeigt uns Atlanta als ein Abbild einer gemischtrassigen Nation, in der Schwarze und Weiße und Asiaten unbehaglich und geschäftig koexistieren. Wolfes Porträts von Amerikanern afrikanischer Herkunft reichen von dem eleganten, hellbraunen, Strawinsky liebenden Anwalt Roger White II., der seit College-Zeiten Roger Too White genannt wird, bis hin zu den brutalen, fast unverständlich sprechenden Insassen des Gefängnisses von Santa Rita. Das Spektrum der Schwarzensprache, so wie Wolfe sie wiedergibt, umspannt den selbstsicheren Rhythmus eines aalglatten schwarzen Geistlichen, die von Ironie durchzogene Schlagfertigkeit zweier ehrgeiziger «Brüder» mit Collegebildung, die umständliche Unterwürfigkeit eines anachronistischen Onkel Tom, die mürrische Aufsässigkeit eines Home-Boy aus dem Ghetto und den spöttisch-ironischen Redefluss junger Frauen untereinander («It's know-it time, girlfriend!»). Anthologien afrikanisch-amerikanischer Literatur werden nicht geneigt sein, Passagen aus dieser sprunghaften Komödie eines in Richmond geborenen Weißen im Weiß des Plantagenbesitzeranzugs aufzunehmen; dennoch hat Wolfe auf merkwürdige, aber ehrenhafte Weise versucht, einen *großen schwarzen Roman* zu schreiben. Natürlich war er sich seiner Kühnheit bewusst und hat darum an den Passagen über die Schwarzen in dem Roman besonders gründlich gearbeitet; er hat ihnen moralische Komplexität gegeben und sich auf genaueste Beobachtungen gestützt. Geschwafel über Sklaverei oder Jazz kommt bei ihm nicht vor; stattdessen umfasst die lebhafte Bestandsaufnahme der gegenwärtigen Situation ein Crack-Haus, das Bürgermeisterbüro einer großen Stadt, den wilden Triumph eines schwarzen Athleten und ein Inferno eingesperrter schwarzer junger Männer. Die sympathischste und in ihrer Nervosität sensibelste Gestalt des Buches ist Roger Too White, der sich am Schluss aus seiner Zugeknöpftheit löst und zur Solidarität mit seiner Rasse bekennt. Eine sentimentale Pilgerfahrt, so könnte manch einer sagen, die bei Amerikas beliebtestem Neger, Booker T. Washington, endet: «‹Jetzt sehe ich ein, dass Booker T. die ganze Zeit Recht hatte›, sagte Roger.» Doch man kann dem Buch nicht seine bewundernswerte Entschlossenheit absprechen, die Vereinigten Staaten als Ganzes zu sehen, wenn auch mit noch so blauen Augen, als eine Nation, in der die dreizehn Prozent der Schwarzen mit den übrigen auf wirtschaftlicher, kultureller und persönlicher Ebene interagieren.

Plot. Davon gibt es jede Menge, er breitet sich aus wie ein Bodenkriecher und schickt seine gierigen Ranken überallhin. Charlie Croker, der arme Weiße aus Georgia, der zum Plutokraten aufsteigt, hat sich mit dem Bau von Croker Concourse außerhalb Atlantas, zu dem ein vierzig Stockwerke hoher Wolkenkratzer gehört, übernommen und ist bankrott, versucht aber, an seinem punkvollen Lebensstil festzuhalten, obwohl ihm die Planners Banc, seine Hauptgläubigerin, immer heftiger zusetzt, weil sie ihre verpulverten Hunderte von Millionen zurückhaben möchte. Fareek Fanon, der neue muskelprotzende afrikanisch-amerikanische Footballheld, hat angeblich die achtzehnjährige Tochter eines anderen Tycoons von Atlanta, Inman Armholster, vergewaltigt. Coach Buck McNutter will Fareek in sein Team holen, und weder Wesley

Dobbs Jordan, Atlantas schwarzer Bürgermeister, noch die weiße Geschäftswelt will Rassenkrawalle riskieren. Inzwischen werden wir aus Gründen, die uns erst fünfhundert Seiten später dämmern, mit dem tristen Leben von Conrad Hensley bekannt gemacht, der, nachdem er von Croker Global Foods entlassen wird, im Gefängnis endet, wo sein einziger Trost ein Buch mit Texten von Epiktet und anderen Stoikern ist. Er wird zu einem Anbeter von Zeus, und Zeus schickt, wie nicht anders zu erwarten, in einer kritischen Nacht ein Erdbeben, bei dem … aber lassen wir Wolfes Geschichte die barocken Verschlingungen. Er fabriziert einen guten, wenn auch streckenweise schwerfälligen Lesestoff, der erst gegen Ende oberflächlich und unglaubwürdig wird. Die Schwerfälligkeit ergibt sich zu einem Teil aus der bemühten Qualität vieler Szenen, Meisterstücke eines kreativen Journalismus, aber ein bisschen zu dick aufgetragen, als dass sie die Spannung halten und die Personen so glaubwürdig machen könnten, dass wir mit ihnen fühlen. Die angeberisch sachkundigen architektonischen Details, die übereifrig beschriebenen schneidertechnischen Einzelheiten, die unweigerlich bunten Interieurs, in ihrem immer zweifelhaften Geschmack, das Preisschild, mit dem jedes Kleidungsstück und jede Behausung versehen ist, die pingelig ausbuchstabierten Varianten der Aussprache, die explosive Lautmalerei – «Brännnnnng! Brännnnng! Brännnnng!» «Bähuuuumähuuu uuuum», «Hih-hih-hihhhgggghhhhhh!» «Skräck skräck skrääääääck», «Thragooom!» «Gluckgluckgluckgluck» «Okahahahahay!» –: all dies führt dem Leser vor Augen, dass hier ein wachsamer, boshafter und ziemlich mäkeliger Schriftsteller am Werk ist, für den Amerika nichts weiter ist als Lärm, Schrott und Eitelkeit.

Von Wolfes gefeiertem Konservatismus ist wenig zu spüren, obwohl er einem (wie ich vermute) fiktiven Direktor des High Museum in Atlanta eine höchst amüsante Rede im foucaultschen Jargon in den Mund legt und darin die Ansicht vertritt, dass Hippies schlechte Eltern abgeben. Der Roman, dem zwei Seiten atemloser Danksagungen an alle diejenigen vorangestellt sind, die dem Autor bei seiner gefährlichen Tour durch die «viel sagenden Details des zeitgenössischen Lebens in Amerika» mit Rat und Tat beiseite gestanden haben, setzt sich aus Kabinettstückchen zusammen: eine Wachteljagd auf der Plantage, eine majestätische, hoch komplizierte Unternehmung, bei der ein Hengst in der Begattungsscheune der Plantage einer Stute zugeführt wird, das gesellschaftliche Ritual einer Benefizparty zu Gunsten eines Museums mit ihrem Geplapper, die schauerlichen Strampeleien eines «shithead», eines säumigen Schuldners, im Konferenzraum der Bank, eine Übungsstunde im Sportstudio, die von einer dreiundfünfzigjährigen, von ihrem Mann abgelegten Ehefrau ebenfalls als schmerzlich erlebt wird, eine Szene in einem modischen Restaurant, die Jagd auf eine Klapperschlange – wir sind umgeben von einem modernen Äquivalent des Zycloramas, «eines enormen kreisförmigen Wandgemäldes, volle dreihundertsechzig Grad, das die Schlacht von Atlanta im Bürgerkrieg darstellt». Zu allem Überfluss «macht» Wolfe wie ein Tourist Oakland und Umgebung bis ins Kleinste, und als der Held einer Nebenhandlung, der intrigante Darlehensmakler Raymond Peepgass, kurz auf die Bahamas reisen muss, «macht» Wolfe auch Nassau. So viel Information über Schauplätze, so viele hell ausgeleuchtete Szenen, so viel *Nachrichtenmaterial* lässt sich in einem Roman nicht leicht unterbringen, der von dem sich vorantastenden, um Klarheit ringenden menschlichen Geist angetrieben wird. Für einen Romanschriftsteller hat Wolfe vielleicht zu viele Meinungen; seinen Gestalten fällt es zumindest schwer, aus den illustrativen Formen, in denen sie gegossen sind, auszubrechen. Die körperlich makellose Serena Croker mit ihren immergrünen Augen, die achtundzwanzigjährige zweite Frau unseres Helden, ist, wie sie an seiner Seite schwebt, so fade, dass wir wenigstens irgendeine enthüllende Regung – einen Betrug oder eine rettende Tat – von ihr erwarten, aber sie ist wirklich nichts weiter als die Goldgräberin, als die sie bezeichnet wird, und verschwindet in dem Moment, da die Goldquelle versiegt.

Dennoch, Wolfe liebt Charlie Croker oder möchte ihn doch lieben. Ich muss gestehen, dass mich die Krassheit der eiskalten Satire in *Bonfire of the Vanities [Fegefeuer der Eitelkeiten]* jedes Mal, wenn ich den Roman zu lesen versuchte, abstieß. *A Man in Full* wird gewärmt von dem südlichen Schauplatz. Wolfe ist noch Südstaatler genug, dass er das alte Macho-Konzept der Südstaaten-Männlichkeit respektiert – engstirnig, mag sein, bigott und brutal, aber auch galant und lebensfroh –, und er spürt dessen Untergang hier mit einem gewissen Bedauern nach, noch da, wo er ein Ungemach nach dem anderen auf Charlie Croker mit seinem immer kahler werdenden Kopf und seinem bulligen Nacken häuft. Doch Wolfe gehört inzwischen auch so sehr in den Norden, dass er in uns das Gefühl weckt, Charlie sei ein Spezimen unter Glas; seine nicht-hochsprachliche Aussprache wird unentwegt ausbuchstabiert, wie es einer Faulkner-Gestalt nie passieren würde. Für Faulkner war das Leben im Süden das Leben, während es für Wolfe eine provinzielle Kuriosität ist, wenn auch eine, die er wertschätzt. Die üppige Landschaft regt ihn zu lyrischen Naturbeschreibungen an; der Luxus von Atlantas reichem Vorstadtbezirk Buckhead veranlasst ihn zu idyllischen Aufzählungen sonnenbefleckter Antiquitäten und

Gartenpflanzen. Er ist auf entwaffnende Weise geblendet, und ein bisschen von diesem Geblendetsein, überträgt sich auf den Leser. Der Roman *A Man in Full*, dessen Entstehung elf Jahre gedauert hat und der mit zu vielen Nebenhandlungen beschwert ist, rührt uns an, weil er so ambitioniert ist: Ein talentierter, erfindungsreicher, philosophisch interessierter Journalist, an der Schwelle zu seinem Lebensabend, hat mit seinem dicht bevölkerten Zyclorama von Atlanta, das immer noch im Krieg ist, aufs Ganze gesetzt. Eine Zeit lang habe ich mich gefragt, warum Wolfe, der doch den Themen Sex («Gottes kosmischer Witz») und Gier so viel Gerechtigkeit widerfahren lässt, die Religion aus der menschlichen Gleichung ausgelassen hat. Doch am Schluss stellt sich heraus, dass es in dem Roman *ausschließlich* um Religion geht und dass die Handlung in Verzicht und Bindungslosigkeit gipfelt; die Welt in ihrem närrischen Flitter ist nur heraufbeschworen worden, damit sie mit der Handbewegung eines Dandys abgetan werden kann. In einer post-christlichen Welt bietet Wolfe uns, in beträchtlicher, erläuternder Länge, die Nobilität des Stoizismus.

Das ist eine hehre Idee, aber *A Man in Full* ist dennoch Unterhaltung, keine Literatur, auch nicht Literatur mit bescheidenen Aspirationen. Wie ein Film, der verzweifelt bemüht ist, die Investitionen der Banker wieder einzuspielen, versucht der Roman zu sehr, uns zu gefallen. Wolfes dazwischen gestreute Ausrufe («Horden! Höhlen! Ein schrecklich primitiver Auslauf!» – «Rohe sexuelle Energie! Eine Horde junger männlicher Tiere!» – «Mehr Keile! Wackelnde Zähne! Blut! Knochensplitter!») sind wie eine in Wellen aufkommende Hintergrundmusik, die uns sagt, was wir fühlen sollen, weil sie uns nicht zutraut, dass wir ohne Aufsicht richtig reagieren. «Literatur ist eine Art Dessert», sagt eine Nebengestalt, ein alter Professor, zu Conrad, dem Pilger. Wir möchten, dass das Dessert eine Köstlichkeit ist. Auch Wolfes Namensvetter, einem anderen verschwenderischen, alles einbegreifenden Südstaatler-Schriftsteller, gelang es nicht, das Exquisite zu liefern. Ein solches Misslingen erscheint auf den ersten Blick nicht so gravierend, aber auf lange Sicht gesehen ist es das doch. In einem Vorwort, das Henry James im Jahre 1900 zu seinem jugendlichen Roman *Roderick Hudson* verfasste, ein Vierteljahrhundert, nachdem er das Buch geschrieben hatte, erinnert er an die enormen Schwierigkeiten und legt die strengen Kriterien des Modernismus für das neue Jahrhundert dar:

Die Notwendigkeit einer größeren Komplexität um der höheren Wahrheit willen war mir mehr oder weniger durchaus gegenwärtig; die allzu schreckliche Frage war nur: Wie soll man das dem Leser gegenwärtig machen? Wie soll man so viele Tatsachen in der Retorte einkochen lassen, damit das destillierte Ergebnis, das so erlangte Erscheinungsbild Intensität, Durchsichtigkeit, Knappheit und Schönheit gewinnt, all die Vorzüge, die ich brauchte, um die gewünschte Wirkung zu erzielen? ... Nur dadurch, dass man solche Dinge tut, wird Kunst etwas Exquisites, und nur dann, wenn sie wirklich exquisit ist, läuft sie nicht Gefahr, vulgär zu werden, wird der rohen Betriebsamkeit, die als Kunst verkleidet auftritt, eine Absage erteilt.[2]

---

[2] Henry James, Vorwort zu *Roderick Hudson.* Deutsch von Werner Peterich, Frankfurt/Main 1985

NORMAN MAILER, *The Gospel According to the Son*, New York 1997. [*Das Jesus-Evangelium*. Deutsch von Alfred Starkmann, München 1998.]

Die Bibel ist wie ein einstmals Furcht erregender Löwe, der, nunmehr zahnlos und mit beschnittenen Klauen, gestreichelt und geneckt werden kann. Der angeblich heilige Text ist zu einem Spielzeug für Gelehrte und Dichter geworden; allein in meinen Regalen stehen – unter den jüngst eingetroffenen Büchern – in Versen gebrachte, sich eng ans Hebräische haltende Versionen des ersten und zweiten Buches Mose, (von Everett Fox) und des Hohen Lieds Salomos (von Ariel und Chana Bloch). Vor sieben Jahren «restaurierte und übersetzte» David Rosenberg, wie er sagt «eine verlorene Version der hebräischen Bibel» und veröffentlichte sie als *The Book of J*, das einer Hypothese von ihm und Harold Bloom zu folge von einer Frau verfasst wurde.[1] In *The Lost Book of Paradise* (1993) gibt er uns eine noch gewagtere hypothetische Rekonstruktion eines Textes, dessen Original – das Hohe Lied Salomos weist angeblich Spuren davon auf – entweder verloren ist oder «unter das Tabu des Vergessens gestellt wurde». Es beginnt mit Adam, der in auf Mitte gesetzten Zeilen, wie sie seit Einführung der Computer so beliebt sind, sagt:

---

[1] Eine wohl überlegte und gründliche Ablehnung von *The Book of J* hat Chana Bloch unter dem Titel «Shakespeare's Schwester» in *The Iowa Review* (Herbst 1991) veröffentlicht.

Spräche ich zu ihr in Atemzügen
Lippen beleben Lippen
zu pressen
und zu trinken dort
und alle Wörter verschluckt wie Samen
von der Erde
zu ruhen dort, schwanger
für den Namengeber
wie ich für dich, jedes Benennen
wie dein Kuss, eine pressende Forderung
an das Gedächtnis ...

Nun ja, mag sein – obwohl das Empfinden hinter diesem Ur-
text eher an einen Valentinsgruß im zwanzigsten Jahrhundert
denken lässt. An anderer Stelle wurden aus dem Wunsch heraus, moderne Geschlechterempfindlichkeiten zu beschwichtigen, «sprachlich einbeziehende» Versionen der Bibel vorbereitet, in denen Gott zu einem Er-Sie gemacht wird. Selbst in
gegenwärtigen christlichen Gottesdiensten wird das männliche Pronomen der resolut patriarchalischen Bibel unbekümmert neutralisiert: Das «Mann» wird, wenn möglich,
weggelassen oder durch «jemand» ersetzt. Seit Luther sie
vom Chorpult und vom Lateinischen befreite, ist die Heilige
Schrift den Verbiegungskünsten moderner Romanautoren
von Kazantzakis bis zu Lagerkvist ausgesetzt. Erst letztes Jahr
brachte Walter Wangerin Jr. die 850 Seiten dicke Nacherzählung *The Book of God: The Bible as a Novel* heraus. Der
Schriftsteller Reynolds Price hat sich mit der Koine, dem
Griechisch der Evangelien, vertraut gemacht und sich an
neuen Wiedergaben von Bibeltexten in *A Palpable God* (1978)
und *Three Gospels* (1996) versucht. Für den letzteren Band hat
er die Evangelien von Markus und Johannes vollständig über-

setzt und einen dritten Teil, ein «Apokryphes Evangelium», eine eigene synthetische Erfindung, hinzugefügt. Und jetzt hat Norman Mailer das Leben Jesu in Form einer Autobiographie herausgebracht. Es ist eine von Mailers überwältigenden Qualitäten, dass sein Interesse an einem neuen Gebiet sich leicht entzündet und er sich schnell zu einem Experten entwickelt. Die alten Ägypter, die CIA, Lee Harvey Oswald, Pablo Picasso, Astronauten, Boxer, Sex, Politik – all diese Themen haben seine Verbalisierungskünste stimuliert. Dennoch, eine Nacherzählung des Evangeliums aus der Sicht Jesu könnte auch Mailers wendigste Bewunderer aus dem Tritt bringen. Er sei über seine derzeitige Frau dazu gekommen, die als Free Will Baptist in Arkansas aufwuchs, so berichtete er in einem Interview für *At Random*, die Zeitschrift des Verlags Random House. Wenn sie in ihrem Heimatort zu Besuch waren, begleitete er ihren Vater öfter zu Bibelstunden für Erwachsene, wo er, ein Jude, als Rarität betrachtet und mit «einer äußerst merkwürdigen Form von Respekt behandelt wurde». Man bat ihn nämlich, Stellen im Neuen Testament, die für diese kompromisslosen Christen verwirrend waren, aus seiner Sicht zu erhellen. Als er daraufhin die Evangelien für sich las, fand er sie streckenweise bemerkenswert, aber: «Wo es nicht gerade schön geformte Sätze sind, findet man eine ziemlich langweilige Prosa vor und eine widersprüchliche, fast hoffnungslose Art des Geschichtenerzählens. Deswegen habe ich gedacht, dieser Bericht, diese wunderbare Geschichte sollte richtig erzählt werden.» Und wer wäre dazu besser in der Lage – nämlich den Text, den die literarischen Komitees der frühen Christen verbockt hatten, zu reparieren – als Norman Mailer? Er sagte sich: «Wenn ich über Isis und Osiris und Ra schreiben kann, dann wird sich das Neue Testament sicher auch nicht als so schwierig erweisen.»

Und ganz falsch lag er damit nicht. Sein Evangelium ist in einem gradlinigen, eher lockeren Englisch geschrieben, das trotzdem eine unirdische, neo-biblische Würde hat. Manche der Sätze sind vielleicht ein bisschen zu schlicht («Wir aßen mit viel Freude»; «Er trat von der Veranda. Er weinte. Er weinte immer weiter»), und manche nicht schlicht genug («Tränen standen in meinen Augen wie Wachen auf ihrem Posten.»), aber insgesamt ist der Ton auf eine stille Weise durchdringend. Woher die heitere, überwirkliche Stimme Jesu tatsächlich kommt, ist eine Frage, die man vielleicht besser nicht stellen sollte, aber Mailer nimmt sich ihrer gleich zu Anfang an: Nachdem Jesus sich über die Übertreibungen und Ungenauigkeiten in den Berichten der Evangelien, die «erst viele Jahre nach meinem Hinscheiden aufgezeichnet» wurden, beklagt hat, teilt er dem Leser mit: «Deshalb will ich meinen eigenen Bericht geben. Wer fragt, wie meine Worte auf diese Seiten gelangt sind, dem rate ich, es als ein kleines Wunder zu betrachten.» Jesus will ein paar Dinge gerade rücken und hat die Hoffnung, dass er das kann, auch wenn er sich nicht sicher ist: «Ich hoffe, näher bei der Wahrheit bleiben zu können» als Markus, Matthäus, Lukas und Johannes, die alle «danach trachteten, ihre Herde zu vermehren», wobei einige die Nichtjuden im Sinn hatten, andere die Juden.

Mailers Synopsis der Evangelien umfasst 242 voll bedruckte Seiten und ist damit nicht viel kürzer als die vier kanonischen Evangelien zusammen in modernen Übersetzungen, beispielsweise in denen von E. V. Rieu und Richard Lattimore. Sie ist fast fünfmal so lang wie das «Apocryphal Gospel» von Price und hinterlässt einen stärkeren Eindruck; Price' Methode war flüchtig und minimalistisch und verwob mit der traditionellen Geschichte ein paar poetische Details – nach der Auferstehung erscheint Jesus dem Judas, nach dem letzten Abendmahl gibt es einen Tanz, den vierzig Tagen in der Wüste werden ein paar freudsche Anstriche verliehen. Einige der von Price hinzugefügten Schnörkel sind den apokryphen, nicht-kanonischen Evangelien entnommen, die Thomas und Jakobus zugeschrieben werden. Überraschenderweise ordnet sich Mailer dem kanonischen Material unter; seine Zusätze und Hervorhebungen entstammen nicht anderen esoterischen Texten, sondern sind seine persönliche dichterische Neufassung.

Mailers Jesus ist unmissverständlich ein Zimmermann, und seine vierzehn Lehrjahre bei Joseph werden liebevoll beschrieben; seine Bemühungen, «Zwiesprache mit dem Holz zu halten», beleben später, in einem metaphorischen Sinn, sein Priesteramt und erregen in ihm in seinen letzten Stunden eine gewissen Gekränktheit über die grobe Machart des Kreuzes, das «nachlässig zusammengezimmert» war. Er und seine Familie gehören zu den Essenern – gewöhnlich waren es die zölibatären Männer der weiß gekleideten, streng gläubigen Sekte, die sich versammelten. Das Zölibat hindert Joseph nicht daran, vier Halbbrüder von Jesus zu zeugen, es liefert jedoch eine Erklärung für die in der modernen Forschung über das Leben des Heilands so anhaltend erörterte Frage nach dem Ausmaß der sexuellen Aktivitäten Jesu. Dieser Jesus hat ein paar «lustvolle Gedanken» in der Nacht, doch Gott bestärkt ihn in seiner Keuschheit, indem er Salomos siebenhundert Frauen und dreihundert Konkubinen anführt und auf deren den Glauben schwächende Wirkung hinweist. Der Teufel in der Wüste beschuldigt Gott den Vater, er sei insgeheim in Jezabel verliebt, und die spätere Begegnung Jesu mit Maria Magdalena wird in einiger Erregung beschrieben. Während in Jesu Kopf eine virtuelle Anthologie der biblischen Erotika abrollt, gelingt es ihm, die Dirne in der richtigen Perspektive zu sehen: «Zur Hälfte war sie sanftmütig, und diese Hälfte gehörte Gott.» Mailer verquickt auf ziemlich gewagte Weise zwei der bekanntesten und weitgehend gegensätzlichen Äußerungen Jesu zum Thema Lust: Die tolerante Ermahnung im Johannes-Evangelium, derjenige, der «unter euch ohne Sünde ist, der werfe den ersten Stein», und zwar auf eine Frau, die beim Ehebruch ertappt worden war, und seine harsche Feststellung im Matthäus-Evangelium (Anlass zur mancher Selbstkastrierung), in der es heißt: «Es ist dir besser, dass eins deiner Glieder verderbe, und nicht der ganze Leib in die Hölle geworfen werde.» Die Lustvollen können in der Bibel Vergebung oder Verdammnis finden, je nachdem, wo sie nachschlagen; entweder waren die Verfasser der Evangelien unterschiedlicher Meinung, oder Jesus selbst schwankte, was nur menschlich gewesen wäre.

Mailers machohafte Sicht von *virtus*, von Tugend als einer Art Körperflüssigkeit, funktioniert gut im Zusammenhang mit den vielen Situationen, in denen Jesus heilend wirkt. In dem *At Random*-Interview sagt Mailer von sich selbst, er sei in seiner Rolle als Berühmtheit «halb Mensch und halb etwas anderes»; dieses Gefühl, dass ein Mensch in einem anderen steckt, ist ergreifend, wenn Jesus, der an seinen Kräften und seiner Mission noch immer zweifelt, Gottes Macht zögernd durch sich hindurch fließen lässt. Manche Wunder werden rational erklärt: Das von den Broten und den Fischen wird so erläutert, dass Jesus das vorhandene Brot und die Fische in «außerordentlich kleine Stücke» zerteilte. Das erste Wunder, das Jesus vollbringt, als er bei der Hochzeit zu Kana Wasser zu Wein verwandelt, wird sonderbar rekonstruiert; während Jesus in der Bibel von seiner Mutter dazu gedrängt wird, woraufhin er sie mit den Worten tadelt: «Weib, was habe ich mit

dir zu schaffen? Meine Stunde ist noch nicht gekommen»,
sagt er bei Mailer nichts zu ihr, sondern verwandelt in aller
Stille das Wasser in den Krügen, indem er eine einzelne rote
Traube «langsam aß und mit viel Nachsinnen über den Geist,
der darin wohnte». Die Kräfte des Wunderwirkenden ver-
ebben immer wieder in Lethargie, während er sich mit dem
unendlichen Leiden in der Welt befasst. Die Heilungen sind
anstrengend und ihr Erfolg ist keineswegs sicher; als Jesus in
Jerusalem von einem von Geburt an Blinden angesprochen
wird, ist seine Bestürzung fast komisch:

> Als ich mir jedoch die Augen dieses Mannes anschaute, sah ich
> nichts, wo ich beginnen konnte, nicht einmal ein blickloses
> Auge. Da waren nur zwei Höhlungen unter seinen Brauen.
> «Ich glaube», sagte ich zu meinem Vater, «nun hilf meinem
> Unglauben.»

Mit Hilfe von etwas Speichel und Lehm gelingt ihm das Wunder, aber die Pharisäer bezweifeln es und schlagen den ehe-
mals Blinden, als er darauf besteht, dass an ihm tatsächlich
ein Wunder geschehen sei. Die Kräfte der Zerstörung brauen
sich zusammen; das Gefühl einer Gefährdung, von unsicher
vollbrachten Wundern und einer nur schwach erkannten
Mission sind von Anfang an in Mailers Evangelium hineinge-
woben. Die Geburt Jesu führt zur Tötung der unschuldigen
Kinder und hinterlässt bei Jesus das peinigende Gefühl, dass
er wahrhaft verwandt ist mit ihnen: «Ich grübelte oft über
diese Kinder nach und das Leben, das sie nie hatten».

Mailers Ich-Erzählerstimme kann uns nur bisweilen davon überzeugen, dass wir uns im psychologischen Zentrum
der Person Jesu befinden. Hätte er mehr vermocht, wäre es in
der Tat ein Wunder gewesen. Jeder Versuch, das Porträt der

zentralen Gestalt in den sich überschneidenden, immer aus der Perspektive eines Erzählers abgefassten Berichten des Neuen Testaments zu erweitern, muss eine Lösung für das Rätsel finden, das Jesu Bewusstsein darstellt: War er allwissender Gott, oder war er ein fehlbarer Mensch, der sich tastend auf einen Märtyrertod zu bewegte? Wenn er allwissend war, wäre sein Leben eine leidenschaftslose Scharade gewesen; doch ohne jedes Vorwissen und ohne kosmische Intention wäre er kaum der Verehrung würdig. Die Kirche der Frühzeit bot eine Vielfalt von Gesichtspunkten an – die Dozetisten behaupteten, sein Körper sei eine Erscheinung gewesen; die Adoptionisten glaubten, er sei ein Sterblicher gewesen, der bei seiner Taufe oder sogar erst nach seiner Auferstehung als Sohn Gottes adoptiert wurde. Die Westkirche mit ihrem Zentrum in Rom hat immer die menschliche Seite hervorgehoben, während die östliche Orthodoxie den eher unnahbaren, ikonischen Christus als Pantokrator bevorzugte. Eine gemeinsame, jedoch in ihrer Inklusivität explosive Formel wurde 451 A. D. auf dem Konzil von Chalkedon gefunden. Darin heißt es: «vollkommen als Gottheit und vollkommen in der Menschlichkeit ... in zwei Wesensarten, unvermischt und unzertrennlich.» Vier Jahrhunderte früher hatte Paulus das Mysterium in seinem Brief an die Philipper wunderbar so kristallisiert: «Jesus Christus, ob er wohl in göttlicher Gestalt war, hielt er's nicht für einen Raub, Gott gleich zu sein, sondern entäußerte sich selbst und nahm Knechtsgestalt an, ward gleich wie ein anderer Mensch und an Gebärden wie ein Mensch erfunden.» Ohne eine solche Entäußerung wäre das Leiden nicht wahrhaftig, noch wäre die christliche Antwort auf das theologische Problem des Leidens – dass Gott unter die Menschen gekommen ist, um mit ihnen zu leiden – überzeugend.

Es ist jedem christlichen Gläubigen überlassen, einen Menschen zu verehren, der Müdigkeit eingestand, der seinen Stimmungen nachgab, der gelegentlich Tränen vergoss, der aus einem Impuls heraus einen Feigenbaum verdorren ließ, der seine Kirche auf einem Wortspiel begründete, der Jahrhunderte judäischer Glaubensregeln hinter sich ließ, der sich mit Wirten, Zöllnern und Frauen von fraglichem Ruf umgab, der seine Jünger andauernd fragte, für wen sie ihn hielten, der Gott anflehte, ihm die kommenden Qualen zu ersparen, der am Kreuz Gott fragte, warum er ihn verlassen habe. Dieser Gott, dieser Mensch, der auf lebensbedrohliche Weise mit einer göttlichen Mission betraute *Mensch* wandelt durch dieses Evangelium aus der Feder eines skeptischen, nicht-konvertierten Juden, dessen Mutter (so erzählte er in dem Interview für *At Random*) es als Mädchen in New Jersey erdulden musste, dass ihre irisch-katholischen Schulgefährten ihr «Jesusmörder» hinterherriefen; sie konnte nie begreifen, wieso ihr Sohn so viele irische Freunde hatte.

Die gleich bleibende Liebenswürdigkeit von *The Gospel According to the Son* ist das Wunderbare an dem Buch – und vielleicht seine Schwäche. Mailer hat einen Bericht geschrieben, den, so glaube ich bestimmt, sein Schwiegervater, der Baptist, ohne Unbehagen lesen kann. Dies ist nicht eine der Lebensgeschichten Jesu, die, wie zum Beispiel bei A. N. Wilson, mittendrin innehält, um sich über die Wahrscheinlichkeit des Erzählten lustig zu machen oder darüber zu debattieren. Die wichtigsten Wunder, darunter das der Auferstehung, sind in die Geschichte eingebettet; Mailer, in dessen Erzählung mehr als einmal mystische Ausstrahlungen evoziert werden, macht sich mit den biblischen Teufeln vertraut und gibt dem Teufel selbst eine ausgedehnte Sprechrolle. Theologisch gesehen neigt Mailer zum Manichäismus;

zusammenfassend sagt sein Jesus: «Gott und Mammon rangeln noch immer um die Herzen aller Männer und Frauen. Da der Kampf ausgewogen ist, kann bisher weder der Herr noch der Satan seinen Triumph verkünden.» Der Manichäismus ist natürlich eine uralte Häresie, die Gott schwächt, damit die Welt in ihrem verworrenen und jammerhaften Zustand einen Sinn hat. Von individuellerer Färbung dagegen ist Mailers Gleichsetzung von Satan und Mammon. «Mammon» ist jedoch keine Gottheit, sondern einfach das aramäische Wort für «Reichtümer».

Mailer macht aus Judas einen Revoluzzer der sechziger Jahre – ein reicher Junge, der ein militanter Sozialist geworden ist. «Ich hasse die Reichen», erklärt er Jesus. «Sie vergiften uns alle. Sie sind eitel und verdienen nicht die Hoffnung derer, die unter ihnen stehen, sondern vergeuden sie. Sie verbringen ihr Leben, indem sie die Niedrigen belügen.» Judas wird nicht deswegen ein Jünger Jesu, weil er den Versprechen des Meisters von der Erlösung Glauben schenkt, sondern weil diese Versprechen den Armen Mut machen werden. Mailer hat dafür eine schwache Rechtfertigung in Johannes 12,3–5. Als Jesus die extravagante Gunst annimmt, sich von Maria mit Narde salben zu lassen (bei Johannes werden seine Füße gesalbt, bei Markus und Matthäus sein Haupt), ist es insbesondere Judas, der dagegen protestiert und sagt, die kostbare Salbe hätte verkauft und der Erlös den Armen gegeben werden sollen. Im Evangelium nach Mailer geht Judas, als Jesus die luxuriöse Behandlung annimmt und die Bemerkung macht, dass «ihr die Armen allezeit bei euch habt», davon und macht sich bereit, seinen Meister zu verraten. Die moralische Krux – die Verpflichtungen des Menschen den Benachteiligten gegenüber und anderseits der Wert von Zeremonien und einem spontanen, fröhlichen Egoismus – wird von dem modernen Evangelisten aufgezeigt und dann pragmatisch verwischt. «Viele Wege führen zum Herrn», schreibt er, und: «Die Wahrheit benötigt nur einen Moment, nicht länger als ein Blitzstrahl, um zur mächtigsten Wahrheit von allen Wahrheiten zu werden.»

Die ursprünglichen Evangelien sind von steinharter Kargheit, sie weigern sich oder sind nicht in der Lage, die Nahaufnahme und die cinematischen Glanzpunkte zu liefern, die der moderne Leser erwartet. Bei Markus wird der Moment der Kreuzigung in einem Nebensatz erwähnt, während im Hauptsatz von namenlosen römischen Soldaten berichtet wird, die um Jesu Kleider würfeln: «Und da sie ihn gekreuzigt hatten, teilten sie seine Kleider und warfen das Los darum, wer etwas bekäme.» Im Vergleich dazu erscheinen mittelalterliche und moderne Darstellungen melodramatisch. Die Kreuzigung wird jedoch, so denke ich, durch die von Mailer hinzugefügten Einzelheiten banalisiert. Der Schmerz leuchtet in Technicolor auf: «Meinen Kopf durchzuckte grelles Licht, bis ich die Farben des Regenbogens erblickte; meine Seele war von Schmerz erfüllt.» Zusätzlich zu den traditionellen sieben Worten am Kreuz wird uns folgender geschwätziger Dialog zwischen Lava- und Blitzmetaphern geboten:

Ich rief laut zu meinem Vater: «Wirst du mir in dieser Stunde ein Wunder gewähren?»
Als mein Vater antwortete, war es wie eine Stimme aus dem Wirbelsturm. Er sprach in mein Ohr, und seine Stimme war lauter als mein Schmerz: «Willst du mein Urteil aufheben?»
Ich sagte: «Nicht, solange Atem in mir ist.»
Aber meine Qual blieb. Todespein war an den Himmel geschrieben. Und Schmerz zuckte gleich Blitzen auf mich herab. Schmerz wogte gleich Lava in mir empor. Ich betete wieder zu meinem Vater. «Nur *ein* Wunder», betete ich.

Es ist ein Leichtes für einen Kritiker und wäre ein Zeichen von Trägheit, sich an der sakrosankten Bibelversion festzuklammern und eine frische, auf ihre Weise glühende Wiedergabe einer biblischen Geschichte abzulehnen. Doch Mailer, so ernst er auch ist und so provokativ manche seiner Nuancierungen sein mögen, gibt uns nicht das, was uns beispielsweise der englische Schriftsteller Jim Crace mit seinem 1997 erschienenen Roman *Quarantine [Die Versuchung in der Wüste]* gab. Dort werden die vierzig Tage, die Jesus in der Wüste verbringt – eine Prüfung, die in den drei älteren Evangelien zwischen seiner Taufe und dem Beginn seines Priesteramts angesiedelt ist –, dramatisch erzählt, mit archäologischen Kenntnissen der Textur des Lebens im Palästina des Herodes und aus dem Blickwinkel einer verunsichernden Heterodoxie. Jesus ersteht dort als «Gally» wieder, als «Boy», betört von Gebeten und Visionen, deren Programm der vollständigen Entbehrung ihn innerhalb von dreißig Tagen umbringt; durch das Auftreten eines Sextetts von anderen Gestalten – vier frommen Pilgern sowie einem gestrandeten Kaufmann und seiner Frau – wird der Rahmen des traditionellen Berichts, die Presse des Teufels eingeschlossen, radikal umgestaltet. Weit entfernt davon, die Stolperstellen im Bericht der Evangelien zu glätten, schafft eine solche aggressive Neuerzählung neue Stolpersteine. Crace ist ein Autor von halluzinatorischem Geschick und von beträchtlicher Grausamkeit. Die Auspeitschungen und Diebereien in der Welt des Altertums, der intime mörderische Umgang mit Tieren, die bestialische Grausamkeit gegenüber Frauen, werden genauso wenig abgemildert wie die kompromittierte Qualität der religiösen Erfahrung oder die tödliche Schönheit der Wüstenberge. Nach den Evangelien von Matthäus und Lukas besteht eine der Versuchungen darin, dass

Satan Jesus auffordert, Steine in Brot zu verwandeln; Jesus weigert sich, und auch Crace lässt den Steinen die Würde ihres Steinseins.

Anfälle, wie Menschen sie haben

ALICE MUNRO, *Selected Stories*, New York 1996

Die Kanadierin Alice Munro hat sich mit ihren Kurzgeschichten einen handfesten literarischen Ruf erworben. Das ist keine leichte Errungenschaft; Raymond Carver war der letzte Amerikaner, dem das gelang, und vor ihm Donald Barthelme, während Eudora Welty, Flannery O'Connor und Katherine Anne Porter sich in einer Zeit einen Namen machten, als die kurze Form in der Literatur noch zu den vorrangigsten Komponenten der populären Kultur gehörte. Munros Geschichten, von denen die ersten vor ungefähr zwanzig Jahren im *New Yorker* abgedruckt wurden, konnten von Anfang an als ambitioniert gelten: eine wohl bedachte Komplexität und Vielschichtigkeit der Handlung, eine intensive Klarheit des Ausdrucks und der Metaphorik, eine außergewöhnliche psychologische Durchdringung und Aufrichtigkeit. Da war eine besondere Couragiertheit, ein kühnes Ausgreifen. Von einer ihrer nicht ohne weiteres austauschbaren Heldinnen erfahren wir: «Gloria machte einmal einen Kurs in kreativem Schreiben mit, und was der Lehrer zu ihr sagte, war dies: Zu viel. Zu viele Dinge, die gleichzeitig passieren, außerdem zu viele Personen.» Eine andere berichtet von ihrem Leben als Hausfrau: «In meinem eigenen Haus habe ich oft nach einem Platz gesucht, wo ich mich verstecken könnte – manchmal vor den Kindern, doch häufiger vor den Arbeiten, die noch zu tun waren, vor dem Klingeln des Telefons, vor der geselligen Freundlichkeit der Nachbarn. Ich wollte mich verstecken, damit ich mit meiner eigentlichen Arbeit beginnen konnte, die darin bestand, ferne Teile von mir selbst gewissermaßen zu umwerben.»

Diese Form der Umwerbung drückt sich in Munros frühen Geschichten in einer reminiszierenden, autobiographischen Methode aus. Vermischt man die fiktiven Variationen, entsteht eine erkennbare Heldin. Sie wird in ländlicher, von harter Arbeit geprägter Umgebung irgendwo am Huron-See geboren. Eines der Elternteile stirbt früh, aber es gibt einen lebhaften Familienkreis, bestehend aus Tanten und Onkeln und Vorfahren. Sie ist intelligent, geht aufs College und heiratet einen Mann von gehobener gesellschaftlicher Stellung; sie und ihr Mann ziehen nach British Columbia, gewöhnlich ist es Vancouver, und gründen eine Familie. Doch etwas an ihm – Snobismus, Sprödigkeit – macht sie zutiefst unzufrieden; es gibt viel Streit, und schließlich nimmt sie sich einen Liebhaber, gewöhnlich einen handfesten Arbeiter[1], und die

---

[1] «Für Bea gab es nichts Schöneres – nichts Schöneres, als einem Mann bei einer schweren Arbeit zuzuschauen, wenn er deine Anwesenheit vergisst und gut arbeitet, rhythmisch und methodisch – nichts, was das Blut so in Wallung brachte.» [«Vandalen», in: *Offene Geheimnisse*. Deutsch von Karen Nölle-Fischer, Stuttgart 1996] Und die Heldin von «Miles City, Montana» erinnert sich, wie sie bei einer Überschwemmung aus dem Wasser Truthähne rettete: «Es war eine schwierige, absurde Arbeit und sehr unbequem. Wir lachten. Es machte mich glücklich, mit meinem Vater zu arbeiten. Ich war jeder schweren, monotonen, aufreibenden Arbeit zugetan, bei der die Glieder am Ende ausgelaugt sind, die Gedanken bleiern (wenngleich die Seele manchmal wunderbar leicht bleiben kann),

Ehe scheitert. Unsere Heldin, nun ohne Ehemann, hat Affären und führt ein ungebundenes Leben im Künstlermilieu, ob sie als Fernsehschauspielerin («Simon's Glück»), als Inhaberin einer Buchhandlung («Anders») oder als Lektorin («Dulse») auftritt. Wir mögen sie natürlich, während sie, mit Augen und Ohren wie ein Luchs, durch die Welt der Liebesmöglichkeiten, der Ehekräche, der bemerkenswerten Kinder (in der Regel Töchter) und der unverkennbaren Zeichen des Alterns zieht. Sie ist weder besonders tugendhaft noch ein Opferlamm, und vor allen Dingen sprüht sie vor Leben. Nördlich von den Vereinigten Staaten mit ihrem geräuschvollen Moralisieren und ihrem Hang zu Kreuzzügen sind in Kanada die Dinge, was sie sind, von «der hartherzigen Energie des Sex» bis zur Natur, «die uns nie betrügt; wir sind es immer selbst, die uns betrügen».

Mit liebevoller Klarheit zeigt Munro, wie die Realitäten der Welt auf ein junges Mädchen zukommen und es umarmen. In der ersten Geschichte dieser Sammlung, «Walker Brothers' Cowboy», begleitet ein Mädchen ihren Vater, einen Handelsreisenden, auf einer Fahrt, die im Haus einer alten Bekannten namens Nora endet. Nora ist voller aufgestauter sexueller Energie und zieht das Mädchen in einem wilden Tanz zu sich heran, «lachend und mit hüpfenden Bewegungen umschloss sie mich in ihrer befremdlichen Fröhlichkeit, ihrem Geruch von Whiskey und Eau de Cologne und Schweiß». Aber der verheiratete Vertreter lehnt es beschämt ab, mit Nora zu tanzen, und als sie weiterfahren, hat das Mädchen das Gefühl,

---

und ich hatte schon im voraus Heimweh nach diesem Leben und diesem Ort ... Dieses Knochen schindende Leben erregte seinen Zorn. Dass ich daran hing, erregte seinen Zorn. Ich hätte ihn nicht heiraten sollen.» [«Miles City. Montana», in: *Mond über der Eisbahn*. Deutsch von Helga Huisgen, Stuttgart 1989]

dass «Vaters Leben zurückfloss, aus unserem Auto, in den vergehenden Nachmittag, der dunkel wurde und fremder … zu etwas, was du nie kennen wirst, mit Wetter aller Arten und mit Entfernungen, die du dir nicht vorstellen kannst». In «Ottawa Valley» findet die lastende Fremdheit des Erwachsenenlebens ihren Ausdruck im Land der Vorfahren, im Rezitieren melancholischer alter Gedichte und in der Weigerung der Mutter zu versprechen, dass sie von der Parkinsonschen Krankheit genesen wird. In «Eine fürstliche Abreibung» übt die Tochter sich in Listen und Lügen und praktiziert zusammen mit ihrem Vater und der Stiefmutter erregende Riten der Verspottung und der körperlichen Züchtigung, der Tränen und der Versöhnungen: Am Schluss «sind sie verlegen, aber weniger, als man erwarten könnte, wenn man bedenkt, wie sie sich aufgeführt haben. Dann empfinden sie eine merkwürdige Schlaffheit, eine heilende Trägheit, fast so etwas wie Befriedigung.» Und in der ungewöhnlich unverhüllten Weihnachtsgeschichte «Putenzeit» lernt ein Mädchen, gerade vierzehn Jahre alt, wie man einen Truthahn ausnimmt («Da drinnen, in dem dunklen Innern des Truthahns, war es eiskalt»), und erhascht einen Blick auf die Möglichkeit einer homosexuellen Affäre zwischen ihrem Chef und einem brutalen neuen Angestellten.

Das «Umwerben ferner Teile» von sich hat dazu geführt, dass Munro in ihren späteren Geschichten die Welt ihrer Vorfahren wieder aufleben lässt. Mit ihrer freizügigen Reichweite, ihren raffiniert angelegten Überraschungen und ihrem Einfühlungsvermögen in geschichtliche Zusammenhänge finden diese Erzählungen kaum ihresgleichen. Man muss zu Tolstois «Hadschi Murat» und Tschechows «In der Schlucht» zurückgehen, um eine vergleichbare Weiträumigkeit zu finden; unter den lebenden Schriftstellern kommt mir nur

Mark Helprin mit *A Dove from the East* in den Sinn. Der übliche Realismus der häuslichen Szenen, häufig aus der Sicht eines persönlichen Zeugen beschrieben, verlangt ein hohes Maß an Authentizität; von kürzerer Prosa erwarten wir weniger, dass sie uns mit sich fortreißt, als dass sie uns überzeugt. Triumphierend und waghalsig versetzt Munro den Leser örtlich und zeitlich: In «Meneseteung» in ein schlammiges, wildes Ontario der Zeit um 1870, wie es von der einzigen Dichterin der Stadt wahrgenommen und erfahren wird, in «Bilder» in eine Industriestadt zur Zeit des Ersten Weltkriegs und der Jahre danach, in «Vorposten der Wildnis» in den rauen «Busch» der Wildnis von Ontario um 1850, und in «Die albanische Jungfrau» in das entlegene, gebirgige Albanien der zwanziger Jahre. Der albanische Teil dieser letzten Geschichte ist erregend in seiner umgewandelten Anthropologie, doch die Ankunft der Heldin in einer hell erleuchteten kanadischen Buchhandlung, die der in «Anders» sehr ähnlich ist, wirkt etwas lahm. Bei der Verquickung dessen, was in der Ferne der Vergangenheit liegt, mit der Gegenwart und bei der Anpassung ihrer Themen von sexuellem Magnetismus und Missgeschick an eine Zeit der unterdrückten, vor-freudianischen Verhaltensweisen, entstehen Probleme, die sie nicht immer ohne sichtbare Anstrengung löst. «Bilder» schildert die sexuelle Geschichte einer Bibliothekarin in einer Kleinstadt und endet in Halluzinationen und einer vielleicht unnötig surrealen Collage einzelner Momente. Die gelungenste dieser Rekonstruktionen ist für mich «Vorposten der Wildnis», wo in brillant nachempfundenen Briefen die Brutalität, der Stoizismus und das Chaos einer Zeit evoziert wird, als gottesfürchtige Männer und Frauen sich ihren Weg in die Wildnis der Neuen Welt bahnten; dann wird die Erzählung durch eine Exkursion in einem Stanley Steamer, die 1907 stattfand und an die man sich 1959 erinnert, in die Gegenwart geholt. Das Auto, der Steamer, ist ein fliegender Teppich: «Es hustete und schepperte nicht so laut und scheußlich wie andere Autos, sondern rollte still dahin, mehr oder weniger wie ein Schiff mit vollen Segeln über den See, und es verpestete die Luft nicht, sondern hinterließ nur eine Dampffahne.»

Munros Anschauung von der Sexualität als dem beherrschenden und unberechenbaren Trieb veranlasst sie zu Gewaltsamkeiten, die sowohl das Thema als auch die Technik berühren. In zwei Geschichten («Bilder» und «Anfälle») werden gruselige Enthauptungen geschildert, und in einer anderen («Vandalen») begeht ein Mädchen eine Serie heimtückischer Akte des Vandalismus im Haus einer gerade verwitweten Frau, die dem Mädchen vertraut hat. In «Labor Day Dinner» droht am Ende des Feiertagsausflugs einer typisch komplizierten, immer zu Missverständnissen neigenden Familie plötzlich ein gewaltsamer Tod, als ein Zusammenstoß auf einer Kreuzung um Haaresbreite vermieden wird: «Der große Wagen taucht blitzschnell vor ihnen auf, ein riesiger dunkler Blitz ohne Lichter, scheinbar geräuschlos. Er schießt zwischen dem dunklen Mais hervor und füllt die Luft vor ihnen wie ein großer flacher Fisch, der plötzlich in einem Aquarium wie aus dem Nichts auftaucht.» Die Erwachsenen auf den Vordersitzen sind so benommen, dass das Kind, das hinten sitzt, sie bei der Ankunft zu Hause fragt: «Seid ihr zwei tot? Sind wir nicht zu Hause?»[2]

Gute Fragen. Lebendig und zu Hause zu sein, ist kein klarer, eindeutiger Zustand. Die moralische Botschaft der Erzählung «Anfälle», in der das eigentümliche Verhalten einer

---

[2] «Labor Day Dinner», in: *Offene Geheimnisse.*

Reihe von Erwachsenen geschildert wird, lautet: «Menschen können Anfälle haben, wie die Erde auch.» In den späteren Geschichten erforscht Munro die Tektonik menschlicher Erdbeben. «Weißer Abfall» enthüllt dichte, knirschende Schichten der Empfindsamkeit: Ein kurzer Flug in einem fünfsitzigen Flugzeug ist für eine der Gestalten eine Geburtstagsfeier, für eine andere eine schreckliche Vorahnung ihres Todes, und für eine dritte der Beginn einer Affäre, der ihr das Gefühl vermittelt, «gerettet, emporgehoben, aufgehoben und sicher» zu sein. Nicht, dass die Liebe in Munros Welt voller Sehnsüchte ein Allheilmittel wäre; in einer der herbsten ihrer vielen herben Nebenbemerkungen lässt sie eine Person darüber nachdenken, dass «die Liebe nicht freundlich oder ehrlich ist und dass sie nicht unbedingt zuverlässig das Glück fördert.» Ihre Sicht von unserem menschlichen Ringen um das Glück – oft lediglich eine Flucht vor dem Unglücklichsein – ist von dem strengen Presbyterianismus der schottischen Siedler Ontarios beeinflusst. Sie zitiert den Prediger Thomas Boston: «Diese Welt ist eine Wildnis, in der wir zwar die Posten wechseln können, aber der Wechsel wird sein von einem Vorposten in der Wildnis zu einem anderen.»[3] Munro ist nicht nur eine lebhafte, außerordentlich scharfsichtige Geschichtenerzählerin, sie ist auch eine unerbittliche Schicksalsspinnerin, deren auktoriale Stimme in ihren Geschichten durchbricht wie die Stimme eines Gottes, der es nicht mehr aushält, still zu sein.

---

[3] «Vorposten der Wildnis», in: *Offene Geheimnisse.*

AUS ÜBERSEE

Mandarins

JOSEPH BRODSKY, *Watermark*. New York 1992 [*Ufer der Verlorenen*. Deutsch von Jörg Trobitius, München 2001]
MARGUERITE YOURCENAR, *That Mighty Sculptor*. Englisch von Walter Kaiser, New York 1992. [*Die Zeit, die große Bildnerin*. Deutsch von Rolf und Hedda Soellner, München 1998]

Der Vorstellung, dass einige vorzüglich informierte, aristokratisch selbstgefällige Mandarins den Vorsitz über die literarische Kultur führen, haftet der Geschmack von Fin de Siècle-Dekadenz an – der des *letzten* Jahrhunderts, als Henry James und Oscar Wilde und Walter Pater aus ihrer Himmelshöhe eine Lavendelaura verbreiteten, aus der dann der ultraviolette Modernismus von Pound und Eliot, Rilke und Valéry entstand. Diese Männer veröffentlichten Bulletins von jenseits – jenseits der akademischen Konventionen, jenseits aller kommerziellen Hoffnungen, jenseits des allgemeinen erdgebundenen Empfindungsvermögens. Seit dem Tod von Jorge Luis Borges und Vladimir Nabokov bleiben uns nur noch wenige dieses Schlags. Doch hin und wieder taucht in der zeitgenössischen Bücherflut der eine oder andere Band auf, einzig und allein, um uns die höchste Befriedigung zu vermitteln, die geschriebene Kommunikation zu geben vermag.

Ohne eine aufwühlende Geschichte zu erzählen oder eine bahnbrechende These darzulegen und zu beweisen, wenden sie sich an solche Leser, die, wie Annie Dillard es formulierte, «mögen oder verlangen, was allein Bücher haben.» Unser Vergnügen liegt in der kostbaren Empfindsamkeit des Autors und seinem eigentümlichen Vorrat an Informationen; wir fühlen uns geschmeichelt, in seiner oder ihrer Gesellschaft zu sein.

Als Joseph Brodsky 1987 mit dem Nobelpreis ausgezeichnet wurde, wies die Schwedische Akademie auf «die beträchtliche Breite, in zeitlicher wie auch in räumlicher Dimension», seines Werks hin. Sowohl seine Gedichte als auch seine Prosastücke – in *Less Than One* (1986) versammelt – lassen den Wunsch erkennen, über ein weites Terrain zu schweifen und *frei* zu schweifen, über einen Erdball, der von Brodsky bis 1972, als er aus der Sowjetunion ausgewiesen wurde, hauptsächlich imaginiert werden musste. Seither hat er seiner Reiselust ausgiebig gefrönt – in England, Istanbul, Mexiko und einem großen Teil der Vereinigten Staaten. Obwohl er derzeit Poeta laureatus unseres Landes ist, scheint er noch irgendwie zu schweben (anders als etwa W. H. Auden, der sich am St. Mark's Place fest eingenistet hatte), als befürchte er, an einem Punkt auf der Landkarte kleben zu bleiben. Jeden Winter, so erfahren wir aus *Watermark*, einem Essay in Buchlänge, verbringt er seine Weihnachtsferien in Venedig, der am wenigsten verwurzelten Stadt, da sie ja auf dem Wasser schwimmt. «Es ist nur schicklich», so teilt er uns mit, «dass Leute meinesgleichen Amerika als eine Art Purgatorium ansehen.» Die Vorhölle ist, wie wir wissen, ein besserer Aufenthaltsort als ein gewisser anderer, aber es ist im Wesentlichen eine Zwischenstation; Brodskys Winterreisen nach Venedig sind «Vorstöße in [s]eine Version vom Paradies».

Der beziehungsreiche Titel *Watermark* weist uns darauf

hin, dass der Essay zu einem Teil eine Meditation über das Wasser in seinen wandelbaren Formen wie Ozeane, Kanäle, Wellengekräusel, Spiegelungen, Nebel und Tränen ist.

> Jedenfalls habe ich immer gedacht, wenn der Geist Gottes auf dem Wasser schwebte, dann muss das Wasser ihn gespiegelt haben. Daher meine Empfänglichkeit für Wasser, für seine Falten, Runzeln und Kräuselungen und, da ich ein Mensch des Nordens bin, für sein Grau. Ich glaube einfach, dass Wasser das Bild der Zeit ist, und zum Jahreswechsel versuche ich immer – in etwas heidnischer Art –, dem Wasser nahe zu sein, am liebsten in der Nähe eines Meeres oder Ozeans, um zu beobachten, wie eine neue Zuteilung, ein neue Gabe von Zeit daraus emportaucht.

Dem musikalischen Gestus eines Gedichts folgend, kehrt das Wasserthema wieder, und zwar so beharrlich, dass selbst die «fließenden Handbewegungen» der Venezianer, die einem die Richtung weisen, ihn an Fische denken lassen. Das Thema verdichtet sich zu einer ziemlich komprimierten und schematischen Coda: «Wasser ist gleich Zeit und bietet der Schönheit ihr Double. Teils aus Wasser bestehend, dienen wir der Schönheit auf dieselbe Weise. Indem sie das Wasser striegelt, hebt die Stadt das Aussehen der Zeit, verschönert sie die Zukunft. Das ist die Rolle dieser Stadt im Universum. Weil die Stadt statisch ist, während wir uns bewegen. Die Träne ist der Beweis dafür. Weil wir abtreten, aber die Schönheit bleibt.» Dass Venedig selbst vergänglich und fragil ist, wird sachlich notiert, aber alle Eindrücklichkeit hängt an unserem eigenen Fließen zum Tod hin, während die Schönheit dieser filigranen, im Wasser gespiegelten Fassaden bleibt.

Brodsky hat *Watermark* in seiner adoptierten Sprache, auf Englisch, geschrieben, das, solange es nicht um kunstvolle

Wortschnitzereien, um das Herausarbeiten eines Bildes in seiner letzten Feinheit geht, adäquat ist. Doch genau diese Schnitzarbeit interessiert ihn:

> Wenn man annimmt, dass Schönheit die Verteilung von Licht auf die der Netzhaut kongenialste Weise ist, dann ist eine Träne das Eingeständnis der Unfähigkeit der Netzhaut wie auch der Träne, Schönheit festzuhalten. Liebe kommt schließlich mit der Geschwindigkeit des Lichts; Trennung mit der des Schalls. Dass die größere Geschwindigkeit zur geringeren verkommt, ist der Grund, weshalb das Auge feucht wird.

Es ist nicht immer leicht, den gekünstelten Schwüngen seiner Gedanken zu folgen. Über Pasiphaë, die sich mit einem Stier paarte, lesen wir: «Und vielleicht gab sie gerade deshalb dem dunklen Drange nach und trieb es mit dem Stier, weil sie beweisen wollte, dass die Natur das Mehrheitsprinzip missachtet, da die Stierhörner den Mond suggerieren.» Über Ezra Pound erfahren wir: «Mir gefiel auch sein Diktum vom ‹make it new› – das heißt, es gefiel mir, bis ich begriff, dass der wahre Grund dafür, es neu zu machen, darin lag, dass ‹es› reichlich alt war; dass wir uns eigentlich in einer Reparaturwerkstatt, einem Body Shop befinden.» Einem Body Shop? Einige seiner idiomatischen Ausdrücke scheinen trans-idiomatischer Natur zu sein («Mein Italienisch oszillierte wie wild um seinen festen Nullpunkt und wirkte weiterhin als Abschreckung») und mit mehr als nur einem Hauch des Britischen versehen («Sich gegenseitig beim Ablauf der Dinge zu behindern, ist etwas, womit sich die Demokratie schrecklich leicht tut»). Geschriebenes Englisch ist eine relativ zwanglose Sprache, dennoch hält es sich an einige Schicklichkeitsregeln, und so sind wir schockiert, als uns plötzlich eröffnet wird, dass der Ehemann einer begehrten Venezianerin ein «Drecksack von einem Architekten» ist. Eine schnell bereite Gereiztheit lauert unter den kunstvoll polierten Sätzen: In der Touristensaison gehen ihm «die mit Shorts bekleideten Herden, besonders wenn sie auf Deutsch wiehern, auf die Nerven», und auf der nächsten Seite ist der Leser unangenehm berührt von der aggressiv cleveren Formulierung: «Zweifüßer machen sich zum Affen, was Einkaufen und Kleidung in Venedig angeht.» Nichts deutet darauf hin, dass Brodsky dankbar wäre für die ihm erwiesene Gastfreundschaft, sei es von dem Drecksack von einem Architekten oder von der Geliebten Ezra Pounds, Olga Rudge, und seiner Abneigung gegen Homosexuelle verleiht er reichlich deutlich Ausdruck, ob es nun die «englischen Lakaien» seines New Yorker Lektors sind oder, in Venedig, «die Schar kichernder, flinker homosexueller Jugendlicher, die heutzutage unweigerlich aufkreuzt, wann immer etwas Brauchbares oder Gutes stattfindet». Ein nur mehr flüchtiger Blick auf moderne Kunst zapft große Reserven aufgestauter Empörung an:

> … da Schönheit, definitionsgemäß ein *Fait accompli*, immer die Zukunft herausfordert, indem sie sie in erster Linie als verblühte, kraftlose Gegenwart betrachtet. Nichts beweist das besser als moderne Kunst, deren Armut allein sie schon prophetisch macht. Ein Armer spricht immer für die Gegenwart. Vielleicht liegt die Funktion von Sammlungen wie der Peggy Guggenheims und ähnlicher Anhäufungen von Hervorbringungen dieses Jahrhunderts, die hier gewohnheitsmäßig ausgestellt werden, einzig darin zu zeigen, was für ein billiger, geltungsbedürftiger, kleinlicher, eindimensionaler Menschenschlag wir geworden sind, und uns Demut beizubringen.

Der Ton, oft von geknebelter Eloquenz, wird lockerer und klar, wenn der Dichter persönliche Anekdoten erzählt. Seine

Schilderung der Besichtigung eines alten Palazzo, der sich in Privatbesitz befindet, ist köstlich surreal: «Es war eine lange Folge leerer Räume ... Ich hatte das Gefühl, nicht so sehr eine normale Perspektive zu durchschreiten, sondern mich in einer horizontalen Spirale zu bewegen, in der die Gesetze der Optik aufgehoben waren. Jeder Raum bedeutete dein weiteres Verschwinden, den nächsten Grad deiner Nichtexistenz.» Was er über einen kalten venezianischen Winter sagt, kommt so sehr von Herzen, dass es komisch ist:

> Nur Alkohol kann den Polarblitz auffangen, der dir durch den Körper fährt, sobald du den Fuß auf den Marmorfußboden setzt, ob du Pantoffeln, Schuhe oder nichts anhast ... Alles strahlt Kälte aus, die Wände ganz besonders. Bei Fenstern macht es dir nichts aus, denn du weißt, was du von ihnen zu erwarten hast. Tatsächlich lassen sie die Kälte ja nur durch, während die Wände sie speichern.

Seine italienische Bettgefährtin und er entscheiden per Los, wer «an der Wand schlafen musste», und wenn sie verliert, wird es ihr mit einem liebevollen Porträt gelohnt: «Dann verschnürte sie sich für die Nacht – rosa Wolljacke, Schal, Strümpfe, lange Socken – und zählte ‹uno, due, tre!› und sprang ins Bett, als wäre es ein dunkler Fluss.» Er berichtet weiter, dass ihm die elendigen thermalen Verhältnisse jenes Winters auf die Brust schlugen, die eine Herzoperation über sich hatte ergehen lassen müssen, und dass seine zuvorkommende Verliebte ihn in einen Zug nach Paris setzte, sodass er «überlebte, um die Geschichte erzählen zu können, damit die Geschichte sich wiederholen konnte». So unglücklich die Stadt ihn auch gemacht hat, er sehnt sich danach zurückzukehren. Seine intellektuelle und ästhetische Gier nach Venedig ist so intensiv, dass er dem Tod die Stirn zu bieten bereit ist, und hier haben wir die Heldenhaftigkeit eines Mandarins. Wir lesen *Watermark* und sind entzückt von dem galanten Bemühen, aus Lebenserfahrung eine kostbare Bedeutung zu destillieren – einen Ort auf dem Erdball zum Guckloch in die universale Befindlichkeit zu machen und aus dem eigenen chronischen Tourismus eine Kristallkugel zu formen, deren Facetten ein ganzes Leben spiegeln, wo Exil und Krankheit am Rande von Flächen aufblitzen, deren direktes Strahlen schiere Schönheit ist.

Für die verstorbene Marguerite Yourcenar war der Mandarin-Ton etwas Natürliches. Sie war gebürtige Belgierin und Schriftstellerin, deren Schicksal es war, für alle Zeiten als diejenige bekannt zu sein, die als erste Frau in die Académie Française gewählt wurde – eine Ehre, um die sie sich nicht bemüht, die sie im Gegenteil eher zu vermeiden gesucht hatte. Außerdem war sie Mitglied des amerikanischen Äquivalents der Académie, des National Institute of Arts and Letters (wie es damals hieß); sie war naturalisierte Amerikanerin, lebte seit 1940 in den Vereinigten Staaten und seit 1950 auf Mount Desert Island in Maine, zusammen mit ihrer Gefährtin, der Übersetzerin Grace Frick. In ihrer unabhängigen Abgeschiedenheit stand sie abseits von literarischen Modeströmungen in beiden Sprachen, Englisch und Französisch, obwohl ein Roman, *Mémoires d'Hadrien [Ich zähmte die Wölfin]* Anfang der fünfziger Jahre ein Bestseller wurde. Reserviertheit war einer ihrer starken Wesenszüge; man erzählte sich, sie habe selbst ihren Hund mit dem förmlichen «vous» angeredet. Als Fachkundige nicht nur des klassischen Altertums, sondern auch der Religionen und Kulturen Indiens und Japans, erwarb sie sich einen philosophischen Überblick, der sich aus Stoizismus, orientalischen Mystizismus und Überbleibseln

ihrer katholischen Erziehung zusammensetzte. Dieser geho-
bene Ausgangspunkt verleiht ihrem erzählerischen Werk eine
gewisse monologhafte, epigrammatische Kühle, macht aber
ihre postum veröffentlichte Essay-Sammlung, *Die Zeit, die
große Bildnerin*, auf anziehende Weise abwechslungsreich
und offen. In einem Nachwort [der englischen Fassung] erklärt Walter Kaiser, dessen wohl geformte [englische] Sätze
Yourcenars elegantem, marmorhaftem Ton ebenbürtig sind:
«Obwohl es die Entscheidung des Verlags war, die Veröffentlichung bis jetzt hinauszuschieben», sei seine Übersetzung
vor dem Tod der Autorin bereits abgeschlossen und wie gewöhnlich in Zusammenarbeit mit ihr angefertigt worden.
«Wenn man mit Marguerite Yourcenar über die Schwierigkeiten der Übersetzung diskutierte», erklärt uns Mr. Kaiser
liebevoll, «wurde man auf unbemerkte Feinheiten in beiden
Sprachen hingewiesen; mit ihr durch die Welten der Grie-
chen und Römer zu wandern, nach Indien und Spanien,
nach Japan und in die Niederlande, ins mittelalterliche England und in das Italien der Renaissance – denn all dies wird
von ihren Essays umschlossen –, bedeutete ein unvergleich-
liches Bildungserlebnis.»

Wie man diesem Satz entnehmen kann, waren Yourcenars
Themen sehr verschiedenartig. Der früheste Essay, Tribut an
eine obskure Schriftstellerin und verehrte Freundin, Jeanne
de Vietinghoff, stammt aus dem Jahr 1929; der letzte, einige
wenige Seiten über den Gedenktag Allerseelen, der in Amerika als Halloween begangen wird, wurde 1982 verfasst. Alle
Essays, auch der kürzeste, zeichnen sich dadurch aus, dass sie
in einem würdevollen Ton geschrieben und sorgfältig durch-
dacht sind; viele haben den beträchtlichen Reiz eines hart er-
arbeiteten Sinnes für Geschichte, der mühelos erscheint und
ergänzt wird durch feine, in lebendige Bilder umgesetzte Un-

terscheidungen. In einem Text über die von Florent Chrestien, einem Humanisten der Renaissance, angefertigte Übersetzung der Lehrgedichte eines vergessen griechischen Dichters (oder mehrerer Dichter) bekannt unter dem Namen Oppian, sagt Yourcenar:

> Jeder Übersetzer, der nicht nur ein Lohnschreiber ist, transponiert den Text auch, und sei es unwillentlich, in eine andere Tonart: Florent Chrestien ersetzt die edlen griechischen Hexameter, die schönen langmähnigen Rennpferden gleichen, durch seine ein wenig kurzatmigen Alexandriner, die, vom Reim zu Paaren getrieben, hintereinander hertrotten wie losgelassene Koppeln von Hühnerhunden im Gras.

Von diesen Tiervergleichen animiert, haucht sie der zoologischen Unschuld, die sich nach den Tagen des Römischen Reiches und dessen Zirkusveranstaltungen mit exotischer Fauna über Europa ausgebreitet hatte, Leben ein: «Überdies hat Florent Chrestien bereits die tausend Jahre ununterbrochener Jagden des Mittelalters hinter sich, die zugleich lockende und grausame Welt des verwunschenen Waldes voller Werwölfe und in Hindinnen verwandelter Feen … Er hat nie mit eigenen Augen das asiatische oder afrikanische Großwild gesehen, das Oppians Zeitgenossen so wohl bekannt war; er hat höchstens in den Burggräben des Louvre ein paar magere Löwen in ihren Käfigen betrachten können. Folglich kann er nicht umhin, diesen für ihn halb sagenhaften Geschöpfen die phantastische Gestalt von Wappentieren zu verleihen.»

Der Absatz weist auf zwei ihrer vornehmen Leidenschaften hin: die Zuneigung zu Tieren und ein Vergnügen an den langsamen monumentalen Bewegungen in der Geschichte, mitsamt ihren kumulativen Verschiebungen der Empfindsamkeit. Wo andere Autoren historischer Romane die Requisiten des Altertums suchten, war sie, in einem Reich jenseits von «Melodrama oder Pastiche», an einem geistigen Zustand interessiert, an der Stimme. In ihren Gesprächen mit Matthieu Galey, die in dem Buch *With Open Eyes* (1984) versammelt sind, spricht sie davon, dass sie ihr Buch über Hadrian etliche Male überarbeitet habe, bis sie seine, Hadrians, Stimme, «die Melodie seines Wesens», gefunden hatte. Ihr Ohr konnte noch in der fernen klassischen Welt Nuancen vernehmen: «Die Menschen in Rom machten sich über den jungen Hadrian lustig, weil er mit einem, wie sie meinten, ‹spanischen› Akzent sprach … Vergleicht man ihn mit Augustus oder Julius Cäsar, dann ist der Unterschied gravierend. Sie ähneln ihm überhaupt nicht, diese beiden schlauen Italiener.» In einem Essay mit dem Titel «Ton und Sprache im historischen Roman» merkt sie an, wie wenige Quellen vor dem neunzehnten Jahrhundert «*Konversation* in ihrer Spontaneität, ihrer Zusammenhanglosigkeit, ihren komplexen Umschweifigkeiten, ihren Auslassungen und unterschwelligen Andeutungen, ohne den Umweg über eine tragische oder komische Stilisierung oder einen lyrischen Ausbruch» aufgezeichnet haben. Bei der Suche nach «tonaler Authenzität» stößt sie auf «sub-literarische Dokumente … die durch die Literatur weder gefiltert noch, wie sonst unvermeidlich, arrangiert worden sind»; der Veranschaulichung dienen einige von einem Informanten und einem Schreiber zusammengestellte Berichte der fragmentarischen, gequälten, obszönen Äußerungen des Philosophen Fra Tommaso Campanella während seiner Verhöre und Folterungen in Neapel um 1600.

Die gleiche Unmittelbarkeit des Textes, in der die nahezu verstummte Vergangenheit belauscht werden kann, findet sie in dem berühmten Bericht des Venerable Bede aus dem Jahre 751 von der angelsächsischen Debatte über die Bekehrung zum Christentum und in Albrecht Dürers Tagebuchaufzeichnung eines Traums, den er im Juni 1525 hatte. Sie versucht, die Unmittelbarkeit der Stimme in einer Reihe von Monologen Michelangelos und einiger der Modelle nachzuempfinden, die er beim Ausmalen der Sixtinischen Kapelle benutzte, und indem sie die Höhepunkte der Ostergeschichte wieder erzählt, «als hätten wir sie bei Dostojewski oder Tolstoi gefunden». In Zeit und Raum ferne Phänomene – die Sexualität, von der hinduistische Epen und Tempelreliefs durchdrungen sind, die Ethik der Samurai, die den Reizen von Niederlage und Selbstmord nachgibt – werden durch Yourcenars einfühlsame Schau zu inneren Gefühlen, und so spüren wir bei dem indischen Beispiel «den Pulsschlag einer Wonne, der Pflanze, Tier, Mensch und Gottheit gleichmäßig durchbebt». Dieses fortwährende Pendeln ihrer Ausführungen zwischen dem historisch Fernen und dem fühlbar Intimen ist die Umkehrung einer Tendenz bei Brodsky, der inmitten drängender Dichte genau beobachteter Einzelheiten in seiner Stachligkeit vor menschlichen Kontakten zurückscheut und die geometrischen, frei hingeworfenen Bereicherungen des Auges vorzieht, von denen Venedig ihm mehr als jeder andere Ort bietet.

Man liest Marguerite Yourcenars erhabene Essays mit einer unpassenden Behaglichkeit – glänzende Pelze, das Gefühl, dass sich lebendige Felle um einen schmiegen. Die Leidenschaftlichkeit, zu der sie sich am häufigsten hinreißen lässt, ist ihre Empörung über die Grausamkeit des Menschen gegenüber Tieren. In dem Idyll von Krishna unter den Milchmädchen bedeutet die Gegenwart von Kühen, dass «fromme Ekstase und Menschenglück unzertrennlich verbunden [sind] mit der Zufriedenheit der dem Menschen demütig dienenden Kreatur, die das Abenteuer des Lebens mit ihm gemeinsam besteht». Als sie gebeten wird, einen Beitrag zu einer Sammlung mit dem Titel *Angry Women* zu schreiben, richtet sich ihr Zorn auf die in Pelze gehüllten Fotomodelle:

> Diese jungen Menschen, die jeder mit dem zweiten Gesicht Begabte als triefend von Blut sieht, tragen das Erbeutete von Geschöpfen, die einst atmeten, fraßen, schliefen, Partner für ihr Liebestollen suchten, ihre Jungen liebten und manchmal den eigenen Tod in Kauf nahmen, um sie zu schützen, und starben, wie Villon es sagt, «zum Schmerz» – also qualvoll, so wie wir auch, nur dass diese Geschöpfe einen von uns grausam herbeigeführten Tod erlitten.

Sie beklagt die Schlachthöfe, die ihr blutiges Geschäft außer Sichtweise verrichten: «Wir sehen nicht die sich vor Schmerz windenden Geschöpfe, wir hören nicht ihr Brüllen, das selbst für den größten Steakliebhaber unerträglich wäre.» Sie argumentiert, «dass es weniger misshandelte Kinder gäbe, wenn es weniger gequälte Tiere gäbe, weniger plombierte Wagen, die die Opfer irgendwelcher Diktaturen ihrem Tod zuführen, wenn wir uns nicht an die Waggons gewöhnt hätten, in denen Tiere auf dem Weg zum Schlachthof ohne Wasser und ohne Nahrung mit dem Tod ringen, weniger von Schüssen niedergemachtes menschliches Wild, wenn der Geschmack am Töten und die Gewöhnung daran nicht das tägliche Brot der Jäger wäre». Die vielfach beklagte Grausamkeit des Menschen gegenüber seinen Mitmenschen wird nur selten in Beziehung gesetzt zu seiner Grausamkeit anderen Spezies gegenüber; Yourcenar stellt eine Verbindung her, die, sobald sie besteht, nur zu offensichtlich erscheint. Dass ein auf solche Weise losgelöster, breit angelegter Geschichtssinn, der unsere sprachlosen Gefährten als Mitlebewesen einbezieht, einen so gerechten, in seiner Schlichtheit den ersten moralischen Empfindungen des Kindes nahen Zorn hervorzurufen vermag, zeigt uns, wie erfrischend Mandarinismus sein kann.

Proust, für dich gestorben

ALAIN DE BOTTON, *How Proust Can Change Your Life*. Pantheon 1997. [*Wie Proust Ihr Leben verändern kann*. Deutsch von Thomas Mohr, Frankfurt 1998]

Von Alain de Botton wird auf dem Schutzumschlag von *How Proust Can Change Your Life* gesagt, dass er in London und Washington lebe, doch sein Name und seine Leidenschaft für Kodifizierungen haben einen starken gallischen Anstrich. Sein sonderbares, humorvolles, didaktisches und blendendes Buch hat zwar den Untertitel *Not a Novel [Eine Anleitung]*, enthält jedoch mehr menschlich Interessantes und mehr phantasievolles Spiel als die meisten erzählerischen Texte. Der diskursive Fluss, der in so lehrreiche Kapitel unterteilt ist wie «Wie man das Leben heute liebt», «Wie man erfolgreich leidet» und «Wie man richtig liest», erhellt die Lektionen eines anderen, sehr langen Romans, nämlich von Marcel Prousts *Auf der Suche nach der verlorenen Zeit*. De Botton hat sich offenkundig sehr ausgiebig mit diesem bedeutenden Werk befasst und sich darüber hinaus mit vielen winzigen, Proust betreffenden Details vertraut gemacht. So erfahren wir beispielsweise, dass Proust in Paris die Telefonnummer 29 205 hatte, dass er häufig ein Trinkgeld von nicht fünfzehn oder zwanzig Prozent gab, sondern von zweihundert Prozent der Restaurantrechnung, dass seine Haut so empfindlich war, dass er keine Seife benutzen konnte; er wusch sich mit «fein gewebten, feuchten Handtüchern und tupft sich dann mit frischem Leinen trocken (ein normaler Waschvorgang erfordert etwa zwanzig Handtücher, die auf Prousts ausdrückliche Anweisungen in die einzige Pariser Wäscherei gebracht werden, die hautfreundliches Waschpulver benutzt, die Blanchisserie Lavigne, wo auch Jean Cocteau waschen lässt)», dass er ein äußerst enges Verhältnis zu seiner Mutter hatte und ihr, noch als er schon über dreißig war, ausführliche Berichte über seinen Schlaf, sein «Pipi» und seine Verdauungstätigkeit erstattete, dass er unablässig fror und häufig bei einer Abendeinladung seinen Pelzmantel anbehielt. Wir erfahren auch eine Menge über Prousts Verwandte: Sein Vater, Dr. Adrian Proust, schrieb vierunddreißig Bücher, einschließlich einiger bekannter Handbücher über Hygiene und körperliche Ertüchtigung; Marcels jüngerer Bruder, Dr. Robert Proust, Autor von *Chirurgie der weiblichen Geschlechtsorgane*, wurde dermaßen gerühmt für seine Prostatektomien, dass sie unter Kollegen «Proustatektomien» genannt wurden, und er war überdies so widerstandskräftig, dass er überlebte, als er von einem fünf Tonnen schweren Kohlewagen überrollt wurde.

Solche Details werden nicht grundlos aufgeführt. Nachdem de Botton Marcels grotesk extreme Empfindlichkeit geschildert hat, stellt er die Behauptung auf, dass «das Fühlen und Empfinden (wobei das Fühlen fast immer mit Schmerz verbunden ist) auch etwas mit der Aneignung von Wissen zu tun hat». Proust formuliert es so: «Glück stärkt den Körper, doch nur Kummer fördert die Kräfte des Geistes.» Der Maler Elstir im Roman kleidet das Prinzip folgendermaßen in Worte: «Man kann die Wahrheit nicht fertig übernehmen, man muss sie selbst entdecken auf einem Weg, den keiner für uns gehen und niemand uns ersparen kann.» De Botton analysiert fünf proustsche Gestalten, die *ohne* Erfolg leiden und die falsche Lösungen aus ihrem Ungemach ableiten, was ihre Leiden nur noch verlängert. Die Kapitel «Wie man Freundschaften pflegt» und «Wie man ein Buch aus der Hand legt» zeigen anhand von Abschnitten aus Prousts Roman und aus seinem Leben, wie eine realistische und sogar eine zynische Einschätzung vom Wert der Freundschaft mit einer übertriebenen Bezeigung von Herzlichkeit und Schmeichelei einhergehen kann (sein Freunde prägten den Begriff «‹proustifizieren›, wenn wir unter uns eine etwas zu gesuchte Höflichkeit beschreiben wollten, die man gemeinhin als ‹geziertes Getue› bezeichnet hätte») und wie auch die leidenschaftlichste Verehrung eines Autors, so wie die Verehrung, die Proust für John Ruskin empfand, schicklicherweise vor der Idolatrie Halt macht, etwa in dem Moment, da Proust zu dem Schluss kam, dass Ruskin häufig «albern, manisch, nötigend, falsch und lächerlich» war. De Botton schreibt wie jemand, der selbst der Idolatrie nur knapp entgangen ist; in trockenem Ton schildert er eine Pilgerfahrt in das trübselige Dorf Illiers, das heute – eine Huldigung an Prousts verzaubertes fiktionales Dorf – auf Wegweisern und Schildern «Illiers-Combray» heißt. Madeleines verkaufen sich hier sehr gut, und von dem Haus von Prousts Tante Amiot (im Roman «Tante Léonie») heißt es: «In ihrer ausgesuchten Scheußlichkeit vermitteln die beengten Räumlichkeiten auf nahezu greifbare Art und Weise die stickige Atmosphäre eines geschmacklos eingerichteten, kleinbürgerlichen Provinzhauses der Jahrhundertwende.» Eine «einsame, merkwürdig fettig anmutende Madeleine» erweist sich nach genauerer Inspektion als Plastiknachbildung.

De Botton, von Geburt Schweizer, schreibt auf Englisch,

aber mit dem Witz und der Nüchternheit eines Franzosen. Sein zweites Buch, *The Romantic Movement [Die Romantische Bewegung]*, war eine Art Ratgeber-Roman, der in Gestalt einer Anleitung zur Selbsthilfe, veranschaulicht durch eine in London spielende Affäre, die Ernüchterungen in Liebesdingen analysierte. Bottons Neigung zu aphoristischen Gesetzen menschlichen Verhaltens zieht ihn verständlicherweise zu Proust hin, da solche Gesetze auch Prousts Ziel sind. Dieser Sohn und Bruder von Ärzten schrieb einen Roman voller genauer diagnostischer Beobachtungen, einen Roman, der insgesamt in der Schilderung unfreiwilliger Erinnerungen und in der Wiedergewinnung der Vergangenheit ein Heilmittel gegen die Universalkrankheit, nämlich die Zeit, darstellt. Aus den letzten Seiten des letzten Bandes, *Die wieder gefundene Zeit,* taucht der Leser mit dem Gefühl auf, dass er siegreich eine Therapie durchgemacht hat. Von einem extrem zarten und neurasthenischen Mann als ein Akt der persönlichen Rettung geschrieben, verkörpert das Werk sein Heilmittel – die Entdeckung seiner Botschaft als Schriftsteller. De Botton stellt den traurigen Zustand seines Helden in der Zeit vor dieser Entdeckung lebhaft dar. Proust selbst beschrieb sich im Alter von dreißig Jahren so: «... ohne Vergnügungen, Ziele, Tätigkeiten, ohne jeden Ehrgeiz, mein abgelebtes Dasein betrauernd und betrübt über den Kummer, den ich meinen Eltern bereite, empfinde ich nur sehr wenig Freude.» Kafka und Joyce, diese beiden anderen epischen Komödianten des Modernismus, hatten wenigstens einen Kreis von Freunden und Kritikern, die ihr Genie erkannten, während selbst diejenigen, die Proust am nächsten standen, in ihm einen unverbesserlichen Snob und Dilettanten sahen und von der Schönheit, dem Sog und der satirischen Kraft seines Meisterwerks überrascht waren. Wenn de Botton in seiner amüsanten, aber

mit unbewegter Miene inszenierten pädagogischen Gecken-
haftigkeit die heilenden, Rat vermittelnden Aspekte Prousts
hervorhebt, erweist er uns den Dienst, dass er Proust für uns
noch einmal liest und uns aus dem weiten heiligen See ein sü-
ßes und klares Destillat reicht.

Muriel geht zum Film

MURIEL SPARK, *Reality and Dreams,* Houghton Mifflin 1997.
[*Träume und Wirklichkeit*. Deutsch von Hans-Christian
Oeser, Zürich 1998]

Muriel Spark wird nächstes Jahr achtzig, und seit *Symposium,*
ihrem letzten Roman, sind gut sieben Jahre verstrichen. Es ist
daher ein Vergnügen zu berichten, dass *Reality and Dreams*
trotz seines luftig anmutenden Titels so fein gestaltet und
bunt ist wie das Spielzeug eines Kinderkaisers und um einiges
substanzieller als die letzten Einträge in ihrer umfangreichen
Bibliographie, nämlich *The Only Problem [Das einzige Pro-
blem]* und *A Far Cry from Kensington.* Der Held, der dreiund-
sechzig Jahre alte Filmregisseur Tom Richards, ist von einem
Kran abgestürzt, von dem aus er Regie führen wollte. Wir begegnen ihm im Krankenhaus, inmitten eines flimmernden
Gewirrs von Krankenschwestern und lieben Nächsten. An
lieben Nächsten bleiben allerdings nur drei: Claire, seine
«nette, gütige Frau», Mitte fünfzig, reich und freundlich und
unendlich nachsichtig angesichts der Kapricen eines kreativen Künstlers, Cora, seine neunundzwanzig Jahre alte schöne
Tochter aus seiner ersten Ehe mit einer «ganz andersartigen

Schönheit von bulgarisch-polnischer Herkunft», und Marigold, die etwas jüngere, aus unerfindlichen Gründen unleidliche und linkische Tochter von Tom und Claire. Wie zwei so charmante Menschen ein derart uncharmantes Kind hervorbringen konnten, erstaunt sie beide: «Ihre Eltern hatten die Vergangenheit gründlich durchleuchtet, Psychiater konsultiert, jeden Augenblick analysiert. Ihre Seele ließ sich einfach nicht zergliedern.» Marigold ist von den Treuebrüchen ihrer Eltern entsetzt und bedrängt sie, sich scheiden zu lassen. «Sie wollte nicht begreifen, dass sie selbst – dass die abstoßende Natur des einzigen Sprössling der beiden – schuld daran war, dass Claire und Tom sich nicht trennten … Gerade ihr unschönes Gesicht hielt sie beieinander, als wären sie Vögel in einem Sturm.»

Das alles ist auf spielerische Weise pervers und erinnert an Ronald Firbanks und Aldous Huxley, aber Sparks orakelhaftes Auge ist, wie immer, auf den Schädel der Verdammnis hinter dem grinsenden Gesicht der Gesellschaft gerichtet. Ihre Romane sind zwar kurz, dafür aber dicht und vielschichtig. Auf einer Ebene ist dies die Geschichte von Jeanne, einer unauffällig hübschen Schauspielerin, die Tom am Rand eines Zeltplatzes im Haute Savoie beim Servieren von Hamburgern entdeckt und für die Rolle des «Hamburger-Mädchens» aufgegabelt hat; seine Phantasien im Hinblick auf das Hamburger-Mädchen (die den Mord an seiner Frau einschließen, damit er dem Mädchen sein Vermögen vermachen kann) beflügeln ihn bei seiner Arbeit an einem Film, der anfangs den Titel *Das Hamburger-Mädchen* trägt, aber Jeanne ist nichts weiter als Statistin in dem Film, was sie frustriert. Sie wird nörgelig, nimmt Drogen und geht ihrem Untergang entgegen – ein Opfer der Filmwelt und der Laune eines Künstlers. Dennoch wird sie nicht bemitleidet, weder von der

Autorin noch von den anderen Gestalten. Als sie sich bei Claire beschwert: «Ich bin benutzt worden», ist deren prompte Antwort: «Wir werden alle benutzt.»

Der Film, dessen Titel immer wieder geändert wird, heißt schließlich *Unerledigte Angelegenheiten*. Marigold hat bei Tom und Claire «ein Gefühl von Frustration geweckt, dass es eine noch unerledigte Angelegenheit gibt», und aus diesem Blickwinkel des Romans betrachtet, ist es die Geschichte von Marigold. Von ihren Eltern abgelehnt, von ihrem Ehemann (der Reisebücher schreibt) vernachlässigt, stellt sie Untersuchungen über das im Moment heiße Thema der Arbeitslosigkeit infolge der Stilllegungen von Betrieben an, schläft mit einer Reihe der von ihr Befragten, verschwindet, macht Schlagzeilen, wird schließlich gefunden und von ihrem Vater für eine Rolle in seinem neuesten Film engagiert, in dem sie einen Mann spielen soll – Cedric den Kelten, Diener eines Zenturio aus dem fünften Jahrhundert, der die Zukunft bis zur Gegenwart voraussieht. Marigolds «dunkles, schmollendes, hässliches Gesicht» verfolgt ihren Vater in seinen Träumen als das eines «jungen Mannes, der verrückt wird, weil er die ganze Zukunft kennt.» Und im Gegensatz zu ihrer schönen, umschwärmten Schwester kann sie schauspielern. Nachdem sie die Rolle gespielt hat, bricht sie auf, nach Amerika, in eine der Unterwelten, in die Spark ihre weniger liebenswerten Geschöpfe gern verschickt. Der Tradition der kleinäugigen Sandy Stranger in *The Prime of Miss Jean Brodie [Die Blütezeit der Miss Jean Brodie]* folgend, ist Marigold eine hässliche Wahrsagerin, eine Kassandra-Hexe.

Dies ist außerdem ein Roman über das Filmemachen, mit schnellen Schnitten und frechen, widersinnigen Brüchen. Die Geschichte, die sich mit dem Tempo eines Videoclips entwickelt, ist dem Leser immer ein, zwei Sprünge voraus. Tom, überraschenderweise ein gläubiger Christ, fragt sich, ob wir alle Gestalten in einem Traum sind, den Gott träumt: «Unsere Träume sind in der Tat unwirklich; die Träume Gottes nicht. Sie sind wirklich, Furcht erregend wirklich. Sie strotzen von Fleisch, sie triefen von Blut.» Die Kunst nähert sich diesen Träumen an. Tom, gut aussehend, reich und zügellos, arbeitet dennoch ernsthaft «in jener Welt von Traum und Wirklichkeit, in der er zu Hause war, der Welt der Filmszenen, der Rollenbesetzungen, der Vermengung von Personen und Schatten, Tatsachen und Illusionen». Zu Dave, dem Mann von den Westindischen Inseln, den er anheuert, damit er ihn ziellos in London herumfährt, sagt er: «Eigentlich hat alles, was ich unternehme, mit Arbeit zu tun. Alles.» Spark, deren Thema die filmische Traumwelt ist, wirkt hier besonders konzentriert, gleichsam in der Rolle der Regisseurin; sie erklärt ihre kontrollierende Präsenz mit Zwischenbemerkungen wie: «Es wird Zeit, dass ich jetzt beschreibe, wie Tom … aussah», oder: «Es ist überflüssig, an dieser Stelle den Namen des neuesten Regisseurs zu nennen», oder: «Schließlich glaubte die Polizei dem Jungen, dessen Name im Moment irrelevant ist.» Der Stil ist energisch und knapp, die Dinge werden rasch abgehandelt: In einem Satz erfahren wir, dass *Unerledigte Angelegenheiten*, dessen verworrene Entstehung zwei Drittel des Romans in Anspruch genommen hat, «ein eindeutiger Erfolg war». Die verschiedenen sexuellen Liaisons gehen schneller über die Bühne als in einer französischen Farce; im Zeitalter der Fax-Übermittlungen und Kurzinterviews hat auch der Sex sich den Gepflogenheiten angepasst. Der Mann, der Marigold aufspürt, geht nicht zu ihren Eltern oder zur Polizei, sondern zu einem Fernsehsender und führt das Kamera-Team «gegen ein angemessenes Honorar» zu ihrem Versteck. Die Menschlichkeit steht zum schnellen Verkauf. Eine gewisse Nostalgie nach langsameren, beziehungsintensiveren Tagen schleicht sich ein; Tom trauert alten Freunden nach – Auden, Graham Greene, John Braine, Mary McCarthy –, die eher Sparks alte Freunde sein dürften. Sie ist in die Verfassung der Alten in *Memento Mori [Memento Mori]* geschlüpft. Tom sagt: «Im Wesentlichen bestehen die Menschen aus Erinnerungen, Dave.»

Doch in dem Meer des unbekümmerten Betrugs und der überhand nehmenden Entlassungen gibt es eine Insel der Beständigkeit: Claire, «reich, diskret in Bezug auf ihre Männer, tolerant gegenüber Toms Frauen, eine gute Gastgeberin und gut aussehend.» Ihr Reichtum entstammt dem Vermögen der amerikanischen Firma Blantyre Biscuits, Inc. Ihre engelhafte Toleranz angesichts von Toms Verliebtheiten liegt in ihrem Respekt vor seiner künstlerischen Arbeit begründet: «Und um ehrlich zu sein, dachte Claire, halte ich es ja auch nur deshalb bei ihm aus, weil er ein interessanter Filmregisseur ist.» Ganz am Ende wird der Roman zu einem Liebesgedicht an Claire. Sie ist, so erfahren wir, «emotional phantasievoll», und in einer von ihr geprägten Szene am Schluss vertieft sich plötzlich die flache, sprunghafte menschliche Perspektive des Romans:

> Claire, die nicht wusste, ob Tom mit dem Mädchen geschlafen hatte, bewahrte eine Miene der freundlichen Distanz und anderer wundersamer und widersprüchlicher Eigenschaften, die sie in ihrem Leben mit Tom erworben hatte: von mütterlicher Unnahbarkeit, professionellem Amateurismus, von Verständnis und Verständnislosigkeit, von ja und nein.

Am Ende spüren sowohl Tom als auch Cora, dass «Claires Stärke und Mut ihnen Kraft gab», als Claire ihnen und sich, in einer Kern-Dreieinigkeit begüterter Schöner, Drinks serviert.

Mancher Leser mag von der scheinbaren Gleichsetzung spiritueller Würde mit Geld und gutem Aussehen verstört sein. Aber in den Träumen von Gott, die von Fleisch strotzen, sind Körper und Geist so gut wie identisch. «Worin besteht dann der Unterschied zwischen Körper und Geist?», fragt Tom seinen Masseur Ron. Darauf antwortet Ron: «Es gibt wohl einen Unterschied, aber die beiden sind einander sehr ähnlich, wissen Sie.» Tom, womöglich Ketzerei vermutend, sagt: «Oder zumindest aufeinander angewiesen, denke ich.» In Sparks erstem Roman, *The Comforters [Die Tröster]*, spürt die angespannte Heldin einen körperlichen Widerwillen gegen die fromme und dickbusige Mrs. Hogg, die in ihr «Abscheu gegen das menschliche Fleisch weckt, wo dessen Masse die Intelligenz überwiegt.» Um wie vieles hübscher sind Cora und Claire, rank und schlank in ihren mehr als einmal erwähnten hautengen Jeans. Und, seien wir ehrlich, sind Gesundheit und Reichtum nicht spirituell attraktiver als ihre Gegenteile? Wenn wir Dame Muriels Verteilung von schicksalhafter Gnade undemokratisch finden, müssen wir uns fragen: Aber wessen erträumte Geschöpfe sind sie denn? Ihre und ihre allein, das stellt sie unmissverständlich klar.

Gott bewahre Inguschenien

JOHN LE CARRÉ, *Our Game*, New York 1995 [*Unser Spiel*. Deutsch von Werner Schmitz, Köln 1995]

Irgendwie sind all die Thriller zum Thema «Kalter Krieg» an mir vorbeigegangen. Wie oft habe ich ein Flugzeug bestiegen und die vielen Männer in Geschäftsanzügen – oder vielmehr in den Hosen des Geschäftsanzugs, denn die Jacketts hatten sie fein säuberlich gefaltet im Gepäckfach verstaut und die Krawatten gekonnt einen Daumen breit vom Hemdkragen weggezogen – beobachtet, wie sie mit bedeutungsvoller Miene in pralle Taschenbücher oder enorme Hardcoverbände von Clancy oder Ludlum oder Forsyth oder le Carré blickten, und ich wurde jedes Mal von Ehrfurcht ergriffen vor einem Genre, das Menschen zu solch feierlichem Eskapismus einlud – und zwar die seriösen Männer der Gesellschaft, diese weißen männlichen Makler der Macht, diese durch die Lüfte schwebenden Sendboten der Transaktionen der freien Welt. Doch wenn ich einen heimlichen Blick in die augenscheinlich so fesselnden Wälzer warf, vermittelten sie mir den beklemmenden grauen Eindruck von Waffenkatalogen und komplizierten Kodes und extrem sachlichen Dialogen, aus denen hervorging, dass hinter jedem Doppelbluff ein weiterer Doppelbluff steckte und dass alle Wege in allseitigem Misstrauen endeten. Einmal *habe* ich etwas von John le Carré gelesen, *The Spy Who Came In From the Cold [Der Spion, der aus der Kälte kam]*, und obwohl die Einzelheiten in dem gleichen Nebel versunken sind wie die älterer Spannungsbücher von Graham Greene und Eric Ambler, die ich als leichtgläubiger Junge las, war da doch am Ende etwas Bitteres über eine eiserne Brücke in Berlin, das mir einen bleibenden Nachgeschmack hinterließ. Doch kam das vielleicht auch von dem Film mit Richard Burton. Häufig wurden Bücher wie dieses verfilmt, und für mich als Kinogänger bestand die erste Hürde schon darin, dass ein Schauspieler den amerikanischen Präsidenten darstellte, wo ich doch ganz genau wusste, dass es *einen solchen Präsidenten nie gegeben hatte*. Um Spannung zu erzeugen, muss ein politischer Thriller in der Geschichte herumpfuschen, und die Geschichte ist schon verpfuscht genug, besten Dank.

Wie dem auch sei, das Ende des Kalten Krieges hätte all dem ein Ende bereiten sollen. Aber das hat es nicht, wie John le Carré in seinem neuen Roman *Our Game* demonstriert. Le Carré hat bereits seine magischen Fähigkeiten bewiesen, indem er Hunderttausende von amerikanischen Lesern davon überzeugte, dass es die britischen Spionagekräfte waren, die der roten Bedrohung Auge in Auge gegenüber standen, Smiley gegen Karla, während wir hier immer den Eindruck hatten, dass die Vereinigten Staaten die Schwerarbeit für die Freie Welt leisteten. In den Verfilmungen der Bücher von le Carré sind die Amerikaner im Allgemeinen eine unbedeutende und ungehobelte Bande, und diese neueste Geschichte über die gute alte englische Verwegenheit hat nur ein Naserümpfen für die Vereinigten Staaten übrig – «die einzige Supermacht der Welt … Amerika, der Weltpolizist». Anscheinend unterstützen wir die kleinen bedrängten, romantischen Halbstaaten des nördlichen Kaukasus nicht genügend. In einer Zeit, da das sowjetische Imperium so tut, als existierte es nicht, nimmt es der typische britische Spion, in *Our Game* von dem früheren Doppelagenten Larry Pettifer verkörpert, mit Russland wieder auf, diesmal nicht im Namen von Großbritanniens «gekröntem Eiland» und «halbem Paradies», sondern für das ungerechterweise unbekannte moslemische Gebilde Inguschenien. Es existiert tatsächlich: Man kann es auf einer Landkarte, nördlich von Georgien und südlich von dem nicht mehr unbekannten Tschetschenien gelegen, finden. Die Inguschen stellten zehn Prozent der Tschetscheno-Inguschischen Autonomen Republik dar, deren tschetschenischer Teil 1991 seine Unabhängigkeit von Russland erklärte. Le Carré hat Vorausschau bewiesen, als er einen Konfliktpunkt in der aufgetauten Welt wählte, hatte aber vielleicht Pech insofern, als die düsteren Schlagzeilen aus Grosny allgegenwärtig waren. Fiktion und Nachrichten erzeugen ein verschwommenes Doppelbild. Der Leser, der mit den Inguschen zu leiden lernt, glaubt, in der richtigen Kirche zu sein, aber auf der falschen Seite zu sitzen. Und warum heißt der prominenteste Ingusche Tschetschejew?

Le Carré schreibt gut, sogar phantasievoll:

> Der Hügel war steil, das Haus eine strenge alte Dame, die auf festen Beinen zwischen ältlichen Freundinnen stand. Sie hatte ein Sonntagsschulgesicht und ein verglastes Eingangsportal, das in der Morgensonne überirdisch leuchtete. Sie hatte fromme Spitzengardinen und wirkte ein wenig traurig; innerhalb der rechtwinklig gestutzten Hecke eine Vogeltränke und ein Kastanienbaum, von dem goldgelbe Blätter fielen. Dahinter erhob sich ginsterbewachsen der Gipfel wie der grüne Hügel im Kirchenlied, und hinter dem Hügel breiteten sich verschiedene Himmel aus, der blaue Himmel des Sonnenscheins, der schwarze des Strafgerichts und der klare weiße Himmel des Nordens.

Wohl gemerkt, es handelt sich hier um das Haus eines Waffenhändlers in Macclesfield. Le Carrés Stil hat etwas von einer überhitzten Expertise, als wünschte der Autor sich, er könnte etwas anderes tun, als sich einen Thriller auszudenken. Unser Erzähler, Timothy Cranmer, hat zu einem eigentümlichen Stilmittel gegriffen und erzählt Rückblenden im Präsens und die Handlung im Imperfekt; wem er das Ganze erzählt, mit all seinen berechnend zurückgehaltenen Informationen und schmerzlich langsamen Enthüllungen, wird nicht erklärt. In der ersten Hälfte des Romans umkreist er das Dreieck, das entstand, als seine bei ihm lebende Geliebte Emma Manzini, eine um vieles jüngere, schöne Musikerin, die er aus einem niederen, sich in vereinzelten Konzerten und beiläufigen Liebesbegegnungen erschöpfenden Leben in London rettete und in seinem alten Landhaus in Somerset unterbrachte, sich in den gelehrten, unordentlichen, neo-byronschen Larry Pettifer verliebte, der drei Jahre jünger ist als Cranmer und seit ihrer gemeinsamen Schulzeit in Winchester, einer jener so unglücklich prägenden englischen Internatsschulen, mit ihm befreundet ist. Cranmer beschützte ihn vor den Grausamkeiten der anderen Schuljungen und rekrutierte ihn später, als er selbst dem Geheimdienst angehörte, als britischen Spion, der zugleich für den KGB tätig war. Beide Männer sind inzwischen ziemlich schnöde von der Gehaltsliste der Regierung gestrichen worden. «Siebenundvierzig Jahre alte Kalte Krieger kann man nicht neu auflegen, Tim», erklärt man Cranmer. «Ihr seid alle viel zu nett.» Was nach kunstvoll umschweifiger Erzählung ans Licht kommt, ist die Tatsache, dass es Cranmer zwar bekümmert, als ihm Emma, elegant und sexy, von seinem früheren Partner im Spionagegeschäft ausgespannt wird, dass seine wahre Faszination aber und – darf man es sagen? – seine Liebe dem forsch flegelhaften Larry gehört. Als Leser hatte ich das Problem, dass mir Larry von Anfang an zutiefst unsympathisch war und ich deshalb bis zum bitteren Ende hoffte, er würde in einem raffinierten Thriller-Dreh als Verräter statt als der Möchtegern-Retter des umkämpften Inguscheniens entlarvt werden. Ich hatte mich geirrt. Wir sollen ihn so nehmen, wie er ist, als den Byron der letzten Tage, der für Griechenland starb, oder einen neuen Aubrey Herbert, der sein ganzes Alles für Albanien hingab.

«Unser Spiel» nannten die Jungen im Internat von Winchester ihre besondere Version des Fußballspiels, und *Our Game* hat etwas von einem jungenhaften Tagtraum. Wir sollen glauben, dass die Inguschen in ihren Bergfestungen einen Engländer, den lässigen und belesenen Larry, als Rebellenführer mit Top-Management-Qualitäten akzeptieren, und dass ein zweiter Engländer, Cranmer mit dem Gebetsbuch-Namen, durch die Unterwelten Russlands geleitet wird – wenn auch auf recht raue Art, aber immerhin gleitet –, damit er sich mit seinem alten Schulkameraden aussöhnen kann. Abenteuer solcher Art führen uns zurück zu *The Four Feathers* und «The Man Who Would Be King», zu den Vorposten in der Welt wie T. E. Lawrence und Rider Haggard, in viktorianische Zeiten, als der große, kunterbunte Globus als riesiges Spielfeld existierte, auf dem herzensreine Engländer ihren persönlichen Regenbogen nachjagen konnten, während die pittoresken Heiden ihnen zujubelten.

«Live», rückwärts buchstabiert

MARTIN AMIS, *Time's Arrow*. London 1991 [*Pfeil der Zeit.* Deutsch von Alfons Winkelmann, Wien 1993]

Von seinem Vater hat Martin Amis den bösen Witz geerbt, aber seine experimentellen literarischen Neigungen und sein aufbrausendes linksliberales Bewusstsein hat er eigenständig entwickelt. Sein Buch mit dem Titel *Einstein's Monster* (1987), in dem fünf Science-Fiction-artige Geschichten enthalten sind, beginnt mit einer dreißig Seiten langen polemischen Abhandlung über die Tatsache, dass Nuklearwaffen existieren. Über Robert Jastrow, der in seinem Buch *How to Make Nuclear Weapons Obsolete* den faux pas beging, einige mögliche Szenarien eines Atomkriegs zu erwägen, schreibt Amis:

Er hat Unrecht, und ich behaupte, in dieser Hinsicht ist er ebenso unmenschlich wie alle anderen Atomkrieg-Kämpen, wie alle «Durchsetzer». Das Undenkbare ist undenkbar; das Undenkbare ist für den Menschen nicht denkbar, denn die Möglichkeit, von der es ausgeht, setzt voraus, dass aller menschliche Kontext bereits verschwunden sein würde.[1]

Die Vorstellung, dass man seine Menschlichkeit verwirken kann, kehrt in seinen Kurzgeschichten wieder. Von zwei betrunkenen Mördern heißt es dort: «Wirklich, das Schwierigste war, sie überhaupt anzufassen. Weißt du, wie die nassen Schwänze von Ratten. Oder Schlangen. Ich konnte nämlich sehen, dass es keine Menschen waren.»

Diese bequeme Kategorie des Untermenschlichen – bei den meisten Höhepunkten der Massaker im zwanzigsten Jahrhundert von selbstgerechter Propaganda beschworen – übt eine düstere Faszination auf Amis aus: Nicola Six, die vom Tod besessene Frau mit losem Lebenswandel in seinem langen Roman *London Fields* (1989) ist nach meinem Verständnis das Porträt eines unmenschlichen Menschen, der aus der Menschlichkeit, so wie Amis sie definiert, ausgestiegen ist, und für Odilo Unverdorben, den Helden von *Time's Arrow*, gilt das gleiche. In einem Interview, das ich unterwegs im Autoradio hörte, erklärte Amis – soweit ich ihn verstanden habe –, dass der Erzähler in *Time's Arrow* Unverdorbens Seele ist, die er bei seinen abscheulichen Taten als Arzt in einem Konzentrationslager der Nazis aufgegeben hat. Die Erklärung, warum diese ausgesetzte Seele den Auftrag erhielt und in die Lage versetzt wurde, Unverdorbens Leben rückwärts zu durchwandern, vom Tod zur Geburt, und alle Rei-

---

[1] *Einsteins Ungeheuer*. Deutsch von Bernhard Robben, Reinbek 1988

sen, Taten und Gespräche rückwärts aufzuzeichnen, habe ich leider nicht gehört. Vielleicht musste ich zum Tanken anhalten, oder der Fahrer hinter mir hat auf die Hupe gedrückt.

Amis' ambitioniertes Interesse an Unmenschlichkeit, an der Zeit und am Undenkbaren treffen in *Time's Arrow* zusammen, einem Werk von beeindruckender Intensität und Virtuosität, wenn auch strotzend von problematischen Aspekten. Das Wort «Holocaust» hat in unserer Zeit zwei Bedeutungen angenommen – zum einen bezeichnet es den bisher nicht eingetretenen und hoffentlich nie eintretenden Atomkrieg, zum zweiten den systematischen Mord Nazi-Deutschlands an sechs Millionen hilflosen europäischen Gefangenen, die meisten davon Juden. Der Holocaust in dieser zweiten Bedeutung ist geschehen und ist dennoch, wie der andere, undenkbar. Dass das deutsche Volk, das mit seinen Künsten und Wissenschaften und seiner Industrie in der vordersten Reihe dessen standen, was stolz die europäische Zivilisation genannt wurde, zu einem Verbrechen angestiftet werden konnte, das so gewaltig und unzivilisiert war und so brutal und so systematisch durchgeführt wurde, stellt ein monströses riesiges Rätsel in der Mitte des zwanzigsten Jahrhunderts dar. Obwohl es dank deutscher Tüchtigkeit umfassende Dokumentationen gibt und obwohl ein Kontext plausibel gemacht werden kann, in dem eine Demoralisierung der Deutschen und ein christlicher Antisemitismus zusammentreffen, bleibt das Geheimnis in all seiner Schrecklichkeit bestehen, sodass jeder fiktive Versuch, es vorstellbarer zu machen, gemeinhin Anstoß erregt. Leslie Epsteins *King of the Jews* galt als skandalös leichtfertig; William Styrons Roman *Sophie's Choice* führte bei manchen Lesern zu Unbehagen wegen seiner Mischung aus gründlich recherchiertem historischen Schrecken und pubertärer sexueller Bekenntnisse des amerikanischen Erzählers. Selbst ein so ernsthafter und nachdenklicher Autor wie George Steiner wählt in *Portage to San Cristobal of A. H.*, so fand ich, einen zu spielerischen Ton, wenn er die Vorgeschichte eines rasenden Hitlers, der in den siebziger Jahren lebend im Dschungel des Amazonasgebiets gefunden wird, darlegt. Auch ein halbes Jahrhundert danach ist der Holocaust nichts, womit man spielen darf; noch immer geht eine giftige Hitze von ihm aus, und vielleicht sollte es niemandem außer denen, die tatsächlich die Lager überlebt haben, wie Primo Levi und Tadeusz Borowski, gestattet sein, Kunst daraus zu machen. Aber natürlich begehrt das künstlerische Gewissen gegen solche Einschränkungen auf. Man begrüßt den gewagten Versuch eines 1949 geborenen Engländers, sein bewältigtes Londoner Milieu zu verlassen und sich mit Einfühlungsvermögen in das Leben eines 1916 geborenen Deutschen zu versetzen, der Arzt wird und dazu bestimmt ist, auf Schloss Hartheim (wo die körperlich Behinderten beseitigt wurden) und anschließend in Auschwitz grauenhafte Dinge auszuführen, dem aber das Schicksal erlaubt, nach Lissabon zu fliehen und von dort nach Amerika, wo er schließlich im hohen Alter, umgeben von anderen Ärzten, an Herzversagen stirbt.

Man wünscht sich jedoch noch mehr Einfühlungsvermögen und eine glattere Entschädigung für die vielfachen technischen Schwierigkeiten, die entstehen, wenn man ein Leben im Rückwärtsgang abrollen lässt. Zum Beispiel werden Unterhaltungen rückwärts wiedergegeben, sodass «Wie geht's Ihnen heute?», zu «Etueh nenhI s'theg eiW?», wird. Eine derart präzise Transkription wird bald aufgegeben, aber die einzige Möglichkeit, längere Dialoge zu lesen, und es gibt deren mehrere, besteht darin, bis zum Ende vorzublättern und dann zurückzulesen. Verzehr und Ausscheidung werden grotesk umgekehrt, wie wir mehr als einmal zur Kenntnis nehmen müssen. Rauch sinkt zu Boden und durch Feuer entstehen Dinge. Schläge haben heilende Wirkung, und in der Notaufnahme des Krankenhauses reißen die Ärzte scheinbar die Bandagen ab und foltern die Menschen. Prostituierte bezahlen ihre Freier, Schreibgeräte verwandeln Briefe in weiße Blätter, abgeschnittene Fingernägel hüpfen aus dem Abfalleimer und verwachsen wieder an den Fingern. Eine nur zu vertraute Tortur wie das Herbeiwinken eines Taxis in New York wird ein amüsantes Vergnügen:

> Was die Taxen betrifft, so gibt es bei diesem Geschäft sicherlich nichts mehr zu verbessern. Sie sind stets da, wenn man sie braucht, selbst im Regen oder wenn die Theater schließen. Sie bezahlen einen im Voraus, ohne Fragen zu stellen. Sie wissen stets, wohin man will. Sie sind großartig. Kein Wunder, dass wir ihnen am Ende sogar stundenlang einen Abschied zuwinken oder sie grüßen – diesen tollen Service grüßen. Auf den Straßen wimmelt es von Leuten mit erhobenen Armen, die klatschnass und erschöpft den Taxen danken.

Aber der nach vorn zeigende Pfeil der Zeit ist so tief in die Syntax der Sprache und der Erzählung eingegraben, dass Amis hin und wieder offenbar ins Schleudern gerät. Von einer Abtreibung sagt er:

> Eine rechteckige Plazenta und ein etwa ein Zentimeter langes Baby mit einem Herzen, jedoch ohne Gesicht, wird mit Hilfe von Zange und Spekulum implantiert. Immer wieder erfolgt die Untersuchung mit dem Finger und dem Abstrichtupfer. Jetzt können sie herabsteigen und etwas trinken und flüsternd sprechen. Sie sagen auf Wiedersehen.

Würden sie – die wieder schwangeren Frauen – am Anfang des Besuchs, der aus unserer Perspektive das Ende ist, nicht hallo sagen? An dem Punkt in seinem Leben, da Unverdorben (der nunmehr einen amerikanischen Namen – Todd Friendly – erhalten hat, so unbehaglich niedlich wie sein deutscher Name auch) aus New York nach Neuengland fliehen muss, lesen wir von der umgekehrten Aktion «ich fahre jetzt mit der Bahn Richtung Süden», obwohl es streng genommen «ich fahre jetzt rückwärts Richtung Süden» heißen müsste, ähnlich wie das Schiff, das ihn aus Europa gebracht hat, ihn in der Zeit zurück bringt, nach Europa:

> Die Leute versammelten sich am Bug des Schiffs, um dorthin zu sehen, woher sie gekommen sind, wie es die Leute halt so tun. Nur John [John Young, Unverdorbens erster amerikanischer Name] ist unweigerlich am Heck zu finden, er sieht dorthin, wohin wir fahren. Der Weg des Schiffes ist deutlich auf der Wasseroberfläche vorgezeichnet und wird von unserem voranpflügenden Schiff wütend getilgt.

Dieses Buch zu lesen, ist eine hirnverschleißende Übung, und es zu schreiben muss eine große geistige Anstrengung gewesen sein. Selbst wenn die Umkehrung in der Zeit nicht perfekt gelungen ist, wer außer Amis hätte es überhaupt und mit so viel farbenfroher Eleganz bewerkstelligen können? Amis ist ein ungewöhnlicher englischer Schriftsteller insofern, als er von Amerikanern zu lernen versucht hat, insbesondere von Bellow mit seinen schnellen alltagsprachlichen Rhythmen und von Nabokov mit seinen komprimierten Metaphern und seinem begierigen Blick. Wenn er zu Hause ist, wie in seinem Londoner Roman *Success* (1978), sind seine hyperaktive Sprache und sein brodelnder Zorn unwiderstehlich. Starke Bilder beschleunigen den Pfad des Pfeils der Zeit von einem amerikanischen Krankenhaus («Wir Ärzte bewegen uns zwischen Decke und Fußboden, zwischen Neonröhren und quietschendem Linoleum») nach Portugal («Rosig und gelb überblicken die Villen das ausgedörrte Land, wie Süßwarengeschäfte auf dem Planeten Mars») und zurück nach Berlin während des Krieges («das feuchte parkettartige Pflaster der Straßen, die Lichter in den Geschäften wie Ventile an alten Radios»). Der existenzielle Rahmen von Amis' Romanen scheint amerikanisch zu sein: Er schreibt in dem uns vertrauten Ton des frustrierten Transzendentalismus von dem «tiefen und unknackbaren Code der Sterne». Der am Anfang stehende lange amerikanische Abschnitt des Romans erzählt mit lebendiger Frische von Eindrücken, die an die Welt von *Lolita*, in einem verrückten, die Bilder umkehrenden Spiegel gesehen, denken lassen, mit einem ähnlichen hohlen Gefühl für «den hübschen Pluralismus in Amerika» und den verwerflichen Wohlstand.

Wenn der *Pfeil der Zeit* jedoch in seiner moralischen Mitte, nämlich in Auschwitz, ankommt, verfehlt er irgendwie das Ziel; selbst die rückwärts gerichtete Reihung erschlafft und wirkt halbherzig. In der bestimmenden Rolle seines Lebens verliert Unverdorben an Schärfe; außer von seiner Impotenz bei seiner Frau Herta weiß er uns offenbar nichts zu berichten. Der undenkbare mörderische Tumult um ihn herum wird durch zusammengekniffene Augen gesehen, eine Wochenschau in Schwarzweiß mit ständigen Filmrissen. Vielleicht war Amis bei dem Versuch, diesen Teil des Lebens seines Helden in den richtigen Proportionen zu schildern, zu hastig. Vielleicht hat er beschlossen, weil er hier ganz auf das lebendige Detail in den Berichten anderer angewiesen war, sich nur zurückhaltend zu bedienen. (Primo Levis Bücher lieferten zumindest den Namen Unverdorben und einige ex-

krementelle Details.) Bei der Lektüre hatte ich den bohren-
den Wunsch, *The Nazi Doctors [Ärzte im Dritten Reich]*, ein
Sachbuch von Robert Jay Lifton, zu lesen, von dem Amis in
seinem Nachwort sagt: «Mein Roman wäre ohne dieses Buch
nicht geschrieben worden und hätte auch nicht geschrieben
werden können.» Statistische Angaben ragen über der Geschichte auf: Das Lager in Auschwitz erstreckte sich über
sechsundfünfzig Quadratkilometer, von den ungarischen Juden wurden täglich zehntausend ermordet. Vielleicht ist das
Thema tatsächlich zu brennend und zu groß, als dass man
darüber schreiben könnte. Das Bild von Juden, die von dem
rückwärts gerichteten Pfeil aus der Asche und den Bergen
verstümmelter Leichen lebendig hervorgezaubert werden,
mit Goldzähnen, die wieder in ihre Münder gestoßen werden, ergibt nicht die kosmische Komödie, die der Autor im
Sinn gehabt haben mag. Dem allgemeinen menschlichen
Wunsch, den Holocaust rückgängig zu machen – ihn unge-
schehen zu machen –, wurde in der Coda der postumen Mas-
senheilung in D. M. Thomas' Roman *The White Hotel [Das
Weiße Hotel]* auf seltsam bewegende Weise Ausdruck verliehen; der Leser begehrte nicht dagegen auf, weil sie so spontan
zustande kam, so leicht hin, so organisch aus dem Abgrund
von Trauer und Schrecken, den Thomas mit der davor liegenden, nahezu unerträglichen Dramatisierung des Massenmords von Babi Yar vorbereitet hat. Hier fand unser Wunsch,
das Geschehene zu leugnen, in einem erzählerischen Einfall
und in dem alten Traum von einem erlösenden Leben nach
dem Tod seine Erfüllung; ein niemals erklärter Mechanismus
des Erzählens, der erbarmungslos weiterrast, kann das nicht
bewirken.

Denn wer ist dieses «Ich», das in Unverdorbens sterbliche
Geschichte im Augenblick seines Todes eindringt und ihn zu-

rück in den Mutterleib treibt? Am Anfang, als die Seele mit ihrem physischen Aufenthaltsort noch deckungsgleich ist, klingt sie recht munter und losgelöst (und englisch): «Das Leben ist kein Zuckerschlecken, mit seinen Höhen und Tiefen. Einmal steht man auf der Gewinner-, und einmal auf der Verliererseite. Alles gleicht sich aus. Es kommt bei null raus.» Die geisterhafte Stimme beklagt sich, dass Todd Friendly (die deutsche Bedeutung des Vornamens ist ein weiterer Hieb, den der übermütige Autor austeilt) kein Gefühl hat: «Er kann nicht fühlen, er verbindet nichts.» In der besten Zeit, als Todd oder John der amerikanischen Promiskuität frönt, besprenkelt sie ihn mit kleinen Vorträgen über den Vorzug der Monogamie oder darüber, dass er den Verstand der Frauen achten solle, macht aber in einer sexy Parenthese das Zugeständnis: «Von mir hörst du keine Einwände: Frauen sind Klasse.» Das «Ich» denkt vielleicht, es sei Todds verbannte Seele («Vielleicht drückt Irene es am besten aus, wenn sie zu Todd sagt, er habe keine Seele. Anfangs habe ich das persönlich genommen, und es hat mich kreuzunglücklich gemacht»), aber in meinen Ohren klingt es nach einem tyrannischen Autor, der eine seiner Gestalten als unterhalb der Untermenschen beschimpft. Obwohl Amis seinen Helden als schuldbeladen hinstellt – und damit, so würde ich vermuten, unsere menschliche Fähigkeit zu resoluter Selbstrechtfertigung, die keineswegs auf deutsche Kriegsverbrecher beschränkt ist, unterschätzt –, gestattet er ihm kaum einen Gedanken oder eine Handlung, die Mitleid aufkommen ließe. Unverdorbens wahrhaft unverdorbene Jugend – vor Auschwitz, vor der Reserve-Sanitätstruppe, vor Hitler – ist von unerforschlicher Kürze. Seine Mutter ist Amerikanerin, sein Vater ein Kriegsversehrter des Ersten Weltkriegs, «ein Gerippe mit olivefarbener Haut … dünn wie ein *Musel-*

mann» (Muselmann bedeutet Moslem und war im Konzentrationslager-Jargon ein Ausdruck für einen todgeweihten Häftling). Bei dem jungen Odilo ist einem kaum ein Blick auf ein normales, vernünftiges Jungenleben vergönnt. Seine verzückte Gier (und die seiner Seele) nach Herta inspiriert ein Prosa-Gedicht: «Hertas Körper schwatzt seine Jugend heraus. Ihre Ohren sind wie Kekse, ihre Zähne wie Bonbons. Ihre Haut ist straff wie eine Olive.» Doch bevor wir diese fröhliche Flitterwochen-Vision präsentiert bekommen, sehen wir eine hudelige und gleichgültige Herta, die von dem impotenten und todgetränkten Odilo davor (danach) bei sadistischen Sexspielen missbraucht wird, während er zwischendurch hinausgeht und den Juden «hilft» (ihnen Schaden zufügt).

Nein, es lässt sich nicht leugnen, dass die Geschichte der Menschen von viel Schmerz und Grausamkeit entstellt ist. Es ist lobenswert, dass Martin Amis oder vielmehr Unverdorbens entfremdete und geschwätzige Seele «das Antlitz des Leidens» schauen möchte, «ein Antlitz, das wild und fern und uralt ist». Doch *Time's Arrow* scheint weniger Zeugnis vom Leiden zu geben, als vielmehr das primitive Ritual der Teufelsaustreibung durchzuführen. Das bin nicht ich, sagt das «Ich» des Dr. Unverdorben; das sind nicht wir, du und ich, sagt der moralisierende Autor – diese feige Komplizenhaftigkeit, diese Gewalt, geboren aus dem Wunsch, Erfolg zu haben, diese raubgierige, grobe Sexualität, diese Hartherzigkeit, diese treibende Angst. Aber wir sind es *doch*, auch wenn die Geschichte uns zu unserem Glück an einen Ort gestellt hat, wo wir für unser schlimmstes Ich unerreichbar sind. Wenn wir verstehen, dass die Täter von Auschwitz unsere Mitmenschen sind, ist das ein Schritt, mit dem wir der Verhinderung einer Wiederholung von Auschwitz näher kommen. Theorien vom Teufel nützen nichts, weder in der Politik noch in der Psychiatry. Mit seiner teuflischen Genialität kommt *Time's Arrow* einem ein bisschen wie eine altmodische Inquisitionsmethode vor, ersonnen, um einer verlorenen Seele unter Folter ein rettendes Geständnis zu entlocken. Mit seinen wolkigen und koketten metaphysischen Ideen sehnt sich der Roman nach den reinigenden alten absoluten Werten. Mit seinem Geblitze scheint er eine neue Untersuchung anzuregen, legt aber keine neuen Beweise vor.

Müßige Gedanken
eines fleißigen Fliesenlegers

LARS GUSTAFSSON, *A Tiler's Afternoon*. Englisch von Tom Geddes, New Directions 1993. [*Nachmittag eines Fliesenlegers*. Deutsch von Verena Reichel, München 1991]

Unter der Oberflächenkomödie dieses kurzen Romans, der von einem verworrenen Tag im Leben des fünfundsechzigjährigen Fliesenlegers Torsten Bergman aus Uppsala berichtet, liegen die philosophischen Fragen, die Gustafsson in seinen Gedichten und seinem erzählerischen Werk immer wieder mit Leben erfüllt. «Hoffnungslosigkeit war das Einzige, was die Menschen wirklich verband.» «Das Leben scheint unseren Zwecken nicht zu dienen, so viel steht fest.» Verwoben mit diesen beckettschenAperçus sind die gegenwärtigen verschwommenen Ängste des Fliesenlegers und seine lebhaften Erinnerungen an die Vergangenheit, denen er nachhängt, während er feinsäuberlich eine Wand in dem, wie sich herausstellt, falschen Haus mit blauen Kacheln versieht. Torsten ist ein Verlierer, aber wer ist das nicht? Torstens sich über den Tag erstreckender innerer Monolog hat Blitze der Erleuchtung: Aquavit, so sinniert er, vermittelt einem «ein inneres Gefühl, dass die Welt bedeutungsvoll ist», und ein Drachen ermöglicht es dem Fliegenden, sich an zwei Orten gleichzeitig zu fühlen. Gustafssons unscheinbare Sätze fügen sich fein säuberlich in eine weitere Perspektive ein, und der Leser stellt sich die müßige Frage, warum eigentlich Skandinavier nicht mehr mit dem Nobelpreis ausgezeichnet werden.

Ein dunkler Spaziergänger

PATRICK SÜSKIND, *Mr. Summers's Story.* Englisch von John
   E. Woods, New York 1993 [*Die Geschichte von Herrn Sommer.* Mit Bildern von Sempé, Zürich 1991.]

Während die Bücher von Mr. Süskind nach und nach in englischer Übersetzung eintreffen, kommt er einem wie der «erstaunliche schrumpfende Autor» vor. Auf den Bestseller *Parfüm*, der einen normalen Umfang hatte, folgte eine Novelle, *Die Taube*, und jetzt bekommen wir eine illustrierte Kindheitsgeschichte, so kurz, dass man sie innerhalb einer Stunde lesen kann. Mit liebevollen Abschweifungen und dem charmanten Anklang an Grimm'sche Märchen erforscht Süskind einige typische Jungenerlebnisse im vorpubertären Alter – auf Bäume klettern, Fahrrad fahren, Klavier üben, verknallt sein in eine Klassenkameradin. Durch die zärtlich und sorgfältig kolorierte Landschaft stakst die dunkle Gestalt des Herrn Sommer, ein gepeinigter und unermüdlicher Spaziergänger auf den Dorfstraßen. Sein Geheimnis wird nie enthüllt, und man fragt sich, ob sein Name nicht irreführend milde Assoziationen weckt. Wie die Taube in der Novelle *Die Taube* ist er ein Omen des Todes, dessen Kälte sich unterschwellig durch die unschuldige Klarheit Süskindscher Prosa zieht. Sempés zarte, spielerische Illustrationen und Mr. Woods' flüssige Übersetzung erweisen dieser Geschichte einen guten Dienst; man wünschte sich nur, dass das Büchlein, das in Mexiko hergestellt wurde, nicht so seltsam schwer aufzuschlagen und offen zu halten wäre. Es widersetzt sich den Fingern wie eine Mäusefalle, die man aufzustellen versucht.

Engel in Holland

HARRY MULISCH, *The Discovery of Heaven.* Englisch von Paul Vincent, New York 1996 [*Die Entdeckung des Himmels.* Deutsch von Martina van den Hertog-Vogt, München 1993]

Der Roman *Die Entdeckung des Himmels* von dem neunundsechzigjährigen holländischen Schriftsteller Harry Mulisch ist ein altmodisches Opus Magnum. Mit Vladimir Nabokovs *Ada* hat es den Namen der Heldin gemeinsam. Wie Joyces *Finnegans Wake* ist es traumbildartig mit der Gesamtheit der europäischen Geschichte verwoben; wie Umberto Ecos *Fou-*

caultsches Pendel deutet es ein dunkles Rinnsal von geheimnisvollen Dingen unter der Oberfläche dieser Geschichte an und schenkt uns das *dénouemant* eines Thrillers. Das große Werk, dem es womöglich am meisten ähnelt – in seinem genialen ironischen Tonfall wie in seiner Bereitwilligkeit, sich ausführlichen intellektuellen Argumenten zu öffnen, und hinsichtlich seiner metaphysischen Höhe, von der aus es die spirituellen und erotischen Abenteuer der Menschheit beobachtet – ist Thomas Manns *Zauberberg*. Wie in Manns Schweizer Sanatorium ist in Mulischs Holland ein wortgewandter Mikrokosmos europäischer Meinungen versammelt, vom Revolutionären bis hin zum Reaktionären, und so grüßt der holländische Schriftsteller den deutschen mit einem unmissverständlichen Witz: Manns Clavdia Chauchat vollendet ihre Verführung Hans Castorps damit, dass sie ihn um die Rückgabe ihres Füllfederhalters bittet, während Mulischs Sophia Brons sich von Max Delius ihren Bleistiftanspitzer zurückerbittet.

Der holländische Roman, von großem Umfang, hoher Bildung und einem enormen Reichtum an Geschehnissen, hat einen Icherzähler, einen namenlosen Engel, der seinem Vorgesetzten im Himmel Bericht erstattet über den Erfolg seiner Mission: er sollte die Erdenbewohner dazu bewegen, die beiden Tafeln, auf denen die Zehn Gebote eingraviert sind, zurückzugeben. Dazu war es zunächst notwendig, einen Menschen zu erschaffen, dessen DNS-Struktur den *einen* Funken aufnehmen konnte – ein Aufblitzen göttlichen Lichts –, der imstande sein würde, die Tafeln zu orten und in Besitz zu nehmen, was wiederum delikate, aber tödliche Manipulationen zwischen den Generationen erforderte. Die Großeltern des Trägers des Funkens mütterlicherseits lernten sich in den Ruinen eines 1944 von Bomben zerstörten Museums kennen;

die Großeltern väterlicherseits dagegen passten so gar nicht zu diesem Bild: der Ehemann, ein Österreicher, verriet seine Frau, die Tochter deutscher Juden, an die Nazis – sie wurde nach Auschwitz verschleppt, während er später als Kriegsverbrecher hingerichtet wurde. Die Sprösslinge dieser beiden Paare sind die schöne Cellistin Ada Brons und der brillante, zu Promiskuität neigende Astronom Max Delius. Er defloriert Ada, und eine Zeit lang leben die beiden zusammen, aber die entscheidende Empfängnis muss – aus Gründen, die nur die Engel durchschauen können – in Kuba stattfinden, und zwar unter Wasser und zu einem Zeitpunkt, als Ada schon mit Onno Quist verlobt ist, einem schweren, schlampigen, zerstreuten Linguisten, dessen aristokratischer, streng calvinistischer Vater vor dem Krieg Premierminister der Niederlande war. Durch himmlische Fügung sind Onno und Max, lange bevor sie beide Ada kennen lernten, die engsten Freunde geworden. Als Quinten, Adas unheimliches Kind mit den Saphiraugen, geboren wird, nimmt Onno an, dass er der Vater ist, doch Ada ist schon Monate vor der Niederkunft in ein Dauerkoma gefallen, und Max zieht Quinten allein auf, unterstützt von Adas Mutter Sophia, deren Mann an demselben Abend, als Ada von einem herabfallenden Ast getroffen wurde und ins Koma fiel, zu Tode gekommen ist, und zwar keineswegs zufälligerweise, dessen dürfen wir sicher sein. So spielt das Leben. Onno gibt den Versuch auf, die Schrift auf einer ausgegrabenen altertümlichen Scheibe zu entziffern, und geht in die holländische Politik; Max überwacht den Bau eines synthetischen Funkteleskops auf dem Gelände eines alten Konzentrationslagers in der Nähe von Westerbork und entdeckt hinter einem Pulsar die Himmelspforte; Quinten wächst in Groot Rechteren auf, einem bezaubernden Schloss, das in Wohnungen aufgeteilt wurde und passenderweise von all den Spezialisten bevölkert ist, die er für seine denkwürdige Ausbildung braucht.

Aus der Engel-Perspektive wird der Leser Zeuge der Manipulationen, die jeder Schriftsteller an den Gestalten seiner Handlung vornehmen muss. Ein Teil des Spiels besteht darin zu entdecken, wann der Engel eingreift, wann er Menschen und Dinge zusammenführt und mit Situationen jongliert. Die Grausamkeiten, die an den Gestalten verübt werden, auf dass sich himmlische Zwecke erfüllen, werfen die Frage nach Sinn und Zweck des menschlichen Daseins in eher düsterem Ton auf, als in Form einer himmelstürmenden Satire, wie in Kurt Vonneguts *The Sirens of Titan [Die Sirenen des Titan]*. Das Eingreifen der Engel – eine alte und immer noch lebendige Vorstellung – ist keine leichte Sache, erklärt unser Autor: «Die Wirklichkeit ist wie das Wasser; sie ist flüssig und beweglich, aber sie kann nur geringfügig komprimiert werden und nur unter großem Kraftaufwand.» Sein Ziel ist es, die Zehn Gebote zu zerstören – «das letzte auf der Erde: der Vertrag des Chefs mit der Menschheit, abgeschlossen mit deren Stellvertreter, dem jüdischen Volk.» Der Meister und seine Engel ziehen einen Schlussstrich, sie treten den Rückzug an und überlassen Luzifer «die ganze Sache mit den Menschen». Die biblische Ära der unmittelbaren Botschaften und direkten Begegnungen gehört längst der Vergangenheit an. Ein Engel führt das moderne Argument gegen die geoffenbarte Wahrheit überzeugend vor:

> Der letzte Strohhalm, an den wir uns klammern, ist der Glaube der Menschen; hätten sie Kenntnis von unserer Existenz, würden sie uns sofort völlig abschaffen. Sie würden mit den Schultern zucken und sagen: «Na und?»

In der Zusammenfassung hört sich die Handlung hektisch an, aber während sie sich entwickelt, eröffnet sie manche intellektuell provozierende Wende und ein großes Maß an Mitgefühl. Ada und Quinten sind liebenswerte Erfindungen, und Max und Onno eher zweifelhafte Typen, eben wie Männer so sind. Die zahlreichen Nebengestalten sind geschickt in einen liebevollen niederländischen Teppich des zwanzigsten Jahrhunderts eingewoben; die majestätische europäische Vergangenheit wird in Form von Musik und Architektur lebendig, während die Astrophysik und die Biochemie Zeugnis von der enormen Leere und den Rätseln des uns bekannten Universums geben. Und so jagen die vielen Seiten dieses Romans, der sorgfältig und erfindungsreich von einem Autor, der auch Dichter ist, geschrieben wurde, dahin. Als die Handlung Ada und Max und Holland zurücklässt, findet eine etwas störende Verschiebung hin zum Reisebericht und zur Science Fiction statt; und als sich Quintens himmlische Mission enger um ihn legt, wird er eine Art Roboter, der, wie Onno feststellt, «einen Hauch von interstellarer Kälte» verbreitet. Doch bis zum Schluss bietet das Buch überraschende Wendungen in seinem ständigen Diskurs, der so menschliche Angelegenheiten wie Vererbung und Glaube, Sex und Einsamkeit umfasst.

Wie zwei andere Romane von Mulisch, die in englischer Übersetzung erschienen sind – *The Assault [Das Attentat]* und *Last Call [Höchste Zeit]* – hat auch *Die Entdeckung des Himmels* seine Wurzeln im Zweiten Weltkrieg. Die Ereignisse damals, verdichtet durch Terror und Gräuel, wurden zu Omen und Vorzeichen und haben in den Jahrzehnten des Friedens immer wieder ihre prägende Wirkung geltend gemacht. Wie Anton in *The Assault* ist auch Max «immer umgeben» von Krieg. Man könnte sich vorstellen, dass Mulisch (dessen Eltern wie die von Max in einem Fall Opfer und im anderen Fall Kollaborateur waren) seine alten Dämonen zu Engeln gemacht hat – und die dunklen herrschenden Mächte im besetzten Holland zu pedantischen, bürokratischen Schicksalsspinnern. Wenn dem so ist, dann ist dieser heitere, umfangreiche Roman die galante Geste einer großzügigen Phantasie.

Vagheit auf Rädern, Staub an einem Rock

ORHAN PAMUK, *The White Castle*. Englisch von Victoria Holbrook, 1991 [*Die weiße Festung*. Deutsch von Ingrid Iren, Frankfurt am Main 1990]

IVAN KLÍMA, *Love and Garbage*. Englisch von Ewald Osers, New York 1991 [*Liebe und Müll*. Deutsch von Alexandra Baumrucker, München 1991]

Die weiße Festung ist das erste Buch von Orhan Pamuk, das in den Vereinigten Staaten veröffentlicht wurde, aber in der Türkei ist der Autor sehr bekannt und in Europa keineswegs unbekannt. Ein Artikel im *Times Literary Supplement* vom letzten Herbst endete mit der Behauptung: «Für einen Schriftsteller, der noch nicht vierzig ist, hat Pamuk Erstaunliches geleistet.» Seine Leistung besteht darin, so legte der bewundernde Kritiker Savkar Altinel dar, in seinen Büchern den westlichen Roman im Türkischen zu rekapitulieren. Der erste Roman, *Cevdet Bey und Söhne*, den der 1952 geborene

Autor im Alter von sechsundzwanzig Jahren fertig stellte, ist ein breit angelegtes, dem Realismus verhaftetes Werk, die Drei-Generationen-Saga einer Istanbuler Familie der Oberschicht, vergleichbar mit Thomas Manns frühem Roman *Buddenbrooks*. Der nachfolgende Roman, *The Silent House*, entwirft ein sehr viel kleineres Bild und behandelt, wie Altinel sagt, «eine Woche, die drei frustrierte und unglückliche Geschwister im Haus ihrer sterbenden neunzigjährigen Großmutter in einer Kleinstadt bei Istanbul verbringen»; dieser Roman, der sich durch das Bewusstsein von fünf verschiedenen Erzählern bewegt, verweist nicht auf den frühen Mann und die Realisten des neunzehnten Jahrhunderts, sondern auf die kreisenden, angespannten, multiplen Perspektiven von Thomas Wolfe und von Faulkner. Die modernistische Erzählweise ist in Pamuks drittem Roman, *Die weiße Festung*, einer postmodernen, von Phantasie und raffinierter Klugheit bestimmten Atmosphäre gewichen. Die an Borges und Calvino erinnernde Erzählung (sie wurde, so heißt es in einem Vorwort, von einer der Gestalten in *The Silent House* in einem alten Archiv gefunden und einer anderen gewidmet) berichtet von einem christlichen Sklaven aus dem Italien des siebzehnten Jahrhunderts und von seinem moslemischen Herrn, die einander so ähnlich sind wie Zwillinge und irgendwann ihre Identitäten tauschen. Pamuks vierter Roman, *The Dark Book [Das schwarze Buch]*, erschien letztes Jahr und ist, nach Altinels Beschreibung, das bisher komplexeste und literarischste aus der Feder des Autors. Offenkundig kennt und beherrscht Pamuk alle Tricks der westlichen Literatur. In seiner Jugend vertiefte er sich in die klassische französische und russische Literatur und studierte klassische englische Literatur am Robert College in Istanbul, einer säkularen amerikanischen Universität. Mit exzellenten englischen

Sprachkenntnissen verbrachte er einen Teil des Jahres 1985 als Visiting Writer Fellow an der University of Iowa. Von den Büchern, die ich gelesen habe, ähnelt der Roman *Die weiße Festung* –, mit seinem schimmernden Ton, seinen mühelosen Verrenkungen und dem Verwirrung stiftenden verdoppelten Helden – am ehesten dem Roman *Arabesque*, dem Werk eines anderen Gasts aus dem Nahen Osten in Iowa, nämlich des palästinensischen Israeli Anton Shammas. Soll das heißen, dass Literaturgeschichtler in Zukunft von einer «Iowa-Schule» des globalen magischen Realismus sprechen und sich über die stilistische Beziehung zwischen Grant Woods geometrischen Landschaften und den exotischen Visionen der Intellektuellen der Dritten Welt Gedanken machen müssen?

Der Erzähler in *Die weiße Festung* ist der italienische Sklave, der auf See in Gefangenschaft geraten ist. Seine vier Jahrzehnte umspannende Erzählung ist von einer schwerelosen Leichtigkeit, die uns über viele unplausible Aspekte hinwegträgt. Die Leidenschaft, von der die Geschichte stetig vorangetrieben wird, ist intellektueller und philosophischer Art und befasst sich mit dem Wechselspiel von Ost und West – von fatalistischem Glauben gegenüber aggressiver Wissenschaft – und, auf einer tieferen Ebene, mit der Frage der Identität. Der Meister, ein bärtiger Möchtegern-Erfinder und Gelehrter, der immer nur Hodscha, was Lehrer heißt, genannt wird, fragt sein namenloses venezianisches Ebenbild fortwährend: «Warum bin ich, was ich bin?» Auf der Suche nach der Antwort erfinden die beiden die Psychotherapie, zunächst in der Form von Bekenntnisschriften, in denen die Betonung auf persönlichen Fehlern und Sünden liegt, und dann in der Form von Spiegel-Begegnungen:

Seine Finger fest um meinen Nacken geschlossen, zog er mich zu sich heran. «Komm, lass uns zusammen in den Spiegel schauen!» Ich tat's und erkannte einmal mehr im grellen Licht der Lampe, wie sehr wir uns ähnlich waren … Um mich zu retten, um mich zu vergewissern, dass ich noch ich selbst war, machte ich eine Bewegung, ich fuhr mir rasch mit der Hand durch das Haar. Doch er imitierte meine Geste, obendrein meisterlich, ohne die Symmetrie des Spiegelbilds zu stören. Auch meinen Blick imitierte er, die Haltung meines Kopfes, und er kopierte mein Entsetzen, das im Spiegel zu sehen ich nicht mehr ertrug, von dem sich mein neugierig angstvoller Blick aber auch nicht zu lösen vermochte. Darauf wurde er übermütig wie ein Kind, das den Freund durch Nachahmen seiner Sprechweise und Bewegung aufzieht.

Das Gefühl, zum Besten gehalten zu werden, dehnt sich auf den Leser aus, als das unheimliche Duo zu einem Trio anwächst, indem es den verspielten jungen Sultan in seinen Bund aufnimmt und als Hodscha sich durch seine allmähliche Bekehrung zur Weisheit des Westens, mit finanzieller Unterstützung des Sultans, zur Erfindung einer Superwaffe veranlasst sieht, die noch nebelhafter ist als alles, wofür das Pentagon jemals Milliarden erbeten hat:

Ein weiteres Mal hob er hervor, dass alles von dem abhinge, was in unseren Köpfen vorgehe, dass er seinen ganzen Entwurf darauf begründet habe, und sprach erregt von der Symmetrie oder dem Chaos des mit allem möglichem Kram gefüllten Kabinetts, das wir Gehirn nennen, doch war mir unverständlich, wie er nun imstande sein würde, die Waffe zu gestalten, an der seine, unsere ganzen Hoffnungen hingen … Anschließend zeigte er mir, der ich von diesen bewegenden, wenn auch kaum begreiflichen Worten beeindruckt war, mit den Spitzen seiner unsteten Finger auf dem Papier ein seltsam undeutliches Gebilde.

Bei jedem Vorzeigen wuchs diese Form vor meinen Augen, und sie schien mich an irgendetwas erinnern zu wollen … Immer sah ich so im Laufe jener vier Jahre dieses Gebilde, das in seinen Komponenten über die Papiere verstreut war, das im Werden stetig festere Konturen bekam und das der Hodscha schließlich verwirklichen konnte, nachdem er alles an Jahr um Jahr zusammen getragenem Geld und menschlichem Fleiß aufgezehrt hatte. Ich verglich es manchmal mit einem Alltagsgegenstand, manchmal mit etwas aus unserer Traumwelt, oder auch mit diesem oder jenem Geschauten, Erwähnten aus unseren gegenseitig geschilderten Erinnerungen, doch kam ich keinen einzigen Schritt weiter bei dem Versuch, Klarheit in meinem Verstand zu schaffen; also musste ich mich der Ungewissheit meiner Vorstellungen fügen und wartete vergeblich darauf, dass die Waffe mir ihr Geheimnis von selbst eröffnen würde.

Es nimmt kaum Wunder, dass die Waffe, die bei Fertigstellung die Größe einer Moschee hat, im Schlamm der Schlacht stecken bleibt und den Sultan um seine Belagerung der weißen Festung in Polen bringt. Was immer sonst diese nebelhafte Erfindung symbolisiert, sie dient als Paradigma für den Roman, der uns an vieles erinnert, ohne dass wir genau wüssten, woran, und der sich in unseren unordentlichen Gehirnkabinetten verheddert. Eine gewisse Romantik kann aus der Begegnung von Unschuld und Technologie abgeleitet werden – Wells und Jarry und Queneau machen das, García Márquez hat es in *Hundert Jahre Einsamkeit* mit Eis gemacht, und José Saramago hat es in *Baltasar und Blimunda* mit einer mit Bernstein betriebenen Flugmaschine gemacht – doch Pamuks Erfindung hat keine Schärfe, keine Schrauben und Muttern, sie ist Vagheit auf Rädern. Der Plan, wie die Geschichte auch, ist ein «dunkler und zweideutiger Fleck auf dem Papier», eine Art Rorschach-Test, in den wir das hineinlesen, was wir hineinlesen können. Ein Schleier der Zaghaftigkeit zieht sich über die meisten Details von Serail und Schlachtfeld, die dieser historischen Fabel zu Lebensechtheit verhelfen könnten. Etwas Unklares, Zweideutiges verwischt die wundersame Zwillingsschaft, auf der die Geschichte aufgebaut ist. «Der Eintretende glich mir auf schier unglaubliche Weise … Er aber schien nicht besonders erstaunt zu sein. Daraufhin kam ich zu dem Schluss, so groß könne die Ähnlichkeit mit mir wohl nicht sein, er trug einen Bart, und außerdem schien ich mein eigenes Gesicht längst vergessen zu haben.» Die Szene vor dem Spiegel hat eine gewisse indirekte sexuelle Schwüle, einen Anflug von homosexueller Tyrannei und Unterwerfung, doch des Helden Ausflüge in ein parfümiertes Bordell und schließlich seine Heirat werden lediglich vermerkt, ohne dass das Gefühl von wirklichem Verlangen oder Energie entstünde. Wie in manchen Romane von E. M. Forster bleibt das, was an Energie vorhanden ist, in einer Atmosphäre der Schuljungendiskussion und der unterdrückten Anziehung hängen; der Identitätentausch, der den sorgfältig vorbereiteten Höhepunkt der Handlung bildet, verliert an Schärfe, weil die beiden Männer die ganze Zeit austauschbar scheinen. Obwohl es einige Gewaltmomente in dem Roman gibt, fehlt doch jedes kämpferische Element; alles vermischt sich und verschmilzt mit dem nebulösen Ich des Erzählers. «Ich liebte *Ihn*», schreibt er, und die in der Schreibweise ausgedrückte Huldigung gilt Hodscha, nicht Jesus, «liebte *Ihn* in gleicher Weise wie das hilflos erbärmliche Bild meiner selbst … Ich liebte *Ihn* wohl am meisten auf diese Art: Wie ich gewöhnt bin an die zwecklosen insektengleichen Bewegungen meiner Arme, oder so wie mir die an den Wänden meines Verstandes tagtäglich widerhallend verlöschenden Gedanken vertraut sind …»

Die Instabilität der eigenen Identität, der Reflexion und des Gedächtnisses liegen im Zentrum dieses brillanten und doch ermüdenden Romans. Mit seiner leidenschaftslosen Intelligenz und seinen Arabesken der Selbstbetrachtung erinnert Pamuk an Proust; sein Erzähler berichtet, er erinnere sich «an die Farben meiner Vergangenheit wie an die geliebten Worte eines Buches, das ich mit Vergnügen auswendig gelernt hatte.» Aber vielleicht, weil das siebzehnte Jahrhundert der Imagination des Schriftstellers eine Vergangenheit bietet, die selbst schon von Büchern bestimmt ist, wirken die Farben innerhalb der anmutigen Schwünge der goldenen und silbernen Linien verblichen.

Eine Möglichkeit, einen postmodernen Roman zu schreiben, besteht darin, die Struktur einer Fabel mit, wie Pamuk es ausdrückt, «verborgener Geometrie» zu wählen; eine andere darin, sich der Textur der Autobiographie zu bedienen und aus der Perspektive eines Icherzählers einen kunterbunten Essay zu schreiben, in den man gelegentlich Personen und Gespräche einflicht. Diesen zweiten Weg beschreitet der tschechische Schriftsteller Ivan Klíma in seinem Buch mit dem sachlichen Titel *Liebe und Müll.* Es wurde 1986 (in Schweden, aber auf Tschechisch) veröffentlicht und scheint aus einer fernen Zeit zu uns zu kommen, da es geschrieben wurde, als es den Eisernen Vorhang noch gab, in einer Situation also, als kommunistische Regimes denjenigen, die sich künstlerisch betätigen wollten, verrückte und verschrobene Bedingungen auferlegten. Unser Held, als Autor immerhin so renommiert, dass seine Theaterstücke im Ausland produziert und auch seine Kurzgeschichten in Übersetzungen veröffentlicht werden und dass ein angesehener französischer Interviewer ihn besucht, hat eine Stellung in einer Straßenkehrer-

Truppe angenommen und findet hier eine kollegiale Kameradschaft und eine Befriedigung, die ihm anderswo verwehrt ist. Als der Vorarbeiter ihm für seine gute Arbeit dankt, geht ihm der Gedanke durch den Kopf: «Es war lange her, dass ein Vorgesetzter mir für meine Arbeit gedankt hatte.» Doch abgesehen von seinem inneren Wettern gegen die «jerkische» (will sagen offizielle und propagandistische) Sprache und Ideenwelt um ihn herum und abgesehen von ein paar Hinweisen auf bürokratische Unterdrückung von oben könnte der Held auch ein Schriftsteller im Westen sein, dessen Probleme hauptsächlich nicht-politischer Natur sind. Tatsächlich ist eines der Probleme in *Liebe und Müll* die Vertrautheit der Situationen, wenn die Stationen des männlichen Pilgers getreulich aufgesucht werden. Der sterbende Vater, die gute, treue, betrogene Ehefrau, die leidenschaftliche, aber anspruchsvolle Geliebte, die immer weiter entgleitenden Kinder, die Zeit raubenden täglichen Verrichtungen, die vernachlässigte schöpferische Arbeit. Diesen unvermeidlichen Haltestellen im Kreislauf stiller Verzweiflung fügt Klímas Erzähler, der als Kind das Konzentrationslagers Theresienstadt überlebt hat, ein paar wiederkehrende Lieblingsthemen hinzu: Kafkas Leben und Schreiben, die größere Bedeutung von Müll, den Holocaust, Kambodscha, den seltsamen menschlichen Willen, mechanische Geräte zu erfinden, die Frage nach der Unsterblichkeit der Seele, Erinnerungen an einen Studienaufenthalt in den Vereinigten Staaten (nicht Iowa, sondern Michigan) und die Schaufensterauslage eines frustrierten Künstlers in einer Prager Seitenstraße.

Wenn Klíma seine ausgedehnten Meditationen über das Leben eines Alter Ego ausbreitet, zeigt er nicht die Geschmeidigkeit und Leichtigkeit seines Landsmanns Milan Kundera, und auch nicht die des Polen Tadeusz Konwicki, dessen weitschweifige Selbstdarstellungen auf charmante Weise in eine Farce der Selbstbeschimpfungen abgleiten. In seiner erbarmungslosen Ernsthaftigkeit kann Klíma hochtrabend sein («Wenn ein Mensch in sich drinnen nichts erblickt oder vernimmt, was ihn über sich selbst erhebt, was kosmische Tiefe hat, dann wird er auf Sprache ohnehin nicht reagieren») oder banal («Sie liebt mich, dass mir das Bewusstsein schwindet») oder schwülstig:

> Ich wusste nicht, wie oder wann ich meinen Kampf beenden würde, aber wenn meine Seele dann noch fähig war, die Orte ihrer Sehnsucht aufzusuchen, würde sie hierher schweben, zum letzten Mal jäh erleichtert lächeln und sich in ihr Schicksal fügen.

Und manchmal bekommt die erzählende Stimme einen belehrenden Ton und klingt wie die eines Linksliberalen im Kalten Krieg. Von einem jungen Bergarbeiter, der seinen Beruf aufgeben möchte, um «Ästhetik, Kunstgeschichte und Literatur» zu studieren, lesen wir:

> Er finde es annehmbarer, sich gratis und freiwillig jerkisches Gefasel anzuhören, als für guten Lohn die Landschaft zu zerstören und zu verseuchen und Erz zu fördern, aus dem andere für ebensolchen Lohn Sprengstoff fabrizierten, der alles in Schutt und Asche legen könnte.
> Was war am Anfang, was am Ende? Das Wort oder das Feuer, das Gefasel oder eine Explosion?

Dennoch fördert das unablässige Kreisen der Erzählung nach und nach die Persönlichkeiten der Ehefrau Lída und der Geliebten Daria zutage. Daria ist Bildhauerin und daran gewöhnt, mit widerspenstigen Materialien zu arbeiten. Lída ist Sozialarbeiterin und Psychotherapeutin, der trotz ihres

Wunsches, der Menschheit zu helfen, in fünfundzwanzig Ehejahren entgangen ist, dass ihr Mann keinen Kaffee trinkt, und von der es heißt: «Spontaneität war ihr nicht gegeben … Im Umgang mit Menschen mangelte es ihr an Unbefangenheit.» Während unser Held jahrein, jahraus zwischen den beiden pendelt, gehen seine Kinder aus dem Haus und machen ihn zum Großvater. Auch seine Geliebte, die sich die Haare färbt, wird älter – «In den letzten Jahren war sie gealtert, neben mir, in meinen Armen, beim vergeblichen Warten, bei bösen Träumen, in Weinkrämpfen». In einer seiner hochtrabenden Stimmungen überlegt der Erzähler: «Wir Sterblichen, die wir nur für einen Lidschlag des göttlichen Auges auf Erden sind, füllen in dem Wunsch, unser Leben reich zu machen, und in unserer Sehnsucht nach Ekstase, unser kurzes Verweilen mit Leid.» Ich fühlte mich an Theodore Roethkes Reim erinnert:

Was ist das Schlimmste für den sterblichen Leib?
Eine tiefsinnige Geliebte und ein keifendes Weib.

In Klímas Roman ist die Ehefrau die tiefsinnige und die Geliebte die keifende. Im Laufe der Jahre wird Daria ziemlich ausfallend gegen ihre Ehegattin-Rivalin und so heftig in ihren Anschuldigungen gegen ihren Geliebten («Mitten in der stillen nächtlichen Gegend schrie sie mich an: Ich sei ein Feigling! ein Lügner und ein Heuchler! Ein Gefühlskrämer. Ein Händler ohne jedes Gefühl.»), dass sie ihm «wie eine Hexe, eine Zauberin vorkam, die aus der Tiefe der Berge emporgestiegen war.»

Dieses kurze Sichtbarwerden unabhängiger Persönlichkeiten, halb gerundeter Erscheinungen, die in dem turbulenten Fluss des vorwärts strömenden Monologs aufsteigen dürfen, machen einem bewusst, wie viel der postmoderne Roman verloren hat, als er sich von den Zielen des altmodischen Realismus mit der dritten Person als Erzähler löste. Nicht dass es nicht immer schon, angefangen bei *Robinson Crusoe,* Ich-Erzählungen gegeben hätte. Aber der Triumph des Romans des neunzehnten Jahrhunderts – die Beispiele von Jane Austen und George Eliot, Dickens und Tolstoj zeigen es – bestand darin, dass er die Illusion einer unmittelbaren Betrachtung menschlicher Interaktion erzeugte, ohne unnötige Vermittlung oder Manipulation, von einem erhöhten und losgelösten Standpunkt aus. Es wurde eine Bühne errichtet, die es uns gestattete, uns die Akteure als autonom vorzustellen; jetzt ist diese Bühne geschrumpft und bietet nur noch den Rahmen für eine Ein-Mann-Show, eine blendende Solo-Vorführung. Klíma gibt seine Vorstellung praktisch nackt (abgesehen von dem äußerst knappen Lendenschurz in Form eines Dementis: «Die in dieser Prosa auftauchenden Personen, einschließlich der Person des Erzählers, sind mit keiner lebenden Person identisch»), und Pamuk umgibt sich mit vielen Hüllen aus List und Tücke, doch seine Indirektheit und Findigkeit sind im Grunde genommen ebenso Selbstspiegelung wie Bekenntnisprosa. Wenn wir Klímas Buch lesen, können wir nicht vergessen, das wir einem Schriftsteller zuhören; bei Pamuk werden wir immer wieder daran erinnert, dass wir ein Buch lesen.

Am Schluss sind wir nicht unbeeindruckt oder gelangweilt, sondern zum Diskutieren aufgelegt, als wäre dies eine Abhandlung. Klímas namenloser Held sagt, als sein langjähriges Vergnügen an dem turbulenten Leben mit zwei Frauen dem Ende zustrebt: «Vielleicht ist in uns immer noch, vor allem anderem, ein altes Gesetz, ein Gesetz jenseits der Logik, das es uns verbietet, diejenigen, die uns lieb und teuer sind, zu verlassen.» Das erscheint zu simpel, angesichts der Komplexität des Falles, wie wir dank seinem egozentrischen Erzählen erkennen können. Zu einem späteren Zeitpunkt, als er sein Thema Müll ausschlachtet, erklärt er: «Das Paradies ist vor allem anderen ein Zustand, in dem sich die Seele rein fühlt.» Nun, wir sind noch nicht im Paradies. Schmutz herrscht vor. Als Klímas Erzähler Erinnerungen an seinen sterbenden Vater vorüberziehen lässt, muss er daran denken, wie einmal der Hut des Vaters in eine Kohlenlore fiel; im Verlauf des Romans stellt sich heraus, dass der Vater den Hut irgendwie zurückbekommen hat, «über und über schwarz von Ruß und Kohlenstaub», und ihn sich wieder auf den Kopf gesetzt hat. Gegen Ende des Romans, als die Affäre des Helden mit Daria nur noch eine Reihe verzweifelter Gesten ist, lieben die beiden sich in dem verlassenen Gemäuer einer alten Steinmühle. Sie zieht sich dazu ihren Lederrock aus, und als sie wieder im Hotel sind und sich gestritten haben, sieht er «auf dem anderen Bett, so nah, dass ich ihn anfassen könnte, ihren geöffneten Koffer. Direkt daneben liegt ihr Lederrock, und der Staub von den Steinen haftet noch daran.» Als er am nächsten Morgen erwacht, sind der Koffer und der Rock fort. Dieser Rock mit seinen verräterischen Staubspuren ist mehr wert als Tausende von Behauptungen über die Liebe und das Paradies und die Seele. «Keine Ideen, außer in den Dingen», sagt William Carlos Williams, und obwohl er von Lyrik sprach, trifft es auf erzählerische Prosa ebenso zu. Die Macht des Romans, uns zu bewegen, liegt nicht in gelenkten Meditationen und Schlussfolgerungen begründet, sondern in dargestellter Wirklichkeit, an der Bedeutung haftet und die diese Bedeutung, unvermittelt und anders nicht ausdrückbar, an unser Bewusstsein weitergibt, Staub zu Staub.

Von kranken Zeiten

NORMAN MANEA, *On Clowns: The Dictator and the Artist.*
Englisch von Cornelia Golna, Irina Livezeanu, Joel Agee,
Anselm Hollo, Alexandra Bley-Vroman. New York 1992.
[*Über Clowns.* Deutsch von Paul Schuster, München 1998]
NORMAN MANEA, *October, Eight O'Clock.* Englisch von Cor-
nelia Golna, Mara Soceanu Vamos, Marguerite Dorian, El-
liott B. Urdang, Max Bleyleben, Anselm Hollo. New York
1992 [Teilweise enthalten in: *Training fürs Paradies.*
Deutsch von Ernest Wichner et al., Göttingen 1990]

Der Zusammenbruch des Kommunismus in Osteuropa hat
die Schriftsteller der Region einer edlen Möglichkeit, nämlich der des Dissidententums, beraubt. Solange ihre totalitären Staaten bemüht waren, auf das Wahrheitsmonopol zu
pochen und Kultur als einen Zweig der Propaganda in ihren
Dienst zu stellen, nahmen einzelne Wahrheitskünder, sofern
in ihnen nur ein Fünkchen von aufbegehrender Integrität
war, eine heroische Rolle auf sich. So gefährlich und bedrängt
ihr Leben auch war, bedroht von Unterdrückung und Exil,
wenn auch nicht, wie unter Stalin, von Gefängnis und Tod,
brauchten sie Irrelevanz nicht zu befürchten. Ihre subversive
Mission war klar. Ihre Gedichte und Erzählungen, von Verla-
gen im Ausland und in Samisdat-Ausgaben im eigenen Land
in Selbstverlagen veröffentlicht, verkörperten Freiheit; die
freie Welt lohnte es Pasternak, Solschenizyn, Sinjawskij und
Brodsky, dass sie der sowjetischen Zensur die Stirn geboten
hatten: Ihre Bücher wurden Bestseller, sie selber wurden Berühmtheiten. Und wenn es den Schriftstellern der Satellitenstaaten, möglicherweise mit Ausnahme der Tschechoslowa-

ken Josef Svorecky und Milan Kundera, nicht gelang, ähnliche Ausbrüche von Anteilnahme und Aufmerksamkeit im schnell abgelenkten Westen zu erregen, so brachten doch hiesige Verlage Übersetzungen des Polen Tadeusz Konwicki, der aus Ostdeutschland stammenden Autoren Uwe Johnson und Reiner Kunze, des Jugoslawen Danilo Kiš und des erstaunlich gelassenen Ismael Kadare aus dem winzigen, hartnäckig repressiven Albanien heraus, die respektvoll zur Kenntnis genommen wurden. Der Rumäne Norman Manea ist der bisher letzte dieser Schriftsteller – und möglicherweise wird auch nach ihm kein anderer mehr kommen –, deren Stimmen besondere Neugier erregten, weil sie hinter dem Eisernen Vorhang hervor ertönten.

Der Verlag Grove Weidenfeld hat gleichzeitig einen Essayband von Manea mit dem Titel *On Clowns: The Dictator and the Artist* und ein Buch mit Erzählungen von ihm mit dem Titel *October, Eight O'Clock* veröffentlicht. Man darf mit einiger Sicherheit sagen, dass in den aus vielen verschiedenen Federn stammenden Übersetzungen ins Englische etwas verloren ging: Zwar sind die Essays gut und klug formuliert, aber sie sind weniger informativ, als wir erwartet hätten, und die Geschichten sind weniger unterhaltsam. Manea ist seit «einigen Jahren», wie er in seiner Einführung zu den Essays sagt, in diesem Land und unterrichtet am Bard College Literatur; er hat bereits ein sehr kapitalistisches Gefühl für den Schriftsteller in der Rolle des griesgrämigen Außenseiters entwickelt, sofern er es nicht schon mitbrachte. Er beschreibt sich selbst als einen «Konvaleszenten», dessen quälende Malaise sich auf diesen Seiten ausbreitet wie der süßliche Nebel eines vorsichtigen Ego. Seine «Wunden», so beteuert er, «haben ihm lediglich einen gemäßigten Optimismus gelassen, ungeachtet, in welchen Breiten seine Zukunft Wurzeln schlagen wird. Vielleicht ist das der Grund, warum aus diesen Seiten keine überschäumende Siegesfreude, kein Glücksgefühl der Befreiung aufsteigt.»

Alle kommunistischen Länder waren unglücklich, jedes auf seine Weise, und Rumänien war überreich an Paradoxen. Es liegt in einem von Slaven dominierten Teil Europas, doch die alte Nation ist eine «lateinische Insel» mit einer romanischen Sprache und führt ihre Latinität auf die Gründung der römischen Provinz Dakien im zweiten und dritten Jahrhundert zurück. Als Monarchie, die unter den Druck der Faschisten geriet, kämpfte das Land im Zweiten Weltkrieg auf beiden Seiten und war 1945 bei Kriegsende größer, als es 1940 gewesen war. Obwohl auf Rumänien der Fluch einer langen und virulenten Tradition des Antisemitismus lastet, bewahrte es mehrere Hunderttausend seiner Juden vor der Judenverfolgung der Nazis. Und obwohl Nicolae Ceauşescu, der seit 1965 Präsident war, im Westen als aufgeklärter und unabhängiger Staatsführer galt, der sich mit einer Reihe außenpolitischer Schritte den Maßgaben gegen die von Moskau geforderte Linientreue wehrte – 1967 nahm er diplomatische Beziehungen mit Westdeutschland auf, auch nach dem Sechs-Tage-Krieg von 1967 hielt er freundschaftliche Beziehungen zu Israel aufrecht, und 1968 weigerte er sich, am Einmarsch in die Tschechoslowakei teilzunehmen –, hatte er am Ende eine persönliche Diktatur errichtet, die so absurd und ruinös war wie die eines jeden Größenwahnsinnigen der Dritten Welt. Von den sechs kommunistischen Satellitenstaaten Osteuropas war Rumänien das einzige Land, das seine Regierung mit Waffengewalt, Blutvergießen und der Hinrichtung seines Staatsführers niederzwang. Manea sagt von seinem Geburtsland, es habe «eine nationale Geschichte, bestehend aus einer Reihe von Katastrophen, und eine geographische Lage am Scheitelpunkt zwischen Ost und West, wo es unmittelbar und hilflos zwischen Interessen gerät, die mächtiger als die eigenen sind, und das lehrt Vorsicht.» Die nationale Haltung wird in dem Ausdruck «bun simt» zusammengefasst, was wörtlich «gesunder Verstand» bedeutet und «ein gewisses intuitives Feingefühl für menschliche Beziehungen» bezeichnet. Diesem weit verbreiteten Feingefühl, so dürfen wir folgern, ist es zuzuschreiben, dass Ceauşescu zu einem immer übleren Tyrannen werden konnte, der «das ganze Land in einen riesigen Kindergarten voller militarisierter und fleißiger Kinder» verwandelte – «eine ganze Nation, unterjocht, hungrig, erniedrigt und gezwungen, unablässig das Verbrechen zu feiern».

In dem titelgebenden Essay stellt Manea die gewichtige Frage: «Sind der Tyrann und die unterdrückten Massen in jeder Hinsicht unversöhnlich, oder ist es eine Angelegenheit unbewusster gegenseitiger Stimulierung?» Statt sich jedoch auf die Antwort zu konzentrieren, zählt er entrüstet Beispiele für Ceauşescus clowneske Art auf – «seine lächerlichen, selbst verliehenen, immer pompöser werdenden Titel, seine endlosen Reden voller aufgeblasener Plattitüden mit ihrem wiederkehrenden heiseren falschen Pathos ... sein Stammeln und die marionettenhaften Gesten, sein manisches Beharren und sein schizophrener Eifer und seine Verblüffung, wenn ihm etwas Lebendiges oder Spontanes begegnete» – und berauscht sich an Variationen der metaphorischen Paarung von dem Weißen Clown (dem totalitären Diktator, «dem Clown, der kleinen weißen Maus, dem Überträger der Pest: dem Totenkopf des Nichts») und Auguste dem Narren, der den Künstler und den Dichter und seine eigene autobiographische Maske repräsentiert, wie er in einer früheren Arbeit, *Auguste the Fool's Apprenticeship Years*, ausführlich erläutert hat.

Manea war fünfzig, als er 1986 ausreiste, und seine Veröffentlichungen reichten fast zwanzig Jahren zurück. Seine Essays «Censor's Report» und «The History of an Interview» beschreiben seine persönlichen schlimmen Erfahrungen unter der staatlich kontrollierten Zensur, die im Laufe der Jahre ein urbanes und vernünftiges Gesicht erwarb. «Ein eleganter junger Mann von der ‹Schriftsteller-Abteilung› [der Securitate] war höflich und zurückhaltend und sprach offen. Über eine Stunde lang diskutierten wir über … Faulkner. Und zwar, wie ich zugeben muss, kompetent. Das bestätigte mir, dass die Securitate in den letzten Jahren mit Erfolg einige der besten Universitätsabsolventen rekrutiert hatte.» Der Muster-Zensurbericht über Maneas Roman – in dem die negative Haltung des Buches höflich bedauert, für mehr «Ausgewogenheit» plädiert und eine Modifikation des Textes angeraten wird, «durch Streichung der Auswüchse, die Karikatur, die Ironie und die Groteske betreffend» und die «Einfügung einiger positiver, bekräftigender Passagen» – klingt wie die Ratschläge eines amerikanischen Verlegers, der einen Schriftsteller ermuntert, seinen nörgelnden Bildungsroman in einen forschfröhlichen Bestseller umzuschreiben. Manea beherzigte tatsächlich die Ratschläge und konnte den Roman mit Hilfe eines verständnisvollen Verlegers veröffentlichen; die Auflage von sechsundzwanzigtausend wurde verkauft, und der Roman wurde positiv besprochen. Der kompromittierte Autor berichtet uns bewegend:

War ich glücklich, als ich mein frisch veröffentlichtes Buch sah? Es war eine schwierige und unerhoffte Geburt gewesen. Mein verkrüppeltes Baby war zwar nicht so, wie ich es mir gewünscht hatte, aber es war immer noch meins. Die Bande, die uns umschlangen, stark und beschädigt, gehörten in diese Zeit und an diesen Ort, wo wir kämpften und uns entstellten, um obenauf zu bleiben.

Trotzdem verließ er Rumänien ein paar Monate später. Eine wechselhafte, unberechenbar aufgeklärte Diktatur war in gewisser Weise schlimmer als ein absolutes Regime. «Ich bin ein Schriftsteller, der in der stalinistischen Ära nicht veröffentlicht worden wäre. Meine Generation wuchs in der zweideutigen, gequälten, peinigenden Periode (den ‹aufgeklärten Jahren›) der neuen Diktatur auf.» In einer Atmosphäre offizieller wie auch inoffizieller Duplizität «gab es Schuld im Allgemeinen, aber auf vielen Ebenen. Manche waren schuldig, anderen wurde Schuld auferlegt.»

«Felix Culpa» ist der Titel eines Essays, den amerikanische Leser besonders interessant finden könnten, da er sich mit einem hierzulande sehr bewunderten rumänischen Einwanderer befasst, dem verstorbenen Mircea Eliade, einem Professor für Theologie an der University of Chicago Divinity School und Autor von fünfzig Büchern, unter dem sich das vierbändige Werk *History of Religious Ideas* befindet. Eliade, ein Phänomen an Gelehrtheit, promovierte 1933 an der Universität Bukarest und wurde Assistent des berühmten Nae Ionescu, Professor für Logik und Metaphysik. Eliade, so erklärt Manea, «war von seinem Mentor und Freund fasziniert, selbst dann noch, als Ionescu Propagandist für den italienischen Faschismus und den deutschen Nationalsozialismus und ein leidenschaftlicher Anhänger der Eisernen Garde, der rechtsextremen rumänischen nationalistischen Bewegung, wurde». Von Eliade selbst ist bekannt, dass er ein großer Bewunderer Mussolinis und der Eisernen Garde war, bevor die Garde unterdrückt wurde und Eliade 1940 ausreiste – zuerst nach London, dann nach Lissabon, wo er ein Buch der Huldigung auf Portugals Diktator Antonio Salazar verfasste. Nach dem Krieg wurde Eliade aufgrund seiner Verbindungen zur Eisernen Garde die Rückkehr in das kommunistische Rumänien verwehrt, und nachdem er an verschiedenen europäischen Universitäten gelehrt hatte, kam er 1956 schließlich in die Vereinigten Staaten. In seinen zahlreichen autobiographischen Schriften hatte er reichlich Gelegenheit, sich von seinen früheren pro-faschistischen Ansichten loszusagen oder sie doch wenigstens zu erörtern; doch zu Maneas Enttäuschung tat er es nicht. Und es *ist* enttäuschend: Die Mehrzahl der rechtsgerichteten Intellektuellen und Künstler während der Blütezeit des Faschismus der dreißiger Jahre – die bekanntesten darunter Pound, Hamsun, Céline, Heidegger – haben niemals öffentlich Reue zum Ausdruck gebracht. Obwohl einige wenige, wie Eliade und Paul de Man, in die Vereinigten Staaten kamen und in unserer pluralistischen Demokratie herausragende Stellungen einnahmen, war unter ihnen kaum einer, der öffentlich eingestanden hätte, dass er sich geirrt hatte oder Fürsprecher einer Bewegung gewesen war, die zu einer Welle des Massenmords wurde. Als Eliades Sympathien für die Eiserne Garde später gegen ihn ins Feld geführt wurden (so 1979 in Furio Jesis *Culture of the Right*), entschloss er sich zum Schweigen beziehungsweise, in seinen veröffentlichten Tagebüchern, zu einer defensiven Abwehr, indem er andeutete, es handle sich um israelische Machenschaften oder eine Kampagne mit dem Ziel, «mich aus dem Kandidatenkreis für den Nobelpreis auszuschließen». Wiederholt sprach er von seiner «Bewunderung für Nae Ionescu» als einer *felix culpa*, einer glücklichen Schuld. Manea bedauert zu Recht, dass von kaum einem der Mitläufer des Faschismus ein ehrliches Zeugnis abgelegt wurde, doch scheint er vorschnell festzuschreiben, wie ein solches Zeugnis

aussehen müsste, wenn er sagt: «Wenn diese ‹schuldig ge-
wordenen› Zeugen das Wesentliche der monströsen Bana-
lität des Bösen enthüllten, dann könnten wir nicht nur die
Vergangenheit besser verstehen, sondern hätten auch eine
klarere Vorstellung von der Zukunft der Menschlichkeit.»
Doch die nationalistische und Rassenromantik des Faschismus mag ihren Anhänger niemals böse oder banal erschienen
sein, auch wenn sie ihr, wie etwa der sexuellen Romantik der
Jugend, entwachsen sind oder sie als impraktikabel erkannt
haben.

Im Fall Rumäniens wurde aus der rechts gerichteten Ideo-
logie der «Romanismus» eine fremdenfeindliche, antisemi-
tische Reaktion auf die Erweiterung des Landes nach den
Klauseln des Versailler Vertrags im Anschluss an den Ersten
Weltkrieg, was bedeutete, dass ungarische, jüdische und
deutsche Minderheiten von beträchtlichem Umfang fortan
innerhalb der Landesgrenzen lebten. Das Wort «Romanismus» gab es schon seit dem neunzehnten Jahrhundert, es
enthielt ein christlich-orthodoxes Element, das auf Byzanz
zurückging; ursprünglich hieß die Eiserne Garde «Legion
des Erzengels Michael», und die Vorstellung einer mystischen ethnischen Reinheit hatte sicherlich einen Reiz für
einen Kenner der Mythen. Für Eliade stand das Konzept des
Romanismus «oberhalb der Politik». Doch die Sprache seines journalistischen Schreibens in den dreißiger Jahren
schreckt nicht vor der gewalttätigen Seite einer in die Praxis
umgesetzten ethnischen Reinigung zurück: «Sozialreformen
werden mit beträchtlicher Brutalität durchgeführt werden,
jeder Winkel der Provinzen, der jetzt von Fremden überlau-
fen ist, wird neu kolonialisiert, Verräter werden bestraft, der
Mythos unseres Staates wird sich im ganzen Land ausdeh-
nen.» (1937); «Wir erhoffen uns ein nationalistisches Rumä-

nien, ekstatisch und chauvinistisch, bewaffnet und stark, erbarmungslos und rachdurstig» (1938). Sein Chauvinismus äußerte sich eher, wie Manea zeigt, in «anti-ungarischem und anti-slavischem Geplapper» (Eliade beschreibt die Ungarn als «das, abgesehen von den Bulgaren, imbezilste Volk, das je existiert hat») als in einer anti-semitischen Haltung. Dennoch, der Antisemitismus war ein zentraler Bestandteil des Romanismus, dessen Vorurteile in das kommunistische Regime hineinreichten: «Ceauşescus Stalinismus wandelte sich nach und nach zu einem getarnten Faschismus.» Jetzt, in der Ära nach Ceauşescus, ist eine rechts gerichtete Presse neu entstanden, die Nae Ionescu und seinen Schüler Mircea Eliade kanonisiert hat.

In dem letzten Essay der Sammlung, «The History of an Interview», erzählt uns Manea, selbst Jude, folgende Episode: Als ein entwaffnender junger Mann von der Securitate 1985 zu ihm kam, um mit ihm über seinen Antrag auf einen Reisepass für Frankreich und Deutschland zu sprechen, bemerkte er, dass «der Beamte von der Abteilung für Minderheiten kam». Als Manea ihn fragte: «Warum werden nationalistische, anti-intellektuelle, anti-semitische und anti-westliche Texte noch immer gedruckt?», nannte der Mann ihn freundlich einen «europäischen Typus» und fragte ihn: «Warum emigrieren Sie nicht?» Der Pass wurde ausgestellt, und im Jahr darauf, als Manea zu dem Schluss kam, dass «die Situation im Land immer gefährlicher wurde und meine eigene wahrscheinlich ihr Äußerstes erreicht hatte», wurden wiederum Pässe für Manea und seine Frau bewilligt. Er emigrierte. Ein Schriftsteller gibt nicht leichten Herzens das Land seiner Muttersprache auf. Maneas Bericht über alte Streitigkeiten mit bestimmten Schriftstellerkollegen nimmt sich wie ein detaillierter pathologischer Bericht aus, den vielleicht nur Spezialisten richtig genießen können, aber in seinem Verlauf fasst er seine Lebensgeschichte in einem einzigen Absatz zusammen:

> Ich wollte die ethnische Ecke nicht akzeptieren, in der die Behörden mich isolieren wollten. Das Kind, das am Ende des Krieges aus dem Konzentrationslager zurückgekommen war, wollte um jeden Preis vergessen. Musste ich mich vierzig Jahre später erneut als Opfer fühlen? Das konnte ich nicht ertragen. Ich misstraute denjenigen, die ihre Klagen professionalisierten, und ich hasste diejenigen, die sie provozierten.

Die fünfzehn Geschichten in *October, Eight O'Clock* befassen sich in der verschleierten Sprache der Erzählung mit dieser Vergangenheit. Die Sammlung wurde in Rumänien im Herbst 1981 veröffentlicht, als der Kommunismus das riesige Gebiet von Prag bis Pjöngjang fest im Griff zu haben schien. Dieses einfache und hilfreiche bibliographische Datum wird im Buch selbst oder auf dem Schutzumschlag nirgendwo erwähnt, aber es wird in Maneas Essayband da angegeben, wo er über ein politisch unkluges Interview spricht, dass er ungefähr zur gleichen Zeit gab. *October, Eight O'Clock* wurde demnach in einem Polizeistaat veröffentlicht, ein Umstand, der doch recht schlüssig erklärt, was sich in meinen Augen als der Hauptfehler der Geschichten erweist: Sie kommen einem kryptisch vor. Sie sind nach dem Alter des Protagonisten geordnet, und eine verhüllte Autobiographie zieht sich durch sie hindurch – die Geschicke eines zunehmend bedrückten und entmutigten Lebens, dessen kritische Momente und intime Stimmungen wir zu teilen aufgefordert werden, ohne dass es vorher je zu einer richtigen Einführung gekommen wäre.

Maneas frühe Erzählungen, die Kindheitsgeschichten, sind am klarsten, obwohl ihr ödes und raues Umfeld die Leser, die nicht wissen, dass der Autor 1941 im Alter von fünf Jahren mit seiner Familie in ein Internierungslager in der Ukraine deportiert wurde, verwirren muss. Obwohl es kein Vernichtungslager war, wie die Lager in Polen, war es doch schlimm genug. Die erste Geschichte, «The Sweater», beschwört, ähnlich wie «The Shawl» von Cynthia Ozick, die äußerste Entbehrung, und zwar anhand eines geliebten Gegenstands in einer Welt, in der es sonst kaum etwas gibt. Die Mutter des Erzählers, die Landarbeit tun darf und für Bauern strickt, hat für ihre sterbende Tochter Mara einen Pullover zusammengestückelt. Als das Mädchen stirbt, geht der Pullover an den Bruder über, aber als er ihn anzieht, wird er krank, und um ein Haar stirbt er selbst. Seine Versöhnung mit dem Pullover mag als Beispiel dienen für Maneas beträchtliche Fähigkeiten der Beschreibung:

> Ich steckte meine Nase, das ganze Gesicht, in das grobe, einst so weiche und gute Gewirk, um mich von seiner Wärme umfangen zu lassen, wie von der Wärme von geröstetem Brot oder gekochten Kartoffeln, oder von dem Geruch nach frischem Sägemehl, oder dem Duft von Milch, von Regen oder von Blättern, oder von der Sehnsucht nach Bleistiften und Äpfeln. Aber so war es nicht; es war ein eher fremder Geruch, ein Modergeruch. Etwas Faulendes und Durchdringendes. Vielleicht auch nur scharf, beklemmend, ich erinnere mich nicht mehr. Er war dunkler geworden, unvertraut, reizlos.

Mit dieser sinnlichen Durchdringung gelangt die Geschichte zu ihrem letzten Satz, der einen erschaudern lässt: «Die Zeit selbst war krank geworden, und wir gehörten ihr an.»

Als die nahenden russischen Armeen und der Frieden die

Welt der Lager mit ihren das Sterben nachahmenden Kinder-
spielen (in der Geschichte «Death») und stolzen Pantomi-
men von einem normalen Leben («Proust's Tea») auflösen,
geht der Kinderheld in eine Welt, wo ungewohnte Speisen
ihm Übelkeit verursachen («We Might Have Been
Four»/«Beinahe zu viert»), wo andere Kinder ihn «Kike»
[Jude] nennen («The Balls of Faded Yarn»/«Die verblassten
Farben der Wollknäuel»), und wo sich bereits die rhetorischen Gewohnheiten des Kommunismus etablieren. In
«Weddings» bringt ein älterer Cousin dem Jungen aus dem
Lager eine harsche Rede über die Entbehrungen des Krieges
bei, die er dann immer wieder aufsagt. Ein zitiertes Fragment
dieser Rede zeugt von ihrem pro-sowjetischen Flair: «... unsere Brüder, in deren Händen wir einen Laib Brot sahen, als
wir schon vergessen hatten, wie Brot aussah. Und wir sagen
zu euch: Lasst uns nicht vergessen, lasst uns nicht vergeben,
lasst uns die bestrafen, die ...» Nach dem ersten Erfolg ent-
schwindet der Cousin, er ist «durchgedreht» und «streift mit
Banden von Rebellen durch das Land», und sein Schützling,
der «gelernt hat, seine Gefühle geschickt hinter einer blassen
Maske der Schläfrigkeit zu verstecken», hält diese Rede immer wieder, bei Hochzeiten und Jahrestagen, Namenstagen
und Geburtstagen. Die Rede beginnt so: «Wir, die wir die Bedeutung von Kindheit nicht kennen gelernt haben ...» Aber
das Kind darf sie auch jetzt nicht kennen lernen; es muss
lange aufbleiben, bis zum bitteren Ende der Feiern, und muss
den Gästen «seine alten, würgenden Ängste anbieten». Diese
Ausbeutung als Redner wird von der rhetorischen Coda des
Autors übertrumpft: «Erst bei Sonnenaufgang spürte er wieder, wie der Rauch ihm die Luft abwürgte. Er wand sich,
schwindelig vor Müdigkeit und Traurigkeit.» Für ein Kind
aus dem Lager ist Rumänien in Friedenszeiten eine Welt der

versteckten Bedrohung, in der Worte ihr eigenes fremdes Leben haben («The Exact Hour» / «Märchen») und ein immer wieder gelesenes Märchenbuch eine Möglichkeit bietet, «die Bezauberung zu begreifen», die Tatsache nämlich, dass «jedes Wesen zu jedem anderen Wesen werden» konnte. «Die Märchen waren wahr, er begriff es, die alten Geschehnisse kehrten wieder. Die Angst war wieder da.»

Lehrer kommen in mehreren Geschichten vor, und immer wieder wird der Verdacht geäußert, dass unterrichtet zu werden auch bedeutet, korrumpiert zu werden. In der Erzählung «The Instructor» wird ein gut aussehender junger Ausbilder in einem sowjetischen Lager der Jungen Pioniere, der seinen preisgekrönten Lagergast als Leser der Briefe der anderen Jungen einsetzt, einem pummeligen, blassen, heiseren alten Rabbi gegenüber gestellt, der den Jungen, dem verstorbenen Großvater zuliebe, mit Hebräischstunden und vorsichtigen Lektionen über judäische Theologie auf seine Bar-Mizwa vorbereitet. Der nicht gläubige Junge hat sich dazu bereit erklärt, um von seinen Eltern die Erlaubnis zu bekommen, an dem Lager der Jungen Pioniere teilzunehmen; dort wird er krank vor Ekel, als er als Zensor und Spion eingesetzt wird. Bei einer letzten Begegnung mit dem Rabbi erfährt er, dass er mit schuldig daran ist, dass die Tochter des Rabbi von der Schule verwiesen worden war, weil sie an Samstagen keine Hausaufgaben machen wollte. Laut bekennt er: «Ja, ich habe das Gift geschluckt, meine Ausbilder hofften, ich hätte diese Ehre, diesen Schrecken verdient …» und beschließt für sich: «Besser allein! Ohne Eltern, ohne Ausbilder.» Das ist ein starker Stoff, dieses Porträt eines Jugendlichen, der zwischen zwei nicht überzeugenden Ideologien hin und her gezerrt wird, aber er ist unbeholfen eingebettet in filmische Spielereien und eine Indirektheit, die vermutlich im Hinblick auf das eingeengte literarische Umfeld nötig war.

Als der Held heranwächst, wird es immer schwieriger zu verstehen, was eigentlich vor sich geht. Erpresst er das Dienstmädchen in «Summer» [«Sommer»], damit es mit ihm schläft, oder phantasiert er sich das nur zusammen? Was passiert in der längsten der Geschichten, «The Turning Point», mit der Frau und der Schwägerin, beide sorgfältig beschrieben, mit denen er am Ende seines Studiums ans Meer fährt? Woher kommt die Heldin einer späteren Reise, mit ihrem Pop-Star-Namen Nana Mouskouri, und wohin geht sie? Nun, die Frauen kommen und gehen im Leben eines Mannes, und kommunistische Intellektuelle, die im Kopf unterdrückt werden, führen oft ein freizügiges Sexualleben. Doch die traumartige Vagheit der Einzelheiten beeinträchtigt die Stärke des zentralen Anliegens der Geschichte – die geradezu selbstmörderische Faszination des Helden für das Meer, «dessen großartige Rebellion, dessen enorme Wucht».

In dieser Geschichte und in den vier kürzeren, die folgen und den Schluss der Sammlung bilden, tritt eine zunehmend gewaltsame Lyrik an die Stelle von Ereignissen:

Stunden von Brot, und Ketten, schweigendes Ringen, mit zusammengebissenen Zähnen, Verweigerung, das Herz eine Mördergrube, dem Lärm der Ovationen entkommen, die das Komplizenhafte und den moralischen Niedergang begleiteten. Es erübrigt sich zu sagen, dass Heldentaten vergeblich waren: Die Arme des Drachen reichten überallhin, sie haben dich gepackt und dich niedergeworfen, immer wieder, bis du schließlich den hier herrschenden Trommelrhythmus gelernt hast.

Ein schwebender, ironischer Zorn erinnert uns an Dosto-jewskis Untergrundmenschen, der sich über den Crystal Palace des Viktorianischen Zeitalters lustig macht. «Ich gestehe», erklärt Maneas namenloser Held, «dass die einzige Übertretung, von der ich mich nicht habe frei machen können in dieser sich stetig abwärts drehenden Spirale des Lebens, mein mangelndes Vertrauen in die Mildtätigkeit der Behörden ist. Ich leugne, dass irgendjemand anders das Recht hat zu bestimmen, was gut und was schlecht für mich ist.» Die Bürger um den Helden herum werden «vergiftet oder zerstört von etwas Unsichtbarem, Enormem, das die staunenswerte Macht hat, sie zu entmutigen, bevor sie auch nur einen Versuch gewagt haben.» Kein Wunder, dass das Meer mit seiner Rebellion und seiner Wucht unwiderstehlich einladend ist, selbst für einen Mann, der kaum schwimmen kann und beinahe ertrinkt. Die Belastung des Lebens an Land stachelt den Schriftsteller zu hysterischen und unklaren Ausbrüchen von Sprache an:

> Ihr geschmeidiger junger Körper wurde zu einem langen Stück Stahl, das sich unter dem Gewicht ihres Leidens bog, bis es in der Heftigkeit ihrer beider Umarmung in einen Sprühregen von silbrigen Funken zerbarst. Ihre Jugend: eine blutige Membrane; die Sprünge wie in Glas; die Versöhnungen; die Folter schwacher, melancholischer Kannibalen; Heuchelei, Grausamkeit; der große ungezähmte Sprung.

Der eigentliche Bezugspunkt für all diese strangulierten Emotionen, diese fiebrigen Bilder, bleibt im Dunkeln, unsagbar. Aber in dem Essay «On Clowns» ist der Schurke deutlich erkennbar: «Seine Karikatur grinst einen von jeder Mauer im Land an, dem Land, das einst Hoffnung verkörperte. Die Hoffnung auf ein Leben, in guten und in schlechten Zeiten, aber eben ein Leben: im Leuchten der Jugend, in der Zeit der nachlassenden Kräfte, im Rausch der Liebe, in aufbegehrenden Träumen wie in bitterer Enttäuschung.» Der Totalitarismus in seinen zwei stärksten Ausprägungen des zwanzigsten Jahrhunderts hat Manea seines Lebens beraubt. Eine Kindheit in einem Internierungslager der Nazis ging fast übergangslos in eine Jugend unter einem aufgezwungenen Kommunismus über; ein böses Märchen wurde zu einem grotesken Zirkus. Als Gefangener und Opfer hat er dem Leben eher widerstanden, als dass er es lebte; im Gegensatz zu Koestler und Kundera und Eliade und E. M. Cioran hat er nie den Illusionen angehangen, die dem Totalitarismus zum Aufstieg verhalfen, und deshalb ist sein Zeugnis intelligent und klagend, aber nicht packend. Obwohl Manea «eine tiefe Solidarität mit dem Unglück der Menschen» für sich in Anspruch nimm – dem Unglück «einer ganzen gegängelten Nation» –, war er «intuitiv voller Misstrauen und Ablehnung gegen Ceauşescu, noch ehe der seine Zähne zu blecken begann in seiner Grauen erregenden Vorstellung im Stil des Grand Guignol.» Beharrlich in seiner Verachtung und Hilflosigkeit lehnt er in seinen Erzählungen in *October, Eight O'Clock* die objektivierende, gegenaggressive Satire ab, die wir bei Konwicki und Kiš finden; in seinen Essays dagegen präsentiert er eine eloquente, aber doch etwas verblasste *non mea culpa*.

Geschlechter-Beugung

PÉTER ESTERHÁZY, *She Loves Me*. Englisch von Judith Sollosy, Evanston, Ill. 1997 [*Eine Frau*. Deutsch von Zsuzsanna Gahse, Frankfurt am Main 1998]

Anstoß zu erregen ist eine Art Dissidenz, wie die Schriftsteller Osteuropas in den vierzig Jahren, in denen sie an den Rockzipfeln von Mütterchen Russland hingen, nur zu gut wussten. Die Helden Milan Kunderas und Tadeusz Konwickis, unter anderen, fanden in der selbst verordneten Politik des Sex Erleichterung von der aufgezwungenen Politik des sowjetischen Kommunismus; ihr Aufbegehren fand Ausdruck in einem anarchistischen, ausschweifenden Lebensstil. Eine amerikanische Version dieser Stimmung ist in Philip Roths *The Prague Orgy [Die Prager Orgie]* enthalten, einem zerwühlten und lüsternen Nachtrag zu seiner Zuckerman-Trilogie. «Du hast Spaß an Orgien, dann komm mit mir», sagt jemand zu Zuckerman. «Seit die Russen da sind, gibt es in der Tschechoslowakei die besten Orgien Europas. Weniger Freiheit, bessere Ficks.»

Doch wie sieht es jetzt aus, in der post-kommunistischen Welt mit all den üblichen kapitalistischen Ärgernissen, einschließlich der Kommerzialisierung des Sex und der Anomalie des Überdrusses? Sollte das Anstoß Erregen seine Kraft und seinen Sinn verloren haben? Péter Esterházy, dessen *A Little Hungarian Pornography [Kleine ungarische Pornographie]* 1983 in Budapest veröffentlicht wurde und dessen *The Book of Hrabal [Das Buch Hrabals]* dort 1990 erschien, als der Kommunismus schon am Zerbröseln war, fährt hier fort, in einer Sequenz von siebenundneunzig kurzen Kapiteln, die unter dem

Titel *She Loves Me* veröffentlicht wurden, die Beziehungen zwischen den Geschlechtern – erbarmungslos, obsessiv – zu zerlegen. Das erste Kapitel lautet in seiner Gänze: «Es gibt eine Frau. Sie liebt mich.» Das nächste Kapitel beginnt: «Es gibt eine Frau. Sie hasst mich.» Es handelt sich nicht unbedingt um die gleiche Frau. Die zweite Frau nennt den Erzähler Schatten, weil er nie von ihrer Seite weicht. Sie projiziert Schattenbilder von einem Kaninchen oder einem Adler auf eine Wand in der Nähe und sagt von ihrem Vater, er «kann mich nicht ausstehen, und meine Arbeit hält er für ein Schattenspiel». Esterházys Prosa ist sprunghaft, voller Andeutungen, voller Slang; wir haben das Gefühl, dass in der [englischen] Übersetzung etwas verloren ging, obwohl Ms. Sollosy, die Übersetzerin, mutig mit einer Menge trickreicher Wendungen im Englischen aufwartet. In Kapitel 6 heißt es[1]:

> Daher ist es so, dass ich, sobald ich sie an einem für das Küssen geeigneten Ort erblicke, und heutzutage gibt es kaum einen Ort, der zu den Hoheitsgebieten von persönlichem und öffentlichem Geschmack, Moral und Frommheit gehörte, stracks auf sie zurenne, wie eine Trickfilmfigur, die Beine um den Hals, und auf geht es, ich laufe in sie hinein, wir prallen aufeinander, ohne innezuhalten, weil ich weiß, dass sonst diese abgestandene Leere auf mich zuwehen und auf mich niederstürzen würde, das faulige Fehlen des Fehlens, das schale Nichts, die aasige Luft, von der ich mich, wofür es Beispiele gibt, mit Rotz und Wasser erbrechen muss – was immerhin auch eine Vereinigung wäre.

---

[1] In der deutschen Übersetzung von Zsuzsanna Gahse.

Immerhin. Die Übersetzerin[2] scheint sich abzustrampeln, um mit dem Schriftsteller Schritt zu halten, und der Schriftsteller hat Mühe, mit seinem rasenden Verstand Schritt zu halten. Der Input kommt zu schnell an, als dass der Autor oder der Leser ihn einordnen könnten. Nur wenigen der Episoden ist die Zeit vergönnt, sich zu dem zu entwickeln, was wir das Bild einer Beziehung nennen könnten. Die Frau in Kapitel 63, zum Beispiel, «hasst jeden. Wenn sich ihr eine Gelegenheit bietet, richtet sie Schaden an. Sie überbringt keine Grüße, übermittelt falsche Nachrichten …» Sie versalzt das Essen und «leugnet immer wieder ihren Höhepunkt, ohne mit der Wimper zu zucken, obwohl ihr dabei manchmal sogar der Speichel aus dem Mund rinnt.» Sie klebt Seiten in den Lieblingsbüchern des Ich-Erzählers zusammen (Borges wird erwähnt), sodass ein jedes «ein dämlicher Ziegelstein, ein geheimes Rätsel von einem Steinblock» wird, und er wäre «ein Niemand, würde sie mich nicht nach wie vor getreulich hassen». Auch auf Calvino wird angespielt; die Heldin in Kapitel 74 («Sie kann Griechisch, hat Sommersprossen»), so wird erklärt, «liebt Calvino und Haferflocken». Aber Calvino erzeugt in *seinen* Büchern mit vielen kurzen Kapitel, wie *Invisible Cities [Die unsichtbaren Städte]* und *Mr. Palomar [Herr Palomar]*, ein starkes Gefühl strukturierter Ordnung, einer kumulativen Bewegung hin zu einem Horizont der nützlichen philosophischen Schlussfolgerung. Esterházy fängt in der gleichen Tonhöhe an, in der er endet – frenetisch und enigmatisch – und lässt den Leser mit dem Gefühl zurück, von siebenundneunzig privaten Witzen ausgeschlossen zu sein.

Trotzdem ist eine Lebendigkeit, ein elektrisches Knistern

---

[2] Judith Sollosy, die Übersetzerin der amerikanischen Ausgabe.

zu spüren. Die Sätze sind aktiv und konkret. Physische Einzelheiten springen aus dem Nebulösen emotionaler Ambivalenz hervor. Mundgeruch, Augenbrauen «wie ein Dickicht», Gicht, Kleinwüchsigkeit, Fettleibigkeit, fleischige Oberschenkel, Hautunreinheiten, trockene Lippen, ein künstliches Gebiss, entzündetes Zahnfleisch, ausfallendes Haar und große Hinterteile sind die Merkmale, mit denen hier die Frauen charakterisiert werden. Ihr Schamhaar wird einer genauen Betrachtung unterzogen. Über die Heldin in Kapitel 82 erfahren wir: «Ihre Schamhaare sind rot, blassrot, eine zerschlissene Fuchsfarbe ... Aus unmittelbarer Nähe betrachtet, aus allernächster Nachbarschaft, sind sie ein Rotlärchenwald (Larix decidua).» Energisch werden wir mit der Nase in die physische Seite des Liebestreibens gestoßen. In Kapitel 17 ist der Erzähler von «einem widerlichen Hautausschlag befallen». Seine Gespielin, weit davon entfernt, abgestoßen zu sein, beobachtet

> hingerissen, wie sich der Ausschlag entzündete und Blasen entwickelte, aus deren winziger, eitrig gelber Mitte der Schwefelgeruch der Verwesung stieg. Sie war verrückt nach ihnen, streichelte und küsste sie, strich sich deren Absonderungen auf die eigene Haut. Grauenhaft war es. Ich zählte überhaupt nicht mehr, nur meine Pickel zählten.

C'est la vie, c'est l'amour. Die vorherrschende Stimmung des Buches – amüsierter Zynismus und trockenes Psychologisieren – kommt einem sehr europäisch vor. Amerikaner machen ein längeres Gesicht, wenn sie den Wirrungen des Geschlechtstriebs gegenüber stehen – und seinem Versuch, «irgendwie, egal wie, die endlose Ausdehnung des Endlichen zu überspannen», seinem Rhythmus der Selbstvergessenheit und Selbstversunkenheit, seinen leicht perversen Stimulierungen und seiner post-koitalen Entzauberung. In einem Kapitel, dass mit den Worten beginnt: «Es gibt eine Frau. Sie ha ... (liebt mich)», beschreibt Esterházy erotisches Feuer als «das glitzernde Funkeln zwischen Ekel und Ekstase». Er, ausgebildeter Mathematiker, stellt ein Verzeichnis der Runzeln in den Geschlechterbeziehungen auf. Im Verlauf des Buches kommt einem das wandelbare Paar im Zentrum immer mehr wie ein Ehepaar vor. In Kapitel 91 sind sie seit achtundzwanzig Jahren zusammen und haben einen Sohn, der schwul ist. In Kapitel 95 heißt es: «Sie liebt mich, gleichwohl fürchtet sie meinen Schwanz wie der Teufel das Weihwasser»; in ihrer Angst springt sie auf den Tisch und ruiniert ein Abendessen, zu dem Gäste eingeladen sind. Im letzten Kapitel erfahren wir: «Sie liebt mich immer weniger und verlangt immer mehr nach mir.» Sie atmen die gleiche Luft. Der Held kann weder eine Zahnbürste noch einen Namen sein Eigen nennen. So endet in einem Niemandsland Esterházys etwas gezwungene Tour durch das zerklüftete abgründige Terrain, wo die Geschlechter sich begegnen.

VON ANDEREN KONTINENTEN

Ein Kontinent der Frauen

NORMAN RUSH, *Mating.* New York 1991 [*Die Maßnahme.*
Deutsch von Sabine Hedinger, Frankfurt / Main 1995]
WILLIAM BOYD, *Brazzaville Beach.* Morrow 1991 [*Brazzaville
Beach.* Deutsch von Gertraude Krüger, Reinbek 1995]

Wer hätte es zu glauben gewagt, dass amerikanischen Lesern
innerhalb von drei Monaten nicht nur ein, sondern gleich *zwei*
Romane von männlichen Autoren vorgelegt würden, die von
einer weißen Superfrau in Afrika handeln und aus deren Er-
zählperspektive geschrieben sind? Beide Protagonistinnen
sind Ehrfurcht gebietend gebildet, und beide stellen zielbe-
wusst einem Mann nach, der ihre Begierde geweckt hat. Beide
bedienen sich eines burschikosen, keineswegs zimperlichen
Tons, und beide behandeln ihre Verdauungsfunktionen mit
einer Offenheit, die bei romantischen Heldinnen etwas Neues
ist [1]. Beide Romane sind auf aggressive Weise brillant und beladen mit Informationen, beide sind in meinen Augen gleich-

---

[1] Damit diese Unterstellung nicht als kühne, unbewiesene Behauptung
stehen bleibt: «An dem Abend bekamen wir einen Fleischeintopf und
eine Riesenmenge teigigen Nachtisch zu essen. Als ich fragte, was das für
Fleisch war, bekam ich ‹Buschschwein› zur Antwort. Es war zäh und mager und hatte einen kräftigen Wildgeschmack. Egal, was es war, auf meinen regungslos verstopften Darm wirkte es wie ein starkes Abführungs-

sam erfrischende Forschungsreisen, intelligent geplant und großzügig ausgerüstet. Das neuere der beiden Bücher, *Mating*, ist von dem Amerikaner Norman Rush, das andere, *Brazzaville Beach*, von einem Briten, William Boyd. Beide Autoren haben, überflüssig zu sagen, Afrika-Erfahrung: Boyd, Kind schottischer Eltern, wurde in Ghana geboren und lebte mit Unterbrechungen in Afrika, bis er zweiundzwanzig war, und Rush arbeitete fünf Jahre lang mit dem Peace Corps in Botswana. Neben ihrer Afrika-Erfahrung entfalten beide Autoren Phan-

---

mittel. Ich ging nach draußen und schiss mich hinter einem der Schuppen gründlich aus.»

Und: «Während er sich abtrocknete, konnte ich sehen, dass er langsam erregt wurde. Ich glaube, er hatte es gern, wenn ich offen und unbefangen war. Einmal war ich, als er unter der Dusche stand, ins Bad gekommen und hatte geschissen. Ich hatte nicht weiter darüber nachgedacht, aber Usman erzählte mir hinterher, das habe ihn zugleich schockiert und erheitert.»

Beide Zitate sind aus *Brazzaville Beach*. Die Darmentleerungen von Rushs Heldin sind komplizierter. Ihr zukünftiger Liebhaber ist pikiert, als sie bei ihrer ersten Begegnung in seine wissenschaftlich geplante Außentoilette stürzt und auf den Kot uriniert: «Allem Anschein nach war ich das einzige gebildete menschliche Wesen, das noch nie von der weithin bekannten Tatsache gehört hatte, dass Urin eine vernünftige Kompostierung von Kot verhindert.» Als sie aufbricht und ihn durch die Kalahari-Wüste verfolgt, ärgert sie sich über einen «unmäßigen Eierkonsum, denn ich war natürlich verstopft». Einmal sucht sie eine mit Gras bewachsene Kuhle auf, wegen ihres «Notstands in Sachen Verdauung. Hier hatte ich das Gefühl von Ungestörtheit … Ich hoffte inbrünstig auf ein Zeichen dafür, dass dies der Ort war, wo ich zumindest in dieser Hinsicht zur Normalität zurückfinden würde, und dass dieser Sichtschutz vielleicht etwas hervorbringen würde.» Nachdem es zur Kohabitation gekommen ist, bilden dergleichen Äußerungen eine Gemeinsamkeit: «Und – wenn das nicht zu tief in das Unterholz unseres ganz privaten Humors abschweift – er lachte auch unbändig, als ich einmal ins Bett stieg und ein bisschen furzte, und er sagte: So begrüßt du mich? und ich wie aus der Pistole geschossen antwortete: Das ist die einzige Sprache, die du verstehst.»

tasie – eine forschende Haltung, die aus dem gedruckten Stoff der Geschichte, der Anthropologie, sogar der Mathematik Abenteuer entwickeln kann und die in diesem Fall beide Schriftsteller zu einer längeren Erforschung der weiblichen Sensibilität veranlasst. Die Frauen geraten durchaus plausibel, auch wenn man sie sich unwillkürlich in Safari-Jacken, Khaki-Hosen und vernünftigem Schuhwerk vorstellt.

Die Heldin von *Mating* hatte ihr Debut im *New Yorker*. In einer dort 1983 abgedruckten Kurzgeschichte mit dem Titel «Bruns» tritt sie als etwas kesse Zeugin eines Vorfalls in einem Dorf in Botswana auf, bei dem es um die Verfolgung eines heiligmäßigen holländischen Freiwilligen durch Buren geht. Am Anfang von *Mating* spielt sie darauf an: «Zu allem Überfluss hatte ich in Keteng … einen zwischenmenschlich sehr miesen Vorfall mit ansehen müssen … Ein holländischer Entwicklungshelfer war von den örtlichen Machthabern … in den Tode gehetzt worden.» Sowohl in dem umfangreichen Roman als auch in der Kurzgeschichte bleibt sie namenlos, obwohl uns ohne Umschweife erzählt wird, dass sie zweiunddreißig Jahre alt ist, große Brüste hat, unregelmäßig menstruiert und sowohl in ihrer akademischen Karriere – ihre Dissertation auf dem Gebiet der Ernährungsanthropologie befasst sich mit Jägern und Sammlern, die es auch in den entlegendsten Gebieten nicht mehr gibt – als auch in ihrem Liebesleben frustriert ist. Warum Norman Rush sich nicht herabließ, seiner ständig gegenwärtigen weiblichen Hauptgestalt einen Namen zu geben, ist mir ebenso unverständlich, wie seine Weigerung, Anführungszeichen zu benutzen, sodass wir immer raten müssen, welches die gesprochenen Sätze sind, die auf dem Bewusstseinstrom und dem Fluss der Ich-Erzählung vorbeitänzeln. Zum Beispiel: «Kennen wir uns?, fragte ich sie. Ich habe nämlich den Eindruck, dass Sie mir folgen. Es war nicht unfreundlich gemeint. Sie gab es unumwunden zu.» Und: «Aber, Nel, ich habe noch ein paar Dinge zu erledigen. Man darf übrigens Nel zu ihm sagen. Aber ich verschwinde bald.» Dieser stilistische Verzicht dient dazu, so vermute ich, den Leser wissen zu lassen, dass er nicht einfach irgendeine alte Sage über afrikanische Missstände und eine politisierte Liebesgeschichte liest, sondern einen Roman, der sich seinen, des Lesers, konventionellen Lesegewohnheiten mit aggressiven modernistischen Methoden nähert.

Die Handlung ist schlicht, aber imposant, und zeichnet eine Kurve aus Bedürfnis, Anziehung, Verfolgung, Eroberung, Erfüllung, Desillusionierung und Abreise, die sich durch rund fünfhundert volle Seiten zieht, auf denen es wimmelt von so abgelegenen Begriffen wie «Tonus», «Makhoa», «Tallywhackers», «lustral», «Samoosa», «Suigenerismus», «cornucopisch», «Lanugo», «Superfices», «Kothurn», «Karosses», «Lolwapas», «Idioverse», «noetisch», «Ketonämie», «Vitromanie», «inter Pocula», «rubikonisch», «Uchronie», «Watchership», «Toriis», «Langur», «ovaldavel» (von «rondavel»), «Utilitariana», «Sternocleidomastoide», «pygmalisch», «Stimmung», [auf Deutsch] «Credulismus», «Megrim», «Dagga», «Bogobe», «Kryptomnesie», «Urtikaria», «Elenchus», «Entelechie», «geniuslyartig», «crescive», «Evanition», «bromeliad».

Einige der afrikanischen Begriffe finden sich in einem kurzen Glossar, andere wiederum nicht; sie sowie die lateinischen und französischen Anhängsel und die neckischen Neologismen machen die Sache dann doch etwas mühsam und halten uns vor Augen, dass Mr. Rush und seine redegewandte Erzählerin ihren Beitrag dazu leisten, die englische Sprache aufzufrischen. «Sie war ein bisschen unfrisch», erfahren wir von einem sonst unwiderstehlichen afrikanischen Mädchen in «Alone in Africa», einer von Mr. Rushs Kurzgeschichten. In *Mating* wird diese Art Wortbildung noch ausgedehnt, sodass es von einer Unterstellung heißt: «Es war unso.» [«It was unso.»]

Der Stil von *Mating* kann außerordentlich barsch sein:

> Es gibt Barrieren. Die Amerikaner leiden darunter am meisten. Sie kommen mit der Absicht nach Botswana, ganz tolle Beziehungen zu den Afrikanern aufzubauen. Sie laufen gegen eine Wand, aber sie ahnen, dass dahinter etwas Interessantes liegt. Ich konnte ihnen da weiterhelfen.

Und unbekümmert verschnörkelt und gestelzt:

> Ich glaube, ich vollführte sogar einen Reigen erfundener Eurhythmiebewegungen, deren eigentlicher Zweck darin bestand, der Kalahari meinen Allerwertesten hinzustrecken, der Kalahari, die ich jetzt ungehemmt als das empfinden konnte, was sie in Wirklichkeit ist: Ein Organismus, der einen leiden sehen will.

Im Zusammenhang mit einer kurzen Begegnung zwischen der entfremdeten, betrunkenen und wehmütigen Frau unseres Helden Nelson Denoon und seiner mittlerweile voll entflammten zweiunddreißigjährigen Bewunderin sind die folgenden krassen Sätze subtil und bewegend:

> Urplötzlich empfand ich etwas sehr Verwirrendes für sie. Ich hätte ihr gern gesagt: Ich weiß, dass Sie so, wie Sie jetzt sind, nicht immer gewesen sind. Ich glaube, ich liebte sie dafür, dass sie mir geholfen hatte. Ich hätte gern etwas in der Art gesagt wie: Auch ich werde nicht immer so sein, wie ich jetzt bin. Aber wie hätte ich das ausdrücken können.

Der Roman ist geschwätzig, hat aber eine Abruptheit, die uns wach hält und uns hin und wieder zum Lachen bringt. Abgesehen von den lebhaft geschilderten Tagen der Heldin allein in der Kalahari, auf dem Weg zu Denoons utopischer, überwiegend weiblicher Gemeinschaft von Tsau und den undurchsichtigen Machenschaften des burischen Südafrikas, die einen zerstörerischen Schatten auf Tsaus sonnige feministische Ordnung werfen (was Denoon in die Wüste treibt und ihm eine Überlebenserfahrung vermittelt, nach der er, für den Geschmack unserer Heldin, unerträglich mystisch ist), gibt es in dem Roman wenig Handlung, nur Diskussion und Beschreibung. Denoon und seine namenlose Dame lieben es zu reden: Von seinem improvisierten Podest aus gibt er komplette Essays zum Besten und wartet mit unwahrscheinlichen Fakten auf, so zum Beispiel, dass neunzig Prozent aller Jugendlichen, die jemals auf der Erde gelebt haben, heute leben, und dass die jüdische Hölle unmittelbar neben dem Paradies liegt und durch eine niedrige Mauer davon getrennt ist, damit die geretteten Seelen sich an dem Anblick ergötzen können. So wie Antonius und Cleopatra in einer weitläufigen Welt geborgen sind, wirken die beiden Liebenden wie ein typisches urbanes Paar, gefangen in der erdrückenden Ein-Zimmer-Enge einer selbst-unsicheren Beziehung. Ihr Diskurs ist von Bemerkungen wie der folgenden durchsetzt: «Du erzeugst bei mir kognitive Dissonanz.» Mit der Geniertheit eines Eheratgebers bemühen sie sich um gegenseitige Aufklärung über so intime Dinge des Zusammenseins wie Cunnilingus und Blähungen. Im Verlauf ihrer sich mühsam entwickelnden Beziehung beschließt die Heldin eines Tages, sich ihrem Geliebten wie einem Forschungsprojekt zu nähern und ihn umfassend zu vermessen: «Die körperliche Beschreibung, die ich zusammenstellte, ist in ihrer Art ein Meisterstück. Ich glaube kaum, dass sich irgendwo eine akribischere Beschreibung eines Menschen durch einen anderen finden lässt.» Wir lesen über Denoons Haut, seine Genitalien, seine Kindheitstraumata, seine «cornucopischen» politischen und soziologischen Ansichten (die aus einer jenseits vom Sozialismus gelegenen Stratosphäre hereingebeamt werden), seine Witze, sein Schweigen, seinen Geruch («Er war angenehm und ein bisschen wie die Kalbfleischsuppe, die meine Mutter ungefähr fünfmal in meinem Leben gekocht hat, wenn sie aus unerfindlichen Gründen in Hochstimmung war. Dieser Hauch überlagerte das Amalgam aus Seife, Dieselöl und Zigarettenrauch.») Wenn ich trotz all der freizügig dargebotenen Details über Denoon einige Mühe hatte, mir eine Persönlichkeit daraus zu zimmern, dann mag das daran liegen, dass ich es nicht gewohnt bin, Männer so ausschließlich als Sexobjekte, als Ziele des Paarungsinstinkts wahrzunehmen. Möglicherweise zwang mich mein eigenes Quantum Testosteron, Denoon angesichts der überlebensgroßen und überwältigend mannbaren Frau zwischen uns abzulehnen; wie dem auch sei, ich mochte ihn nicht, außer am Schluss, wo er *ihr* Missfallen erregt, weil er passiv, rätselhaft und religiös wird.

Auch wollte mir die Gemeinschaft von Tsau nicht plausibel erscheinen. «Wie ernst ist dieser Ort zu nehmen, au fond?», fragt sich unsere weibliche Abenteuerin. Als sie erste Blicke darauf wirft, überlegt sie: «In seiner Symmetrie und Ordentlichkeit und mediterranen Vielfarbigkeit wirkte er auf mich wie eine Stadt aus den Barbar-Büchern, seine Atmosphäre aber hatte etwas Opernhaftes, etwas Extravagantes. Mir fehlte jeder Vergleichsmaßstab.» Für Mr. Rushs Phantasie scheint Tsau eine Art Spielzeug zu sein, mit weniger afrikanischem Flair, als es das staubige Milieu seiner Kurzgeschichten aufbietet. Die ganze Stadt Tsau, die auf einer grünen Erhebung über der Wüste steht, funkelt: «... das unentwegte Blitzen und Gleißen, das ... von den verschiedenen Spiegeln und Solarinstrumenten und anderen Glasstücken erzeugt wurde, die offenbar ein Markenzeichen dieses Ortes waren.» Oder in einem Satz von nicht untypischer Undurchsichtigkeit: «Blickt man nachts von der Ebene hoch oder von oben am Koppie auf Tsau, dann könnte man meinen, die Tupfer und Gedankenstriche, in die sich die erleuchteten Steine verwandeln, stellten eine kodierte Botschaft dar.» Denoon ist Vitromane; Glas, die Verquickung von Hitze und Sand, fasziniert ihn, und die Faszination geht auf ein Zauberschloss zurück, das er sich aus den leeren Flaschen seines Vaters, eines Alkoholikers, baute und das sein Vater im Suff zertrümmerte. Tsau jedoch, mit seiner Geographie, seiner Technologie, seiner Politik, seiner ökonomischen Motivation und seinem Personal, scheint genauso wenig zu Afrika zu gehören, wie die in ihrem Compound eingeschlossenen luxuriösen Hilton-Hotels auf den westindischen Inseln zu der sie umgebenden Landschaft gehören. Mich erinnerte es an Dr. Nemos autarkes Unterseeboot *Nautilus* – in dem alle Buchstaben von Tsau enthalten sind –, nur dass hier der zentrale Zauber von der Sonnenkraft ausgeht, statt von einer verherrlichten Elektrizität, und dass Denoons Glaswerke als Meditationszentrum an die Stelle von Dr. Nemos Orgel treten. Tsau ist am Ende eine von den geheimnisvollen Städten, die, so will es die imperialistische westliche Imagination, in Afrika existieren – die Minen König Salomos, der willfährigen afrikanischen Dunkelheit auferlegt. Mr. Rush beweist gegenüber der kulturellen Integrität der Einwohner eine größere Sensibilität, als Rider Haggard es getan hat. In einem der wenigen Ausbrüche in afrikanischem Englisch protestiert eine junge Frau gegen Denoons sich gegen die Kirche und gegen die Mission richtenden Predigten: «Warum redest du so lange und sagst, wir dürfen nichts glauben, und selber drängst du diesen Leuten Glauben auf, aus Zeit, lange eh wir gekommen sind?...Wenn der weiße Mann unter uns kommt, dann immer mit Lügen.» Denoon widerspricht ihr nicht. Einer seiner Vorträge hat den ironischen Untertitel: «Die Zerstörung Afrikas, beschleunigt durch seine Wohltäter, Anwesende nicht ausgenommen.» Die Vergeblichkeit des Linksliberalismus ist in Denoons linksliberale Position eingebaut; politisch gesehen hat das Buch (dessen Handlung Anfang der achtziger Jahre spielt) einen zweifelhaften, salzigen Beigeschmack, nämlich den des Idealismus der sechziger Jahre, der unter Reagan zu einem hilflosen Hohnlächeln verkam. Als die Heldin nach Kalifornien zurückkehrt, sagt sie schnippisch: «In Amerika zu leben kommt mir vor, als würde ich von einem Schwächling mit einem Buttermesser erdolcht», und berichtet ironisch von ihrem Erfolg als Vortragsrednerin zum Thema Dritte Welt:

> Ich beende keinen Vortrag, ohne folgenden Gedanken angebracht zu haben: Das, was wir Entwicklung nennen, läuft auf einen regelrechten Holocaust für die Welt hinaus, denn Entwicklungspolitik, wie sie seit 1880 bis zum heutigen Tage betrieben wird, bedeutet nichts anderes, als traditionellen und auf so grundsätzliche Veränderungen nicht vorbereiteten Kulturen der Dritten Welt die Marktwirtschaft mittels Gewalt und Betrug überzustülpen, und genau diese Politik ist der Nährboden der Hungersnot-, Elends- und Seuchenspektakel, mit denen wir per Fernsehen in der Behaglichkeit unserer eigenen vier Wände konfrontiert werden.

Sie hinterließ bei mir etwas, was nicht jeder Roman zu bieten hat – ein starkes Gefühl von einer menschlichen Gegenwart. Wenn Denoon Dr. Nemo ist, dann ist sie ein Captain Ahab mit hübscher Figur und trockenem Humor, grandios in der Zielgerichtetheit, mit der sie den weißen Wal des «Gleichgewichts oder der perfekten Paarung» verfolgt, und unwiderstehlich in den erschöpfenden und ehrlichen Aufzeichnungen, die sie bei der Jagd danach macht. Ihr intellektueller Kommentar quillt über von liberaler Selbst-Entlarvung und einer post-christlichen und post-marcuseschen Haltung des Zweifels, sodass die Frage, ob sie und Denoon am Ende im rechtlichen oder spirituellen Sinne vereint sein werden, den Leser nicht weiter in Atem hält – weit weniger etwa, als die Frage, ob Jane Eyre, in einem romantischeren Jahrhundert, den geläuterten Rochester bekommt. Nicht nur Denoon, sondern auch die Sonnenkraft, die heiligste der heiligen Kühe der New-Age-Bewegung, kann sich ihren vernichtenden Zweifeln nicht entziehen: «Oder war Denoon schon immer ein Hochstapler gewesen, ohne dass ich es gemerkt hatte, angefangen damit, dass er alle Welt so eloquent dazu verleitet hatte zu erwarten, Tsau werde eine befreiende Volks-Bromelie sein, die von Sonne und lauen Lüften leben konnte, obwohl das ganze System, auch wenn es vor Solar-Hardware strotzte und glitzerte, in Wirklichkeit doch nur – ja was eigentlich leistete? ... Die Leute hatten Solarkocher, benutzten sie aber kaum. Und welche Aktien hatte er überhaupt in Tsau? Wer hatte überhaupt Aktien in Tsau?» Doch nachdem all ihre romantischen Überschätzungen demontiert sind, ist sie trotzdem lebendig, denkt, spricht; ihre Gedanken haben Pepp und sind voller Ironie, ihre Empfindungen und Intuitionen sind verblüffend wahrhaftig. Was sie für Denoon tut, das tut der Autor für sie: Er beschreibt mit fanatischer Gründlichkeit einen Menschen. Wenn *Mating* einem an den geopolitischen Rändern etwas dünn vorkommt, so ist der Roman an der gewählten Achse, wo es um die Empfindsamkeit und die Beobachtungen der Heldin geht, voller dichter Energie. Unsere frustrierte Anthropologin erreicht eine Größe, die sie dem von ihr gewählten Kontinent ebenbürtig macht, und so hätte sie zu Hause in den Vereinigten Staaten nicht wachsen können, so wie auch Denoon sein gläsernes Utopia dort nie hätte errichten können. Ihr Bericht über die Durchquerung der Kalahari ist atemberaubend, als Beschreibung unverfälschter Natur und als Darstellung der menschlichen Psyche in einer Krisensituation. Ihre Verinnerlichung von Afrika findet später ihren Höhepunkt, als sich über Tsau ein Gewitter zusammenbraut:

> Und dann rollte es tatsächlich auf uns zu, langsam, majestätisch und unermesslich. Es sah geradezu organisch aus, fand ich, fast wie eine unter Strom stehende Plazenta. Ein Sperrfeuer aus grellem Licht zuckte über den Himmel … Nie zuvor und nie danach habe ich ein solches Naturschauspiel gesehen. Ich zitterte und wurde von so trivialen Einsichten heimgesucht wie: Menschliche Wesen sind nur mikroskopisch kleine Varianten dieses riesigen herannahenden Systems, weil das, was uns das Wasser im Munde zusammenlaufen lässt, denken und einander umarmen lässt, im Wesentlichen auch Elektrizität ist. Wir waren aus einem Stoff, dieses monströse Luftgeschöpf und ich, seine bleiche Tochter.

Die «bleiche Tochter» ist sehr hübsch. Sie fühlt sich zur Großartigkeit erhoben. Der erste Satz in *Mating* heißt: «In Afrika will man einfach mehr, glaube ich.»

Was Hope Clearwater, die akademisch und sexuell begabte Heldin von William Boyds *Brazzaville Beach*, bewegt, ist der Wunsch, England zu entfliehen, wo ihre Ehe mit einem Mathematiker in einer Katastrophe geendet ist. In *Mating* scheint Denoon, einer der beiden im Ausland lebenden Amerikaner, dem widerwärtigen Kapitalismus seines Geburtslandes entfliehen zu wollen, während die große Namenlose die Trennung von ihrer stark übergewichtigen Mutter sucht, die sie gemeiner Weise «den Kolossus von Duluth» nennt. Beide Amerikaner haben sich einer «Matrix des Leidens» entzogen. Hope hingegen ist, wie ihr Name schon andeutet, ein positiver Mensch; sie hat keine Beschwerden gegen ihre Eltern vorzubringen, und ihre Beschreibung Englands – besonders der Rotwildparks und der Hecken, die sie für eine archäologische Studie zu datieren versucht – gemahnen liebevoll an alte Landschaften und feuchte Steinhäuser. Dennoch gerät sie nach Afrika, wo sie für das Grosso Arvore Research Project unter der Leitung des hoch geachteten Primatologen Eugene Mallabar Schimpansen beobachtet. Das nicht namentlich genannte Land könnte gut Angola sein: Es gibt eine Reihe miteinander konkurrierender Guerilla-Armeen, eine sich lang hinziehende Küste und Überreste einer portugiesischen Kolonialisierung. Der Leser entdeckt Hope an einem Strand, der erst vor kurzem nach einer 1964 in Brazzaville abgehaltenen Konferenz benannt worden ist. Sie lebt dort allein. Der Roman besteht aus ihren langen Reflexionen über vergangene Ereignisse und ist, in zwangloser Sprache in Ich-Form geschrieben – vielleicht jedoch mit einem übertrieben aufwendigen literarischen Apparat versehen. Die Kapitel spielen in der Regel abwechselnd in England und in Afrika, und die Handlung strebt synchron auf einen doppelten Höhepunkt zu; außerdem gehen jedem Kapitel ein paar hundert Wörter in Kursivschrift zu unterschiedlichen Themen voran, die dem Leser die etwas gekünstelten Kapitelüberschriften erhellen, wie zum Beispiel «Was ich gern mag», «Usman Shoukrys Lemma» und «Kohlköpfe sind keine Kugeln». Das (von Plato stammende) Motto des Romans ist auch der letzte Satz, und das Ich der Heldin Hope wechselt manchmal in die dritte Person: «Hope Clearwater». All dies wäre nicht für jeden Protagonisten geeignet, aber als Korrelativ für den geistigen Zustand einer verstörten Intellektuellen mag es angehen. *Brazzaville Beach* liest sich leichter als *Mating*, ist aber ebenso überladen mit Informationen – zu Gebieten wie Mathematik, Primatologie und Botanik, englischer wie auch afrikanischer, mit kenntnisreichen Exkursen über Schocktherapie, moderne Waffenkunde und Flugzeuge, Theorien über Turbulenzen und die Feinheiten des Volleyball-Spiels.

Mr. Boyd, der in Ghana zur Welt kam und an den Universitäten von Nizza, Glasgow und Oxford studierte, wo er auch unterrichtet hat, scheint sich in allem auszukennen. Sein Roman *An Ice-Cream War [Zum Nachtisch Krieg]* bewegt sich selbstbewusst im Ostafrika der Jahre 1914–1918, und *The New Confessions [Die neuen Bekenntnisse]* durchstreift transatlantisch das gesamte zwanzigste Jahrhundert. Sein Erzählstil ist von einer gewandten und liebenswürdigen Leichtigkeit, und manche Kritiker haben ihn als Autor komischer Romane eingeordnet und mit Evelyn Waugh und Kingsley Amis verglichen. Doch zumindest in *Brazzaville Beach* zeigt er kaum etwas von der fröhlichen, konservativen Herzlosigkeit dieser Herren – einen gewissen linguistischen Snobismus hingegen zeigt er sehr wohl, wenn er uns von zwei verschiedenen Gestalten innerhalb von dreißig Seiten sagt: «Er [sie] sprach [sehr] gutes Englisch, wenn auch mit einem deutlichen [schweren] Akzent.» Die Fähigkeit der Primaten zu Gewalt, die unsere eingeschlossen, ist sein dunkles Thema, das er in einer Reihe von Variationen bearbeitet – Kannibalismus und Kriegsführung bei Schimpansen, mörderische und selbstmörderische Konkurrenz unter intellektuellen Spekulanten, das von Söldner-Piloten kaltblütig angerichtete abstrakte

Chaos, die bösartige Farce der Wirren eines Bürgerkriegs. Die Abenteuer der Heldin in diesem letzten Bereich, als Geißel einer kleinen Gruppe von Rebellen, die sich UNAMO nennen und in Friedenszeiten ein Volleyball-Team mit dem Namen Atomique Boum bildeten, sind ein geglücktes Echo des surrealen Waugh in *Scoop [Der Knüller]* und *Black Mischief [Schwarzes Unheil]* und lassen einige der besonders poetischen und unauslöschlichen Bilder des Romans entstehen. Die schmalen, verängstigen Kinder-Soldaten veranstalten im Busch ein geisterhaftes Volleyball-Spiel, «im warmen Abendlicht, wobei ihre dünnen, schlaksigen Körper noch dünnere und schlaksigere Schatten warfen». Später stoßen Hope und Dr. Amilcar, der steckendürre Anführer der Truppe, auf eine liegen gebliebene Panzerabwehrkanone mit Munition:

> Er hebelte den Deckel von einer der flachen Holzkisten hoch. Wie Weinflaschen lagen darin auf einem Styroporeinsatz drei schlanke Granaten mit violetten, zwiebelförmigen Spitzen, ähnlich den Kuppeln einer russischen Kirche. Er nahm eine heraus und hielt sie vor sich: Sie war recht hübsch, schön gestaltet, wie die Kanone auch. Das Violett leuchtete mit lumineszierendem Glühen in dem gelben Licht. Amilcar öffnete den Verschluss der Kanone und hielt die Zwiebelnase an die Öffnung. Sie glitt leicht hindurch. Sie war viel zu klein.

Dr. Amilcar überlegt: «Jemand von der UNAMO hat das in Europa für uns eingekauft. Ich wüsste gern, wie hoch seine Provision war.» So schrumpfen die heroischen Aspirationen des Befreiungskampfes auf die Wirklichkeit von ein paar verängstigten Jungen und eine teure, nutzlose Waffe.

Wie Bernard Malamud in seinem vor neun Jahren veröffentlichten Schimpansen-Roman *God's Grace* war auch Mr. Boyd von jenem Teil der Berichte Jane Goodalls über ihre

Feldarbeit erschüttert, in dem sie von Aggressionen und Tötungen von Jungtieren unter den friedfertig wirkenden Schimpansen berichtete. Hope Clearwaters Chef, Dr. Mallabar, hat sich mit Studien unter Titeln wie *The Peaceful Primate* und *Primate's Progress* einen profitablen Ruf erworben. Sein Widerstand – der zu blinder Wut gerät – gegen ihre Beobachtungen und die ihrer afrikanischen Assistenten, die von nicht friedfertigem Verhalten berichten, ist von finsterer Komik. Ein Stück makabren Humors gibt es auch in England, als Hopes Ehemann John Clearwater seinen Verstand zu inspirieren versucht, um ihm eine unsterbliche Gleichung zu entlocken, und zu diesem Zweck wie in Trance Löcher in die lehmige englische Erde gräbt. Doch das Komische an seiner Exzentrizität schlägt ins Jämmerliche um, als Hope, die ihn anfangs ebenso verfolgte, wie Denoon verfolgt wurde, erkennt, dass er geistig gestört ist und sie ihn verlassen muss. Trotz des munteren Erzählstils birgt *Brazzaville Beach* etwas von dem Schrecken des Lebens und endet, wie auch *Mating*, damit, dass die Heldin allein ist, mit Afrika als ihrem einzigen Gefährten. Mr. Boyd, ein weißer gebürtiger Afrikaner, hat keine Mühe, die Namen der Bäume zu nennen, die Schimpansen lebendig zu schildern und die Szenerie zu beschreiben. Verglichen mit der Kalahari-Wüste in *Mating* ist sein Afrika eins des Alltags und grenzt ans Trostlose:

Ich stützte die Hände in die Hüften und sah mich um. Wir hätten beinahe überall in Afrika sein können, das musste ich zugeben. Der Schauplatz war typisch und banal zugleich. Eine schlaglochübersäte, schnurgerade durch niedrigen, buschigen Wald verlaufende Straße, ein Grüppchen altersschwacher Hütten, ein merkwürdig trockener Geruch nach Staub und Pflanzen in der Luft, eine große, rote Sonne, die gleich hinter den Bäumen versinken würde, das klagende Gezirp der Zikaden.

Auch am Strand von Brazzaville passiert nicht viel: «Ein Junge hütet drei Ziegen, die unter Palmen weiden. Ein Krebs kriecht im Seitwärtsgang in sein Loch. Im Dorf lacht jemand laut auf.» Mit Sicherheit ist Afrika derzeit der elendeste Kontinent. Und wenn man an die Hungersnöte, die Korruption, die Staatsschulden, und jetzt, zusätzlich zu Malaria und einer Vielzahl von Parasiten, an die Aidsseuche denkt, dann könnte man meinen, es sei hoffnungslos. Doch für manche aus der Alten Welt, darunter Hope Clearwater, «die große junge Frau, die am Brazzaville Beach lebt», ist Afrika noch immer ein Ort der Heilung und der spirituellen Erneuerung.

Zwischen Montparnasse und Mt. Pelée

PATRICK CHAMOISEAU, *Texaco*. Englisch von Rose-Myrian Réjouis und Val Vinokurov. New York 1998. [*Texaco. Ein Martinique-Roman*. Deutsch von Giò Waeckerlin Induni. München 1995]

Wenn das nicht Synchronizität à la C. G. Jung ist: Die englische Übersetzung von *Texaco* erschien – fünf Jahre nach der Veröffentlichung des französischen und kreolischen Originals bei Gallimard in Paris – zu einer Zeit, da Texaco wegen Rassendiskriminierung in seiner Personalpolitik beschuldigt worden ist. In dem Roman geht es in gewisser Weise um Anti-Diskriminierungsmaßnahmen: Der Name *Texaco* ist ursprünglich von einer Shantytown übernommen worden, die ohne Anschluss an das öffentliche Versorgungsnetz und ohne offizielle Billigung zwischen Öltanks, Rohrleitungen und Mangrovensümpfen am Rande von Fort-de-France, Martiniques größter Stadt, entstand. Anfang der achtziger Jahre wird ein Stadtplaner, der sich diese spontan gewachsene Stadt ansieht («Er war in der von der modernistischen Stadtverwaltung ins Leben gerufene Raumplanungskommission beschäftigt, die sich zum Ziel gesetzt hatte, die die Stadt wie eine Dornenkrone umschließende Eiterbeule der Elendsviertel aufzustechen»), von einem Stein getroffen. Er geht zu Boden, und während er benommen daliegt, wird ihm die Geschichte Texacos von der Begründerin der Stadt und ihrem wegweisenden Geist Marie-Sophie Laborieuz erzählt.

Über fast vierhundert Seiten lang nimmt sie die Aufmerksamkeit des Eindringlings in Anspruch, beginnt bei ihrem Großvater – «er war einer dieser Männer aus Guinea, ganz schwermütig und stumm, mit großen traurigen Augen» –, der die Tiere auf der Plantage vergiftete und in einen Kerker geworfen wurde. Zuvor jedoch schwängerte er «eine Mulattin»; sie «arbeitete als Wäscherin im Herrschaftshaus und entging dadurch der Schinderei des Zuckerrohrs». «Ihre Hüften wurden bald darauf fülliger, ihr Gesicht strahlender, und sie spürte die Milch in sich aufsteigen», obwohl der werdende Vater ausrief: *«Keine Kinder der Sklaverei!»*, und die Schwangerschaft «mit einem uralten Lied und drohendem Getue» abbrechen wollte. Das Kind, ein Junge, Esternome Laborieux, kommt zur Welt; er wird Haussklave und rettet dem Beke, dem weißen Meister, das Leben, als der im Wald von einem «braunen» entflohenen und vogelfreien Sklaven angegriffen wird. Die Episode wird in besonders farbiger kreolisierter Prosa erzählt:

Der Wahnsinnige sprang aus einem Dornengebüsch hervor und packte den Beke an der Gurgel. So wahr ich hier sitze: Er stach mit einem dreckigen Bajonett auf ihn ein und spießte ihn in jahrhundertealtem Zorn wie ein Stück Muschelschnecke auf, das man über dem Feuer weich schmoren will. Mein alter Papa – er wusste nicht, wie ihm geschah (aber ich habe den Eindruck, dass es ihm keineswegs Leid tat), packte die Flinte und machte bumm! Der Buschneger blickte ihn mit schmerzlichstem Staunen an. Dann sank er tot zu Boden, als hätte er es kaum erwarten können, dieses Leben endgültig und ein für alle Mal zu verlassen.

Für diese gute Tat wird Esternome noch vor der allgemeinen Befreiung der Sklaven im Jahr 1848 die Freiheit geschenkt. Schließlich lässt er sich mit vielen anderen ehemaligen Sklaven in den Bergen nieder und verliert seine Geliebte Ninon, als der Vulkan Pelée 1902 ausbricht und die Stadt Saint-Pierre zerstört. Esternomes Leben scheint irgendwie «gestreckt» zu sein: wenn er 1848 ein junger Mann war, müsste er 1902 ein alter Mann sein, aber er geht nach Fort-de-France, tut sich mit der hexenartigen Adrienne Carmélite Lapidaille zusammen, schwängert ihre fast blinde Zwillingsschwester Idoménée und stirbt erst, als seine Tochter, unsere Erzählerin, eine junge Frau ist. Da muss er an die hundert Jahre alt sein. Chamoiseau liefert neben anderen Angaben eine Chronologie, lässt jedoch die Geburtsjahre seiner Gestalten offen, als wollte er zugeben, dass sein Zeitplan Opfer einer gewissen Verhexung geworden ist. Seine Geschichte ist zwar in einzelnen Episoden lebhaft und anschaulich erzählt, fließt aber sonst eher zähflüssig, wie Molasse mit kleinen Zuckerrohrstücken darin. Es gibt kaum Dialoge, nur das musikalische Summen von Marie-Sophies Stimme, die zunehmend literarischer wird, als wollte sie ihrem wandernden, verletzten, kinderlosen Leben einen epischen Zweck verleihen, indem sie Texaco gründet.

Die epischen Ambitionen, die Chamoiseau mit seinem Stoff verbindet, bringen alle Lebensfunken, durch die ein Roman einen selbstvergessenen Schwung bekommt – wie Gespräche und die psychologische Entwicklungen –, zum Erlöschen. Der Autor ist in seiner Geschichte unter zwei Pseudonymen anwesend – als Oiseau de Cham und als Wortspieler (Marqueur de Paroles). Marie-Sophies Texaco wird zu einer Filiale von Montparnasse, als es Ti-Sirik willkommen heißt, einen bebrillten Haitianer, der «ein perfektes, penibles Französisch sprach, voll gestopft mit Wörtern, die an seinen Gedanken haften blieben, ihn aber noch unverständlicher für uns machten». Er interessiert sich für Marie-Sophies Notizhefte und erzählt ihr von Montaigne und Faulkner, Proust und Claudel, Céline und Aimé Césaire, dem Dichter aus Martinique, Kommunisten und Verfechter der Négritude, der Bürgermeister von Fort-de-France wurde und am Ende der Beschützer der improvisierten Gemeinschaft von Texaco ist. T-Sirik erklärt Marie-Sophie: «Die Karibik braucht einen Cervantes, der Joyce gelesen hat.» Das Gebiet mit seinem krassen Licht, den meerumschlungenen Inseln und der säbelrasselnden Geschichte lässt homerische Analogien in seinen Dichtern und Sängern aufsteigen, wie wir sie in den Hexametern von Derek Walcott finden. Unter den Einwanderern in Texaco ist die fruchtbare, weißhaarige Péloponèse, deren Geliebter Qualidor beschrieben wird wie «Odysseus, der vor der Chimärenfrau mit je einem Kind auf den Armen zurückweicht ... und Péloponèse lehnt sich vor zu ihm wie eine fallende Statue.» Chamoiseau, der nicht darauf vertraut, dass das Wachstum und das Bestehen der Shantytown eine eigene majestätische Bedeutung erlangt, unterbricht die ohnehin viel zu voll gestopfte Erzählung mit Auszügen aus einer Vielzahl von Notizheften, unter denen die des Wortspielers und die des Stadtplaners sind, der so kopflastige Bemerkungen wie die folgende macht:

> Die Dame hat mich gelehrt, die Stadt als Ökosystem zu sehen, das auf Gleichgewicht und Wechselwirkung beruht. Mit Friedhöfen und Wiegen, mit Sprachen und Stimmen, mit Erstarrung und pulsierendem Leben. Und nichts, das vorwärts schreitet – oder rückwärts schreitet. Kein linearer Fortschritt, keine darwinsche Evolution. Nur das wagemutige Kreisen des Lebenden. Über die Schwermut, die rastlose Sehnsucht oder eigenmächtige Avantgarde hinaus müssen unformulierbare Gesetze aufgestellt werden.

Texaco wurde 1992 mit dem Prix Goncourt ausgezeichnet, der höchsten literarischen Auszeichnung Frankreichs. Die Mischung aus literarischem Französisch und kreolischem Französisch hat – vermutlich – ihren besonderen Charme, doch auch ein «Englisch, das hin und wieder den Rahmen sprengt», kann, wie die Übersetzerinnen der englischen Ausgabe selbst schreiben, nur eine unbeholfene Annäherung sein. Irgendwelche idiomatischen Formulierungen stecken wahrscheinlich hinter «ein Rascheln zisch-zischelte», «plötzlich-knall», «ein Gummiband-Mädchen tanzte einen Veitstanz für Geld» und «Die Dame-der-Liebe räumte das Haus aus, während er schlief, und machte sich davon, nachdem sie mit Kohle an die Tür *Pa moli* (Reiß dich zusammen) geschrieben hatte, was nur die glühende Wolke, die die Stadt mit Feuer überziehen würde, in eins-und-zwei auslöschen würde». Der Preis bestätigt die wunderbare intellektuelle Solidarität, die Frankreich mit seinen kolonialisierten Völkern schmieden konnte. Die gebildeten Eliten der frankophonen

Dritten Welt besetzen ständige Außenposten von Paris, und mit gallischem Geschick reduzieren sie die Wirklichkeit zu Gedanken, und Gedanken zu Sprache. Am Ende ist *Texaco,* wie es scheint, weniger ein Roman über anderthalb Jahrhunderte des Leidens und der Bestrebungen der Schwarzen als vielmehr ein Buch über seine eigene Sprache, über das Einbetten des Kreolischen in eine Mulatten-Matrix oder in ein hyperkorrektes Französisch. Wenn Chamoiseau auch kein Cervantes ist, der Joyce gelesen hat, so ist er doch ein Céline, der Lévi-Strauss und Derrida gelesen hat. Er vertraut zwar nicht seiner Geschichte, aber er vertraut den Wörtern. Eine seiner Sprecherinnen, Marie-Sophie, erhält von einer anderen Gestalt, dem Old Blackman des Doum, den Rat: «*Halt Ausschau nach dem Wort, mein Mädchen, halt Ausschau nach dem Wort.*» Wenn man nur das Wort findet, dann sorgt die Stadt für sich selbst.

Man kann nicht alles haben

MANUEL PUIG, *Tropical Night Falling.* Englisch von Suzanne Jill Levine. New York 1991. [*Bei Einbruch der tropischen Nacht.* Deutsch von Lieselotte Kolanoske, Frankfurt am Main 1995.]

Der verstorbene Manuel Puig – er starb im Alter von siebenundfünfzig Jahren im Juli 1990 in Mexico – war wie seine argentinischen Schriftstellerkollegen Julio Cortázar, Jorge Luis Borges und Adolfo Bioy Casares ein verzwickter Schriftsteller. Seine erste Liebe galt dem Kino, und erst Mitte der sechziger Jahre, als er in New York bei der Air France arbeitete und Jahre der Enttäuschung und Frustration hinter ihm lagen – er hatte in Rom, Paris und Buenos Aires Filmregisseur werden wollen –, fing er an zu schreiben. In seiner Prosa entsagte er gewöhnlich Beschreibungen von Szenarien und Menschen aus der Perspektive des allwissenden Erzählers, mit denen sich andere Schriftsteller mühsam ihre Wirklichkeit zusammenbasteln, und präsentierte stattdessen stetig fließende Dialoge, zwischen die er, zur Abwechslung, dokumentarische Dinge wie Briefe oder Polizeiberichte schob. Er führte sozusagen die Regie über den Fluss des Materials, blieb aber als auktoriale Person unsichtbar und ungehört und überließ es seinen Gestalten, die Geschichte zu erzählen. Und Geschichten erzählen sie wahrhaftig: Der Held von *Kiss of the Spider Woman [Kuss der Spinnenfrau]* ergötzt und verführt seinen Zellen-Mitbewohner mit ausführlich geschilderten Handlungsabläufen alter Filme; in *Betrayed by Rita Hayworth [Verraten von Rita Hayworth]* verweben die tagträumenden, innere Monologe haltenden Gestalten ihr beengtes Leben nahtlos mit den Filmen, die sie gesehen haben. Die beiden ältlichen Schwestern im Zentrum von Puigs letztem Roman, *Tropical Night Falling*, die in Rio de Janeiro zusammenleben, tauschen nicht nur ihre Erinnerungen aus, sondern auch langatmige und umschweifige Tratschgeschichten über das Liebesleben der sechsundvierzigjährigen Psychologin Silvia Bernabeu, die sich der jüngeren Schwester Luci anvertraut hat. Puigs Gestalten wollen sich um jeden Preis etwas mitteilen, und diese Erzählung ist das Ergebnis des universalen Bedürfnisses, Beziehungen zu knüpfen, wie unzulänglich und zerstörerisch sie am Ende auch sein mögen. Seine Welt ist dunkel und herb, schwach erleuchtet nur von den tausend

tropfenden Kerzen des beharrlichen menschlichen Liebes-
sehnens.

Die Umstände von *Tropical Night Falling* treten langsam aus den ersten Kapiteln, die aus reinem Dialog bestehen, her-aus. Wenn die sprechende Person wechselt, wird das [in der englischen Fassung] nicht durch Anführungszeichen ange-zeigt, sondern durch auf Mitte gesetzte Punkte:

- Das eine war der Ehemann, Nidia, aber eine Tochter, das ist eben etwas ganz anderes. Deine Tochter. Was für schreckliche Dinge doch passieren.
- Luci, ich mag nicht drinnen sein, wollen wir nicht einen Spaziergang machen?[1]

Luci ist mit ihren einundachtzig Jahren die schwächere; sechs Jahre vor den Ereignissen des Romans, die zwischen 1987 und 1988 angesiedelt sind, hat sie nach dem Tod ihres Ehemannes Pepe ihre Geburtsstadt Buenos Aires verlassen, um sich in dem wärmeren Klima Rios niederzulassen. Sie hat zwei Söhne mittleren Alters, Luis und Ñato. Die Gespräche finden in ihrer Wohnung statt, in der Rua Igarapava 120, Apartment 104. Nidia ist nach dem Tod ihrer siebenundvier-zigjährigen Tochter Emilsen zu einem längeren Aufenthalt nach Rio gekommen. In Buenos Aires hat sie einen fünfzig Jahre alten Sohn, den sie «Baby» nennt, einen Schwieger-sohn, Ignacio, und vier Enkelkinder. Die beiden Schwestern sprechen über ihre Gesundheit (Nidia hat hohen Blutdruck, Luci ist oft müde) und ihre Vergangenheit (sie erinnern sich liebevoll an Mama) und verfolgen mit viel Zungenschnalzen die erotischen Kapricen, in die sich Silvia bei der Verfolgung eines schwer zu fassenden Witwers mit traurigen Augen na-

---

[1] In der deutschen Übersetzung wurden die üblichen Anführungszeichen verwendet.

mens José Ferreira stürzt. Er erinnert Silvia an einen früheren Geliebten, Avilés, und spricht ihre «professionelle Vorbildung» an, die darin besteht, dass sie alles über die Menschen wissen will und sie heilen möchte. Silvia hat einen neunzehnjährigen Sohn, der in Mexiko Graphik studiert und, wie sich herausstellt, eine Reihe beiläufiger, aber nicht ganz unaufmerksamer Geliebter hat. Ferreira seinerseits hat aus seinen Ehezeiten eine Geliebte, die er als Ehefrauersatz reaktiviert, was Silvia gut passt, wie wir von Nidia erfahren – die inzwischen selbst so etwas wie eine Psychologin geworden ist –, denn «ihr ist die Rolle der Geliebten zugefallen, die dritte Seite des Dreiecks, welches die schönste, die am den wenigsten verbindliche Rolle ist, und … von ihrem Platz aus wird sie ihm weiterhin helfen, seine Probleme zu lösen».

Es wäre falsch zu sagen, dass die Geduld des Lesers bei der Entwirrung dieser Fäden aus dem Wörtergewirr nicht auf die Probe gestellt würde und dass Puigs Wiedergabe banaler Unterhaltungen in ihrer Genauigkeit nicht auch manchmal ermüdend wäre. Doch unterlegt der Autor die dahintreibenden Reden mit einem so kohärenten Grund, dass wir ihm vertrauensvoll folgen: außerdem variiert er seine Methode genügend, dass wir uns unterhalten fühlen. Geradezu bezaubernd ist es, wie zu Beginn des Romans, als Luci und Nidia endlich das Schweigen des Schlafs über sich kommen lassen, der Text des Buches Lucis Lektüre vor dem Einschlafen wird, eine freche Parodie auf den Populärjournalismus der Sonntagsbeilagen, und uns mit seinen immer häufigeren Auslassungen und einigen absichtlichen Wiederholungen in Lucis benommenen Leseverstand hineinzieht.

Die Geschichte wird nach und nach komplizierter, und Puig flicht in sein Gewebe aus geriatrischer Vornehmheit und behütetem Tratsch rauere Realitäten ein – er spricht von der niederschmetternden Armut in der Großstadt, vom Tod. Luci besucht Ñato (ihren Sohn, nicht die Organisation) in Luzern, kurz nachdem er dorthin gezogen ist, und stirbt dort an Herzversagen. Durch ein Versehen, das vieles nach sich zieht, erfährt Nidia nichts davon und schreibt weiterhin plaudernde schwesterliche Briefe ins Leere hinein – ein finsterer Witz, der an Cortázars vor zwanzig Jahren erschienene Kurzgeschichte «The Health of the Sick» erinnert. In Lucis Abwesenheit lädt Nidia Ronaldo, den «entzückenden» Portier des Nachbargebäudes, und Maria José, das frühreif-hübsche dreizehnjährige Kindermädchen der Familie von unten, sowie Wilma, Ronaldos Frau, die allerdings in einer Dürre im Norden stecken bleibt, zu sich in die Wohnung ein. Bevor Wilma kommen kann, entschwinden Ronaldo und Maria José, die anscheinend von ihm schwanger ist, und werden von Otávio, dem erzürnten Bruder des Mädchens, verfolgt. Diese Ereignisse transponieren *Tropical Night Falling* in das Gewebe eines trockenen, aber gradlinigen Polizeiberichts und bewirken, dass Nidia, die ihre Lektion gelernt hat – «Solchen Menschen kann ich nicht vertrauen» –, zurück nach Buenos Aires reist.

«Solche Menschen» sind die ganz Armen – sie sind arm, aber dennoch willensstark und sexuell lebendig. Nachdem Manuel Puig zwanzig Jahre lang mit Unterbrechungen in New York gelebt hatte, siedelte er 1982 nach Rio de Janeiro über. Wie seine beiden Heldinnen war er offenkundig über das Ausmaß der Armut in Brasilien entsetzt. «So viel Elend in einem so reichen Land!», ruft Nidia aus. Menschen, die wie Ronaldo und Maria José im Zuge der großen Landflucht in die Städte strömen, sind praktisch obdachlos und schlafen in winzigen Ecken, in Wandschränken und Maschinenräumen. Ronaldo, der nachts Dienst hat, findet am Tage auf einer Baustelle, inmitten des Baulärms, einen Platz, wo er sich ausstrecken kann. In diesem halb fertigen Gebäude feiern die Bauarbeiter – «alle klein und irgendwie hässlich», denn «fast alle kommen aus dem Norden, wo die Menschen kleiner sind» – schmuddelige Orgien mit Frauen, die auf die Baustelle kommen, «meist Dienstmädchen, auch aus dem Norden, die sich sehr einsam fühlen». Nach einer Nacht, in der sie sich mit Zuckerrohrschnaps betrunken haben und von einem Mann zum nächsten gereicht worden sind, werden sie am frühen Morgen, sobald die ersten Busse fahren, auf die Straße gesetzt. In einem mehrseitigen Brief an die verstorbene Luci berichtet Nidia: «Es ist schwierig, sie zum Gehen zu bewegen, sie wollen nicht weg, sie sind sehr müde, sie haben viel getrunken und kaum geschlafen, aber die Kerle setzen sie auf die Straße wie Müllsäcke, die weggeschafft werden sollen.»

Das Elend war Puig nicht fremd. Nach seinen Schilderungen waren in seiner Kindheit Filme das Einzige, was Abwechslung in die Langeweile der Provinz brachte. In einer Welt des Latino-Machismo war er durch seine Homosexualität isoliert. Als Exilant zog er von Stadt zu Stadt, er arbeitete in London und in Stockholm als Tellerwäscher. Silvia, die zwar Psychologin ist, sich aber immer wieder in erniedrigende Beziehungen verstrickt, schreibt an Ñato: «Manchmal verstehe ich nicht, wie die Menschen so viel Schmerz und Desillusionierung hinnehmen.» Als Nidia am Schluss von Lucis Tod erfährt, formuliert sie ein stoisches Epitaph:

> So war eben ihr Leben, mit seinen guten Augenblicken und mit seinen schlechten. Mehr oder weniger wie jedes andere, man kann nicht alles haben. Leider hatte Luci oftmals das Gefühl, dass die guten Augenblicke des Lebens nicht ihr zufielen, sondern dass eine andere sie statt ihrer kriegte.

Obwohl die beiden alten Damen bei der Idee von einem Leben nach dem Tod die Nase rümpfen («Das Einzige, was ich von Gott will», sagt Luci, «ist, dass ich, wenn es eine andere Welt gibt, darin nicht allein gelassen werde. Aber nach diesem Leben gibt es zum Glück nichts mehr»), sind sie nachsichtig mit anderen, die am Glauben festhalten. Als Wilma in einem Brief die feste Überzeugung ausspricht, dass sie ihre kleine tote Tochter im nächsten Leben wieder sehen wird, entschuldigt Nidia «diese unwissenden Menschen aus dem Norden» in einem Brief an ihre Schwester: «Vielleicht ist es mehr ihre Armut als ihre Unwissenheit. Weil sie nichts, aber auch gar nichts haben, müssen sie sich zwangsläufig diese Illusionen schaffen. Ich beneide Wilma.» Der Roman endet in einem Ton der Hoffnung und mit einem Akt entschlossener Selbstlosigkeit. Nidia, fast vierundachtzig Jahre alt, gibt Silvias Drängen nach und kehrt in Lucis leere Wohnung in Rio de Janeiro zurück. Im Flugzeug stiehlt sie eine Wolldecke, vermutlich, um Wilma oder eine andere adoptierte arme Seele damit zu wärmen.

Puigs letzter Roman, obwohl skizzenhaft und kurz, zeigt menschliche Größe. Seine Sicht ist tragisch, aber barmherzig. Mit beträchtlichem psychologischen Verständnis – er war einer der wenigen postmodernen Schriftsteller, die von Freud zu lernen suchten – gestaltet er die verzerrten Strategien, die seine bedürftigen Gestalten verfolgen, während sie sich von der Liebe, der höheren und der niederen Art, eine Milderung der Bedrückungen durch die Gesellschaft und die Natur erhoffen. Hässlichkeit wird als mögliches Stadium des Wachstums begriffen. Nidias Enkelsohn Gilberto hat in der Pubertät sein Kindergesicht verloren: «Zu Anfang hatte er ein so vollkommenes Gesichtchen, und jetzt ist es ganz verquollen, die Nase ist wie eine rote Paprikaschote … Wenn es etwas gibt, weswegen ich noch gern eine Weile länger leben würde, dann um zu sehen, wie er als junger Mann sein wird, mit seinem eigenen Gesicht.» Hinter Puigs klinischen Aufzeichnungen von unserer geschwätzigen Pathologie stand eine Vision von Gesundheit.

Zwei anglo-indische Romane

ARUNDHATI ROY, *The God of Small Things.* New York 1997 [*Der Gott der kleinen Dinge.* Deutsch von Anette Grube, München 1997].

ARDASHIR VAKIL, *Beach Boy.* New York 1998 [*Beach Boy.* Deutsch von Anette Grube, München 1999]

Die Verbreitung der englischen Sprache in der ganzen Welt durch Handel und Kolonialismus und inzwischen auch durch die populäre Kultur hat eine ganze Reihe von «Quereinsteigern» hervorgebracht, die der englischen Sprache mächtig und in der Lage sind, zur englischsprachigen Literatur beizutragen. Manche, so die meisten Australier und Amerikaner, schreiben Englisch ohne einen Gedanken an eine Alternative, andere, wie manche Einwohner der Karibik, Irlands, des anglophonen Afrikas und Indiens, schreiben vor einem Hintergrund von eigenen Sprachen oder Patois, die sie im Verlauf ihrer schöpferischen Anstrengungen aufgegeben oder unterdrückt haben – ein Prozess, mit dem sie sich in gewisser Weise in ein fremdes, wenn nicht gar ein feindliches Lager begeben, nämlich in das der Kolonisatoren. Arundhati Roys *The God of Small Things* ist ein höchst bewusst gestaltetes Kunstwerk, das sich nicht zuletzt auch seiner sprachlichen Ambivalenz bewusst ist. Schauplatz ist der südindische Staat Kerala, mit der Landessprache Malayalam; Ausdrücke und ganze Sätze in Malayalam fließen, manchmal übersetzt, manchmal nicht, ins Englische ein, dessen Manierismen – zusammengesetzte und neu geprägte Wörter, fragmentarische Sätze, Wörter und Ausdrücke von der Länge eines Absatzes, eigenwillige Großschreibung von Wörtern – die Exzentrizität der Sprache im Verhältnis zum emotionalen Zentrum der Erzählung hervorheben. Estha und Rahel, zweieiige Zwillinge verschiedenen Geschlechts, die zentralen Gestalten des Romans, erinnern sich daran, wie ihre Großtante Navomi Ipe, unpassenderweise Baby Kochamma genannt, ihnen die englische Sprache aufzwang, sie hundert Mal schreiben ließ: «Ich werde immer Englisch sprechen» und ihre Aussprache verbesserte, indem sie mit ihnen sang: «Rej-Oice in the Lo-Ord Or-Orlways / And again i say rey-oice.» [«Freuheut euch des Härren immerdar, Freuheut euch des Härren.»] Die auf geheimnisvolle Weise verwobenen Empfindsamkeiten der Zwillinge sind in einer selbstbewusst unorthodoxen Sprache ausgedrückt, die Salman Rushdies jazzartigen Riffs einiges verdankt:

Ihr Leben hat jetzt eine Größe und eine Form. Estha hat seines und Rahel hat ihres.
Ecken, Kanten, Grenzen, Ränder und Schranken sind an ihren getrennten Horizonten aufgetaucht wie ein Trupp Kobolde. Kleine Gestalten mit langen Schatten, die als Wachtposten am nebelhaften Ende stehen. Zarte Halbmonde haben sich unter ihren Augen gebildet, und sie sind so alt, wie Ammu war, als sie starb. Einunddreißig.
Nicht alt,
Nicht jung.
Aber ein lebensfähiges, sterbensfähiges Alter.

Die Hauptereignisse des Romans, auf die alles nach und nach zurückführt, finden im Dezember 1969 statt, als Sophie Mol, die englische Cousine der Zwillinge, in den Weihnachtsferien für zwei Wochen zu Besuch kommt. Sie ist die Tochter und das einzige Kind eines Onkels der Zwillinge, Chacko, der seine englische Frau in Oxford kennen lernte und, nach seiner Scheidung, nach Indien zurückgekehrt ist, wo er mit seiner Mutter, seiner Tante und seiner Schwester Ammu – die auch geschieden ist – in dem großen Familienhaus in Ayemenem lebt. Die Familie gehört der syrisch-christlichen Kirche an; der Vater von Baby Kochamma war der Reverend E. John Ipe, ein Priester, der von dem Patriarchen von Antiochia persönlich gesegnet wurde. Sein Sohn, der Großvater der Zwillinge, Pappachi, war Entomologe im Dienst des Britischen Empires gewesen und nahm nach der Unabhängigkeit den Titel Paritätischer Direktor der Entomologie an. Doch als ein seltener Falter, den er entdeckt, nicht nach ihm benannt wird, beginnt dieser Falter «mit seinen ungewöhnlich dichten Schuppen» auf dem Hinterleib «ihn und seine Kinder und seine Kindeskinder zu quälen». Jeden Abend schlägt er seine Frau, Mammachi, mit einer Bronzevase, bis Chacko, der vom Rudern in Oxford kräftige Muskeln hat, dieser Gewohnheit ein Ende macht; darauf nimmt Pappachi seinen Lieblingsschaukelstuhl aus Mahagoni nach draußen und zertrümmert ihn mit einem Klempnerschraubenschlüssel. Seine Wutanfälle sind zu einem Teil die Folge ehelicher Eifersucht: In ihrer Jugend war Mammachi Geigerin und stand vor einer Karriere als Konzertgeigerin, als Pappachi ihr verbot, weiter Stunden zu nehmen; als nicht mehr junge Frau baute sie, obwohl fast blind, mit Hilfe ihrer Rezepte ein erfolgreiches Geschäft auf, das von Chacko den Namen Paradise Pickles and Konserven erhielt.

Der Betrieb mit seinen Angestellten, das große alte Haus, der Fluss dahinter, ein verlassenes Haus und eine Kautschukplantage am gegenüberliegenden Ufer (sie gehörte einst dem Black Sahib, einem sagenumwobenen Engländer, der «zu einem Eingeborenen wurde» und schließlich Selbstmord beging), das Ipe-Erbe von rückwärts gerichteter Anglophilie, ein himmelblauer Plymouth, den Pappachi aus Boshaftigkeit kauft, nachdem Chacko ihn in die Schranken gewiesen hat – das sind die Elemente, die Arundhati Roy vor uns herumwirbelt, während sie die Fäden ihrer kreisförmigen Geschichte spinnt. Die Zwillinge waren sieben, als ihre neunjährige Cousine zu Besuch kam; jetzt sind sie einunddreißig, und Rahel ist aus Amerika zurückgekehrt, als sie erfuhr, dass Estha von seinem Vater und seiner Stiefmutter nach Ayemenem geschickt worden ist, weil sie seiner Unnahbarkeit und seines Wahnsinns überdrüssig waren.

Roy nimmt sich für die Erforschung der Vergangenheit mit Hilfe der Gegenwart viel Zeit. Ihr Roman ist wieder einmal ein Beispiel für den starken Einfluss, den William Faulkner auf die Schriftsteller der Dritten Welt ausübt; seine Methode, eine Geschichte zu quälen – sie durch die Mangel zu drehen, sich ihr auf indirekte Weise, über unheilvolle Umwege und mit ahnungsvollen Verzögerungen, zu nähern – bringt in ungleich entwickelten und stark nach Schichten geordneten Gesellschaften, die Scham und das Gefühl der Niederlage angesichts ihrer Geschichte empfinden, vermutlich eine Saite zum Schwingen. Die Erzählerin ist gleichermaßen bemüht, ihr Ziel – verbotenen Sex und ungeheuerliche Gewalt – zu vermeiden, wie es zu erreichen. In *The God of Small Things* wissen wir von Anfang an, dass Sophie Mol während der Weihnachtsferien in Indien stirbt, aber wir wissen nicht, warum. Wir wissen, dass Rahel und Estha etwas Schreckliches erlebt haben, aber wir wissen nicht, was es ist. Roy schält die Schichten ihrer Geheimnisse mit so delikaten Raffiniertheit, die sich häufenden Offenbarungen in dem heimgesuchten Haus der Ipes, sie mischt mit so bestechendem Geschick, dass es die Handlung entstellen würde, versuchte man sie zusammenfassen.

Indem wir Roy in ihr Labyrinth folgen, erfahren wir viel über Indien – «einen riesigen, gewalttätigen, sich drehenden, treibenden, lächerlichen, verrückten, unglaublichen Wirbel von einer Nation». Wir lernen vor allem, dass man sich 1969 dort nicht sicher fühlen konnte. Zwar wird Kerala, anders als «ein kleines Land mit ähnlicher Landschaft» östlich davon, nicht von den Mächten des Kapitalismus bombardiert, doch halten sich hier eine große Anzahl von Kommunisten auf, deren Machenschaften die Solvenz von Paradise Pickles and Konserven bedrohen und deren aufgebrachter Aufmarsch den Frieden einer Familie der Oberschicht, Mitglieder der syrisch-christlichen Kirche, stört, die in ihrem großen himmelblauen Plymouth auf dem Weg nach Cochin ist, um dort den Film *The Sound of Music* zu sehen. Die junge Nation brodelt unter der Gewalt ihrer langen Geschichte, ihrer Ressentiments, ihrer Vorurteile, die bis in die Zeit zurückreichen, «bevor Vasco da Gama landete und bevor die Zamoriner Calicut eroberten». Ehemänner schlagen ihre Frauen, Frauen haben keinerlei Status, und nachdem Ammu von ihrem trunksüchtigen Ehemann, einem Hindu, geschieden ist, verbringt sie Stunden «mit ihrem kleinen Mandarinenradio am Flussufer»: «Ein flüssiger Schmerz breitete sich unter ihrer Haut aus, und sie stand auf und ging hinaus aus ihrer Welt wie eine Hexe. An einen besseren, glücklicheren Ort.» Der flüssige Schmerz der Sehnsucht ist weit verbreitet und gefährlich. Der Black Sahib begeht Selbstmord, weil «die Eltern seiner jungen Geliebten ihm den Jungen weggenommen hatten». Chacko liebt seine blasse englische Frau noch immer; die dicke alte Baby Kochamma war einst in einen katholischen Priester verliebt; und der kleine Estha, der während der Vorführung von *The Sound of Music* in das leere Foyer der Abhilash Talkies geschickt wird, wird von dem Mann hinter dem Süßigkeitenstand gezwungen, ihn zu masturbieren. In dieser schauerlichen Szene mit dem unerhört lebendig beschriebenen Kinderschänder – «Er sah aus wie ein unfreundlicher, schmuckbehängter Bär ... Seine gelben Zähne waren Magneten. Sie sahen, sie lächelten, sie sangen, sie rochen, sie bewegten sich. Sie hypnotisierten» – bricht der Roman aus seinem beklemmenden Kreis anglophiler syrisch-christlicher Inder aus und stürzt sich in die indischen Massen mit ihrer Armut und mit ihren dynamischen dickensschen Farben.

Westliche Leser, die bisher glaubten, das Konzept der Unberührbarkeit sei von Mahatma Gandhi geächtet und verboten worden, erfahren, dass das Kastensystem 1969 auf grausame Weise funktioniert und nicht nur in der Erinnerung der Alten existiert:

Mammachi erzählte Estha und Rahel, dass sie sich an eine Zeit in ihrer Kindheit erinnerte, als Paravans mit einem Besen in der Hand rückwärts kriechen und ihre Spuren verwischen mussten, damit Brahmanen und syrische Christen nicht zufällig auf den Fußabdruck eines Paravans traten und sich verunreinigten. Zu Mammachis Zeiten war es Paravans und anderen Unberührbaren nicht gestattet gewesen, auf öffentlichen Straßen zu gehen, ihren Oberkörper zu bedecken, Regenschirme zu tragen. Wenn sie etwas sagten, mussten sie die Hand vor den Mund halten, damit ihr unreiner Atem nicht diejenigen traf, mit denen sie sprachen.

Velutha, ein intelligenter Paravan-Junge, der in Ayemenem lebt, bringt der drei Jahre älteren Ammu selbstgebastelte Geschenke – «kleine Windmühlen, Rasseln, winzige Schmuckschachteln aus getrockneten Palmwedeln» – und hält «sie ihr auf der ausgestreckten Handfläche hin (wie er es gelernt hatte), damit sie ihn nicht berühren musste, wenn sie sie entgegen nahm». Dieses traurige Detail, dass ein Kind gelehrt wird, zu geben, ohne dabei berührt zu werden, hat später im Roman eine komische Entsprechung, als Veluthas Vater, der unterwürfige Vellya Paapen, durch einen wütenden Stoß zu Boden fällt: «Er war völlig perplex. Für den Unberührbaren gehörte es zu dem Tabu, dass er erwartet, nicht berührt zu werden.» In einem Jahrhundert, das die Narben des rassischen Völkermords trägt, und in den Vereinigten Staaten, wo förmliche und nicht förmliche Rassentrennung gang und gäbe ist, kann die vom Hinduismus geschaffene riesige verachtete Unterklasse immer noch schockieren – als würden uns unsere eigenen inneren Diskriminierungen und Ausgrenzungen mit einem Vergrößerungsglas vorgehalten.

Rahel, die in Delhi Architektur studiert, lernt einen Amerikaner kennen, den sie heiratet und mit dem sie nach Boston geht. Doch obwohl er sie verehrt, kann er sie aus ihrer Vergangenheit, die sie in Bann hält, nicht herausholen; nach ihrer Scheidung arbeitet sie einige Jahre als Kassiererin bei einer Tankstelle außerhalb Washingtons, wo sie nachts in einer kugelsicheren Kabine sitzt und wo «Betrunkene sich bisweilen in die Schale für das Geld übergaben und Zuhälter ihr lukrativere Jobs anboten». Einer ihrer regelmäßigen Kunden, ein «pünktlicher Trinker mit nüchternen Augen» ruft ihr zu: «He, du schwarze Hexe! Lutsch mir den Schwanz!» Das ist nicht so weit von Baby Kochammas Einstellung entfernt, die beim Anblick der Zwillinge denkt: «Halb-Hindu-

Mischlinge. Kein anständiger syrischer Christ würde daran denken, einen von ihnen zu heiraten.» Weder Indien noch die Welt sind gut funktionierende Schmelztiegel.

Wenn Roy die Verwicklungen in der kummervollen Geschichte der Ipes beschreibt, gelingt es ihr, dem Leser ein Gefühl für Indiens weite zurückliegende Vergangenheit zu vermitteln, als die dunklen Ureinwohner sich mit den hellhäutigen Eindringlingen mischten – bis zurück zu den indogermanischen Verfassern der Weda, der Wurzel des Hinduismus. Auf den ekstatisch geschriebenen letzten Seiten führt sie uns in das Herz der menschlichen Liebe und der mythischen Vergangenheit: Krishna paart sich am Flussufer mit Radha, und als der Liebende die Geliebte zum Tanz auffordert, ist es der Tanz Kalis, des Todes und der nahenden Zerstörung. Das hat dann auch einen magisch-realistischen Hauch: Er faltet seine Angst zu einer Rose, und sie trägt die Rose in ihrem Haar. Solch dunkle Glückseligkeit ähnelt jener, nach der eine Gruppe von Kathakali-Tänzern strebt, die – als sie nach der verstümmelten Vorstellung für die Gäste eines Touristenhotels, das 1993 auf dem Gelände der alten Plantage des Black Sahib errichtet worden ist, unzufrieden und erniedrigt abtreten – in einem fast leeren Tempel eine vollständige, bis zum Morgengrauen dauernde Vorstellung geben.

Da *The God of Small Things* so viel Schrecken und so viel Schönheit und überdies eine so allwissende Sicht des modernen Indiens bietet, ist es vielleicht undankbar, sich über das Kunsthandwerkliche des Romans zu beklagen. Doch die Sprache, die zwischen Schlüsselbildern und Phrasen hin und her pendelt, erlaubt uns nur selten zu vergessen, dass wir uns in der Gesellschaft einer Kunsthandwerkerin befinden: Roy feilt so lange an ihrem Roman, bis er nicht nur fein gearbeitet ist, sondern überfeinert erscheint. Wir müssen viel geistige Energie darauf verwenden, uns daran zu erinnern, wo Formeln und Bezeichnungen wie «Locusts Stand I» und «Esthapappychachen Kuttappen Peter Mon» und «Sauermetallische Gerüche» zum ersten Mal vorkamen und was sie bedeuten. Eine joycesche Passage wie die folgende mag uns in die Gedankenwelt eines Siebenjährigen versetzen:

> Ein Autowind wehte. Grüne Bäume und Strommasten flogen an den Fenstern vorbei. Reglose Vögel auf beweglichen Drähten glitten vorüber wie nicht abgeholtes Gepäck im Flughafen. Ein blasser Tagmond hing riesig am Himmel und folgte ihnen, wohin sie fuhren. So dick wie der Bauch eines Bier trinkenden Mannes.

Aber bemühte Konstruktionen wie «tellergroße Augen» und «schlüpfrig ölig» und Palindrom-artige Wendungen wie «das Dunkel der Herzheit schlich sich in das Herz der Dunkelheit» führen uns eindeutig zu dem Schreibtisch der Schriftstellerin. Nun, ein wirklich ambitionierter Roman muss sich seine eigene Sprache erfinden, und das tut dieser. Arundhati Roy, so erfahren wir auf dem eleganten Schutzumschlag, hat als Produktions-Designerin gearbeitet und zwei Drehbücher geschrieben; diese Erfahrung zeigt sich in dem Geschick, mit dem sie ihre Szenen einrichtet und ausleuchtet, wie auch in den Anflügen von Spezialajargon wie «mosaikartige Verschwommenheit», «Laufbursche am Drehort» und «ein Reagenzglas mit funkelndem, indirekt beleuchtetem Urin». Ihre Szenen werden sowohl im Gedächtnis des Lesers und als auch in dem der handelnden Gestalten wiederholt. Dies ist ein erster Roman und ein Debut im Stil des Golfers Tiger Wood: Arundhati Roy trifft den langen sozio-kosmischen Ball, sie beherrscht aber auch brillant die kurzen Schläge. Wie ein zu frommer Anbetung erbauter

Tempel errichtet *The God of Small Things* ein enormes, in sich verschränktes Gebäude feiner, intensiv empfundener Details. Ein Rosenkranz wird ins Licht gehalten: «Jede gierige Perle griff nach ihrem Anteil der Sonne.»

Der Roman *Beach Boy* von Ardashir Vakil unternimmt einen Ich-Erzähler-Streifzug durch ein paar Jahre im Leben des Cyrus Readymoney, eines Jungen aus Bombay, der zu Beginn der Erzählung acht Jahre alt ist und am Ende zehn. Mit seinen Eltern und seiner vier Geschwistern lebt er in einem modernistischen Glasbau am Arabischen Meer, im Bezirk Juhu, und wenn er nicht in der Schule ist, verbringt er seine Tage am Strand oder im Kino, oder er besucht seine Spielkameraden, die in den Häusern bei dem Compound der geschiedenen Maharani aus Bharatnagar wohnen. Von seinem Zimmer aus beobachtet Cyrus Meera, die Adoptivtochter der Maharani, und führt ein Tagebuch von für einen Drittklässler verblüffender literarischer Qualität. In der Schule und beim Tennis (seine Ehrfurcht erweckende Mutter hat als Tennisspielerin fast Wimbledon-Klasse) ist er verträumt und mittelmäßig; die Wirklichkeit bricht dramatisch in sein Leben ein: Die zurückgezogene Maharani schließt Freundschaft mit ihm, er macht einen Besuch im Süden des Landes bei der Familie Krishnan, seine Eltern trennen sich und sein Vater erleidet einen Herzinfarkt. Obwohl die Komposition des Romans so zufällig wirkt, wie *The God of Small Things* ausgeklügelt und absichtsvoll ist, teilt *Beach Boy* mit dem anderen ehrgeizigeren Buch eine Reihe von Zügen. Kindliche Helden werden in der jüngsten Vergangenheit angesiedelt – in dem einen Roman wird 1969 genannt, in dem anderen 1972. Ardashir Vakil wurde 1962 in Bombay geboren und lebt in London, wo er Englisch unterrichtet; er und Arundhati Roy zeigen uns ein erinnertes Indien, ein Land, das wie Nabokovs Russland unter dem Tau früher Eindrücke glitzert und angesichts der undeutlich erkannten, unkontrollierbaren Manöver der Erwachsenen unheilvoll scheint. Filme – in Cyrus' Fall Hindu-Schmonzetten – sind wichtige Ereignisse und werden detailliert beschrieben. In beiden Romanen erproben Eltern die sexuelle Revolution und strömen ein Flair von verschwendeter Vornehmheit, von zunehmend irrelevanten Bildungsjahren im Ausland aus. Chacko Ipe hat in Oxford studiert, Cyrus' Vater, so stellt sich heraus, war in Yale. Die religiöse Orientierung beider unzufriedener, bourgeoiser Familien liegt außerhalb der Hauptströmung des Hinduismus: Die Ipes sind syrische Christen, die Readymoneys – ein Name, den Cyrus' Urgroßvater «sich verdient hatte, als er vor neunzig Jahren im Hafen von Bombay den Beruf des Geldleihers ausübte» – sind Parsen, Anhänger des Zarathustra, die «an Altären beten ... wo die Flamme seit Jahrhunderten am Brennen gehalten wird», und die ihre Toten den Geiern überlassen. Diese Religionen dürften für westliche Leser kaum exotischer sein als für die Kinder in diesen Romanen, die von Musik, Büchern und einer westlichen Bilderwelt fasziniert sind. In beiden Romanen kommt es vor, dass der kindliche Held eine andere Gestalt masturbiert – eine komische und heitere Szene bei Vakil, eine düstere bei Roy. In beiden Büchern tritt ein robuster, puritanisch hinduistischer Kommunist auf, und in beiden wird eine kleine, seltsam indische Geste mütterlicher Zuneigung beschrieben: Als Ammu ihren Sohn zum Zug bringt, «betrachtete sie prüfend die Fingernägel der kleinen Hand, die sie hielt, und entfernte eine schwarze Schmutzsichel unter dem Daumennagel», während Cyrus' Mutter in einem ähnlich besorgten Moment «mit ihrem Daumennagel den Schmutz unter meinen Fingernägeln hervorkratzte und ihn wegschnipste».

Die beiden Romane kommen aus dem gleichen Indien – aus der gleichen, nach westlichem Vorbild erzogenen, Handel treibenden Schicht und von der gleichen westlichen Küste –, und beide erzählen von Kathakali-Tänzern, von dem beutegierigen Roten Milan und von vielfacher Armut ringsumher. Cyrus, der sich selbst ein soziales Bewusstsein anerziehen will, fährt durch die Slums von Bombay:

> Auf dem Gehsteig waren behelfsmäßige Unterkünfte eingerichtet – zusammengeschustert aus wieder verwerteten Materialien von Müllhalden. Braune Stofffetzen, Metallstücke, Plastikteile, Kalender, Bücher und Hunderte weggeworfener Dinge, die von den Gezeiten der Stadt angeschwemmt wurden wie Treibgut … Ein paar Straßenjungen, einer davon mit einem Regenhut auf dem Kopf, kauerten über einem Kartenspiel und stritten laut. Ein Mann saß in der Hocke und rauchte ein Bidi. Ein Mädchen, noch ein Säugling, wurde vehement von seiner Mutter gewaschen; sein brauner schaumbedeckter Körper glitzerte in der Dunkelheit. Ein hagerer Mann im Unterhemd trat rotäugig aus dem Eingang einer Hütte aus Bambuspfählen und Stoff.[1]

Wo ein Landeskind Leben sieht, sieht ein Tourist Armut; trotz seiner Jugend fängt Cyrus an, mit fremden Augen zu sehen, mit den Augen eines Jungen, der zu viele Bücher von James Hadley Chase und zu viele *Archie*-Comics gelesen hat. Als seine Familie zerbricht und er von dem Glashaus am Juhu-Strand in ein Hochhaus in Bombay zieht, verlieren seine Konturen an Schärfe; das Tagebuch, das er geführt hat, ist

---

[1] Vgl. auch Roy: «Ausgezehrte Kinder, blond vor Unterernährung, die obszöne Zeitschriften verkaufen und Dinge zum Essen, die sie sich nicht leisten können, selbst zu essen.»

vergessen, und der Roman bekommt auf seinem neuen Territorium etwas Impulsives, Sporadisches, Zensiertes. Während Estha und Rahel sich einander halten konnten, hat Cyrus niemanden. Allerdings hat er zu essen: *Beach Boy* stellt eine lange Ode an jungenhaften Hunger dar und an die reiche Palette von Esswaren zur Befriedigung des Hungers. Im Kino:

> Ich roch die frittierten Samosa. Der Gedanke an gesalzenes Popcorn ließ meinen Mund austrocknen. Ich wollte alles.

Bei den Krischnans:

> Die Lichter in der Küche brannten hell, und verführerische Gerüche nach gebratenen Zwiebeln, geriebener Kokosnuss und Koriander stahlen sich in meine Nase … Der Gedanke, hier zu sitzen und auf ein Uttapam zu warten, das ich vielleicht nie bekommen würde, erfüllte meinen leeren Magen mit dunklen Befürchtungen.

Bei seiner Großmutter:

> Rührei war ihre Spezialität. Bereits in jungen Jahren lernte ich, dass man sie auf der kleinstmöglichen Flamme garen und ständig in der Eier-Milch-Mischung rühren musste, damit sie weich und cremig wurden. Wenn die Eier fast fertig waren, rieb meine Großmutter vorsichtig einen halben Würfel Amul-Käse darüber. Ich verschlang sie mit einer Prise schwarzen Pfeffers.

Am Stand eines Straßenverkäufers, eines Bhaiya:

> Der Bhaiya halbiert eine Limone, schneidet eine grüne Mango in kleine Stückchen, hackt ein paar Korianderblätter, hebt einen Behälter hoch, zieht ein Büschel Blätter hervor, die er

aus einer Zeitschrift herausgerissen hat. Das Papier ist dick und haltbar, glänzt jedoch nicht – es ist perfekt geeignet für die Dinge, die es aufnehmen soll. Er faltet das Blatt und formt ein konisches Behältnis. Jetzt erfolgt das heikle Mischen der Zutaten, trockene und feuchte, das das Herz höher schlagen lässt.

Bei einem Picknick in Kerala:

Wir saßen auf den Felsen, kauten, gaben uns dem wunderbaren Geschmack aus Koriander, Kokosnuss und Curryblättern hin, frischen Curryblättern mit wächsernen gelben Kartoffeln, gesprenkelt mit schwarzen Senfsamen. Rauchige, scharfe, pikante, duftende Kartoffeln. Der Geschmack der Curryblätter ließ mich das Laubdach über unseren Köpfen schätzen, die Hitze des Nachmittags wurde gemildert durch den kühlen Schweiß, den die Gewürze trieben.

Wieder bei der Großmutter:

Auch abends kochte sie köstliche Mahlzeiten: Rus chawal, zartes Ziegenfleisch in Kokosnussmilch; Khichri kheema, Reis mit Linsen, kräftig gewürzt mit Nelken, und mit Zimt gewürztes Hackfleisch; Machhinosas, ein dickes weißes Curry mit den Schwänzen von Brachsenmakrelen. Und jeden Abend gab es einen Nachtisch: Karamellpudding, Reispudding, hausgemachtes Eis, Falooda und eine undurchsichtig rosafarbene Ghas nu jelly.

Und bei der Maharani:

Als Nachtisch gab es Alphonso-Mangos. Reif und goldfarben nahmen wir sie aus ihren Strohbetten. Nichts lässt sich mit einem Biss in das leuchtend orangefarbene Fleisch einer Alphonso vergleichen. Es duftet nach Marmelade und kandierten Früchten, und auf den Geschmack wie von süß scharfen Limonen folgt der reine Saft, der in den Mund rinnt. «Speise für die Götter», nannte mein Vater sie.

Versucht Indien, die Leere in unserem jungen Helden, der sich von einer verwirrend hybriden Kultur ungetröstet und verstört fühlt, mit Köstlichkeiten zu füllen, oder versucht der Autor, indem er sich im grauen London ein Bild tropischer Früchte ausmalt, sich selbst zu füllen? Arundhati Roy lebt in New Delhi, was von Cochin so weit entfernt ist wie Boston von Miami. Gibt es einen Platz, so fragen wir uns nach der Lektüre dieser Romane, für eine englischsprachige Literatur innerhalb Indiens, wo asiatische Nachbarn von einem stacheligen Nationalismus abgewehrt werden und wo sich ein hinduistischer Fundamentalismus als Gegengewicht zum islamischen Fundamentalismus herausbildet? Ein Schriftsteller ist ein Späher, wenn es um die Kindheit geht, und im Erwachsenenalter einer, der Fragen stellt. Wer liest den Entschlüsselungsbericht? Diese beiden Schriftsteller haben eindeutig eine Vergangenheit – lebhaft, beklemmend, kostbar –, aber wo ist ihre Zukunft?

PERSÖNLICHES

Updike und ich

Beitrag zu einer Serie von Essays, die Imitationen von
Jorge Louis Borges' berühmtem Essay «Borges und ich» sind
und auf Anregung der Zeitschrift *Antaeus* entstanden.
Sie wurden später in dem Buch *Who's Writing This?*
veröffentlicht (Ecco Press 1995)

Updike ist meine Schöpfung; aus den Stöcken und dem
Schlamm meiner Kindheit in Pennsylvania habe ich ihn
selbst geschaffen, und so darf ich mich wohl kaum darüber
ärgern, wenn Menschen mich mit ihm verwechseln und mich
auf der Straße anhalten, um sein Autogramm von mir zu er-
bitten. Ich bin jedes Mal überrascht, dass die Ähnlichkeit
zwischen uns so groß und eine Verwechslung möglich ist.
Wenn ich Fremden begegne, muss ich mich auf ein besonde-
res Leuchten in ihren Gesichtern gefasst machen, auf die Erwartung, dass ich etwas sagen werde, das seiner wert wäre; sie
verstehen nicht, dass sein Arbeitsbereich das geschriebene
Wort ist, wo andere Prinzipien gelten und vielleicht Stunden
darauf verwendet werden, die Wirkung eines Moments zu erzielen. Wird er jedoch in die «wirkliche Zeit» hineingesto-
ßen, funktioniert er mehr schlecht als recht, und seine unbeholfenen Artigkeiten, sein befangenes Stammeln kommen
über meine Lippen. Ich selbst, ich habe Schliff. Ich bin flink
im Denken, nie um eine Antwort verlegen, und für die abwä-
genden Komplexitäten, die lahmen Doppeldeutigkeiten und
die qualvollen sprachlichen Genauigkeiten, mit denen er sich
dauernd abgibt, habe ich keine Zeit. Ich bewege mich flott

und eher blind durchs Leben und gebe das Geld aus, das er verdient.

Von früh an habe ich ihn der Suche nach Sinn und Bedeutung verpflichtet, der Erforschung philosophischer Fragen, die seinen sprachlichen Erfindungen Richtung und Ziel geben, doch sind mir selbst Sinn und Bedeutung der Dinge nicht besonders bewusst. Die Dinge *sind*, sie lassen sich nicht in Worte fassen, und wenn ich mich dazu zwinge, in seinen Wortergüssen zu lesen, frage ich mich, woher er das alles hat – von *mir* nicht, so viel steht fest. Die Distanz zwischen uns ist so groß, dass mich die schlechten Besprechungen, die er bekommt, nicht tangieren; allerdings halte ich die wenigen Preise in Ehren und hänge sie in meinem Haus an die Wand oder stelle sie ins Regal, wo sie umgehend vergilben oder anlaufen. Dass er so viel von meiner Zeit in Anspruch nimmt – ich muss seine mich schnell nervende Post beantworten und seine endlosen Fahnenabzüge lesen –, erbittert mich. Mein Gefühl sagt mir, dass die wenige Zeit am Tag, die er nicht Updike ist, ihn nährt und inspiriert, und dennoch verbringt er perverserweise immer mehr Zeit als Updike, das Monster, von dem ich als Junge geträumt habe.

Jeden Morgen erwache ich aus meinen letzten Träumen, die mit fortschreitendem Alter einen zunehmend bitteren Geschmack hinterlassen. Einst glaubten die Menschen, Träume seien Botschaften der Götter, und später, sie seien Botschaften des so genannten Unbewussten, das sich um ein zuträgliches neues Arrangement der Vorkommnisse des Vortags bemüht; doch heute ist es schwer zu glauben, dass Träume Teil eines ökonomischen Systems sind. Stattdessen scheint ein grundlegendes Chaos darin Ausdruck zu finden: Ein zufälliges Zusammenspiel von elektrischen Strömungen bringt Bilder von unerklärlicher Eigenart hervor.

Ich putze mir die Zähne, ich ziehe mich an und gehe runter in die Küche, wo ich frühstücke und die Zeitung lese, die in der Nacht ihre eigenen Träume geträumt hat. Ich zögere den Moment hinaus, koste noch die kleinste Nachricht, die letzte Vitamintablette und den letzten Schluck meines aus Konzentrat hergestellten Orangensafts aus, doch schließlich steige ich die Treppe wieder rauf und begebe mich in die Zimmer, die Updike mit seinen Büchern, seinen Trophäen, seinen Projekten angefüllt hat. Der sich überall türmende Krempel erdrückt mich, doch ist es mir nicht möglich, viel davon wegzuräumen. Es wäre Blasphemie. Er ist für mich eine geheiligte Realität geworden. Mit religiöser Ehrfurcht betrachte ich seinen hölzernen Schreibtisch, seine Schachteln voller stumpfer Bleistifte, den leeren Bildschirm seines Textverarbeitungsgeräts.

Und wenn er eines Tages plötzlich nicht kommt? Ich würde zwar versuchen, seine Arbeit für ihn zu machen, aber niemand ließe sich täuschen.

Ich und meine Bücher

Dieser Essay sollte ursprünglich auf der letzten Seite der *New York Times Book Review* erscheinen, wurde dann aber im Februar 1997 in *The New Yorker* veröffentlicht

In dem Film *Lawrence von Arabien* kommt eine Szene vor, in der ein winzig kleiner schwarzer Punkt am schimmernden Wüstenhorizont immer größer wird, bis aus ihm ein gallopierender Scheich geworden ist, der, wenn die Erinnerung mich nicht trügt, von Omar Sharif gespielt wird. So ähnlich ist es mit einem Buch, das man schreibt – es ist ein kleiner, verschwommener Fleck, der allmählich zu einer Präsenz wird, vorzugsweise zu einer anziehenden und unwiderstehlichen. Wenn Leute mich fragen, wie viele Bücher ich geschrieben habe, halten sie es wahrscheinlich für Bescheidenheit, wenn ich sage, ich wisse es nicht genau. Aber soll ich denn nur die vierzig gebundenen Bücher zählen, die von dem entgegenkommenden Verlag Alfred A. Knopf veröffentlicht wurden? Was ist mit den fünf schmalen Kinderbüchern und dem inzwischen vergriffenen Taschenbuch *Olinger Stories*, was mit dem sonderbaren, mir aber teuren Quasi-Roman, der in den Staaten unter dem Titel *Too Far to Go* und in Großbritannien unter dem Titel *Your Lover Just Called* erschienen ist und aus untereinander verbundenen Kurzgeschichten besteht, die nicht alle in anderen Sammlungen erschienen sind? Und was ist mit den vielen limitierten Editionen, in denen Texte versammelt sind, die oft in keinem anderen gebundenen Buch erschienen sind?[1]

Der Herstellungsprozess eines Buches – das Hin und Her mit den Schrifttypen, den Probeabzügen, den Kolumnentiteln, dem Schutzumschlag, dem Waschzettel, dem Einbandleinen – hat mir vielleicht noch mehr am Herzen gelegen als das Schreiben selbst. Letzteres erdulde ich als einen

---

[1] Um präzise Angaben zu machen: *Talk from the Fifties*, zwanzig «Talk of the Town»-Geschichten aus *The New Yorker* mit einer Einführung (1979); *The Beloved*, eine Kurzgeschichte über einen Schauspieler (1982); *Jester's Dozen*, zwölf Gedichte, zwischen 1951 und 1954 im *Harvard Lampoon* veröffentlicht, mit einer Einführung und acht Zeichnungen (1984); *Concerts at Castle Hill: John Updike's Middle Initial Reviews Local Music in Ipswich, Massachusetts, from 1961 to 1965*, mit einer Einführung (1993). Alle diese schmalen Bände wurden in hübschen Ausgaben von der Lord John Press in Northridge, Kalifornien, veröffentlicht.

Prozess, der in Ersteres mündet; die Vorstellung von dem nach Leim und frisch geschnittenem Papier riechenden Endprodukt lockt mich wie eine Fata Morgana und hilft mir durch manch grauen Schreibtag. Der Augenblick, in dem das fertige Buch, oder besser noch, ein voll gepackter Karton mit fertigen Büchern, bei mir zu Hause eintrifft, ist der Moment der Wahrheit, der Kulminationspunkt; die Glückseligkeit hält ungefähr fünf Minuten an, bis der erste Satzfehler oder der erste herstellerische Makel ins Auge sticht. Bei einem Kurzgeschichtenband, *Pigeon Feathers*, war der obere Rand zu schmal geraten, und bei einem anderen, *Problems*, war der untere Rand zu dürftig. Der Schutzumschlag, den ich für *The Coup* – unter Verwendung eines Fotos von kistenförmigen Lehmhütten in Timbuktu – entworfen hatte, war von den Verlagsoberen verächtlich abgelehnt worden mit der Bemerkung, das Buch sähe dann aus wie ein Sachbuch, und der einfarbig grüne Umschlag, der die Kompromisslösung darstellte, war am Ende infolge der dämpfenden Wirkung des Umschlagpapiers nicht von dem leuchtendfrischen Grün, das mir als Probeabzug vorgelegt worden war. Solche unvermeidlichen Makel sind zwar außer-literarisch, leiten aber meine Entfremdung von dem Buch ein, dem ich bald, bevor es sein Leben in der Öffentlichkeit auch nur begonnen hat, etwas ablehnend gegenüberstehe.

Der erste Wirbel dieses Bücherlebens, gekennzeichnet von hoffnungsvollen Stapeln in Buchhandlungen, Anzeigen in den kühnen Fachblättern des Verlagsgewerbes, von unweigerlich gespaltenen Besprechungen und vom errötenden, fahrigen Autor gegebenen Interviews, ist heftig und kurz. Nach sehr kurzer Zeit gehört das Buch, das von Anfang an kaum brandaktuell war, zu den Nachrichten von gestern. Wenn der Autor einen unverkauften Stapel im Fenster einer

Buchhandlung auffällig schimmern sieht, wendet er den Blick ab und wechselt, wie der schlechte Levit in dem Gleichnis vom guten Samariter, auf die andere Straßenseite. Mit seinen kleinen Oberflächendetails – einer einst heiß umstrittenen Schrift für den Titel, einem liebevoll ausgewählten Farbschnitt – heischen die Bücher nach Anerkennung, die ihnen nun eisig verweigert wird. Bald schon sinken sie dahin, wie die ersterbenden Hilferufe von einem untergehenden Schiff; in den Buchhandlungen wandern sie in die hinteren Regale und von dort auf die berghohen Stapel der Remittenden, um zwei Jahre später in den Discount-Katalogen und als Taschenbuchausgaben wieder aufzutauchen. Wenn die Tantiemen-Abrechnungen eingehen, sind sie wie Wrackteile, die in einem grausamen, unergründlichen Meer an die Oberfläche treiben.

Und doch gehen die Bücher nicht endgültig unter. Der Autor behält eine Anzahl von Exemplaren für sich und erblickt andere in den Häusern seiner Kinder und seiner Freunde, denen er sie geschenkt hat. Gelegentlich, im Flugzeug oder im Krankenhaus, sieht er einen Fremden, der sich mit grimmiger Miene in eines vertieft. Ich möchte jedes Mal dem Leser das Buch entreißen, und ich wüsste gern, ob diese Reaktion unnormal ist oder ob sie in der neurotischen literarischen Zunft häufiger vorkommt. Man hat um diese schweigende Intimität nachgesucht, und nun ist man davon schockiert; sie wirkt so nackt und außerhalb jeder Kontrolle. Der Fremde mit den schmuddeligen Fingern und dem stieren Blick ist so offensichtlich *nicht* der ideale, alles verzeihende und wunderbar einfühlsame Leser, den ich beim Schreiben umwarb. Mein hinterlistiger, gieriger Wunsch, mein Buch gekauft und gelesen zu wissen, hält nicht einmal einem kleinen Erlebnis in der Wirklichkeit stand.

Einmal im Jahr, wenn ich bei einem Kirchen-Bücherbasar Standdienst mache, stehe ich an einer endlos langen, sich zum Horizont hin verjüngenden Reihe von Tischen, auf denen die ausrangierten Werke von John P. Marquand, Thomas B. Costain, A. J. Cronin, Mary Ellen Chase (die vor vielen Jahren eine großzügige Besprechung meines ersten Romans schrieb), Pearl Buck, Frank Yerby, John Gunther, Hendrik Willem Van Loon und unzähligen anderen liegen, die in der langen Mitte unseres sich dem Ende zu neigenden Jahrhunderts auf den Bestsellerlisten und den Sonnenveranden, in den Schlafzimmern und den Wohnzimmern der bürgerlichen Familien zu finden waren. Durch Tod und Haushaltsauflösungen sind diese Bücher aus ihren Nischen und Verstecken hervorgekommen. Ein paar von meinen vergilbenden Titeln sind auch darunter, und wenn die Käufer in ihrer Überraschung, dass ich lebendig vor ihnen stehe, mich bitten, das Buch zu signieren[2], berühre ich in dem kurzen Moment, in dem die Bücher von mir erscheinen und dann wieder entschwinden, abgegriffene Exemplare von *Couples*, vom Regen gewellte *Rabbits* oder *Witches of Eastwick* mit Eselsohren und Stockflecken, während das Purpurrot, das ich für den Umschlag wählte, im Laufe der Jahre zu einem unschuldigen Lila verblichen ist. Sie haben ganz schön was mitge-

---

[2] Signieren! Und wieder signieren! Als ob ein Buch wie ein Scheck unterschrieben werden müsste, um gültig zu sein. Am schlimmsten sind die Sammler, beziehungsweise die Agenten von Sammlern, die nach einer Lesung mit zwei oder drei Beuteln voller Bücher aufkreuzen. Während man in einem dumpfen Zustand der sich ständig wiederholenden Ichbezogenheit immer wieder seinen Namen kritzelt, verliert die Frage, ob man diesen Qualen für Liebe oder Geld unterworfen wird – signierte Bücher bringen, so heißt es, in gewissen dunklen Ecken etwas mehr – an Relevanz. Der Fetisch der Unterschrift ist meiner Ansicht nach ein besonders beklagenswerter Aspekt zeitgenössischer Religion.

macht, diese Bücher. Sie sind in der wenig kartographierten Wildnis der lesenden Öffentlichkeit herumgekommen. Die Benutzungsspuren beschämen mich. Während ich im Verborgenen kauerte, haben diese Bücher mutig den Schritt gemacht und sich in die Welt hinaus gewagt.

Das Geschäft mit der Literatur, das immer wieder versucht, den Glanz des finanziell um vieles besser gestellten Film-, Fernseh- und Musik-Geschäfts zu imitieren, läuft auf Bücher hinaus und auf die bescheidenen, überdauernden Hülsen und Rückstände der Leseerfahrung. Seit meine Frau sich für Genealogie interessiert, besuche ich im Sommer an ihrer Seite die kleinen Städte von Connecticut und dem Staat New York. In den adretten kleinen Büchereien aus Backstein und Eisenstein strebt sie auf die Abteilung für Lokalgeschichte zu, während ich mich bei den Belletristik-Regalen umsehe und verstohlen meine eigenen Wälzer zwischen den massenhaft vorhandenen Bestsellern von Anne Tyler und Leon Uris suche. Gewöhnlich finde ich auch ein paar, und manche sind vor so langer Zeit entstanden, dass meine Verbindung zu ihnen etwas Großväterliches hat. Der Zustand der Buchrücken und die Datumsstempel auf den Leihkarten verraten mir mehr, als ich über meine Leser und den Mangel an Lesern wissen möchte. Einige der Bücher, meist diejenigen, die ich geschrieben habe, als ich jung war – *Rabbit, Run, The Centaur, Pigeon Feathers* mit dem kärglich bemessenen oberen Rand –, sind so zerlesen, dass sie sich einen dezenten, mit Stempel versehenen zweiten Einband verdient haben. Auf dem Stahlregal in einer Stadt des Hudson-Tals, wo sich ganz in der Nähe der Bücherei ein Bach über einen Damm und unter einer Brücke hindurch gurgelnd in den Hudson ergoss, sah ich, dass S. mit seinem frechen rosafarbenen Einband deutlich mehr Rillen im Buchrücken hatte als die anderen Bücher: Es war öfter gelesen worden. Die Besprechungen waren, wie ich mich erinnerte, bitter gewesen; aus feministischen Kreisen wurden Einwände laut, obwohl ich mich mit Leib und Seele meiner Heldin verschrieben hatte, die ihr vornehmes Zuhause für einen heruntergekommenen Aschram aufgibt. Der Verleger hatte sich gute Umsätze versprochen, doch die erste Auflage erwies sich als reichlich bemessen. Und hier, Jahre später, während das Wasser hörbar über den nahen Damm hinwegrauschte, war das alles bedeutungslos. Wichtig war, dass dem Zustand des Buchrückens nach zu urteilen die Leser dieser kleinen Stadt – wie überall größtenteils Leserinnen – in S. meinen Versuch erkannt hatten, ein Frauenbuch zu schreiben, ein Buch für Frauen. Eine Art Segen schien von der anonymen Leserschaft erteilt worden zu sein; ich war stillschweigend verstanden worden.

Inzwischen vermehren sich die Bücher. Ausländische Ausgaben, überarbeitete Ausgaben, Taschenbuchausgaben in einem anderen Format – sie alle kommen in mein Haus und wollen geliebt werden. Die von mir geschriebenen Bücher haben alle anderen Bücher aus einem Zimmer vertrieben und breiten sich schon in einem weiteren Zimmer aus. Kisten davon biegen die Balken des Dachbodens und modern im Keller und in der Scheune vor sich hin. Ihre an Umfang gewinnende Masse droht mich von dem Sinn des Ganzen abzutrennen. Der schmale Anfang von alledem – mein allererstes Buch, kaum ein Buch zu nennen, eine Sammlung von ein paar leichten Versen zwischen schlichten, blass-grauen Buchdeckeln mit einem schwarzen Rücken – war von einer leuchtenden Reinheit, die mit der Zeit und unter den sich auftürmenden Folgen verschüttet wurde. Wenn ich zurückblicke, verliere ich den Inhalt aus den Augen. Auf die quälende Frage, welches meine Lieblingsbücher sind, denke ich mit besonderer Zuneigung an Bände wie *Hugging the Shore* oder *Buchanan Dying*, die, für meine Begriffe, besonders schön hergestellte Bücher sind – angemessene Ränder, hübsche Schutzumschläge, angenehmes Gewicht.

Ein kompletter Satz der vierzig gebundenen Bände, die bei Knopf erschienen sind, steht in polychromer Reihe meinem Schreibtisch gegenüber. Sie sind ihrer Schutzumschläge entledigt, die Satzfehler darin sind markiert, nachträgliche Gedanken im Hinblick auf eine definitive, vervollkommnete Ausgabe sind vermerkt. Irgendwo in diesen vielen Millionen von sorgsam erwogenen, korrigierten und gedruckten Wörtern muss ich mein Bestes gegeben, mein Lied gesungen, mein Anliegen vorgetragen haben. Doch plötzlich, während die Schnittstelle von fünfundsechzig Jahren näher rückt, wird mir panikartig bewusst, was alles *nicht* in den Büchern enthalten ist – fast alles, so kommt es mir plötzlich vor. Ganze *Welten* sind nicht darin enthalten. Angesichts dieses Mankos entsteht der entsetzliche Drang – wie sollte es anders sein? –, ein weiteres Buch zu schreiben, ein Buch, durch das, wie durch eine weitere Zutat in einem schwierigen Kuchenteig, das Ganze aufgehen wird. Der kleine schwarze Punkt am Horizont tritt zitternd in Erscheinung. Wenn ich die Augen zusammenkneife, kann ich schon fast den Schutzumschlag erkennen, und die Titelseite, gesetzt in sechsunddreißig Punkt, Perpetua.

Die Short Story und ich

Dieser Essay wurde zum Erscheinen der englischen Ausgabe von The Afterlife and Other Stories für die Londoner Sunday Times geschrieben, die ihn im Januar 1995 druckte

Bei der angenehmen Tätigkeit des Ordnungschaffens, die das Zusammenstellen dieser Sammlung bedeutete, widerstand ich der dunklen Ahnung, dass Kurzgeschichten das Herzstück meines literarischen Lebens gewesen sind und dass mein Leben beinahe vorbei ist. Dies war meine siebte Sammlung, wenn wir nur die gebundenen Ausgaben gemischter Geschichten zählen, meine neunte, wenn wir die lose verknüpften Geschichten über den fiktiven Schriftsteller Henry Bech dazurechnen, meine elfte, wenn wir zwei Taschenbücher mitzählen, zum einem die *Olinger Stories*, die alle in der fiktiven Stadt Olinger in Pennsylvania spielen, zum anderen die Geschichten eines fiktiven Paares, Joan und Richard Maple, die in der Penguin-Ausgabe unter dem Titel *Your Lover Just Called [Der weite Weg zu zweit]* erschienen sind. Auch in die vier bunt gemischten Sammlungen vorwiegend nicht-erzählerischer Prosastücke sind ein paar Kurzgeschichten eingestreut, und ein paar sind in Ausgaben mit limitierter Auflage und in eingegangenen Zeitschriften enthalten. Es handelt sich also, kurz gesagt, um einen unbezifferbaren Posten von annähernd zweihundert Erzählungen, von denen die meisten im *New Yorker* erschienen. In all diesen Arbeiten von jeweils ein paar tausend Wörtern stecken, unmittelbarer als in meinen Romanen und ausführlicher als in meinen Gedichten, die Ereignisse und Bedrängnisse, die Krisen und Höhepunkte meines Lebens. Überdies haben sie mir zu leben ermöglicht, denn als ich jünger war, verdiente ich mir mit ihrem Verkauf meinen Lebensunterhalt.

Vor noch gar nicht so langer Zeit konnte ein Schriftsteller in den Vereinigten Staaten davon träumen, mit Hilfe von Kurzgeschichten sein Auskommen zu haben. Nathaniel Hawthorne, in der Dachstube des Hauses seiner Mutter über den Schreibtisch gebeugt, erzielte – bis zum Erfolg seines Romans *The Scarlett Letter [Der scharlachrote Buchstabe]* 1850 – das dürftige Einkommen, das sein Handwerk ihm eintrug, mit dem Verkauf kunstvoller Mini-Liebesromane an schlichte Zeitschriften der Neuen Welt wie die *Salem Gazette, The Token and Atlantic Souvenir, Youth's Keepsake,* das *New-England Magazine* und *American Magazine of Useful and Entertaining Knowledge.* Als Melville seine literarische Laufbahn nach dem finanziellen Misserfolg von *Moby-Dick* und *Pierre* gescheitert sah, begann er kürzere Geschichten zu produzieren, die in *Putnam's Monthly Magazine* und *Harper's New Monthly Magazine* veröffentlicht wurden; für «Bartleby» erhielt er $ 85, und seine Einkünfte aus Veröffentlichungen in Zeitschriften über einen Zeitraum von drei Jahren werden auf insgesamt $ 750 geschätzt, was nicht genug war, um seinen Rückzug ins literarische Schweigen aufzuhalten. Poe lebte während seiner kurzen und hektischen Laufbahn von Arbeiten für Zeitschriften; als Herausgeber von *Burton's Gentleman's Magazine* veröffentlichte er großzügig eine eigene Arbeit, «Der Niedergang des Hauses Usher», und als Herausgeber von *Graham's Magazine,* gab er dort «Mord in der Rue Morgue» in Druck. Henry James war von Anfang an ein großer Hit bei Zeitschriftenherausgebern; sein Freund William Dean Howells von *The Atlantic Monthly* schrieb ihm: «Ich würde dir allzu gern die halbe Zeitschrift überlassen.» Als sowohl *The Atlantic* als auch *Scribner's* sich um eine Erzählung bewarben, schrieb James in kühler Berechnung an einen Freund: «Es hängt jedoch von der Geldfrage ab, und zwar ausschließlich, und wer am meisten bezahlt, bekommt die Geschichte.» William Sydney Porter wurde aus einem Gefängnis in Ohio entlassen und produzierte binnen eines Jahrzehnts unter dem Pseudonym O. Henry eine wahre Flut, ein ganzes Regal voller Kurzgeschichten; zu Beginn des Jahrhunderts schrieb er eine Zeit lang eine Geschichte pro Woche für *New York World* und verkaufte überdies Geschichten an Zeitschriften wie *Cosmopolitan* und *Ainslee's*. In der nächsten Generation der Publikumszeitschriften bezahlte *The Saturday Evening Post* F. Scott Fitzgerald die fürstliche Summe von viertausend Dollar für eine Geschichte, die er übers Wochenende in die Schreibmaschine gehauen hatte. Auch William Faulkner gehörte zu den Talenten, die für die viel gelesene *Post* mit ihrem großzügig bemessenen wöchentlichen Anteil an Erzählungen schrieben. Was die Situation junger amerikanischer Autoren betrifft, die Jahr für Jahr von den Colleges aus den Kursen für kreatives Schreiben in die Welt geschickt werden, so stimmt mich nichts trauriger als der Mangel an einem Markt, der angemessene Honorare für Kurzgeschichten zahlt. Als ich 1954 das College abschloss, waren die *Post* und *Collier's* noch in Umlauf, obwohl ihnen die Anzeigenkunden bereits vom Fernsehen weggeschnappt wurden; wichtiger noch war für mich, dass der *New Yorker* nach wie vor zwei oder drei oder sogar vier so genannte «Casuals» pro Woche veröffentlichte.

Ich wollte im *New Yorker* veröffentlicht werden – man könnte sagen, dass ich als angehender Schriftsteller eigentlich nichts anderes wollte. Mein eng definierter Wunsch und meine Treue machten sich bezahlt: Gleich in dem Sommer, als ich das College abschloss, nahm die Zeitschrift ein Gedicht und eine Geschichte von mir an. In jenem bedeutungsschweren Sommer lebten meine junge Frau und ich von unseren Eltern, bevor wir uns nach England aufmachten, um dort ein mit Hilfe eines Stipendiums finanziertes Jahr zu verbringen. Dass das Gedicht angenommen worden war, erfuhren wir in Vermont, im Sommerhaus meiner Schwiegereltern; von der Annahme der Kurzgeschichte, eine ernstere und unter herausgeberischem Gesichtspunkt sicherlich genauer bedachte Sache, hörte ich in Pennsylvania, auf der Farm meiner Eltern, wo meine Mutter und ich so oft zum Briefkasten getrottet waren, um immer wieder Ablehnungsbriefe herauszufischen. Doch in diesem Fall war es keine Ablehnung, dazu war der Umschlag zu klein. Während ich im hochsommerlichen rosa Staub des steinigen Wegs an einem Feld mit wogenden Gräsern stand und die gute Nachricht las, hatte ich das Gefühl, als Schriftsteller geboren zu sein.

Was wusste ich 1954 schon über Kurzgeschichten? Herzlich wenig. In den Schullesebüchern standen alte Kamellen von Poe und O. Henry, Mark Twain und Bret Harte, die nur selten ästhetische Begeisterung auslösten. Zu meiner privaten Lektüre gehörten Thurber und White, die in ihrer düsteren Stimmung karge Geschichten von Männern und Frauen schrieben, die sich gegenseitig das Leben schwer machten («A Couple of Hamburgers»), oder von Männern, die Angstanfälle erlitten («The Second Tree from the Corner»). Wenn daraus das Erwachsenenleben bestand, dann hatte ich es nicht eilig. Am College las unser Dozent Beispiele von den modernen Meistern vor, beginnend bei Tschechow. Ich erinnere mich daran, wie der gesetzte, Tweed-berockte Theodore Morrison uns «The Light of the World» von Hemingway vorlas als Beispiel für eine gelungene Durchbrechung der einheitlichen Perspektive. Kenneth Kempton war es, der am wenigsten tweedhafte Dozent, der uns sozusagen ein Licht aufsteckte, indem er uns aus dem gerade erschienenen Band von J. D. Salinger vorlas – «Just Before the War with the Eskimos» begeisterte mich besonders – und eine spritzige Erzählung von V. S. Pritchett mit dem Titel «Passing the Ball». Wir konnten keine Einigung darüber erzielen, was die Geschichten genau bedeuteten, auch Kempton wusste es nicht – und das war eine Erleuchtung für mich. Eine gute Geschichte durfte zweideutig sein, um so der Ambiguität der Welt besser gerecht zu werden. Das erschien mir eine wirkliche Erweiterung der Möglichkeiten, über die knappen, scharfsinnigen, entschieden trübseligen Geschichten von Dorothy Parker und John O'Hara hinaus. John Cheevers Werk weckte meine Bewunderung, und ich genoss seine Gesellschaft, doch war es eine einzelne Geschichte, «O Youth and Beauty!», die mich ansporte, meinen erfolgreichen Ansturm auf die Festung des *New Yorker* zu wagen. In Cheevers Geschichte kam Trunkenheit und ein plötzlicher Tod durch einen Pistolenschuss vor, und meinem unschuldigen Gaumen schmeckte sie so kratzig und herb wie ein kräftiger Schluck Bourbon. Ich dachte: «Es muss noch etwas anderes geben im amerikanischen Leben», und zum Beweis schrieb ich eine muntere kleine Geschichte mit einer an eine Epiphanie erinnernden Wohltat am Schluss. Die Geschichte trug den Titel «Friends from Philadelphia» und wurde, *mirabile dictu*, in die erhabene Gemeinde aufgenommen.

Ich erinnere mich auch an den Scheck, der ein paar Tage später kam – oder meine mich daran zu erinnern: $ 550. Das kam mir 1954, als dreitausend Dollar ein ganz anständiges Jahreseinkommen waren, wie eine enorme Summe vor. Als ich mich ein paar Jahre später auf den steinigen Lebensweg des freien Schriftstellers wagte, rechnete ich mir aus, dass ich, wenn ich dem *New Yorker* sechs Geschichten im Jahr verkaufen konnte, in der Lage sein würde, meine wachsende Familie in einem bescheidenen, aber angemessenen Kleinstadtstil zu ernähren. Bei der Kleinstadt handelte es sich um Ipswich, Massachusetts, einer an der Küste gelegenen Industriestadt mit einer gemischten Bevölkerung und einer vornehmen puritanischen Vergangenheit. Es war eine Stadt voller Geschichten, so schien es mir in den fünfzehn Jahren, in denen meine Hauptarbeit darin bestand, Geschichten zu schreiben. Wir kauften im Atlantic-and-Pacific-Supermarkt ein, und ich erfand eine Geschichte mit dem Titel «A & P». Ich fuhr meine Tochter zur Musikschule, und das Ergebnis war «The Music School» [«Die Musikschule»]. An unserer Ecke ereignete sich ein Autounfall, und so schrieb ich «The Corner». Ich verstrickte mich in die sexuelle Revolution, so wie sie bei uns ankam, und das Ergebnis war eine Reihe von Variationen zu der Geschichte von Tristan und Isolde. Als fiktive Gestalt wurde meine Frau gesprächiger und reizvoller, während sich in unserer Ehe Enttäuschungen und Spannungen anstauten. Ich steckte bis zu den Hüften im Kreis von Nachbarn und Freunden, Kindern und Haustieren; ich erzählte Klatschgeschichten, ich trank, ich spielte Golf, ich ging zur Kirche. Das war das Leben, und ich gestaltete und polierte ab und zu ein Stück daraus und schickte es in einem festen braunen Umschlag ab.

Obwohl es rückblickend leichter wirken dürfte, als es tatsächlich war, ist es mir immer gelungen, meine mir selbst auferlegte Quote von sechs Kurzgeschichten an den *New Yorker* zu verkaufen. Der entscheidende Anruf kam immer montags, gegen Mittag, wenn mein Lektor das Urteil des Cheflektors, William Shawn, der die erzählerischen Beiträge übers Wochenende las, an mich weitergab. Die Zeitschrift war so strukturiert, dass verletzte Gefühle und peinliche Konfrontationen auf ein Minimum reduziert wurden; alle Entscheidungen wurden von Shawn getroffen, der wie der Gott des Uhrwerk-Universums im Grunde genommen unerreichbar und unanfechtbar war. Das Licht seines Antlitzes leuchtete oft genug über mir, sodass ich nie von meinem hohen Ast im rustikalen New England herunterklettern musste. Mit Magenflattern und Herzpochen ging ich montags, wenn es klingelte, ans Telefon, aber alles ging gut.

Wir, die wir regelmäßig für den *New Yorker* schrieben, sahen auf die «glatteren» Zeitschriften herab, aber heute frage ich mich, ob die Anschuldigung, von einigen verstimmten Intellektuellen geäußert, dass unsere Geschichten einfach eine neue Art von glatt waren, nicht doch ihre Berechtigung hatte. Der in der Redaktion gebräuchliche Begriff «Casuals» gab einen Hinweis; wäre Tolstojs Geschichte «Der Tod des Ivan Illich» im *New Yorker* erschienen, wäre sie als «Casual» bezeichnet worden. Der Eindruck, dass Anstrengungen unternommen und Entwicklungen gefördert wurden, sollte vermieden werden. Etwas kleines Authentisches war gewichtiger als alles groß Aufgeblasene. Ähnlich wie Henry James schrieb auch Shawn – der nicht abgeneigt war, seine Gedanken hin und wieder zu Papier zu bringen – von «dem Eigentlichen». Wie der Käufer von Träumen in der Capote-Geschichte (die nicht im *New Yorker* erschien) wollten sie beim *New Yorker wahre* Träume. Meine ewig hoffnungsvolle Mutter – sie urteilte aus der sklavischen Sicht der Autorin, der nie eine Veröffentlichung beschieden war – hatte ein scharfes Auge auf die machtvollen Herausgeber und sagte immer, sie wollten richtiges Blut, aber keine Sudelei.

Meine Romane waren eine Sudelei und für mich eine ganz andere Sache. Anders als beispielsweise Cheever versuchte ich nicht, sie in Einzelstücken an Zeitschriften zu verkaufen; nur zwei Auszüge sind je erschienen – das jeweils zweite Kapitel von *The Centaur [Der Zentaur]* und *Marry Me [Heirate mich]*, zwei Romane, die hintereinander geschrieben, aber in einem Abstand von zehn Jahren veröffentlicht wurden. Wenn es nicht mein künstlerisches Bewusstsein als Ganzes war, so war doch ein großer Teil von der herausgeberischen Politik des *New Yorker* geprägt. Man konnte sagen, eine gute Geschichte war eine Geschichte, die vom *New Yorker* genommen wurde. Doch nie hat uns einer der Redakteure Anweisungen gegeben, wie eine solche Geschichte zu schreiben sei. Als ich noch das College besuchte, erhielt ich eine vorgedruckte Ablehnung mit einer handschriftlichen Notiz: «Wir nehmen keine Geschichten über Senilität». Zehn Jahre später wurde die Geschichte «The Lucid Eye in Silver Town», die dann in der *Post* (und seltsamerweise in der *Prawda*) abgedruckt wurde, mit der Begründung abgelehnt, «Geschichten über Besucher New Yorks machten ihn [Mr. Shawn] nervös».

Die seltsamsten Dinge machten Mr. Shawn nervös, aber in anderen Fällen bewies er stärkere Nerven und ein beträchtliches Maß an Permissivität. Meine ehelichen Enthüllungen in «Wife-wooing» [«Werben um die eigene Frau»] grenzten 1961 an Obszönität und provozierten empörte Leserbriefe, als die Geschichte im *New Yorker* erschien; der resolut freizügige Shawn hatte gewisse politische Bedenken, als ich ein paar Jahre darauf meine Erzählung «Marching in Boston» einreichte, aber er druckte sie trotzdem.

Ich glaubte damals und glaube heute noch, dass meine Geschichten die besten waren, die ich schreiben konnte, und dass es eine aufgeschlossene und geduldige Zeitschrift sein musste, die so viele davon veröffentlichte. John O'Hara, dieser stachlige Meister, vertrat gegenüber Katherine White einmal die Ansicht, dass er auch für abgelehnte Arbeiten ein Honorar bekommen sollte, weil die für den *New Yorker* gedachten Geschichten nirgendwo anders unterzubringen seien. Zwar gab es keine zu befolgende Formel, aber doch ein bestimmtes inneres Gefühl – eine leichte Erhitzung über die Zimmertemperatur hinaus und ein nicht schmerzhaftes, jedoch spürbares Ziehen –, das mir anzeigte, wenn mir eine Geschichte eingefallen war, die «sie» nehmen würden. Es gab keine Garantie: Kühnheit war erforderlich, jedes Mal war es ein Wagnis, ein frischer Angriff. Man wusste schon beim Schreiben, ob es gut ging – ob sich das Zusammenspiel und die glücklichen Zufälle ergaben, ob die Sätze gewissermaßen auf Zehenspitzen daherkamen. Das ganze Paket musste etwas Solides enthalten, und für die Verpackung war ein Hauch von Eleganz erforderlich; Minimalismus und Barthelmesker Pop-Surrealismus definierten den Begriff von Eleganz zwar neu, machten sie jedoch nicht überflüssig. Von einigen wenigen Lyrikern abgesehen, waren die Beiträger nicht wild und gehörten auch nicht zu den Beats. Die Zivilisation und das Missvergnügen daran – das war das Hauptthema. Shawn hatte eine Aversion gegen Gewalt und sexuelle Ausdrücklichkeit, und seine Empfindlichkeiten legten bestimmte Parameter fest, die man nicht überschritt. Ich bekam das zu spüren, als meine fiktiven Ehen zu modern wurden und Betrug zu beidseitig und zu unbekümmert geschah; die Geschichten über die Maples wurden mir zurückgeschickt. Zu der Zeit verkauften sich meine Romane ganz gut, und mein tägliches Brot verdiente ich nun als einer der Buchrezensenten der Zeitschrift.

Ich glaube nicht, dass es heute noch möglich ist, vom *New Yorker* zu leben, ohne dass man auch journalistisch schreibt. Der erzählerische Anteil beschränkt sich auf eine Geschichte pro Woche, oft eine gruselige, und zuweilen nicht einmal das. Ich habe keine Beschwerden, keine Klagen; der Herausgeber einer Zeitschrift muss sein Schiff dahin steuern, wo er die Leser der Epoche vermutet. Die leisen Turbulenzen der Literatur gefielen uns, die wir der Schweigenden Generation angehörten. Die Hemmungen des *New Yorker* waren kaum deutlicher artikuliert und wurden kaum strenger beachtet als unsere eigenen. Die Geschichten mit ihren gefälschten Namen und ihren zweideutigen Schlüssen, mit ihrem schwebenden «Gewebe» vermitteln besonders hautnah menschliche Erfahrung, so wie ich sie erlebt habe, in meiner Zeit, die im Begriff ist, über den Horizont des Jahrhunderts hinweg ins Nachleben zu entschwinden.

Einführung zu *Self-Selected Stories of John Updike*

(Tokyo, Shinchosha 1996)

Diese Auswahl von vierzehn Geschichten aus sechs meiner elf Kurzgeschichtenbände wurde gemeinsam von mir und meinem geschätzten Übersetzer Iwao Iwamoto getroffen. Zusammen waren wir um Vielfalt in Ton, Länge, Textur und Inhalt bemüht, während wir gleichzeitig Geschichten von höchster Qualität versammeln wollten. Sie erscheinen hier mehr oder weniger in der Reihenfolge, in der sie geschrieben wurden. Hier sind zu jeder Geschichte ein paar kurze Bemerkungen:

«The Lucid Eye in Silver Town». Ich war überrascht, als die Zeitschrift *The New Yorker*, in der die meisten dieser Geschichten erschienen, diese eine ablehnte, da sie mir einer meiner besten Versuche zu sein schien, mich selbst als Jungen zu schildern, hin und her gerissen zwischen meinen Wurzeln in Pennsylvania und meiner Sehnsucht nach dem kosmopolitischen Leben in New York, zwischen meinen hochfliegenden Hoffnungen und der kargen Wirklichkeit meiner tatsächlichen Lebensumstände. Die Geschichte wurde schließlich in *The Saturday Evening Post* veröffentlicht und im selben Jahr für die *Prawda* ins Russische übersetzt, vielleicht, weil sie ein kritisches Bild von einem reichen Kapitalisten zeichnet. Trotzdem ist Uncle Quinn eine liebenswerte Gestalt.

«A & P» ist die Geschichte, die am häufigsten für Anthologien ausgewählt wird; so wird sie auch von High-School-Schülern gelesen, die sonst nichts von mir lesen. Der idiomatische Monolog ist nicht üblicherweise mein Stil. Meine Frau sagte damals, die Geschichte erinnere sie zu sehr an J. D. Salinger. Der Aufhänger zu der Geschichte ist ganz einfach: Als ich eines Tages in unserer kleinen Stadt in Neuengland an unserem A & P-Supermarkt vorbeifuhr, kam mir der Gedanke, dass jemand eine Kurzgeschichte über einen Supermarkt schreiben sollte. Ich selbst habe zwar nie, wie Sammy, als Angestellter gearbeitet, doch einmal habe ich ein paar Mädchen im Badeanzug Lebensmittel einkaufen sehen. Sie wirkten erstaunlich nackt.[1]

---

[1] Anscheinend war das nicht nur mein Eindruck, sondern auch der des japanischen Bildungsministeriums, das 1998 die Weisung ergehen ließ, die Geschichte sei aus der von der Kadokawa Shoten Publishing Company vorbereiteten Anthologie für Schulen herauszunehmen. Die Zensoren der Regierung befürchtet, dass die Geschichte – um aus einem *Foreign-Service*-Artikel von Kevin Sullivan in der *Washington Post* zu zitieren – «japanische Mädchen in Verlegenheit bringen und ‹signifikante Empörung› hervorrufen könne, die zur Störung des Unterrichts führen würde.» Auch amerikanische Schulbuchverlage haben ihre Probleme mit der Geschichte; mehr als einmal bin ich gebeten worden, den folgenden Satz aus dem ersten Absatz zu ändern: «Sie war ein kräftiges Mädchen,

«Pigeon Feathers» schrieb ich mit Bleistift in ein Notizheft, auf einem alten Sofa in einem Haus, das wir Anfang 1960 auf der karibischen Insel Anguilla gemietet hatten. Die Erzählung beschreibt religiöse Zweifel, das Trauma meiner Jugend, vermischt mit dem Trauma, das mir aus dem Umzug von einer Kleinstadt auf eine entlegene, nicht modernisierte Farm erwuchs. Die Vorstellung, dass das Töten anderer Kreaturen die Angst vor dem Tod verringere, geht teilweise auf Hemingway zurück. Heute, im Alter von zweiundsechzig Jahren, kann ich der Vision und der Bekräftigung im letzten Absatz kaum etwas hinzufügen.

«Packed Dirt, Churchgoing, a Dying Cat, a Traded Car». Auch in dieser Geschichte geht es um den angefochtenen religiösen Glauben, nur dass diesmal der Held älter ist und sich in die gefährlichen Gewässer des Erwachsenenlebens und des Ehebruchs begibt. Die Form der Fuge, in der nur indirekt miteinander in Beziehung stehende Ereignisse unter der Ägide einer führenden meditativen Stimme verbunden werden, ist eine Erfindung, auf die ich stolz bin. Eine solche Geschichte, die essayhaft ist und dennoch die Freiheiten und die Weite des Erzählers ausschöpft, könnte man emersonisch nennen.

«The Bulgarian Poetess» [«Die bulgarische Dichterin»].

---

gut gebräunt, und hatte einen niedlichen, breiten, weich wirkenden Po, mit zwei weißen Sicheln unmittelbar da, wohin kein Sonnenstrahl kommt, am Ansatz der Oberschenkel.» Ich lehnte natürlich ab, weil ich keine bereinigte Version für Jugendliche schaffen wollte. Warum sollte man Jugendliche vor dem schützen, was sie ohnehin sehen? Die Geschichte war eine von Mr. Iwamotos Lieblingsgeschichten, und er wollte sie an erster Stelle in der Sammlung platzieren, auf deren Einband eine entwaffnend belebte und unanatomische Darstellung von drei Mädchen in – um noch einmal aus der Geschichte zu zitieren – «nichts weiter als Badeanzügen» gezeigt wird.

Hier hat Henry Bech sein Debut, ein fiktiver Autor, der in vierzehn weiteren Geschichten vorkommt und, so hoffe ich, in ein paar künftigen Geschichten eine Rolle spielen wird. Im Allgemeinen habe ich es vermieden, über das literarische Leben zu schreiben, und dass ich hier den Sprung gewagt habe, gibt mir ein erhebendes Gefühl. Ähnlich wie Bech war ich 1964 Kulturbotschafter in der kommunistischen Welt; damals war ein Land wie Bulgarien für Amerikaner so etwas wie die abgewandte Seite des Mondes. Anfangs hieß die Geschichte «Through the Looking-Glass». Ferne und fremde Länder scheinen mich zu meiner besten und leuchtendsten Prosa zu inspirieren. Eine der ältesten Funktionen des Geschichtenerzählens besteht schließlich darin, dem Lehnstuhlreisenden Nachrichten aus der Fremde zu bringen.

«The Christian Roommates» [«Die christlichen Zimmergenossen»] ist die einzige Geschichte, die sich mit meinen College-Erfahrungen befasst – einem Lebensstadium, das für F. Scott Fitzgerald, Evelyn Waugh und viele andere von großer Bedeutung war. Aus Harvard sind so viele Schriftsteller hervorgegangen, dass ich das Gefühl hatte, das Feld sei gewissermaßen abgedeckt. Geschichten vom Collegeleben beschreiben selten die eigentliche Arbeit des Studierens, die ich hier zu schildern versuche – verquickt mit der Glaubenskrise, die neues Wissen mit sich bringt. Eine Zeit lang stand die Geschichte auf der Leseliste für Studienanfänger am Harvard College – ich weiß nicht, ob es ihnen geholfen hat, den Schock zu mildern.

«The Music School» [«Die Musikschule»]. Eine andere Art Schule und eine weitere Fugenkonstruktion. Die Themen von Untreue und Schuld werden geübter durchgespielt als in «Packed Dirt …» Die Geschichte diente als Vorlage für einen kurzen Fernsehfilm, in dem dies die aufregendsten Szenen waren: Eine durch einen blauen Filter gefilmte Science-Fiction-Episode und eine dokumentarische Sequenz, in der Nonnen mit großen Flügelhauben dabei gezeigt werden, wie sie große runde Abendmahlsoblaten herstellen.

«Museums and Women» [«Museen und Musen»] ist möglicherweise ein bisschen zu essayhaft, aber tief empfunden, weil ich in fast jedem Museum glücklich bin, ob mit einer Frau oder allein. Als ich 1970 in Tokyo war, ging ich allein ins Museum für moderne Kunst, und als ich herauskam, stellte ich fest, dass keiner der Taxifahrer den englischen Namen meines Hotels verstand. Zum Glück hatte ich einen Streichholzbrief, auf dem das Imperial abgebildet war, und das half. Bilder sprechen, wo Worte versagen.

«The Orphaned Swimming-Pool» [«Der verwaiste Swimming-Pool»]. Vielleicht die Geschichte, die am meisten meinem verstorbenen Freund John Cheever verdankt – der wunderbaren Wendigkeit, mit der er Handlung und Beschreibung handhabt, seinem Gespür für amerikanische Vorstädte als einem verdorbenen Paradies.

«Jesus on Honshu». Meine einzige japanische Geschichte – eine erfundene, zu der mich ein Bericht in der *New York Times* anregte. Aber einige der Motive darin liegen mir sehr am Herzen – die wunderbar lange Reise (*The Coup, Brazil*, selbst *Rabbit at Rest*) und die Geschichte, die beim Erzählen immer mehr verzerrt wird (*The Witches of Eastwick, Memories of the Ford Administration*). Als ich sie neulich wieder las, war ich erstaunt über die kleine Familie, die ich Jesus im letzten Abschnitt gebe. Ein amerikanisches, christlich erzogenes Kind wächst in dem Glauben auf, dass Jesus an Weihnachten als Kind von Maria und Josef zur Welt kam; etwas ähnlich Rührendes hat die Vorstellung von Jesus als einem senilen Patriarchen am entgegengesetzten Ende der Familie.

«Australia and Canada». Henry Bech ist wieder da; als gefeierter Autor bewegt er sich in einer raschen Folge von Verführungen zwischen zwei großen, reizlosen Gebieten der britischen Krone hin und her. Die Geschichte wurde 1975 im *Playboy* veröffentlicht, als die sexuelle Moral noch schlichter war und die Wunden des Vietnamkriegs noch schmerzten. Im Zeitalter von Düsenflugzeugen und elektronischer Kommunikation sollte ein nach Wahrheit strebender Schriftsteller so viel vom Globus bereisen, wie er nur kann.

«Nevada.» Auch diese Geschichte wurde von den Gegebenheiten des Schauplatzes inspiriert. Bestimmte Bilder – der riesige Eisenbahnzug, der auf der Hauptstraße der kleinen Wüstenstadt erscheint, der blinkende Spielautomat, der die noch nicht volljährige Polly anzieht, die raschelnde glutrote Uniform des Mädchens am Wechseltisch, das nach dem Vater ruft – stehen mir noch lebhaft vor Augen, in der klaren Wüstenluft des Westens.

«Domestic Life in America» [«Familien leben in Amerika»]. Amerikanischer Überfluss – zu viele Ehefrauen, Kinder, Weihnachtsbäume – und eine essenzielle Einsamkeit. Der Held wandert zwischen den Welten hin und her, nicht der Autor. Wie sich das Wunder am Ende genau vollzieht, ist mehrfach nachgebessert worden – 10 und 10:01 könnte 0 und 12:00 sein, doch die alternativ aufleuchtenden Zahlen erscheinen dann nicht ganz so wundersam.

«The Man Who Loved Extinct Mammals» [«Der Mann, der ausgestorbene Säugetiere liebte»]. Ich hoffe, etwas von dem Charme einiger dieser ausgestorbenen Säugetiere überdauert die Übersetzung. In Japan, woher wir Godzilla und viele andere Zeichentrick-Monster haben, wird man Sapers Faszination sicher verstehen. Ich finde, für Schriftsteller ist es wichtig, dass sie ihre Leser an die enormen nicht-menschlichen Realitäten erinnern, die unsere kleinen Abenteuer umgeben, so wie der Ozean ein sich selbst allzu ernst nehmendes Kreuzfahrtschiff umgibt.

Viele Jahre lang waren Kurzgeschichten mein täglich Brot, doch sie zu schreiben ist für mich, neben dem wirtschaftlichen Aspekt, immer auch eine ästhetische Herausforderung und eine Freude gewesen. Zwischen Roman und Gedicht angesiedelt, können sie uns die Freuden beider Formen geben, während sie gleichzeitig auch die Intimität eines Essays vermitteln, in dem eine Stimme ihre kompliziertesten und wichtigsten Geheimnisse in des Lesers Ohr flüstert.

Vorwort zu *Love Factories*

Limitierte Edition von drei Geschichten,
herausgegeben von Eurographica (Helsinki 1993)

Diese drei Geschichten wurden 1988 geschrieben: «The Football Factory» im Juni, «Part of the Process» im Juli, «The Lens Factory» im November. Die Themenwahl lag etwas abseits von meinem üblichen Pfad, und so erschienen diese Experimente denn auch in eher abseits liegenden Zeitschriften, nämlich im *Observer Magazine* in London, in *Special Report*, einer Zeitschrift für Arztpraxen, von Whittle Communications in Knoxville, Tennessee, veröffentlicht, und in *Granta*, der ursprünglich von der University of Cambridge in England herausgegebenen literarischen Zeitschrift. Außerdem brachte ich im August 1988, von den Eindrücken eines Besuchs in einer Footballfabrik in Ohio merkwürdig in den

Bann gezogen, einen zehn Seiten langen nicht-fiktiven Text zu Papier mit dem Titel «The Real Story», der nie veröffentlicht worden ist. Darin beschreibe ich, wie es mir am Morgen nach einer Lesung an einer kleinen Universität in Ohio erging: «Mein Gastgeber, ein großer, blonder Englischdozent, der sich durch ein ernstes schmales Gesicht und eine schlimme, fortgeschrittene Identifizierung mit Rabbit Angstrom auszeichnete, lud mich zur Besichtigung einer Fabrik in der Stadt ein, wo Footballs hergestellt werden. Sein Freund, einer der Geschäftsführer, machte die Führung. Ich war fasziniert und abgestoßen; ich war überwältigt von der barbarischen Präzision der lauten Maschinen, von der unvorstellbar großen Anzahl der vielen, schnell auf einander folgenden Schritte, die bei der Herstellung eines so spielerischen Dings, wie es ein Football ist, notwendig sind, und von der grimmigen Hingabe der Arbeiter, die so unmutig, so mürrisch und so potenziell gefährlich wie Tiere im Zoo wirkten, während unsere Besichtigungsgruppe zwischen ihnen umherging. Wir und sie: Zwei verschiedene menschliche Gattungen, die sich auf zwei so verschiedenen Ebenen bewegten, dass dicke Glasscheiben oder eiserne Stäbe keine effektivere körperliche Trennung hätten bewirken können. Wie nebensächlich und beklagenswert schien doch unser Besuchertrupp, als wir unwissend an den Stationen der Produktion entlang gingen, die den Betonboden erbeben ließ und die, würde sie nicht überwacht, die Welt bis zum Himmel mit Fußbällen voll stopfen würde!»

In meiner Schilderung fahre ich fort: «Wie der Würdenträger in meiner ersten Geschichte, dessen Leben aus Flugzeugen und Gerede besteht, wollte ich eintreten, herabsteigen in diese mühevolle, lärmende Erschaffung eines konkreten, festen, tretbaren, werfbaren Gegenstands. Aber die Geschichte, die dabei herauskam, erinnerte mich zu stark an eine frühere Geschichte mit dem Titel ‹One Last Interview› – meine Stimme und meine Phantasie versagten, nachdem das Glücksgefühl darüber, dass ich meinem Alter Ego Muskelpakete und eine mit klimpernden Armreifen behängte, schlagfertige Ehefrau angehängt hatte, verflogen war. Also nahm ich meinen Mut zusammen, verwarf die wenig überzeugende Berühmtheiten-Maske und stürzte mich nackt in das Leben dieser Fabrikarbeiter. Ich schob den Würdenträger sozusagen zur Seite und nahm, in der Geschichte ‹Part of the Process›, selbst von June Mae Besitz. Eifersüchtig wollte ich, dass sie mein werde, während sich lästige parodistische Schatten eines minimalistischen Stils – der Schule, die gewöhnliche Amerikaner als Exoten behandelt und sie in Sätzen von akademischer Fadheit und Trockenheit gerahmt und ausgestellt wissen will – darüber schoben.»

Meine ästhetischen Schwierigkeiten sind symptomatisch für die in Industriegesellschaften bestehende Kluft zwischen Intellektuellen und Würdenträgern, einerseits die in Flugzeugen über die Erde hinwegfliegen, und den erdgebundenen Arbeitern, die in Fabriken und auf dem Land das Zeug für unser tägliches Leben herstellen. Jedem Versuch der ersten Gruppe, die Lebenssituation der zweiten Gruppe darzustellen, hängt der unvermeidliche Ruch der Herablassung an, der gewissenhaften «Feldarbeit», wie man sie unter Tieren und den Angehörigen exotischer Stämme betreibt. Sogar ein Dichter wie Philip Levine, der kenntnisreich über Industriearbeit in Detroit schreibt, hat sich, wie er in seinen kürzlich veröffentlichten Erinnerungen bekennt, voller Abscheu aus seiner Mittelschichtsposition in Zusammenhänge hinab begeben, die für ein Kind aus der Arbeiterklasse keineswegs bemerkenswert gewesen wären. Es ist eine Tatsache, dass anstrengende körperliche Arbeit und anstrengende geistige Arbeit praktisch inkompatibel sind. In *Blithedale Romance* schrieb Nathaniel Hawthorne: «Die Erdklumpen, die wir so emsig bearbeiteten und immer wieder umwarfen, wurden nie zu Gedanken vergeistigt. Unsere Gedanken hingegen wurden schnell klumpig.» Doch das liberale Gewissen kann diese Millionen tätiger Menschen nicht ignorieren, und das intellektuelle Laster der *Nostalgie de la boue* lockt unsere Phantasie nach unten, dorthin, wo wir eine echtere, köstlichere, erdverhaftetere Wirklichkeit wähnen.

Wie der junge Held in «The Lens Factory» habe auch ich einmal in einer Fabrik gearbeitet. Nicht lange, aber lange genug, um die Bedrückung und die Langeweile zu spüren und den erbarmungslosen Lärm der schrecklichen Maschinen zu hören. Schrecklich, und doch schön, mit ihrer ungestümen Geschwindigkeit und ihrer Gleichgültigkeit gegenüber dem bisschen Mensch, das sie bedient und wartet. In meinem unveröffentlichten Bericht schrieb ich:

In meinen drei Tagen dort hatte ich nie die Zeit, meinen Teil des Vorgangs in dem größeren Zusammenhang zu erfassen, innerhalb der Fabrik als ganzes, wo jede Etage schier endlos war und bis an den Rand gefüllt mit Männern und Maschinen, mit breiten krachenden Riemen, die bis unter die Decke reichten, und Karren, die in dem scheinbaren Durcheinander hin und her geschoben wurden. Meine Aufgabe war klar: Ich sollte frische halbkreisförmige Platten, von denen jede vielleicht ein Dutzend Linsen enthielt, auf eine Reihe von ungefähr zehn Zapfen setzen, die den Aufsatz unter halbkreisförmige Deckel drehten, die sich dann in einen Behälter orangefarbener Schleifflüssigkeit – passenderweise «Schlamm» genannt – herabsenkten, worin die Linsen geschliffen wurden.

Der genaue mechanische Vorgang ist mir heute so wenig klar

wie damals. Waren die Aufsätze die ganze Zeit in der Flüssigkeit, oder wurden sie in dem Moment hineingetaucht, wenn die Maschine aktiviert wurde? Aktivierte ich sie mit einem Pedal, oder wurden sie aus der Ferne gesteuert? Ferngesteuert, vermute ich, denn mir saß die Angst im Nacken, dass ich mit dem zeitlichen Ablauf des sich wiederholenden Vorgangs Schritt halten musste: Ich musste die Aufsätze einlegen, einen nach dem anderen, eine genaue Zeitspanne abwarten – zwanzig Minuten ist mir schwach in Erinnerung –, während die ganze Reihe geschäftig in dem Schleifmittel badete, und sie dann herausnehmen und vorsichtig in einen mit vielen Fächern versehenen Handkarren schieben. Es war ein hektischer, sich wiederholender Wettlauf, bei dem ich das Tempo der Maschine einhalten musste, und die tropfende, spritzende Flüssigkeit bekleckste mich von Kopf bis Fuß – meine Arme, mein Haar, bis unter die Fingernägel, und war nicht weg zu bekommen. Wenn die Linsen sich zu lange in der Flüssigkeit drehten, waren sie unbrauchbar, und die Aufseher, die hin und wieder vorbeischritten, machten mit Kreide ein grobes Kreuz auf den mit Linsen gefüllten Aufsatz. Es wurde eine Liste darüber geführt, wie viel Ausschuss man produzierte. In den Minuten, in denen die Maschine sich geistlos im Schlamm drehte, muss es eine Möglichkeit zu Entspannung gegeben haben, doch erinnere ich mich nur noch an das panikartige Gefühl, nicht mitzukommen, und an das Gefühl in meinem Magen, der sich aus Schuld und Scham über möglicherweise verdorbene Linsen zusammenkrampfte – ein erbarmungslos sich wiederholender mechanischer Prozess, der mich an die äußerste Grenze meiner Fähigkeit trieb.

Vor kurzem war ich in einer Druckerei, wo ich zugesehen habe, wie Exemplare eines meiner Bücher aus der sich meilenweit erstreckenden Maschinerie purzelten, nachdem die Druckbogen zusammengelegt und in den Einband oder Deckel gehängt worden waren. Ich war überrascht, wie viele Vorgänge nötig waren, damit dieses Gebilde aus Papier, Leinen, Leim und Blattgold zustande kam, darunter auch Schritte, auf die ich nie gekommen wäre, so das «Runden» der gestapelten Druckbögen, nachdem sie mit Heftgaze versehen waren, was ihnen die gewölbte Form des Buchrückens verlieh, die unser Sinn für Ästhetik verlangt. An jeder Station des Fließbands ging das Schneiden, Pressen, Leimen, Biegen, Prägen schneller vonstatten, als man es mit dem Auge bequem verfolgen konnte, wobei die genaue Spannung und der erforderliche Druck an manchen Stellen durch die vertraute Verwendung von Gummiband und Klebestreifen erreicht wurde. Es beunruhigte mich, dass meine eigenwilligen geistigen Abenteuer und mein egoistischer Wunsch, mit unbekannten Lesern zu kommunizieren, eine derart ausgedehnte erfinderische Betriebsamkeit ausgelöst hatte. Die engelhafte Schönheit menschlicher Ingenieurskunst und die animalische Ergebenheit der Arbeiter, die tagein, tagaus, acht Stunden am Tag, diese erstaunlichen Maschinen betreuen – sie sind ein grundlegender Teil unserer modernen Welt; doch wir, die wir die Phantasiearbeit in der Welt zu leisten versuchen, wir wenden unsere Augen davon ab und wissen über das Innere einer Fabrik ebenso wenig wie über ein afrikanisches Dorf oder ein tibetanisches Kloster. Aus diesem Gefühl des Versagens, der Entfremdung heraus, habe ich, auf der Grundlage sehr geringer eigener Erfahrung, diese kleine Sequenz dreier, zunehmend intimer werdender Geschichten verfasst.

Vorwort zu « Brother Grasshopper »
[«Bruder Grashüpfer»]

in einer limitierten Edition erschienen bei Metacom Press
(Worcester, Massachusetts, 1990)

In einer von Äsops Versionen der Fabel ist der Mistkäfer der Schlendrian:

> Während der Sommermonate suchte die Ameise auf den Feldern nach Weizen- und Gerstenkörnern für den kommenden Winter. Ein Mistkäfer sah ihr bei der Arbeit zu und zeigte sich überrascht, dass die Ameise sich so viel Mühe machte zu einer Zeit, da andere Tiere sich bei dem schönen Wetter ein gutes Leben machten. Die Ameise ging mit keinem Wort darauf ein; doch mehrere Monate später, als der Winterregen den Mist fortgespült hatte und der hungrige Mistkäfer bei der Ameise um Almosen bettelte, tadelte die Ameise ihn so: «Du dummer Käfer, wenn du dich damals angestrengt hättest, statt dich über mich lustig zu machen, während ich mich abmühte, dann müsstest du jetzt nicht hungern.»

In einer anderen Version hat die Grille den Part des Verlierers:

> Zur Winterzeit trockneten Ameisen ihr nass gewordenes Getreide. Da bat eine hungrige Baumgrille um etwas zu essen. Die Ameisen aber sagten zu ihr: «Warum hast du dir im Sommer keine Speisen gesammelt?» Jene erwiderte: «Ich hatte keine Zeit, denn damals ließ ich meine klangreiche Stimme ertönen.» Lachend versetzten nun die Ameisen: «Ei, wenn du im Sommer Flöte geblasen hast, so tanze im Winter dazu!»

La Fontaine, der sich ziemlich eng an Äsops zweite Version anlehnt, beschreibt eine Grille, *une cigale*, als das faule Tier:

La cigale, ayant chanté
Tout l'été,
Se trouva fort dépourvue
Quant la vise fut venue.

Ein Grashüpfer wäre *une sauterelle.* Da die Zikade (nur das männliche Tier) ein sehr lautes Geräusch fabriziert, das durch Reibung der beiderseits der Hinterleibsbasis paarweise angeordneten Stridulationsorgane erzeugt wird, ein Schrillen, das die Sommernächte Europas und Amerikas durchdringt, während Grashüpfer lediglich zirpen oder stridulieren, indem sie die Innenseite des fein gesägten Oberschenkels gegen eine Schrillkante am Vorderflügel reiben, oder unmusikalisch schnarren, während sie ihre Flugsprünge machen, ist es gewiss die Zikade, die in der Fabel als *chanteuse* bezeichnet wird. Das Lied der Zikade wird, laut Encyclopaedia Britannica, in drei Arten unterteilt:

> Der Gesang dient 1. der Verständigung, wobei die Produktion von täglichen Fluktuationen der klimatischen Bedingungen und von dem Gesang anderer männlicher Tiere abhängt; 2. der Geschlechtspartnersuche und ertönt normalerweise, aber nicht unausweichlich vor dem Geschlechtsakt; 3. der Vermittlung einer Störung, wenn ein Tier in Gefangenschaft gerät, seinen Flug unterbrechen muss oder anderweitig irritiert ist.

Dennoch ist es in den englischen Versionen der Fabel, angefangen von gezeichneten Versionen für Kinder bis hin zu Marianne Moores Übersetzung von La Fontaine, der Grashüpfer, der genannt wird, und es war das Bild dieses grünen, sprungfähigen Insekts, das mich beim Nacherzählen der Fabel aus der Sicht der Ameise zu dem Titel und der Kernmetapher inspirierte. Der Grashüpfer ist ein hübscheres Geschöpf und eignet sich besser für Abbildungen als die unansehnliche Zikade, von denen sich manche Spezies, unter dem falschen Begriff der Heuschrecke, dreizehn bis siebzehn Jahre verkriechen können. Der Grashüpfer ist immer unter uns, ein langbeiniger Dandy der Sommerwiesen, und schon sein Name vermittelt etwas Fröhliches und, in dem Teil «Gras», etwas Vergängliches.

Ich hatte weder Äsop noch La Fontaine vor mir, als ich mit Hilfe der üblichen schriftstellerischen Mittel, als da sind ein fragmentarisches Gedächtnis und die absichtliche Entstellung, diese Kurzgeschichte erworbener Bruderschaft schrieb. Aber die Fabulierkunst geht geheimnisvolle Wege, und ich freute mich, als ich im Nachhinein bei La Fontaine fand, dass der Grashüpfer – wie in meiner Geschichte auch – der hortenden und misstrauischen Ameise ein verlockendes Angebot macht:

> Je vous paierai, lui dit-elle,
> Avant l'oût, foi d'animal
> Intérêt et principal.

Weder der Franzose noch Äsop liefern Hinweise auf die Ehen, die Bildung oder die sozio-ökonomischen Wurzeln ihrer Protagonisten, also musste ich all dies erfinden. Ich gestehe, dass für diese begrenzte Auflage meine parallele Wiedergabe des Befehls, die Grille möge im Winter tanzen – «*Vous chantiez? j'en suis fort aisé*», sagt die Ameise. «*Eh bien! dansez maintenant*» – stärker konturiert wurde durch die Einfügung des Wortes «tanzen» bei der Beschreibung der sinkenden Knochensplitter, und eine Reihe anderer kleiner Änderungen (Verbesserungen, so hofft man immer) drängten sich dem Text in der Fassung, wie sie im *New Yorker* vom Dezember 1987 erschienen war, auf.

Zu « A Sandstone Farmhouse »
[« Ein Farmhaus aus Sandstein »]

– für *The Best American Short Stories 1991*,
herausgegeben von Alice Adams

Ich schrieb «A Sandstone Farmhouse» [«Ein Farmhaus aus Sandstein»] in einem rauschhaften Gefühl der Freiheit, nach den fünfzehn Monaten, die mich die Niederschrift eines Romans gefangen hielt. Joey Robinson, der Held dieser Kurzgeschichte, ist schon mitsamt seiner Mutter und einer Farm in Pennsylvania in der 1965 erschienenen Novelle *Of the Farm* vorgekommen. So ist dies eine Art Fortsetzung nach sehr vielen Jahren. Ich unterscheide mich von Joey dadurch, dass ich nur kurze Zeit in New York gelebt habe, nie in der Werbebranche tätig gewesen bin und nicht drei Ehefrauen gehabt habe. Aber ähnlich wie er lebte ich als Teenager, im Alter von dreizehn bis achtzehn Jahren, mit vier Erwachsenen – meinen Eltern und den Eltern meiner Mutter – in einem aus Sandstein gebauten Farmhaus. Ganz auf das Haus konzentriert – seine Steine, die Gerüche, die Renovierungsarbeiten –, hoffte ich, die Schwindel erregende Tiefe des Lebens, das sich zwischen diesen unerschütterlichen Wänden abspielte, darstellen zu können, und wie ergreifend inmitten der nur langsam veränderten Realitäten der Umgebung Leben aufflackert und erlischt. Ein alter Freund aus Berks County schickte mir in anderem Zusammenhang die Ergebnisse seiner Nachforschungen über die Bauweise alter Häuser aus dem frühen neunzehnten Jahrhundert, und ich war glücklich diese Informationen, einschließlich des unglaublichen Bildes von den Karren, die unter der Last der Sandsteine zusammenbrachen, einbauen zu können. In der Geschichte geht es um *Dinge*, die stummen Zeugen unseres vorbeihuschenden Lebens, die zurückbleiben, wenn das Leben vorbei ist, immer noch stumm, immer noch Zeugen, immer noch unbeirrbar sie selbst und nichts anderes.

Erst letzte Woche suchte ich eben dieses Farmhaus auf, in dem ich fünf Jahre lebte und in dem meine Mutter sechzig von ihren fünfundachtzig Jahren gelebt hat. Die neuen Besitzer haben die Mäuse und Fledermäuse vertilgt, die meiner Mutter Gesellschaft leisteten, aber sie haben die Standhaftigkeit des dicken Sandsteingemäuers erhalten und die alten knaufförmigen Kleiderhaken an der Wand gelassen, und sie haben vor, den schiefen Abzug des alten steinernen Kamins mit einer feuerfesten Metallfütterung auszukleiden. Es war ein sonniger Tag, und das Haus schien mich vage wieder zu erkennen, so wie der Hund meiner Mutter, der bei den neuen Besitzern glücklich ist, mit dem Schwanz wedelt und winselt, wenn er mich sieht, und sich zu erinnern sucht, ohne jedoch der Worte mächtig zu sein, in denen Erinnerungen festgehalten werden.

Zu « Playing with Dynamite »
[« Spiel mit Dynamit »]

für *The Best American Short Stories* 1993,
herausgegeben von Louise Erdrich

Dies ist, wenn ich mich richtig erinnere, die einzige Geschichte, die ich auf Anfrage schrieb – die neue Herausgeberin des *New Yorker* ließ mir die Nachricht übermitteln, dass sie sich glücklich schätzen würde, eine Erzählung von mir in ihrem ersten Heft zu haben. Töricht geschmeichelt blätterte ich die Zettel durch, auf denen ich Ideen für Geschichten, meist nur einen Titel, notiere, und stieß auf diesen Titel. Eins ergab das andere, als ich an meinem Textverarbeitungsgerät saß, und das meiste davon hatte mit den Empfindungen und Halluzinationen eines Menschen an der Schwelle zum Alter zu tun. Ich habe schon früher über alternde, tatterige, nostalgische Amerikaner, deren Namen mit «F» begannen, geschrieben und locker miteinander in Verbindung stehende Ereignisse sich um ein zentrales Thema oder eine bittere Tatsache winden lassen, aber diesmal schien das Rezept ein wärmeres, reichhaltigeres Gericht als sonst hervorzubringen – jedenfalls fühle ich mich dadurch, dass die Erzählung in diese Sammlung aufgenommen wurde, in dieser Annahme bestärkt. Das Leben ist ein Abenteuer, gewiss, vom Anfang bis zum Ende, aber Geschichten aus dem Leben nach sechzig erzählt man vielleicht begieriger, als dass man ihnen zuhört. Es sind die jungen Leute, die wir lieben, zwischen Buchdeckeln wie auf der Leinwand, wenn sie mit dem Dynamit der Paarung spielen. Seit einiger Zeit bemerke ich, dass meine Helden älter wirken, als ich selbst mich fühle, als würden sie es sich – da es ihnen an dem Sexappeal mangelt, der sie zu dramatischen Gestalten machen könnte – in der Nähe des Todes gemütlich machen.

Den vielen kleinen Mysterien und Lücken, die Fanshawe im Strom seiner Erfahrung beobachtet, wurde, nachdem die Geschichte druckt war, von einem Journalisten des *Wall Street Journal* noch ein Rätsel hinzugefügt, als er mit einer für sich genommen schon mysteriösen Empörung behauptete, der Vogel, dessen Nest die Fanshawes aufstören, könne keine Grasmücke, sondern müsse ein Tyrannvogel gewesen sein.

Vorwort zu «The Woman Who Got Away»,

– einer 1998 erschienenen Sonderausgabe der 1994
geschriebenen Kurzgeschichte

Wenn Massachusetts das puritanische Super-Ego Neuenglands ist und Connecticut und Vermont die Funktion eines
gesund funktionierenden Egos haben, dessen heiles Selbst-
bild sich in der gepflegten Landschaft spiegelt, dann ist New
Hampshire so etwas wie das Es. «Frei leben – oder sterben»,
so lautet sein Motto. *Peyton Place* von Grace Metalious brach
aus New Hampshire hervor und erstürmte die Gipfel der
Bestseller-Listen, desgleichen John Irvings *The World According to Garp [Die Welt, wie Garp sie sah]* mit seiner noto-
rischen Fellatio interrupta. Gleich nebenan bieten die dunklen Wälder und die düsteren alten Holzfällerstädte von
Maine Wohnstatt für Stephen Kings Kobolde, aber die Nym-
phen und Satyre, nackt oder in Ski-Ausrüstung, gehen in
New Hampshires Hainen und besiedelten Tälern um. So
schien es mir nur natürlich, diese kleine Vision eines kommenden Beziehungsgeflechts in diesem Staat anzusiedeln,
wie auch schon das studentische Trinkgelage in meinem Roman *Memories of the Ford Administration [Erinnerungen an
die Zeit unter Ford]*. Und es schien mir auch unumgänglich,
Bill Ewerts Vorschlag zuzustimmen, als er die Geschichte in
New Hampshire drucken und in einem sorgfältig gewählten
Format binden wollte – wofür er einer der wenigen noch
existierenden Experten ist, da oben in Concord, wo die guten
Zeiten noch nicht Vergangenheit sind.

Zu « My Father on the Verge of Disgrace »

für *The Best American Short Stories 1998*,
herausgegeben von Garrison Keillor

Es kann keinen Zweifel geben, dass diese Geschichte etwas
mit meinem richtigen Vater zu tun hat. Sie führte mich zurück in die mythischen Gefilde der Erinnerung, aus denen
heraus ich vor über fünfunddreißig Jahren meinen Roman
The Centaur [Der Zentaur] schrieb. Je älter ich wurde, umso
ferner ist meine Kindheit gerückt, umso seltsamer möbliert
erscheint sie mir – der Kühlschrank, der Toaster aus Blech,
die Rezeptschachtel, in der unser ganzes Geld war –, sodass
sie mir wie ein Märchen vorkommt. Und die verborgene
Scham der Kindheit – das Gespür des Kindes für Gefahr, für
seine und seiner Familie Unterlegenheit innerhalb des wahrgenommenen gesellschaftlichen Systems – kann endlich auf-
gedeckt werden. Das Detail, nämlich dass ich das Fahrgeld
genommen hatte, um damit beim Kaufmann zu bezahlen,
kann ich auch heute nur mit Pein und Angst enthüllen, als
könnte es geschehen, dass noch lebende Mitglieder der
Schulbehörde der dreißiger Jahre die Begleichung der über-
fälligen Rechnung verlangen. Um mir den Raum für das Geständnis zu schaffen, musste eine kleine Entfernung geschaffen werden: Mein richtiger Vater unterrichtete Algebra, und
nicht Chemie, und er hat nie Porzellan verkauft. Und ein anderer Mann hat mir, in einer anderen Phase meines Lebens,
von der Freude erzählt, die es für ihn bedeutete, wenn er in
eine fremde Stadt kam und mit einem ordentlichen Päckchen
Bestellungen wieder abfuhr. Tatsächlich weiß ich kaum, was
in dieser Geschichte erfunden ist und was nicht; sie taucht in
eine Schicht meines Erdendaseins ein, die so alt und beladen

ist, dass Wahrheit und Erfindung wechselweise wunderbar sind. Das Leben, könnte man sagen, lädt jedem ein ordentliches Päckchen auf.

Karl Shapiro

– für eine Ausgabe von *hommages*,
herausgegeben von *Negative Capability*

Ich begegnete dem Werk von Karl Shapiro zum ersten Mal im *New Yorker* der vierziger Jahre, und dann, als ich studierte, in *The Oxford Book of American Verse*, wie es 1950 von F. O. Matthiessen herausgegeben worden ist. Shapiros Gedichte, die in der Sammlung hinter den egoistischen Ergüssen von Delmore Schwartz und kurz vor den knotigen Pentametern von Robert Lowell standen, gehörten erkennbar in diese Welt, in mein Amerika, mit ihren kurzen, aussagestarken Titeln wie «Midnight Show», «Hollywood», «Nigger» und «Drug Store». Aus «Drug Store» dieses Zitat:

> Verblüffend für den Fremden wie eine Redewendung,
> Und der hat Recht, den Laden als Form zu nehmen,
> Weniger ernst als das Wohnzimmer oder die Bar;
> Denn er hebt das Café vom Sockel –
> Ein Kollektiv, auf allgemeinem Land.
>
> …
>
> Der Junge klimpert mit Münzen, klopft Sprüche;
> Die Baseball-Ergebnisse gehören ihm, die Zeitschriften,

Der Lust gewidmet, dem Jazz, der Coca-Cola,
Die Leihbücherei mit neusten Liebesgeschichten.
Es ist der Kunde, es ist der Held.

Und ein weiteres Gedicht, das Matthiessen nicht in seine Sammlung aufgenommen hat, an das ich mich aber aus irgendeinem Grund erinnere, «Auto Wreck», mit den wunderschönen Anfangszeilen:

Die schnelle, weiche Silberglocke klingt, klingt,
Im Dunkel, unten ein leuchtender Rubin
Rotlicht, pulsiert wie eine Ader,
Der Krankenwagen, rasend, rauscht vorbei.

Und «A Cut Flower», das mit den überraschenden Fragen endet: «Wo sind meine Bienen? / Muss ich jetzt sterben? Gehört dies mit zum Leben?», und «Homecoming» aus Sicht eines Soldaten, mit den grausam sachlichen Sätzen:

Wir bringen keine Rohstoffe aus dem Osten,
Nur Männer, grünhäutig in blau erleuchteten Kästen
Und Wahnsinnige, ins Zwischendeck gepfercht.

Das waren Lieder, die von Erfahrung geprägt waren, einer Erfahrung, die ich erkannte, auch wenn ich sie nicht geteilt hatte. Sie waren gerecht, in dem Sinne, wie Richard Wilbur die Gedichte von Sylvia Plath als «ungerecht» beschrieben hat, und in dem Sinne, wie Lowells Bilder von Amerika ungerecht waren, in ihrer jammernden, nörgelnden, verächtlichen Art. Shapiro hat Whitmans Gutmütigkeit, mit der er vieles in die Arme schließt. In seinen bemerkenswert unaufgeregten Memoiren sind seine Schilderungen selbst da, wo er

Grund zur Klage hätte – er wurde in die von T. S. Eliot ange-
führte Kampagne eingespannt, dem judenfeindlichen Ezra
Pound zu dem Bollingen Prize zu verhelfen, bis er schließlich
aufbegehrte und protestierte; seine Gedichte wurden 1976 in
Richard Ellmanns *The New Oxford Book of American Verse*
komplett gestrichen –, milde und ausgewogen, nur mit
einem Schulterzucken dargeboten. Als scharfer und amüsierter Beobachter seiner selbst wie aller anderen, legt er ein
persönliches Zeugnis ab, das durch eine losgelöste Ruhe ge-
mäßigt, entschärft, biegsam und leicht wird; ein Hauch süd-
licher Galanterie haftet ihm noch immer an, vielleicht aus
seiner Kindheit in Baltimore. Seine neueren Gedichte sprechen von der Verwirrung, mit der er sich als Liebhaber und
als Jude erlebt – zwei Rollen, in denen die meisten Sprecher
nicht wagen würden, mangelndes Selbstvertrauen zu gestehen. In seiner Lyrik hat er eine aus der Mode geratene Richtung eingeschlagen, zurück zu den Beats, zu den Tagen der
langzeiligen persönlichen Explosionen. «Alle Dinge müssen
vereinfacht werden. Ich muss mich unbedingt aus der Lyrik-
falle befreien», schreibt er in «I am an Atheist Who Says His
Prayers», einer rimbaudesken Kaskade. Er schreibt nun Pro-
sagedichte, prosaische Gedichte, um unangenehme Wahrheiten loszuwerden. Sein Amerika ist eins, das ohne Groll er-
duldet wird, und der Dichter ist darin, wie der Tourist von
«Washington Cathedral», «nur ein guter Fremdling, dem
Wort nach glücklich». Gesegnet sei Shapiro wegen seiner gemäßigten Maßlosigkeit, seiner fortdauernden sprachlichen
Abenteuerlust, seiner ehrlichen Verwirrung, wegen seines
unverbesserlich klaren Verstands.

Drei Standhafte vom *New Yorker*

– die mir väterliche Freundlichkeit bewiesen haben.
Die Texte über Shawn und Gill gehören zu den vielen
Huldigungen, mit denen die Zeitschrift sie anlässlich ihres
Todes, im Dezember 1992 und im Dezember 1997, ehrte.
Meine Erinnerungen an Maxwell wurden auf dem
Urbana Campus der University of Illinois vorgetragen,
bei der Feier anlässlich der Schenkung seiner Papiere
an seine Alma Mater.

Für mich als Beiträger verbarg sich hinter William Shawns un-
fehlbarer Höflichkeit und seiner entschiedenen Sanftmut
im Gespräch ein Geheimnis, nämlich seine außerordentliche
ästhetische Leidenschaft, die ihn befähigte, mit unverrück-
barer und erstaunlicher Urteilsfähigkeit Entscheidungen zu
treffen. Er nahm gewaltige Mengen an Informationen und
Kultur in sich auf und assimilierte, was er absorbiert hatte; alle
Wellen, die durch seine Augen und Ohren gespült wurden,
hatten seinen kulturellen Wortschatz zu einem aphoristischen
Minimalismus geschliffen. Das Wort «writing» deckte das
ganze weite Gebiet der Literatur ab, und «good writing» war
aus seinem Mund das höchste Lob und ein erschöpfender
Kommentar. Ein Herausgeber, dem die letzte Entscheidung
über Annahme oder Ablehnung eines Beitrags obliegt, hat
eine gewisse monolithische, oder binäre, Schlichtheit, und
Mr. Shawn – wie ich ihn immer nannte – weigerte sich in er-
staunlichem Maß, die Würde seiner Machtposition mit un-
nötigen Auslassungen zu kompromittieren. Nicht, dass er
schroff gewesen wäre, im Gegenteil, er vermittelte eine Stimmung unendlich geduldiger Erwartung, und diese weder len-
kende noch leitende Erwartung suchte der Beiträger zu be-

friedigen. Der winzige Unterschied zwischen dem Besten, zu dem man fähig war, und dem Zweitbesten würde, dessen war man sich sicher, in den idealen reinen Kammern seiner persönlichen Ruhe registriert; es gehörte zu seinem Genie als Herausgeber, dass er, ähnlich wie der klassische freudsche Psychoanalytiker, eine Atmosphäre des uneingeschränkten Zuhörens schuf, in der man ermuntert wurde, sich zu enthüllen und neu zu erschaffen. Man wollte *für ihn* etwas schaffen.

Unsere Kontakte waren spärlich, aber es bedurfte ihrer nicht viele. Ein leise gesprochener Satz, wenn man sich im Eingang begegnete, ein Kompliment, von einem Redakteur übermittelt, ein freundliches Wort, auf eine Druckfahne gekritzelt – dergleichen war, ähnlich wie die feinste Regulierung des Ruders, hinreichende Vergewisserung, dass das Boot gesteuert und der richtige Kurs gehalten wurde. Was richtig war, war doppelt richtig in dem Universum seiner sanften Andeutungen, wo Ästhetik und Ethik irgendwie zusammentrafen. Seine Sicherheit in Geschmacksfragen war in einem verborgenen moralischen Feuer gehärtet worden, und der *New Yorker* war ein Reich, aus dem manche Arten der Unschicklichkeit verbannt waren. Aber das Schwert, mit dem er den Einlass verwehren konnte, hatte auch eine Klinge der Verwegenheit: Unter Shawns Führung wurden die literarischen Texte in der Zeitschrift avantgardistischer und die essayistischen mandarinischer. In diesem scheuen Menschen mit der zugeknöpften Weste verbarg sich ein geistiger Abenteurer, der seine Leser und seiner Schreiber auf Trab hielt. Er begleitete einen Autor so weit, wie dieser Autor bei der Verfolgung dessen, was Shawn «the real thing» nannte, zu gehen wagte[1], und

---

[1] Hier eine ausgezeichnete Passage von Shawn über Harold Ross (und ihn selbst) in seinem Beitrag zu Brendan Gills *Here at the New Yorker*: «Selbst

reagierte nur kühl, wenn der Autor das Wagnis scheute oder wenn er einen falschen Ton anschlug. Hinter einer Zurückhaltung, die an Schüchternheit grenzte, verbarg sich ein intensiv kreatives Wesen, das nicht zu Kompromissen bereit war. Wie das Schicksal es wollte, stellte er dieses Wesen in den Dienst der Talente anderer, in den Dienst einer ganzen Zeitschrift, Woche für Woche. Doch seine magische Kraft machte jedes Wort und jedes Komma in gewissem Sinne zu seinem. Wenn ich sein Eckbüro zu betreten wagte, wo Mr. Shawn rosig hinter seinem Schreibtisch voller Manuskripte hockte, kam er mir wie ein Zauberer vor, der, ohne einen Muskel zu rühren, Geister aus der Tiefe rufen konnte.

✳

Ich lernte William Maxwell im August 1954 kennen, kurz bevor ich mich nach England einschiffte, zu meinem ersten Abenteuer außerhalb der Vereinigten Staaten. Es war der Sommer, in dem ich das College abgeschlossen hatte, und weil ein oder zwei Gedichte und eine Kurzgeschichte von mir im *New Yorker* erschienen waren, wurde ich, bevor ich zu der Reise in die Alte Welt aufbrach, in die Redaktion der Zeitschrift eingeladen, die seit meinem dreizehnten Lebensjahr Ziel meiner Phantasie und meiner Begierde gewesen war. Die Einrichtung war betont schlicht gehalten. In dem Warteraum befand sich nichts, wenn ich mich recht erinnere, außer ein paar Stühlen und einer großen Kupferplatte, in deren Mitte,

---

wenn ein Text zu abgehoben war für Ross' Geschmack, oder wenn er außerhalb seiner Interessen oder Kenntnisse lag, oder wenn – in extremen Fällen – der Text unverständlich war, konnte er doch erkennen, ob es «the real thing» war oder eine Imitation … Ob in einem erzählerischen Text, einem Sachtext oder einem Cartoon, er suchte nach der Wahrheit, und er wusste immer, worin sie bestand, wenn er sie sah.»

wie ein hauchdünner arabischer Blätterteigkuchen, die neueste Ausgabe des *New Yorker* lag. Ross und die erste Generation der Redakteure waren meistenteils Zeitungsleute gewesen, und die Redaktionsräume waren in einem sachlich-männlichen Stil möbliert, mit Stahltischen und viereckigen Papierkörben, und vergilbten Stapeln alter Telefonbücher. Der *New Yorker* der fünfziger Jahre hatte großes literarisches Prestige mit eindrucksvollen Anzeigeneinkünften verbinden können, aber noch immer prägten die schmucklosen dreißiger und vierziger Jahre den Stil der Flure. Maxwell, der plötzlich da war, schüttelte mir die Hand und führte mich durch das mit Linoleum ausgelegte Labyrinth zu seinem sonnigen Büro. Er vermittelte eine murmelnde, gezügelte nervöse Energie und einen unfehlbaren Charme; ich fühlte mich an Fred Astaire erinnert. Und mein Gefühl, dass er sicherlich nie einen falschen Schritt machte, blieb mir in den kommenden Jahrzehnten der Zusammenarbeit erhalten. Ich glaube, ich habe sonst niemanden kennen gelernt, von dem ich so klar sagen könnte, dass er kein Wort verschwendete. Und nicht dass er geizig mit Worten gewesen wäre, er konnte recht generös sprechen, aber jedes Wort war passend und *gewählt*. Bei ihm gab es keine Staffage, keine Füllsel, mit denen die meisten von uns – wie ein Computer, der sich durch einen Algorithmus schlängelt – sich dem annähern, was sie sagen wollen. Wenn Bill die richtigen Worte nicht sogleich kamen, hatte er eine herrliche und faszinierende Art, auf sie zu warten – eine Haltung, die ich mit seiner Herkunft aus dem Mittleren Westen verband, ein Warten, gewissermaßen, dass der Mais reift. Das Einzige, was ich von dieser ersten Begegnung in Erinnerung habe, bei der er gewandte und geduldige Höflichkeit und Freundlichkeit bekundete und ich völlig verwirrt war, ist seine Antwort auf eine von mir geäußerte Befürchtung, und ich zitiere fast wörtlich: «Man denkt immer, wenn man sein Gepäck verliert, dann stürbe man, aber das stimmt nicht.»

Am Anfang war Katherine White meine Redakteurin, doch als sie wenige Jahre später in den Ruhestand trat und mit ihrem Mann nach Maine zog, wurde Bill mein Redakteur, bis er seinerseits 1976 in den Ruhestand trat. Wer mit dem literarischen Prozess nicht vertraut ist, hat möglicherweise melodramatische Vorstellungen von der Beziehung zwischen Autor und Redakteur. Letztlich muss der Autor sein Leben leben und ihm an Gedichten und Geschichten abgewinnen, was es hergibt; der Redakteur kann es zur Veröffentlichung annehmen oder ablehnen, aber das Maß an Beratung während des Entstehungsprozesses ist begrenzt. Das gilt besonders für die im *New Yorker* erscheinenden Kurzgeschichten, bei denen so viel vom Schreibstil abhängt. Einmal erzählte ich Bill beim Lunch eine Geschichte aus meiner Grundschulzeit, und er sagte: «Das ist eine Kurzgeschichte», also schrieb ich sie auf, mehr oder weniger so, wie ich sie erzählt hatte, und schickte sie ein und erlebte, wie sie und unter dem Titel «The Alligators» ihren Weg in den Druck fand. Bei einer anderen frühen Geschichte, «Flight» [«Flügge»], befand Bill, dass sie zwar geeignet sei, dass aber der Anfang zu komprimiert vom Erzähler komme; also fügte ich rund tausend Wörter über die Familie und den Hintergrund des jugendlichen Helden Allan Dow hinzu. Bill gefiel es, er fand alles relevant; er sagte, es sei wie ein Lichtstrahl. Einfach nur, um zu zeigen, wie unterschiedlich die Reaktionen der Leser sein können, will ich erwähnen, dass erst kürzlich ein Kritiker sich über dieselbe Geschichte beschwerte: «Warum erzählt Allan Dow uns das alles?» Nicht, dass Bill oder ich mit der Erweiterung einen Fehler gemacht hätten, aber es zeigt, dass nach umfangreichen Änderungen oft ein kleines Missverhältnis bleibt, eine Nahtstelle da, wo an dem ursprünglichen Rhythmus geflickt wurde.

Redakteure regen eher Kürzungen als eine Erweiterung an, und bei einer Geschichte mit dem fröhlichen Titel «Who Made Yellow Roses Yellow?» hatte ich Bills sachte Andeutungen, dass die Sprache überbordend und überspannt sei, nicht beachtet. Ich war bei meinen Eltern in Pennsylvania zu Besuch und hatte die Druckfahne des neuesten *New Yorker* dabei, den so genannten Umbruchabzug, in dem die Textspalten schon mit den Cartoons versehen sind. Meine Mutter las die Geschichte und machte stirnrunzelnd ein paar Bemerkungen, die mir Bills Bedenken plötzlich erhellten; in wilder Panik änderte ich und gab telefonisch eine Reihe von Kürzungen durch, was dem Umbruchteam beim *New Yorker* eine Menge Ärger bescherte, aber die Geschichte in letzter Minute verbesserte. Und wie viel Ärger es auch gab, als Herausgeber vertrat Bill die Meinung, dass es nie zu viel war, wenn es eine Verbesserung, und sei es nur eine winzige, bedeutete. Einmal hatten wir uns abends – es war längst Essenszeit – am Telefon verbissen; es ging um letzte kleine Änderungen in einer Geschichte mit dem Titel «The Wait». Später erzählte Bill mir, ihm sei wie bei einer Bergbesteigung zumute gewesen, bei der er sich immer wieder gesagt habe: «Wahrheit und Schönheit.» Eine Kurzgeschichte, «A & P» – die, was niemand vorausgesagt hätte, sich eines gesunden Lebens in vielen Anthologien erfreut –, war ursprünglich ein paar Seiten länger; Bill erklärte vorsichtig, dass die Geschichte früher zu Ende sei, als ich gemerkt hätte, und ich ging gern auf seine Anregung ein, die überdies bestätigte, was ich selbst geahnt hatte. Bei einer anderen Erzählung, «Eros Rampant», war die Redaktion des *New Yorker* nur bereit, die erste Hälfte zu drucken, und dieses eine Mal dachte ich, sie sei im Irrtum, und brachte die Geschichte anderswo unter. Eine andere Geschichte mit dem epischen Titel «The Beloved» war angenommen und schon gesetzt worden, als der Chefredakteur der Zeitschrift, William Shawn, solche Bedenken hinsichtlich des theatralischen Hintergrunds zum Ausdruck brachte, den ich meinem Helden für seine amouröse Entwicklung gegeben hatte, dass wir überein kamen, die Geschichte zu kippen, obwohl ich wie auch der Setzer schon dafür bezahlt worden waren. Mir war dabei nicht recht wohl, und ich bot an, das Geld zurückzuzahlen, doch dann kürzte Bill aus eigener Initiative aus der dreißig Seiten umfassenden Erzählung sechs oder sieben Seiten heraus, von denen er glaubte, dass sie eine Kurzgeschichte für den *New Yorker* ergeben würden, und so wurden sie dann auch veröffentlicht. Es war dies ein Fall, in dem ich fand, dass er seines enormen Beitrags wegen als Co-Autor hätte genannt werden sollen.

Im Allgemeinen aber war das Urteil Ja oder Nein, und unsere Zusammenarbeit bestand darin, das, was akzeptabel war, noch zu verbessern und die Prosa so fein zu polieren, dass sie sich wie Dichtung las. Bei dieser zwischenmenschlichen Übung war Bill unendlich geduldig und wunderbar einfühlsam. So manche Stunde verbrachten wir am Telefon bei der Suche nach dem vollkommenen, unauffällig präzisen Ausdruck. Wir haben nicht den gleichen Stil – seine Sprache ist ungeschmückt, eine gesprochene Sprache, bisweilen verblüffend unangestrengt und idiomatisch, während mein Stil, zumindest als ich noch jung war, zum Barocken neigte und hoch-modernistische Effekte anstrebte, so, wie sie in den fünfziger Jahren am College bewundert wurden. Manchmal, wenn ich mich am Telefon verrenkte, um einer Wendung noch den letzten Schliff oder eine unmögliche Fülle von mitschwingenden Bedeutungen zu geben, durchschlug er den gordischen Knoten und riet zu einer Formulierung von einer Direktheit und Schlichtheit, wie sie mir nie eingefallen wäre. Dennoch hatte ich nie das Gefühl, dass er mich meines Stils berauben wollte; wie jeder gute Lektor war er bemüht, das Beste aus dem Autor herauszuholen. Am allerwichtigsten war dabei unsere gemeinsame Hoffnung auf Perfektion, und er vermittelte mir ein Gefühl unendlicher Dankbarkeit, wenn ich gute Arbeit geleistet hatte – wenn ich Qualität geliefert hatte. So wurde das Bedürfnis, es Bill recht zu machen, zwar nicht der einzige Antrieb, wenn ich mich an den Schreibtisch setzte, aber doch ein konkretes, mich anspornendes Ziel. Er gab dem idealen Leser ein lebendiges Gesicht. Gut zu schreiben, schien mir dank ihm unendlich lohnend, und dabei greifbar, spürbar anders, als nicht gut zu schreiben.

Natürlich hatte er in der Beziehung mit mir nicht die ganze Bürde der Entscheidung über Annahme und Ablehnung zu tragen. Soweit ich verstand, funktionierte die Zeitschrift so, dass eine Geschichte von mehreren Redakteuren gelesen wurde, deren Bemerkungen dazu auf einem so genannten Meinungsblatt gesammelt wurden. Dieses Blatt wurde, zusammen mit dem Manuskript, an Mr. Shawn weitergereicht, der erzählerische Texte am Wochenende las und entschied, ob eine Geschichte angenommen werden sollte oder nicht. Der Montag war also der Tag, an dem ich, der ich leichtfertig eine feste Stelle bei der Zeitschrift aufgegeben und mich als freiberuflicher Schriftsteller in Neuengland niedergelassen hatte, das Urteil zu hören bekam. Allein der Ton, in dem Bill das eine Wort «John?», ins Telefon sprach, sagte oftmals schon alles. Die vollständige Botschaft lautete üblicherweise: «Shawn sagt ja», oder «Shawn sagt nein». Weitere Ausführungen waren nur nötig, wenn eine Rettungsoperation vorgeschlagen wurde. Die Bürde, Nachrichten von dieser Tragweite jahrein, jahraus einem jungen Haushaltsvorstand und Vater von vier Kindern zu übermitteln – und es waren ja noch Dutzende anderer Schriftsteller, die unter Bill Maxwells Obhut standen –, stellte eine enorme menschliche Aufgabe dar, die mit Sicherheit Spuren hinterließ. Ohne jemals unloyal zu sein, milderte er gelegentlich ein negatives Urteil, indem er seine eigene Zustimmung andeutete oder auf die unverbesserlichen Vorurteile der Zeitschrift hinwies. Doch wie immer das Urteil lautete, ich hatte das Gefühl, dass Bill mein Freund war, und ein Freund ausgezeichneter Literatur. Wir liebten unsere Arbeit, und unsere Arbeit war der Umgang mit Sprache. Seine eigene Prosa und sein Wesen drückten eine gewisse Leichtigkeit aus, eine erfrischende Bodenständigkeit, und die vielen Jahre, in denen er effektiv der Sachwalter meines Lebensunterhalts gewesen ist, sind mir als eine frohe Zeit in Erinnerung; so wie es nicht das Ende der Existenz war, wenn man sein Gepäck verlor, so war auch das Auf und Ab einer aktiven literarischen Laufbahn nicht das Ende.

Zwischen uns bestand noch ein anderes hübsches Band: Obwohl er fünfundzwanzig Jahre älter war als ich, wurden wir ungefähr zur gleichen Zeit Väter von kleinen Mädchen. Wir hatten also Elternfragen zu besprechen. Auch unsere zweiten Kinder kamen ungefähr zur gleichen Zeit zur Welt, seins war wieder ein Mädchen, während meins ein Junge war. Als ich ihm gegenüber die Befürchtung äußerte, dass meine Tochter nun Penisneid entwickeln könnte, sagte er rasch: «Einen Penis zu haben, löst auch nicht alle Probleme» – eine Weisheit, die mir bis ans Grab bleiben wird. Vielleicht ist es gar nicht so gut, einen Freund zum Redakteur zu haben, denn die Beziehung ist bis zu einem gewissen Grad unweigerlich antagonistisch. Einmal quälte ich mich mit einer Ablehnung so sehr, dass meine damalige Frau mir zureden musste: «Du darfst es nicht persönlich nehmen. Maxwell ist ein Rädchen in einer Maschine, die eine bestimmte Zeitschrift produziert.» Das war eine hilfreiche Bemerkung. Als ich die faszinierende Korrespondenz zwischen Bill und dem irischen Schriftsteller Frank O'Connor las, die letztes Jahr veröffentlicht wurde, war ich überrascht, wie oft Bill zu O'Connor von einem Text sagte, er sei keine Geschichte für den *New Yorker,* oder man könne etwas zu einer Geschichte für den *New Yorker* machen. Wie tolerant und aufgeschlossen die Zeitschrift auch war – und sie war abenteuerlustiger und experimentierfreudiger, als man ihr zugestand –, gab es doch eine Grenze, die nicht überschritten werden durfte, eine Grenze, die in Bills Kopf so klar und deutlich war wie die Grenzen von Illinois. Einmal erzählte er mir, wenn ich ihn richtig verstanden habe, dass Shawn niemals gegen eine von ihm aus tiefster Überzeugung gegebene Empfehlung entschieden habe.

Er kam 1936 zum *New Yorker.* Damals war er Assistent von Katherine White; sie, die so viel für die Verfeinerung und Erweiterung des kollektiven Geschmacks der Zeitschrift getan hatte, dürfte Bills überragende Qualitäten schnell erkannt haben. In einem Interview, das er für *The Paris Review* gab, erinnert er sich an seine Lehrzeit im Vorzimmer zu ihrem Büro. Lassen sie mich daraus eine Anekdote zitieren:

Montags und Freitags hatte ich nichts zu tun und starrte die ganze Zeit auf die Thurber-Zeichnung über meinem Schreibtisch – bis Mrs. White vorschlug, ich solle mir die Sammelbände aus der Redaktionsbibliothek holen und sie lesen. Dann gab sie mir einen Stapel abgelehnter Manuskripte und bat mich, Begleitbriefe zu denen zu schreiben, die hoffnungsvoll schienen. Nachdem sie sich meine Briefe angesehen hatte, rief sie mich in ihr Büro und sagte: «Mr. Maxwell, haben Sie jemals unterrichtet?» Ich hatte ihr diese Tatsache bei unserem Einstellungsgespräch verschwiegen; mein Gefühl sagte mir, das es etwas war, was man besser nicht getan haben sollte. Jedenfalls lernte ich von ihr, dass es nicht Aufgabe des Redakteurs war, Schriftstellern das Schreiben beizubringen.

Wolcott Gibbs, so fährt er fort, schlug ihm vor, es als Redakteur zu versuchen, und Maxwell fand Spaß daran. Er berichtet:

> Mit der Zeit begriff ich, dass wirkliches Redigieren bedeutete, so wenig wie möglich zu ändern. Manche Redakteure und Korrektoren tobten sich in den Texten regelrecht aus, und manchmal musste ich die Seite wechseln und den Autor vor seiner eigenen Beflissenheit retten, oder vor seiner Angst, was immer es war, das ihn bestimmte, ja zu sagen, wenn er hätte nein sagen sollen. Man wünscht sich, dass der Schriftsteller, wenn er die Geschichte zehn Jahre nach der Veröffentlichung liest, nicht merkt, dass jemand anders etwas daran gemacht hat.

Das Adjektiv, das mir immer wieder einfällt, wenn ich an William Maxwell denke, ist *rar* – eine so extreme Empfindsamkeit zu finden, bei einer so kenntnisreichen, unprätentiösen und unsentimentalen Persönlichkeit, ist etwas Rares. Wie bestimmte Insekten und Vögel ist er, so spürt man, empfänglich für jene Farben des Regenbogens, die für das bloße menschliche Auge unsichtbar sind. Der *New Yorker* war etwas Rares, eine rarifizierte Zeitschrift, weil man ihn als Redaktionsmitglied hatte, obwohl er seine Rolle als etwas Simples hinstellte. Als ich ihn einmal fragte, wie es bei Ross in den Illustrationskonferenzen zuging, sagte er: «Nichts einfacher als das. Man sah sich eine Menge unkomischer Entwürfe an, und wenn ein komischer die Runde machte, fingen alle an zu lachen.» So wertvoll er für den New Yorker war, er hat ihn nicht ins Mystische oder Erhabene gehoben; als Brendan Gills Buch *Here at the New Yorker* erschien und die leicht erregbaren Gemüter einiger älterer Redaktionsmitglieder erregte, sagte Bill fröhlich zu mir: «Vermutlich muss man Ire sein, um die Wahrheit sagen zu können.»

Als er mein Redakteur wurde, hatte er eine Teilzeitregelung für sich vereinbart – drei Tage in der Woche in der Redaktion –, sodass er an den anderen vier Tagen zu Hause an seinen eigenen Sachen arbeiten konnte. Ich staunte, dass er dennoch in der Lage war, für meine Arbeit und für die der vielen anderen eine so intensive Sorgfalt und sogar Zuneigung aufzubringen, während er doch seine eigenen leuchtenden, knappen, tief empfundenen Kurzgeschichten, seinen Roman *Château* und seine persönliche Familiengeschichte *Ancestors* im Kopf hatte. Außer dem ersten sind alle seine Romane, die veröffentlicht wurden, nach 1936 erschienen, nachdem seine Mitarbeit beim *New Yorker* begann. Ich weiß nicht, mit wie vielen und welchen anderen Autoren, mit wessen Einsendungen er zu tun hatte: Mit Sicherheit gehörte John Cheever dazu, und John O'Hara, als er nach elfjähriger Schmollphase wieder anfing, Kurzgeschichten für den *New Yorker* zu schreiben. Vladimir Nabokov wurde von Bill betreut, als er seine russischen Erzählungen selbst ins Englische übersetzte – ein ganzer Roman, *The Luzhin Defense [Lushins Verteidigung]*, wurde in zwei Ausgaben des *New Yorker* abgedruckt. Eudora Welty, Frank O'Connor und Sylvia Townsend Warner waren einige seiner Lieblingsautoren, ebenso, glaube ich, Mavis Gallant und der fast vergessene, aber unbeschreibliche Daniel Fuchs. L. E. Woiwode, heute bekannt als Larry, und Bills Sekretärin, Elizabeth Cullinan, gehörten zu seinen jüngeren Autoren. Bill umgab sich gern mit talentierten Menschen; untalentierte sagten ihm sicher weniger zu. Über Schriftsteller, die seinen Ansprüchen nicht genügten, konnte er vernichtend sprechen. Und ein bemerkenswerter Zug seiner literarische Vorstellungskraft ist seine Loyalität – nach über sechzig Jahren und einem Leben reich an Bekanntschaften – den Menschen gegenüber, die im Lincoln seiner Kindheit eine so wichtige Rolle für ihn gespielt hatten.

Ich gerate in Gefahr, von meinem Thema, meinen Erfahrungen von Maxwell als Redakteur, abzuschweifen. Er gab mir das Gefühl, geschätzt zu sein und doch auch einem gewissen Maßstab standzuhalten. Von ihm ging die Sicherheit aus, dass es Maßstäbe *gab*, dass man das Gute vom weniger Guten unterscheiden konnte. Sein Merkmal, das ihm eigene Rare, übertrug sich bis zu einem gewissen Grade – ein erkühnendes, beschwingendes, pudriges Funkeln umgab ihn, und wer als Autor unter seiner Obhut stand, war das glückliche Opfer einer vergeistigten Ansteckung.

＊

Brendan war der Mittelpunkt jeder Party, die er besuchte, und wenn gerade keine Party im Gange war, improvisierte er eine. Als ich Mitte der fünfziger Jahre beim *New Yorker* zu arbeiten anfing, ragte er in der Redaktion als der einzige gesellige Mann heraus – der einzige, dessen Kreativität ihm nicht die Sublimierung seiner Bedürfnisse nach Geselligkeit abverlangt hatte. Der hoch gewachsene, dunkle, blendend aussehende Fremde, dessen schwarze, damals noch nicht buschige Augenbrauen sich bei seinen witzigen Reden zu einem Bogen entzückter Überraschung wölbten, nahm mich bei der Hand

und traf Lunch-Verabredungen, bei denen ich meine Arbeits-
kollegen kennen lernen sollte. Unwiderstehlich wie er war,
entführte er mich ins Blue Ribbon oder ein anderes, längst
nicht mehr existierendes Restaurant in den Vierziger Straßen
an der Westside, wo ich in Gesellschaft anderer, die er aus
ihren staubigen Winkeln in den scheuen, schäbigen Redak-
tionshallen hervorgescheucht hatte, an einem Mittagsmahl
des guten Willens teilnahm, unter der Kammermusik der von
Brendans heiserer, schmeichelnder, scherzender Stimme dominierten Späße. Obwohl ihm nach seiner Kindheit in Hart-
ford und seinem Studium in Yale nicht die Spur eines irischen Akzents geblieben war, hatten seine Äußerungen etwas
köstlich Irisches, ein Vergnügen am Sprechen, mit dem er die
Schlüsselwörter dehnte. Als er alt wurde, als seine schmale
Gestalt gebeugt und seine edle Nase adlerähnlicher wurde,
verfiel er – es klang wie hörbar gemachte Kursivschrift – in
ein zittriges Krächzen. Seine Lebhaftigkeit sprang über – man
kam sich klüger vor, wenn man mit Brendan sprach. Er war
ein außerordentlich umgänglicher, geselliger New Yorker
und brachte Munterkeit in so manche Versammlung, die
sonst eher trübsinnig verlaufen wäre.

Seine überschäumende *joie de vivre* mag seine Hingabe an
die Welt des Geistes und der Kunst in den Schatten gerückt
haben. Er kam als junger Mann zum *New Yorker*, als Autor
von Kurzgeschichten, und blieb als «Mädchen für alles» – er
schrieb und redigierte für die Spalte «Talk of the Town», war
Berichterstatter ohne festen Auftrag und wurde schließlich
Rezensent für Theater und Architektur. In seinem Buch *Here
at The New Yorker*, dessen Spritzigkeit und Respektlosigkeit
in jenen angeblich so spritzigen und respektlosen Hallen
nicht ganz gewürdigt wurde, beschreibt er seine ersten, 1936
eingereichten und angenommenen Geschichten:

Mir wurde schnell klar, dass die Redakteure beim *New Yorker* sehr wenig über Katholiken wussten, zumal über Katholiken, die in religiösen Orden lebten, und dass sie begierig waren, darüber zu lesen, da dies ein bisher weitgehend unerforschtes Gebiet menschlicher Lebensführung zu sein schien; für mich war das ein Glück, denn obwohl ich fast genauso wenig über Nonnen und Priester wusste wie sie, war ich doch eifrig darauf bedacht, ihnen gefällig zu sein und darum bereit, alles, was ich nicht wusste oder nicht herausfinden konnte, zu erfinden.

Wer einige von Brendans frühen Geschichten liest – zum Beispiel «The Knife», eine traurig machende Skizze über den Zusammenprall von Glaube und Wirklichkeit –, wird sehen, dass er, wie es seinem Wesen entsprach, alles mit leichtem Spott würzte. Wenn er seine künstlerischen Talente auch nicht sonderlich ernst nahm, war er doch hellwach, wenn es um den starken Einfluss der Kunst im Allgemeinen ging – um die architektonischen Schätze, die von den meisten unbemerkt um ihn herum standen, um Yeats' Dichtung, die er mühelos zitierte, um Gemälde und Bücher, die weit über das Normalmaß hinausreichten. Er verfasste eine der wenigen nachdenklichen Würdigungen pornographischer Filme – sie machten ihn glücklich, schrieb er – und war als Literaturkritiker voller Eifer und Schwung. Mir gehen einige seiner architektonischen Metaphern, die er auf Bücher anwandte, nach: Von Faulkners *A Fable [Eine Legende]* sagte er, es sei nicht einmal die Ruine eines guten Buches, sondern ein ruiniertes Pappmaché-Gebilde, und John O'Haras umfangreiche Romane beschrieb er als frühgeschichtliche Erdwälle, über die man sich hinschleppe, ohne je ihren Zweck zu erkennen. Öfter schrieb er jungen Schriftstellern ermutigende Briefe, in seiner klaren, blumigen Handschrift, die an das achtzehnte

Jahrhundert erinnerte. Tatsächlich war er ein Mann der Aufklärung, befeuert von den Möglichkeiten der Befreiung; und wie bei Voltaire war sein Spott eine Verteidigung des Lebens. Als ich jetzt von seinem zu frühen Tod im Alter von dreiundachtzig Jahren hörte, musste ich daran denken, wie er meinem ältesten Sohn einst, 1956, den Kopf tätschelte, als der kleine Junge noch im Bauch meiner Frau war.

Zu einer Ausstellung von Cartoons aus dem *New Yorker*

im Art Institute Boston, vom 28. Januar bis zum 8. März 1993

In gewisser Weise bin ich in den Cartoons des *New Yorker* aufgewachsen – bin gedanklich ihren Umrissen gefolgt, habe mich selig in ihren wolkigen Tuschetönen verloren. Bei Helen Hokinson, zum Beispiel, war Tusche eine ungleichmäßige, fast geistesabwesende Angelegenheit von wandernden Tupfern, so furchtsam wie die zarten, neugierigen Herzen ihrer Heldinnen, während sie bei Arno als präzise, flüssige Schicht kam, zwei oder drei klare Töne mit scharfen, wie mit dem Messer gezogenen Rändern, die vom Rücken eines erzürnten Colonels abprallten oder den von der Seite gesehenen, unglaublich weit vorspringenden Busen einer Revue-Tänzerin unterstrichen. Bei Whitney Darrow verdunkelten sich die Tuschflächen abstrakt zu den Rändern hin, und bei Mary Petty oder Alan Dunn (ein verheiratetes Paar, das sich augenscheinlich die Zeichenmaterialien teilte) wurde die Tusche eher wie Kreide auf einem strukturierten Papier aufgetragen. George Price, so mochte es scheinen, ging ständig die Tinte aus, und bei Sam Cobbean schwollen bisweilen die Linien an, wenn ihm Tusche darüber gelaufen war. Jetzt bauen sich Koren und Chast mit überstrichelten nervösen Linien ihre Welt auf, und Steig – wie George Price einer, der aus der Zeit meiner vorpubertären Ahnungen von Cartoon-Glückseligkeit stammt – klopft immer vernehmlicher an die grob gezimmerte Tür des Surrealismus, der freudschen *Art brut*. Für mich war das alles Kunst – kompakte Beschwörungen von alternativen Welten, und in fast jeder wollte ich am liebsten für immer verweilen, und sei es nur als Kringel in einer Schattierung oder in einem mit sechs kräftigen Pinselstrichen angedeuteten behäbigen Lehnsessel. Nach einer in so intensiv betrachteten Welten verbrachten Jugend wirkt die Wirklichkeit unweigerlich etwas dünn, ein wenig hastig in der Ausführung, eben nicht vollendet.

Meine Cartoon-Zeichnungen

Ein als Schmuckwerk zu einer Auswahl meiner Lampoon-Cartoons verfasster Text, veröffentlicht in *Hogan's Alley*, einer in Atlanta erscheinenden, der Kunst des Comics gewidmeten Zeitschrift

Ich kann mich nicht an den Moment erinnern, als ich mich in Cartoons verliebt habe, so jung war ich. Noch heute habe ich ein Donald-Duck-Buch in Großdruck auf Wachstuchseiten, und ich erinnere mich an ein kleineres Buch im Pappeinband, das die Geschichte der *Three Little Pigs* aus dem Zeichentrickfilm erzählte. Es war die intensive Stilisierung dieser

Bilder mit ihren fein gezeichneten Umrissen, dem gerundeten Mobiliar und den Gesichtern, die eine so seltsame Mischung aus menschlichen und tierischen Zügen darstellten, die mich in ihren Bann zog, hinein in eine Welt, in der ich, obwohl noch ein Kind, König war und meine Eltern und andere Erwachsene Fremde. Ich wurde zum Experten. Bäuchlings auf dem Fußboden, meine Ölkreiden und Buntstifte um mich herum, brachte ich mir bei, Cartoons abzumalen – noch heute kann ich eine taugliche Mickey Mouse zu Papier bringen –, und als ich sechs war, malte ich viele der damals täglich in vielen Zeitungen erscheinenden Comics ab: Popeye und seinen gummibeinigen Schatz, Alley Oop auf seinem Dinosaurier, Barney Google, Dagwood, Dick Tracy. Soweit ich mich erinnere, habe ich mich an dem naturalistischeren Stil von Milton Caniff und Alex Raymond und Hal Foster nicht versucht, aber selbstverständlich habe ich mich in ihre Abenteuer begeben, und jeder Streifen war eine neue Tür, die in den gleichen magischen, großen Raum führte.

Die Disney-Zeichentrickfilme im Kino, in die meine Eltern mich schon als Dreijährigen mitnahmen und in die ich allein ging, als ich sechs war, fanden in einer anderen Ecke dieses Raumes statt, blendend hell und voll von buntem Treiben. Kürzlich habe ich den Videofilm von *Snow White* erworben, und die Prozession der Zwerge, die von der Diamantenmine nach Hause gehen, und das Flattern der Vögel, die Schneewittchen auf dem Weg durch den Wald bewachen, erschienen mir so wunderbar und so eindrucksvoll wie damals, 1937, als ich den Film im Alter von fünf Jahren zum ersten Mal sah. Viele Jahre lang war es mein Traum, bei Disney Cartoon-Zeichner zu werden – ein Traum, der genährt wurde von den Disney-Dokumentarfilmen, in denen sein Studio gezeigt und die Einzelheiten der Zeichentechnik vorgeführt wurden.

Ich malte Comic-Gestalten auf Sperrholz und sägte sie mit einer Laubsäge aus; ich schnitt jeden Tag die Streifen aus der Zeitung aus und machte kleine Bücher daraus; ich zeichnete Karikaturen von meinen Klassenkameraden; ich wurde der Plakatzeichner der Klasse. Ich schrieb Fan-Briefe an Cartoon-Zeichner, und manchmal bekam ich einen Originalstreifen zugesandt. Als der *New Yorker* in unser Haus kam – damals war ich ungefähr elf –, richtete sich mein Ehrgeiz auf Ein-Bild-Zeitschriften-Cartoons, wie sie nicht nur im *New Yorker*, sondern auch in *Collier's*, *The Saturday Evening Post* und vielen anderen, kleineren Zeitschriften erschienen. Ich war vierzehn oder fünfzehn, als ich die ersten «Entwürfe» an diese Zeitschriften schickte; ich legte mir sogar einen Stempel mit meinem Namen zu, weil ich gelesen hatte, dass die Profis es so machten. In den *New Yorker* kam ich nicht rein, aber einmal habe ich (für fünf Dollar) eine Zeichnung von einem Milchwagen, auf dem eine rennende Kuh statt eines Greyhounds zu sehen ist, an eine Molkerei-Zeitschrift verkauft, und als ich nach Harvard kam, wurde ich wegen meiner Zeichenkünste in die Redaktion des *Harvard Lampoon* gewählt.

Der *Lampoon*, der im letzten Jahrzehnt des neunzehnten

Jahrhunderts als Nachahmung von *Punch* zu erscheinen begann und in den zwanziger Jahren *Judge* und *Life* imitierte, war in den fünfziger Jahren eine Imitation des *New Yorker*, was mir sehr gelegen kam. Eine College-Zeitschrift mit einer trägen und verdösten Redaktion eröffnet den kreativen arbeitswilligen Geistern ein weites Feld. Ich schrieb leichtgewichtige Verse und humoristische Texte, zeichnete für den *Lampoon* und hatte der Reihe nach alle drei literarischen Ämter inne – Narthex, Ibis und Präsident. Die hier ausgestellten Cartoons und Einzelzeichnungen wurden alle vor 1954 im *Lampoon* veröffentlicht und haben bei der Reproduktion etwas verloren. Wegen der Qualität und der Kosten der Halbtonreproduktion wurde entschieden, sich mit Schwarz-auf-Weiß zufrieden zu geben, mit Schattierungen, die nachträglich entweder von mir mit dem Rasiermesser oder mit durchsichtigen Benday-Streifen oder vom Drucker auf blauer

Tusche eingefügt wurden. Als ich 1954 das College abschloss, war ich zu fünfundachtzig Prozent entschlossen, Schriftsteller zu werden; man brauchte dazu nicht so viele Ideen, und ich konnte anscheinend besser schreiben. Man läuft auch nicht so leicht Gefahr, die Tinte zu verwischen. Außerdem kann man ja gewissermaßen mit Worten weiterhin Cartoons zeichnen, denn soweit mein Schreibstil Frische und Lebendigkeit hat, ist das sicherlich zu einem Teil dem Cartoon-Zeichner, der ich nicht geworden bin, zu verdanken.

Cartoon-Zauber

Ein Essay zum gleichen Thema, in größerer Ausführlichkeit, der im New Yorker erschien

In meiner Kindheit und Jugend in den dreißiger und vierziger Jahren hatte der Cartoon-Zeichner einen Platz in der Kulturhierarchie inne, der nur wenig unterhalb dem des Filmstars oder des Erfinders lag. Walt Disney, Al Capp, Peter Arno – wer konnte es, nur mit Bleistift und Tusche, mit ihrer Berühmtheit aufnehmen? Ich biss mit meinen durchkommenden Milchzähnen auf Klötze und auf Gummifiguren, die Disney-Gestalten darstellten; bevor ich lesen konnte, betrachtete ich auf Wachstuchseiten Donald Duck, der damals mehr wie ein Gänserich aussah; ich lernte lesen mit einem in Pappe gebundenen Buch, das die pädagogische Geschichte von den drei kleinen Schweinchen und dem bösen Wolf erzählte; über die Comics in der Lokalzeitung stieg ich in die etwas rassigere Welt der Comics-Bücher und der Ein-Bild-Cartoons auf, die normalerweise mit einer Bildunterschrift versehen waren und in *Collier's, The Saturday Evening Post, Esquire* und – bei weitem die beste und anregendste Zeitschrift – im *New Yorker* erschienen. Alles zusammen, angefangen bei den beißbaren Disney-Figuren bis hin zu dem entzifferbaren Gekritzel von Thurber, bildeten sie eine Welt, die für mich – bis auf einige wenige Flecken – realer war als die existierende, nicht von Cartoon-Zeichnern dargestellte Welt.

Unsere große weite Welt bietet einem Kind viele Möglichkeiten zu leidenschaftlicher Betätigung: die Tastatur eines Klaviers, zum Beispiel, oder die Technik eines Automotors. Als Teenager hatte ich Freunde, die im einen oder anderen Bereich sehr geschickt waren; ein Junge konnte lange, bevor wir den Führerschein machten, auf einen Blick und aus weiter Ferne jede Automarke erkennen – damals kamen die meisten Modelle aus den Fabriken in Detroit. Er liebte Autos, und Liebe eröffnet einem Wissen. Ich dagegen konnte alle Cartoonzeichner identifizieren, die in einer Zeitschrift vertreten waren, indem ich rasch die verkehrt herum liegende Zeitschrift durchblätterte, während mein Publikum – gewöhnlich nur eine Person, die sich bald langweilte – meine Ansage mit Blick auf die richtig herum liegende Zeitschrift bestätigte. Wie Bäume für einen Baumkenner haben Cartoons eine Persönlichkeit, die der geübte Betrachter erfasst, bevor er die einzelnen Züge bewusst wahrnimmt, so wie wir ein bekanntes Gesicht oder auch nur die Bewegung einer uns vertrauten Gestalt aus einer Entfernung erkennen, die alle Einzelheiten verschwimmen lässt.

Ich liebte Cartoons – fast jeden Cartoon, der einen bescheidenen Standard von Professionalität erfüllte – und studierte sie, als läge mein Heil irgendwo in den Besonderheiten der Schattierung oder der Bleistiftführung. V. T. Hamlin, zum Beispiel, der Zeichner des in vielen Zeitungen erscheinenden Streifens *Alley Oop*, hatte einen bewussten, kästchenhaften Stil beim Schraffieren, der, zusammen mit den seltsam verzerrten Proportionen der Arme und Beine seiner Höhlenmenschen, eine spezielle Solidität in der Abfolge seiner von Dinosauriern durchzogenen Streifen kennzeichnete. Wie Alex Raymond mit *Flash Gordon*, Hal Foster mit *Prince Valiant*, Milton Caniff mit *Terry and the Pirates* und dann *Steve Canyon*, schien auch Hamlin stets im Rahmen seiner künstlerischen Fähigkeiten zu verharren, anders als Chester Gould mit *Dick Tracy* und Harold Gray mit *Little Orphan Annie*, bei denen ich das Gefühl hatte, dass sie sich mit ihrer gemütlichen hölzernen Art an den Grenzen ihrer Fähigkeiten bewegten; wenn Gould seine Zweifel hatte, ob er das eine oder andere Detail deutlich genug gemacht hatte, fügte er manchmal in einem scharf umrissenen Ballon eine Vergrößerung hinzu, mit einem Pfeil und einer Beschriftung, wie zum Beispiel: «2-Kanal-Armbandradio» oder «Geheimfach für Blausäure». Fontaine Fox mit *Toonerville Folks* und Percy Crosby mit *Skippy* trugen dagegen die Tusche mit einer gewissen Lockerheit auf und verrieten einen Anflug von Ungeduld in ihren selbstsicheren Bleistiftlinien. Diese entspannte Art der Tuschzeichnung erreichte eine gewisse Opulenz in Al Capps *Li'l Abner* - die Linien schwollen immer prall an, wenn sie die Kurven von Daisy Mae oder Moonbeam McSwine zeigten. Capp, Caniff und Will Eisner, die die blutigen, Schwindel erregenden *Spirit*-Comicbooks zeichneten, waren Virtuosen; dem Kinderherzen näher, waren die Streifen von streng begrenzten künstlerischen Mitteln, in denen das Wesentliche der Cartoon-Magie enthalten war, so *Mutt and Jeff* und *Bringing up Father* (Jiggs und Maggie) – Statthalter aus einer früheren Ära des Vaudeville – und Abenteuerstreifen, deren unglaubliche Ereignisse in eine ernsthafte Steifheit der Ausführung eingefasst sind, wie zum Beispiel *The Phantom* und *Mandrake the Magician*. Erstaunlich minimalistisch in dieser Ära vor den *Peanuts* war Crockett Johnsons *Barnaby*, dessen Gestalten in unveränderlichem Profil erschienen und dessen Sprechblasen nicht mit der Hand, sondern mit der Schreibmaschine ausgefüllt waren. Ich war wild auf Cartoons und schrieb über ihre Zeitungen an die Cartoon-Zeichner und bettelte um kostenlose Originalstreifen; eine herzerwärmend große Zahl von Künstlern erfüllte mir diesen Wunsch. Von meinem *Barnaby*-Streifen sind im Laufe der Jahre nach und nach die aufgeklebten Buchstaben abgefallen.

In einem bestimmten Stadium der Verehrung schnitt ich meine Lieblingsstreifen aus der Zeitung aus und machte daraus kleine längliche Pappbücher; ich heftete sie mit jenen Musterklammern aus Messing zusammen, die wie Nägel einen Kopf haben und deren geteilter, flacher Dorn sich öffnen lässt, so wie sich – das fiel mir dabei immer ein – die Beine einer gelenkigen Tänzerin spreizen. In meiner leidenschaftlichen Vernarrtheit schnitt ich Comic-Streifen aus Zeitschriften aus und klebte sie in ein großes Heft, wobei ich Qualen ausstand, wenn zwei Streifen Rücken an Rücken abgedruckt waren, weil ich mich dann nicht für einen entscheiden konnte – meine erste Erfahrung mit herausgeberischem Urteil. Und natürlich zeichnete ich ab, ich zeichnete auf Papier und auf glatten weißen Karton und versuchte, jeden Kniff dieser Miniaturwelten zu meistern. Li'l Abners Haare waren immer so gezeichnet, dass der Scheitel dem Betrachter zugewandt war, und die runden Ohren von Mickey Mouse sah man nie von der Seite; Downwind in Zack Moseleys *Smilin' Jack* wurde immer mit abgewandten Gesicht gezeigt, und Smokey Stover in Bill Holmans *Krazy-Kat*-Slapstick sagte

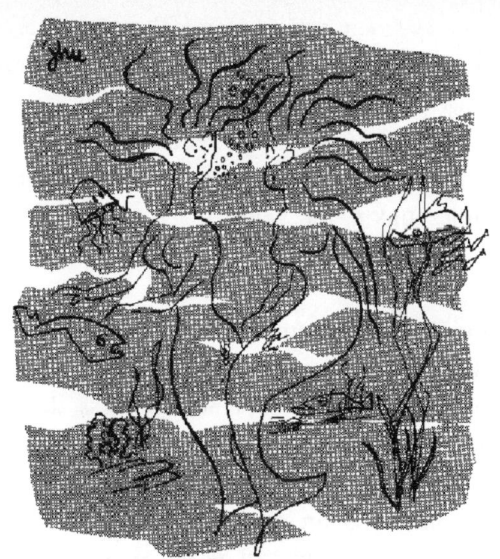

Beispiel für ein Benday-Muster

ständig, ohne Anlass, «Foo» und fuhr mit Fahrzeugen durch die Gegend, die dauernd ihre Schrauben und Muttern verloren. Gott – die Hitze, das Abenteuer, das Glück – steckte in den Einzelheiten. Die Überlappung der Buchstaben von POW! oder SHAZAM!, die Formen der Wolken, die eine Explosion oder Gedanken andeuteten, die herumwirbelnden Saturne und Sterne, die Folge von einem Schlag auf den Kopf waren, die verschiedenen Formen der Sprechblasen, die ein zweidimensionaler Einschub in den dreidimensionalen Raum des Streifens war, unsichtbar für die Bewohner der Cartoon-Welt, doch wesentlich für ihre Verständigung – all das musste studiert, imitiert und absorbiert werden. Die eingehende Betrachtung erfolgte meistens auf dem Fußboden, den Kopf auf die Ellbogen gestützt, doch nicht sehr hoch.

Auch beim Zeichnen musste meine Nase unmittelbar über dem Papier sein, obwohl ich nicht kurzsichtig war. Aber das *Hineingehen* erforderte genaue Beobachtung, so als kröche ich wie ein Wurm in diese Streifen hinein, in die dicken und dünnen Linien, die energischen Zickzacklinien, die Schattierungspunkte, die, wie ich lernte, Benday genannt wurden.

Es gab eine Handwerkskunde, über Tuschefedern, feine Pinsel, Blaustifte, Radiergummis, Deckweiß und Higgins-Ausziehtusche (man kaufte sie in einem Glasfass, das trotz des breiten Bodens umgestoßen werden konnte, wie mehrere untilgbare Flecken auf den Teppichen meiner Eltern bezeugten). Während der Depression und in den Kriegsjahren lag der Vorteil der Cartoonkunst darin, dass man nur zum nächsten Gemischtwarenladen und dem daneben liegenden Fotogeschäft im Zentrum unserer kleinen Stadt in Pennsylvania gehen musste, um den größten Teil dessen, was man brauchte, zu finden. Für Bristolkarton (zwei- oder dreilagig, biegsamer und saugfähiger für Tusche als der glatte Plakatkarton, den die Kinder in der Schule benutzten), für geriffelten Karton, auf dem man mit Conté-Kreide Halbtöne erreichen konnte, und für Kratzkarton, dessen tonige Beschichtung abgekratzt werden konnte, sodass Weiß auf Schwarz erschien, musste man allerdings nach Reading, in die nächste größere Stadt, fahren, wo eine Anzahl von Zeichenbedarfsgeschäften, manche mit einer Rahmenhandlung kombiniert, ihre Waren Menschen mit künstlerischer Neigung anboten. Schwarzweiß-Cartoons wurden mit Hilfe von geritzten Linien reproduziert, die Tusche und Buntstiftschattierungen nicht annahmen. Erheblicher technischer Aufwand war erforderlich, um den Eindruck von Grau hervorzurufen;

Schraffierung, Punktierung und Kreideflächen konnte man mit der Hand herstellen, und dann gab es Blätter mit vielen verschiedenen Benday-Mustern, die auf die Zeichnung gelegt und zurecht geschnitten wurden. Es gab einen vorbehandelten Karton, Craftint, und je nachdem mit welcher von zwei Chemikalien man ihn bestrich, konnte man entweder feine Streifen oder eine Schraffur, also zwei Halbtongrade produzieren.

Beispiel für ein Benday

Das Jahrbuch meiner High School, für das ich viele Illustrationen anfertigte – mehr als erwünscht waren –, enthält Beispiele dieser mechanischen Schraffur sowie der meisten anderen Techniken, mit denen ich mich in meinen Lehrjahren vertraut machte.

Ich zeichnete nicht des Zeichnens wegen, sondern weil ich mein Werk in Metall übertragen sehen wollte – es sollte in Zink gestochen und dann gedruckt werden. Die ersten Stiche, die von einer meiner Zeichnungen gemacht wurden – eine Weihnachtskarte, glaube ich, auf der unser Hund abgebildet

Beispiel für Conté-Kreide

Beispiel für Craftint

war, oder eine Karikatur, die ich für das Programm eines von der Klasse aufgeführten Theaterstücks gezeichnet hatte – waren in meinen Augen mächtige Dinge, sie bedeuteten Macht. In der alchemistischen Symbologie jener harten Jahrzehnte, und nirgendwo mehr als in den Städten von Pennsylvania, war Metall gleich bedeutend mit Macht – Stahlschienen, Eisenträger, Bleikugeln, riesige geölte Strickmaschinen, die mit Tausenden von nickelbeschichteten Nadeln ratterten. Eine «Maschinenwerkstatt» im Keller, ausgestattet mit einer Metalldrehbank, war in der Stadt nichts ungewöhnliches, und hier und da richtete sich ein Findiger in der Garage hinter dem Haus eine Werkstatt ein und bastelte sich ein Gewehr. Die Spielzeugpanzer und Schlachtschiffe und Sturzkampfbomber, mit denen man den fernen, durch Schlagzeilen nahe gebrachten Krieg nachstellen konnten, waren aus Metall, wenn auch aus billigem Metall, das sich verbog und schnell zerbrach. Wenn man bei einem Klassenausflug die Zeitungsredaktion der Stadt besuchte, bekam man von dem Linotypesetzer eine noch heiße Bleireglette in die Hand, auf der der eigene Name rückwärts geschrieben stand. Als ich zur High School ging und im Sommer als Laufbursche für diese Zeitung arbeitete, sah ich, wie die Comic-Streifen von den Agenturen in Form gebündelter Papiermatrizen eintrafen – ein steifes, poröses, farbloses Papier, so ähnlich wie Eierkarton – und wie diese groben (aber lesbaren, weil sie Negative von Negativen waren) Intaglio-Vorlagen mit heißem Metall gefüllt wurden, und wie die erkalteten Bleirechtecke in Formen geschlossen und in gebogenen Platten umgegossen wurden, die sich dann, auf dem Plattenzylinder befestigt, donnernd drehten und die Seite mit den täglichen Comic-Streifen ausstießen. Einen Fuß in die Tür zu dieser Welt des Metalls zu kriegen – das war meine Ambition, meine allerhöchste Hoffnung.

Im August 1950 enthielt die Zeitschrift *Flair*, die bald eingehen sollte (sie hatte Löcher im Umschlag), einen Artikel über den *Harvard Lampoon* mit Fotos von den jungen, kurz geschorenen Redakteuren und dem seltsamen Gebäude im holländischen Stil, dazu einige Cartoons und Verse in einem kleine Extraheft, das in diese «College Review»-Ausgabe eingeheftet war. Für mich sah das alles einladend und ermunternd aus, denn schon einen Monat später sollte ich nach Harvard gehen. Gleich zu Beginn meines Jahres als «Freshman» trug ich einen Packen von meinen Cartoons in das Gebäude des *Lampoon*, das an der spitzen Ecke von Mount Auburn Street und Bow Street stand: Ein reich verziertes kleines Backstein-Flatiron-Gebäude, davor ein Turm mit einer Art Cartoon-Gesicht und, auf seinem Dachziegel-Hut, ein immer wieder entwendeter Kupfer-Ibis. Nach einiger Zeit wurden etliche meiner Zeichnungen in der Zeitschrift abgedruckt und ich wurde in die Redaktion aufgenommen. Der *Lampoon* war, was ich in meiner Naivität nicht begriff, ein Club mit einem starken Hang zum Bostonischen Brahmanismus und zum Alkoholkonsum; für mich war es einfach eine Zeitschrift, für die ich arbeiten wollte. Das wurde mir auch gestattet, zumal als die älteren Studenten nach und nach das College abschlossen und die verschiedenen herausgeberischen Ämter mir zufielen. Obwohl Harvard wenig tat, um Cartoon-Zeichner zu gewinnen, waren 1950 vier beim *Lampoon* tätig – Fred Gwynne, Lew Gifford, Doug Bunce und Charlie Robinson –, die mir, wie ich fand, in ihren Fähigkeiten und in ihrer Eleganz weit überlegen waren. Fred Gwynne, ein vielseitig begabter, hoch gewachsener Mann, der später Schauspieler wurde und durch Fernsehserien wie *Car 54, Where are You?* und *The Munsters* bekannt wurde, zeichnete mit einem Renaissance-Chiaroscuro und einem hohen Talent für Anatomisches; Bunce hatte einen feinen tennieleskeni Strich, und Gifford, der später als Zeichentrick-Zeichner fürs Fernsehen Karriere machte, stach durch einen unbekümmerten Pinselstrich und durch die Angewohnheit, Nasen mit drei Höckern zu zeichnen, hervor. Ich versuchte, ihnen nachzueifern, und fertigte Mengen von Cartoons für den *Lampoon* an – in manchen Heften waren die Hälfte aller Zeichnungen von mir –, doch der zart knospende Zeichner in mir erfuhr durch die von mir als überlegen empfundenen Talente eine Dämpfung; meine leichten Verse und angeblich humorvollen Prosastücke schienen da eher entwicklungsfähig. Als mein Abschluss nahte, hatte ich den Plan, Zeichner zu werden, praktisch aufgegeben. Man musste zu viele Ideen haben und man bewegte sich zu oft in den Fußstapfen anderer. Schreiben schien mir in meiner Unschuld ein weniger überlaufenes Gelände.

Wenn ich an meine kurze Glanzzeit als Cartoon-Zeichner zurückdenke, sehe ich mich an meinem Schreibtisch in dem schmalen Zimmer im vierten Stock des Lowell House, wo ich spätabends unter einer heißen Schwanenhalslampe arbeitete. Als Student wechselt man häufig das Quartier, und ich habe in allen meinen Buden auch gezeichnet, doch diese kleine Dachstube, in der ich in meinem zweiten Jahr wohnte, ist mir als *mon atelier* in Erinnerung geblieben. Die Nase nur wenige Zentimeter über dem grell betrachteten Bristolkarton, die Unterlippe herabhängend vor lauter Konzentration, eine brennende Zigarette im Aschenbecher nicht weit von meinen Augen, trage ich Tusche auf – das heißt, ich ziehe die dünnen Bleistiftstriche nach und versuche, ihnen eine anmutige Freiheit einzuhauchen und in diesem letzten Zeichenvorgang die beschriebenen Konturen herauszuholen. Die nervöse Freude an der Arbeit ist groß, dass ich manchmal, obwohl allein im Zimmer, laut auflache. Dabei war ich meistens so aufgeregt, so begierig, das Ergebnis zu bewundern, dass ich die noch feuchten Linien mit der Hand verwischte. Dann musste ich jedes Mal an einen Tipp denken, den ich noch auf der High School gelesen hatte: Ein erfolgreicher Cartoon-Zeichner hatte jungen Aspiranten geraten: «Wenn ihr nicht sicher seid, ob die Tinte trocken ist, fahrt mit dem Ärmel drüber.» Erst nach Tagen verstand ich, dass dies ein Witz war, keine Empfehlung.

Manchmal schneide ich, wenn die heikle Tuschearbeit erledigt ist, vorsichtig mit einer einseitigen Treet-Rasierklinge die Ränder eines Benday-Streifens zurecht oder übermale mit Deckweiß, das ich mit einem lästig verklebten Pinsel auftrage, eine unsaubere Linie oder einen versehentlich entstandenen Klecks. Jahre zuvor hatte ich mich beim Betrachten erbettelter Original-Streifen darüber gewundert, wie viele Deckweiß-Tupfer darauf zu sehen waren. Selbst die Profis machen Fehler. Vier Stockwerke hoch hüpft meine Seele vor

Glück bei diesem schöpferischen Akt, vor Lust, etwas aus dem Nichts zu erschaffen. Meine Kommilitonen sind still, schlafen entweder oder sitzen stumm über bedruckten Seiten; ich bin der einzige in dieser Nachbarschaft, der ein kleines Fenster in ein Universum schneidet, das vor einer Stunde noch gar nicht da gewesen ist.

Heute macht mir das Zeichnen keinen Spaß mehr – es konfrontiert mich mit der Tatsache, dass ich nicht besser, sondern weniger gut als damals, als mit einundzwanzig, zeichne. Das Zeichnen ist mir heilig, und ich mag es nicht, wenn es schlecht gemacht wird. Eine Zeichnung kann perfekt

erscheinen, wie es bei Prosa nie, bei Gedichten nur selten der Fall ist. Sprache ist ihrem Wesen nach Annäherung, weil Wörter für den einen dies, für den anderen das bedeuten, und es gibt keinen materiellen Auffangboden für die Bilder, die Wörter in den Köpfen der Menschen auslösen. Beim Zeichnen ist die Linie genauso, wie ich sie gezeichnet habe, genauso, bis hin zu dem erregten Zittern, das sich von meiner Hand in den Stift übertrug und das genau so reproduziert wurde. Bis zur Mitte meiner schriftstellerischen Laufbahn versuchte ich zuweilen

– am ausgefeiltesten in dem Gedicht «Midpoint» – diese visuelle Absolutheit, diese zweidimensionale Eigenheit mit einer bildhaften Figur auf die Druckseite zu bannen. Doch der Versuch war vergebens und wirkte eher wie eine Entstellung. Nur die Buchstaben selbst, ursprünglich mit Stöcken und spitzen Gegenständen und Federn gezogen, dann in Metallformen gegossen, Zeichen, die heute durch einen blitzschnellen elektronischen Vorgang reproduziert wurden, verleihen der gedruckten Seite einen legitimen Hauch von Cartoon-Zauber.

Weihnachtskarten

Eine Erinnerung, aufgeschrieben für die
Weihnachtsausgabe 1997 des *New Yorker*

Wie eigenartig es ist, so eigenartig, dass es einem fast die Luft abschnürt, wenn man feststellt, dass die eigenen Eltern, in einem Schnappschuss der Erinnerung, jünger sind, nicht nur als man selbst, sondern auch als die eigenen Kinder. Wenn ich bei dem Weihnachtsfest, an das ich hier denke, sieben oder acht war, muss mein Vater neununddreißig oder vierzig gewesen sein und meine Mutter fünf- oder sechsunddreißig. Zwei Kinder eigentlich, die mit ihrem einzigen Kind im Elternhaus der Mutter lebten, zur Zeit einer Wirtschaftsflaute, die durch die Aufregung des Krieges und die wachsende öffentliche Verschuldung noch nicht gemildert worden war. Der Geschmack, der mir von diesem Weihnachtsfest in der Kleinstadt Shillington in Pennsylvania blieb – ein besonders nachhaltiger in der hastig verschlungenen Mahlzeit meines Lebens – setzte sich zusammen aus schokoladenhafter Frömmigkeit, so süßlich portioniert wie Hershey-Küsse, und einem bitteren, aufgefrischten Bewusstsein unserer Position im damaligen sozio-ökonomischen Gefüge.

Da eine weiße Weihnacht in unseren Breitengraden eine Seltenheit war, musste die richtige Atmosphäre im Wohnzimmer hergestellt werden: Ein immergrüner Baum, mehr oder weniger üppig geschmückt, der vom Dachboden heruntergeholt wurde; darunter eine «Weihnachtslandschaft» mit Schnee aus Watte und einem Spiegel als Teich und einer Eisenbahnstrecke rundherum; ein Berg eingewickelter Geschenke, an denen für mich im Alter von sieben oder acht immer noch wie ein besonderer Glanz die Möglichkeit haftete, dass sie von einem allwissenden, eilig umherziehenden Santa Claus persönlich abgeliefert worden waren. Zwar hatten wir den Baum, doch schienen mir die Bäume unserer Nachbarn immer buschiger und größer, sie stießen an die Decke und reckten sich zum Fenster, sie waren üppiger behängt mit spiegelnden Kugeln, bunten Lichtern und glitzerndem Lametta. Wir hatten kein Lametta; meine Mutter fand es, glaube ich, vulgär und unordentlich. Obwohl wir eine Weihnachtslandschaft mit einer allerliebsten blauen Lionel-Bahn hatten – Lokomotive, Kohlentender und zwei oder drei Personenwagen, die, einem würfelförmigen schwarzen Transformator hupend Gehorsam leistend, immer im Kreis herum fuhr –, hatten Freunde von mir, oder deren Freunde, ganze Kellerräume voller Eisenbahnanlagen mit durch Berge und kleinstädtische Labyrinthe führenden Gleisen, mit Weichen, Tunneln und Spielzeugbahnhöfen. Unsere Landschaft hatte nur einen Tunnel durch einen Pappmaché-Berg, dessen schneebedeckter Gipfel über grün gefärbte Flanken auf diagonal verlaufenden Kniffen – Ziegenpfade, soweit ich das wusste – erklommen werden konnte. Unser Teich war viereckig, und jede Illusion von Landschaft, die durch Spielzeugkühe und Häuschen auf den mit Watte beklebten Ufern vorgetäuscht wurde, prallte mit der Wirklichkeit meines eigenen riesenhaften, sommersprossigen Gesichts zusammen, das mir entgegensah, wenn ich in den Teich blickte. Obwohl es auch bei uns Geschenke gab, waren sie doch weniger zahlreich und weniger großartig als die, die in anderen Häusern auf der Philadelphia Avenue, die von außen bescheidener anmuteten als unseres, verschenkt wurden.

An dem Weihnachtsfest, an das ich mich schmerzlich erinnere, bestand eines der Geschenke aus einem doppelten Spielkartendeck in einer hübschen grauen Schachtel mit samtig-weicher Oberfläche und einer Schublade, die man an einem Seidenband herausziehen konnte. Da ich annahm, dass es ein Geschenk für mich sei, hatte ich die Schachtel ausgepackt, doch plötzlich vernahm ich die Stimme meines Vaters, die sich fast nie unwillig oder tadelnd gegen mich erhob, und sie floss sanft zu mir herab mit dem Hinweis, dass die Karten sein Geschenk für meine Mutter seien. Das war plausibel: Eine ihrer Angewohnheiten – ihre bedenklichste Angewohnheit überhaupt – war es, abends am Esstisch unter der Buntglas-Deckenlampe Solitaire zu spielen. «Die erschöpfte Spielerin», sagte sie dann wohl in dramatischem Ton, «setzt alles auf eine Karte», während sie stur die Karten Reihe für Reihe auslegte. Jetzt senkte auch ihre Stimme sich auf mich herab und sagte, die Karten seien für alle; und auch das war richtig, denn wir spielten oft zusammen Karten, Pinochle zu dritt, und auf dem Karton stand Pinochle. Dennoch, ich fühlte mich gedemütigt, so tief, wie sich ein Kind nur gedemütigt fühlen kann, das dabei ertappt wird, wie es sich das Geschenk eines anderen zu Eigen macht. Und im gleichen Moment schoss mir der Gedanke durch den Kopf, dass mir dies, hätte es mehr Geschenke gegeben, nicht passiert wäre. Und die Armseligkeit des Geschenks, das mein Vater für seine Frau besorgt hatte, bekümmerte mich. Wenigstens bekümmert es mich jetzt und es hat mich die vielen hundert oder tausend Male bekümmert, da ich mich an den Vorfall erinnert habe. Das etwas Armselige an unserem Weihnachtsfest, unser Streben nach dem idealen Weihnachtsfest in Shillington und unser klägliches Scheitern, war bloß gestellt worden; es versetzte mir einen Stich, mit dem der Moment in dem Bernstein meiner Erinnerung aufbewahrt wurde.

Ein elementares, betrauernswertes Dreieck scheint hier skizziert: Meine Großeltern, jene fernen, ernsten, freundlichen Mitbewohner, sind, so will es meine Erinnerung, nicht im Zimmer. Meine Eltern stehen über mir, die Geschenke und das abgerissene Einwickelpapier liegen um mich herum, die Lionel-Eisenbahngleise führen vor meinen Knien entlang, der Baum mit dem harzigen Geruch ragt vor mir auf. Ich habe keine Erinnerung an die Geschenke, die ich an jenem Weihnachten bekam – vielleicht waren es die hölzernen Skier mit den Lederbindungen, die sich nie richtig festziehen ließen, oder ein Kinderbuch-Klassiker in glänzendem Einband, den ich niemals lesen würde. Einen Moment lang dreht sich das Dreieck um; durch die samtbezogene Schachtel sehe ich meine Eltern in ihrer Armut, sehe ihre nutzlose Vornehmheit, ihre unausgesprochene Schmach der Obdachlosigkeit, ihr Festhalten aneinander durch solche Zeichen der Zuneigung und durch mich. In meiner Erinnerung werde ich zu ihren Eltern, blicke auf sie hinab und trauere vorzeitig um sie.

Gefangen in dieser Erinnerung möchte ich aufstehen und

mir Erleichterung verschaffen mit einem Blick aus dem Fenster, auf das leere Grundstück neben unserem Haus, auf die Reihenhäuser gegenüber. Wenn es schon keine weiße Weihnacht gab, so gab es doch ein öffentliches Weihnachtsfest mit einer Zehn-Uhr-Gratisvorführung von einem Zeichentrickfilm im Kino von Shillington, und danach stürmten wir Kinder ins Rathaus und stellten uns an, um von Sam Reich, dem dicksten von den drei Polizisten des Ortes, eine Schachtel Pralinen entgegenzunehmen. Ich weiß noch, wie ich die Pralinen aß, wobei ich die mit den Kirschen innen drin möglichst vermied, und mit den anderen Kindern die Philadelphia Avenue entlangging, die lautstark und prahlerisch von ihren Geschenken erzählten – und wie ich, wie es einem manchmal im Traum geschieht, kein Wort über die Lippen brachte.

Eine Übertretung

Beitrag zu einem Sonderheft des *New York Times Magazine*
zum Thema «Das amerikanische Kind»,
als Antwort auf die Frage nach einer «Übertretung,
die Sie als Kind begangen haben»

In gewisser Weise ist alles Leben – alles Tun – eine Übertretung. Die wache Empfindsamkeit eines Kindes nimmt den kosmischen Hintergrund von Gefahr und Schuld auf. Ein Kind ist ständig in Gefahr, etwas falsch zu machen. Ich wurde streng bestraft, wie ich mich – möglicherweise fälschlich – erinnere, wenn ich zu spät nach Hause kam. Mindestens einmal, vielleicht auch öfter, riss meine Mutter mit vor Wut gerötetem Gesicht eine Rute aus den Ablegern des Birnbaums im Garten und schlug mich damit auf die Waden, wenn ich, sagen wir, eine halbe Stunde zu spät vom Spielplatz oder von einem Freund nach Hause kam. Angst um mein Wohlergehen, so denke ich heute, stand hinter dieser brennenden Disziplinierung, doch damals schien sie auch mit der Angst vermischt, dass meine abendlichen Spiele mit einem anderen Jungen ein Zeichen für eine Entwicklung zur Homosexualität hin sein könnten. Sie mochte es nicht, wenn ich mich mit anderen Jungen balgte, auch nicht bei uns zu Hause. Zweifellos hatte sie Recht mit diesen rauen Spielen unter Jungen, wenn man homosexuell im weitesten Sinne versteht, aber meinem vor-pubertären Ich schien ihre Besorgnis übertrieben. Sie mochte es auch nicht, wenn mein Vater, ein Lehrer mit einer Körpergröße von ein Meter fünfundachtzig und, soweit ich sehen konnte, normalen Neigungen, die Hand in die Hüfte stützte. Doch was immer die psychologischen Wurzeln für ihre Überreaktion waren, wie ich es mit tränenerfüllten Augen sah, die Wirkung auf mein Über-Ich blieb nicht aus: Ich habe eine unüberwindbare Angst davor, mich bei Verabredungen zu verspäten oder später als versprochen nach Hause zu kommen, und die bescheidenen heterosexuellen Abenteuer in meinem Erwachsenenleben erfuhren aus der Tiefe meines Unterbewussten eine kleine Extrasteigerung, weil meine Mutter sie gutgeheißen hätte. Das war allemal besser, als bei Freddy Schreuer noch eine Runde Parcheesi zu spielen, während die Zeiger der Uhr sich sündig auf halb sechs zu bewegten.

Wir waren Lutheraner, und im Reigen der protestantischen Gruppen Amerikas nehmen Lutheraner eine milde Haltung gegenüber Übertretungen ein. In Luthers kämpferischer, verstopfter Vorstellung von der menschlichen Existenz blieb einem nicht viel anderes übrig als um Glauben zu beten und noch ein Bier zu trinken. Solange ich mich auf dieser Seite des kosmischen Hintergrunds und der sexuellen Präferenzen meiner Mutter hielt, konnte ich, so fand ich, nicht viel falsch machen. Normaler kindlicher Sadismus – Insektenquälerei, Neckereien, Angeln – stieß mich ab, und ich war nur zu bereit, meinen kulturellen und politischen Kontext, angefangen bei Präsident Roosevelt, für den besten zu halten.

Die Übertretungen eines Kindes beruhen meiner Ansicht nach oft auf schlichten Missverständnissen der Mechanismen der Welt. Als ich einmal mit meinen Eltern im Kino war, nahm ich meinen Kaugummi aus dem Mund und legte ihn auf den Sitz neben mir, auf den sich im nächsten Moment mein Vater setzte. Die Hose seines neuen Anzugs war für immer, so schien mir, ruiniert. Das Gefühl dramatischer finanzieller Not, fast schon von Ruin, durchdrang die Tage darauf, und ich hatte keine Antwort auf die Frage: *Warum habe ich das getan?* Die Antwort schien zu sein, dass ich den Kaugummi lossein wollte und keine Vorstellung von den Konsequenzen hatte, als ich ihn auf den Sitz neben mir legte. Ganz bestimmt wollte ich meinem Vater keinen Schaden zufügen; er war mir gegenüber die Milde in Person, und das Bewusstsein von seiner finanziell misslichen Lage war in unserem abgewetzten Haushalt deutlich spürbar.

Doch auch die andere Übertretung, die mir einfällt, richtete sich – so will mir jetzt scheinen –, wenn auch entfernt, gegen ihn. Shillington, Pennsylvania, war eine kleine Stadt, wo nichts unbemerkt blieb. Mein Vater war Schullehrer, und sein Bereich begann kurz hinter unserem Haus, jenseits einer kleinen Straße und eines schmalen Maisfelds. Zu dem Schulgelände gehörten das gelbe Backsteingebäude der High School, verschiedene Nebengebäude, ein Fußballplatz mit einer Aschenbahn drum herum, ein Baseballfeld mit Tribüne und einem hohen Drahtzaun, und ein Softball-Feld, das außerhalb der Saison nicht mehr als ein flaches Stück Erdboden mit einem Kranz von welkem Gras war. Einmal, im frühen Frühjahr, vielleicht voller Freude über meinen Geburtstag im März, fuhr ich allein auf meinem Elgin-Fahrrad mit den dicken Reifen auf diesem vertrauten Gebiet herum und kam auf die Idee, über das Softball-Feld zu radeln. Es fiel mir viel zu spät auf, dass die Erde zu Matsch getaut war, in den ich mich mit jeder Drehung des Rads tiefer hineingrub. Nach wenigen Metern blieb ich stecken, stieg ab und schob das Rad auf festeren Grund. Und erst dann wurde ich mit einem dumpfen Gefühl im Magen gewahr, dass ich eine tiefe, schlingernde Rinne auf dem Spielfeld hinterlassen hatte, die sich vom dritten Mal bis zum Abwurf zog. Es sah aus, als hätte ein bösartiger Riese seinen Daumen durch die Erde gezogen. Ich schlich nach Hause, kratzte den trocknenden Schlamm von den Reifen und hoffte, dass alles nur ein Traum war. Stattdessen brachte mein Vater die Nachricht von dem Skandal, dem ruinierten Softball-Platz, aus der Schule nach Hause. Die Autoritätspersonen waren erzürnt, und die Suche nach dem Schuldigen war eingeleitet worden. Man würde meinen Vater entlassen, so glaubte ich, wenn sein Sohn als der Schuldige entlarvt würde, und wir würden alle im Armenhaus enden – das bequemerweise nur zwei Blocks entfernt lag.

Ich weiß nicht mehr, wie es endete – doch nach meiner Erinnerung gestand ich die Tat nie, und die hässliche Wunde auf dem Softballfeld blieb, bis der staubige Sommer Einzug hielt. Wie alt war ich damals? Alt genug, um auf einem Fahrrad über unwegsames Terrain zu fahren, aber nicht alt genug, um die elementare Tatsache von der nach dem Winterfrost zu

Schlamm werdenden Erde zu begreifen. Wie blind wir doch sind bei unseren unbeholfenen Vorstößen in die Welt! Das Gefühl, eine Übertretung und eine schlimme Sünde begangen zu haben, haftet so sehr an diesem (an sich unschuldigen) Vorfall, dass ich dieses Geständnis mit bangem Herzen ablege, besorgt, die Autoritäten von Shillington wollten womöglich meiner habhaft werden, obwohl ich Hunderte von Meilen entfernt lebe, mein Vater seit über zwanzig Jahren tot ist und der Softball-Platz, als ich ihn das letzte Mal sah, eine neue Decke aus Astroturf bekommen hatte.

Im Gedenken an Pearl Harbor

– ein auf die Bitte von *Life* verfasster Essay

Pearl Harbor und die Ermordung von Präsident Kennedy: Wer damals lebte, weiß, wo er zu dem Zeitpunkt war. Am 7. Dezember 1941, drei Monate vor meinem zehnten Geburtstag, besuchte ich mit meinen Eltern die Schwester meines Vaters in Greenwich, Connecticut. Wir waren von weither gekommen, aus dem östlichen Pennsylvania. Es war Sonntag, und wir nahmen an einem sich für meine Jungennerven endlos hinziehenden, ermüdenden Familientreffen teil. Unter den verschwommenen Schnappschüssen meiner Erinnerung sehe ich eine Sonnenveranda und ein Radio, und, gegen Ende des Nachmittags, im Dunst des Verdauungstabaksrauchs, ein plötzlich aufkommendes Gemurmel unter den hoch gewachsenen Männern unseres kleinen Updike-Clans. In meiner Erinnerung ist es mein Onkel Arch, der rothaarige ältere Bruder

meines Vaters aus Florida, der mit seiner tiefen, südlich ge-
färbten, brummelnden Stimme verkündete, dass die Japaner
einen am anderen Ende der Welt gelegenen Ort mit Namen
Pearl Harbor angegriffen hätten. Ein dunkler Windstoß fuhr
zwischen den tuchbedeckten Knien meiner Verwandtschaft
hindurch und ließ mich erschaudern in der plötzlichen Gewissheit, dass die Dinge sich verändert hatten, drastisch verändert. Wir wurden angegriffen. Wir waren in Gefahr. Selbst
die versammelte männliche Macht meines unmittelbaren
Clans und die zugehörigen rundlichen Mütter draußen in
der Küche konnten mich vor dieser beängstigenden Veränderung in der nationalen Atmosphäre nicht schützen. Erst als
ich zweiundzwanzig Jahre später, auf einem Zahnarztstuhl
sitzend, hörte, dass auf Präsident Kennedy geschossen worden war, vermittelte mir eine Nachricht wieder das Gefühl
einer derart durchdringenden Erschütterung.

Die Lage in Amerika war natürlich, verglichen mit der
Großbritanniens und Russlands oder, als die Dinge sich um-
kehrten, der Deutschlands und Japans, überaus friedlich. Lediglich die Küsten wurden von kriegerischen Aktivitäten ge-
streift – U-Boote wurden gesichtet, Gerüchte von Granaten-
beschuss gingen um. Doch für ein Kind war die Angst ganz
real, Angst und ihr natürliches Gegenmittel, die Kampfbe-
reitschaft. Es gab simulierte Luftangriffe, bei denen mein Vater mit einem weißen Helm Patrouillengänge durch die verdunkelten Straßen machte und wir anderen uns unter der
Treppe verkrochen, wo wir vor den hypothetischen Glassplit-
tern in Sicherheit waren und auf das Surren von Flugzeugen
der Luftwaffe horchten, das wir von den Wochenschauen her
kannten. Obwohl Wochenschauen und die Zeitungen darauf
bedacht waren, dass sie uns mit den schlechten Nachrichten
des ersten Kriegsjahrs nicht demoralisierten und unerbittlich

mit stählerner Stimme zum Kampf aufriefen, konnten weder die Opfer jenes Sonntags im Dezember, die den Tod im Feuer oder durch Ertrinken gefunden hatten, vertuscht noch die Tatsache geleugnet werden, dass wir in den Vereinigten Staaten jetzt wie der größte Teil der übrigen Welt in eine Region aufgebrochen waren, wo Tod, Zerstörung, Opfer, Mut und die Möglichkeit einer Niederlage die Norm waren. Jeden Tag gab es schreiende Schlagzeilen in schwarzen Lettern, in den Schulen wurden bergeweise Dosen und Altmetall gesammelt, und in den Wohnzimmerfenstern unserer Nachbarn erschienen kleine blaue Wimpel mit goldenen Sternen, die anzeigten, dass Jungen, kaum älter als ich, in den Krieg gezogen waren.

Für diejenigen von uns, die entweder zu jung oder zu alt zum Kämpfen waren, gab es das erhebende Gefühl, dass wir alle ein gemeinsames und unmissverständlich dargestelltes Ziel hatten. Wir spielten ein riesiges Spiel, dessen Punktstand aus allen Ecken der Welt zu uns kam und dessen andere Spieler – die affenartigen «Japsen», der lächerliche verrückte Hitler und seine Bande übler grotesker Figuren – an den Wänden im Postamt, auf den Zeitungsständern und am schwarzen Brett in der Schule gezeigt wurden. Wir durften hassen, wurden sogar dazu ermutigt, und durften von Vernichtung und Gegen-Blitzkriegen träumen. Die Anwandlung von Gewalt, die in der improvisierten, wenig bewachten Welt von Kindern üblich ist und in Friedenszeiten etwas leicht Anstößiges hat, ähnlich wie kindliche Ausflüge in die Sexualität, wurde plötzlich von den Erwachsenen gut geheißen; mit unseren kleinen Bleipanzern und Gummijagdflugzeugen spielten wir die Heldentaten nach, die von unserem Präsidenten gepriesen und in unserer populären Kunst glorifiziert wurden.

Pearl Harbor hatte uns in einem einzigen Moment, durch

einen flammenden Angriff in sabbathafter Stille, zu einer kämpfenden Nation zusammengeschweißt; die dreizehn Kolonien waren im Kampf für ihre Revolution längst nicht so einig wie wir in unserem Kampf um ein paar Inseln im Pazifik, die vor 1941 so obskur waren wie dunkle Flecken auf dem Mond. Ein älterer Herr schockierte mich einst, als er sagte, die Depression sei für diejenigen, die ohnehin nicht viel Geld gehabt hätten, eine gute Zeit gewesen. Ebenso war der Zweite Weltkrieg keine schlechte Zeit, sofern man selbst nicht in Gefahr war. Es war ein aufregender und gerechter Krieg, eine seltene Kombination; alle waren darin vereint, und wir gewannen. Vielleicht war ein Junge im vorpubertären Alter von dreizehn Jahren, als der V-J Day (der Sieg der Alliierten über Japan) kam, ideal geeignet für dieses Erlebnis – jung genug, um die Propaganda zu schlucken, und doch alt genug, um sein Vergnügen an *See Here, Private Hargrove* und Betty Grables Beinen zu haben. Fleisch und Butter wurden rationiert, aber Siegesgärten blühten. Der Baseball in den oberen Ligen kam praktisch zum Erliegen, aber auf den Schulhöfen gab es weiterhin Ballspiele, und die Schule und Hollywood-Filme gab es auch. Und während der Zeitungsalbtraum tobte, wuchs man sogar ein paar Zentimeter.

Meine eigene Familie war spürbar im Aufwind; als Veteran des Ersten Weltkriegs war mein Vater wie geschaffen für eine leitende Rolle an der Heimatfront, und meine Mutter wagte sich aus ihrer Zurückgezogenheit heraus und ging als Flugzeugbeobachterin zur Feuerwache, wo sie Solitaire mit Karten spielte, auf denen statt Damen und Königen feindliche und freundliche Flugzeuge abgebildet waren. Die Vorstellung, dass meine Mutter die Luftabwehrgeschütze zum Einsatz rufen konnte, hatte etwas seltsam Beruhigendes. Und dann arbeitete sie in einer Fallschirmfabrik, wo sie ihr Haar unter einem Kopftuch trug, wie Rosie, die Nietenbraut. Eine Nebenwirkung der Kriegsanstrengungen bestand darin, dass mehr Geld in den Haushalt floss. Der bedrohliche Wind, den ich zwischen den Knien der Updike-Männer gespürt hatte, blies uns etwas Gutes zu. Dennoch, es wäre falsch, wenn junge, friedliebende Menschen von heute glaubten, dass sogar Kinder damals den Krieg liebten. Wir lasen *Life* oder sahen uns zumindest die Bilder an; wir wussten, dass jenseits der Ozeane grauenhafte Dinge geschahen; die goldenen Sterne, die ständig auf der Ehrenliste auftauchten, hätten uns gelten können. Und als an einem Dienstag im August der Krieg im Pazifik endete, war es, als würde man endlich aus einer besonders trübsinnigen, beengenden und höchst bedrohlichen Schulstunde entlassen.

In dieser Schulstunde hatten wir jedoch gelernt, unserer Nation zu vertrauen. Die Ermordung Kennedys und die ziellose Gewalt im eigenen Land und im Ausland, die dieses Ereignis in den sechziger Jahren nach sich zog, waren dazu angetan, Misstrauen zu säen und den Verdacht zu schüren, dass finstere Machenschaften und moralisches Chaos die Führungsspitze beherrschten. Diejenigen von uns, die sich noch an Pearl Harbor erinnern, sind im Großen und Ganzen schlichteren Gemüts. Wir tragen in uns ein Bild von den Vereinigten Staaten als einem verwundeten Lamm, das wie ein Löwe reagierte; wir glauben, dass dieses Land, wenn es dazu aufgerufen ist, großartig sein kann.

Gedanken über das Radio

– für *Media Exchange*, Band II, Nr. 2 (Sommer 1991)

In meiner Kindheit und Jugend war das Radio überall – beim Friseur, beim Zahnarzt, auf einem eigenen kleinen Tisch in dem Zimmer neben dem Wohnzimmer – ein braunes Philco-Gerät mit einer Kuppel und mit einer orangefarbenen Skala. Das Radio leistete einem Gesellschaft, aber es war nicht so besitzergreifend wie das Fernsehen. Mit dem Radio öffnete man sich, statt sich zu verschließen. Die Romane meines Zeitgenossen Philip Roth sind übervoll mit Erwähnungen der *Jack Benny Show* und anderer solcher halbstündigen Comedy- und Abenteuer-Sendungen, die die Phantasie der Amerikaner, Jung und Alt, beflügelte und ihren Sinn für das Komische stärkte. Unmittelbar nach seinem Roman *Portnoy's Complaint [Portnoys Beschwerden]* schrieb Roth eine Art Parodie auf diese alten Radiosendungen; sie erschien unter dem Titel «On the Air» als Taschenbuch der *American Review* und harrt noch ihrer Veröffentlichung als gebundenes Buch. «Zu widerlich», erklärte Roth in einem Interview; und tatsächlich driftete die Parodie in Obszönität und Gewalt ab, suhlte sich in all den Dingen, die aus den öffentlichen Radiowellen vornehm herausgehalten wurden, und zeigte doch gleichzeitig, wie tief sich die alten Radiostimmen in unsere Köpfe eingegraben hatten.

Die wichtigste Zeit zum Zuhören war der Sonntagabend; um sieben fing es an mit Jack Benny, Mary Livingston, Rochester, Dennis Day und der ganzen Bande, dann ging es weiter mit der weniger hektischen Komödie um Phil Harris und seine Frau Alice Faye (in den vierziger Jahren gab es im Radio eine prophetische Anzahl von Frauen, die unter ihrem Mädchennamen auftraten), bis dann um Acht der Höhepunkt der Heiterkeit erreicht wurde mit Edgar Bergen und Charlie McCarthy, die ein und dieselbe Person waren, ein Bauchredner und seine Puppe. Was danach kam, weiß ich nicht, denn dann wurde ich, in einem ziemlich radioaktiven Zustand nach all den absorbierten Röntgenstrahlen der Hollywood-Energie, ins Bett geschickt. An Wochentagen gab es den Lone Ranger, der unter dem Gedonner von Kokosnussschalen davon ritt, und die Ouvertüre zu *Wilhelm Tell,* und die herumschwirrende Green Hornet und den Shadow mit seinem Furcht einflößenden, durchtriebenen Bariton, und *Inner Sanctum,* das immer mit einer gruselig quietschenden Tür begann, und *I Love a Mystery,* das oft, so schien es, in einer Höhle voller zwitschernder Affen stattfand. Oder waren es Fledermäuse? Oder Papageien? Nach so vielen Jahrzehnten von Talkshows und Rock'n'Roll spielt einem die Erinnerung Streiche, aber es ist unmöglich zu vergessen, dass dies *Entertainment, Unterhaltung,* war, erzählende Unterhaltung, eine Übung für die Ohren und den Verstand.

Um die Vorstellungskraft zu aktivieren, muss die Kunst etwas auslassen: Malerei lässt das Geräusch und die dritte Dimension aus, Bildhauerei lässt (normalerweise) Bewegung und Farbe aus, Musik lässt das Sichtbare aus, geschriebene Prosa und Dichtung appellieren an unsere Fähigkeit, Bilder aus Buchstabenfolgen erstehen zu lassen. Zwischen all den Ablenkungen im Haushalt und auf der Straße richtet sich das Radio bekanntermaßen an einen einzelnen Sinn; doch von der Tyrannei visueller Mimetik befreit, ist es erstaunlich, wie leicht seine Art des Erzählens, der Schwerkraft trotzend, mit blitzartiger Geschwindigkeit emporstrebt und herabsinkt, wie sie mit ein paar Seufzern in die Echokammer Aladins Höhle heraufbeschwört und die Phantasie dazu anregt, Paläste zu erschaffen, Rennbahnen, Herden trottender Tiere und schwindelerregende Höhen. Wenn Edgar in *King Lear* den blinden Gloucester an den Rand der imaginären Klippe führt, verhält er sich wie ein Radiodramatiker: «Kommt, Herr, hier ist der Ort; steht still; wie grauenvoll / und schwindelnd ist's, so tief hinab zu schaun! – / Die Kräh'n und Dohlen, die die Mitt' umflattern, / sehn kaum wie Käfer aus.»

Und tatsächlich sind die größten Dramen der Welt – die des alten Griechenlands und die der Shakespeare-Ära – wie Radiodramen oder Hörspiele geschrieben: Es sind nur die Stimmen der Schauspieler da, und sie lassen den Schauplatz der Handlung entstehen.

Dass aus welchem Geflecht von Gründen auch immer das Erzählerische aus unserem Land, die Hörspielsendungen, so gut wie ganz verschwunden sind, ist ein kultureller Verlust, der Autoren der Möglichkeit beraubt, frei von den kostentechnischen Einschränkungen der Bühnen- oder Filmproduktionen Dramen zu erschaffen, und der Hörern die Möglichkeit jener ästhetischen Erfahrung nimmt, die vor fünfzig Jahren noch Millionen an ihr Gerät gefesselt hat.

Erinnerungen an die Stadt Reading

– vorgetragen anlässlich der Zweihundertfünfzig-Jahr-Feier im Jahre 1998

Als ich ein Junge war und in Shillington aufwuchs, war Reading das Ziel der Oberleitungsbusse; meine Mutter arbeitete dort (bei Pomeroy), und als ich älter wurde, durfte ich dort am Samstagvormittag durch die Billiggeschäfte am Penn Square streifen und in der aufregenden Atmosphäre der Verbraucherkultur der vierziger Jahre nach Big Little Books fahnden. Ich fing, wie ich mich erinnere, bei McCrory's an der Ecke von Penn und Fifth an und arbeitete mich rauf, durch Woolworth hindurch, und vielleicht noch durch Kresge's an der Sixth. Es dauerte den größten Teil des Vormittags, dieses Stöbern an den Ständen, und gelegentlich gab ich einen Dime aus, wobei ich darauf achtete, dass sieben Cents in meiner Tasche blieben für die Trolleybusfahrt nach Hause.

Doch meine lebhaftesten Erinnerungen an Reading stammen aus einer späteren Zeit, als wir von Shillington nach Plowville gezogen waren und ich im Sommer als Laufjunge beim *Reading Eagle* arbeitete. Eine meiner Aufgaben bestand darin, die Bestellungen fürs Frühstück aufzunehmen und gegen acht zu dem Diner an der Penn Street in der Nähe der Fourth Street zu gehen und einen Karton mit genau spezifizierten Kaffees und Backwaren für die Redakteure zurückzubringen. Die große Durchgangsstraße belebte sich um diese Zeit erst, die Geschäfte hatten noch nicht geöffnet, auf den breiten Gehwegen lag eine morgendliche Frische, und der prächtige städtische Ausblick die Penn Street entlang zu dem Berg, wo die Pagoda hoch auf dem Gipfel thronte, schien ganz allein zu meiner Erbauung da zu sein. Ich habe nie vergessen, welch eigentümlicher Stolz mich erfüllte, dass ich für eine begrenzte Zeit als Teenager, in Hemdsärmeln an einem Sommermorgen, ein Bürger der Stadt Reading war, Teil ihres Getriebes, das sich zu Beginn eines neuen Tages zurechtruckelte. Ich war ein kleines Schräubchen, aber ich drehte mich; ich spürte den heißen Kaffee in den Pappbechern auf meinem Arm, wenn ich zurückeilte: Das war Stadt, das war Leben.

Eine Stunde

Antwort auf die Versicherung des *London Observer*,
«es wäre wunderbar, wenn Sie eine Stunde des Tages wählen
und darüber schreiben könnten»

Um elf Uhr morgens ist der Tag jung, aber nicht zu jung. Er hat sich auf die Füße gestellt, seine fohlenhafte Unbeholfenheit, sein Blinzeln hinter sich gelassen. Dies ist die Stunde, zu der man, wenn überhaupt, mit seiner Tätigkeit beginnen sollte. In meinem eigenen Arbeitsrhythmus ist dies der Zeitpunkt, zu dem ich, nachdem das Frühstück verzehrt, die Post beantwortet, alle Verzögerungsmanöver ausgereizt sind, endlich damit beginne, eine leere Seite mit Wörtern zu füllen, die mir wichtig sind und vielleicht zu einem späteren Zeitpunkt auch für andere wichtig werden. Wenn man als Tourist unterwegs ist, hat um diese Zeit alles aufgemacht: die Fresken, die Pyramiden, das Museum, die Kathedrale und die teuren Geschäfte – sie alle harren freudig ihrer Erforschung. Als ich das erste Mal nach England fuhr, reiste ich mit einem britischen Liniendampfer. Welch eine Überraschung war das Läuten, das zum zweiten Frühstück um elf rief – heiße Bouillon und Cracker, auf dem schlingernden Deck serviert, das Glitzern der hoch stehenden Sonne auf dem polierten Messing und der von Gischt besprizten Reling! Elf Uhr morgens ist die Stunde der Optimisten, wenn noch vieles zu tun bleibt, aber ein kräftiger Happen vom Tag schon abgebissen ist.

Zu Hause in Neuengland

Zwei Antworten auf die Frage, warum ich in Neuengland lebe
– die erste für die Internet-Site des Freundes
eines Freundes, die zweite für das *USAir Magazine*
unter dem Titel «Zu Hause»

Meine damalige Frau und ich zogen im Frühjahr 1957 aus
einer Vielfalt von Gründen an die North Shore, nördlich von
Boston. Wir waren einmal ein paar Tage in Ipswich gewesen
und mochten den phantastischen Strand und die Atmosphäre der Stadt – sie lag nicht weit von Boston entfernt, war
aber eigentlich kein Vorort, sondern eine kleine Stadt, gerade
groß genug, dass man sich darin verstecken und Freunde finden konnte. Wir wollten von New York weg, und mir
schwebte vor, dass wir auch den gesamten Einzugsbereich
von New York einschließlich ganz Connecticut hinter uns
lassen, aber doch nahe genug blieben sollten, damit ich bei
Bedarf leicht dorthin gelangen konnte. Der am nördlichen
Ufer des Mystic River gelegene Logan Airport ist, wie sich er-
wiesen hat, ein weiterer guter Grund, an der North Shore zu
leben. Andere Gründe sind die Pendler-Verbindung, die
Berge von New Hampshire in nur zwei Stunden Entfernung,
die Nähe der wunderhübschen historischen Stadt Salem und
der schönen Halbinsel Cape Ann, das Fehlen von touristi-
schem Getümmel, das Cape Cod im Sommer unerträglich
macht. Eine gewisse Kühle in der Luft, bezüglich des Wetters
und der Leute, die unsere Wangen rosig färbt und unseren
Schritten Sprungkraft verleiht. Es ist eine Gegend, so hat sich
herausgestellt, in der ein in Abgeschiedenheit tätiger, freiberuflicher Schriftsteller seiner Arbeit nachgehen und seine
Muße genießen kann.

Wir haben ein Zuhause, das erste, und das verlassen wir.
Das Haben und das Verlassen gehören zusammen.

Diese Zeilen schrieb ich vor fast vierzig Jahren in einem Gedicht zur Zweihundert-Jahr-Feier meiner Heimatstadt Shillington, Pennsylvania. Schon damals, 1958, lebte ich in Massachusetts, nördlich von Boston, wo ich heute noch lebe. Ich war als College-Student nach Neuengland gekommen, und nach einigen Jahren im alten England und in New York kam ich, zusammen mit meiner jungen Familie, hierher zurück – ein Experiment. Mein Gefühl sagte mir, dass die Region, in der ich weder Verwandtschaft noch literarische Kollegen hatte, Raum zum Leben bot. Im pollenintensiven Pennsylvania hatte ich unter Heuschnupfen gelitten, an der steinigen Küste Neuenglands konnte ich atmen. In New York hatte ich mich körperlich und geistig eingeengt gefühlt, in Ipswich, Massachusetts, gab es Ellbogenfreiheit, Platz zum Schreiben. Wie alle anderen, die mehr oder weniger freiwillig ihr Elternhaus verlassen, wollte ich mich neu erschaffen.

Dennoch kann ich nicht sagen, dass ich zu einem Neuengländer geworden wäre. In Harvard hatte ich gelernt, wie man sich korrekt kleidet – Tweedjackett, legere Hosen, Button-Down-Hemd –, und die angemessen höfliche, ironische Art zu sprechen, aber mein Akzent wies mich zwischen den flachen «a» und den nicht gesprochenen «r» meiner Nachbarn als Außenseiter aus. Das gefiel mir: Ein Schriftsteller ist ein Außenseiter. Ich zahlte meine Steuern, diente in städtischen Gremien, schickte meine Kinder auf öffentliche Schulen und verkehrte mit den Einheimischen. Doch alles – die Strände, die Marschlandschaft, die Berge, die Häuser im Kolonialstil, das Puritanische, der frische Salzgeruch in der Luft – war in seiner Buntheit für mein innerstes Wesen so unwirklich wie

ein Themenpark. Wenn ich zurückkam in das stickige, tei-
gige, hüglige, industrielle Pennsylvania – das war die Wirklichkeit. Die Felder waren größer, die Bäume wuchsen höher,
sogar die Maschinen für den Straßenbau waren überlegen
und sahen nicht wie Spielzeuge aus. Der Akzent mit seiner
Betonung der Konsonanten und den zerdehnten Vokalen
klang zutiefst richtig, vertrauenswürdig, erdverbunden. So
hatte er in meinen Kinderohren geklungen, und so klang er
noch jetzt. Meine Heimatstadt Shillington war mir besonders
vertraut – die Reihenhäuser aus Backstein, das bequeme
Kästchenmuster der Straßen (mein Großvater gehörte zu denen, die sie gepflastert hatten), die High School aus gelbem
Backstein (wo mein Vater unterrichtet hatte), die engen Straßen, durch die ich mit meinen hohen Sportschuhen getrabt
war, die Betonmauern der Fundamente, die Buntglasfenster
über den Haustüren, in deren Blumenmuster die unverän-
derbare Nummer eines jeden Hauses erkennbar war. Nur
sehr wenig hatte sich verändert. Jeder Block barg eine Erinnerung. Hier war mein echtes Ich wieder zu Hause. Doch
nach drei Tagen setzte mein Heuschnupfen ein, und damit
machte sich die Erkenntnis breit, dass ich hier, in diesen engen Straßen und zwischen diesen staubigen Maisfeldern,
eigentlich nichts zu tun hatte.

Kaum war ich wieder in Massachusetts, erschien mir alles
wunderbar ungeordnet, krumm und schief, vielfältig, hübsch
und offen. Auf der Landkarte war es nicht weitläufig, doch
gab es glorreiche Möglichkeiten für Improvisation. Hier war
ich und improvisierte mein Leben. Noch immer verirre ich
mich in Boston und in den undurchdringlichen westlichen
Vororten der Stadt. Noch immer war ich nicht im Science
Museum oder auf dem Plymouth Rock oder im New Bedford
Whaling Museum. Von meinem fünften Zuhause in der Re-

gion blicke ich über die Massachusetts Bay zu einem niedrigen blauen Streifen hinüber, den ich für Hull halte, aber ich
bin mir nicht sicher. Wie oft ich auch nach Logan Airport zurück fliege, nie gelingt es mir, die Geographie unter mir zu
durchschauen. Doch *was* ich erkenne – den Hancock Tower,
die Meerenge von Nahant – ist mir kostbar, ein eher erworbe-
nes als empfangenes Wissen. Nach fast vierzig Jahren genieße
ich immer noch die stimulierende Orientierungslosigkeit
eines Touristen. Wir sind alle in gewisser Weise heimatlos
und leben unter biologischen Bedingungen, die wir nicht geschaffen haben, auf einem nur gemieteten Planeten. «Das
Haben und das Verlassen gehören zusammen.» Neuengland
ist, wenn nicht mein erstes Zuhause, so doch der Ort, den ich
mir mit einem täglichen Gefühl der Zufriedenheit und
Dankbarkeit zu meinem Zuhause gemacht habe.

Konzerte auf Castle Hill

Einführung zu *Concerts at Castle Hill: John Updike's Middle
Initial Reviews Local Music in Ipswich, Massachusetts, from
1961 to 1965 (Lord John Press 1993)*

1957 zogen meine Frau, meine beiden kleinen Kinder und ich
von New York City nach Ipswich, Massachusetts; 1961 kaufte
mein Freund William Stix Wasserman, Jr., den *Ipswich Chronicle,* und ich erklärte mich bereit, ihm zu Gefallen und aus
Ulk die Konzerte zu besprechen, die unter wechselnder Leitung in einer von dem – durch Sanitäranlagen reich geworde-
nen – Plutokraten Richard T. Crane aus Chicago erbauten,

auf einem Hügel mit Meeresblick gelegenen Villa stattfanden. Ich zeichnete meine Artikel mit H. H., einer Verdopplung meines mittleren Vornamens.

Castle Hill war einer der ältesten Ortsnamen in Ipswich und ging auf eine Urkunde von 1637 zurück. Cranes Anwesen, das den Namen beibehielt, war seit den fünfziger Jahren in öffentlicher Hand, und die Konzerte konnten entweder auf der breiten Allee, die zum Ozean führte, gegeben werden, oder in dem abgeschiedenen italienischen Garten, oder in dem weitläufigen Casino, einem aufgefüllten Schwimmbad, das seitlich von Badehäuschen flankiert war, oder aber in einem der großen Säle im Parterre des Great House, das eine monumentale Mischung architektonischer Elemente aus englischen Landhäusern darstellte und zu dem vier aus dem Hogarth House in London importierte Räume gehörten sowie eine Bibliothek aus Casiobury Park, einem Sitz des Earl of Sussex, mit Schnitzereien von Grinling Gibbons. Castle Hill war die großartigste Adresse in der Stadt, und im Sommer hatten wir einen triftigen Grund, uns dort einzufinden.

Wir, die Updikes und ihre Freunde, waren jung verheiratete Paare, mit am Sandstrand von Crane Beach erworbener Sonnenbräune; Crane Beach war die andere große Wohltat, die die Landschaft Mr. Crane verdankte. Fand ein Konzert statt, trafen wir gegen sechs Uhr ein, um auf der abschüssigen Rasenfläche zu picknicken und hinunterzublicken zu ebenjenem Strand, wo die Menschen weniger wurden und die Sonne sich senkte und das Meer zu einem tieferen Blau wechselte. Wir breiteten unsere Decken aus, klappten unsere Picknickkörbe und Kühltaschen auf und entkorkten die Flaschen mit Champagner und weißem Wein. Die jungen Ehefrauen trugen Sommerkleider und die jungen Ehemänner Seersucker-Jacken; in jenem Lebensabschnitt zeigte jeder seine

Beine und seine Zähne und, sobald der Wein seine Wirkung tat, seinen Übermut. Von der hinteren Terrasse des Hauses blickten zwei bronzene Greife, von Paul Manship geschaffen und den Cranes von den Erbauern des Hauses als Glücksbringer geschenkt, die Allee hinunter, die gesprenkelt war von Konzertgästen und gesäumt von norwegischen Tannen und grauen klassischen Statuen, von denen manche, nachdem sie vier Jahrzehnten der Witterung Neuenglands ausgesetzt waren, ihre Nasen und Zehen eingebüßt hatten; am Ende der Allee sah man einen kleinen Ausschnitt von Meer und Himmel – wie eine blau-blaue Tür. Es war ein glorreicher Blick, und es war ein erhebendes Gefühl, wenn man seiner Lady den Arm reichte, während sich der Abend senkte und die Moskitos zu schwärmen begannen, und über den Rasen der musikalischen Darbietung entgegenschlenderte.

Wir hatten diese Konzerte besucht, seit wir nach Ipswich gezogen waren – bezaubernde, kostbare Streichquartette auf einer grünen Holzbühne im italienischen Garten, die von Samuel Barlow eingeführte Serie, die ich in meinen Besprechungen mehr als einmal als goldenes Zeitalter beschwöre. Golden auch insofern, als dass das jährliche Defizit der Serie getreulich durch einen Scheck ausgeglichen wurde, den eine reiche North-Shore-Erbin in diskreter Anonymität ausstellte. Ihre Großzügigkeit erschöpfte sich 1961, dem Jahr, in dem George Wein das Management übernahm und ich anfing, die Besprechungen zu schreiben. Nach 1965 hörten die Konzerte allmählich auf, bis sie schließlich von Thomas Kelly, dem Organisten der Episcopal Church und Experten für Renaissancemusik, wieder belebt wurden. Im August 1972 wurde Purcells «Queen Mary's Birthday Ode» aufgeführt, im Zusammenhang mit dem «Tag des Siebzehnten Jahrhunderts», einer Tour durch die historischen Häuser der Stadt –, und danach folgten unter Kellys unerschütterlicher Leitung mehrere Sommer munterer Halbprofessionalität und musikalischer Esoterica. Heute wird die Reihe durchaus professionell fortgeführt, aber es ist schon viele Jahre her, dass ich zuletzt dort gewesen bin. Meine Konzertbesuche gehörten in die jugendliche, erregbare Phase des Lebens – eine Zeit der Torheit, könnte ich fast sagen –, deren übermütige Ablagerungen in diesen zweiundzwanzig, aus vermodernden *Chronicles* ans Tageslicht beförderten Besprechungen zu finden sind.

Was hatte mich auf die Idee gebracht, ausgerechnet ich – der ich in Jahren kindlicher Klavierstunden keinerlei musikalische Eignung gezeigt und der in Erwachsenjahren bemerkenswerte Unkenntnis und Gleichgültigkeit gegenüber klassischer Musik bewiesen hatte – könnte oder sollte diese Konzerte besprechen? Nun, es war eine kleine Stadt, es gab nur wenige Schriftsteller, und ich war willens – es war eine Form des Federnspreizens. Wenn ich die Artikel jetzt wieder lese, mit ihrem arroganten, forschen Ton und den unreifen, pompösen Behauptungen, dann mag ich kaum glauben, dass der Autor zur gleichen Zeit in New York und anderswo ein angesehener Autor war, der mehrere Romane und eine ganze Reihe von Kurzgeschichten veröffentlicht hatte, und überdies ein Buchrezensent, der als sorgfältig und nachdenklich genug galt, um in den erlauchten Seiten des *New Yorker* veröffentlicht zu werden. H. H. ist eine lokale Person, die diese Artikel gratis für die Zeitung eines Freundes in die Maschine hämmert, damit Freunde sie lesen. Verschiedene Leser beschwerten sich beim *Chronicle* wegen H. H.s irrelevanter und scherzhafter Äußerungen, seinem Mangel an Empfinden und wegen seiner Strenge. Tatsächlich war ich, zwischen meinen unbekümmerten Nebenbemerkungen über das Wetter, das

Publikum und die brennenden Themen des Tages, erstaunlich streng. Und meine Klagen wurden im Laufe der Zeit detaillierter und selbstbewusster; als ich über Peter Serkin schrieb, hätte man vermuten können, ich sei ein Ferien machender Pianist, der seine geschmeidigen Finger zur Abwechslung auf den Schreibmaschinentasten spielen lässt. Entweder hatte ich absolut kein Ohr für Musik und widerstand grundsätzlich aller musikalischen Vorführkunst, oder aber ich lauschte in jenen lauen Nächten, umgeben von würziger Seeluft und dem Geruch zerdrückten Grases und von Insektencreme, der Musik intensiver als je zuvor oder danach in meinem Leben.

Die Mücken hatten es auf die Fußgelenke abgesehen – eine Tortur für die Frauen mit ihren nackten Beinen, aber auch für die Männer mit ihren dünnen Socken kein Vergnügen. Am Himmel standen Sterne und vom Mond vergoldete Wolken. Gelegentlich war ein Schnarcher im Dunkel zu hören und das Surren eines Wagens, der, am Strahl der Scheinwerfer zu erkennen, die lange Auffahrt zu Castle Hill hinunterrollte. Während ich mir auf dem gedruckten Programm Notizen machte, mit meinen Freunden auf benachbarten Aluminiumstühlen flüsternd scherzte und aus einem Plastikglas trank, das ich zwischen meinen Füßen aufrecht hielt, wähnte ich mich bei dem Konzert in einer erhabenen Position, nahe bei den Veranstaltern, näher bei den Musikern, weil ich es besprechen würde. Freitags oder samstags besuchte ich das Konzert, und am Montag, wenn die Wochenendstimmung noch lebhaft in mir war, setzte ich mich in mein Büro in Ipswich und schrieb die Besprechung, die ich zur Mittagszeit bei der Redaktion des *Chronicle* einen halben Block entfernt einreichte. Der *Chronicle* erschien jeden Donnerstag, und ich habe die Artikel nach ihrem Erscheinungsdatum geordnet.

Ich habe nur diese zweiundzwanzig Kritiken geschrieben; nicht aufgenommen habe ich einen besonders ungnädigen Leserbrief von 1962, in dem ich mich beschwere, dass die Konzerte dem Vernehmen nach eingestellt werden sollten. Darin stellte ich mit der übertriebenen Bonhomie meiner zarten dreißig Jahre fest: «Es waren, kurz gesagt, die schönsten Konzerte der Welt. Auch in Anbetracht aller Einwände gegen Ferrante und Teicher muss man doch eingestehen, dass an einem Juliabend vor der Kulisse des italienischen Gartens selbst der Auftritt einer Kindergarten-Trommlergruppe himmlische Musik wäre.»

Dank für den Elmer Holmes Bobst-Literaturpreis

Rede, gehalten bei der Verleihung des Preises
an der New York University, am 19. Mai 1987

Manchmal werde ich neugierig nach den Beziehungen zwischen Kritik und Kreativität gefragt und nach dem scheinbaren Paradox, dass ich in beiden Bereichen tätig bin. Natürlich ist es kein großes Paradox – ein Marsmensch hätte große Mühe, den Unterschied zwischen einem Menschen, der eine Buchbesprechung schreibt, und einem, der eine Kurzgeschichte schreibt, festzustellen: Das Hin- und Hergerutsche und das Stöhnen, die Vermeidungsstrategien, die plötzlichen Momente furchtbarer Konzentration und zügigen Vorankommens – das alles ist gleich. Wenn man sich als Schriftsteller etablieren möchte, sollte man alles schreiben können, vom Sonett bis zur Predigt, zumindest sollte man bereit sein, es zu versuchen. Ich schreibe keine Kritiken, sondern Buchbesprechungen. Ein Kritiker ist für mich jemand, der einen großen Teil seines Lebens und seiner Veröffentlichungen der Würdigung und Analyse von Kunst widmet; ich hingegen bin einfach nur bereit, hin und wieder ein Buch zu lesen und meine Meinung dazu öffentlich kundzutun.

Trotzdem, es hat auch etwas Gefährliches, etwas Beängstigendes. Kein geringerer Kritiker als Malcolm Cowley stellte sich einst, nachdem er ein paar freundliche Worte über meine Besprechung von James Joyces Briefen gesagt hatte, die Frage, ob ich überhaupt Besprechungen schreiben sollte. Als bestünde die Gefahr, einen Teil des Gehirns zu Lasten des anderen zu sehr zu trainieren oder die Kreativität unter der Last ausgewogener Urteile und müßiger Theorie abzutöten. Eine gewisse Gefahr besteht sicherlich, und sei es nur, dass das innere Ohr verdorben wird durch bequeme Kadenzen und Phrasierungen der kritischen Stimme. Es ist fast unmöglich, sich zu irren, wenn man eine Besprechung schreibt, und den Ton nicht wunderbar zu treffen, während jeder kreative Versuch sich unweigerlich der Gefahr aussetzt, in diesem oder jenem Aspekt fehlzuschlagen und von anderen als falsch beurteilt zu werden.

Wie kein geringerer als der in beiden literarischen Bereichen versierte William Dean Howells bemerkte, nimmt das Wissen, dass man ein Buch besprechen wird, einen Teil des Lesevergnügens, und die Bücher, die eine wahrhaft große Wirkung auf einen ausüben, sind die zum Vergnügen, nicht die im Hinblick auf Arbeit gelesenen. Der Schriftsteller in der Rolle des Kritikers beraubt sich der Möglichkeit, sich von einem Buch entwaffnen und zu frischer Begeisterung für das literarische Abenteuer hinreißen zu lassen. Das Schreiben einer Besprechung ist in dem Maße kreativ, in dem der Rezensent das Werk in einem eigenen Werk vereinnahmt und Gegenströmungen entstehen lässt, nämlich die Wellen einer beobachtenden, wenn nicht einer krittelnden Stimme, von der ersten Seite an.

Dennoch, das Schreiben von Besprechungen hält mich zum Lesen an; es vermittelt mir die Illusion, dass ich einer literarischen Gemeinschaft angehöre und ein gesunder, aktiv Schaffender in einer Sparte des Journalismus bin. Ähnlich wie gegen Honorar gehaltene Vorträge an staatlichen Universitäten versichern veröffentlichte Buchbesprechungen die besorgten Verwandten und Nachbarn des Schriftstellers, dass er einer soliden Arbeit nachgeht und nicht den Tag vertut. Außerdem ist das Schreiben von Besprechungen ein gutes Mittel gegen üble Gefühle, wenn man selbst besprochen wird; denn wenn man von der anderen Seite des Spiegels daherkommt, braucht man die Missverständnisse und Versäumnisse, die bei der Reflexion des eigenen Werks entstehen, nicht mehr so ernst zu nehmen.

Eine wunderbare Beobachtung habe ich mitzuteilen – ein so kostbares Geheimnis, dass ich zögere, es preiszugeben –: dass nämlich der in einem wohnende Kritiker folgsam in Tiefschlaf versinkt, sobald sich ein kreativer Ausbruch anbahnt. Es ist seltsamerweise möglich, frohen Mutes an einem Werk zu arbeiten, das man, stammte es aus der Feder eines anderen, zu verreißen sich genötigt sähe. Und selbst wenn einem gelegentlich während des kreativen Prozesses passende Sätze des Verrisses durch den Kopf schwirren, zerfallen sie alsbald, wie Motten, die sich zu nah an ein glühendes Feuer gewagt haben. Der erzählerisch Schreibende hat eine ganze Welt im Rücken, die es zu erwecken gilt, und seine Verantwortung dieser Welt gegenüber – er muss sich ihr öffnen und sie durch sich sprechen lassen und Formulierungen für ihre

Phänomene finden – reduzieren jede Kritik zu einem Geplapper, zum Gemurmel der Menge.

Das Produzieren von Romanen und Erzählungen – oder Lyrik oder Theaterstücken oder historischen oder biographischen Werken, sofern sie als erzählerische Arbeiten begriffen werden – ist nur zum Teil ein sozialer Akt. Es geht um eine Imitation des Schöpfungsakts, und sobald es wirklich auf schöpferische Arbeit hinaus läuft, ein gewisses religiöses Gefühl. In den wahren schöpferischen Momenten unterwerfen wir uns einer Sache, die jenseits von uns liegt, und werden gewissermaßen zu einem erhabenem Geschöpf, und die kritische Stimme, die so unermüdlich tönt, wenn sie zum Dienst gerufen wird, verstummt weise und lässt uns in diesen wahrhaft wertvollen Momenten fast alles, was wir wissen, vergessen. Kreatives Arbeiten ist bis zu einem gewissen Grade etwas Kindliches und Ursprüngliches und sozusagen vor den kritischen Fähigkeiten entstanden. Das feierliche Glücksempfinden bei diesem Vorgang ist so intensiv und so treu, dass man sich ganz linkisch vorkommt, wenn man darüber – kritisch – zu sprechen versucht.

Bibliographisches

Vorwort zu John Updike: *A Bibliography, 1967–1993*, zusammengestellt von Jack De Bellis (Greenwood Press 1994)

Die Aufforderung des Bibliographen De Bellis, dem ohnehin schon umfänglichen Vorspann seines enormen wissenschaftlichen Werks noch etwas hinzuzufügen, ruft in mir eine gewisse Skepsis wach. Muss ich bei meinem eigenen Begräbnis eine Ansprache halten? Offenbar habe ich in meiner Laufbahn eine Schlussphase erreicht, in der es darum geht aufzuräumen; in meinen kürzlich erschienenen *Collected Poems* habe ich ausgiebig datiert und alphabetisiert und die übliche anale Befriedigung empfunden, die gewissenhafte Forscher und Buchhalter kennen. Die Erstellung einer Bibliographie jedoch, besonders die Auflistung von Besprechungen und Interviews, von denen ich die meisten am liebsten vergessen würde, habe ich gern anderen überlassen und staune aus der Ferne über ihren Eifer und ihre Methoden, die in diesem Fall Mr. De Bellis in das Labyrinth der Archive beim *New Yorker* führten, wo er anonyme Texte zu Tage förderte, die er auch mit Hilfe meiner eigenen Belegexemplare hätte zusammenstellen können, wenn ich es für eine gute Idee gehalten hätte, einen dermaßen wild entschlossenen Forscher in meine anfällige Festung einzulassen. Eigentlich sollte ein Schriftsteller doch nach vorn blicken, auf die Wörter, die er noch nicht geschrieben hat, statt rückwärts, auf die, die er bereits hinter sich gelassen hat. Natürlich klingen seine alten Sachen noch in seinen Ohren nach, zum Beispiel, wenn er sie an Pulten in der akademischen Welt vorliest, wenn er ihnen in kritischen Beurteilungen begegnet, oder wenn er dreißig Jahre alte Satzfehler für neue Ausgaben auszuflöhen versucht. Sicherlich werde ich selbst zu den Benutzern von Professor De Bellis' mächtigem Werk zählen, wenn die Gelegenheit es verlangt, und dafür danke ich ihm, wie auch für das sehr generöse Interesse, das er im Lauf der Jahre an meinem Werk gezeigt hat.

Was ist es doch für ein feierliches und zugleich gespenstisches Gefühl, wenn man bei einem Blick in eine solche Kompilation bemerkt, dass weder meine wenigen veröffentlichten

Zeichnungen, noch die Ankündigung meiner Hochzeit in der Tageszeitung meiner Heimatstadt dem Adlerauge des Bibliographen entgangen sind! Sollen mir gar keine Geheimnisse bleiben? Da das Private und die Geheimnisse Ausgangspunkt des Autors für seine Arbeit und sein Vorrat an Schätzen sind, ist es bestürzend, die Ausbeute meines Lebens hier so systematisch aufgeführt zu sehen. Doch selbst De Bellis, dem Omnivore, ist, so glaube ich, mein einziger förmlicher Beitrag zu meiner eigenen Bibliographie entgangen, ein veröffentlichter Brief an das *Bulletin of Bibliography* (Westport, Connecticut), den ich hier abdrucke:

17. Dezember 1989
Sehr geehrte Damen und Herren!
Vor vier Jahren habe ich zu meinem Vergnügen Stuart Wrights Bibliographie meiner Beiträge zu der Schulzeitschrift *Chatterbox* der High School von Shillington gelesen. In demselben Zeitraum habe ich jedoch Beiträge – meistens Gedichte – an Zeitschriften gesandt, deren Adressen ich mir entweder an lokalen Zeitschriftenständen besorgte oder einem Buch mit Adressen von Zeitschriften entnahm, das meine Mutter hatte. Mein Erfolg war minimal, aber nach dem Tod meiner Mutter gelangte ein Ordner in meine Hände, in dem alle (so vermute ich) angenommenen Texte gesammelt waren, und aus irgendeinem Grund verspüre ich den starken Wunsch, eine bibliographische Notiz zu erstellen, bevor diese uralten Zeitschriften wieder aus meinem Besitz verschwinden. In C. Clarke Taylors *John Updike: A Bibliography* (The Kent State University Press 1968) werden einige wenige davon erwähnt, doch die meisten sind seinen Nachforschungen entgangen. Es handelt sich ausschließlich um Gedichte, meistens leichte Verse, und abgesehen von den fünf

oder zehn Dollar, die ich für das Gedicht in *National Parent-Teacher* bekam, bestand mein einziger Lohn darin, die Gedichte gedruckt zu sehen, wie das bei diesen Veröffentlichungen mit begrenzten Mitteln üblich war:

Reflections, Vol. XV, Nr. 11–12, November-Dezember 1948. Gedicht: «It Might Be Verse», S. 10.

The American Courier, Vol. 10, Nr. 7, Heft 134, 1. Juli 1949. Gedicht: «I Want A Lamp», S. 11.

National Parent-Teacher: The P.T.A-Magazine, Vol. XLIV, Februar 1950. Gedicht: «The Boy Who Makes the Blackboard Squeak», S. 39.

Reflections, Vol. XVII, Nr. 3, März / April 1950. Gedicht: «To a Bottle of Serutan», S. 9.

The American Courier, Vol. 11, Nr. 10, Heft 149, 1. Oktober 1950. Gedicht: «Evangelist», S. 36

Florida Magazine of Verse, Vol. XI, Nr. 1, November 1950. Gedichte [unter «Light Verse»]: «Move Over, Dodo» und «The Last Word».

Reflections, Vol XVII, Nr. 5, Holiday Issue. Gedicht: «Microphone», S. 4.

Different, Vol. 6, Nr. 5, November / Dezember 1950. Gedicht: «The Lonely One», S. 7.

American Weave, Vol. XIX, Nr. 1 [ohne Datum, aber Copyright 1954]. Gedicht: «Astronomer, in Love», S. 22. Bearbeitet und erneut abgedruckt als «The Lovelorn Astronomer» in einer signierten, limitierten Ausgabe (Boston: G. K. Hall, 1978).

Kritikerpreis

Dankrede anlässlich der Verleihung
des National Book Critics Circle Award for Fiction,
für *Rabbit at Rest*, in New York am 14. März 1991

Ich danke dem National Book Critics Circle, dass er, jetzt zum zweiten Mal, den Literaturpreis an Rabbit Angstrom verleiht. Die Wärme, mit der meine Romane um diese Gestalt insgesamt rezipiert worden sind, ist für mich ein wenig verstörend, aber auch befriedigend. Es muss wohl so sein, dass Rabbit, seit er vor über dreißig Jahren in meiner Prosa auftauchte, für mich einen Weg hinein, in die Angelegenheiten Amerikas, bedeutet hat. Wenn ich in seinem Kopf bin, wenn ich sozusagen bei ihm aufsitze, bekommen Einzelheiten amerikanischer Landschaften und Stadtansichten eine Faszination, einen Schein, eine Poesie der Bedeutung, die sie nicht haben, wenn ich sie mit meinen eigenen Augen betrachte. Denn er war von Anfang ein ganz anderer Mann als ich – ein sportlicher Held, ein heroischer Jüngling, der, nachdem er von seinem Körper gelebt hat, korpulent wird und vorzeitig erschlafft und altert. Doch durch seine möglicherweise engen Wahrnehmungen und seine instinktive Gegenwart im Hier und Heute lässt sich die große, nicht fassbare Nation um uns herum trichtern und dekantieren.

So zumindest ist es mir ergangen; diejenigen, für die diese Gestalt und ihre Welt nicht so plausibel und lebendig sind, sperren sich oder rümpfen, bestimmt nicht grundlos, die Nase. Das, was mich beschäftigt, ist nicht die Frage, ob ich diese begehrte Auszeichnung verdiene, sondern warum Amerika, trotz all der Bücher, die geschrieben werden, und all der an Colleges ausgebildeten Autoren so unklar bleibt, so nebelhaft. Wie viele unserer klassischen Romane handeln bekanntermaßen nicht von der amerikanischen Gesellschaft, sondern von ihren außer-sozialen Rändern – von einer Waljagd auf dem offenen Meer, von einem Flüchtlingsjungen und einem schwarzen Sklaven auf einem Flussfloß, von Hester Prynne, der Ausgestoßenen, von den im Ausland lebenden Helden Hemingways und Henry James', die nach Erfüllung und ästhetischer Befriedigung suchen, nur nicht zu Hause in den Vereinigten Staaten. Ein Kritiker kann es damit zu weit treiben, aber nehmen wir an, es ist etwas dran – was könnten die Gründe dafür sein? Lassen Sie mich vier vorschlagen.

Erstens: Mit Ausnahme von Washington Irving und William Dean Howells, die die Nachwelt eher langweilen, hat der amerikanische Schriftsteller nur wenige traditionelle Bindungen an das Machtestablishment des Landes und bringt den Politikern, Geschäftsleuten, Bürokraten, Managern, ja, sogar den Arbeitern gewöhnlich Misstrauen und Verachtung entgegen – kurz, alle diejenigen, die das Funktionieren der Gesellschaft ermöglichen, werden von einem puritanischen Idealismus verurteilt, der das bürgerliche Streben mit seinen Kompromissen und Manövern einer einfühlsamen Betrachtung nicht für würdig hält. Zweitens: Das Ideal einer klassenlosen Gesellschaft, in der es keine Aristokratie gibt, keinen Bauernstand, keine Klasse der Bediensteten, erschwert uns auf perverse Art den Zugang zueinander, weil es unsere Vorstellungskraft der bunten Stereotypen und Manierismen und zugeteilten Aufgaben beraubt, die am Anfang jeder Charakterisierung stehen. Drittens: Der Triumph der amerikanischen populären Kultur in diesem Jahrhundert umgibt das Individuum, dem sich der Schriftsteller bei seiner kulturellen Betrachtung gemeinhin widmet, mit einem undurchdringlichen Mantel des kulturellen Klischees; die Krisen von Willenskraft und Sehnsucht, die in den Romanen des neunzehnten Jahrhunderts vorherrschend waren, sind im Spott vertrieben worden von dem bildergesättigten modernen Bewusstsein, das schon alles im Vorhinein erfahren und erlebt hat, und zwar in trivialisierendem und abstumpfendem Überfluss unverdienter Weltklugheit: Dieser Überdruss des Weiß-ich-schon ist in der Prosa des verstorbenen Donald Barthelme wunderbar eingefangen. Und viertens: Vielleicht gibt es in einer Kultur, die nie eine heidnische oder eine mittelalterliche Epoche hatte, nicht viel über das Menschsein zu sagen; nachdem der Homo sapiens in einer Nation, die sich fest auf den Rationalismus des achtzehnten Jahrhunderts und auf die Gesetze des Warentauschs des neunzehnten Jahrhunderts gründet, all seiner abergläubischen Loyalitäten und seiner abenteuerlichen Verblendungen entledigt ist, bleibt nichts weiter übrig als ein kahlköpfiger Konsument, ein Wesen mit rein egoistischen Neigungen und rein biologischen Motiven, dessen genetisch vorbestimmte Lebensereignisse kaum die Verherrlichung in einem schriftstellerischen Werk rechtfertigen.

Was immer die Gründe sein mögen, Amerika bleibt jedenfalls in gewisser Weise ein Rätsel für den erzählenden Schriftsteller, eine härtere Nuss, als man glauben möchte. Es gibt ein paar fähige Journalisten, die uns empfehlen, das Biest einfach bei den Hörnern zu packen – ein paar Nachforschungen anzustellen, ein paar Interviews zu führen und die Fakten in anschaulicher Manier, frei nach Zola, zu präsentieren. Und natürlich sollten Fakten gesammelt werden, von Schriftstellern wie von allen anderen Bürgern auch. Aber in unserem kollektiven puritanischen Gewissen gibt es etwas, fürchte ich, das darauf beharrt, dass sich Romane nur dann zu schreiben lohnen, wenn sie neben den Fakten ein persönliches, ein bekenntnishaftes, ein spirituell drängendes Element enthalten. Und das ist es, wonach wir durch unsere Gestalten tastend greifen, diese nicht programmierbare Qualität des *Zeugnisses* – bei dem äußere Beweise und Materialien zu inneren Zeichen geworden sind – und wozu einige Gestalten uns doch Zugang zu gewähren scheinen.

Eine Medaille für *Rabbit in Ruhe*

Dankrede, gehalten vor der American Academy of Arts
and Letters am 17. Mai 1995, anlässlich der Verleihung
der Howells-Medaille für *Rabbit at Rest*, die «alle fünf Jahre
verliehen wird in Anerkennung für das herausragendste
Werk amerikanischer Erzählkunst, das in diesem Zeitraum
veröffentlichte wurde»

William Dean Howells, in dessen Namen diese Medaille verliehen wird, war ein beachtlicher Literaturtheoretiker – auch amerikanischer Literatur. Als aktiv Schreibender und Kritiker war er bestrebt, sich selbst und andere Schriftsteller zu einem Realismus anzuhalten, der sich über die romantischen Ausschweifungen und unglaubhaften Abenteuer erhob, wie sie für die populäre Literatur seiner, ja, auch noch unserer Zeit charakteristisch waren. Er glaubte, Fortschritte feststellen zu können, und schrieb 1891: «Die Erzählkunst ist jetzt eine feinere Kunst als bisher … Ich hoffe, sie wird von wahrhaftem Nutzen sein … doch bin ich mir keineswegs sicher, dass sie die endgültige literarische Form sein wird … Im Gegenteil, es ist durchaus vorstellbar, dass die große Menge der Leser, die jetzt den törichten Freuden bloßer Fabulierkunst erliegt, auf eine Stufe erhoben wird, wo das Interesse für die Bedeutung der Dinge durch eine getreue Darstellung des Lebens in der Literatur geweckt wird, und dass dann möglicherweise auch die getreueste fiktive Darstellung von einer noch getreueren Form der zeitgenössischen Geschichtsschreibung abgelöst wird.»

Die Situation ist heute, glaube ich, noch dramatischer, als Howells sie vorausgesehen hatte, denn was nun droht, ist nicht nur eine Veränderung der literarischen Mode oder ein Wandel der Genres, sondern ein völliger Verlust der Literatur, die durch die hell flackernden Zungen der elektronischen Formen der Unterhaltung und Bildung obsolet gemacht wird. Junge Studenten, so wird aus den Colleges berichtet, sind immer weniger bereit oder fähig zu lesen, und die Sprache eines so klaren Stils, wie Hawthorne ihn im neunzehnten Jahrhundert schrieb, erscheint ihnen, Berichten zufolge, undurchdringlich. Diejenigen von uns, die mit einer Auswahl modernistischer Meisterwerke aufgewachsen sind und die selbst Werke geschrieben haben, um damit ähnliche Leser, wie wir es waren, zu verzaubern und anzuregen, ähneln womöglich den Dichtern der Renaissance, die die Kunst der lateinischen Verse meisterten und einem weit verbreiteten linguistischen Tod weltfremd oder elitär die Stirn boten. Wir schreiben für eine Leserschaft, die immer weiter schrumpft, und für eine Nachwelt, die es nicht geben wird.

Und doch, auch angesichts dieses trostlosesten aller denkbaren Szenarien, welche Machtfülle bietet die Ausübung der Literatur! Der Schriftsteller, der vor sich die allmählich sich füllende Leere eines in Arbeit befindlichen Romans sieht, hat das Gefühl, als säße er an den Hebeln eines Mechanismus, dessen Potenzial unendlich ist, eines Werkzeugs, das selbst den Computer übertrifft in seiner Formbarkeit und Behändigkeit, in der schier unerschöpflichen Fähigkeit, eine Mimesis des Lebens mit wahren Schattierungen und vielfältigen Details zu liefern und einen narrativen Klangteppich, ein Gewebe von Symbolen, eine Poesie des Ausdrucks und der Gegebenheiten hervorzubringen. Das Schreiben ist – wie wir, die es tun, wissen – unter aller Mühsal und Qual eine Glückseligkeit, eine Heilung, ein Herausschälen von Ordnung aus der Unordnung, ein Lobgesang auf das, was ist, ein Bewahren von leicht übersehbaren Wahrheiten vor dem erbarmungslosen Rausch der Verallgemeinerung, ein Formen des täglichen Einerleis zu etwas Glänzendem, Absolutem.

Aus ungefähr diesen Gründen, so vermute ich, werden Medaillen und Preise für Romane verliehen – und sie gelten nicht so sehr dem einzelnen glücklichen Ausgezeichneten, sondern vielmehr dieser permissiven, hybriden, demokratischen, sonderbaren Kunstform selbst, als Dank für die Gültigkeitserklärung, die sie unserer gemeinsamen Menschlichkeit verleiht, und für das Festhalten an dem Glauben (einst das Vorrecht von Philosophie und Religion), dass das, was Howells «die Bedeutung der Dinge» nannte, bloßgelegt werden kann.

Die vier *Rabbit*-Romane

Einführung zu der Easton-Press-Ausgabe der vier Romane über Rabbit Angstrom, die 1993 erschien. Ich habe über diese vier Romane mehr geschrieben (und gesprochen) als über alle anderen zusammen: Es gibt ein Vorwort zu jedem Band in der Ausgabe der Franklyn Library und Reden über die beiden preisgekrönten Romane sowie eine ausführliche, sorgfältige Zusammenfassung als Einleitung zu der Everyman's Library-Ausgabe von *Rabbit Angstrom: The Four Novels* (1995). Verglichen mit diesem sechstausend Wörter umfassenden, nicht in diesem Band aufgenommenen Überblick waren meinen Anmerkungen für die Easton Press spärlich und beiläufig, doch als ich sie wieder las, fand ich, dass sie einige Wahrheiten enthielten, die in der späteren, vollständigeren Einleitung nicht gegenwärtig sind. Außerdem entspricht der Eindruck eines in Eile verfassten Textes vielleicht eher der Textur der Bücher, die ich in zügigem Tempo, unter vollen Segeln und sowohl professionellem und als auch innerem Druck schrieb.

Rabbit, Run [Hasenherz] nahm seinen Anfang zu Beginn des Jahres 1959 und wurde gegen Ende des gleichen Jahres eilig abgetippt, damit meine Familie und ich am Anfang des neuen Jahrzehnts in die Ferien fahren konnten. Wir wohnten in Ipswich, Massachusetts, in einem Haus aus dem siebzehnten Jahrhundert, und ich schrieb den Roman zu Hause, mit der Hand, an einem Klapptisch in einem kleinen Eckzimmer, von dem man auf eine lebhafte Straßenecke, einen komplizierten Telefonmast und eine große alte Ulme blickte. Ich lebte seit über zwei Jahren in Neuengland und war mit einundzwanzig Jahren von Pennsylvania weggegangen, doch der

Keystone State war mir immer noch gegenwärtiger als meine Yankee-Umgebung.

In der Absicht, eine filmhafte Novelle im damals sehr ungewöhnlichen Präsens zu schreiben, stellte ich fest, wie sich Harry «Rabbit» Angstroms Lebensumstände und Probleme unter meinen Händen ausdehnten und schließlich dreihundert getippte Seiten füllten. Einige Aspekte entstammten meiner damaligen Umgebung: Ein viel bewunderter Rhododendron-Garten auf dem Hügel hinter unserem Haus wurde zu Mrs. Smiths Garten, in dem Harry eine Saison lang arbeitet, und meine Freundschaft mit dem Pfarrer der Episcopalian Church in der Stadt diente als Vorlage für ein paar Szenen erdachten kirchlichen Lebens. Aber die zentrale Situation – das antiklimaktische Erwachsenenleben des High-School-Sportlerheldens – gehörte in das Pennsylvania meiner Kindheit. Mein Vater war High-School-Lehrer, und mit den Jahren durchlief ich seine Schule und seine Klassen bis zum Abschluss; die High School war die einzige amerikanische Institution, die ich von innen und aus verschiedenen Perspektiven kannte. Ich ging zu so manchem Basketball-Spiel und feuerte die Spieler an; mein Vater kam mit so mancher traurigen Geschichte von einem früheren Star nach Hause, der in den asphaltierten Gassen zwischen den Backsteinreihenhäusern von Reading und Umgebung auf die schiefe Bahn geraten war. Reading war die Stadt, die drei Meilen oder zwanzig Minuten mit dem Oberleitungsbus von Shillington entfernt war. Ich hatte nie dort gelebt, und Mt. Judge, die Stadt in meinem Roman, ähnelt in ihrer physischen Konfiguration nicht meiner Heimatstadt, sondern ihrer Rivalin, Mt. Penn. Ich war nie ein Basketball-Star gewesen – selbst meine Saison als Spieler bei den Varsity-Junioren war ein Desaster und ist eine peinliche Erinnerung. Folglich ging eine kräftige, berauschende Dosis von Phantasie und Wunscherfüllung in *Rabbit, Run* ein, verbunden mit der Wirklichkeit eines nostalgisch evozierten Schauplatzes sowie dem Wirrwarr und den Spannungen einer jungen Ehe. Rabbit rannte also, während ich am Schreibtisch saß und der Bleistift über das Papier flog und ich so sehr mit den Füßen scharrte, dass ich am Ende des Jahres den lackierten Kiefernboden an der Stelle blankgewetzt hatte.

Ich hatte nicht vorgehabt, Rabbit wieder aufzusuchen. Das Ende meines Romans sollte auch das Ende unserer Bekanntschaft mit dem plebejischen Gegenüber von Kerouacs freischwebenden Reisenden in *On the Road [Unterwegs]* sein. Aber so viele Leute fragten mich, was nach dem Ende des Romans aus ihm geworden sei, als sein hartes und besorgtes Herz einen Moment lang weich wird in der Ekstase ziellosen einfach Rennens, dass ich zehn Jahre später beschloss, ihn neu zu beleben, als Hinleitung zu dem ganz gewöhnlichen Amerika in den explosiven sechziger Jahren. Möglicherweise wäre das Präsens als Erzählzeit auch ohne *Rabbit, Run* in Mode gekommen; immerhin kann ich eindeutig für mich in Anspruch nehmen, das Wort *redux* [adj. mit der Bedeutung *zurückgebracht, wieder belebt*, von lat. reducere] wieder belebt zu haben, seit es nach der Veröffentlichung von Anthony Trollopes Roman *Phineas Redux* fast ein Jahrhundert zuvor in der Versenkung verschwunden war. Dass das lateinische Wort in scherzhaften Schlagzeilen häufige Verwendung findet, ist das einzige klare Zeichen von einem Einfluss, den mein Lebenswerk auf die englische Sprache hatte.

Rabbit Redux [Unter dem Astronautenmond] rannte durch die Seiten; für den Autor einer Fortsetzungsgeschichte liegt ein Vergnügen darin, dass die Gestalten, die Städte und Straßen schon benannt sind; sie müssen nur auf den neuesten

Stand gebracht und konsequent benutzt werden. Ich muss kurz nach den bemerkenswerten Ereignissen des Juli 1969 – die Mondlandung und Chappaquiddick in der gleichen Woche! – mit dem Schreiben begonnen haben. Während ich das Buch schrieb, zogen wir innerhalb von Ipswich um, in ein geräumiges und weniger geschichtsträchtiges Haus, das an einem Gezeitenfluss mit dem Namen Labor-in-Vain-Creek lag; das Haus hatte in den dreißiger Jahren dem Schriftsteller und Dramatiker George Brewer, Jr. gehört, dem Verfasser von *Dark Victory*; in der Verfilmung mit Bette Davis in der Hauptrolle, die ich kürzlich im Fernsehen sah, wurde die Struktur des Anwesens am Labor-in-Vain-Creek mit seinem Studio-Cottage inmitten von Fliederbüschen und getrennt vom Haupthaus eigentümlich lebendig.

Ich benutzte das Cottage jedoch nicht. Allerdings erinnere ich mich, dass ich in einer Phase, als das Haus noch auf die Möbel wartete, ein Brett über zwei niedrige Regale legte und weiter an den Abenteuern von Harry und Janice und Nelson tippte, während die Arbeiter kamen und gingen. Aber ich hatte schon einige Jahre zuvor in der Stadt, über einem Restaurant, ein Büro gemietet, und meistens war ich dort, wenn ich an dem Buch schrieb. Wenn der Roman hektisch wirkt – die Zeiten waren es auch. *Rabbit, Run* spielte 1959, aber es handelt nicht von Eisenhower oder den Ereignissen der Zeit, die in einem kurzen Moment über das Autoradio meines Helden eindringen. Zehn Jahre später passierten die Nachrichten nicht mehr im Fernsehen, sondern unmittelbar um uns herum, und man konnte den Krieg, die Proteste, die Bürgerrechtsbewegung und die Mondlandung so wenig ignorieren wie die Drogen und sexuelle Promiskuität, die sich in der Mittelschicht immer größerer Beliebtheit erfreuten. Auf der Grundlage der Theorie, dass alle größeren nationalen Entwicklungen sich letztlich auch im Mikrokosmos des privaten Bürgers niederschlagen, drang ich zusammen mit einem Abtrünnigen der Oberschicht und einem Black-Power-Advokaten in Harrys kleines Ranch-Haus am Vista Crescent ein, wo sie in jener moralisch schrillen Zeit in seinem Wohnzimmer so genannte Teach-ins veranstalteten.

Doch im Grunde genommen kreist die Handlung um das Familiäre: Eheliche Treue und elterliche Verantwortung sind immer noch die wichtigen Themen, und Nelson, der inzwischen zwölf ist und auf die Dreizehn zugeht, macht sich mit seinem Protest artikulierter und trotziger vernehmlich, als er das mit zwei Jahren konnte. Zu diesem Zeitpunkt leben noch alle vier Großeltern, und Pa Springer erwähnt beiläufig, dass er eine Toyota-Franchise erworben hat, eine Tatsache, die in den nächsten beiden Bänden von zentraler Bedeutung sein wird. Doch vorerst arbeitet Harry als Schriftsetzer an einer Linotypemaschine, was für mich etwas Heldenhaftes hatte – es war eine metallene Erhöhung meiner eigenen sitzenden Tätigkeit des Wörteranhäufens. Ich hatte mehrere Sommer als Laufjunge für den *Reading Eagle* gearbeitet, und wenn ich die Druckvorlagen in die Halle brachte, wo die Linotypers und die Graveure unter ihren heißen Lampen arbeiteten, war das wie ein Besuch in einer Gießerei – ein ratternder und schweißströmender Raum, in dem der Satz und die Druckplatten *gemacht* wurden. Ich wünsche allen angehenden Autoren einen ähnlich aufregenden Einblick in den industriellen Teil der Herstellung ihres Vorhabens. Der Besitzer des *Ipswich Chronicle* erlaubte mir, dass ich mir seine Linotype-Setzmaschinen ansah (die im Begriff sind, technologisch durch Offset-Printing und Computerisierung obsolet gemacht zu werden) und meine Erinnerungen auffrischte. Der freizügige, clevere Charlie Stavros muss der lebhaften griechischen Kolonie in Ipswich entlehnt sein. Aber es war in Berks County, wo, wie meine Eltern mir berichteten, das Haus eines gemischtrassigen Paares – der schwarze Ehemann war auf meine Schule gegangen – auf mysteriöse Weise in Flammen aufging.

Obwohl beide Romane ihre unzufriedenen Kritiker hatten und keiner von beiden ein Bestseller wurde oder einen Preis bekam, hatte ich da offenkundig eine gute Sache zu laufen. Als das neunte Jahr des Jahrzehnts anbrach, lebte ich in einer anderen Stadt mit einer anderen Frau zusammen, und mein Hochgefühl angesichts all des Neuen gab *Rabbit is Rich [Bessere Verhältnisse]* einen Überschwang, den wir fast optimistisch nennen können. Harrys Läufe durch Mt. Judge waren eindeutig die Läufe, die ich abends nach dem Essen durch die dunklen, unregelmäßigen Straßen von Georgetown, Massachusetts, machte. Das unauffällige Georgetown, von der Küste und von Ipswich zwanzig Minuten entfernt, hatte mehr Ähnlichkeit mit einer Kleinstadt in Pennsylvania als die alte puritanische Hafenstadt, und mein erfundenes Diamond County wurde mit dieser vertrauten Atmosphäre ausgepolstert. Janices veränderte Statur und Harrys erneuertes Interesse an ihr muss mit der anderen Veränderung in meinem Leben, meiner neuen Ehe, zu tun haben. Ich fühlte mich reich, reich an frischen Eindrücken, wenn auch nicht an Toyota-Profiten. Im Jahr 1979 gab es keine Mondlandung, die dem Roman ein Emblem und einen Ausgangspunkt hätte geben können; die Ölkrise im Juni mit den langen Schlangen an den Tankstellen und dem stolpernden Jogger-Präsidenten bot sich hier als zentrale Metapher an, und Harrys natürlicher Überschwang und seine Unersättlichkeit besorgten den Rest. Ich war besonders angetan, wie sich Ma Springer, inzwischen die einzige noch Lebende aus der Großeltern-Generation, für die soziale Ordnung einsetzte, während Nelsons wechselnde Freundinnen frischen Wind in das große, stuckverzierte Haus in der Joseph Street brachten. Meine eigenen vier Kinder belebten mein eigenes Leben mit frischen Gesichtern, und eine freundliche Verbindung zu einem Akademiker verhalf mir zu den Einzelheiten hinsichtlich Nelsons College-Ausbildung am Kent State in Ohio; aber ich glaube, die dichte moralische Atmosphäre, der resistente, aber tolerante Konservatismus kamen aus Pennsylvania. Dieses Buch hat dann doch Preise gewonnen, und in der Dankrede für einen der Preise, den National Book Critics Circle Award, sagte ich: «Meine Heimat im südöstlichen Pennsylvania, in dessen Waldlandschaft ich seit über drei Jahrzehnten nicht mehr ansässig bin, wärmt auch heute noch freundlich meine Phantasie mit den Eindrücken von Menschlichkeit, die ich dort, vor langer und immer längerer Zeit, empfing – ein Land, das auch für den abwesenden Farmer fruchtbar ist.»

Die nächsten zehn Jahre brachten abermals eine Adressenänderung mit sich – ich zog in ein großes, weißes Sommerhaus in Beverly Farms, mit Blick aufs Meer. In einem der früheren Mädchenzimmer sitzend, an meinem Army-Tisch aus grünem Stahl, den ich für dreißig Dollar als Hauptmöbel für mein Büro in Ipswich gekauft hatte, blickte ich hinaus auf die sich ständig verändernde Fläche des Atlantiks und versuchte mir Harrys Niedergang vorzustellen. Er war erst in den Fünfzigern, ein Jahr jünger als ich, aber ich fand, es sei an der Zeit, seinem Leben und der Romanserie ein Ende zu machen. Es war eine bedrückende Aussicht, die noch bedrückender dadurch wurde, dass meine Mutter in Berks County, allein in einem Farmhaus aus Sandstein, in dem sie über achtzig Jahre zuvor zur Welt gekommen war, ihrem Ende entgegenging. Sie war mein Hauptbindeglied zu Rabbits Landschaft, und sie starb, kurz nachdem ich die erste, mit Bleistift geschriebene Fassung von *Rabbit at Rest [Rabbit in Ruhe]* fertig gestellt hatte. Durch meine vielen Besuche bei ihr in jenem Jahr, zu Hause und im Krankenhaus, hatte ich mehr von Berks County gesehen als in den Jahren seit meinem einundzwanzigsten Lebensjahr. Einzelheiten ihrer Pflege im Krankenhaus wurden opportunistisch in die Tonart Harry Angstroms, in Florida und Brewer, transponiert; der Anblick der blühenden Bradford-Birnbäume in der Ninth Street in Reading wurde für den Toyota-Vertreter im Ruhestand eine Epiphanie. In jenem Sommer wurde ich von der Stadt Georgetown eingeladen, als einer der gefeierten ehemaligen Einwohner in einer Parade zu marschieren, und meine verwirrenden, irgendwie postumen Empfindungen dabei übertrugen sich auch auf meinen alten fiktiven Freund. Alles wurde ihm aufgeladen, von einem Autor, der nicht von ihm lassen konnte, aber wusste, dass er ihn lassen musste. Einmal muss es genug sein. Mein eigenes Herz zwickte mich. Als er und ich wieder nach Florida kamen – wohin ihn, wie er am Anfang von *Rabbit, Run* geglaubt hatte, sein Weg führen würde –, stand das gesegnete Ziel vor Augen; Gott schwebte in den Wolken, und mit ihm der Hurricane Hugo.

In einer Dankrede für einen Preis, den dieses letzte Rabbit-Buch mir einbrachte, sagte ich, dass seine Hauptgestalt mir Zugang zu Amerika verschafft habe – «einen Weg hinein, in die Angelegenheiten Amerikas» –, wie ich es selbst nicht vermocht hätte. Zugang – das ist es, was ein Schriftsteller sucht: einen Weg, meist einen umschweifigen, zu sich selbst und zu dem in ihm verborgenen Schatz unterbewusst gespeicherter Wirklichkeit. Harry und ich haben eine Menge gemeinsam: Wir sind zusammen aufgewachsen, wir sind beide weiße amerikanische Männer, deren historische Erfahrungen hauptsächlich in der Zeit der Depression, des Zweiten Weltkriegs und des Kalten Krieges liegen. Er war ein Jahr jünger als ich, gleichsam ein kaum jüngerer Bruder, und mein Leben hat mich an Orte geführt, die er nicht gesehen hat. Dennoch ist er nicht in mir enthalten, etwa wie ein kleiner Kreis, der von einem größeren umschlossen ist. Er hat Eigenschaften, die ich nicht habe – er ist größer, sieht besser aus, ist wilder als ich, empfindsamer und spiritueller. Im Allgemeinen sind fiktive Gestalten, wie E. M. Forster in *Aspects of the Novel [Ansichten des Romans]* deutlich macht, empfindsamer und spiritueller als lebende Menschen, sie sind weniger dickfellig und blind gegenüber ihrer Umgebung. Harry betrachtet Amerika mit dem Auge des Besitzers und registriert aufmerksam Veränderungen und Verschlechterungen. Anders als ich ist er in Pennsylvania geblieben, eingetaucht in das Strahlen, in die Bedeutungsschwere der Kindheitseindrücke.

Doch das Abbild des Lebens in den Vereinigten Staaten, das in den vier Romanen enthalten ist, stellt für mich nicht ihren zentralen Aspekt dar. Es stimmt, das Recht auf Abtreibung, der Drogenkonsum, die sexuellen Gepflogenheiten, die Einstellungen zu Rassenfragen, die populäre Unterhaltung, die Bekleidungsmoden und das Erscheinungsbild unserer Städte – alles hat sich seit 1959 verändert, und diese Veränderungen werden gezeigt. Aber viele Werke der Soziologie und Zeitgeschichte haben sie systematischer aufgezeichnet als ich in meinen zufälligen Beispielen von Schlagzeilen und der allgemeinen Textur am Ende jeweils von vier Jahrzehnten. Ein paar alte *World Almanacs* würden mehr Daten liefern.

Die Tetralogie ist für mich die Geschichte eines Lebens, des Lebens eines amerikanischen Bürgers, der die nationale Leidenschaft für Jugendlichkeit, Freiheit und Sex teilt, der die nationale Offenheit und die Bereitschaft zu lernen ebenso besitzt wie die nationale Gewohnheit zu improvisieren. Er ist zudem Protestant, von einem Gott heimgesucht, dessen Manifestationen sich ihm entziehen und der dennoch von überragender Bedeutung ist. Wie der Held in Kafkas *Schloss* sucht er nützliche Arbeit und findet sie nicht. Im Vergleich zu den meisten Menschen auf der Welt ist er vom Glück begünstigt, aber er fühlt sich nie richtig zu Hause in der Welt. Die Körperlichkeit des Lebens, wie sie von seinem alten Rivalen Ronnie Harrison repräsentiert wird, fasziniert ihn und ekelt ihn an. Seine Geschichte ist zum Teil eine sexuelle Pilgerfahrt, tiefer in die Körper von Frauen hinein, und zum Teil die Entwicklung einer Ehe, in der die Frau stärker wird und der Mann schwächer. Es ist die Geschichte eines Sohnes, der Vater und dann Großvater wird; die Beziehung – die verhinderte Liebe – zwischen Harry und Nelson ist ein sich durch die gesamte Tetralogie ziehender Strang. Ein anderer ist Harrys Suche nach der Tochter, die er verloren hat, und der Versuch, irgendwie das Unrecht ihres Todes zurecht zu rücken: Das Leben erscheint als ein ausgedehnter Versuch, ein zentrales Trauma zu heilen. Die Tetralogie handelt – und nicht nur im letzten Band – von der Beziehung eines Mannes zu seinem kommenden Tod. Sie handelt auch noch von einer Reihe anderer Dinge, die ich, außer in dem Gewebe fiktionalen Schreibens, nicht formulieren kann. In der Literatur ist es nicht nur der Leser, der hofft, von Bedeutung überrascht zu werden – es ist auch der Schriftsteller.

Henry Bech interviewt Updike

Anlässlich des Erscheinens seines fünfzehnten Romans

Ist es wirklich schon zehn Jahre her, dass Ihr fiktiver Interviewer seinem Schöpfer in einem prärieflachen neuenglischen Straßenkreuzungsort namens Georgetown, Massachusetts, begegnete, und über zwanzig Jahre, dass er ihn in einem traurigen Schuhkarton-Büro in einer salzverkrusteten alten Siedlung namens Ipswich antraf? Updike hält hartnäckig an der Gegend nördlich von Boston fest und residiert in einer entlegenen Ecke einer trostlosen Festung, Beverly geheißen, die sich hauptsächlich dadurch auszeichnet, dass sie angeblich der Geburtsort der amerikanischen Navy ist (eine schmerzhafte Geburt, gewiss, mit all den Masten und Ankerketten) und dass es dort eine ehemalige Schuhfabrik gibt, die, würde man ihn auf die Seite legen, größer ist als der Trump Tower. Einer Wegbeschreibung folgend, so kompliziert wie das Handbuch eines Alchemisten, fuhren wir weiter, mein Taxifahrer und ich (er kam aus dem Osten Bostons und fürchtete sich vor bewaldeten Vororten ebenso sehr wie Ihr ergebener H. B.), über ein paar Eisenbahnschienen hinüber, auf die falsche Seite, wie ich vermutete, wo wir, nachdem wir ein paar Mal vom Weg abgekommen und in den Einfahrten ungnädiger lokaler Landadeliger gelandet waren, aber schließlich doch den Autor fanden, der ebenso alt und verstört aussah wie seine Nachbarn. Seit unserer letzten Begegnung sind seine zerzausten Locken noch weißer verworden, seine Augen kleiner und seine Zähne gerader – das Wunderwerk mehrerer kosmetischer Zahnarztkunststücke. Die Pfosten seiner Veranda schienen sich zu spalten, seine Haustür öffnete sich in der feuchten Seeluft nur unter Mühen. Meine

Versuche, mit raschem Blick verräterische Details seiner Einrichtung zu erspähen, wurden vereitelt, da er mich unverzüglich die gewundene Treppe hinaufführte, in schrecklich beengte Räumlichkeiten, wo er angeblich arbeitet und dabei zwischen Schreibtischen hin und her flattert wie ein verwundeter Flamingo.

Ich war – in der zitronengelben Kammer – beeindruckt von dem rührend altmodischen Textverarbeitungsgerät (es hat keine Computerfunktionen, ist nicht IBM-kompatibel und wird mit einer Handkurbel angeworfen), von zwei gerahmten Zeichnungen von Saul Steinberg, eine mit der Widmung «To John Updike with best wishes», datiert 1945, als der Empfänger ein dreizehnjähriger Autogrammjäger war, und eine zweite, die einen schreibenden Hasen darstellt, mit der Aufschrift: «John Up 60!», und datiert 1992. Memorabilia aus siebenundvierzig Jahren: Der Abgrund der «Verlorenen Zeit» machte mich schwindeln, ebenso wie der Blick aus Updikes schmutzigen Fenstern auf struppige graue Eichhörnchen, die einander über gefährlich schwankende Äste jagten, Äste von Bäumen, die der ländliche Schriftsteller selbstbewusst als Eichen beschrieb, ob rote oder weiße, war ihm nicht bekannt.

Ich fragte ihn, ob er es noch bedauere, nicht Cartoon-Zeichner geworden zu sein, wie der hoch geschätzte Steinberg.

«Ah», sagte Updike, und seine wässrigen Augen begannen ein wenig zu leuchten, «aber Steinberg ist nicht nur Cartoon-Zeichner – er ist Vollblutkünstler, er hat Ausstellungen im Whitney Museum und Nachahmer überall in der Welt. Ich hätte nicht er sein können, fürchte ich, und so bin ich zufrieden, meine Liebe zu konvoluten Schnörkeln und Zeichentrick-Hasen, zu Sprechblasen und «Fortsetzung folgt»-Enden, zu Doppeldeutigkeiten und Trompe l'oeils umgelenkt und auf die gedruckte Sprache konzentriert zu haben. Das Medium des Wortes ist ungreifbar und bietet noch weniger Widerstand als grobkörniges Papier dem Graphit oder Plakatpappe der Tusche. Es ist wie ein großes glänzendes Stück Papier, in das man jeden Morgen hineinfällt, wie Alice, die durch den Spiegel geht. Ich wollte mein Handwerk mit keinem anderen tauschen.»

Diese Rede, mit der für Updike charakteristischen und eigentümlichen Anspannung in den Mundwinkeln und einem beunruhigenden Flattern der Augenlider dargeboten, wird hier aus dem Gedächtnis wiedergegeben, da der Interviewer zu dem Zeitpunkt sein nagelneues vierspuriges Yamaha-Tonbandgerät noch nicht eingeschaltet hatte. Jetzt tat ich es und fragte mit lauter Stimme: «Ihr neuer Roman – ich habe bisher aus Zeitmangel erst die Eröffnungskapitel überfliegen können, und außerdem hasse ich es, gebundene Fahnen zu lesen, voller Satzfehler und verachtenswerter geistiger Irrtümer (wie sie in der Regel sind), aber es scheint noch mehr ein Wunderland zu sein als sonst. Mehrere Kapitel über sexuelle Turbulenzen in den Tagen von Gerald Ford, andere Kapitel voll mit James Buchanan und seinen verschrobenen vorgestrigen Kumpels, Anmerkungen in Klammern für einen imaginären Herausgeber, zu Fußnoten, Fußnoten zu Fußnoten – ein Kauderwelsch, *una olla podrida*!»

A. *(in leicht pikiertem Ton)*: Es ist mein *Sturm*, mein Abschiedsbesuch bei allen meinen Themen, bevor ich tiefer, als je ein Ton fiel, mein Buch ertränke. Seit ich ein errötender Zwanzigjähriger war, ist es mir ein Anliegen gewesen, die Geschichte von James Buchanan, Pennsylvanias einzigem, viel beschimpftem Präsidenten, zu erzählen. Meine Versuche, einen Roman über ihn zu schreiben, scheiterten und endeten 1974 in einem Bühnenstück mit einem umfangreichen Nachwort; doch diese Niederlage ließ mich nicht ruhen, und kürzlich dachte ich, wenn ich Buchanan in eine Sexkomödie einbetten könnte, die im Neuengland des zwanzigsten Jahrhunderts spielt, mit einem Geschichtswissenschaftler in der Gegenwartshandlung, der vorhat, über Buchanan zu schreiben, könnte ich mir vielleicht ein paar schriftstellerische Freizügigkeiten erlauben, die notwendige Freiheit der Phantasie, die bisher dadurch gezügelt wurde, dass ich konstitutionell nicht zu all den Vortäuschungen bereit war – zu dem, was Henry James *Escamotage* nennt –, die in einen historischen Roman eingehen. Die *Escamotage* – das Jonglieren und der magische Surrealismus – fallen jetzt meinem fiktiven Geschichtswissenschaftler zu, dessen Name Alf Clayton ist. *Memories of the Ford Administration [Erinnerungen an die Zeit unter Ford]* ist eine Art Fortsetzung, könnte ein wacher Kritiker sagen, nicht nur von *Buchanan Dying*, sondern auch von *A Month of Sundays [Der Sonntagsmonat]*, die in meinem Œuvre dicht nebeneinander liegen. Vor einiger Zeit erreichte ich das Alter, von dem an alles, was ich schrieb, mehr oder weniger eine Fortsetzung von Dingen war, die ich früher einmal geschrieben hatte. Manche würden es Einfallsarmut nennen, ich nenne es eine gesunde Erhaltungspolitik.

F.: Aber warum der Titel? Der längste und umständlichste, wenn ich mich nicht täusche.

A.: Nun, ich war überrascht, wie merkwürdig schnell die Ford-Administration in Vergessenheit geriet. Wenn ich anderen gegenüber den Titel erwähne, werde ich mit einem Lächeln bedacht, als wäre die Ford-Administration ein kleines Geheimnis, das die Amerikaner miteinander teilen. Der Stoff hatte die Obskurität, das Versteckte, Verborgene, das ich, soll ein Gegenstand mich wirklich anregen, brauche.

F. *(nachdem H. B. schweigend seine Zustimmung zu der ungewöhnlichen Syntax signalisiert hat):* Aber, John – darf ich Sie «John» nennen?

A.: Nur zu. Alle anderen tun das auch. Besonders die Leute vom Fernmeldeamt. Ist Ihnen schon mal aufgefallen, dass niemand unter vierzig die Adresse auf dem Briefumschlag noch mit «Mr.» beginnt? Das bringt mich auf die *Palme.*

F.: – Sie selbst sind immer weniger im Verborgenen. Sie sind jetzt das, was in den Tagen, als Sie Saul Steinberg mit Briefen belästigten, die ebenso pubertär wie bewundernd waren, ein berühmter Autor genannt wurde. Welche Wirkung hat das auf sie?

A.: Welche Wirkung hat es auf *Sie?*

F.: Für mich kann es nicht gut sein. Aber ich lebe in Manhattan, wie Sie wissen –

A.: West 99th Street, Ecke Riverside Drive. Ich habe Sie dort selbst installiert.

F.: – wo Autor zu sein zum lokalen Alltag gehört und Berühmtheit mit der gleichen Nonchalance getragen wird wie in der Wall Street die Krawatte. Aber für Sie, einen Jungen aus den Bergen von Pennsylvania –

A.: Ich bitte Sie. Ich habe die ersten dreizehn Jahre meines Lebens in einer Kleinstadt in einem abgelegenen Tal verbracht. Aber natürlich, wenn die Elterngeneration stirbt, legt sich ein gewisser fadenscheiniger Mantel um einen, und man macht die niederschmetternde Entdeckung, dass die Welt es lieber hätte, dass der Autor Reden hält, an Jurys teilnimmt, Preise entgegennimmt, Bücher signiert, im Fernsehen und im Radio auftritt, sich in Colleges zeigt und den Studenten Ratschläge erteilt, wie sie ihre herablassenden Abschlussarbeiten schreiben sollen, in Ausschüssen dient, zu Fototerminen posiert und Werbetexte für *Vogue* verfasst – alles lieber, als dass er im ursprünglichen Sinne schreibt. Es sollte uns nicht überraschen, dass die Öffentlichkeit gesellschaftliche Aktivitäten höher schätzt als die unsoziale Abgeschiedenheit von Schriftstellern und Lesern und die vagen, sich nicht in barer Münze auszahlenden, politisch inkorrekten Ideale der «Literatur». Ein Junge aus der Kleinstadt und überdies Sohn eines Lehrers, frühzeitig dazu erzogen, ein «braver» Junge zu sein, greift nur zu begierig die vielen schmeichelhaften Einladungen der Gesellschaft auf und lässt sich bei mancher Teegesellschaft und bei Gesprächen mit Schulkindern in die Rolle des «netten Menschen» drängen. Aber wie Norman Mailer vor Jahrzehnten sagte und Philip Roth nicht lange darauf: Nettigkeit ist der Feind. Jede Streicheleinheit der Gesellschaft ist wie das Pfft aus einer Sprühdose, mit dem wieder ein paar Atome des zarten Ozons unseres Gehirns zerstört werden und unsere persönliche Kretinisierung vorangetrieben wird. Das Gelüst nach ernsthaften Texten ist, leider, fast gänzlich gestorben, aber das Verlangen nach sprechenden, umherwandelnden Autoren grassiert im Land. Es ist eine paradoxe Priorität, die zweifellos damit zu tun hat, dass das Fernsehen Gesichter braucht, die es im Fernsehen zeigen kann. Gesichter, Menschen, Sexleben, Bankskandale – du lieber Gott, ist das etwa alles? Doch genug gejammert. Man muss die Welt nehmen, wie sie ist, und sehen, dass man seinen Weg darin macht. Shakespeare hatte Probleme damit und Alexander Pope auch. Autoren tun gut daran, sich zu sagen, dass sie eigentlich nicht zu der Gruppe der Priester und Politiker gehören, sondern zu jener der Popsänger und Stand-up-Comedians – Unterhalter, von einer abwegigen Sorte.

F. *(wirft ihm die nächste Frage zu):* Was ist dann Ihre Haltung zur Literatur als lebensfähiger Kunstform?

A.: Ich stelle fest, je länger ich in dem Metier tätig bin, umso enger richtet sich mein Blick auf meine spezifischen Lieferprobleme. Was *mir* an meinem neuen Roman gefällt, ist zum Beispiel, dass ich die Namen aller amerikanischer Präsidenten hineingeschmuggelt habe und wie sich die Gestalten, die ein Jahrhundert auseinander sind, gegenseitig Signale zuzuwerfen begannen. Ohne Zweifel hat die Literatur zu leiden. Weniger Marktchancen für Kurzgeschichten, minderwertige Titel, die von der zunehmend konzernorientierten Buchindustrie gepusht werden, ästhetische Erschöpfung am Ende des Jahrhunderts, Generationen von Gehirnen, die durch das Fernsehen sowohl für die Wirklichkeit als auch für die Kunst usw. untauglich gemacht worden sind. Und dennoch, was für ein Glücksgefühl, meine möglicherweise durchaus verzichtbaren Titel einen nach dem anderen, zum Druck zu bringen! Welch ein Raum für Erfindung, welche Möglichkeiten der Fusion, wenn die Wörter erst einmal heiß laufen, was für eine befriedigende Umwandlung von persönlichem Futterstoff in reinigende, regulierende Kleie für jedermann! Literatur, dieses Gefühl wird man nicht los, ist für den Schriftsteller und den Leser gleichermaßen gesund. Und das Vorratsfass ist ohne Boden, obwohl es hin und wieder neu benannt werden muss, und «postmodern» war noch nie ein gutes Label. Aber ich merke, ich höre mich an wie ein «netter» Typ, ein Fürsprecher, verlassen wir also diese Welle. Wir wollen in Zukunft einfach nur lebensverschönernd egoistisch sein. Das Ich ist schließlich das glitzernde Instrument, das uns gegeben ist, auf dass wir diese schwierige Unternehmung – das Leben, die Wirklichkeit – meistern.

F. *(H. B. fürchtet, dass sein Yamaha-Gerät unter dem massiven metaphysischen Input implodieren könnte):* Okay, okay, wenn Sie meinen. Möchten Sie uns mitteilen, was Ihr nächstes Projekt der Selbstausbeutung sein wird?

A.: Ich sammle meine Gedichte. Nicht dass mich jemand darum gebeten hätte, doch wollte ich gern wissen, wie sie sich alle miteinander ausnehmen. Jeden Tag lese ich ein paar und richte sie ein wenig her, während mein ganzes Leben vor mir abläuft. Dann will ich einen Roman schreiben, der, anders als dieser hier, kurz und fabulös sein wird. Er soll in einer fremden Umgebung spielen und beim Schreiben wie ein frischer Hauch sein.

F.: Das hätten Sie wohl gern. Das hätten *wir* gern. Passen Sie gut auf sich auf, John.

A.: Sie auch, Hank. Hören Sie, Sie sind ein Schatz, dass Sie das gemacht haben. Es ist damit wie mit dem Verlieben – es ist peinlich, wenn man der Einzige ist.

Memories of the Ford Adminstration
[Erinnerungen an die Zeit unter Ford]

Eine «Special Message» für die Signed First Edition Society-Ausgabe der Franklin Library (1992)

Ich erinnere mich nicht mehr, wann ich das erste Mal von James Buchanan hörte. Die Schulen in Shillington, Pennsylvania, hatten keinen Staatskundeunterricht, und wenn doch, dann war ich an dem Tag krank und habe gefehlt. Vielleicht war es mein Großvater mütterlicherseits, von dem ich den Namen Buchanan zum ersten Mal hörte. Mein Großvater John Hoyer – nach ihm ich bin benannt – kam wenige Monate nach der Schlacht von Gettysburg in Berks County zur Welt, als Sohn einer ursprünglich aus den Niederlanden stammenden Familie in Pennsylvania, die auf Seiten der Demokraten eine beträchtliche Rolle in der Lokalpolitik spielte. In seinen ganzen neunzig Lebensjahren hat er kein einziges Mal seinen Stimmzettel damit beschmutzt, dass er für die Republikaner stimmte. Seine allgemeine Einstellung, wenn auch nicht in seinen Worten, spricht aus der folgenden Passage in meinem ersten Roman, *The Poorhouse Fair [Das Fest am Abend]*, in der der alte John Hook in seiner stockenden Redeweise von Buchanan schwärmt:

«Ein sehr un-fair ein-geschätzter Mann … Der letzte von den Präsidenten, die wirklich das *ganze* Land vertraten. Nach ihm waren die Südstaaten Sklaven von Boston, ebenso wie Alaska. Buchanan war Botschafter in Russland gewesen, verstehen Sie, und man hat dort viel von ihm gehalten.»

Als ich 1957 *The Poorhouse Fair* zu schreiben begann, hatte ich in Gedanken eine Pennsylvania-Tetralogie entworfen, die in einem historischen Roman über den einzigen Präsidenten gipfeln sollte, den der Commonwealth-Bundesstaat Pennsylvania jemals ins Weiße Haus entsandt hatte. Ich verfasste ziemlich schnell den zweiten und dritten Roman des geplanten Quartetts – *Rabbit, Run [Hasenherz]* und *The Centaur [Der Zentaur]* –, ließ mich dann aber von meinem Wahl-Commonwealth-Bundesstaat Massachusetts dazu verführen, einen Neuengland-Roman mit dem Titel *Couples [Ehepaare]* zu schreiben. Mit dem Gefühl, viel Zeit zu haben, das mir dieser Bestseller bescherte, begann ich während eines Aufenthalts in London mit meinen Nachforschungen über Buchanan; als ich im Sommer 1969 in die Vereinigten Staaten zurückkehrte, hatte ich genug zusammengetragen, um einen Anfang zu machen, aber es war ein mühsames Unterfangen, und schließlich beschloss ich, stattdessen einen weiteren Roman über einen erfundenen Zeitgenossen aus Pennsylvania zu schreiben – Rabbit Angstrom. Es war *Rabbit Redux [Unter dem Astronautenmond]*, womit ich in eine Pennsylvania-Tetralogie von anderer Art hineingeriet.

Dennoch, mein Interesse an Buchanan erlosch nicht, doch war ich, während die siebziger Jahre sich entfalteten, auch nicht in der Lage, den Roman mit den ständigen nachgemachten und gefälschten Bildern voranzutreiben, deren jede Erzählung bedarf, die sich nicht aus der Erinnerung speist – Henry James nennt dies (in einem Brief an Sarah Orne Jewett) die «fatale Billigkeit [und] bloße *Escamotage*» des «‹historischen› Romans». Schließlich entschloss ich mich zum Genre des Dramas: Es ermöglichte die unmittelbare Transponierung der gesprochenen, von der Geschichte überlieferten Worte und überließ die vielfältigen deskriptiven Probleme den Kostüm- und Bühnengestaltern. Also schrieb ich *Buchanan Dying* in drei wortreichen Akten. 1974 veröffentlichte Knopf das Stück in einem außerordentlich hübschen kleinen kastanienbraunen Band, mit Vorsatzpapier und einem ausführlichen Nachwort, in dem all diejenigen interessanten Fakten über James Buchanan erwähnt werden, die ich nicht in das Stück einarbeiten konnte.

Das Stück wurde zweimal in gekürzter Fassung aufgeführt, einmal im Franklin and Marshall College in Lancaster, und einmal an der San Diego State University in Kalifornien. Ich besuchte beide, und ohne dass es den verschiedenen Schauspielern anzulasten gewesen wäre (ich erinnere mich speziell an den charmanten französischen Akzent der F & M-Schau-spielerin, die die Zarin Alexandra darstellte), fand ich mein Unbehagen gegenüber der Bühne – mit ihrer Künstlichkeit, den menschlichen Unvollkommenheiten und der ange-spannten Atmosphäre einer gesellschaftlichen Angelegenheit, eben ihrer *Theatralik* – noch verstärkt. Ich war Buchanan – der besonderen Eindringlichkeit, die ich bei ihm gesehen hatte –, und der erhellenden Wirkung auf das hohe amerika-nische Amt, das seine Präsidentschaft versprach, nicht ge-recht geworden. Als der Verlag vor ein paar Jahren *Buchanan Dying* aus seinem Katalog nahm, nistete sich bei mir die hals-starrige Idee ein, seine Geschichte noch einmal zu erzählen, diesmal mit der neuen Kühnheit, die der lateinamerikanische magische Realismus dem literarischen Arsenal hinzugefügt hatte, und mit einem fiktiven Autor, der all die Schwierigkei-ten meistern würde, auf die ich bei meinen Versuchen der his-torischen Rekonstruktion gestoßen war. Sollte er statt meiner die fatale Billigkeit auf sich nehmen, die unvermeidliche fre-che Falschheit eines jeden Versuchs, Menschen wieder zu be-leben, die seit über einem Jahrhundert tot sind.

Das war der Grund für die Erfindung von Alf Clayton, Professor für Geschichte am Wayward College in New Hampshire zurzeit der Präsidentschaft Gerald Fords. Er würde sich an meiner Stelle als historischer Autor das Leben schwer machen und gleichzeitig selbst eine historische Ge-stalt sein, ein Übriggebliebener der Ford-Regierung. Was die Präsidenten angeht, so fühle ich mich zu den verkannten am ehesten hingezogen, und die Amtszeit Gerald Fords ist in we-niger als fünfzehn Jahren so gut wie aus der Erinnerung ver-schwunden. In den zwei Jahren seiner Präsidentschaft lebte ich in Boston, ohne Fernsehen und ohne Tageszeitung; ich habe praktisch *keine* Erinnerungen an die Ford-Administration als solche, außer einem Scharmützel mit einem kambodschanischen Kanonenboot und dem Versuch zweier Frauen, den guten Mann zu ermorden. Alf, der pflichtschuldig seine Erinnerungen für die Northern New England Association of American Historians referiert, charakterisiert die Ford-Ära, so gut er kann, doch die spätere Regierungszeit sollte nicht lebhafter dastehen als die frühere, und sie sollte nicht die fein gesponnenen Vorkriegsgeister unter zu deftig geratenen modernen Daten erdrücken. Ein Thema des Romans ist schließlich die Unmöglichkeit, die Vergangenheit wieder zu erlangen, ob als nostalgische oder als historische Angelegenheit. Als ich meinen staubigen Ordner mit den Buchanan-Unterlagen hervorholte, musste ich meine Nachforschungen neu durchleben und meine Fakten neu erfinden; einige der frühen Episoden des Romans, so zum Beispiel die Szene mit Jackson und den Schwestern Hubley, sind in enger Anlehnung an Szenen aus dem vergriffenen Theaterstück entstanden. Als ich «tiefer» in mein Thema eindrang, erfand ich neue Szenen, so das Liebeslied an den Senator W. R. D. King und die Unterhaltung mit Nathaniel Hawthorne. Viele andere Passagen in dem langen und politischen Leben von Buchanan wurden, um Tempo zu gewinnen, kurz abgehandelt. Der Besuch des jungen Prinzen Albert im Weißen Haus, zum Beispiel, und dessen Auswirkungen auf die heiratsfähige Harriet Lane gäben Stoff für eine feine Farce oder eine erotische Novelle her.

Wie in meinem Roman *Centaur* von vor dreißig Jahren (ist das möglich?) wechseln sich in den Kapiteln von *Memories of the Ford Administration* kontrastierende und doch harmonisch zueinander passende Realitätsebenen ab. Ich wollte die Verbindung zwischen den beiden Epochen und den beiden Protagonisten nicht zu eng gestalten; Parallelen auf Papier sind, wie fiktive Träume, allzu leicht herzustellen. Während Alf über Buchanan schreibt, schlägt sich sein eigenes Leben – nur zart, so hoffe ich – in den Seiten nieder. Buchanan und Ford werden nicht durch «und» verbunden, sondern durch «Ann». Während wir, über Monate und Jahre, an einem Buch schreiben, schleicht sich das hinein, was ringsumher, unten im Haus oder draußen vor den Fenstern geschieht, so wie Mäuse im Winter ins Haus kommen, doch kaum sichtbar. Alfs Rahmengeschichte von nicht untypischen ehelichen und außerehelichen Abenteuern erhielt die natürliche Schnelligkeit zeitgenössischer Berichterstattung; zur gleichen Zeit fand ich, dass auch Buchanan lebendig wurde, eine prächtig gewandete Gestalt auf der Bühne, von ganz hinten auf dem Balkon betrachtet, eine Marionette im Licht, die aber ihre Arme bewegt, ohne dass an Fäden gezogen wird.

Brazil [Brasilien]

Eine «Special Message» für die Signed First Edition
Society-Ausgabe der Franklin Library (1994)

In meiner Jugend, lange bevor ich auch nur den Schatten eines Anspruchs auf den stolzen Titel des Romanciers erhob, hatte ich einen Traum von außerordentlicher Eindringlichkeit: Ich träumte von einem mittelalterlichen Ritter, der bei einem Turnier oder einem Burgfest eine dunkle Dame erspäht und ihr quer durch den Nahen Osten, Zentralasien, Indien und Südostasien folgt, bis er sie, schon im Sterben liegend, durch einen Wall tropischer Pflanzen erblickt, wie sie sich ihrer Kleidung entledigt und in dem Meer badet, das eine der polynesischen Inseln umspült. Sie war zu Hause, und er war weit fort von zu Hause. Ich erwachte und sagte mir voller Erstaunen, dass ich einen Roman geträumt hatte. Dieses jugendliche Produkt unterbewusster Vorstellungskraft, das ich nie vergessen habe, hat zu *Brazil [Brasilien]* die Sehnsucht nach großen Entfernungen und eine Vision von unwandelbarer Treue beigesteuert.

Die Fähigkeit der Menschen, große Entfernungen zu überwinden, ist mit Sicherheit eine unserer heroischen Leistungen, einerlei ob sie sich in den Reisen Marco Polos manifestiert oder in der Rückkehr des Odysseus, in der Erdumsegelung von Magellans überlebender Mannschaft oder dem Westwärts-Zug amerikanischer Pioniere, in den qualvollen Wanderungen Coronados, Stanleys, oder Sir John Franklins, in der Mondfahrt der Astronauten, in den Erforschungen der Antarktis oder den anonymen Wanderbewegungen der Menschen, die zur Bevölkerung der sechs anderen Kontinenten führte. Die Fähigkeit weiterzugehen, getrieben von der visionären Hoffnung auf Gold oder Rentierherden, schafft Landkarten und füllt sie aus.

Die *bandeirantes* Brasiliens waren epische Wanderer; aus John Hemmings *Red Gold* erfahren wir: «1647 führte der fünfzigjährige António Rapôso Tavares seine *bandeira* von sechzig Weißen und einigen wenigen Indios quer durch Südamerika» – westlich von São Paolo durch die beiden Flüsse, den Panará und den Paraguay, durch die schrecklichen Sümpfe des Chaco zum Fuß der Anden, dann den Madeira flussabwärts zum Amazonas, eine Reise von siebentausend Meilen, entlang der Grenze Brasiliens. Dieser gigantische Treck, grausam und verrohend – «Als Rapôso Tavares schließlich nach São Paolo zurückkehrte, war er so entstellt, dass seine eigene Familie ihn nicht wieder erkannte» –, wird in meinem Roman erwähnt und findet dort ein Echo, aber es war eine Reise des zwanzigsten Jahrhunderts, die des französischen Anthropologen Claude Lévi-Strauss über den Mato Grosso, die er 1935–36 unternahm, die mir zu meiner Inspiration verhalf. Die Schilderung seiner Erfahrungen in Brasilien und der dort lebenden Indios in *Tristes Tropiques* ist wunderbar ausführlich und witzig und dabei brillant hinsichtlich der anthropologischen Erkenntnisse, die von den entlegensten Einöden des *Sertāo* bis hin zu den städtischen Kreisen São Paolos reichen. Man kann sich kaum einen besseren Begleiter für den in der Phantasie reisenden Leser vorstellen; Lévi-Strauss' magisch scharfer Verstand, seine heitere olympische Perspektive und seine Poesie der genauen Beobachtung tragen den Leser auf bezaubernde Weise durch eine Wildnis, die gewissermaßen voll ist von bitterer Leere. Ich hatte aber noch ein anderes Modell für Reiseprosa im Kopf, nämlich den Abschnitt in Vladimir Nabokovs *The Gift [Die Gabe]*, seinem ambitioniertesten Roman, in dem der Erzähler die asiatischen Reisen seines Vaters evoziert:

> Aus großer Höhe sah ich eine dunkle sumpfige Mulde, über und über zitternd im Spiel unzähliger Quellen, was an den sternenübersäten Nachthimmel erinnerte, und so hieß sie auch: Sternensteppe. Die Pässe waren höher als die Wolken, die Märsche anstrengend. Mit einer Mischung aus Jodoform und Vaseline rieben wir die Wunden der Lasttiere ein … Danach kommt die Lop-Wüste: Eine steinige Ebene, Lehmschichten von Steilhängen, glasklare Salztümpel; der helle Fleck in der grauen Luft ist ein einsamer Roborowskij-Weißling, den der Wind davonträgt[1]

---

[1] Vladimir Nabokov, *Die Gabe*. Deutsch von Annelore Engel-Braunschmidt. Reinbek 1993

Brazil greift die Geschichte von Tristan und Iseult auf, wenn es gestattet ist, ihre Liebesgeschichte in eine Ehe münden zu lassen. Wie in der Phantasiegeschichte *The Coup* sind auch hier Stränge meiner eigenen häuslichen Erfahrungen mit den exotischen Details verwoben. Tatsächlich war ich in Brasilien gewesen – eine Woche lang, um es genau zu sagen. In dieser Woche sammelte ich Eindrücke, die Gültigkeit für 1992 hatten, jedoch nicht, wie Freunde in Brasilien mir höflich mitteilten, für die sechziger Jahre, in denen der Hauptteil der Handlung stattfindet. Dennoch ließ ich nicht locker, und wie ein stümperhafter tapferer Forscher von früher ließ ich die Abenteuer meines jungen Paares auf dem Terrain stattfinden, das ich im Verlauf meines einwöchigen Besuchs erspürt hatte; ich war von São Paolo nach Ouro Prêto, dann nach Brasília und schließlich nach Rio gereist, wo ich von meinem Hotelzimmer auf den legendären Strand blickte, an dem meine Geschichte beginnt. Mein Brasilien liegt irgendwo zwischen den eher gruseligen Schlagzeilen von heute – in denen von Massakern an Straßenkindern und Indios aus dem Amazonasgebiet berichtet wird, und von Armeen korrupter und gewalttätiger Polizisten im Kampf mit Drogenhändlergangs, die in den *favelas* die Kontrolle an sich gerissen haben wie brutale Fürsten des Mittelalters, kurzum von einer in Auflösung begriffenen Gesellschaft, wo die Institutionen von Recht und Ordnung unter dem schmuddeligen Gewicht von Armut und Zynismus zusammenbrechen – und dem idyllischen Land der Hollywood-Filme der vierziger Jahre, die uns Hope und Crosby und Carmen Miranda und José Carioca zeigen, wie sie vor dem Hintergrund tropischer Früchte und großschnäbeliger Tukane und lächelnder brauner Gesichter einen Dauersamba tanzen. Ich habe diese Filme als Kind gesehen, als gerade erwachender junger Mann, der seinen

Traum von dem Ritter träumte, der in seiner Rüstung bis nach Polynesien reiste.

Für mich ist Brasilien (mit dem schwebenden, einlullenden Lied *Brazil*) nicht nur ein eingefärbter Fleck auf der Landkarte, sondern auch eine Versinnbildlichung des Wohlbefindens, wie Erewhon, Ruritania und Cockaigne. Es war ein Land, das mich lockte, in seine leuchtend grünen Tiefen, in seine magische Leere; hier schien mir einer der letzten Orte der Welt zu sein, an dem noch Raum für die Phantasie war. Literatur braucht diesen Raum, und dazu das Mobiliar von Erfahrung und Erforschtem. Wenn mein Brasilien zu spärlich möbliert ist und wenn die vorhandenen Möbel eine groteske Mischung ergeben, dann wird das ausgeglichen durch eine Weitläufigkeit, in der die Ereignisse zügig aufeinander folgen können, ungehindert durch ein Zuviel, das unseren Realismus so oft behindert und schwerfällig macht. Wir können eine Wahrheit ebenso gut aus der Ferne wie aus der Nähe erfassen. Ich weigere mich, mein Brasilien als unrealistisch zu verleugnen. Das Gefühl eines Landes für sich selbst ist ein aktivierender Teil seiner Realität, und dieses Gefühl entsteht zu einem Teil durch Menschen von außen. Weil Fremde Brasilien romantisiert und sexualisiert haben, ist Brasilien von Romantik und Sexualität saturiert. Sex, zwischen Herren und Sklaven, Eroberern und Urbewohnern, hat seine Identität geprägt als Bild von der Welt, die kommen wird, von einer Welt vieler vermischter Farben.

In the Beauty of the Lilies
[Gott und die Wilmots]

Eine «Special Message» für die Signed First Edition
Society-Ausgabe der Franklin Library (1996)

Meine treuen Leser werden im fünften Kapitel meiner Erinnerung *Self-Consciousness [Selbst-Bewusstsein]* und in der
Kurzgeschichte «Son» [«Sohn»] Vorläufer der Familiengeschichte erkennen, die das Thema von *In the Beauty of the Lilies [Gott und die Wilmots]* ist. Den Titel hatte ich schon seit
langem im Kopf – in seiner surrealen Traurigkeit umfasst er
eine Welt der protestantischen Entfremdung: *In the beauty of
the lilies Christ was born across the sea.* (In der Schönheit der
Lilien ward Christus geboren, jenseits des Meers.) Also nicht
auf dieser Seite des Meeres. Ich hatte gehofft, eine Familien-
saga zu erzählen, in der Gottes Wirken an vier Generationen
betrachtet wird, ein wenig so, wie die Bibel die Genealogie
von Abraham und Isaak, Jakob und Esau, Joseph und seinen
Brüdern erzählt. Zutiefst melancholische Einzelheiten dieser
biblischen Genealogie sind mir aus meiner lutherischen
Sonntagschule haften geblieben, die in einem Souterrain
stattfand, wo es nach poliertem Eichenholz und modrigen
evangelischen Heftchen roch – Abraham, der, über Isaaks
vertrauensvolle Brust gebeugt, das Messer erhoben hat, der
alte Isaak (immer noch vertrauensvoll), der sich erbärmlich
täuschen lässt von Fellen, die Jakob über seine Hände gelegt
hat, um die behaarten Hände von Esau vorzutäuschen, der
junge Joseph in seinem kunterbunten Mantel, der von seinen
neidischen Brüdern in eine Grube gestoßen wird. Nicht nur
der unerforschliche Wille Gottes war in diesem Kontinuum
zu spüren, sondern auch das unerbittliche Werk der Zeit, die

den jungen Knaben in der einen Geschichte zu dem alten Greis in der anderen machte. Und in meiner eigenen Familie, sowohl auf mütterlicher wie auf väterliche Seite, gab es oft erzählte Episoden aus der «Familiengeschichte», kostbare Goldklümpchen, die durch wiederholtes Erzählen glatt und glänzend geworden waren und die mit der Schwere ihrer offenkundigen Bedeutsamkeit weitergereicht wurden, als hätten diese fernen Taten und längst vergangenen Transaktionen unter den Toten eine zentrale Wirkung auf meine eigene kindliche, eher geschichtsresistente Identität. Die Hoyers, die Familie meiner Mutter, lebten überall um uns in Berks County herum – in der Gestalt von Tanten und Onkeln, Cousinen und Cousins und Farmen; die Updikes, die aus New Jersey kamen, sah man bei den jährlichen Familientreffen in der Nähe von Trenton, dem Ziel einer langweiligen, ermüdenden Autofahrt über enge Straßen, in einer Zeit, als es noch keine Highways gab. Wenn wir da waren, konnte ich miterleben, wie mein Vater sich in einen glücklichen Jungen zurückverwandelte, hier, unter seinen Cousinen und Cousins und den noch lebenden Tanten und Onkeln, deren Namen das Jahr über so liebevoll aus seinem Mund klangen, wenn er ihrer gedachte.

In meiner eigenen, nicht gerade kurzen Laufbahn habe ich über manches davon geschrieben, direkt oder versteckt – so zum Beispiel in der Kurzgeschichte «The Family Meadow» [«Die Familienwiese»]. Um meinen Roman zu schreiben – einen Roman, der etwas von Amerika wiedergeben und entsprechend breit und allgemein angelegt sein sollte – musste ich die persönlichen Fakten beiseite schieben und eine ferne Vorfahren-Vergangenheit erfinden, und das verursachte viel mühevolle Recherche. Die Besonderheiten von Paterson, New Jersey, wo ich nie gewesen war, mussten erforscht werden; ein Kleinstadt-Idyll in Delaware musste in eine reale Landkarte eingebettet werden. Während ich das Buch schrieb, flog ich eines klaren Tages auf der Strecke von Washington nach Boston genau über das Gebiet meines mythischen Basingstoke; ich sah hinunter, und ein wenig nördlich von dem Kanal an der Delaware Bay, da, wo Basingstoke hätte liegen können, sah ich ein Nest großer weißer Öltanks, das ich mir gierig für die Szenerie meines Buches zueignete. Hollywood, über das so oft geschrieben wird und das in so vielen Filmen, die dort gedreht wurden, vorkommt, war schon bekannt; aber die Geister von Fitzgerald, Faulkner, Nathanael West, Ludwig Bemelmans, Raymond Chandler und anderen waren nicht unbedingt willkommen. Sie hatten mit dem Auge des Schriftstellers hingesehen, der in der Regel gern anderswo wäre, und nicht mit dem Auge des Stars, der am Ziel seiner Herzenswünsche angekommen war. Essies verzauberte Kinobesuche in der Kindheit liegen mehr oder weniger in der gleichen Zeit wie meine, obwohl sie zwei Jahre älter ist als ich; die Zeit, in der sie zum Star aufsteigt, fällt jedoch mit einem Abflauen meiner Kinogänge zusammen, als sich College, Ehe, Vaterschaft und literarische Arbeit zwischen mich und die Leinwand schoben. Vieles von dem, was ich in den Büchern über Filmgeschichte las, die am Ende meines Buches aufgelistet sind, war mir neu, obwohl ich versuchte, mit Filmmomenten zu arbeiten, die hell leuchtend in meiner Erinnerung gespeichert sind. Was Colorado angeht, so ist es für mich sowohl ein geistiger Zustand als auch ein Staat im Staatenbund, der geistige Zustand der Amerikaner nämlich, der sich nach mehr Höhe, mehr Weite, mehr Raum im Westen sehnt, wo das unbegrenzte emersonische Ich den göttlichen Äther einatmen kann.

Das Buch zu schreiben, war ein Vergnügen und machte

einige Mühe. Für einen männlichen Schriftsteller ist es immer angenehm, in der Phantasie eine junge Frau zu sein. Und zu spüren, wie eine Stück für Stück zusammengefügte Landschaft ein zusammenhängendes Ganzes ergibt und bewohnbar wird, ist befriedigend. Da so viele Gestalten gebraucht wurden, war ich denjenigen dankbar, die, wie zum Beispiel Harlan Dearholt und Arnie Fineman, die Führung zu übernehmen bereit waren. Ganze Kapitel hätten anderen Abschnitten im Leben von Clarence und Stella, Teddy und Emily gewidmet sein können, aber bei all der Fülle von Persönlichkeiten wollte ich eine kontinuierliche Geschichte erzählen, in der Gott der Held war. Ich bat ihn hinzu, er sollte eine Gestalt in meiner Geschichte sein, und falls er mit charakteristischer moderner Bescheidenheit ablehnte, seine Gegenwart unmissverständlich spürbar zu machen, dann ist zumindest in dieser Chronik eindeutig ein Platz für ihn reserviert, eine Stelle im menschlichen Wesen, die nichts anderes füllen kann. Die Wilmots – ein Name, den ich einem historischen Dokument entnahm – sind eine alte amerikanische Familie aus einer Zeit, als viele Familien kräftig zum nationalen Leben beigetragen haben. Ich wollte ihren blassen, calvinistischen Faden durch fast das ganze Jahrhundert verfolgen, das auch das amerikanische Jahrhundert genannt worden ist. Diese schmeichelhafte Bezeichnung kann mit einer Anzahl statistischer Angaben belegt werden, aber sie scheint mir überdies gerecht und wahr zu sein in Hinblick auf weltweite Träume: Unsere amerikanischen Filme, unsere Lieder, unsere Erfindungen, unsere Autos (von dem griechischen Wort für «selbst» abgeleitet), unser politisches Beharren auf den Rechten des Individuums haben der Welt inmitten eines Jahrhunderts der Kriege und Schrecken einen neuen Stil der Aspirationen und einen höheren Standard persönlichen Wohlstands gegeben, als der Gang der Geschichte auch nur erahnen ließ. Von Taiwan bis Timbuktu flackern und leuchten und locken amerikanische Träume.

Toward the End of Time
[Gegen Ende der Zeit]

Eine «Special Message» für die Signed First Edition Society-Ausgabe der Franklin Library (1997)

In der Küche vor dem Mikrowellenherd, wenn ich zusehe, wie in Zahlensegmenten die zwei Minuten und zwanzig Sekunden wegticken, die es braucht, bis ein Becher Wasser so heiß ist, dass man ihn für Tee verwenden kann, habe ich mehr als einmal darüber nachgedacht, dass das Leben aus Jahren, Monaten, Wochen, Tagen, Stunden, Minuten und Sekunden besteht. Der Gedanke weckt Panik: Wir sind in einer endlichen Zahl gefangen, die zwar in den meisten Fällen groß ist – die Sekunden gehen relativ langsam vorbei, wenn man ihnen zusieht, und in einem siebzig Jahre währenden Leben gibt es 2 209 032 000 davon –, aber dennoch endlich. Der fünfundsechzigste Geburtstag, in den Vereinigten Staaten das übliche Alter für die Pensionierung, ist nur ein weiterer Nagel zum Sarg und vertieft die Beobachtung, zu der auch ein Kind von vier oder fünf fähig ist: Die Zeit trägt uns zum Grab. Und doch könnte sich unsere irdische Existenz mit all ihren Freuden und Stimulierungen nicht ohne Zeit vollziehen, die Zeit, die die abgelebten Minuten entlässt, die die Mitspieler auf der Bühne neu zusammenstellt, die neuen Raum schafft, die sowohl Gewinn und Wachstum bringt als auch Verlust. Dass unsere Freuden vergänglich sind, ist nicht nur Zufall, sondern Notwendigkeit. Ohne die Zeit wären wir in Unbeweglichkeit erstarrt, mehr noch als ein Körper in Eis, denn selbst umschlossen von Eis bewirkt die Chemie Veränderungen an einem Körper und verwandelt Haut, Blut und Muskeln in schwarzes brüchiges Leder. Die Erfahrung selbst ist eine Funktion der Zeit.

Die Schriftsteller des zwanzigsten Jahrhunderts haben zwar die meisten Glaubensgrundsätze, die zu metaphysischen Überlegungen führten, verloren, aber die Zeit würdigen sie auch weiterhin mit ihren Betrachtungen. In seinem großartigen Werk *À la recherche du temps perdu* behauptet Proust, er spüre in dem Moment, da eine Empfindung eine unwillkürliche Erinnerung auslöst, das Umkehren der Zeit – eine in Kamillentee getunkte Madeleine, unebene Pflastersteine unter den Füßen. Nabokov versucht in seiner Abhandlung über die Zeit, die den vierten Teil seines kosmischen Romans *Ada* bildet, die Textur der Zeit als «die graue Lücke zwischen zwei schwarzen Schlägen: das graue Intervall» einer Uhr wahrzunehmen oder in einer quasi-geistigen Anstrengung zu erfassen: «Um mir selbst Zeit zu geben, die Zeit von ‹Zeit› zu bestimmen, muss ich meinen Verstand in die entgegengesetzte Richtung meiner Fortbewegung lenken, wie man es tut, wenn man an einer langen Reihe von Pappeln vorbeifährt und eine davon herausnehmen und anhalten möchte, was die grüne Unschärfe dazu brächte, jedes einzelne Blatt zu offenbaren und darzubieten, ja, darzubieten.»

Diese kaum fassbare Textur ist in gewissem Maße in vielen Büchern vorhanden, die von Tag zu Tag durchs Jahr führen, angefangen bei Hesiods *Werke und Tage* und Spensers *The Shepheardes Calender*, bis hin zu Jahrbüchern des zwanzigsten Jahrhunderts wie Michail Prischwins *Der Sonnenspeicher* und Hal Borlands *Sundial of the Seasons*. Mein erstes und wahrscheinlich bestes Kinderbuch war *A Child's Calendar* – zwölf Gedichte, eins für jeden Monat. Die Jahre drehen sich und befördern uns vorwärts, auch wenn sie dahin zurückkehren, wo sie begonnen haben. Der elementare Impuls, den Verlauf eines Jahres nachzuzeichnen, liegt *Toward the End of Time [Gegen Ende der Zeit]* zugrunde.

Das Buch spielt in der Zukunft, im Jahr 2020, einem Jahr, in dem ich, das steht so gut wie fest – und ist eine Tatsache, der ich nicht lange ins Auge sehen kann –, nicht mehr leben werde. Ich habe einen solchen Sprung nach vorn schon früher geschafft. Mein erster Roman, *The Poorhouse Fair [Das Fest am Abend]*, wurde 1957–58 geschrieben und spielte, mit einigen Ungenauigkeiten, in George Orwells gefeiertem 1984. Damit ist dieser Sprung größer als die vierundzwanzig Jahre, die ich von 1996 ausgehend extrapolierte, als ich Ben Turnbulls gelegentliche Notizen festhielt. Obwohl ich als Junge solche Science-Fiction-Romane mit Ehrfurcht, Vergnügen und Angst las, die – wie Wells' *Time Machine [Die Zeitmaschine]*, Shaws *Back to Methuselah [Zurück zu Methusalem]* –, menschliches Leben in die ungeheuer ferne Zukunft projizierten, in eine Zeit, in der selbst die Anatomie der Menschen sich verändert haben würde, glaube ich im Grunde genommen, dass die Zukunft sich nicht sonderlich von der Gegenwart unterscheiden wird, so wie auch die Gegenwart eine enge Beziehung zur Vergangenheit hat. Schließlich ist jeder, der älter als zwanzig ist, wandelnde Geschichte; Spielzeug und Gegenstände, wie ich sie in meiner Kindheit benutzt habe, liegen heute in Schaukästen im Museum. Trotz all unserer modebewussten Hast, jede neue Wendung in der Technologie und der Geopolitik zu dramatisieren und Gewinn daraus zu schlagen, verändert sich der Mensch doch nur kaum wahrnehmbar; die Grundbedürfnisse, ob organischer oder spiritueller Art, müssen mit den gleichen alten Nahrungsmitteln befriedigt werden, auch wenn sie mit einer neuen Würze oder mit einer alten, wieder belebten Würze gekocht und angerichtet werden.

Zukünftige historische Entwicklungen, pflichtbewusst skizziert, hinterlassen ihre Spuren in Ben Turnbulls Welt im Jahr 2020, in dem unabhängigen und anarchischen Staat Massachusetts. Die Quantenmechanik, die in der mikrokosmischen, subatomaren Welt bereits dominierte, durchdringt den Makrokosmos der Zukunft und führt zu Quantensprüngen in Handlung und Persönlichkeit. Ben lebt in den «vielen Universen» der abgedrifteten physikalischen Theorie. Dennoch werden viele Leser überrascht sein, wie sehr sein Leben dem eines kleinen Landbesitzers von 1990 ähnelt. Die Oberschicht – zu der Ben, wenn auch mit Unbehagen und Zynismus, gehört – entzieht sich vielen historischen Bürden, die schwer auf den weniger Begünstigten lasten. Für Ben äußert sich eine globale Katastrophe in kaum mehr als lokalen Unbequemlichkeiten, und das, so kann man aus meinem Roman schließen, ist die hartherzige Sachlage für viele.

Er, so sollte ich eilig hinzufügen, ist weit davon entfernt, ich zu sein, auch wenn sein Schreiben der Stimme der in dieser «Special Message» ähnelt. Ich war gerade vierundsechzig, als ich ihn als Sechsundsechzigjährigen in das Jahr versetzte, in dem ich achtundachtzig sein würde. Er ist ihm Ruhestand, während ich noch fröhlich weiter mache. Er ist ein Babyboomer, ich bin der Vater von Kindern des Babybooms. Er stammt aus den Berkshires in Massachusetts, und nicht aus Berks County in Pennsylvania. Er hat mehr Kinder und Enkelkinder als ich. Meine Gesundheit ist zurzeit ebenfalls besser als seine. Er hat sein Berufsleben in einer Welt zugebracht, die für mich so undurchsichtig und bedrohlich ist wie die des Neandertalers, nämlich in der Welt der Finanz- und Investitionsmärkte. All diese Unterschiede haben mir beträchtliche Mühen beim Erfinden bereitet und mein Interesse wach gehalten; Autobiographien scheinen mir ein besonders langweiliges Genre zu sein, weil sie die meisten Themen, die einen eifrigen Studenten der Menschheit interessieren, umgehen und umnebeln.

Das Leben «in Aktion», mit seinem berüchtigten und unverantwortlichen Optimismus, ist hier das Thema – das Leben, wie es von einem Menschen erfahren und enthüllt wird, der einen gewissen festgeschriebenen Lebenslauf hat, in dem aber andere Möglichkeiten schlummern, in diesem Universum, das auf der Unbestimmbarkeit von Quanten errichtet ist. Karl Barth, der theologischste aller modernen Theologen, formulierte einmal das, was er von einem Romancier erwartete, so: «Ich erwarte, dass er mir in dem Menschen von heute, in meinem Zeitgenossen, den Menschen zeigt, so wie er immer ist – und umgekehrt, dass er mir in dem Menschen, so wie er immer ist, meinen Zeitgenossen zeigt … [Er] sollte es nicht darauf anlegen, mich zu erziehen, aber er sollte mir Raum geben zu reflektieren (oder es zu lassen), auf der Grundlage des Porträts, das er mir gezeigt hat.» Ein solches Porträt zu entwerfen, habe ich in diesen verworrenen, bekenntnishaften, weitschweifigen Seiten versucht.

Neues aus der Stadt

Zwei nachgereichte «Talk of the Town»-Stories für den *New Yorker*, von einem Reporter, der sich 1957 aus diesem Bereich zurückgezogen hatte, aber als Augenzeuge zu einem Bericht und einem Selbst-Interview im Januar und September 1997 zurückbeordert wurde

Jemand, der zu Besuch in der Stadt ist und in seinem Zimmer hockt, sagen wir im Mayflower Hotel am Central Park West, stellt den Fernseher mit einem erhöhten Gefühl der Erwartung an. Das Medium, so oft als «cool» beschrieben, fühlt sich hier heißer an, wichtiger, näher am wirklichen Leben. Sitcoms finden auf den Straßen unter einem statt, und die größeren Fernsehanstalten haben ihre Studios nur wenige Blocks von hier entfernt. Erst kürzlich sah ich mir abends die Sechs-Uhr-Nachrichten an, in denen Bilder von einem Brand in der «Midtown»-Wohnung des alten Jazz-Idols Lionel Hampton gezeigt wurden: Aus scheinbar horizontalen Fenstern züngelten Flammen und quoll Rauch, und der große Vibraphonist saß, benommen, aber höflich, in einem Rollstuhl und wurde zu seiner Rettung, zu seinen Gefühlen und zu einem bevorstehenden Treffen mit Präsident Clinton im Weißen Haus anlässlich der Verleihung der National Medal of Arts befragt. Soweit die Nachrichten. Ich ging hinaus, in die winddurchwehten Straßen, auf der Suche nach einem Sandwich, und an einer Ecke, zwei Blocks vom Hotel entfernt, stand ein Grüppchen von Leuten und starrte nach oben. Ich starrte in die gleiche Richtung und sah hoch über mir eine Fläche horizontal wirkender Fenster, darunter auch ein geschwärztes, in dem die Scheiben und die Fensterpfosten fehlten. Es sah wie das Fenster aus, das ich gerade im

Fernsehen gesehen hatte. Es *war* das Fenster, das ich gerade gesehen hatte. Dies hier war die Wirklichkeit. Dies hier war «Midtown». Ein junger Mann in der Menge erzählte allen, die es hören wollten: «Das Feuer da oben war heute Nachmittag im Fernsehen, es kam in den Abendnachrichten, wahrscheinlich kommt es morgen nochmal in den Frühnachrichten!» Wir schnalzten mit der Zunge und drückten murmelnd so etwas wie Zustimmung und geteilte Erregung aus. Einen Moment lang war ich eine Stimme in der Menge, ein New Yorker, erfüllt von dem stolzen Gefühl, dass in New York zu sein bedeutete, in den Nachrichten zu sein – oder doch nah dran.

*

Als John Updike von dieser Abteilung gebeten wurde, sich zu seinem kürzlichen Sprung in den Cyberspace zu äußern, reagierte er mit charakteristischer Scheu. «Mein Anteil war ganz unerheblich», sagte er. «Amazon.com, Inc., eine Vertriebsfirma in Seattle, die Bücher über das Internet verkauft, bat mich, den Anfang einer Geschichte zu schreiben, die über einen Zeitraum von sechs Wochen im Internet in täglichen Fortsetzungen von Besuchern der Amazon.com-Website weitergeschrieben werden sollte. Jeden Tag sollte ein Gewinner ermittelt und mit tausend Dollar prämiert werden. Ich sollte am letzten Tag dann den Schluss schreiben. Nun, jeder Schriftsteller hat ein paar aufgegebene Anfänge in den Schubladen, und so habe ich drei angeboten, von denen der erste Absatz eines ungeschriebenen Krimis mit dem Titel *Murder Makes the Magazine* ausgewählt wurde, wo eine vierzigjährige Redakteurin, Miss Tasso Polk, vorgestellt wird. Soweit ich mich erinnere, schrieb ich den Text ungefähr 1960.»

Als er gefragt wurde, an welche Zeitschrift er dabei gedacht habe, bekannte Updike mit sichtlichem Unbehagen: «Da der *New Yorker* die einzige Zeitschrift ist, die ich von innen kannte, könnte man sagen, dass es da eine schwache Verbindung gab. Aber der Roman kam nicht in Schwung, und nach dreizehn Seiten gab ich auf, auch deshalb, weil mein Gewissen mich drückte. Damals war die Zeitschrift sehr auf Wahrung ihrer Privatsphäre und Zurückhaltung gegenüber der Öffentlichkeit bedacht, und selbst der komischste Bericht aus dem Inneren wäre mir wie ein Verrat vorgekommen. Außerdem hatte ich nie Glück mit Krimis, obwohl ich sie als Kind dutzendweise verschlungen habe. Deswegen war ich sehr gespannt, was andere aus meinem Anfang machen würden.»

Und was haben die anderen daraus gemacht? «Nun», sagte der fünfundsechzigjährige Autor mit dem silbrigen Haar zögernd, «sie haben eine Menge falscher Fährten gelegt. Und eine Horde männlicher Gestalten eingeführt, sodass meine unverheiratete Heldin plötzlich massenhaft Verehrer hat. Und es kommen geheimnisvolle Schlüssel und Botschaften vor, und ein Mord, der gleich zweimal begangen werden muss, weil das Opfer in einer Fortsetzung wieder belebt wurde. Die seltsamste Wendung bestand meiner Meinung nach darin, dass Miss Polk in ein Taxi steigt und binnen kürzester Zeit zu einem Anwesen mit einer kopfsteingepflasterten Auffahrt und einer von Buchsbäumen und Ulmen gesäumten Allee gefahren wird. Eine Allee! In Manhattan!! Und natürlich gab es Unstimmigkeiten, die auch bei einem einzelnen Autor vorkommen. Trotzdem», fuhr Updike fort, der jetzt nicht mehr zu bremsen war, «insgesamt fand ich es nicht so schlecht, was die Leute geschrieben haben. Eine der Gewinnerinnen war komischerweise in derselben Mutter-Kind-Gruppe wie meine jüngere Tochter in Ipswich, Massachusetts. Die wirklichen Literaten, würde ich sagen, waren die Schiedsrichter bei Amazon.com, denn die mussten aus bis zu neuntausend Einsendungen am Tag eine Auswahl treffen. Stellen Sie sich vor, neuntausend Variationen des Plots, an einem Tag! Viele hatten geglaubt, ich wäre einer der Schiedsrichter, aber das hätte mich zum Wahnsinn getrieben. Als der letzte Beitrag erschienen war, habe ich einfach versucht, ein paar der losen Enden zusammenzufügen und Tasso Polk für ihre Geduld zu belohnen. Ich habe sie richtig lieb gewonnen – sie war diejenige, die den Sprung in den Cyberspace gewagt hat, nicht ich.»

Und was hat er durch dieses Abenteuer über den Zustand der Kultur in einem hyperelektronischen Zeitalter erfahren? «Ich war überrascht», sagte er, «wie literarisch die Episoden waren. Euripides, *Die Schatzinsel*, Shakespeares Sonette, die Erzählungen von Edgar Allan Poe, Lewis Carroll – auf das alles wurde kenntnisreich angespielt. Ein großer Teil des Krimis findet, was klassisch ist, in einer Bibliothek voller alter Bücher statt, und immer wieder wollte die Geschichte zu einem altmodischen englischen Landhaus-Puzzle werden. Vielleicht sollten wir nicht allzu überrascht sein, dass die Internet-Spezialisten einiges gelesen haben, denn was ist das Internet, wenn nicht eine Form des Lesens? Ja, und Katzen. Es kamen drei Katzen vor, und die Hauptkatze, Mauser, schleicht sich immer wieder in das Geschehen ein. Ich nehme an, ein Computer und eine Katze haben gewisse Ähnlichkeiten – beide schnurren und mögen es, wenn man sie streichelt, und beide verbringen einen großen Teil des Tages bewegungslos. Katzen und Computer sind eher schweigsam und haben Geheimnisse, die sie nicht unbedingt ausplaudern. Ich war zufälligerweise in New York, als mein Finale fällig war, und musste es auf einem fremden Laptop schreiben, mit einem Programm, das ich nicht kannte. Die Schrift auf dem

Bildschirm verschwand immer wieder oder rutschte zur Seite. Als ich den Text ausdruckte, ignorierte der Drucker die Zeichensetzung. Na ja, ich habe es hingekriegt und gefaxt, und damit war die Geschichte erledigt – ein knappes Entkommen aus dem Cyberspace.»

Hier ist, der Vollständigkeit halber, der Anfang, den ich Amazon.com gab:

Punkt zehn nach zehn trat Miss Tasso Polk aus dem Aufzug auf die olivfarbenen Fliesen im neunzehnten Stockwerk, nur leise genervt von einer Ahnung, das irgendetwas nicht in Ordnung war. Das Emblem der Zeitschrift, das große schwarze *M*, das eine maskuline Ding, das am tiefsten in ihr Leben eingedrungen war, bildete, fest und sicher in den Boden eingelassen, ein Echo zu dem nachdenklichen Summen in ihrem Kopf: «m.» Es war ein befremdlicher Mensch im Aufzug gewesen. Sie hatte es auf der Fahrt nach oben bemerkt. Befremdlich, nicht nur ihr persönlich unbekannt. Der größte Teil der Welt war ihr persönlich fremd, aber er war nicht befremdlich. Die Männer mit kleinen Filzhüten und rotbraunen Lederschuhen, die im Verkauf und in der Buchhaltung, in der Forschung und Koordination der Firmen (Simplex, Happitex, Technoni-trex, Instant-Pix) tätig waren, in den siebzehn Geschossen unter den geheiligten Olivenhainen des *Magazine*, waren für sie anonym und austauschbar, aber nicht befremdlich. Sie konnte durch die Button-down-Kragen ihrer ungestärkten Hemden die hässlichen Halsverrenkungen ihrer morgendlichen Rasur erkennen, sie sah durch die geröteten, wässrigen Augäpfel die Cocktailpartys vom Abend zuvor in Westchester, Tarrytown, Rye oder Orange, sie sah den sommersprossigen, weichen, zu breiten und zu brauen Hände die ehebrecherischen Zärtlichkeiten an, die sie nicht weiter mit Ekel erfüllten, weil sie so fern und trivial waren und die sogar, da sie in den von ihr so weit entfernten Vorstädten stattfanden, etwas Idyllisches hatten, wie etwas, das Satyre auf Vasen machen. Miss Polk war dreiundvierzig Jahre alt und hatte sich in der Blüte ihrer Schönheit dem *Magazine* verschrieben. Seit jenem Tag, als sie, eine nervöse Braut, zu ihrem Schreibtisch geführt worden war, auf dessen Platte ein Strauß gespitzter Bleistifte in einem Wasserglas prangte, hatte sie den Aufzug vierundzwanzigtausendmal bestiegen, und die Mitreisenden bei diesem abwechselnden Auf und Ab waren selten befremdlich gewesen.

Und hier nun das Ende, das ich, nachdem vierundvierzig intervenierende Co-Autoren ihre Episoden beigetragen hatten, zusammenbastelte. Wenn mein Stil hektisch erscheint und manche der Anspielungen obskur wirken, muss man bedenken, dass ich möglichst viele Computer-generierte lose Enden zusammenbinden wollte – fast vierzig Jahre, nachdem ich Miss Polk aus dem Aufzug hatte treten lassen.

«Tasso», begann Evermore, und erhob sich schwerfällig, feucht und benommen vom Fußboden, «wie Sie wissen, hat das *Magazine* es in den letzten Jahren nicht leicht gehabt.»

«All die guten Menschen, die sich die sorgsam redigierten, fakten-strotzenden Seiten zu Gemüte geführt haben», fügte Boyce mit seiner seltsam androgynen Stimme hinzu, «surfen jetzt im Internet und kommunizieren interaktiv mit einer Welt voller elektronischer Kumpel. Printprodukte sind nur noch was für Dumme.»

«Außerdem», fuhr Uncle James in seiner polternden Art dazwischen, «als die Sache aufgeflogen ist, hat dieser elefantöse Übeltäter» – er deutete auf Evermore, der sich inzwischen erhoben hatte und grau und müde aussah und kaum wie ein früherer Geliebter, sondern wie Barbar, nachdem er die unbedacht gewählten Pilze gegessen hat – «sich aus der Pensionskasse bedient und eine Schachtel, größer als ein Brotkasten, mit Platinumbarren gefüllt!»

«Ich war das nicht, es war nicht meine Idee!», quiekte der bezwungene Evermore. «Es war der doppelzüngige, morbid gesinnte alte Schurke Marion Merriweather, der seine eigene wunderbare Schöpfung gnadenlos gemolken hat!»

«Sie hätten seinen Verführungsversuchen widerstehen sollen», sagte Tasso streng zu der geduckten Gestalt, der Liebe ihres Lebens. «Das Herz begehrt, aber die Hand verzichtet.»

«Ich hatte natürlich», sagte Boyce, «den Plan des alten Plutokraten durchschaut und wollte ihn, indem ich mich anscheinend damit gemein machte, durchkreuzen. Jetzt, da das *Magazine* ganz allein mir gehört, möchte ich Evermore entlassen und Sie, meine teuere Miss Polk, zur Herausgeberin ernennen. Ihre Hingabe und ihr Scharfsinn sind lange genug nur halbherzig belohnt worden.»

«Die Gottheit sprüht Feuer, die Seele hält, wie?», sagte Tasso Polk. Dieser lange Tag hatte ihr mit aller Deutlichkeit wieder einmal klar gemacht, was sie an Männern so unbefriedigend fand – ihre komplizierten Gedankengänge, ihre simplen Gefühle, ihren verzweifelten Wunsch, das Leben auf ein Spielchen zu reduzieren. «Ich will darüber nachdenken, Franklin», sagte sie einlenkend und war verblüfft, mit welcher Lässigkeit sie den Vornamen benutzte, was eine lange künftige Vertrautheit erwarten ließ. «Die Beförderung zum Kapitän hat manch einen glücklichen ersten Offizier ins Unglück gestürzt. Das Einzige was mich im Moment interessiert: Wo sind meine Katzen? Mr. Evermore» – die Höflichkeit war eher ein Reflex; sie empfand nichts mehr für den Mann – «ist Louis womöglich der Katzendieb?»

Evermore nickte schwach – in seiner Niederlage erfuhr er noch einen Stoß durch den kalten Blitz, mit dem sie ihn durchschaute. «Wir halten sie als Sicherheit, falls die Schachtel mit dem Platinum leer ist. Sie kam mir verdächtig leicht vor, als ich sie letztens in die Hand nahm.»

Tasso Polk nickte. «Ich werde vorschlagen, dass die Polizei mal in den dicken alten Büchern in Merriweathers Büro nachsieht, unter dem Fernseher. Sie schienen mir unheimlich schwer, als ich sie letztens in die Hand nahm.» Es war gar nicht so schwierig, sagte sie sich, ein Meisterdetektiv zu sein und alles zu wissen. Man musste sich nur ein bisschen mit dem Autor gemein machen. Aber es war spät, spät, und es war ein Mord verübt worden, der Mord an Marion Hyde Merriweather, und ob Uncle James seinen alten Zimmergenossen oder Evermore seinen alten Arbeitgeber hingemordet hatte – beide trugen einen verräterisch langen Mantel –, das konnte die Polizei klären, neben anderen haarspalterischen Details, denn dafür wurden die blau uniformierten Trottel schließlich bezahlt.

Jedenfalls würde das Magazin in den Genuss einer Infusion von unterschlagenem Platinum kommen. Die Hefte würden weiterhin erscheinen, ob nun für Dumme oder nicht. Bleistifte würden gespitzt, die Rechtschreibung geprüft werden. Und morgen, Punkt zehn nach zehn – oder vielleicht, angesichts des heutigen Schocks, den ihre gewohnte Routine erfahren hatte, um zwanzig nach zehn – würde sie zur Stelle sein.

In der Sprache Racines

Vorwort zur französischen Übersetzung von
Facing Nature (1985), *La Condition Naturelle* (1988)

Auch wenn ich in den Vereinigten Staaten als Lyriker kein
sehr hohes Ansehen genieße[1], so bestanden meine ersten
schriftstellerischen Versuche doch aus Gedichten, und auch
meine ersten Veröffentlichungen in Zeitschriften waren Gedichte, und mein erstes Buch war eine Gedichtsammlung mit
dem unübersetzbaren Titel *The Carpentered Hen.* Weitere
drei Sammlungen folgten, in einem Abstand von jeweils fünf
oder mehr Jahren, und nunmehr diese hier mit dem möglicherweise ebenfalls unübersetzbaren Titel *Facing Nature.* Auf
meinen Wunsch hin ist auf dem Schutzumschlag der amerikanischen Ausgabe das Marmorgesicht eines Gorgonen-
hauptes von der Akropolis abgebildet: Nach alter Legende
verwandelte Gorgo den, der sie mit direktem Blick ansah, zu
Stein. Die Natur ängstigt und fasziniert uns; sie gibt uns Geburt, Nahrung, Licht, Pracht, Liebe, Schmerz und Tod. Man
muss sich ihr stellen; sie ist überall um uns herum und, natürlich, auch in uns. Aber in uns ist noch etwas anderes, das
oft von der Natur überrascht ist, von ihrer Vielfalt, ihrer
Komplexität, ihrer Unermesslichkeit, und von ihrer scheinbaren Gleichgültigkeit, die doch so viel trostreiche Schönheit
hervorbringt. Dieses Überraschtsein regt uns zu philosophischen Gedanken oder zu poetischen Aussagen an; im Englischen gibt es sogar das Quasi-Genre der «Naturdichtung»,
für das die Gedichte Wordsworths das höchste Beispiel sind.

---

[1] Diese krasse Behauptung wurde auf Französisch taktvoll abgemildert zu:
«Je ne suis pas principalement considéré, aux États-Unis, comme poète.»

Viele meiner eigenen hier versammelten Gedichte gehen in diese Richtung.

Der erste Abschnitt enthält Sonette, Gedichte mit vierzehn Zeilen, in Warteräumen und Hotelzimmern verfasst, wenn es keine andere Möglichkeit der schriftlichen Fixierung zu geben schien. Die erste Folge von drei Gedichten beschreibt die Überraschung beim Tod eines guten Freundes und die letzte Folge, die aus acht Gedichten besteht, schildert die Überraschung darüber, in einem touristischen Spanien Nacht für Nacht wach zu sein. Aufgrund seiner Kürze lädt das Sonett zu Verdichtung ein, und auch im Englischen sind einige Zeilen schwer verständlich. Im zweiten Abschnitt kommen Blumen und Bäume, Schatten und Regen, Krebse und Vögel, Schmerz und Geschmack vor. Das längste Gedicht, ein Versuch, unter Verwendung der Bilder, die von den Voyager-Raumfahrt-Robotern zur Erde gesandt wurden, die Monde des Jupiter zu besuchen, leitet zu dem dritten Abschnitt über, diesem Versuch, in gemessenem und sogar heroischem Versmaß einige der natürlichen Vorgänge, die uns unsichtbar umgeben und Form und Grenzen unseres Lebens bestimmen, zu besingen. Statt einige Minuten hier und da von meinen Romanen und anderer Prosa zu stehlen, legte ich für diese Unternehmung mehrere Wochen lang jeden Morgen feierlich den Dichterrock an, versammelte meine Enzyklopädie und meine naturwissenschaftlichen Bücher um mich und versuchte, aus den Fakten vor mir und aus meiner Erinnerung Zeilen mit ausreichend Spannung und Kompaktheit zu formen, die sich zu «Oden» fügten – einer etwas archaischen Form, gekennzeichnet durch eine exaltierte Stimmung und Zeilen von unterschiedlicher Länge –, Oden an die majestätische Wirklichkeit der Natur, die uns wechselseitig durchdringt und sich gleichzeitig bis zu den Sternen dehnt.

Ich bin den Éditions Gallimard dankbar, dass sie dieses Buch für eine Veröffentlichung in Frankreich ausgewählt haben, und danke Alain Suied dafür, dass er sich solche Mühe mit der Übersetzung gegeben hat. Lyrik bedient sich selbstverständlich der Sprache in ihrer ganzen Vielfalt, nicht nur der Wortspiele und Alliterationen und Nuancen im Ton, sondern auch des Zwischenreichs der Wörter von schwindendem Gebrauch und der verschwundenen Zitate. Etwas geht verloren, aber vielleicht erhalten manche Aspekte, bei der Drehung von einer Sprache zur anderen, ein aufschlussreiches Glitzern. Poe, so habe ich sagen hören, sei besser auf Französisch und Shakespeare besser auf Russisch. Ich akzeptiere gern die Möglichkeit, dass diese Verse in der Sprache von Racine und Valéry neuen Glanz gewinnen.

«Wie geht es heute dem Humor?»

Antwort auf eine Umfrage der *Paris Review*
für ein Heft zum Thema Humor (Nr. 136)

Es ist schwierig, die Geschichte von der eigenen, persönlichen Geschichte zu trennen. In meiner Jugend dachte ich, Humor sei ein erhabenes und weit verbreitetes Genre; gierig und glücklich verschlang ich die Bücher von James Thurber, E. B. White, Robert Benchley, S. J. Perelman, Frank Sullivan, Peter de Vries, P. G. Wodehouse, Thorne Smith. Bei Max Shulman zog ich die Grenze – ich hielt ihn für vulgär. Ich las die Gedichte von Ogden Nash, Phyllis McGinley, Morris Bishop, Arthur Guiterman, Don Marquis. In meinem Hunger, mich amüsieren zu lassen, grub ich auch ältere Schriftsteller aus wie Stephen Leacock, Ring Lardner, Clarence Day und Mark Twain. Lachen!! Ich liebte diese fröhlichen Bücher, die in großer Menge in den Buchhandlungen und der Stadtbücherei zu haben waren, und konnte mir nichts besseres vorstellen, als mich eines Tages dem munteren Kreis der Humoristen zuzugesellen.

All dies geschah in den vierziger Jahren, weitgehend auf der Basis von Büchern aus den dreißiger Jahren. Als ich in den fünfziger Jahren erwachsen wurde, gab es noch immer praktizierende Humoristen, aber irgendwie verblasste die Kategorie des «Humors», sie trocknete aus, während ich noch im Begriff war, ein paar späte Exemplare in dem Genre zu Papier zu bringen und zu verkaufen. Was war passiert? Konnte der Kalte Krieg ein Genre einfrieren, das in den Schrecken der Depression und des Zweiten Weltkriegs prächtig gediehen war? Sollte das Tier Mensch im Begriff sein, das Lachen, diesen uralten Mechanismus zum Abbau von Spannung, abzuschütteln? *Eine* Antwort wäre: Natürlich nicht. Der Humor gedeiht weiterhin, wenn auch in einem etwas anderen Milieu als dem Algonquin Circle und dem *New Yorker*. Ein Buch der Parodien mit dem Titel *Politically Correct Bedtime Stories* steht seit über fünfzig Wochen auf der Bestseller-Liste der *New York Times*, und Autoren wie Roy Blount und P. J. O'Rourke scheinen recht erfolgreich zu sein; und Art Buchwald und Russell Baker fischen in den Tageszeitungen noch immer nach Lachern.

Diese Antwort mag zutreffen, klingt aber irgendwie nicht richtig. Es hat nämlich doch eine Veränderung gegeben. Die aus dem Zeitgeist bezogene Energie ist aus dem «Humor» abgeflossen – man sehe nur, wie ich mich genötigt fühle, das Wort in Anführungszeichen zu setzen. Zum einen ist die Kultur weniger auf Lesen und Druckerzeugnisse gerichtet, und weniger Menschen sind in der Lage, literarische Parodien zu würdigen, etwa von der Art, wie Roger Angell oder Veronica Geng sie in größerer Zahl produzieren sollten, vorausgesetzt dass es mehr angemessene Ziele gäbe, oder aber die hyperliterarische Prosa zu schätzen, wie S. J. Perelman und George Jean Nathan sie zu spinnen pflegten. Leichte Verse erforderten ein feines Ohr und einen gemeinsamen Schatz von Anspielungen – beides ist verschwunden; die metrischen Raffinessen gediehen im Schatten eines Corpus von ernsten, in Strophen gefassten und gereimten Versen, der allgemein bekannt war, und einen solchen Corpus gibt es nicht mehr. Zweitens setzte der Humor von Benchley und Thurber eine Art generischer amerikanischer Erfahrung voraus – weiß, protestantisch, männlich, bürgerlich, wohlerzogen, scheu und gutmütig –, die heute nicht mehr vorausgesetzt werden kann. Vieles, was früher als lustig galt, würde heute als sozial diskriminierend, sexistisch und rassistisch, und – in aufsteigender Rangfolge – un-lustig erscheinen. Humor braucht Stereotypen, und wo «Stereotyp» ein Schimpfwort ist, muss der Humorist sich zu oft die Hände waschen. Drittens muss der Humor, wenn er ein wichtiges Ventil sein soll, etwas haben, das abgebaut werden muss, und was soll das sein in unserem Wir-sind-so-cool-und-relaxed-Amerika? Die Cartoons von Thurber und Arno liebäugelten mit unserem privaten sexuellen Wissen – welches sexuelle Wissen ist heute noch privat? Der Humor erlaubte uns, von unserem exzessiv geordneten und repressiven Leben aus Möglichkeiten fröhlicher Verwirrung, Unordnung und Enthemmung zu erspähen; heute liefert die Kultur diese Möglichkeiten mit Rap und Heavy Metal, in ungehemmt schamlosen Talkshows, in unverhüllt sexuellen Filmen und Fernsehserien. Wie angestrengt müssen sich zum Beispiel TV-Comedies wie *Roseanne* und *Married … with Children* gebärden, um kühn über das hinauszuschießen, was in amerikanischen Wohnzimmern, wo diese Sendungen eingeschaltet werden, gang und gäbe ist?

Humor, um es mit Hilfe einer Dichotomie zu sagen, wie sie Camille Paglia so sehr schätzt, ist eine subversive dionysische Stimme, die sich flüsternd in einer unter den Zwängen apollonischer Ideale stehenden Gesellschaft erhebt. Je mehr die Zwänge gelockert werden, desto lauter muss diese Stimme zu vernehmen sein; und je lauter die Stimme ertönt, desto weniger exquisit, desto weniger künstlerisch ist der Humor.

«Welche Bücher haben den größten Eindruck auf Sie gemacht und warum?»

Antwort auf eine von Ronald B. Shwartz
für ein Buch gestellte Umfrage

Nun, jedes Buch macht irgendeinen Eindruck. Aus meiner Kindheit erinnere ich mich daran, dass mich die Höhlenszene in *Tom Sawyer* in Angst und Schrecken versetzte, ebenso wie die Peer-Gynt-Legende in einer Sammlung mit Geschichten für Kinder. Die ersten Bücher, die ich liebte, waren, glaube ich, die von James Thurber; er zeichnete und schrieb zugleich, und in *Fables of Our Time* und *My Life and Hard Times* und in *The White Deer* schien mir die Kombination bezaubernd, eine schöne Demonstration künstlerischen Gestaltens. Durch die Cartoons und Zeichnungen fühlte ich mich zu seinen Geschichten hingezogen, von denen manche sicherlich meinen jugendlichen Verstand überstiegen. Benchley, E. B. White, Frank Sullivan, Stephen Leacock waren andere humoristische Autoren, die ich gern las. Auch Krimiautoren verschafften mir in meiner Jugend viel Vergnügen und vermittelten mir eine Vorstellung davon, wie ein ehrenhafter Vertrag zwischen dem Schriftsteller und dem Leser aussehen kann: Es wird Morde, Geheimnisse, falsche Fährten geben, und am Ende steht eine Lösung. Am College war ich besonders von Shakespeare, von den metaphysischen Dichtern, von Wordsworth, Walt Whitman, Tolstoj und Dostojewski beeindruckt, und von den Geschichten J. D. Salingers, die damals frisch auf den Markt kamen. In den Jahren nach dem College entdeckte ich für mich Henry Green, einen englischen Schriftsteller, der mit seiner leichten, bewusst gesetzten Prosa, seinem Ohr für Dialoge und seinem Auge für menschliche Verletzbarkeit eine künstlerische Offenbarung für mich war, und Marcel Proust, dessen großartige Darlegungen und Metaphern mir zeigten, zu welchen majestätischen Perspektiven die verminderte moderne Empfindsamkeit noch imstande war. Mit Søren Kierkegaard ist die Liste der Autoren komplett, die mich in diesen formenden Jahren meines Lebens zu intensiver Bewunderung hinrissen und mich beflügelten, mein eigenes Material aus einer Richtung anzugehen, von der ich das Gefühl hatte, dass sie *neu* war. Kierkegaard schreibt keine erzählende Literatur, jedenfalls nicht in erster Linie, aber seine philosophischen Schriften sind voller Gestalten und belebter Illustrationen. Sein Porträt der Conditio humana öffnete mir die Augen und das Herz, so wie Green und Proust auch. Sie weckten in mir den Wunsch, Ähnliches zu vollbringen, in meiner Sprache, auf meinem Kontinent. Mächtige Vorbilder ermuntern und erkühnen uns, eher als dass sie uns entmutigen. Aus den vielen Jahren seither Zeit fallen mir Kafka, Robert Pinget und John Cheever ein, die einen fast ebenso starken Eindruck auf mich machten; aber der Lehm, aus dem ich geformt bin, war damals schon fester geworden und nicht mehr so biegsam.

Bücher, die mein Leben verändert haben

Für die Buchhandelskette Borders Books geschrieben

Ich muss wohl schon ein Thurber-Fan gewesen sein, bevor ich *The Thurber Carnival* erwarb, denn der Geruch des Buches, der Anblick des Schutzumschlags, die Extrateile mit den Zeichnungen und Cartoons zwischen den bedruckten Seiten – sie hatten den kräftigen Geruch von einem erfüllten Weihnachtswunsch. Thurber war nur einer von mehreren humoristischen Autoren, die ich in meiner Kindheit und Jugend las. Von den Dutzenden – nein Hunderten – von Krimis, die ich in der gleichen Zeit verschlang, ist mir Agatha Christies *And Then There Were None*, auch unter dem Titel *Ten Little Indians* erschienen, als eine rundum befriedigende Lektüre im Gedächtnis geblieben, so blutig und so sauber, wie es sich ein Junge eben wünschen kann. Ellery Queen, John Dickson Carr, Dorothy Sayers, Ngaio Marsh – auch sie waren Zauberer dieser literarischen Form, mit der ausgeprägten Formalität der dreißiger Jahre; nach dem Zweiten Weltkrieg war es einfach nicht mehr das Gleiche, die englischen Dörfer waren nie wieder so hübsch, die Herrenhäuser nie mehr so hermetisch eingeschneit. Diese Bücher eröffneten mir in meinem jungen Leben neue Blicke und zeigten mir Möglichkeiten, wie man zur Unterhaltung schreiben konnte. Ich erinnere mich, wie ich im Alter von ungefähr fünfzehn Jahren in der Öffentlichen Bücherei von Reading saß und fand, es sei nun an der Zeit, dass ich mich ernster Lektüre zuwandte, worauf ich Bernard Shaws *Back to Methusaleh [Zurück nach Methusalem]* und T. S. Eliots *The Waste Land [Das wüste Land]* las. So ragte der Modernismus vor mir auf, doch erst, nachdem ich das College abgeschlossen hatte, fand ich in Proust die Stimme meines idealen Ichs; Proust zeigte mir, was man mit Schreiben erreichen konnte, in diesem nicht fassbaren, aber weitläufigen Grenzgebiet, wo das Bewusstsein – die Empfindsamkeit – die Welt assimiliert. Der Band, der mich als der schönste beeindruckte, war nicht der erste und bekannteste, *Swann's Way [In Swanns Welt]*, sondern der zweite, dessen blumiger englischer Titel lautet *Within a Budding Grove [Im Schatten junger Mädchenblüte]*. Henry Green, der englische Schriftsteller, hatte ein Jahr zuvor meine Aufmerksamkeit erregt; *Loving [Der Butler]* ist zweifellos sein Meisterwerk, aber die früheren Bücher, *Party-Going [Die Gesellschaftsreise]* und *Living [Leben]*, schienen mir noch aufregender und revolutionärer in ihrer Syntax und in ihren Dialogen. Das erste Buch von Kierkegaard, das ich las, war *Fear and Trembling [Furcht und Zittern]*, das erste von Karl Barth, *Christen- und Bürgergemeinde*; eine Weile lang las ich begierig beide theologischen Denker, aber diese zwei Bücher gaben mir, glaube ich, so etwas wie eine Philosophie, auf deren Grundlage ich leben und arbeiten konnte, und insofern haben sie mein Leben verändert. Dass heute eine Reihe der mir wichtigsten Bücher vergriffen oder schwer erhältlich sind, zeigt vermutlich nur, dass keine zwei Leben sich gleichen.

Fünf Momente vollkommenen Leseglücks

Zusammengestellt für das Heft zum fünften Jahrestag des *Forbes FYI*, herausgegeben von Christopher Buckley

1. Mickey Mouse Big Little Books. Um 1940. Das Handfeste der Bücher, die zugleich leicht wie Balsaholz waren, der Band zu zehn Cent. Der schöne klare Druck, die Kürze der Seite, und jeder Seite gegenüber ein Comicstrip. Die getuschte Niedlichkeit des dreifingrigen Mikrokosmos, in dem Mickey und Minnie sich gegen Pegleg Pete und seine hundsohrige Bande behaupten. Alle Macht den Kleinen! Um mich herum brauen sich in der Düsternis der Jahre der Depression die Wolken des Krieges zusammen, aber ich kann nichts dafür.

2. Krimis von John Dickson Carr oder Agatha Christie. Um 1946. Hardcoverbände, mit Zellophan-Umschlag aus der Leihbücherei des Drugstore oder aber als Taschenbuch für fünfundzwanzig Cent, mit dem Känguru-Signet und der sich vom Umschlagkarton ablösenden Zellophanschicht. Ein Anwesen auf dem Lande, in der Nähe eines Dorfes. Eine schrumpfende Gruppe von handelnden Personen, während Hercule Poirot oder Gideon Fell oder Miss Marple deutliche und dunkle Hinweise geben. Der Oberflächentext bewegt sich in die eine Richtung, die schattenhaften Unterströmungen des Bösen in eine andere. Schichten, falsche Fährten; plötzlich auftauchende Leichen in der Bibliothek, Fußspuren draußen vor den Fenstertüren zum Garten. Das jugendliche Bedürfnis nach Struktur wird triumphierend befriedigt durch komplizierte Aufklärung aller Details im Finale und forsche Paarung der überlebenden Gestalten. Schmökerhaltung: Auf dem Sofa liegend, in der linken Hand das Buch, die rechte in einer Schachtel mit Rosinen.

3. Edmund Spenser, *The Faerie Queen [Fünf Gesänge der Feenkönigin]*. 1953. Tiefernstes Mitternachtsblau der *Poetical Works of Spenser*, Oxford University Press. Doppelspaltig gesetzt, Schriftgrad sechs Punkt, elisabethanische Orthographie. Allegorische Gestalten hoch zu Pferde und einschmeichelnde Spensersche Strophen, eine nach der anderen, ziehen vorüber. Position: Mit dem Hintern auf einem harten Eichenstuhl, nach hinten gekippt, die Füße auf das Bett an der anderen Wand des äußerst schmalen Studentenzimmers gestützt. English 222, bei Professor Bush, der Spenser so sehr liebt, dass seine geduldigen Ausführungen sogar postgraduierten Studenten die Tränen in die Augen treiben. Mein studentisches Gefühl, einen weiteren Klassiker absorbiert zu haben, bei der Erfüllung der vor mir liegenden Aufgabe, die mir als endlich erschien, nämlich *alles* zu lesen. Draußen toben ein neuenglischer Schneesturm und McCarthy, aber ich bin vor beiden geschützt.

4. Proust, *Remembrance of Things Past [Auf der Suche nach der verlorenen Zeit]*. 1955. Riverside Drive, New York. Unablässiger Feierabendverkehr auf dem West Side Highway auf einer Seite, Ehefrau, das Abendessen kochend, und Baby, gurgelnde Laute von sich gebend, auf der anderen, Swann und Odette und Madame Verdurin und die Duchesse de Guermantes in der Mitte. Dank der blumigen und unermüdlichen Übersetzung von Scott Moncrieff sprudeln die herrliche Stimme und die Gedanken Marcels immer weiter, eine Epiphanie auf jeder der vierhundert Seiten. Und was für Epiphanien! Welch schimmernde arkadische Ausblicke der Illusion und Desillusion! Das ist *Sprache*.

5. Ja, was? Vierzig Jahre seit dem letzten Leseglück? Vier Jahrzehnte des literarischen Malariafiebers, aber keine Hitzewellen? Nabokov, Calvino, der frühe Salinger, der späte

Cheever, Robert Pinget, Bruno Schulz, Murdoch und Spark, Ozick und Oates, Tim O'Brien und Orhan Pamuk – alle ein Glück, aber vollkommenes Glück? Bin ich, seit ich mich unter die Gedruckten begeben habe, meines arglosen Vertrauens beraubt, das ich einst Thurber, Kierkegaard und Henry Green entgegenbrachte? Und was ist mit der *Encyclopaedia Britannica*, mit ihren aufgereihten Soldaten in kastanienbrauner Lederuniform, mit diesem alphabetischen Universum der verhandelbaren Wahrheiten und Tatsachen, die ich *benutzen* kann? Tief in den Schmetterlingssessel meiner Bibliothek gesunken, meine alten Augen angestrengt auf die Seite gerichtet, schlage ich etwas nach, bewahre es im Gedächtnis, eile nach oben und gebe flugs die entwendeten, noch warmen Brocken in das summende Textverarbeitungsgerät ein, und würze mein eigenes, darin köchelndes Gebräu mit einem kräftigen Geschmack. Glück!

Don Quijote

Antwort auf eine Bitte des *Nouvelle Observateur*, etwas über Cervantes' *Don Quichote* zu schreiben

Das Gedächtnis ist sehr trickreich, und meine Erinnerung an meine Lektüre von *Don Quijote* ist so deutlich, dass sie mir verdächtig vorkommt. Ich habe das Buch in den ersten Monaten meiner ersten Ehe gelesen, als ich gerade einundzwanzig war, in dem Sommer zwischen meinem Grundstudium und Hauptstudium an der Harvard University. Meine junge Frau und ich hatten Sommerjobs in einem YMCA-Ferienlager auf einer Insel in der Mitte eines großen Sees in dem waldreichen Staat New Hampshire gefunden. Sie betrieb den Kiosk; ich war der Sekretär des Lager-Direktors. Seine Schreibmaschine hatte ein braunes Farbband, sodass die offiziellen Briefe wie auch die inoffiziellen Gedichte, die ich darauf schrieb, einen pseudo-rustikalen Anstrich bekamen. Meine junge Frau entwickelte kräftige Muskeln in ihrem rechten Unterarm, den sie täglich darin übte, Eis aus den gefrorenen Trögen zu kratzen. Wir hatten nur wenig Freizeit, aber unsere Unterkunft in einer Hütte tief im Wald hatte den Hauch einer Idylle: Adam und Eva der Neuzeit gründeten in der Wildnis einen Hausstand. Bei Sonnenuntergang, nach dem Ende der Arbeit und ehe die Glocke uns zum Essen rief, las ich täglich ein paar Seiten in *Don Quijote*.

Warum ausgerechnet dieses Buches? Ich musste nicht damit rechnen, dass es in einem meiner Kurse für englische Literatur auf der Leseliste stehen würde, obwohl Vladimir Nabakov erst kurz zuvor in Harvard den Roman in einem geisteswissenschaftlichen Kurs behandelt hatte, den ich hätte wählen können, aber bedauerlicherweise nicht gewählt hatte. Meine Mutter war hispanophil – etwas Ungewöhnliches für ein Mädchen vom Lande aus dem von Niederländern besiedelten Gebiet im Westen von Philadelphia – und las die Werke von Washington Irving, W. H. Prescott und V. S. Pritchett über die Iberische Halbinsel. Obwohl ich mir nicht sicher bin, dass sie jemals viel Cervantes gelesen hat, war mir doch ein Pfad, ein geistiger Zugang, geebnet worden, hinein in das Dickicht dieses Meisterwerks der Renaissance. Ich las es in der ehrwürdigen Modern-Library-Ausgabe, mit Stichen von Gustave Doré. Die englische Übersetzung von Peter Motteux musste aus dem achtzehnten Jahrhundert stammen, denn die Substantive waren, wie im Deutschen, groß geschrieben, die Vergangenheitsform auf «ed» war als «'d» wiedergegeben, und bei den Dialogen fehlten die Anführungszeichen. Verwirrend, aber angenehm; der alte Text war, wie ich bald entdeckte, sehr gut lesbar, dank Cervantes' eigener klarer, konkreter und rasch vorwärts schreitender Sprache. In dem Vorwort empfiehlt der Autor jedem Schriftsteller:

> Es sei Euer Augenmerk, Eure Erzählung in einem einfachen, ausdrucksvollen, edlen und geziemenden Stil zu verfassen, dass Eure Perioden sich wohlklingend und anständig fortbewegen, und dass Ihr nach Eurer Absicht alles deutlich darstellt, ohne Eure Ideen durch Spitzfindigkeit oder Dunkelheit zu verwirren. [1]

Die Ausgangssituation der Geschichte war schnell hergestellt: Ein älterer Herr in einer kleineren Provinz hat so viele mittelalterliche Ritterromane gelesen, dass «die Flüssigkeit in seinem Gehirn in einem solchen Maße erschöpft war, dass er seinen Verstand verlor». Und so zieht er los und kämpft mit Windmühlen und anderen Schwerter schwingenden Feinden. Auf über neunhundert vollen Seiten lassen Vergnügen und Erregung, die von dieser Einbildung ausgehen, selten nach; der verblendete, aber widerstandsfähige fahrende Ritter rast auf den Moment zu – den sehr großen Moment –, da seine Gesundheit schließlich versagt, sein Wahnsinn sich lichtet, und er sich von seiner Torheit lossagt. Sein Komplize in der Torheit, sein Knappe Sancho Panza, der den ganzen Roman hindurch als erdverbundener, rundlicher Vertreter des gesunden Menschenverstands auftritt, bittet ihn unter Tränen, aus dem «Tal seiner Trübsal» aufzustehen und zu

---

[1] Miguel de Cervantes Saavedra, *Don Quijote von la Mancha*. Deutsch von Ludwig Tieck, Düsseldorf 1951

neuen Abenteuern aufzubrechen. Dank Cervantes' genialem menschlichen Einfühlungsvermögen erkennen wir, dass nicht nur Don Quijote Sancho Panza braucht, sondern umgekehrt Sancho Panza auch Don Quijote. Die Erdverbundenen brauchen die sie loslösende Kraft und die Stimulierung der Visionäre, wie hoch die Kosten an Prellungen und Peinlichkeiten auch sein mögen.

Shakespeare, das größere Genie, führt unser Spiegelbild etwas anders vor als *Don Quijote*. Seine Stücke zeigen eine Welt, in der mittelalterliche Strukturen fortgeschrieben werden, sie enthalten eine genaue Analyse von Königtum und ein konservatives Misstrauen gegenüber dem Pöbel. Cervantes stellt post-mittelalterliche Männer und Frauen in einem Spanien vor der Gegenreformation dar, das auf Jahrhunderte hinaus nicht wieder so weltlich sein sollte. Ausgehend von einem burlesken Idealismus platziert Cervantes seine Erzählung auf einer festeren, aber niedrigeren Ebene. Dieser erste moderne, demokratische Roman hält die Verblendung und die Taten eines verarmten Adligen von der Mancha für erzählenswert, obwohl sie keine klare Bindung zum Himmel haben und kein anderes Ende als Desillusionierung und Tod.

Meiner Erinnerung nach habe ich am Schluss geweint, als ich Abschied von dieser tapferen, prahlerischen Saga eines gedemütigten, unbesiegbaren Geistes nehmen musste. Ihre Seiten sind für immer in das dämmrige Waldlicht getaucht und in den unsteten Schein der flackernden Petroleumlampe in der Hütte der Frischvermählten.

Weltliteratur

«Die zehn größten Werke der Literatur, 1001–2000»:
Eine eurozentrische Liste, zusammengestellt für den
World Almanac 1998

1. Thomas von Aquin, *Summa Theologica*, geschrieben ca. 1266–73. Dieses umfassende philosophische Werk des Mittelalters demonstriert die Kompatibilität von Glauben und Vernunft und dient der römisch-katholischen Kirche bis zum heutigen Tag als Grundlage ihrer Apologetik. Es förderte das Aufkommen wissenschaftlichen Denkens in Europa. Ohne dieses Werk hätte weder Dante seine *Divina Commedia* noch James Joyce seinen *Ulysses* schreiben können.

2. Dante Alighieri, *Divina Commedia,* geschrieben ca. 1307–21. Dieses von seinem Verfasser schlicht *Commedia* genannte Poem von hundert Gesängen und vierzehntausend Zeilen führt den Dichter auf eine visionäre Reise von der Hölle durch das Fegefeuer und ins Paradies. Es stellt einen Triumph schematischer Organisation dar, lebendig in jeder Zeile; es etablierte das Toskanische als den dominierenden Dialekt Italiens und ist das größte Langgedicht seit Virgils *Äneas.*

3. Miguel de Cervantes Saavedra, *Don Quijote von La Mancha.* Teil I, 1605, Teil II, 1615. Diese Geschichte von einem spanischen Edelmann, der zu viele Ritterromanzen gelesen hat und bei dem Versuch, sie nachzuleben, immer wieder mit der tatsächlichen Welt in Konflikt gerät, gilt als der erste europäische Roman. Sein Humor hat Breite, aber sein Pathos und seine symbolische Resonanz reichen tief; die Paarung des idealistischen, liebesblinden Don Quijote mit dem erdverbundenen Knappen Sancho Panza fängt die Conditio humana ein.

4. William Shakespeare, Komödien, Königsdramen und Tragödien, geschrieben zwischen 1590–1613, veröffentlicht 1623. Shakespeare ist sowohl der größte Dichter als auch der größte Dramatiker der englischen Sprache. Er schrieb sechsunddreißig Stücke. Die Einblicke in den menschlichen Charakter, die Variationsbreite, was Handlung und Situationen betrifft und die schöpferische Energie der poetischen Sprache schlagen auch heute Leser und Theaterzuschauer in den Bann.

5. Voltaire, *Candide*, 1759. Dieses schmale Buch, in drei Tagen verfasst und anonym veröffentlicht, destilliert den sprühenden Geist Voltaires und der Aufklärung. Wie *Don Quijote* dramatisiert es den Konflikt zwischen Ideen und der Wirklichkeit – die Ideen sind die des Philosophen Leibniz, der das Böse wegerklärte, und die Wirklichkeit wird in dem Erdbeben von Lissabon und anderen Leiden gezeigt, die der Titelheld und sein frohgemuter Tutor Dr. Pangloss zu erdulden haben.

6. Edward Gibbon, *The History of the Decline and Fall of the Roman Empire*, 1776–88 *[Die Geschichte des Verfalls und Untergangs des römischen Reiches]*. Auch dies ein monumentales Werk der Aufklärung. Gibbons sechsbändige Geschichte stellt ein Meisterwerk der Forschung dar und etabliert mit seiner elegant geläufigen, häufig sarkastischen Darstellung einen unübertroffenen Standard der lebendigen Geschichtsschreibung und der soziologischen Analyse.

7. Leo Tolstoj, *Krieg und Frieden*, 1863–69. Von all den großen Romanen des neunzehnten Jahrhunderts dürfte Tolstojs Panaroma der Invasion Napoleons in Russland der größte sein – groß im Umfang, im Einfühlungsvermögen, in der breiten Palette der handelnden Gestalten, groß in seinen Betrachtungen der Geschichte des Menschen. So riesig das Pa-

norama auch ist, der Blick auf das Individuelle ist immer genau, unmittelbar und knapp.

8. Fjodor Dostojewski, *Die Dämonen*, 1871–72. Das leidenschaftliche Verständnis, mit dem Dostojewski diesen Roman schrieb, ist am intensivsten und auf perverse Weise komisch in seiner Darstellung der linksgerichteten Revolutionäre; auch wenn Russland nicht unter den Einfluss der hier beschriebenen «Teufel» gefallen wäre, hätten die Tiefen der ausgeleuchteten menschlichen Seele dem Werk prophetische Qualität verliehen.

9. Marcel Proust, *Auf der Suche nach der verlorenen Zeit*, 1913–27. Die französische Tradition der psychologischen Analyse erreicht ihre vollste Blüte in dieser großartigen ausgedehnten Untersuchung der Empfindsamkeiten des autobiographischen Helden, der in seiner Erinnerung den sich wandelnden Perspektiven nachspürt, die Liebe und Snobismus einer bissig skizzierten gesellschaftlichen Landschaft verleihen. Prousts Metaphern sind erstaunlich und wunderbar.

10. James Joyce, *Ulysses*, 1922. Ein enger, provinzieller Gegenstand – Dublin an einem Tag im Juni 1904, wie ihn eine Hand voll von Gestalten erleben, vor allem der junge träumerische Stephen Dedalus und der jüdische Anzeigenverkäufer mittleren Alters Leopold Bloom – wird in Joyces gelehrter und spielerischer Darstellung ein detailliertes Gegenstück zu Homers *Odyssee* und ein Inbegriff des Realismus: Ein Buch so undurchsichtig und korpuskular wie das Leben.

Religion und zeitgenössische amerikanische Literatur

Vortrag, gehalten an der Indiana / Purdue University
in Indianapolis, April 1994

Ich habe den Eindruck, dass orthodoxe Religion in der zeitgenössischen amerikanischen Literatur kaum eine Rolle spielt, auch nicht als eine Kraft, gegen die es anzugehen gilt. In scharfem Kontrast dazu steht die Zeit der fünfziger Jahre, als ich Schriftsteller wurde: Damals war die christliche Orthodoxie deutlich und provozierend vertreten im Anglo-Katholizismus von T. S. Eliot und W. H. Auden sowie in dem Katholizismus der Erzähler Flannery O'Connor und J. F. Powers; das gleiche galt für die viel gelesenen Katholiken Graham Greene und Evelyn Waugh und – fast eine Generation später – für Muriel Spark und Walker Percy. Marianne Moore, die Schwester eines Geistlichen, hing subtil einer eher presbyterianischen Glaubensrichtung an, und der jüdische Glaube hatte seine populären Vertreter in Herman Wouk und Chaim Potok. Dieser nahrhaften Mischung fügten Jack Kerouac und J. D. Salinger eine Prise östlicher Zen-Magie hinzu. In College-Literaturkursen wurden christliche Schriftsteller wie Dante und John Donne und die englischen Metaphysiker besonders bewundert. Wenn das Christentum nicht ausgesprochen «Mode» war, so war es doch mit Sicherheit das Mittelalter, und Konzepte wie «Angst», «das Numinose» und «der Sprung in den Glauben» gehörten dazu. Der christliche Existenzialismus des Dänen Søren Kierkegaard in der Mitte des neunzehnten Jahrhunderts hatte eine Schar europäischer Denker nach dem Zweiten Weltkrieg beeinflusst, von Sartre bis Heidegger, und es ist nicht übertrieben zu sagen, dass Thomisten wie Jacques Maritain und Father

M. C. D'Arcy, aber auch christliche Lyriker mit entsprechend quälerischer Haltung wie Gerard Manley Hopkins und San Juan de la Cruz in gewisser Weise als *chic* galten.

Nicht, dass der christliche Glaube damals leicht zu erlangen gewesen wäre oder dass er selbstgefällig gefeiert wurde. Doch gab es ihn als belebende Strömung – als Gegenströmung sozusagen zu dem ungebremsten Realismus in der Kunst und dem Materialismus in der Philosophie. Außerdem waren selbst diejenigen amerikanischen Schriftsteller, die sich nicht zum Glauben bekannten, in einer Kultur aufgewachsen, die von der Bibel und von Kirchenliedern durchdrungen war; sie konnten ihre Romane *The Sun Also Rises [Fiesta]* und *Absalom, Absalom* und *East of Eden [Jenseits von Eden]* betiteln, in dem Vertrauen, dass die alttestamentlichen Anspielungen gehört wurden. Das jüdisch-christliche Universum war der Hintergrund, vor dem selbst die Werke solcher vom Glauben abgefallener Dandys wie Wallace Stevens und Scott Fitzgerald ihr Muster etablierten und ihre Botschaft verkündeten.

Ich sehe nicht, dass es heute, in den Büchern von Männern und Frauen, die jünger sind als ich, viel Vergleichbares gäbe. An offen protestantischen Romanciers haben wir Frederick Beuchner und Larry Woiwode, als transzendentalistische Essayistin zählt Annie Dillard, und der beste katholische Roman, den ich vor kurzem gelesen habe, ist *Mariette in Ecstasy* von Ron Hansen – ein zartes, intuitives, cinematisches Werk, das in einem Nonnenkloster im Staat New York zwischen 1906 und 1907 spielt. Dieser entschieden religiöse Roman wird vielleicht nur durch seine feste Einbettung in der Vergangenheit möglich. Die jüdische Religiosität des osteuropäischen chassidischen Mystizismus fand leuchtenden Ausdruck in den Werken von Bernard Malamud und Isaac Bashevis Singer; an deren Stelle ist das indirektere und bemüht reflektierte jüdische Bewusstsein von Cynthia Ozick und Philip Roth getreten. Über den islamischen Gehalt der Gedichte von Imamu Amiri Baraka, früher als LeRoi Jones bekannt, und das Buddhistische in der Lyrik von Allen Ginsberg und Charles Wright kann ich wenig sagen. Religiöse Bedürfnisse existieren, und Menschen, die schreiben, sind davon keineswegs ausgenommen. Zweifellos habe ich in meiner Unwissenheit eine Reihe wichtiger Namen nicht genannt. Zum Beispiel sollte Reynold Price als christlicher Romancier erwähnt werden, und Paul Therouxs Kindheitserfahrungen als Messdiener spielen in seinen erzählerischen Werken eine zunehmende Rolle; und es gibt Lyriker wie Billy Collins und Greg Ghagis, die mehr als nur ansatzweise an Religion interessiert sind.

Worum es mir hier geht, ist die Tatsache, dass für einen durchschnittlich interessierten und zerstreuten Leser der Belles lettres, wie ich es bin, die Religion nicht deutlich durchschlägt. In den Vereinigten Staaten, so wie Raymond Carver, Bobbie Ann Mason, Frederick Barthelme, Mary Robison und Tom Drury sie sehen, ist die Kirche eine Fußnote im gesellschaftlichen Gefüge und die Religion bestenfalls ein schwacher Unterton im inneren Leben der Gestalten. Nicht nur, dass das Leben über die unmittelbaren emotionalen Bedürfnisse hinaus kaum eine Bedeutung zu haben scheint, dieses Fehlen von Bedeutung wird auch kaum bemerkt von den Gestalten, die bei sich selbst so wenig nach einem tieferen Sinn suchen wie in den über den Bildschirm flackernden Fernsehdramen oder im dahinflatternden Gefühlsleben ihrer Freunde und Verwandten. Die Welt, in der sie aufgewachsen sind, eine Welt des Fernsehens und der Einkaufspassagen, der häufigen geographischen Veränderungen und unbedacht erweiterten oder gestutzten Familien, bietet einen kargen Boden für die Illusion der Selbstbedeutung, ohne die Religion nicht Wurzeln fassen kann. Das Ich, diese hartnäckige alte Wesenseinheit, ohne die sowohl die Sünde als auch das Leben sinnlos werden, wird von Kindern des elektronischen Zeitalter so empfunden, wie Bertrand Russell es beschrieben hat – als Epiphänomen, als Fast-Phänomen. In unserem digitalisierten, durch die Kanäle surfenden Amerika kann das menschliche Gebilde der so genannten minimalistischen Literatur – eine Kategorie, der sich kein Schriftsteller zugehörig fühlt, die aber eine Welt existierender Töne und Stimmungen abdeckt – keinen übernatürlichen Aufbau mehr tragen; das integrale «Ich», ein vorübergehendes Behältnis der Positivität im Fließen der Elektronen, existiert kaum noch im Jetzt, geschweige denn für immer. Und auch die kompliziertere, barocke Literatur talentierter und herausfordernder junger Autoren wie Deborah Eisenberg oder Tom Jones oder Andrea Lee, die in ihren Anspielungen und ihrer Leidenschaft weiter geht, befasst sich nicht mit der Hoffnung auf den Himmel, der Flucht vor der Hölle oder mit dem Gedanken an ein Leben außer dem gegenwärtigen von Fleisch und Blut und am Ende vernichtender Enttäuschung. Alles ist abgrundtief menschlich, könnten wir sagen. Wenn die Kirche überhaupt da ist, dann so wie bei *The Simpsons*, als Anlass zu Gelächter und mit einem Hauch von Sehnsucht.

Dennoch sollte man zugestehen, dass Literatur und Lyrik in gewissen Sinne religiöse Übungen sind, die von den Ausübenden Hingabe und Selbstverleugnung verlangen. Wie die Religion ersucht auch die Kunst darum, nach Maßstäben beurteilt zu werden, die nicht weltlicher Natur sind und sich weder in finanziellem Gewinn noch in unmittelbarer kritischer Anerkennung äußern. In beiden Bereichen werden die Letzten manchmal die Ersten sein, und die Sanftmütigen und

Missachteten werden das Himmelreich erben, so wie Stendhal, Melville, Emily Dickinson und Gerard Manley Hopkins schließlich die Anerkennung erbten, die ihnen von ihrer eigenen Generation versagt wurde. Künstlerische Vortrefflichkeit und spirituelle Vortrefflichkeit verbergen sich oft vor zeitgenössischen Augen, und ein Trost, den ein christlicher Schriftsteller in unserer Zeit finden kann, ist der, dass die zeitgenössische Meinung, besonders wenn sie von politischen Strömungen der Zeit beeinflusst ist, keine Bedeutung hat. Christlicher Glaube, wie unbequem er auch sein mag, befreit den Künstler von der Verpflichtung zu glauben, er schulde der Menschheit irgendeine Propaganda für eine ihrer säkularen Fraktionen.

Literatur wurzelt in einem Glaubensakt, nämlich in der Unterstellung, dass allem menschlichen Tun eine Bedeutung innewohnt, die das tägliche Leben zu einem Stoff macht, den zu dramatisieren oder analysierend zu beschreiben sich lohnt. Es gibt sogar eine schattenhafte kosmische Mutmaßung nach der das Universum – die Gesamtheit dessen, was existiert, einschließlich unserer subjektiven Eindrücke und der objektiven Daten – eine Erzählung darstellt und ein Gedicht enthält, zu dem unsere eigenen Geschichten und Gedichte ein Echo bilden. Zu lobpreisen – oder auch, umgekehrt, zu klagen und zu verfluchen – ist der Impuls, der die Literatur in ihrem Tiefsten und Schlichtesten und Edelsten motiviert; auch diejenigen, die nichts Preiswertes in der Welt sehen, bewundern bei anderen das aus diesem Impuls Entstandene. Das wichtigste Pfund eines Schriftstellers ist nicht seine Weisheit oder sein Können, sondern ein irrationales, oft frohgemutes Gefühl, dass dem Wenigen, das er kennt, eine Bedeutung anhaftet, und das ist eine religiöse Empfindung.

«Ein herausragender christlicher Literat»

Dank für die vom Catholic Book Club in New York
am 11. September 1997 verliehene Campion-Medaille

Es ist eine nachdenklich stimmende, ja, verwirrende Sache,
eine Auszeichnung als «herausragender christlicher Literat»
verliehen zu bekommen, zumal wenn sie den Namen des
Heiligen Edmund Campion trägt. Dieser brillante, zum Katholizismus konvertierte Jesuit, wurde, wie die Geschichte
vermerkt, dreimal auf die Folterbank gespannt – man wollte
ihn dazu bringen, seinem Glauben abzuschwören. Doch obwohl sein Körper gefoltert wurde, fuhr er fort, brillante De-
batten mit Protestanten zu führen, und konnte einige von
ihnen bekehren. Mit großer Beredsamkeit entkräftete er die
erfundenen Anschuldigungen der Ankläger, die ihm Aufwie-
gelung vorwarfen, und wurde dennoch 1581, im Alter von
einundvierzig Jahren, gehenkt und geviertelt. Welches Maß
an Verfolgung und Qual, so fragt sich der Empfänger der
Campion-Medaille unwillkürlich, würde er selbst für seine
religiösen Überzeugungen erdulden? Es ist ein Leichtes, in
Amerika Christ zu sein, wo der Name Gottes auf die Münzen
geprägt ist, wo von gewählten Repräsentanten bei der Ausübung ihres Amtes fromme Äußerungen erwartet werden,
und wo der sonntägliche Kirchgang zwar keineswegs allgemein üblich ist, sich aber einer für Europäer erstaunlichen
Beliebtheit erfreut. Als gute Amerikaner lernen wir, die Überzeugungen unserer Nachbarn, wie bizarr sie uns insgeheim
auch vorkommen, zu tolerieren, und etwas von dieser selbst-
verständlichen Toleranz dehnen wir wohl auch auf uns selbst
und unsere eigenen Ansichten aus.

Ich selber wurde in den fünfziger Jahren intellektuell erwachsen, also in einer Zeit, als ein milder religiöser Aufschwung unseren wieder auflebenden wirtschaftlichen Wohlstand begleitete und die machtvollen rationalen Argumente gegen die christlichen Glaubensgrundsätze ein Gegengewicht fanden in der intellektuellen Mode, die eine Generation nach Chesterton und Belloc das Mittelalter noch immer als eine Art goldenes Zeitalter kultureller Einheit und beschwichtigter Ängste sah. Unter den verehrten Literaten der damaligen Zeit war eine beträchtliche Anzahl sich zum Christentum bekennender Schriftsteller. Der erste Empfänger der Campion Medal, Jacques Maritain, im Jahr 1955, war einer der führenden Köpfe, aber bei weitem nicht der Einzige in einer Bewegung, die dem Thomismus ein lebendiges und modernes Gesicht verlieh. Am Gegenpol betrachteten die philosophischen Existenzialisten den dänischen Lutheraner Søren Kierkegaard als einen ihrer Begründer, während die krasse, aber ausdrucksstarke Krisentheologie des Calvinisten Karl Barth lautstark gegen die defensiven Abschwächungen der liberalen Theologie trompetete, womit ich nur sagen will, dass es mir nicht an Begleitung und Unterstützung durch die literarischen und philosophischen Strömungen der Zeit mangelte, als ich feststellte, dass ich von meiner Vorliebe für den lutherischen Glauben, in dem ich aufgewachsen war, nicht loslassen wollte. Wäre ich ein junger Mann in einem atheistischen kommunistischen Staat gewesen, oder ein Literat in den Tagen, als menckenscher Spott die große Mode war, wäre ich dann ebenso würdig, diese Auszeichnung zu empfangen? Ich bin mir nicht sicher. Und doch, ich habe die Kirchen dreier protestantischer Konfessionen besucht – die lutherische, die kongregationalistische, die episkopalische –, und der christliche Glaube hat mir in meinem Leben Trost und, so möchte ich hoffen, Mut bei meiner Arbeit gegeben. Denn er sagt uns, dass die Wahrheit heilig ist und das Verkünden der Wahrheit eine edle und nützliche Tätigkeit, dass die Wirklichkeit um uns herum geschaffen und würdig ist, gefeiert zu werden, dass Männer und Frauen radikal unvollkommen und radikal wertvoll sind.

Obwohl das Festhalten an unserem Glauben mit einiger intellektueller Unbequemlichkeit und Anstrengung verbunden ist, wie Paulus und auch Luther und Kierkegaard wussten, sind wir doch zur gleichen Zeit befreit von gewissen weltlichen Illusionen und einseitigen Tyranneien der hoffnungsvollen Gedanken. Die schlechte Nachricht kann unumwunden verkündet werden, denn sie ist nicht die einzige Nachricht. So ist es in der Tat verblüffend, wie dunkel, ja, auf beiläufige und possenhafte Art düster das menschliche Leben in den Werken von Waugh und Spark und Graham Greene und Flannery O'Connor erscheint. Beim Überfliegen möchten wir einen flüchtigen Blick auf lindernde Heiligkeit erhaschen und bekommen stattdessen ein grausames Getrommel auf die Leere dieser Welt zu hören. In diesen Zeiten Christ zu sein, bedeutet, wie in den Zeiten des Römischen Reiches auch, unorthodox zu sein, und Leser sollten sich anderswo nach den Tröstungen des konventionellen Gefühls und der volkstümlichen, nötigen Religion des Optimismus umsehen.

Zwar kann man ein Christ sein und ein Schriftsteller, aber der Ausdruck «christlicher Schriftsteller» wirkt irgendwie herabmindernd, und die meisten so bezeichneten Autoren haben sich dagegen verwehrt. Der verstorbene japanische Romancier Endo Shusaku, ein Katholik und der Empfänger der Campion Medal im Jahr 1990, sagte die folgenden Sätze über seine westlichen Mitstreiter: «Mr. Greene wird nicht gern ein katholischer Schriftsteller genannt. François Mauriac mochte es auch nicht. Christ zu sein und Schriftsteller zu sein sind Gegensätze, die sich ausschließen, behauptete Monsieur Mauriac. Wenn man die Tiefen des menschlichen Herzens erforsche, so sagt er, komme man unwillkürlich mit der Sünde in Kontakt. Bei der Beschreibung der Sünde beschmutze sich der Schriftsteller. Und das widerspreche seiner Christenpflicht.» Endo fuhr fort, er könne sich nur insofern als christlicher Schriftsteller betrachten, als er glaube, und ich zitiere: «Es gibt etwas im menschlichen Unbewussten, das nach Gott sucht.»

Und in der Tat, wenn wir die Conditio humana beschreiben, können wir dann, als Christen, mehr tun als das? Ist christliche Literatur, sofern es sie gibt, nicht die Beschreibung von Verwirrung und Panik, von dem Gefühl der Hohlheit und Vergeblichkeit, das all jene betrifft, deren Suche nach Gott ergebnislos ist? Und sind wir nicht alle, ob innerhalb der Kirchen und Tempel oder außerhalb, in dieser Beziehung mehr Suchende als Findende? Während ich diese Auszeichnung dankbar entgegennehme, bitte ich darum, von der Pflicht befreit zu werden, in meinen Büchern Moral und Trost der orthodoxen Art zu bieten. Die Literatur hält der Welt den Spiegel vor und kann nicht mehr zeigen, als in der Welt enthalten ist. Ich gebe zu, dass man den Spiegel in verschiedenen Winkeln halten kann und dass die Lektüre, mit der ich zwischen zwanzig und vierzig versucht habe, meinen Glauben zu stärken, mir auch einen Blickwinkel gegeben hat, der sich auf meine Erzählungen und insbesondere meine Romane ausgewirkt hat.

Der erste, *The Poorhouse Fair [Das Fest am Abend]*, ist mit einem Motto aus dem Lukas-Evangelium überschrieben; der nächste, *Rabbit Run [Hasenherz]*, mit einem von Pascal, der dritte, *The Centaur [Der Zentaur]*, mit einem von Karl Barth, und der fünfte, *Couples [Ehepaare]*, mit einem Zitat von Paul Tillich. Ich habe meine Romane als Formen der Veranschaulichung von Schriften Kierkegaards und Karl Barths betrachtet; der Held in *Rabbit, Run* sollte ein repräsentativer Kierkegaardscher Mensch sein, wie sein Name Angstrom andeutet. Der Mensch in einem Zustand von Furcht und Zittern, von Gott getrennt, gejagt von Angst, aufgerieben von den sich befehdenden Forderungen seiner animalischen Natur und seiner menschlichen Intelligenz, vom Gesellschaftsvertrag und den inneren Imperativen und wie von einer außerweltlichen Macht zu dauerhafter Ruhelosigkeit verdammt – das war und ist in gewissem Maße noch immer meine Vorstellung. Der moderne Christ erbt eine intellektuelle Tradition fehlerhafter Kosmologie und raffinierter Psychologie. Der Heilige Augustinus war weder der erste noch der letzte christliche Autor, der uns die menschliche Seele mit ihren Schatten gezeigt hat, mit dem Rembrandtschen Spiel von Schatten und Licht, mit dem Chiaroscuro; diese Vorstellung von uns selbst als Geschöpfen, die im Licht gefangen sind, deren Entscheidungen und Erkenntnisse von majestätischer Bedeutung sind, wird auch Nichtchristen nicht loslassen und auch fürderhin, soweit ich sehen kann, die Raison d'être der Literatur bleiben.

Augenblick des Triumphs

Dankrede bei der Verleihung der 1998 National Book
Foundation Medal for Distinguished Contribution
to American Letters, in New York am 18. November 1998

Als ich von dieser großen Ehre erfuhr, musste ich an die beiden anderen Male denken, als ich das Glück hatte, mit dem National Book Award ausgezeichnet zu werden. Die erste Gelegenheit am 10. März 1964 ist unsterblich gemacht worden durch einen jungen Reporter für die inzwischen eingegangene *New York Herald Tribune,* der sich Tom Wolfe – im Unterschied zu Thomas Wolfe – nannte.[1] Sein Bericht begann mit den folgenden beiden Absätzen:

> Kein empfindsamer Künstler in Amerika wird je wieder aus dem Rampenlicht wegtauchen müssen. John Updike, der Ipswich, Mass.-Romancier, hat es gestern Abend für alle anderen und für alle Zeiten getan. Auf der Bühne des Großen Ballsaals im New York Hilton, wo ihm der glanzvollste der fünf National Book Awards, der Preis für erzählende Literatur, überreicht werden sollte, erschien John Updike, der Autor von *The Centaur,* in 19 Monate alten Tretern. Auf halbem Weg zum Podium fing ihn der Lichtkegel des Scheinwerfers vom Balkon ein, und sein Ausweichmanöver hätte nicht besser sein können, wenn hinter ihm ein Mann mit einem Gummiknüppel gestanden hätte.
> Zuerst blinzelte er durch seine Eulenaugen-Brille ins Licht. Dann drückte er den Kopf und seinen mächtigen mittelalterlichen Strohdach-Haarschnitt auf die rechte Schulter. Dann schwang er die linke Schulter und den linken Ellbogen hoch, dann beugte er sich aus der Hüfte vor. Und dann, vor den gefälteten Vorhängen des Großer Ballsaal und einem Publikum von 1000 Kulturbetrieblern, überzog eine Sherwin-Williams-Röte sein Gesicht.

Zur Veranschaulichung der Streiche, die einem das Gedächtnis spielen kann, mag meine Version des Abends dienen, den ich als eher intim und ruhig in Erinnerung habe. Wegen eines spätwinterlichen Schneesturms in Neuengland waren meine

---

[1] Bei der Feier 1998 eine unsichtbare Anwesenheit, da sein Roman *A Man in Full* für den Fiction Prize nominiert war und viel Wirbel machte.

damalige Frau und ich in aller Frühe aufgestanden, um unseren Zug zu erreichen, und trafen zerknautscht und müde zu diesem Augenblick des Triumphs ein. Zeitungen lügen nicht, es muss also der Große Ballsaal des Hilton gewesen sein, aber in meiner Erinnerung ist es ein kleiner, niedriger Raum, in dem verstreut einige Bibliothekarinnen mit blumenverzierten Hüten auf Klappstühlen saßen. Sie lächelten wohlwollend, daran erinnere ich mich, und ich erinnere mich auch, dass in dem Moment, als ich hinaus ins Rampenlicht und an das Schlagmal treten wollte, jemand mich mit der Bitte nervte, sein Programm oder seine Punktetafel zu signieren. Das und der anschließend gedruckte Bericht von Tom Wolfe waren mein erster Geschmack von den Freuden, die Berühmtheit mit sich bringt.

Die zweite Gelegenheit fand am 27. April 1982 in der Carnegie Hall statt. Die Preise hießen damals, sicherlich aus triftigen Gründen, American Book Awards, und es wurden nur die Preisträger erwartet. Von dieser stolzen Situation ist mir in Erinnerung geblieben, dass meine Lektorin Judith Jones, die im großen Konzertsaal neben mir saß, mir gleich zu Beginn der Feierlichkeiten anvertraute, sie komme soeben von einer Kieferoperation. *Was für eine großartige Lektorin*, dachte ich damals, und das denke ich heute noch; Judith hat sich über fast vierzig Jahre tapfer und loyal für mich geschlagen. Für die Zeremonie wurden zwei Zeremonienmeister auf der Bühne gebraucht, wie die zwei Sprecher bei den Minstrel-Shows von früher, und die überleitenden Bemerkungen der beiden, Barbara Walters und William F. Buckley Jr., waren so witzig und so wohl überlegt, und die Dankreden der anderen Preisträger so aufrichtig und ausführlich, dass die uns zugestandene Stunde langsam verstrich. Ich saß da, die gefalteten, allmählich feucht werdenden Blätter meiner Rede an meiner

Brust, und es wurde klar, dass für den Empfänger des Fiction-Preises, der als Letzter an die Reihe kam, keine Zeit mehr bleiben würde, noch irgendetwas zu sagen. Am selben Abend stand ein Konzert auf dem Programm, und wir konnten hören, wie draußen im Foyer und hinter der Bühne, die Musiker mit rumpelnden Celli und Holzblasinstrumenten ankamen und über Stravinsky und Mahler sprachen und sogar mit ihren Blechinstrumenten ein paar ungeduldige Signaltöne in die Luft stießen. Barbara Walters Stimme, sonst so besänftigend, war fast schrill, als sie uns mitteilte, dass unsere Zeit abgelaufen sei; unter dem wenige Sekunden dauernden dankbaren Applaus stürzte ich den Gang zur Bühne hinauf, nahm den Preis aus Arthur Millers großen Händen entgegen und hastete davon. Die Rede, die ich nie hielt, kann man in meinen gesammelten Werken lesen.

Und jetzt dies, wie es im Fernsehen heißt. Wie ein langsam ergrauender Komet kehre ich alle siebzehn Jahre oder so aus dem dunklen All der nicht Nominierten zurück. Ich gucke unter meinem mittelalterlichen Strohdach-Haarschnitt hervor, und was sehe ich? Smokings! Pailletten! Kleider mit tiefem Dekolleté! Ich muss in Hollywood sein. Genau wie bei den Academy Awards gibt es ein Quintett von Nominierten, aus dem in aller Kürze ein bescheiden errötender Sieger herausgelöst wird, sodass vier gefasst lächelnde Verlierer bleiben. Wie bei dem jährlichen Film-Zeremoniell liegt eine Gala-Atmosphäre der rituellen Opferung in der Luft, und ein gefügiger alter Bock oder eine folgsame Hirschkuh des Gewerbes wird nach vorn geholt und mit einer Medaille ausgezeichnet, auf deren Rückseite unsichtbar eingraviert steht, dass es an der Zeit sei, sich in den Ruhestand zu begeben.

Nun, hat es denn etwas Besorgnis erregendes, etwas Himmelstürmendes, wenn die heiligmäßigen emsigen Arbeiter der amerikanischen Verlagswelt, die Tag für Tag bis in die Nacht hinein über ihren endlosen Fahnenabzügen und an ihren gespenstisch flimmernden Computer-Bildschirmen sitzen, an einem Abend im Jahr auf den Tischen tanzen? Ein hollywoodartiger Hauch von Glitzer und Glanz wird doch hoffentlich nicht eine hollywoodartige Verstrickung mit dem Massenmarkt nach sich ziehen, mit Millarden-Dollar-Umsätzen und mit einer abstoßenden Umwerbung des jugendlichen Verstands. Eine Stärke und ein Reiz der Buchindustrie – und natürlich ist es eine Industrie – ist immer ihre relative Bescheidenheit gewesen – eher Schmetterlingsbinder als Smoking –, eine Bescheidenheit, die eine relative Flexibilität ermöglicht und sich in der Fähigkeit ausdrückt, ohne katastrophale Verluste Bücher zu veröffentlichen, die nur für wenige von Interesse sind, und der Öffentlichkeit eine enorme Vielfalt von Produkten zu geben, eine Vielfalt, die von der amerikanischen Freiheit kündet und von ihr lebt.

Und doch, wenn ich ehrlich bin und über die psychologische Geschichte nachdenke, die mich veranlasste, ein Heimwerker in dieser Industrie zu werden, so war die Vorstellung von Glanz durchaus ein Aspekt. Ein gewisser Glanz umgab die Öffentliche Bücherei in Reading, Pennsylvania, ein stattliches, durch eine Schenkung Carnegies ermöglichtes Gebäude an der Fifth Street, Ecke Franklin, unmittelbar neben einer süß duftenden Bäckerei. Ich suchte sie schon in frühester Kindheit mit meiner Mutter auf: An ihrer Seite ging ich den einen Block von der Bushaltestelle in der Fourth Street hinaus, erklomm die vielen breiten Stufen und betrat einen Tempel der Bücher. Die hoch aufragenden Bücherwände, überaus geheimnisvoll und anmutig, schienen aus einem fernen Reich hierher gezaubert – die kleinen, mit Tinte auf die Buchrücken geschriebenen Nummern, die Lasche für die

Leihkarte hinten im Buchdeckel, all diese himmlischen Einrichtungen. Wer hatte das für mich so gemacht? Die zerlesenen Bände mit breiteren Rändern und kleineren Seiten als heute üblich verbreiteten die romantische Atmosphäre von Manhattan, wie ich es mir vorstellte, mit glitzernden Wolkenkratzern, mit Menschengedränge in den Straßen. Ich las mich durch ganze Regale mit P. G. Wodehouse und Erle Stanley Gardner, Agatha Christie und Robert Benchley, und weitete meine Ausleihgewohnheiten noch aus, indem ich von einer bestimmten Theke im Kaufhaus Whitner's für, ich glaube, einen Penny pro Tag die noch bunter glänzenden Bücher auslieh. Sie hatten ihre Schutzumschläge behalten und waren zusätzlich in Zellophan eingeschlagen – was sie sehr glanzvoll machte.

Und etwas Glanzvolles, Eindruckschindendes hatten auch die strengen, altehrwürdigen Klassiker der englischen Literatur, die man für die Kurse in Harvard kaufte; um Mitternacht in meinem kleinen Dachgaubenzimmer in Lowell House, auf meinem hölzernen Harvardstuhl zurückgekippt sitzend, in der einen Hand eine Zigarette, in der anderen den blau eingebundenen Oxford-Band der *Poetical Works of Spenser,* mit dem kleinen Druck und den Doppelspalten und der elisabethanischen Orthographie, bei der das «v» zum «u» wurde und umgekehrt, kam ich mir wahrhaftig sehr glanzvoll vor – ich und die Faerie Queen, zusammen in den Wolken schwebend. Und ein gewisser Glanz umschwebte die Druckfahnen, die ich ein paar Jahre später vom Verlag Knopf erhielt und die mir zeigten, wie mein erster Roman, *The Poorhouse Fair [Das Fest am Abend],* im Druck aussehen würde. Der Roman hatte meinem ersten Verlag Schwierigkeiten bereitet, und es war der glücklichste aller Zufälle, dass ein Durchschlag des Manuskripts einem Lektor bei Knopf in die Hände fiel, nämlich

Sandy Richardson, der das Buch so, wie es war, mochte; dann fiel es in die Hände von Harry Ford, einem «vollendeten edlen Ritter» in der Welt des gedruckten Worts, seines Zeichens Lektor und Graphiker, der mir einen köstlich gestreiften Einband und ein elegantes Seitenformat spendierte, dazu eine Schrift, die Janson hieß und bei der ich seitdem, bei mehr als vierzig Büchern, geblieben bin. Diese jugendlichen, willensstarken, hoffnungsvollen Wörter aus meiner Feder zu sehen, in dieser Schrift, mit Kapitelüberschriften in Perpetua und sich verjüngenden Linien zu beiden Seiten, war ein erhebender Moment, der mich heute noch schwindeln macht. Die alten Linotypemaschinen hatten eine glitzernde materielle Klarheit und Schärfe, an die der Computersatz trotz all seiner genialen Vorteile nicht heranreicht.

Dies ist vielleicht der geeignete Moment, meiner Frau Martha für die vielfältigen Freundlichkeiten und Ermutigungen zu danken – sie ist heute mit zweien ihrer Söhne und einer glanzvollen Schwiegertochter anwesend –, und meine tiefe menschliche Schuld gegenüber meinen eigenen vier Kindern und ihrer Mutter auszudrücken, und gegenüber meinen Eltern, die inzwischen tot sind, und meinen Großeltern mütterlicherseits, die schon sehr lange tot sind – sie alle zusammen sorgten, über die ganze Länge meines Lebens hin, für die warmen und regen Häuser, die auch einem Fremdling Unterkunft gewährten: meiner fremden Ambition, glanzvoll zu sein. Ich war und bin dankbar. So auch dem *New Yorker*, der Zeitschrift, die mir seit 1954 ein Zuhause anderer Art gegeben hat. Und Fawcett Books, dem Verlag, bei dem seit *Rabbit, Run* alle meine Taschenbücher erscheinen.

Die Buchindustrie braucht kaum Glanz, da ihr doch noch etwas Besseres zu Gebote steht, nämlich Schönheit – die Schönheit des Buches. Obwohl das Visuelle in gewisser Weise absoluter ist – lebendiger, weniger anfechtbar – als das gedruckte Wort, sind elektronische Geräte behäbiger und veralten schneller als das physische Objekt, das gebundene Seiten aus Papier darstellen. Als Alfred Knopf noch lebte, kleidete er sich für die Arbeit im Verlag so, wie Keats sich gekleidet haben soll, wenn er sich hinsetzte, um ein Gedicht zu schreiben. In seinen purpurfarbenen Hemden, mit den expressionistischen Fliegen und dem Backenbart wirkte er wie eine Kreuzung zwischen einem Wiener Kaiser und einem Berberpiraten; doch ich fürchtete mich nie vor ihm, denn ich wusste, ich befand mich in der Gesellschaft eines Mannes, der Bücher liebte und dem ihre Schönheit am Herzen lag. Die Bücher, die er veröffentlichte, zeugen davon. Wir alle, die wir hier versammelt sind, sollten unserer Freude an unserem ehrwürdigen Produkt Ausdruck verleihen: Ein Buch ist etwas Schönes für die menschliche Hand, für das menschliche Auge, für den menschlichen Verstand und für den menschlichen Geist.

ANHANG

Personenverzeichnis

Quellenverzeichnis

Einige der in diesem Band versammelten Texte wurden zuerst – manchmal unter anderem Titel – in den folgenden Zeitungen, Zeitschriften und Buchausgaben veröffentlicht:

THE NEW YORKER: «Cartoon Magic» [«Cartoon-Zauber»], «Christmas Cards» [«Weihnachtskarten»], «Me and My Books» [«Ich und meine Bücher»], «TV in NYC», «Amazon.com» [«Neues aus der Stadt»] sowie die Beiträge über William Shawn und Brendan Gill [«Drei Standhafte vom *New Yorker*»]

THE NEW YORK REVIEW OF BOOKS: «Edith Wharton's *The Age of Innocence*» [«Edith Whartons *Zeit der Unschuld*»], «Søren Kierkegaard's ‹The Seducer's Diary›» [«Søren Kierkegaards ‹Tagebuch des Verführers›»]

THE NEW YORK TIMES BOOK REVIEW: «People Fits» [«Anfälle, wie Menschen sie haben»], «Sirin's Sixty-Five Shimmering Short Stories» [«Sirins fünfundsechzig schimmernde Short Stories»],

THE NEW YORK TIMES MAGAZINE: «A Childhood Transgression» [«Eine Übertretung»]

THE LONDON SUNDAY TIMES: «The Short Story and I» [«Die Short Story und ich»]

THE NEW REPUBLIC: «Cheever on the Rocks» [«Cheever on the Rocks»]

VOGUE: «Henry Bech Interviews Updike» [«Henry Bech interviewt Updike»]

FORBES: «Five Moments of Reading Bliss» [«Fünf Momente vollkommenen Leseglücks»]

USAIR MAGAZINE: «Home in New England» [«Zu Hause in Neuengland»]

HOGAN'S ALLEY: «My Cartooning» [«Meine Cartoon-Zeichnungen»]

MEDIA EXCHANGE: «Reflections on Radio» [«Gedanken über das Radio»]

LIFE: «Remembering Pearl Harbor» [«Im Gedenken an Pearl Harbor»]

AMERICA: «Accepting the Campion Medal» [«Ein herausragender christlicher Literat»]

WALLACE STEVENS JOURNAL: «Stevens as Dutchman» [«Wallace Stevens als Holländer»]

THE PARIS REVIEW: «Humor These Days» [«Wie geht es heute dem Humor?»]

LE NOUVELLE OBSERVATEUR: «Remembering Reading *Don Quixote*» [«*Don Quijote*»]

WORLD ALMANAC: «The Ten Greatest Works of Literature, 1001–2000» [«Weltliteratur»]

LONDON OBSERVER: «An Hour of the Day» [«Eine Stunde»]

ANTAEUS: «Updike and I» [«Updike und ich»]

NEW LETTERS: «Remarks on Religion and Contemporary American Literature» [«Religion und zeitgenössische amerikanische Literatur»]

HOUGHTON MIFFLIN: Notes on «A Sandstone Farmhouse» [«Zu ‹A Sandstone Farmhouse›»], «Playing with Dynamite» [«Zu ‹Playing with Dynamite›»], «My Father on the Verge of Disgrace» [«Zu ‹My Father on the Verge of Disgrace›»]

VIKING PENGUIN: Introduction to *Surviving: The Uncollected Writings of Henry Green* [Henry Greens ungesammelte Schriften]

PRINCETON UNIVERSITY PRESS: Introduction to «The Seducer's Diary», by Søren Kierkegaard [«Søren Kierkegaards ‹Tagebuch des Verführers›»]

EVERYMAN'S LIBRARY: Introduction to *The Complete Shorter Fiction of Herman Melville* [«Herman Melvilles Erzählungen»]

FAWCETT BOOKS: Introduction to *The Age of Innocence,* by Edith Wharton [«Edith Whartons *Zeit der Unschuld*»]

ANDRE DEUTSCH LTD.: Introduction to *Heroes and Anti-Heroes* [«Helden und Antihelden»]

DISNEY CONSUMER PRODUCTS: Introduction to *The Art of Mickey Mouse* [«Mickey Mouse»]

SHINCHOSHA INC.: Introduction to my *Self-Selected Stories* [«Einführung zu *Self-Selected Stories of John Updike*»]

GALLIMARD: Foreword to the French translation of *Facing Nature* [«In der Sprache Racines»]

EUROGRAPHICA: Foreword to *Love Factories* [«Vorwort zu *Love Factories*»]

METACOM PRESS: Foreword to *Brother Grasshopper* [«Vorwort zu ‹Brother Grasshopper›»]

LORD JOHN PRESS: Introduction to *Concerts at Castle Hill* [«Konzerte auf Castle Hill»]

GREENWOOD PUBLISHING GROUP: Foreword to *John Updike: A Bibliography, 1967–1993* [«Bibliographisches»]

WILLIAM B. EWERT: Foreword to *The Woman Who Got Away* [«Vorwort zu ‹The Woman Who Got Away›»]

EASTON PRESS: Introduction to the four *Rabbit* novels [«Die vier *Rabbit*-Romane»]

THE FRANKLIN LIBRARY: «Special Messages» for Franklin Library Editions of *Memories of the Ford Administration, Brazil, In the Beauty of the Lilies,* and *Toward the End of Time*» [«Memories of the Ford Administration», «Brazil», «In the Beauty of the Lilies», «Toward the End of Time»]

PROCEEDINGS OF THE AMERICAN ACADEMY OF ARTS AND LETTERS: «Accepting the Howells Medal» [«Eine Medaille für *Rabbit in Ruhe*»]

Abbildungsverzeichnis

Die Abdruckgenehmigungen für die Abbildungen in diesem Buch wurden dem Verlag freundlicherweise erteilt von:
Seiten 105–108: © Disney Enterprises, Inc.
Seiten 430–444: John Updike